Ferdinand Buer (Hrsg.)

# Praxis der Psychodramatischen Supervision

Ferdinand Buer (Hrsg.)

# Praxis der Psychodramatischen Supervision

Ein Handbuch

2. Auflage

VS VERLAG FÜR SOZIALWISSENSCHAFTEN

VS Verlag für Sozialwissenschaften
Entstanden mit Beginn des Jahres 2004 aus den beiden Häusern
Leske+Budrich und Westdeutscher Verlag.
Die breite Basis für sozialwissenschaftliches Publizieren

Bibliografische Information Der Deutschen Bibliothek
Die Deutsche Bibliothek verzeichnet diese Publikation in der Deutschen Nationalbibliografie; detaillierte bibliografische Daten sind im Internet über <http://dnb.ddb.de> abrufbar.

1. Auflage Januar 2001 (Erschienen bei Leske+Budrich)
2. Auflage August 2004


Der VS Verlag für Sozialwissenschaften ist ein Unternehmen von Springer Science+Business Media.
www.vs-verlag.de



Umschlaggestaltung: KünkelLopka Medienentwicklung, Heidelberg
Satz: Beate Glaubitz, Satz und Redaktion, Leverkusen
Druck und buchbinderische Verarbeitung: Lengericher Handelsdruckerei, Lengerich
Gedruckt auf säurefreiem und chlorfrei gebleichtem Papier

ISBN-13: 978-3-8100-4175-3 e-ISBN-13: 978-3-322-85160-4
DOI: 10.1007/978-3-322-85160-4

# Inhalt

## Spezielle Felder



## Spezielle Fokussierungen



## Service

# Einladung

Ich lade Sie herzlich ein, sich in diesem Buch umzusehen. Es wendet sich an alle, die sich für Supervision interessieren, seien es Nachfrager oder Anbieter. Und speziell erhalten Sie Einblicke in die Supervisionspraxis von SupervisorInnen, die sich der *Psychodramatischen* Supervision verschrieben haben.

Psychodrama ist ein Verfahren der Beziehungsarbeit, das von *Jakob Levy Moreno* (1889-1974) in Österreich grundgelegt und in den USA ausgestaltet wurde. Dieses Verfahren wurde und wird vielfach in der Psychotherapie, speziell der Gruppenpsychotherapie, angewandt. Es ist aber keineswegs darauf beschränkt. Ja es hat inzwischen – jedenfalls in Deutschland, Österreich und der Schweiz – weite Verbreitung in der Beratungsarbeit (von der Suchtberatung bis zur Organisationsberatung) so wie in der Bildungsarbeit (vom Schulunterricht bis zur Hochschuldidaktik) gefunden. Auch in der Personalentwicklung (vom Coaching bis zum Training) spielt es eine gewichtige Rolle.

Wenn hier also vom Psychodrama die Rede ist, sollten Sie es nicht mit Psychotherapie verwechseln. Psychotherapie ist nur eine von vielen Anwendungsformen oder „Formaten", wie ich sie nenne.

Das Format Supervision und das Verfahren Psychodrama sind in der Psychodramatischen Supervision eine spannende Verbindung eingegangen. Wie, das können Sie selbst heraus finden, indem Sie sich die vielen Geschichten und Reflexionen dieses Buches vor Augen führen.

Im Abschnitt über die „speziellen Formen" wird Ihnen vorgeführt, wie in der Einzel-, der Gruppen- und der Organisationssupervision gearbeitet wird. Anschließend werden Ihnen „spezielle Methoden" aus dem Psychodrama, aber auch aus anderen kompatiblen Verfahren in der konkreten Arbeit gezeigt. Der Abschnitt über die „speziellen Felder" enthält Beiträge, die demonstrieren, wie dieser Ansatz in sehr unterschiedlichen Arbeitsbereichen eingesetzt werden kann. Den Abschluss bilden Arbeiten, die von der Supervision mit speziellen Aufträgen berichten.

Alle Beiträge sind seit 1996 bis heute von SupervisiorInnen verfasst, die mit dem Psychodrama-Zentrum Münster als DozentInnen oder LehrsupervisorInnen zusammenarbeiten. Die Aufsätze von *Leuthner-Beller*, *Schwitalla* und *Wieck* basieren auf Abschlussarbeiten der Supervisionsweiterbildung des Zentrums. Insofern sind diese Texte alle aus einem Kooperationsnetz entstanden, das sich gegenseitig beeinflusst und gemeinsam am Projekt einer Psychodramatischen Supervision weiterarbeitet. Wir wollen Ihnen damit aber auch zugleich einen kleinen Einblick in die Arbeit des Zentrums eröffnen.

Im Serviceteil wird Ihnen weitere Literatur zur Vertiefung Ihres Selbststudiums empfohlen. Sie erhalten Hinweise über Weiterbildungsmöglichkeiten in Psychodramatischer Supervision. Und Sie können sich das Buch auch über ein Sachregister erschließen.

So halten Sie ein Handbuch in Händen, das Ihnen erstmals ein einigermaßen umfassendes Bild von der faszinierenden Praxis der Psychodramatischen Supervision eröffnet.

Möge es Ihnen viel Freude bereiten. Das gilt bei der Bestätigung alter Einsichten wie für das Gewinnen neuer. Vor allem aber für das Erproben dieser neuen Einsichten in Ihrer Praxis.

*Münster, Weihnachten 2000* *Ferdinand Buer*

*Ferdinand Buer*

# Einführung in die Psychodramatische Supervision

Wenn wir über die Supervisionspraxis schreiben, müssen wir uns einer Sprache bedienen, die über unsere Alltagssprache hinausgeht. Wir verwenden spezifische Begriffe, die wiederum in Theorien verortet sind. Und diese Theorien haben wir irgendwann übernommen oder haben sie selbst entwickelt. Auf jeden Fall haben wir eine bestimmte Begriffssprache gewählt und eine andere abgewählt oder erst gar nicht zur Kenntnis genommen. Ohne diese „Theorie" können wir die Praxis gar nicht zur Kenntnis nehmen bzw. beschreiben. Denn ohne *Begriffe* können wir nichts *begreifen*: Das Angefasste fällt uns immer wieder aus der Hand.

Diese immer schon vorhandene Theorie müssen wir uns aber bewusst machen, ja wir müssen sie auch begründen, wenn wir denn professionelle SupervisorInnen sein wollen. Nun hat jeder Supervisor seine eigene Begriffssprache. Und wenn wir ganz genau hinsehen, auch in den verschiedenen Texten dieses Bandes. Aber es gibt doch auch viel Gemeinsames oder zumindest eine gemeinsame Referenztheorie. Und die soll hier in einigen wichtigen Brennpunkten vorangestellt werden. Genauere und umfassendere Ausführungen dazu finden Sie in meinem „Lehrbuch der Supervision" (*Buer* 1999d).

## 1. Konstruktionsprinzipien einer haltbaren Supervision

Nun gibt es auf dem Markt viele Bücher über Supervision. Ob die dort vertretenen Konzeptionen aber haltbar sind, wird oft erst gar nicht diskutiert. Haltbar wäre ein Konzept, dessen Anwendung in der Praxis das hält, was es versprochen hat. Eine Evaluationsforschung, die eben das überprüft, findet aber kaum statt (*Berker, Buer* 1998). Da ist es schon ein wichtiger Schritt, wenn wenigstens plausible Annahmen über die Wirkungsweisen formuliert werden. Das aber kann nur vor dem Hintergrund einer einigermaßen elaborierten Theorie geschehen. Da wir uns in diesem Handbuch aber primär mit der Praxis befassen wollen, soll diese Theorie hier nur kurz skizziert werden.

## 1.1 Zur Dialektik von Format und Verfahren in der Beziehungsarbeit

Mit *Beziehungsarbeit* meine ich eine Dienstleistung zwischen zwei (oder mehreren Personen), bei der eine Person eine besondere Beziehung zu einer (oder mehreren anderen) Personen eingeht, um ihr auf diesem Weg einen immateriellen Nutzen zu verschaffen, und diese andere Person dabei „mitmacht" (*Wedekind* 1986; 2000). So müssen etwa Pflegekräfte eine bestimmte Beziehung zu ihren zu betreuenden Personen herstellen, damit sie in dieser Intimität körperliche Geborgenheit und Integrität sichern können. LehrerInnen müssen eine besondere Beziehung zu ihren SchülerInnen eingehen („pädagogischer Takt"), damit diese ihr Unterrichtsangebot überhaupt annehmen und „mitmachen". SozialarbeiterInnen müssen zu ihren Klienten erst einmal eine stabile Beziehung aufbauen, damit diese dann überhaupt auf sie hören. Am kunstvollsten wird die Beziehung m.M.n. gestaltet zwischen Psychotherapeut und Patient. Das auffälligste Beispiel für diese Beziehungsgestaltung bietet wohl immer noch die Psychoanalyse mit der Handhabung von Übertragung und Gegenübertragung in der therapeutischen Beziehung.

Je komplizierter und anspruchsvoller diese Beziehungsgestaltung ist, desto eher bilden sich typische *Formate* heraus, die als feste Rahmen der Beziehungsarbeit für beide Seiten, Anbieter wie Nutzer, Überschaubarkeit und Entlastung bieten. Das gilt vor allem für psychotherapeutische, beratende und pädagogische Tätigkeiten. So ist der Unterricht das Kernformat für LehrerInnen, die psychotherapeutische Sitzung für PsychotherapeutInnen, die Trainingseinheit für TrainerInnen, die Seminarveranstaltung für HochschullehrerInnen. Da die Gestaltung der Beziehung in diesen Formaten viel Wissen und Können voraussetzt, sind die entsprechenden Tätigkeiten hoch professionalisiert. Findet die Tätigkeit dagegen eher in offenen Situationen statt, die kaum räumlich und zeitlich zu fixieren sind wie etwa in der Pflege oder in der Sozialarbeit, dann lassen sich auch nicht so feste Formate institutionalisieren. Entsprechend sind diese Berufe auch nicht so hoch professionalisiert (*Wedekind* 2000, S. 89f.).

Je dichter die Beziehungsarbeit in anspruchsvollen Formaten aber wird, um so mehr wird der Beziehungarbeiter gefordert: Er muss sich selbst offen und ehrlich einbringen, damit der Adressat genügend Vertrauen entwickelt, sich überhaupt auf sein Beziehungsangebot einzulassen. Denn er weiß ja nicht genau, was auf ihn zukommt. Auf der anderen Seite muss der Beziehungsarbeiter sich aber auch vor allzu großer Nähe schützen. Denn er geht diese Beziehung nicht als Freund oder Vertrauter ein, sondern als Fremder, der mit dieser Arbeit seinen Unterhalt verdienen will. Er muss sein Engagement begrenzen, will er nicht ausbrennen und somit arbeitsunfähig werden.

Um mit dieser Paradoxie von Nähe und Distanz, von Identifikation und Differenz, von Engagement und Gleichgültigkeit, von Innensicht und Außensicht, von sich Einmischen und sich Raushalten, von Mitmachen und sich Abgrenzen auf Dauer umgehen zu können, bedarf es nicht nur der Einführung und Einhaltung von Arbeitsregeln, die die Formate vorgeben. Es bedarf auch eines Instrumentariums, um mit den konkreten Anliegen der Adressaten fertig zu werden. Dieses Instrumentarium soll helfen, mit der Paradoxie umzugehen, und es soll zudem dazu dienen, sinnvollen Veränderungszielen näher zu kommen. Und genau dazu bedarf der Beziehungsarbeiter geeigneter *Verfahren*.

Ein Verfahren wie etwa die Psychoanalyse, die Themenzentrierte Interaktion, die Gruppendynamik, die Transaktionsanalyse, die Gestaltarbeit, die Montessori-Pädagogik, die personenzentrierte Gesprächsführung, die Moderationsmethode oder eben auch das Psychodrama ist ein in sich konsistenter Handlungsansatz zur Steuerung anspruchsvoller Beziehungsarbeit. Ein Verfahren bietet nicht nur viele Methoden und eine Theorie dieser Methoden (Praxeologie). Es bietet auch Theorien und Konzepte zur Interpretation der Geschehnisse, mit denen es befasst ist (Interpretationsfolien). Und es bietet – explizit oder implizit – eine Philosophie, die dieses Handeln begründet und rechtfertigt. Aus dieser Philosophie lässt sich aber vor allem eine Haltung gewinnen, die diese komplexe Arbeit erträglich werden lässt.

Während das Format der hoch sensiblen Beziehung Sicherheit bietet, soll das Verfahren Bewegung in erstarrte Beziehungen bringen. Formate sind Ergebnis wie Ausdruck einer professionellen Tätigkeit. Sie sind standardisiert und werden von Berufsverbänden und staatlichen Stellen (z.B. Hochschulen) abgesichert. Verfahren dagegen sind eher aus kulturkritischen Bewegungen entstanden und werden von Aktivisten weiterverbreitet. So stehen Format und Verfahren in einem dialektischen Spannungsverhältnis zueinander. Beziehungsarbeit ist aber auf beide angewiesen: Ohne Format kann ein Verfahren nicht verortet werden. Ohne ein Verfahren kann in einem Format nicht konkret gehandelt werden (*Buer* 1997; 1998).

In welchem Format ein Beziehungsarbeiter tätig wird, hängt vom Anliegen seines Kunden, von seinen eigenen Kompetenzen, vor allem aber davon ab, was sich verkaufen lässt. Welches Verfahren er gelernt hat, ist eher seinen persönlichen Präferenzen geschuldet. Zwar können bestimmte Verfahren gerade in Mode sein. Der Beziehungsarbeiter kann daher verführt sein, gerade dieses Verfahren zu erlernen. Ob er aber auf Dauer damit in den Formaten arbeiten kann, die er anbieten möchte, sollte er nicht von einer Mode abhängig machen. Denn das Verfahren muss einfach zu seiner Persönlichkeit, seinem Lebensstil passen. Erst dann kann er es mühelos handhaben.

Ein *Verfahren* ist wie ein Anzug, in dem ich mich wohlfühle und der mich attraktiv macht. Er darf meine Person nicht verdecken, sondern muss sie zur Geltung bringen. Denn entscheidend für die Beziehungsgestaltung ist doch die Ausstrahlung. Und dazu soll der Anzug möglichst unauffällig beitragen. Dieser Anzug muss mir aber wie angegossen passen. Zwar kann ich mir auch einmal einen ausleihen. Aber meistens passt er mir dann doch nicht zufriedenstellend. Irgendwo zwackt und zwickt es immer noch. Auch im Kleiderschrank ist der Anzug relativ nutzlos. Erst angezogen kann er zur Geltung kommen. So muss auch ein Verfahren individuell verkörpert werden, um wirksam zu werden.

Ein *Format* dagegen ist wie die Szenerie, in der ich auftrete. Es schreibt Ort, Zeit, Kulissen, Requisiten und Handlungsmöglichkeiten vor. Der Beziehungsarbeiter ist für die Einrichtung dieser Szenerie verantwortlich und er muss seinen Adressaten hinein locken und dort heimisch werden lassen. Diese Szenerie ist aber stabil und bietet somit einen verlässlichen Handlungsrahmen.

Ein professioneller Beziehungsarbeiter muss beide Seiten beherrschen: Das dem jeweiligen Auftrag angemessene Format wie ein zu ihm passendes Verfahren. Das ist Minimum. Um auf dem Markt bestehen zu können, sollten aber durchaus mehrere Formate beherrscht werden. Und um seine Möglichkeiten noch besser nutzten zu können, sollten durchaus verschiedene Verfahren trainiert sein. Allerdings gibt es hier eine Grenze. Nicht jedes lässt sich mit jedem kombinieren, so wie nicht jede Krawatte zu jedem Anzug passt. Aber gerade in der spezifischen Kombination kann sich die individuelle Note eines jeden Anbieters zeigen.

Nun gibt es aber auch Supraformate, in denen verschiedene Formate (und Verfahren) höchst kunstvoll auf einander abgestimmt sind, wie etwa ein Projekt der Organisationsentwicklung oder ein Ausbildungskurs. Sollen hier z.B. Verfahren gelernt werden, so werden zumeist die Formate Selbsterfahrung, Training, Theorie-Seminar, Supervision und Prüfung kombiniert. Da das alles nicht von einer Person durchgeführt werden kann, muss es hier einen Staff geben, dessen Mitglieder sich gut ergänzen.

## 1.2 Die Supervision und die anderen Formate

Nun ist die Supervision selbst ein Format, da sie ja ebenfalls als institutioneller Rahmen für eine bestimmte Beziehungsarbeit dient. Aber was ist der spezifische Gegenstand dieser Beziehungsarbeit? Die SupervisandInnen sind offenbar Menschen, die ihre eigene Beziehungsarbeit

- mit KlientInnen, seien es SchülerInnen, Suchtabhängige, Ratsuchende, kranke oder alte Menschen und deren soziales Umfeld (Lebenswelten der Adressaten) oder
- mit KollegInnen auf den verschiedenen Hierarchiestufen der eigenen Organisation oder vernetzter Organisationen (Arbeitswelten in den Organisationen)

zum Thema machen. Im Grunde plagt sie die Paradoxie, die für jegliche Beziehungsarbeit gilt: Bei ihnen ist die Balance zwischen Identifikation und Differenz, zwischen Engagement und Gleichgültigkeit gestört. Sie sind zu nahe dran, so dass sie verwickelt sind. Oder sie sind zu weit entfernt, so dass sie keinen Kontakt mehr haben. In beiden Fällen kommt die Arbeit nicht voran. Sie wird eine unendliche Geschichte; die Belastung hat kein Ende. Und von Qualität der Arbeit kann erst recht keine Rede mehr sein.

Supervision ist also zunächst einmal ein Angebot für all diejenigen, die sich um fremde Menschen in schwierigen Lagen kümmern. Sie brauchen Unterstützung, um in dieser unvermeidbar paradoxen Beziehung Wirkungen zu hinterlassen, die dem Wohl der Adressaten dienen wie möglichst ihrem Willen entsprechen. Gerade diese Menschen, die sich für andere, fremde Menschen einsetzen, brauchen in einer Zeit in besonderer Weise Unterstützung, in der wieder die „Ichseuche", von der *Moreno* schon in den zwanziger Jahren sprach, um sich greift und gesellschaftliche und staatliche Hilfen reduziert werden.

Diese Dienstleistungen müssen aber so organisiert sein, dass sie die angemessenen Ziele möglichst effizient erreichen. Denn eine ineffektive Organisation kürzt noch einmal die dringend benötigten Hilfen. Nun haben Beziehungsarbeiter aber selten ausreichend gelernt, die Nutzung der ihnen zur Verfügung stehenden materiellen und personellen Ressourcen optimal zu organisieren. Zudem behandeln immer noch viele ihre KollegInnen und Untergebenen wie Klienten und kennen sich zu wenig in Personalführung und Management aus. Da diese Defizite immer auch die Arbeit mit den Klienten prägt, lässt es sich gar nicht vermeiden, auch das Organisationshandeln der SupervisandInnen zum Thema der Supervision zu machen. Das bleibt aber sekundär.

Im Mittelpunkt der Supervision stehen konkrete Menschen, nicht die Organisation, da diese nur eine verdingliche Fiktion darstellt. Dem Supervisanden soll geholfen werden, hilfreich zu bleiben. Dazu muss er allerdings auch mit vorgegebenen Organisationsstrukturen umgehen lernen und neue entwerfen und umsetzen können. Letzlich geht es aber immer darum, den Endverbrauchern, eben den Menschen in schwierigen Lagen, die ausreichende Unterstützung zukommen zu lassen. Daher müssen die DienstleisterInnen persönlich fit und beruflich kompetent sein. Und ihre Arbeitsorganisation muss geeignete Ziele möglichst effizient erreichen. Das alles zu reflektieren und zu verbessern ist Aufgabe der Supervision.

Gerade in der Supervision anspruchsvoller Beziehungsarbeit geht es aber auch darum, zu überprüfen, ob die geeigneten Formate und die passenden Verfahren zum Einsatz kommen. Supervision stellt also ein *Metaformat* dar, das der fachlichen Kontrolle einer angemessenen Durchführung komplexer Formate dient wie des wirksamen Einsatzes passender Verfahren. Sie steht in ihrem Design der Aktionsforschung nahe und ist für die Selbstkontrolle professioneller Arbeit unverzichtbar. Optimal ausgebildete SupervisorInnen müssen sich daher nicht nur in den verschiedenen Feldern und Organisationen der Beziehungsarbeit auskennen. Sie müssen auch um die Vor- und Nachteile der verschiedenen Formate und um die spezifischen Eigenheiten der verschiedenen Verfahren wissen.

Die Etablierung von Formaten und das kunstgerechte Handhaben von Verfahren von hoch professionalisierten Beziehungsarbeitern soll dazu beitragen, die schwierige Balancierung der charakteristischen Paradoxie dieser Arbeit zu handhaben. Zugleich aber steigen damit die Ansprüche an die Kompetenz und die Performanz des Dienstleisters. Wenn er mit diesen Formaten und Verfahren gut umgehen kann, wird er sehr erfolgreich sein. Wenn aber dieses Handling einmal nicht gelingt, kann es zu weitreichenden „Verletzungen" des Adressaten kommen. Das gilt nicht nur für die Psychotherapie, wo das ganz offensichtlich ist. Das gilt für alle anspruchsvolle Beziehungsarbeit, so etwa auch für den Unterricht. Daher ist gerade für diese komplexen Arbeitsformen eine begleitende Supervision unverzichtbar (*Petzold* 1998).

In weniger professionalisierten Feldern der Beziehungsarbeit, so in der Pflege, der Sozialarbeit oder der Kindergartenarbeit, in denen es schwierig ist, feste Formate durchzusetzen, und in denen die Qualifizierung der MitarbeiterInnen in elaborierten Verfahren nicht so verbreitet ist, ist der Einsatz von Supervision um so dringender. Denn hier kann die Paradoxie der Beziehungsarbeit eben nicht ausreichend durch den Einsatz von Formaten und Verfahren gehandhabt werden. Zudem ist die Brisanz dieser Paradoxie vielen MitarbeiterInnen nicht so bewusst, weil sie sich normalerweise weder im Studium, noch in der Selbsterfahrung intensiv genug damit auseinandergesetzt haben. Aus eben diesem Grund ist auch für diese Berufe Supervision notwendig. Daher hat sie auch in der Geschichte der Sozialarbeit ihre lange Tradition. Sie dient der Professionalisierung dieser Berufe und soll die Erarbeitung einer angemessenen Berufsrolle und -identität gewährleisten (*Regouin* 1999).

Beziehungsarbeit spielt aber auch in den traditionellen Professionen eine große Rolle. So ist die Herstellung einer vertrauensvollen Beziehung zwischen Arzt und Patient von zentraler Bedeutung, um den Patienten zum Mitmachen zu bewegen (*Balint* 1980). Auch Rechtsanwälte und Richter müssen verlässliche Beziehungen herstellen können, um zutreffende Einschätzungen des Vorfalls zu finden und angemessene juristische Konsequenzen zu ziehen, die auch verstanden und akzeptiert werden können (*Schnarr* 2000). In Theologenkreisen ist die pastoralpsychologische Weiterqualifizierung weit verbreitet, während die meisten HochschullehrerInnen immer noch meinen, der Umgang mit Studierenden in Seminaren oder mit Kollegen in Forschungszusammenhängen erfordere keine sonderliche Gestaltungskunst (*Allert* 1998). SupervisorInnen haben hier aber nur dann eine Chance, wenn sie in ihrem Status als gleichwertig akzeptiert werden und zeigen können, dass sie keine Fremdkontrolle der Profession beabsichtigen. Vielmehr bieten sie Raum, die in jeder Profession unverzichtbare Selbstkontrolle entscheidend zu befördern (→ *Buer*, PromovendInnen; *Buer* 2000a).

Diese Aufgabe der Selbstüberprüfung auf einer Metaebene unterschiedet die Supervision von allen anderen Formaten der Beziehungsarbeit. Auch diese verwenden dieselben Verfahren wie die Supervision. Sie wenden sich aber nicht primär an anspruchsvoll ausgebildete BeziehungsarbeiterInnen. So richtet sich etwa das *Coaching* an Führungskräfte, die eben nicht als BeziehungsarbeiterInnen ausgebildet sind (*Geßner* 2000), oder an Personen, die sich weiterqualifizieren wollen (*Gnegel, Wienemann* 1997). Die *Organisationsberatung* wendet sich an alle MitarbeiterInnen einer Organisation, ob sie nun etwas von Beziehungsarbeit verstehen oder nicht (*Wimmer* 1992). Das *Training,* die *Beratung*, die *Psychotherapie* wendet sich an jedermann. Dass in diesen Formaten auch BeziehungsarbeiterInnen vorkommen, ist nicht konstitutiv für das jeweilige Format, muss aber im konkreten Fall berücksichtigt werden. Erst recht wendet sich der *Unterricht* an Unausgebildete.

Der Einsatz dieser Formate der Beziehungsarbeit stellt vor die besondere Aufgabe, erst einmal den Boden für angemessene Kommunikation bereiten zu müssen, weil hier meist zu wenig Wissen und Können vorhanden ist. Diese Gegebenheit birgt aber auch die Gefahr, dass hier ungeprüft unausgebildete Scharlatane auftreten, die mit Formaten und Verfahren hantieren, die sie gar nicht beherrschen, und zu oft erheblichen Schaden anrichten. Der kann aber von den KundInnen meist gar nicht genau benannt werden, weil ihnen die ausreichenden Kenntnisse und Erfahrungen fehlen. Auf jeden Fall werden sie in Zukunft so etwas nicht noch einmal mitmachen wollen. Da sie aber nicht differenzieren können, übertragen sie dann oft vorschnell diese negativen Erfahrungen auf alle Beziehungsarbeit. So werden sie resistent auch für ein qualifiziertes Angebot.

Das gilt nicht nur für Psychotherapie-, Trainings- oder Organisationsberatungsprozesse. Das gilt auch schon für den Unterricht. Wer hat nicht schon einmal schlechten Unterricht genossen und ist daher sehr empfindlich, wenn er sich wieder einmal einem Unterrichtsprozess unterziehen soll? Da Beziehungsarbeit in jedem Fall eine sehr persönliche Note hat, kann hier viel Schaden angerichtet werden. Es gehört deshalb zum Standard professioneller Beziehungsarbeit, regelmäßig Supervision zu nehmen.

SupervisorInnen müssen also nicht nur etwas von Supervision verstehen, sondern auch von all den anderen Formaten und Verfahren, die in den verschiedenen Feldern der Beziehungsarbeit gängig sind. Sie müssen sie nicht alle selbst anwenden können. Sie müssen aber um ihre Eigenarten wissen. Umgekehrt verfügen SupervisorInnen über eine Basisqualifikation, auf der sie beim Erlernen weiterer Formate und Verfahren aufbauen können.

Aber auch die Supervision selbst ist von der Paradoxie der Beziehungsarbeit tangiert. Die SupervisandInnen aktivieren diese Paradoxie durch das Einbringen ihrer Fälle wie durch ihre Reinszenierungen. Und die SupervisorInnen selbst sind dieser Paradoxie unterworfen. Gerade wenn sie diese Dynamik hinter den Fällen dort und damals aufdecken, so tun sie das eingebunden in die aktuelle Dynamik dieser Paradoxie im Hier und Jetzt der supervisorischen Beziehung. Ihr konkretes Handeln wirkt in dieser Lage unwillkürlich modellhaft, ob sie das wollen oder nicht. Da gerade auch diese

Metaarbeit hoch anspruchsvoll ist, kann auch hier leicht etwas schiefgehen. Daher ist auch hier wiederum Supervision als Kontroll- oder Metasupervision geboten.

## 1.3 Das Format Supervision als Basis einer Profession

Wir haben schon gesehen, dass hohe Professionalität in der Beziehungsarbeit mit der Generierung eines elaborierten typischen Formats korrespondiert. Das gilt auch für die Supervision. Je komplexer das Supervisionkonzept, je vielfältiger die Anwendungsfelder, je umfangreicher die Ausbildung, je mehr Fortbildung verlangt wird, desto eher kann Supervision den Anspruch erheben, eine eigenständige Profession zu sein.

Unter Profession verstehe ich einen für die Gesellschaft bedeutsamen Dienstleistungsberuf, der hochgradig spezialisiertes und systematisiertes Wissen relativ autonom und kollektivitätsorientiert anwendet. Ob sich ein solcher Beruf als Profession etablieren lässt, hängt davon ab, ob die Berufsangehörigen in einer schlagkräftigen Organisation in Staat und Gesellschaft Macht und Einfluss gewinnen, so dass nur sie einen Auftrag für diese anspruchsvolle Tätigkeit erhalten (Mandat und Lizenz). Gelingt das, ist diese Tätigkeit mit hohem Prestige und Einkommen verbunden.

Supervision ist deshalb professionalisierbar,

- weil sie sich auf eine besondere Dienstleistung: die Beziehungsarbeit (wie Psychotherapie, Bildungsarbeit, Beratung, Pflege oder Sozialarbeit) und ihre Organisierung bezieht, die für das Funktionieren unserer Gesellschaft von unverzichtbarer Bedeutung ist,
- weil nur sie als spezifisches Format für die Austarierung einer angemessenen Balancierung der unvermeidbaren Paradoxie der Beziehungsarbeit in besonderer Weise geeignet ist.

Ohne Supervision würde die Qualität der Beziehungsarbeit in vielen Feldern sinken. Das hätte zur Folge, dass eine Entsolidarisierung der Gesellschaft forciert wird, die schlicht unserer Verfassung widerspricht. Zudem würde Effektivität und Effizienz der Beziehungsarbeit sinken und somit unökonomisch betrieben. Ob diese Behauptung allerdings stimmt, kann nur durch Erfahrungsberichte, wie sie dieses Handbuch veröffentlicht, und Evaluationsstudien nachgewiesen werden. Es muss aber auch dafür gesorgt werden, dass die hier entwickelte Argumentation von den entscheidenden gesellschaftlichen und staatlichen Machtzentren nachvollzogen und gebilligt wird. Genau das ist Aufgabe der Professionalisierungsbemühungen.

Man kann nun aber nicht davon ausgehen, dass sich Supervision angesichts des gegenwärtigen Trends zur Entberuflichung als Ausbildungsberuf traditioneller Art etablieren lässt wie die klassischen Professionen. Vielmehr müssen sich Supervisoren als „ArbeitskraftunternehmerInnen“ (*Voß, Pongratz* 1998) verstehen, die ihr Angebot – ob als Angestellter einer Dienstleistungseinrichtung oder als freischaffender Dienstleister – immer wieder neu zuschneiden und anbieten müssen. Zwischen dieser Kundenorientierung auf der einen Seite und dem Festhalten an professionellen Standards auf der anderen Seite müssen SupervisorInnen einen begründeten und nachvollziehbaren Ausgleich finden.

Es leuchtet ein, dass alle, die Supervision als Profession im oben genannten Sinne durchsetzen wollen, hohen Standards genügen und aktiv daran mitarbeiten müssen. Es gibt aber auch viele BeziehungsarbeiterInnen, die Supervision nur als Zusatzqualifikation sehen (*Buer* 1999c; 2000c). Sie sehen ihren Grundberuf – etwa als Psychologe, Psychotherapeut, Soziologe, Theologe, Lehrer, Hochschullehrer – als Profession an und verstehen Supervision nur als Ergänzung. Es ist verständlich, dass sie den hohen Standards, wie sie etwa die DGSv verlangt, nicht genügen wollen. Da sie aber von ihrer Grundprofession geprägt sind und die Sozialisationswirkungen ihrer supervisorischen Fortbildung eher marginal sein dürften, unterscheidet sich ihre Supervisionspraxis und ihre professionelle Haltung grundlegend von der der professionellen SupervisorInnen.

Das gilt erst recht für alle diejenigen Anbieter im Bereich von Personalentwicklung und Unternehmensberatung, die über keinerlei humanwissenschaftliches Grundstudium verfügen. Diese dritte Gruppe verfügt oft über viel Feldkenntnis und große Berufserfahrung. Sie kann aber kaum eine differenzierte Beziehungsarbeit entwickeln und kunstvoll gestalten, weil ihr das nötige fachliche Orientierungswissen fehlt. Zwar versucht sie das oft durch das Absolvieren verschiedener Fortbildungen vor allen in Verfahren (von NLP über TA bis zu Open Space) zu kompensieren. Da sie aber meist wenig Zeit hat, diese disparaten Informationen und Erfahrungen in längeren Selbsterfahrungsprozessen zu reflektieren, zu verarbeiten und zu integrieren, bleibt vieles äußerlich und kann nicht kreativ umgesetzt werden.

Viele aus diesen beiden zuletzt genannten Gruppe versuchen gegenüber ihren Kunden diesen Unterschied zu verwischen. Manche können diesen Unterschied auch nicht erkennen oder wollen ihn nicht anerkennen. De facto sind sie Trittbrettfahrer der Professionalisierungsbemühungen der ersten Gruppe. Sie werden Supervision aus ihrem Angebot streichen, so bald andere lukrativere Formate in Mode kommen.

Wer also Supervision nehmen will, sollte vorher klären, mit wem er es zu tun hat. Und wer Supervision erlernen will, sollte sich entscheiden, ob er zur ersten oder zu den anderen beiden Gruppen gehören will. Wir vertreten hier ein Supervisionskonzept, das hohen professionellen Standards genügt, wie sie die DGSv formuliert hat, rechnen uns also zur ersten Gruppe.

## 1.4 Der Pragmatismus als Metaperspektive unseres Supervisionskonzepts

Da Psychodrama nur ein Verfahren ist, das aus den o.g. Gründen allein keineswegs ein Supervisionskonzept begründen kann, haben wir zur Konstruktion verfahrensunabhängiges Wissen herangezogen, wie es etwa *Belardi* (1992; 1996; 2002), *Holloway* (1998), *Petzold* (1998), *Rappe-Giesecke* (1999), *Scala, Grossmann* (1997) oder *Schreyögg* (1991) aufbereitet haben. Darüber hinaus kann das Wissen aus anderen Ansätzen, bei denen ein anderes Verfahren dominiert, dann genutzt werden, wenn wir mit diesem Wissen pragmatisch umgehen.

Der amerikanische Pragmatismus, auf den ich mich hier beziehe (*Buer* 1999d, S. 37-59), ist eine Denkrichtung, die deshalb für die Supervisionstheorie relevant ist,

- weil sie die *Verbesserung* des Handelns in den Mittelpunkt ihrer Reflexionen stellt,
- weil sie eine *pluralistische Wahrheitskonzeption* vertritt. Wahrheitskriterium ist die Bewahrheitung einer Aussage bei der Verbesserung sozialen Handelns. Das können

nur die Betroffenen in gemeinsamer Auseinandersetzung beurteilen. Jeder ist Experte in eigener Sache.
- weil sie an *demokratischen Verhältnissen* interessiert ist, in denen gemeinsam festgelegt wird, was in der konkreten Lage gesellschaftlich nützlich sein soll.
- weil sie keine an vorgegebenen Werten, Normen, Geboten, Tugenden oder Maximen orientierte *Ethik* entwirft, sondern die Regulierung des Zusammenlebens den Betroffenen selbst überlässt. Das, was als wahr erkannt und festgelegt worden ist, muss dann aber auch verifiziert werden.
- weil sie weniger nach der Vergangenheit eines Problems fragt, sondern vielmehr nach seiner *Zukunft*, nämlich nach den zu erwartenden Resultaten und Folgen und wie in Zukunft damit umgegangen werden soll.
- weil sie ein Konzept des *Lernens* entworfen hat und eine Methodik, wie dieses Lernen sinnvoll organisiert werden kann.

Jegliches Wissen – auch das anderer Supervisionsansätze – kann, ja sollte berücksichtigt werden, wenn es sich als nützlich für eine gute Praxis erweisen kann. Das allerdings muss glaubhaft durch entsprechende Praxisberichte und Evaluationsstudien aufgezeigt werden. Diese pragmatische Orientierung kann also als eine Brücke verstanden werden, auf der Wissen von einem Ufer ans anderen transferiert werden kann. Allerdings muss es auf eben diesen Weg gebracht werden. D.h.: So wichtig die Wahl der Begriffssprache auch ist, wichtiger ist das Gemeinte, über das man ruhig in verschiedenen Sprachen reden kann.

Diese pragmatische Orientierung kann also die verschiedenen Supervisionsrichtungen miteinander ins Gespräch bringen und ein gemeinsames Wissen über das Format zusammentragen helfen. Daneben ist sie vor allem für die Konzipierung der Psychodramatischen Supervision wichtig, weil sie eine Fixierung auf psychodramatisches Wissen überwinden kann. Diese Entgrenzung ist notwendig,

- weil das psychodramatische Wissen allein nicht reicht. Es wird aber über diese Brücke anschlussfähig für weiteres notwendiges Wissen aus anderen Verfahren, aus dem Format Supervision und den Referenzwissenschaften.
- weil auch das psychodramatische Wissen sich dem kritischen Diskurs mit anderen Richtungen stellen muss.

Diese pragmatische Orientierung macht explizit, was implizit jeder Praktiker macht: Er nimmt die Wissensbestände in sein Denken auf, die ihm irgendwie nützlich sind, um seine Praxis voranzutreiben. Allerdings können sich hier auch Halbwahrheiten, Vorurteile, falsche Generalisierungen, Ideologien einschleichen, wenn dieses Wissen nicht explizit gemacht wird und sich einem kritischen Diskurs stellt. Wenn auch in den Beiträgen zu diesem Handbuch keine explizit pragmatischen Erwägungen auftauchen, so werden aber als nützlich deklarierte Wissensbestände benannt und können so vom Leser bewertet werden. Insofern ist die Publikation dieser Praxisreflexionen auch als eine Aufforderung zum pragmatischen Diskurs gemeint.

## 2. Das Konzept einer pragmatisch-psychodramatischen Supervision

Die englischsprachige Literatur zur psychodramatischen Supervision (z.B. *Vandermay, Peake* 1980, *Wiener* 1997, *Wilkins* 1995, *Williams* 1995) und ein Großteil der deutschsprachigen ist von PsychodramatikerInnen verfasst, die Supervision nur als Anwendungsform des Psychodramas sehen. Sie gehören zur o.g. zweiten Gruppe. Fast alle schreibenden deutschen SupervisorInnen, die sich als Mitglieder der DGSv zur ersten Gruppe rechnen, sind in diesem Handbuch versammelt. Die Arbeiten der zweiten Gruppe erschöpfen sich weitgehend in der Darstellung psychodramatischen Vorgehens. Da diese Arbeitsweise aber für die Supervision nicht reicht, habe ich eine eigenständige Theorie der relevanten Kommunikationsmodi entwickelt. Ferner sehen diese Arbeiten die Themen meist nur unter einem interaktionalen oder einem personenbezogenen Blickwinkel. Diese beschränkte Perspektive habe ich durch das Konzept der vier Interpretations- und Arbeitsebenen der Supervision überwunden. Diese Beiträge verfügen auch über keine elaborierte Theorie der Organisation. Auch das musste korrigiert werden (→ *Buer* Handlungsmuster).

### 2.1 Die fünf Kommunikationsmodi

Nach der *Konversation*, in der der Supervisor mit seinem Kunden über das Setting des Supervisionprozesses verhandelt, ist die *Beratung* der grundlegende Modus für die Supervision. Hier knüpfe ich an die Dialogkonzepte von *Buber* bis *Bohm* an, so wie an die personenzentierte Gesprächsführung nach *Rogers* und die dialogische Beratung nach *Fuhr*, da das Psychodrama selbst hier wenig zu bieten hat.

Wenn sich in diesem Beratungsgespräch auffällige Hemmungen, Beschränkungen, Routinen, Widerstände zeigen, kann der Modus des *Experiments* gewählt werden. Hier wird der Supervisor zum Regisseur, der ein Arrangement des ästhetischen Erfahrungslernens vorschlägt und steuert. Der Supervisand wird zum Spieler, der sich auf neue Erfahrungen einlässt und zusätzliche, bisher vernachlässigte Kommuniktionskanäle nutzt. In diesem Modus können alle kreativen Arrangements und Techniken genutzt werden. Vornehmlich an dieser Stelle kommen die vielfältigen psychodramatischen Methoden zum Einsatz.

Müssen fachliche Fragen einer Klärung zugeführt werden, reichen die Modi der Beratung und des Experiments nicht aus. Es muss eine sachliche Klärung im Modus der *Diskussion* herbeigeführt werden. Hier wird der Supervisior aber nicht zum Fachexperten. Er hat vielmehr die Aufgabe, eine pragmatische Klärung zu moderieren, nach der die vorgetragenen Positionen auf ihre verantwortbaren Folgen hin untersucht werden, um so zu einer vorläufigen Entscheidung zu kommen. Um die zu erwartenden Folgen umfassender imaginieren zu können, kann hier wieder im Modus des Experiments eine psychodramatische Realitätsprobe eingesetzt werden.

Am Ende eines Treffens soll versucht werden, die neuen Erkenntnisse im Modus des *Metalogs* auf einer höheren Ebene zusammen zu fassen.

Der psychodramatische Supervisor muss also lernen, zum richtigen Zeitpunkt den weiterführenden Kommunikationsmodus zu wählen. Dabei muss er sich häufig von psychodramatischen Gewohnheiten verabschieden. Die Beiträge dieses Handbuchs zeigen, in welchem Maße das notwendig ist.

**Abb. 1: Die fünf Kommunikationsmodi in der Supervision**

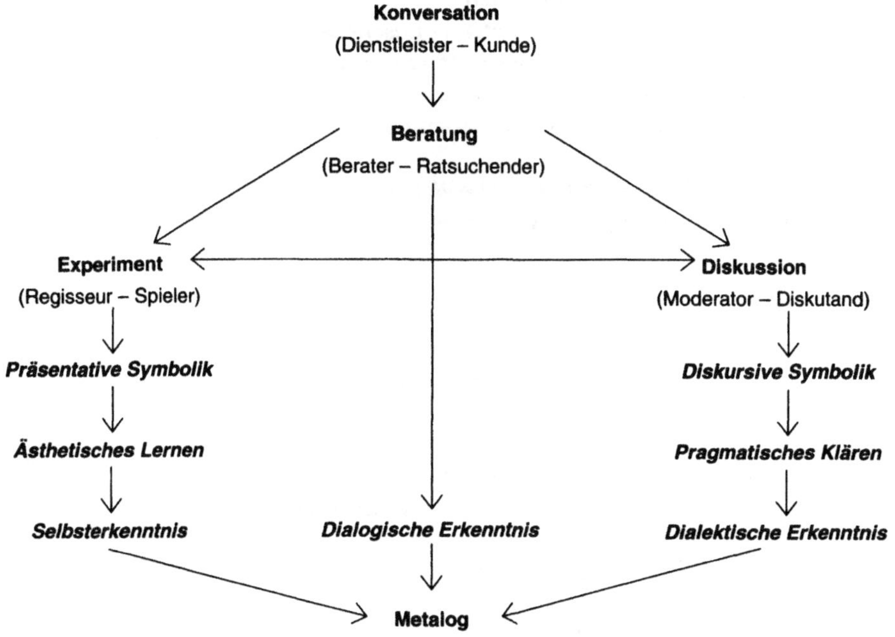


## 2.2 Die vier Interpretations- und Arbeitsebenen

Im Zentrum der Supervision steht die *Systemik.* Damit bezeichne ich die Ebene der Arbeitswelten, die sich aus den Lebenswelten der KlientInnen, KundInnen, AdressatInnen der jeweiligen Beziehungsarbeit der SupervisandInnen und der Welt der jeweiligen Arbeitsorganisation zusammensetzt. Diese Arbeitswelten werden durch einen symbolischen Interaktionsprozess von Menschen erzeugt und nur von diesen aufrechterhalten und weiterentwickelt. Das Psychodrama verfügt mit den Konzepten der sozialen Inszenierung wie des Sozialen Netzwerks über eine eigenständige systemische Betrachtungsweise der tatsächlichen Handlungsabläufe und mit der Soziometrischen Aktionsforschung über eine eigenständige Methodologie der systemischen Veränderung (→ *Buer* Organisationssupervision).

Die Psychodramatische Supervision geht also von einer Akteurperspektive aus, die innerhalb von festen Strukturen Spielräume auslotet. Diese institutionalisierten Strukturen werden als Ergebnis von kollektiven Handlungsprozessen betrachtet, die wiederum zirkulär durch diese Strukturen gestützt werden. Dann wird deutlich, dass die Ebene der *Dialogik* genau so bedeutsam ist, da hier die Vermittlung zwischen Person und Struktur gestaltet wird. Die Betrachtung der Geschehnisse auf dieser Ebene konzentriert sich auf die Interaktionen, die als Konkurrenz oder Kooperation zwischen überschaubaren Akteuren Rollenhandeln in großen und kleinen Inszenierungen in Arbeitsfeldern ermöglichen.

**Abb. 2: Die vier Interpretations- und Arbeitsebenen in der Supervision**

**Innere Welten**

**Sichtweisen – Gedanken – Gefühle – Erfahrungen**
**Wünsche – Leidenschaften – Stimmungen**
**Überzeugungen – Ansprüche – Moralische Stimmen**
**Bilder – Visionen – Figuren – Szenen**

Psychik

**Zwischenmenschliche Welten**

**bedeutsame Beziehungen in Dyaden, Gruppen und Netzen zu**
- **Adressaten**
- **Angehörigen**
- **Kollegen**
- **Vorgesetzten/Untergebenen**
- **fachlichen bzw. politischen Zirkeln**

Dialogik

**Arbeitswelten**

**Lebenswelten der Adressaten** | **Arbeitswelten der Organisation**
**Organisationskultur**

Systemik

**Äußere Welten**

**Öffentlichkeit – Politik – Verwaltung**
**Wissenschaft – Fachverbände – Berufsverbände**
**Unternehmensverbände – Gewerkschaften**
**Sektoren des Wohlfahrtsstaates – Branchen**
**Nationale Kultur**
**Globale Trends – Zeitgeist**

Kontext

In die Dialogik gehen die subjektiven Perspektiven ein, die die einzelzen Akteure in die jeweiligen Handlungszusammenhänge einbringen. Diese Ebene der inneren Welten nenne ich *Psychik.* Mit den protagonistenzentrierten Arrangements und Techniken bietet das Psychodrama hervorragende Möglichkeiten, die bewussten und unbewussten Wünsche, Ansprüche, Gefühle, Erfahrungen, Bedenken, aber auch Sichtweisen, Vorurteile, Denkmuster und Visionen zu erkunden.

Diese drei Ebenen sind nun von einer Ebene umschlossen, die ich den *Kontext* nenne. Während mit den inneren Welten ein Ich-Gefühl verbunden ist und die interpersonalen Welten ein Wir-Gefühl ermöglichen, nehmen wir hinter diesen Mit-Welten immer auch Um-Welten an, für uns fremde Welten, zu denen wir uns nicht zugehörig fühlen. Da sie uns aber zweifellos beeinflussen, müssen wir uns mit ihnen befassen. Gerade in der Supervision sind so manche Prozesse nur von hier her verständlich. Ihre Einbeziehung kann ent- wie belasten.

In allen Standardformen der Supervision von der Einzel- bis zur Organisationssupervion wie in spezischen Settings sind diese vier Ebenen zu beachten. Allerdings ergibt sich eine unterschiedliche Gewichtung, je nach dem, ob eine eher persönliche Fokussierung, wie Überforderung, Unsicherheit, Ermüdung, Entscheidungsängste, oder eine eher arbeitsstrukturelle Fokussierung kontraktiert wurde, wie die Einführung neuer Steuerungsmodelle oder Lean Management.

## 2.3 Die Dialektik von Institutionalisierung und Flexibilisierung

Zur Analyse der in die Supervision eingebrachten Szenen habe ich ein differenziertes Diagnoseschema entwickelt. Es setzt das Thema des Supervisanden in Korrespondenz zur seiner primären Aufgabe, die ihm durch den Arbeitsauftrag vorgegeben ist. Im Zentrum steht also die Beziehungsgestaltung der Fachkräfte zu ihren Klienten bzw. die der Führungskräfte zu ihren MitarbeiterInnen. Die Schwierigkeiten bei der Realisierung dieser Aufgabe ergeben sich in abstrakter Betrachtung auf den verschiedenen Ebenen durch die Dialektik von Institutionalisierung und Flexibilisierung. Diese beiden Prozesse haben nun wiederum eine konstruktive wie eine destruktive Seite.

**Abb. 3: Die Dialektik von Institutionalisierung und Flexibilisierung**

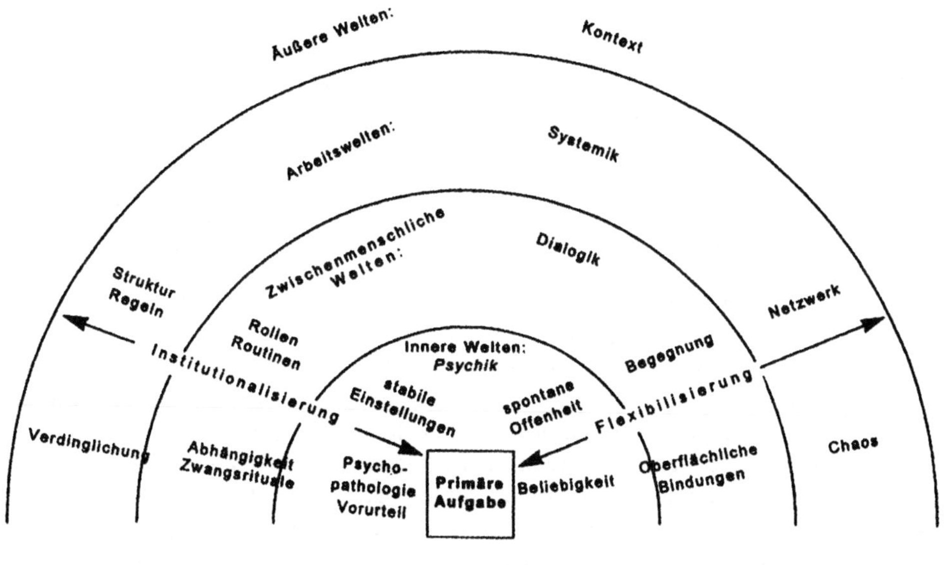


Auf der Ebene der Psychik kann der *Akteur* durch eine extrem starke Beliebigkeit, Diffusität, Unsicherheit, aber auch durch eine übertriebene Erstarrung seiner Ansichten, Wünsche, Einstellungen gekennzeichnet sein, die sich als Vorurteilsbildung oder gar als Psychopathologie zeigt. Beide Extreme dürften zu einer Fixierung der Schwierigkeiten beitragen und müssten abgebaut werden hin zu einem Ausgleich zwischen spontaner Offenheit und festen Einstellungen und Überzeugungen den Anforderungen der Szene gegenüber.

Auf der Ebene der Dialogik können die *Interaktionen* durch zu wenig Bindung, also durch häufigen Wechsel, Desinteresse am anderen, Oberflächlichkeit, oder durch zu viel Bindung, also durch Zwangsrituale, symbiotische Verstrickungen, repressive Herrschaftsbeziehungen, charakterisiert sein. In beiden Fällen muss die Supervision auf der einen Seite die Begegnungsqualität der Beziehungen fördern, auf der anderen Seite für die Etablierung klarer und angemessener Rollen und Routinen Sorge tragen.

Auf der Ebene der Systemik zeigt sich in den *Organisationen* eine übertriebene Flexibilisierung als Chaos: Es ist keine Struktur erkennbar; die Handlungen der Akteure sind nicht im Sinne der primären Aufgabenverwirklichung der Organisation auf einander beziehbar. Eine überzogene Institutionalisierung zeigt sich als Verdinglichung, nach der die gesamte Arbeitsgestaltung als gegeben, sachnotwendig und unveränderbar angesehen wird. In der Supervision ist dann daran zu arbeiten, wie diese institutionellen Erstarrungen abgebaut und angemessene Arbeitsregeln und -strukturen entworfen und implementiert werden können. Wenn dabei die Herstellung und Aufrechterhaltung dieser Strukturen als von den Akteuren gewollte und realisierte begriffen werden, dann können sie auch als veränderbar gesehen werden. Ihre Stabilisierung wie ihr Wandel ist dann nicht irgendwelchen Mächten geschuldet, sondern dem Handeln der Organisationsmitglieder, für das sie selbst die Verantwortung tragen. Die informellen unterschwelligen Beziehungsnetze können dann stärker gewürdigt und auch formell als kooperative Netzwerke innerhalb der Organisation etabliert werden.

Aber auch Entwicklungen im *Kontext* können auf den verschiedenen Ebenen der Welterfahrung der SupervisandInnen Institutionalisierungsprozesse verstärken oder schwächen, können Flexibilisierungsprozesse auslösen oder verhindern.

Meist entsprechen sich die Trends auf den verschiedenen Ebenen. Es kann aber auch zu Friktionen zwischen den Ebenen kommen. So kann etwa ein sehr rigider Mensch große Probleme mit lockeren Arbeitsbeziehungen haben. Oder es können sehr massive Umstrukturierungsprozesse einer Organisation so viel Chaos auslösen, dass um so mehr an traditionellen Ritualen festgehalten wird, so dass dadurch dieser Veränderungsprozess zum Scheitern gebracht wird.

Diese Interpretationsfolie kann hilfreich sein, die Punkte schneller zu identifizieren, an denen Änderungen notwendig sind. Zugleich zeigt sie Richtungen auf, in die sich diese Änderungen bewegen sollten. Sie vermeidet einseitige Lösungen, sondern plädiert für Balancierungsleistungen, weil die Dialektik von Institutionalisierung und Flexibilisierung vorgegeben ist und prinzipiell nicht abgeschafft werden kann.

Diese Perspektive steht zum einen in der Tradition des Symbolischen Interaktionismus bzw. der Sozialphänomenologie (*Berger, Luckmann* 1980; *Helle* 1999). Zum anderen greift sie wichtige Erkenntnisse und Theoreme des Mikropolitikansatzes auf (*Neuberger* 1994, S. 256; 1995, *Heinrich, Schulz zur Wiesch* 1998, *Küpper, Felsch* 2000). Zudem stellt sie eine Weiterentwicklung der Morenoschen Grunddialektik des gesellschaftlichen Lebens zwischen Spontaneität und Konserve dar (*Stimmer* 1982; *Hutter* 2000, S. 102f.).

## 2.4 Die pragmatisch-psychodramatische Haltung

Wenn auch für eine professionelle Supervision ein umfassendes Wissen und ein vielfältiges Können des Supervisors unverzichtbar ist, so nützt das alles nichts in der konkreten Situation, wenn er nicht eine Haltung erworben hat, die ihn jeder Zeit in die Lage versetzt, souverän das jeweils Richtige, d.h. Richtungsweisende, zu denken und das Angemessene zu tun. Das Psychodrama bietet hier drei Orientierungen an:

- Das Setzen auf die Kraft der Phantasie, der *Imagination*, der Einbildungskraft lässt kreative Lösungen aufsteigen (Emergenz).
- Durch die Reinszenierung der eingebrachten Geschichten in konkreten *Aktionen* werden die Fälle in einen umfassenden Handlungszusammenhang gestellt, werden die Akteure aktiviert und werden handlungsrelevante Fort-Schritte erarbeitet.
- Durch die *Kooperation* in Beratung, Diskussion und Experiment werden synergetische Kräfte aller Beteiligten aktiviert und genutzt.

Diese Orientierungen werden durch die pragmatische Einstellung noch verstärkt und ergänzt. Vor allem die Offenheit allen Vorstellungen gegenüber, die Antizipation zukünftiger Folgen für die Praxis, wenn man diesen Vorstellungen folgt, die bescheidene Fokussierung nicht auf endgültige Lösungen, sondern auf schlichte Verbesserungen gegenüber dem Ausgangspunkt und die Bereitschaft zur Verantwortungsübernahme für Worte und Taten, all das führt zu einer Haltung, die im Grunde durch die Spannung von Gelassenheit und Entschiedenheit gekennzeichnet werden kann. Diese Haltung des Supervisors kann dann auch stilbildend wirken und vergleichbare Haltungen der SupervisandInnen hervorrufen.

Eine solche supervisorische Kultur ist durch die Ausrichtung an folgenden Arbeitsregeln charakterisiert, wie sie für eine psychodramatische Bildungsarbeit generell typisch sind (*Buer* 2000b, S. 198):

- Zeigen und Mitansehen, was der Fall ist.
- Bereit sein, leidvolle und freudige Erfahrungen zu machen.
- Die Angelegenheiten von allen Seiten betrachten.
- Eindrucksvolle Bilder gestalten.
- Auf An-Sprüche der Szene hören, der inneren Stimme folgen.
- Den Geschehnissen Bedeutung geben und für die künftige Praxis Konsequenzen ziehen.
- Tun, was im Hier und Jetzt tatsächlich möglich ist.
- Die Führung übernehmen und die Initiative ergreifen.

# 3. Über die Reichweite der Psychodramatischen Supervision

Unsere Arbeit basiert nun auf einer Konnektierung

- des relevanten sozialwissenschaftlichen Wissens,
- der Philosophie, der Interpretationsfolien und der Praxeologie des Psychodramas mit seinen vielen Arrangements und Techniken. Dabei verstehen wir unter Psychodrama die gesamte Breite des Morenoschen Ansatzes (*Buer* 1999a; 1999b; *Hutter*

2000) wie seiner Konkretisierung für beratende und bildende Tätigkeiten (*Lammers* 1998; *Wittinger* 2000; *Buer* 2000b)
- und des damit kompatiblen speziellen supervisorischen Wissens.

Nachdem *Katharina Witte* in ihrem ersten Beitrag zentrale Dimensionen des psychodramatischen Ansatzes für die supervisorische Praxis plastisch vorgestellt hat, wird im Abschnitt über die „Speziellen Formen“ gezeigt, wie mit diesem Ansatz in den drei klassischen Formen der Supervision gearbeitet werden kann. In meinem ersten Beitrag über „Kurzzeitsupervision“ demonstriere ich zudem, wie und warum psychodramatisches Arbeiten in kurzer Zeit zu wesentlichen Ergebnissen gelangen kann. Auch wird hier der Wechsel von Gruppen- zu Einzelsupervision vorgeführt.

Beispiele für die Form der Einzelsupervision (oder Dyadische Supervision, wie ich sie lieber nenne) finden sich aber auch in den Beiträgen von *Witte* (→ Raum), *Buer* (→ PromovendInnen), *Geisler, Wegehaupt-Schneider* und *Wieck*. Über die Arbeit mit zwei SupervisorInnen berichte ich in meinem Text zur „Kurzzeitsupervision“.

Weitere Beispiele für die Arbeit in stranger groups über den Aufsatz von *Kieper-Wellmer* hinaus können Sie nachlesen bei *Witte* (→ Raum), *Schwitalla, Leuthner-Beller* und *Buer* (→ Kurzzeitsupervision).

Mein Beitrag zur „Organisationssupervision“ zeigt vor allem, wie wenig hier reaktiv und experimentell vorgegangen wurde, wie das sonst in der (selbsterfahrungsorientierten) psychodramatischen Arbeit üblich ist. Statt dessen habe ich hier nach einem gemeinsam verabredeten Plan stark gesteuert, dabei aber auf die indirekte Aktivierung unterschwelliger Tele-Strukturen besonderen Wert gelegt. Das Psychodramatische an dieser Arbeit zeigt sich also nicht am häufigen Einsatz der üblichen psychodramatischen Arrangements und Techniken, sondern vielmehr an der Kombination von formeller und informeller, d.h. soziometrischer, Steuerung.

Teamsupervision wird auch in den beiden Beiträgen von *Witte* und in dem von *Schwitalla* gezeigt, Organisationssupervison, also Supervision der gesamten Mitarbeiterschaft plus Leitung einer kleinen Einrichtung, vor allem auch bei *Cremer-von Brachel*. Die Form der Intervision oder Kollegialen Supervision wird kurz in meinem Beitrag über die „Methoden“ vorgestellt.

Im Abschnitt über die „speziellen Methoden“ gebe ich in meinem Beitrag über die Methoden zunächst einen umfassenden Überblick über die verschiedenen psychodramatischen Arrangements und Techniken, die in der Supervision von Bedeutung sind. *Wegehaupt-Schneider* fokussiert in ihrem Beitrag besonders auf den Einsatz dieser Methoden in der Einzelsupervision. *Witte* zeigt, wie im Modus des Experiments insbesondere mit präsentativen Symbolen gearbeitet werden kann. Das erleichtert vor allem die Einzelarbeit, kann aber auch in den anderen Formen eine eigenständige methodische Ergänzung darstellen. Auch *Geisler* zeigt in ihrem Beitrag die Arbeit mit Symbolen. In meinem Beitrag zur „Kurzzeitsupervision“ stelle ich zudem den Einsatz des Rollogramms gerade auch in der Einzelarbeit vor.

In meinem Aufsatz zu den „typischen Handlungsmustern“ wird neben der Entwicklung einer speziellen soziologisch-soziodramatischen Interpretationsfolie für Handlungsverläufe in Organisationen auch der soziodramatische Umgang damit gezeigt.

An den Anfang des Abschnitts über die „speziellen Felder“ habe ich den Beitrag von *Leuthner-Beller* gestellt. Sie zeigt detailliert, warum auch mit „Semiprofessionellen" supervisorisch gearbeitet werden sollte und wie das insbesondere mit psychodramatischen Mitteln geschehen kann. Die Unterstützung von Pflege- und Adoptiveltern gehört zum Sozialsektor, aus dem das Handbuch viele weitere Beispiele bereithält (→ *Witte* Raum, → *Witte* Symbolarbeit, → *Buer* Kurzzeitsupervision, → *Buer* Organisationssupervision, → *Wegehaupt-Schneider*, → *Wieck*). Der Beitrag von *Rütz-Lewerenz* zur Migrationsarbeit geht darüber hinaus und hat für alle Felder Bedeutung, in denen mit Menschen verschiedener Herkunft gearbeitet wird.

*Geisler* bezieht sich auf die Beziehungsarbeit im Gesundheitssektor. Weitere Fälle aus diesem Bereich werden bei *Witte* (→ Symbolarbeit) und *Buer* (→ Kurzzeitsupervision) vorgestellt.

In meinem Beitrag zur „Supervision mit PromovendInnen" wird gezeigt, wie Supervision gerade zur Absicherung der Statuspassage von jungen WissenschaftlerInnen, aber auch für den Umgang mit Probanden in der sozialwissenschaftlichen Forschung generell von Nutzen ist.

Während sich diese Beiträge in Feldern bewegen, in denen die Arbeit durch Non-Profit-Organisationen erledigt wird, zeigt *Schwitalla* den Einsatz der Supervision in Profit-Organisationen. Einzelne Beispiele aus diesem Bereich enthält auch *Witte* (→ Symbolarbeit). In diesem Feld ist Supervision auch oft in Maßnahmen der Personalentwicklung eingebunden (→ *Weiß*).

Fallbeispiele aus dem Pastoralsektor demonstriert *Witte* in ihren beiden Beiträgen. Die Arbeit mit LehrerInnen enthält mein Beitrag zur Kurzzeitsupervision (vgl. auch *Buer* 2000a). Auf die speziellen Erfordernisse in der supervisorischen Arbeit mit Frauen weisen vor allem *Witte* (→ Raum), *Kieper-Wellmer* und *Geisler* hin.

Im Abschnitt über „spezielle Fokussierungen" zeigt *Cremer-von Brachel*, wie in einer kleinen therapeutischen Einrichtungen die Konkretisierung eines Arbeitskonzepts mit einem Wandel der Arbeitsstile und der Einstellungen verbunden werden muss. *Weiß* führt vor, wozu und wie im Rahmen eines Trainingsworkshops eine supervisorische Passage eingebaut werden kann. Den Abschlussbaustein bildet die Arbeit von *Wieck*. Er weist auf, dass in jedem Supervisionsprozess Entscheidungen zu fällen sind. Er zeigt, welche Entscheidungstheorien für die Supervision geeignet sind und welche nicht und wie dann methodisch gearbeitet werden sollte. Damit hat *Wieck* auf eine zentrale Dimension der supervisorischen Tätigkeit hingewiesen, nämlich wie fachlich und ethisch begründet gehandelt werden kann. Der Fokus „Entscheidungsfindung" kann nun ein spezieller Auftrag in einer zeitlichen Drucksituation sein. Diese Dimension zieht sich aber durch alle Supervisionsprozesse und kann als ethische Dimension identifiziert werden. Dieser Beitrag ergänzt meine grundlegenden Reflexionen zum Thema (*Buer* 2000d) um psychologische Aspekte.

Dieser Überblick über die verschiedenen Beiträge des Handbuchs zeigt, wie mit diesem Ansatz in allen Formen, Feldern und Fokussierungen mit welchen Methoden weiterführend gearbeitet werden kann. Hier wird gehandelt und reflektiert, ausprobiert und gesichert, interveniert und abgewartet, ästhetisch gestaltet und begrifflich geklärt. Und das alles konkret, umfassend, ressourcen- und handlungsorientiert. Dabei geht es nicht um die „große Lösung", die nur im Kopf begeistert oder auf dem Papier gut aussieht, sondern um die nächsten Schritte, die allerdings tatsächlich auch gegangen werden, so banal sie auch sein mögen.

## Literatur

*Allert, T.* (1998): Braucht jede Profession eine Supervision? Soziologische Anmerkungen zum Supervisionsbedarf und zum Autonomieanspruch professioneller Tätigkeiten. In: *Berker, P., Buer, F.* (Hg.): Praxisnahe Supervisionsforschung. Münster, S. 16-45.
*Balint, M.* (1980): Der Arzt, sein Patient und die Krankheit. Stuttgart.
*Belardi, N* (1992): Supervision. Von der Praxisberatung zur Organisationsentwicklung. Paderborn.
– (1996): Supervision. Eine Einführung für soziale Berufe. Freiburg.
– (2002): Supervision. Grundlagen, Rechniken, Perspektiven. München.
*Berker, P., Buer, F.* (1998) (Hg.): Praxisnahe Supervisionsforschung. Münster.
*Buer, F.* (1997): Zur Dialektik von Format und Verfahren. Warum eine Theorie der Supervision nur pluralistisch sein kann. *OSC* 4, 4, 381-394.
– (1998): Zur Dialektik von Format und Verfahren. Oder warum es wichtig ist, durch Einführung ungewöhnlicher Begriffe Aufmerksamkeit zu erregen. Eine Diskussion mit Belardi und Fengler. *OSC* 5, 3, 269-286.
– (1999a) (Hg.): Morenos therapeutische Philosophie. Zu den Grundideen von Psychodrama und Soziometrie. Opladen.
– (1999b): Morenos therapeutische Philosophie. Ihre aktuelle Rezeption und Weiterentwicklung. In: *Buer, F.* (Hg.): Morenos therapeutische Philosophie. Opladen, S. 227-258.
– (1999c): Profession oder Organisation. Wem dient die Supervision? In: *Pühl, H.* (Hg.): Supervision und Organisationsentwicklung. Opladen, S. 70-103.
– (1999d): Lehrbuch der Supervision. Der pragmatisch-psychodramatische Weg zur Qualitätsverbesserung professionellen Handelns. Münster.
– (2000a): Psychodramatische Supervision in der Bildungsarbeit. In: *Wittinger, Th.* (Hg.): Psychodrama in der Bildungsarbeit. Mainz, 106-128.
– (2000b). Zur Theorie psychodramatischer Bildungsarbeit. In: *Wittinger, Th.* (Hg.): Psychodrama in der Bildungsarbeit. Mainz, S. 173-204.
– (2000c): Supervision als Ort moralphilosophischer Besinnung. Was auch in der Arbeitswelt entscheidend ist. *Supervision 4,* 4-20.
– (2001) Zukunft der Arbeit – Zukunft der Supervision. Was wir heute tun können – 60 Thesen. Supervision 4, 49-53.
*Geßner, A.*(2000): Coaching – Modelle zur Diffusion einer sozialen Innovation in der Personalentwicklung. Frankfurt.
*Gnegel, A., Wienemann, E.* (1997) (Hg.): Coaching für Frauen. Reihe PROJEKT Bd. 6 (Weiterbildungsstudium Arbeitswissenschaft an der Universität Hannover) Hannover.
*Heinrich, P., Schulz zur Wiesch, J.* (1998) (Hg.): Wörterbuch zur Mikropolitik. Opladen.
*Helle, H.J.* (1999): Verstehende Soziologie. Lehrbuch. München.
*Holloway, E.* ( 1998): Supervision in psychosozialen Feldern. Paderborn.
*Küpper, W., Felsch, A.* (2000): Organisation, Macht und Ökonomie. Mikropolitik und die Konstitution organisastionaler Handlungssysteme. Opladen.
*Neuberger, O.* (1994): Führen und geführt werden. Stuttgart.
– (1995): Mikropolitik. Der alltägliche Aufbau und Einsatz von Macht in Organisationen. Stuttgart.
*Petzold, H.* (1998): Integrative Supervision, Meta-Consulting & Organisationsentwicklung. Paderborn.
*Rappe-Giesecke K.* (1999): Supervision – Veränderung durch soziale Selbstreflexion. In: *Fatzer, G., Rappe-Giesecke, K., Loos, W.:* Qualität und Leistung von Beratung. Köln, S. 27-103.
*Regouin, W.* (1999): Supervision. Praxishandbuch für Pflege und Gesundheitsberufe. Wiesbaden.
*Scala, K., Grossmann, R.* (1997): Supervision in Organisationen. Weinheim.
*Schnarr, K.* (2000): Guter Rat ist teuer – Zum Supervisionsbedarf von RechtsanwältInnen. *Forum Supervision* 8, 15, 108-118.
*Schreyögg, A.* (1991): Supervision. Ein integratives Modell. Lehrbuch zu Theorie & Praxis. Paderborn.

*Stimmer, F.* (1982): Der Beitrag Morenos zu einer interaktionistischen Theorie der Institutionalisierung. In: *Helle, H.J.* (Hg.): Kultur und Institution. Berlin, S. 131-155.
*Vandermay, J., Peake, T.* (1980): Psychodrama as a Psychotherapy Supervision Technique. *Group Psychotherapy, Psychodrama and Sociometry* XXXIII, 25-32.
*Voß G.G., Pongratz, H.J.* (1998): Der Arbeitskraftunternehmer. Eine Grundform der Ware Arbeitskraft? *KZfSS* 1, 131-158.
*Wedekind, E.* (1986): Beziehungsarbeit – Zur Sozialpsychologie pädagogischer und therapeutischer Institutionen. Frankfurt.
– (2000): Grammatik der Beziehungsarbeit. Zur systemischen Vernetzung von Pflege, Sozialpädagogik und Psychotherapie. *Forum Supervision* 8, 16, 82-99.
*Wiener, R.* (1997): Creative Training. Sociodrama and Team-building. London.
*Wilkins, P.* (1995): A creative therapies model for the group supervision of counsellors. *British Journal of Guidance and Counselling* 23, 2, 245-257.
*Williams, A.* (1995): Visual & Acitive Supervision. Roles, Focus, Technique. New York.
*Wimmer, R.* (1992) (Hg.): Organisationsberatung. Neue Wege und Konzepte. Wiesbaden.

*Katharina Witte*

# Der Weg entsteht beim Gehen

## Raum, Zeit und Bewegung in der psychodramatischen Supervision

We make the path by walking
(*Robert Bly* in *Iron John*)

**Abb. 1: „Der Schlüssel der Freiheit", signiert unten links: Magritte**

Einer meiner Lieblingsmaler ist *Renée Magritte*. Was ich an ihm liebe, beschreibt *Bruno Ernst* in folgenden Sätzen sehr treffend:

„Der erste Blick auf die Bilder sagt uns: Das ist unmöglich. Doch dann beginnt der Verstand zu schwanken – eigentlich ist alles verrückt und absurd in unserem Dasein – und wir erleben die Seligkeit der Ausschaltung der Vernunft. Im Alltag sind wir gefangen in der Zwangsjacke der Vernunft, beim Betrachten der Bilder geben wir uns nach kurzer Zeit dem Vergnügen der zeitweiligen Befreiung von der Wirklichkeit hin.... Der urteilende Verstand nimmt Urlaub und wir taumeln entzückt in einer unmöglichen Welt umher" (*Ernst* 1986, S.64).

Nicht der Verstand, sondern der *urteilende* Verstand nimmt Urlaub. Dieser Zustand führt mich zu einer neuen Wahrnehmung von Wirklichkeit, die meine gelernten Sehweisen außer Kraft setzt. Er erreicht, dass ich durch die Gleichzeitigkeit mehrerer Wirklichkeiten zu meinen bisherigen Gewohnheiten von Sehen, Wahrnehmen und Einordnen Distanz bekomme und die bisherige Realität einer erneuten Prüfung unterziehe. Durch die Gleichzeitigkeit mehrerer Räume/Welten/Wirklichkeiten wird mein Blick geschärft für jeden einzelnen Raum und meine Bewegung in ihm. Auf was anderes zielt die Supervision?

Die Einbeziehung von Raum und Bewegung in die Supervision unterstützt die Loslösung von gelernten Sehweisen und die zeitweise Befreiung einengender Wirklichkeit. Der urteilende Verstand wird zurückgedrängt und erlaubt unbelastetes Wahrnehmen, Verstehen und Handeln. Wie bei den Bildern von *Magritte*. Dabei gehe ich von folgenden Thesen aus:

- Die Arbeit im Raum ist an erster Stelle eine körperliche Arbeit und erlaubt Wahrnehmungsmöglichkeiten, bevor der Verstand sie in Bekanntes einordnet.
- Das Sichtbar machen von Beziehungen in einem organisierten Raum erhöht die Beziehungsklarheit gegenüber der nur verbalen Beziehungsklärung.
- Die physische Bewegung in der Supervision induziert auch immer eine Bewegung des Verstandes.
- Die Bewegung der Teilnehmerinnen in Raum und Zeit setzt soviel Aktivität bei den Einzelnen und Interaktivität in der Gruppe in gang, dass die Verantwortung der SupervisandInnen gegenüber dem Prozess zunehmen und die Führungsrolle der Supervisorin abnehmen kann. Die SupervisandInnen entwickeln ein Eigeninteresse an Selbstforschung und Selbstveränderung.

## 1. Raum – Zeit – Bewegung

In der Psychodramatischen Supervision wird viel und selbstverständlich mit Zeit- und Raumwechsel gearbeitet. So selbstverständlich, dass mir, während ich diesen Text schreibe, erst wieder klar wird, wie wenig selbstverständlich das im allgemeinen Rahmen supervisorischer Arbeit ist. Daher möchte ich zu Anfang über ganz andere Zugänge den Blick auf einige Aspekte von Raum, Zeit und Bewegung lenken – gleich einem wandernden Scheinwerfer, der sich nirgends lange festhält – um einen neuen Blick auf das supervisorische Tun zu eröffnen. Ergänzen werde ich die Blicke um Assoziationen zur Supervision.

*Raum wird unterschiedlich definiert.* Für *Aristoteles* war der Raum ein Gefäß, ein Hohlraum, der umschlossen sein muß, damit er existiert. Raum ist damit endlich. Die Höhle oder die gerodete Waldlichtung als ein aus einem Nicht-Raum herausgearbeiteter Hohlraum ist für diese Sichtweise ein idealtypischer Raum (*Arnheim* 1983, S. 62). Raum in diesem ursprünglichen Sinn ist also nicht an sich vorhanden, sondern wird durch menschliches Handeln geschaffen. *Leibniz* hat Raum als „die Gesamtheit der Zusammenhänge zwischen Körpern" bezeichnet (*Ciompi* 1988, S. 217), also als das, was sich zwischen Dingen befindet: der immaterielle Zwischenraum. Und für *Giordano Bruno* existiert Raum erst durch Dinge in ihm. Raum ist für ihn ein System von Beziehungen zwischen Dingen oder Menschen. Raum muss nicht umschlossen, er kann unendlich sein (*Grütter* 1987, S. 83).

Wenn wir sagen, der Mensch bewegt sich im Raum, so gehen wir davon aus, dass der Mensch sich bewegt und der Raum feststeht. Doch Raum ist nicht subjektunabhängig, er bildet ein sich ständig veränderndes, subjektbezogenes Bezugssystem.

Während einer Supervision mit PastorInnen wirkte der Supervisionsraum wesentlich kleiner als bei einer gleich großen Gruppe von SozialpädagogInnen. Waren diese aber Kindertagesheimleiterinnen, so wirkte der Raum wiederum anders gefüllt als bei einer Gruppe von Erzieherinnen. Der Supervisionsraum verändert sich je nach Gruppengröße, Status, Geschlecht, Berufsgruppe, Sicherheit oder Unsicherheit der SupervisandInnen, je nach dem, ob es sich um einen Erstkontakt einer Gruppe oder um eine Auswertungssitzung handelt. Derselbe Raum kann einladend, offen oder abweisend wirken, er kann konzentrieren, Schwellenängste auf- oder abbauen, ruhig oder unruhig sein, je nach dem, welche Gruppe ihn nutzt.

*Zwischenraum* ist zum Erkennen von Objekten eine Notwendigkeit. Ohne ihn gibt es keine Wahrnehmung eigenständiger Körper. Der Zwischenraum spielt eine entscheidende Rolle für die Beziehung der Einzelelemente. Der Abstand zwischen den Körpern kann stimmig oder unstimmig sein. Ist er zu weit, verliert sich die Beziehung, ist er zu eng, verschmelzen die Körper (→ *Buer*, Einführung). Die Art des Zwischenraums wird bestimmt von den Kriterien Größe, Proportion und Form. Die Art des Zwischenraums kann als schützend oder bedrückend, Kontakt ermöglichend oder beängstigend wahrgenommen werden. Auffälligste Zwischenräume in der Architektur sind Straßen und Plätze. Die Häuser müssen, soll der Eindruck stimmig sein, in ihren Fassaden die Sprache der Straßen und Plätze sprechen und umgekehrt. Der Zwischenraum ist ein vollwertiges dreidimensionales Gebilde in der Architektur (*Grütter* 1987, S. 98ff.).

In Beratungssituationen muss der Zwischenraum zwischen Beraterin und Klientin ‚stimmen'. Ist er zu klein, verstrickt sich die Beraterin im Problem der Klientin, sie verschmilzt mit ihm. Ist er zu groß, verliert sich der Kontakt. Oft ist es erhellend, den Zwischenraum körperlich-räumlich sichtbar zu machen durch das Stellen der Personen.

Sozialpädagogische Familienhelferinnen z.B. sind leicht in Gefahr, zu wenig Zwischenraum zwischen sich und der Familie gestalten zu können. Da sie in die Räume der Familien gehen, sind sie oft in der schwierigen Situation, gar keinen Gestaltungsspielraum beim Zwischenraum zu haben. Da bietet es sich an, die Familienhelferin aufzufordern, sich und die Familie als Skulptur zu stellen. Wird der Zwischenraum dann vergrößert, ist immer eine Entspannung zu sehen und zu fühlen. Der Zwischenraum reagiert wie ein Medium auf die Sprache des Systems, reagiert auf laut, leise, raumgreifend, gestikulierend, aggressiv, depressiv.

*Zeit- und Raumvorstellungen und dazu gehörende Empfindungen* bilden sich aus der Aktion, aus der körperlich-konkreten Erfahrung. Dies gilt sowohl für die individuelle Entwicklung beim Kind als auch für die Menschheitsentwicklung. Die kognitive Erfassung von Raum und Zeit beruht auf der Verinnerlichung und Abstrahierung von früher ausgeführten Handlungen (*Ciompi* 1988, S. 216). Raum und Zeit werden durch Handeln, durch Bewegung in ihnen bestimmt. „Beide beruhen vorwiegend auf ausgeführten, beobachteten, verglichenen und in ganz bestimmter, aber unterschiedlicher Weise miteinander in Beziehung gesetzter Bewegungen: Die Zeit erscheint ... als Koordination von Bewegungen verschiedener Geschwindigkeit, während der Raum eine Koordination von Ortsveränderungen unter besonderer Berücksichtigung von Positionen, aber ohne Berücksichtigung des Geschwindigkeitsmoments darstellt" (*Ciompi* 1988, S. 216).

Für die Supervision heißt das: Je nach dem, wo die Supervisandin innerhalb eines szenischen Geschehens verortet ist, mittendrin, am Rande oder außerhalb, in der Vergangenheit, Gegenwart oder Zukunft, verändert sich der Raum des Geschehens und damit ihre Erkenntnis- und Handlungsmöglichkeit. Die psychodramatische Supervision bietet die Chance, diese Unterschiede räumlich und körperlich sichtbar und erfahrbar zu machen durch die Aufforderung an die sich mitten im Geschehen befindliche Supervisandin, sie möge sich an den Rand oder außerhalb des Geschehens begeben und von dort die Szene betrachten. Oder die Supervisorin bittet sie, sich an einen Ort der Zukunft zu begeben und von diesem Ort zurück auf die Gegenwart zu schauen. Auf die Frage, was ihr von dort auffalle – so die Erfahrung – ergibt sich *immer* eine veränderte Wahrnehmung der Gegenwart und daraus die Idee eines nächsten Schrittes. Die Aufgabe der Supervisorin besteht „im Arrangieren von geeigneten ZeitRäumen zur inneren und äußeren Klärung, für Veränderung und zur Aktivierung von Ressourcen" (*Bleckwedel* 1996, S. 2).

*Raum hat unterschiedliche Sinnesqualitäten. Bollnow* spricht vom Tagraum, von verdämmernden Räumen (bei Dämmerung, Nebel, Schneefall ...) und vom Nachtraum. Wir gehen in unseren alltäglichen Raumvorstellungen vom klaren, überschaubaren Raum des Tages aus. Der Tagraum ist primär ein Sehraum.

„Das Sehen hat in ihm die Führung, und die anderen Sinne, das Tasten und das Hören, treten nur ergänzend hinzu, während sie bei Nacht die Führung übernehmen und das Sehen zwar nicht ganz ausscheidet, aber doch bis auf einen geringen Rest zurückgedrängt wird. Daher liegt es nahe, den Anteil der einzelnen Sinne am Aufbau des Gesamtraums zu untersuchen und die ihnen entsprechenden Raumformen, den Sehraum, den Hörraum und den Tastraum zu unterscheiden" (*Bollnow* 1980, S. 214).

Der Tagraum ist in seiner ganzen Ausdehnung zu übersehen. Alle Körper sind eingegliedert in das Ganze des Raums. Dies ermöglicht zweckhaftes, zielgerichtetes Handeln. Diese Übersichtlichkeit geht im Nachtraum verloren. Der Nachtraum bedeutet zwar nicht das völlige Fehlen von Sichtbarkeit, aber diese ist auf einen kleinen Umkreis, auf Konturen, auf eine vage Nahzone begrenzt. Der Mensch muss weitgehend auf sichtbare Orientierung verzichten. Je unbekannter der Raum ist, desto tastender wird er sich bewegen, je bekannter die Gegend und der Raum, desto freiere, selbstverständlichere Bewegungen erlaubt er. Der Nachtraum verlangt, sich weitgehend ungesichert der Dunkelheit anzuvertrauen, er mobilisiert den Hör- und den Tastsinn, er motiviert das Entdecken ungeübter Qualitäten.. Er berührt den Menschen unmittelbarer als der Tagraum, er liegt quasi auf der Körperoberfläche auf, ist aber zugleich auch ein Schutz. Während der Tagraum verbunden ist mit gegenständlicher Erkenntnis, mit Denken und logischem Handeln, ist der verdämmernde und der nächtliche Raum eng mit der Gefühls- und Willensseite des Menschen verbunden.

Das supervisorische Setting des Sitzkreises könnte als der ‚Tagraum', die psychodramatische Bühne als der ‚Nachtraum' der Supervision bezeichnet werden. Es ist zunächst beunruhigend und verunsichernd für die Supervisandin, wenn sie den Tagraum ‚Sitzkreis' mit seiner Übersichtlichkeit und seinen darauf gegründeten Möglichkeiten verlässt und sich in den Nachtraum ‚Bühne' begibt, mit dem Gefühl des Preisgegebenseins und Nichtwissens, was der nächste Schritt bringt. „Erst wenn der Mensch auf die Orientierung in der hellen Welt des Tages verzichtet und sich der Dunkelheit anvertraut, kann diese sich in ihrem Wesen entfalten. Und dann erwachsen die tieferen Erfahrungen des den Menschen bergenden Nachtraums" (*Bollnow* 1980, S. 224). Es werden während der Szene auf der Bühne andere Sinne angesprochen und ungeübte Qualitäten erprobt und diese erweitern die Wahrnehmung und die Handlungsmöglichkeiten. Es entsteht die Chance, Situationen über Körperwahrnehmung zu erspüren anstatt hinzuschauen und aufzupassen und nachzudenken, wie wir es lebenslang gelernt haben. Dabei steigt eher unbewusstes Material auf als im Sitzkreis. Für die Supervisorin ist es wichtig, die Chancen/Gefahren zu kennen, um schützend/aufdeckend damit umzugehen.

*Menschen haben unterschiedlichen Raumbedarf.* Der Raumbedarf wird gemessen und bewertet nach den subjektiven Bedürfnissen/Empfindungen von Enge und Weite, nach dem Bedarf von Lebensspielraum. Eng ist, was die Entfaltung des menschlichen Lebens behindert, weit ist, was dem Menschen einen hinreichenden Entfaltungsspielraum öffnet. „Im Raum-nehmen und Raum-geben handelt es sich um das rivalisierende Verhältnis im menschlichen Entfaltungsdrang. In ihrem Raumbedarf stoßen die Menschen aufeinander und müssen sich den Raum teilen" (*Bollnow* 1980, S. 37). Dabei gibt es aber auch einen kulturspezifischen Aspekt von Raum- und Zeiterleben, Muster, die ungeahnt viele Feinheiten unseres sozialen Raum-Zeitverhaltens bestimmen. Beim Sprechen, Sitzen, Bewegen, Gestikulieren" lässt sich eine von Kultur zu Kultur verschiedene, typische räumliche Distanz zwischen Menschen beobachten, die üblicherweise von allen Beteiligten als angenehm empfunden und automatisch fast zentimetergenau eingehalten wird" (*Ciompi* 1988, S. 235). *Hall (1976)* unterscheidet dabei vier Raumzonen:

- die intime Zone: der Körperkontakt;
- die persönliche Zone: der direkte Kontakt zwischen zwei Personen und das Sprechen miteinander;
- die soziale Zone: es gibt keine direkte Kommunikation miteinander, aber auch kein Ignorieren;
- die öffentliche Zone: es gibt keinen Zusammenhang zwischen einzelnen Personen.

Die räumlich-zwischenmenschliche Beziehung ist ein kompliziertes System aus sich Nähern, Fliehen, Ausweichen, Umgehen, Zäune Auf- und Abbauen. Unterschiede im Raumbedarf gibt es nicht nur zwischen Kulturen, sondern auch zwischen Geschlechtern, sozialen Schichten und unterschiedlichen Status.

In einer Supervision, in der es um die Beratung einer scheuen, nicht sprechenden Jugendlichen mit der Erfahrung von sexuellem Missbrauch geht, arbeiten Supervisandin und Supervisorin lange an dem richtigen Abstand zwischen der Beraterin und der Jugendlichen. Mit zentimeterweiser Veränderung der Distanz versucht die Supervisandin bei der Gratwanderung zwischen notwendiger Distanz und möglicher Nähe den richtigen Abstand zu finden. Und Distanz und Nähe bezieht sich hier sowohl auf die messbare Entfernung zwischen beiden Personen als auch auf Körper- und Handhaltung. Bei dieser Suche gibt es keine Möglichkeit, verbal zum Ziel zu kommen. Dies geht nur durch wiederholtes Ausprobieren, Spüren, Identifizieren, Rückmelden und erneutes Erproben im Raum.

*Lineare Zeit und polyphone Zeit.* In bezug auf den Umgang mit Zeit lässt sich nach *Ciompi* zwischen monochronen und polychronen Kulturen unterscheiden.

„In monochronen Kulturen wird die Zeit vorwiegend als ein linear geordnetes, typisch sequentielles Nacheinander erlebt, das wie aufgereihte Perlen auf einer Schnur addiert und subtrahiert und deshalb auch ‚gewonnen' oder ‚verloren' werden kann. Das gesamte Leben ist durch Uhren genau reguliert. Planmäßigkeit und Pünktlichkeit haben einen entsprechend hohen Stellenwert. Wer wiederholt zeitliche Regeln verletzt, stört das ganze Getriebe empfindlich und wird bald untragbar. Ganz anders dagegen in polychronen Kulturen: Hier laufen viele Eigenzeiten, beziehungsweise Eigenaktivitäten, parallel und mehr oder weniger unabhängig neben- und miteinander. Statt einer Perlenschnur gleicht die Zeit eher einem vielstimmigen poliphonen Musikstück, aus welchem je nach Umständen bald diese und bald jene Einzelmelodie herausgegriffen und wieder fallengelassen wird" (*Ciompi* 1988, S. 238).

*Ciompi* beschreibt diese Kulturen am Beispiel von Nord- und Südländern und ihrem unterschiedlichen Umgang mit Zeit und ordnet den ersten eher den linkshirnig orientierten Denkmenschen, den zweiten den rechtshirnig orientierten Fühlmenschen zu. Bedenkt man, dass diese Unterscheidung eher eine grobe ist, dass darüber hinaus jeder Mensch in seiner Individualität sein eigenes Zeit-Raum-Muster hat, so ergibt sich daraus, dass das Verstehen eines Menschen das Verstehen seiner zeit-räumlichen Wirklichkeit voraussetzt.

Im Psychodrama wird die Zeit aus ihrem üblichen starren Rahmen der Linealität entlassen. Es gibt ein ständiges Miteinander von unterschiedlichen Zeiten und Räumen. Es gibt die Gegenwart der Supervisionssitzung, es kann die Vergangenheitsszene auf der Bühne geben und möglicherweise die Zukunftsszene als Realitätsprüfung. Jeder Augenblick, ob Gegenwart, Vergangenheit oder Zukunft, wird als real erlebt. „Die ‚Innenwelt' (der Supervisandin) wird als ‚Welt' in der ‚Zwischenwelt' der Gruppe konkretisiert" (*Bleckwedel* 1996, S. 2).

Ein Ausschnitt aus der Fallbesprechung einer Beratungssituation: Als die Supervisandin durch Nachfragen der Gruppe merkt, wie sehr sie in der Sicht auf die Klientin in ihrer eigenen Biografie gefangen ist, fordert die Supervisorin sie auf, mit Hilfe einiger Supervisionsteilnehmerinnen (Zeit-Raum der Supervisionssitzung) die erinnerte Szene ihrer Kindheit als Skulptur zu stellen (biografischer Zeit-Raum). Anschließend stellt sie dann mit Hilfe anderer Teilnehmerinnen eine Skulptur der Beratungssituation (beruflicher gegenwärtiger Zeit-Raum). Die Bewegung der Supervisandin zwischen Vergangenheit und Gegenwart wird zum Diagnoseinstrument und führt zu einer dritten Skulptur der *gewünschten* Beratungssituation (beruflicher zukünftiger Zeit-Raum). Die Bewegung zwischen diesen unterschiedlichen Zeit-Räumen ermöglicht das Sortieren und Verstehen und schafft die Möglichkeit veränderten Handelns.

*Bewegung erschließt Raum und Zeit.* Überall wo Menschen sich bewegen, bilden sich Wege und Pfade. Wege verbinden in der Regel Orte miteinander. Wege und Orte (als Zentren) sind Grundelemente jeder räumlichen Organisation. Wege sind gerichtet, haben Etappen und Ziele, die sie fassbar und messbar machen. Wege haben eine besondere Funktion zur Erschließung von Räumen. Die wirkliche oder mögliche Bewegung, die in jedem Weg impliziert ist, wirkt sich als eine ‚Eröffnung' von Räumen aus (*Bollnow* 1980, S. 96ff.).

Der Mensch hat verschiedene Möglichkeiten, sich auf diesen Wegen zu bewegen. Er bewegt sich vorwärts, auf ein Ziel hin. Er hält an, um auszuruhen, sich umzublicken, um vorauszuschauen oder zurückzublicken. Er entscheidet an einer Kreuzung, einen neuen Weg einzuschlagen. Er dreht sich um und kehrt zurück. Er weicht zurück, geht zielgerichtet oder auf Umwegen.

In der Regel bewegen wir uns, um vorwärtszukommen. Das Zurückweichen gibt der Bewegung eine moralische Dimension: Es bedeutet, das Ziel nicht zu erreichen.

Die aufgezählten Bewegungsformen zeigen, dass der Weg und die Bewegung auf ihm kein beliebiger zeitweiliger Aufenthaltsort sind, sondern eine Grundsituation des

Menschen in seiner Welt bezeichnen. Leben bezeichnen wir als Lebensweg, das Vorwärts und Zurück als Zukunft und Vergangenheit, Weg und Bewegung werden damit zu einem Ursymbol des menschlichen Lebens. Und Bewegung ist immer ein Handeln.

Deutlich wird das in der Supervision bei den unterschiedlichen Arten von Skalierungen im Raum, wenn sich die SupervisandInnen zwischen zwei Polen (Pol A: z.B. Minuspol oder Vergangenheitspol oder Gefahrenpol ... und Pol B: z.B. Pluspol oder Zukunftspol oder Sehnsuchtspol ...) hin- und herbewegen. Oft sind sie tief berührt, wenn sie durch das Abschreiten und Innehalten erfühlen und feststellen, wodurch sie sich behindern, ihrem gewünschten beruflichen Verhalten und Handeln näherzukommen.

## 2. Unterschiedlicher Umgang mit Raum, Zeit und Bewegung in der Supervision

Ich möchte jetzt an vier Beispielen aus der Supervision verdeutlichen, in welchem Maße Raum-Zeit-Bewegungs-Erfahrungen als zentrale Parameter für Handeln das Verstehen bei allen Beteiligten im Supervisionsprozess unterstützen können. Ich beschreibe und erläutere jeweils ein Beispiel aus den Formen Einzel-, Team-, Organisations- und Gruppensupervision.

### 2.1 Arbeit mit Symbolen im Raum in einer Einzelsupervision

Die Supervisandin, eine Pflegemutter, hat vor längerer Zeit kränkende Erfahrungen mit einer Pflegetochter gemacht, die ohne Abschied das Pflegeverhältnis beendet und ihre kleine Tochter bei der Pflegemutter zurückgelassen hat. Lange Zeit gab es keinerlei Kontakt zwischen den beiden. Jetzt geht es um die Rückführung des Kindes zu seiner leiblichen Mutter – der ehemaligen Pflegetochter – und in dieser Supervisionssitzung um die Notwendigkeit, um des Kindes willen wieder Kontakt aufzunehmen zu der Pflegetochter. Dieser Gedanke fällt der Supervisandin schwer. Sie ist immer noch voller Wut und wenn das Kind zur Vorbereitung der Rückführung die Mutter besucht, so werden bei der Übergabe des Kindes nur die notwendigen Worte ausgetauscht.
Mit Hilfe eines Symbols, das sie für die Pflegetochter aussucht, stellt sie den derzeitigen Abstand zwischen sich und der Pflegetochter dar. Sie wählt die maximal mögliche Entfernung auf der Bühne. In zentimeterweisem Vorrücken verringert sie während der Arbeit in der Sitzung die Abstände und prüft, was ihr mit dem jeweiligen Abstand an Gedanken, Gefühlen, Sätzen, Wörtern kommen.

Von ‚Kopf bis Fuß' ist bei diesem Vorgehen zu spüren, wo Blockade, wo Lähmung, wo Angst, wo Vorandrängen oder Zurückhalten sitzt. Körpersignale sind ein außerordentlich feinfühliges Diagnoseinstrument. Der Reichtum an Körperempfindungen und die Sprache von Körperhaltungen sind wichtige Ressourcen für Supervisandin und Supervisorin.

Die Supervisorin fordert sie auf, in einen Rollenwechsel zu der Pflegetochter zu gehen. In deren Rolle stellt sie fest, dass sie als Pflegetochter den ersten Schritt zur Normalisierung der Beziehung von der erwachsenen, erfahrenen Pflegemutter und Autoritätsperson erwartet.

Bei der Aufforderung, einen Rollenwechsel mit der Pflegetochter zu machen, kommt zuerst ein spontanes ‚nein'. Als die Supervisandin es dann doch probiert, helfen ihr die paar Schritte zum Platz der Pflegetochter sehr. Rollenwechsel ist immer ein Ortswechsel. Um sich einzufühlen, geht die Supervisandin an den Ort und in die Zeit des Ge-

genübers. Das erleichtert bzw. ermöglicht erst, in das Denken und Fühlen eines Menschen, der abgelehnt wird und spontan nur Fluchtgedanken auslöst, einzusteigen.

Doch trotz vielfachen Ausprobierens gelingt es der Supervisandin nicht, den passenden Abstand zu finden, immer ‚stimmt' etwas nicht, sie fühlt sich zerrissen. Die Supervisorin geht dem Gefühl des Zerrissenseins nach und fordert die Supervisandin auf, auch für sich selbst ein oder mehrere Symbole zu wählen, diese an ihren ‚nicht stimmigen' Ort zu legen und sich das von außen anzusehen. Bei der Kommentierung der Symbole findet die Supervisandin heraus, dass ihr Herz und ihr Verstand nicht am gleichen Ort liegen können, das Herz braucht noch einen größeren Abstand von der Pflegetochter als der Verstand. Sie legt die Symbole für Herz und Verstand an die für sie richtigen Orte und sofort ist die innerliche Unruhe weg, sie fühlt jetzt die ‚Erlaubnis', unterschiedlich zu denken und zu fühlen. Und kann daraufhin entscheiden: „Ich möchte ein Gespräch proben, das vom Verstand geleitet ist. Mein Herz möchte ich zur Zeit noch schützen."

Die Ambivalenz von Denken und Fühlen führt oft zu einer inneren Zerrissenheit, weil sie nicht bemerkt wird und nicht sein darf. Es kann eine Erlösung sein und zu einem inneren Annehmen führen, wenn die Ambivalenz sichtbar im Raum steht und damit als Realität erkennbar ist.

## 2.2 Arbeit mit Stühlen und Identifikation in einer Teamsupervision

Die Supervisionsgruppe ist ein Team von Frauen, die ehrenamtlich ein Notruftelefon gegen sexuellen Mißbrauch in einer Kommune aufgebaut haben. Ziel der Arbeit ist Beratung, Weitervermittlung der Betroffenen, Aufklärung und Öffentlichkeitsarbeit. Das Projekt beruht auf ehrenamtlicher Arbeit und hatte eine lange Entwicklungszeit. Die Angst vor den kommenden Anrufen lässt die Frauen die Supervision beginnen und die ersten Sitzungen sind bestimmt von Phantasien und dem Durchspielen möglicher Anrufe. Dann folgt eine Phase der gegenseitigen Versicherung (dürfen wir uns unterschiedlich stark engagieren, unterschiedliches Vertrauen zueinander haben, unterschiedliche Fachkenntnisse zeigen?) In der dritten Phase geht es um das Heraustreten in die Öffentlichkeit (Veranstaltungen durchführen, ein neues Faltblatt erstellen, Initiierung eines Berufsgruppentreffens ...) Hieraus ein Ausschnitt aus der Supervisionssitzung.

Die Frage ist: Wie ist unsere Außenwirkung? Was müssen wir in der Selbstdarstellung, beim Einladen zum Berufsgruppentreffen bedenken?

Die Supervisorin bittet die Gruppe, sich auf eine Seite des Raumes zu begeben und eine Bühne zu definieren. Aus wessen Perspektive wollen sie ihre Außenwirkung überprüfen? Als erstes wünschen sie sich die Sicht von Betroffenen. Die Supervisorin stellt einen Stuhl auf die Bühne. Jede geht ein- oder mehrere Male aus der dichten Gruppe heraus, setzt sich auf den einzelnen Stuhl, fühlt sich in eine Betroffene ein (zur Unterstützung nimmt sie eine bewusst gewählte Körperhaltung ein) und sagt, was ihr in bezug auf die Notrufgruppe wichtig ist. Bei diesem Vorgehen kommen erwartete und unerwartete Äußerungen, z.B.: Die Gruppe soll nicht so anonym bleiben; das Versprechen zur Schweigepflicht muss wiederholt benannt werden; die Beratung soll intim sein, kein Tribunal; es gibt ein Bedürfnis zu wissen, wer in der Gruppe ist; es wird eine Einladung erwartet, zur Beratung eine Freundin mitbringen zu können ... Anschließend wird in der Runde überlegt, was davon für ein neues Faltblatt brauchbar ist. Dann wiederholen sie dasselbe mit diversen Berufsgruppen (Ärzten, Lehrern, Erzieherinnen, usw.) Und trotz des jeweils selben Ablaufs sind die Einfühlungsergebnisse je nach Berufsgruppe verblüffend unterschiedlich.

Es ergibt einen Unterschied in den Ergebnissen, ob die SupervisandInnen, in der Runde sitzend, sich in Menschen außerhalb ihrer Gruppe einfühlen oder ob sie, wie im beschriebenen Beispiel, den engen Zusammenhalt der Gruppe verlassen und sich körperlich an einen anderen Ort begeben und von außen die Gruppe wahrnehmen und beschreiben. Die Einfühlung in die andere Rolle ist intensiver, die Wahrnehmung der eigenen Gruppe ist distanzierter und damit realitätsnäher (da der Blick von außen verstärkt wird).

## 2.3 Arbeit mit einem soziometrischen Arrangement in einer Organisationssupervision

In einer ev. Kirchengemeinde hat es einen Pfarrerwechsel gegeben. Der alte, sehr beliebte Pfarrer hat die Gemeinde ca. 25 Jahre geleitet, er pflegte einen bürgernahen, jovialen, schulterklopfenden Stil. Seine Nachfolgerin ist eine junge Pfarrerin, die die Gemeinde in einem anderen Stil leitet, nüchtern, ohne Traditionen, sie achtet auf ihre Arbeitsstunden und wird schnell zum Sündenbock für alles, was unbefriedigend läuft. In dieser Situation fragen Hauptamtliche und Presbyterium Supervision an, „um die Veränderungen aufzuarbeiten".

Die Supervision beginnt mit einem Streit zwischen Hauptamtlichen und Presbyterium darüber, wie viele Stunden der Supervision als Arbeitszeit abgerechnet werden können und lässt das Ausmaß der Kommunikationsstörung ahnen. Die beiden Supervisorinnen stoppen den zu der Zeit fruchtlosen Streit und bitten alle Beteiligten, sich in dem sehr großen Raum so zu verteilen, dass alle zueinander den Abstand haben, der zur Zeit für jede und jeden stimmig ist für die Erfüllung der Aufgaben. Es entsteht viel Bewegung im Raum, es wird kaum mehr geprochen und einige experimentieren lange, bis der Standort für sie stimmt. Dann bekommen alle die Aufforderung, *die* Person anzusprechen, die am nächsten steht und diese Nähe in einem Satz zu erläutern und in einer zweiten Runde den/diejenige, zu der die größte Distanz besteht und diese ebenso mit einem Satz zu begründen.
Damit sind die Themen, die untereinander geklärt werden müssen, klar und konkret benannt.

Der Streit über die anzurechnenden Arbeitsstunden muss ohne Frage geführt werden. Doch an dieser Stelle begann er sich zu einem nicht zu Ende kommenden Stellvertreterstreit auszudehnen. Die körperliche Aufteilung im Raum, die spürbare und sichtbare Nähe und Distanz untereinander machte es den SupervisandInnen möglich, sich auf konkret erfahrenen Ärger/Enttäuschung/Kränkung zu besinnen und diese zu äußern. Ein weitergehender Schritt könnte sein, die Sätze zueinander durch entsprechende Körperhaltungen zu unterstützen bzw. zu intensivieren.

Zu einem späteren Zeitpunkt werfen die Hauptamtlichen der Pfarrerin vor, viele Rituale, die in der Gemeinde üblich waren, zu übersehen oder nicht wertzuschätzen. Es wird deutlich, dass die Abschiedsarbeit vom alten Pfarrer nicht ausreichend geleistet worden ist.

Die Supervisorinnen teilen einen Teil des Raumes – der nicht zum ‚Heute' gehört – mit einem Klebestreifen ab: der Raum des alten Pfarrers. Diejenigen Mitarbeiter, die lange mit ihm gearbeitet haben, werden aufgefordert, ein Symbol für ihn auszuwählen und in diesen Raumteil zu legen. Sie wählen eine Waage (für seine Ausgeglichenheit) und einen rauhen Stein („er war auch ein Reibeisen"). Dann bitten die Supervisorinnen alle MitarbeiterInnen, auf einem Zettel zu notieren, was sie mit dem alten Pfarrer verloren haben, nacheinander in diesen Raumteil zu gehen, ihren Abstand zum alten Pfarrer zu finden und laut und vor ‚Zeugen' zu benennen, was auf dem Zettel steht (da kommt auch überraschend viel Kritisches), den Zettel in diesem Raumteil zurückzulassen und in einem langsamen, bewussten Gang, mit Stopps unterwegs, zurück zum ‚Heute' zu gehen. Einige machen diesen Gang sehr schnell, einige nehmen sich viel, viel Zeit und sind sichtlich berührt.

Die Wahl von Gegenständen als Symbole für den alten Pfarrer weiten die Wahrnehmung von ihm: Von der einseitigen Idealisierung zur Differenzierung. Der ohne Nachdenken gewählte rauhe Stein erschließt in der Verbalisierung einen bisher nicht genannten Blickwinkel (Reibeisen) und öffnet damit die Tür für einen realistischen (nämlich begeisterten *und* kritischen) Blick auf die zurückliegenden Jahre. Der Weg durch den Raum wird dadurch, dass es kein vorgestellter, sondern ein aus vielen tatsächlichen Schritten bestehender ist, zu einem nachfühlbaren Gang durch die Zeit in die Vergangenheit und zurück in die Gegenwart. Es kann tatsächlich nachgeholt werden, was damals nicht möglich war oder versäumt wurde: Sich zu lösen von dem Alten und sich neuen Möglichkeiten zuzuwenden.

Erst nach diesem Akt des Abschieds ist es machbar, mit den SupervisandInnen ein neues (Wunsch)Soziogramm zu erarbeiten, d.h. jetzt ist es ihnen überhaupt erst möglich, Wünsche aneinander zu äußern. Fast alle MitarbeiterInnen entwickeln eine unterschiedliche bildhafte Idee, wie sie sich die Kooperation unter den Hauptamtlichen, innerhalb des Presbyteriums und beider Statusgruppen (Haupt- und Ehrenamtliche) zueinander wünschenswerterweise vorstellen und stellen diese Vorstellungen als lebende Raumbilder. Die beiden Bilder, in denen sich die meisten Mitarbeiter wiederfinden, werden als Skizzen an einer Wandzeitung festgehalten und jetzt kann die Diskussion darüber beginnen, was sich in der Gemeinde ändern muss – strukturell und im Verhalten der Mitarbeiter –, damit das Bild Realität wird.

Der Körper weiß mehr als der Verstand. Ebenso wie die Mitarbeiter, im Realsoziogramm stehend, plötzlich sagen konnten, was sie aneinander störte, können sie jetzt, im Wunschsoziogramm stehend, spüren, was an Verhalten und Struktur geändert werden muss um zu einer befriedigenden Zusammenarbeit zu kommen. „Soziometrie mißt das, was verbindet, und mißt Veränderungen im Verbindenden. Als Entwicklungsinstrument erstellt sie Karten der kontinuierlich in Bewegung befindlichen emotionalen Beziehungen" (*Williams* 1994, S. 219).

## 2.4 Die Arbeit mit Skalierung und Rollenspiel in einer Gruppensupervision

Die Supervisionsgruppe ist eine Gruppe von Sozialberaterinnen aus verschiedenen Dienstleistungszentren. Alle Teilnehmerinnen sind langjährig tätig in der Arbeit mit alten Menschen. In der Mitteilungsrunde zu Beginn der Sitzung benennen mehrere das Gefühl der Erschöpfung und des Ausgebrannt-Seins. Alle sind berührt von dem Thema und einigen sich darauf für die heutige Sitzung. Die Supervisorin fordert die Gruppe auf, das Schlagwort ‚ausgebrannt' zu konkretisieren und zu differenzieren: Was heißt das für jede konkret?

Dann wird auf der Bühne eine Linie markiert, von ‚ich kann nicht mehr' bis ‚da ist Kraft und Lust'. Die Supervisandinnen gehen nacheinander auf die Bühne und ordnen ihre Begriffe mittels Symbolen auf der Skala ein: Sichtbarmachen des Ist-Standes.

Es ist immer wieder überraschend, welche eindeutigen Gefühle bei SupervisandInnen entstehen, wenn sie sich einen Ort auf der Skala suchen. „Solange man sich noch nicht selbst auf solch einer Linie plaziert, weiß man noch nicht, wo man auf dieser Linie steht" (*Williams* 1994, S. 228). Aber wenn eine dann ihren Platz auf der Skala sucht, weiß sie zentimetergenau, wo der richtige Platz ist.

Dann fragt die Supervisorin, welche der Begriffe die Supervisandinnen auf der Skala verändern möchten und fordert auf, es zu tun. Viele der Symbole ‚fliegen' in Richtung Pluspol und diese dynamische Bewegung im Raum macht allen schlagartig deutlich, welch einen hohen Anspruch sie an sich und die Arbeit haben. Entspanntes Lachen.

Die Bewegung im Raum ist die Deutung. Es braucht keiner zusätzlichen sprachlichen Reflexion mehr.

Dann macht eine der Supervisandinnen den Vorschlag, sie sollten doch realistisch sein und jede *einen* Begriff *einen* Schritt vorwärts legen. Dies wird getan und dann klärt jede die Frage mit Hilfe der Gruppe: Was muss ich tun, damit dieser Schritt Realität werden kann im Berufsalltag?

Das entspannte Lachen hat Distanz und Erkenntnis gebracht. Und deshalb ist es möglich, selbstverantwortlich einen Gruppenweg aus der Krise von Selbstüberforderung zu finden.

Eine der Supervisandinnen, in deren Arbeitsstelle es zur Kultur gehört, dass trotz großer Hektik alle Bürotüren ständig offen stehen, hat als Schritt voran gewählt: Eine Stunde täglich die Bürotür zuzumachen und ein Schild davor zu hängen: Nicht stören. Sie fürchtet aber, nicht in der Lage zu sein, dieses durchzusetzen. Die Supervisorin bittet sie nochmals auf eine neu definierte Bühne. Während eines Rundgangs auf der Bühne fokussiert die Supervisandin ihren Wunsch dahingehend, dass sie auf der nächsten Dienstbesprechung ihre Kolleginnen und die Zivis darüber informieren möchte. In Andeutungen baut sie die Situation der Dienstbesprechung auf, wählt Gruppenteilnehmerinnen in die Rollen ihrer Kolleginnen und beschreibt deren Persönlichkeiten. Dann folgt ein Rollenspiel der Dienstbesprechung, in der die Supervisandin ihre Absicht benennt. „Viel zu zaghaft, das kommt nicht an", ist das Rollenfeedback der Kolleginnen. Eine der zuschauenden Gruppenteilnehmerinnen bekommt Lust, einen Versuch zu wagen. Sie übernimmt die Rolle der Supervisandin und spielt ein gelungenes Modell, das die Protagonistin dann im Nachspiel überzeugend übernehmen kann.

Erst durch das Ausprobieren und die Rückmeldung aus den beteiligten Rollen wird deutlich, wo die Schwächen liegen. Hätte die Supervisandin sich diesen Schritt nur vorgenommen und nicht ausprobiert im Schutzraum der Sitzung, das Vorhaben wäre mit Sicherheit gescheitert. Die zuschauende Teilnehmerin, keinesfalls lauter oder durchsetzungsfähiger als die Supervisandin, bekam durch die Distanz des Zuschauens den Impuls für ihr Vorgehen in der Szene und macht für sich selbst ebenfalls eine wichtige Erfahrung, sich im Modell einer anderen Teilnehmerin durchsetzen zu können.

## 3. Exkurs: Das pychodramatische Konzept der Supervision anhand der Handlungstheorie Morenos

Die Arbeit mit Raum, Zeit und Bewegung hat für mich seine theoretische Grundlage im Psychodrama. Deshalb möchte ich an dieser Stelle die Handlungstheorie *Morenos* erläutern, die auf der Triade aus Spontaneität, Kreativität und Konserve beruht (*Buer* 1999, S. 112f.). Dies ist auch die Basis meines Supervisionskonzeptes.

*Handlung* ist für *Moreno* eine Einheit aus physischen (sinnlich-praktischen), psychischen (gefühlshaften) und mentalen (intelligenten) Funktionen. Das Ziel einer Handlung ist die Bewältigung von Situationen. *Moreno* legt dabei die Fähigkeit des Menschen zugrunde, zielgerichtet und schöpferisch tätig zu sein, sich von einer Ist-Lage in eine gewünschte Soll-Lage zu bringen unter Einbeziehung früher gemachter Erfahrungen. Hierfür ist Spontaneität und Kreativität und das 'Konservieren' des Erarbeiteten vonnöten (*Zeintlinger* 1981, S. 147ff.).

**Abb. 1: Handlungskreislauf**

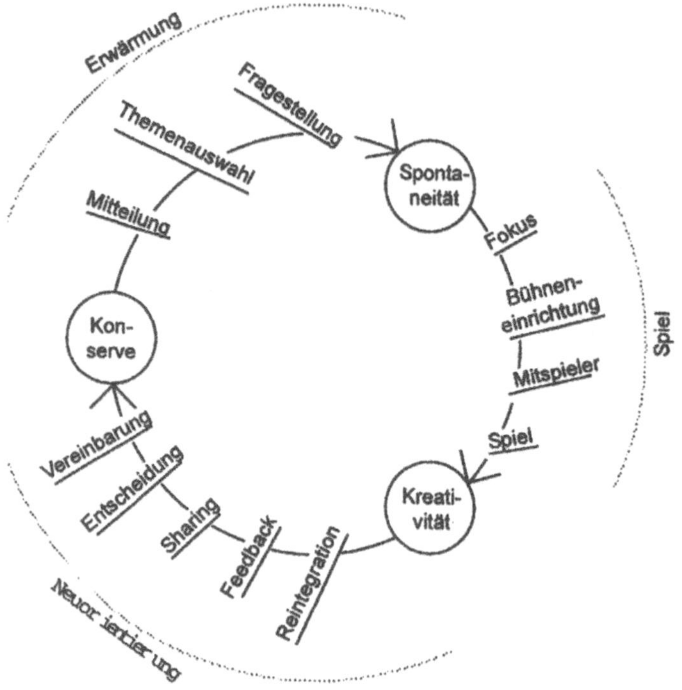


*Spontaneität* (von lat. sua sponte = aus sich selbst, von innen heraus) ist der Impuls zum Tätigwerden. *Moreno* nennt die Spontaneität eine „nicht konservierbare Energie“, „in der Gegenwart wirksam“, im Moment des Entstehens schon verbraucht. „Während die Kreativität auf die Handlung bezogen ist, bezieht sich die Spontaneität auf die Erwartung zur Handlung, auf die Bereitschaft zur Tat“ (*Moreno* 1967, S. 439). An anderer Stelle nennt *Moreno* die Spontaneität einen „Katalysator“, also einen Vermittler zwischen verschiedenen Elementen, hier ist es der Vermittler zwischen Ausgangssituation und Kreativität. Die spontane Haltung ist allerdings nicht aus dem Stand heraus zu erbringen, sie braucht eine *Erwärmung*.

Diese kann sich möglicherweise schon durch das Setting Supervision ergeben. Gerade für supervisionsungewohnte Gruppen oder Personen ist allein die Tatsache der Supervisionssitzung schon so anregend, weil fremd, dass die notwendige Erwärmung zum Entstehen der Spontaneität ohne weiteres Zutun entsteht. In anderen Gruppierungen entsteht sie durch das gegenseitige Mitteilen, in der Auswahl eines Themas und Wahl der Protagonistin oder in der Hinführung auf die Fragestellung.

*Kreativität* ist für *Moreno* zentraler Teil menschlichen Verhaltens. Sie ist die Fähigkeit, neue und der Situation adäquate Leistungen zu produzieren, aus einer Problemsituation heraus eine Lösung zu entwickeln. ‚Neu‘ heißt dabei nicht ‚noch nie dagewesen‘, sondern das Erkennen, Verknüpfen, Ergänzen von unterschiedlichen Ideen, Techniken, Konzepten, Einzelteilen zu einem neuen Ergebnis. Beziehungen herzustellen aus bisher Unbezogenem, Informationen aus bisherigen Bedeutungsmustern herauszulösen und neu zu strukturieren, Dinge frei von ihren bekannten Funktionen wahrzunehmen und dadurch andere Nutzungsmöglichkeiten zu entdecken ... Das alles sind kreative Fähigkeiten, die zu einem neuen Erfassen der Wirklichkeit führen.

In der Supervision sind der Gang auf die Bühne, das Einrichten der Szene und die Auswahl und Einführung der Mitspielerinnen in ihre Rollen die Vorbereitungen der Bühnenhandlung, in der die benannten kreativen Fähigkeiten zum Zuge kommen. Im Anschluss an die Bühnenhandlung braucht die Protagonistin Unterstützung für die *Reintegration* in die Gruppe, Unterstützung beim Raum- und Zeitwechsel in die Gegenwart der Supervision und die Wiederaufnahme in die Dynamik der Gruppe. Hierbei helfen *Rollenfeedback* und *Sharing,* das ist ein Mitteilen ähnlicher Erfahrungen durch die Gruppenmitglieder.

*Kulturkonserve.* Wenn diese schöpferischen Produktionen der Kreativität von Dauer sein sollen, dann müssen sie in Bestehendes eingebunden werden. Hiermit werden sie nach *Moreno* zur Kulturkonserve. Diese ist das vollendete Produkt oder die erworbene Handlungs- und Verhaltensqualität.

„Kulturkonserven dienen zur Erhaltung der Errungenschaften menschlicher Vergangenheit und ermöglichen die Weiterentwicklung des kreativen menschlichen Egos. Ohne sie müßte der Mensch Tag für Tag gleiche Reaktionen auf gleiche Situationen in spontaner Weise hervor bringen ... Sie garantiert den Errungenschaften menschlicher Existenz aber nicht nur die nötige Kontinuität, sondern spielt eine noch bedeutendere Rolle in der Ausrichtung neuer Spontaneität auf neue Kreativität hin" (*Moreno* 1967, S. 440).

Die Konserven kennzeichnen unsere Kultur und sichern ihre Weiterentwicklung, indem sie immer wieder aufs Neue den Handlungskreislauf anregen: Konserve ⇒ Spontaneität ⇒ Kreativität ⇒ Konserve ⇒ Spontaneität ⇒ ....

**Abb. 2: Wiederholter, erweiterter Handlungskreislauf**

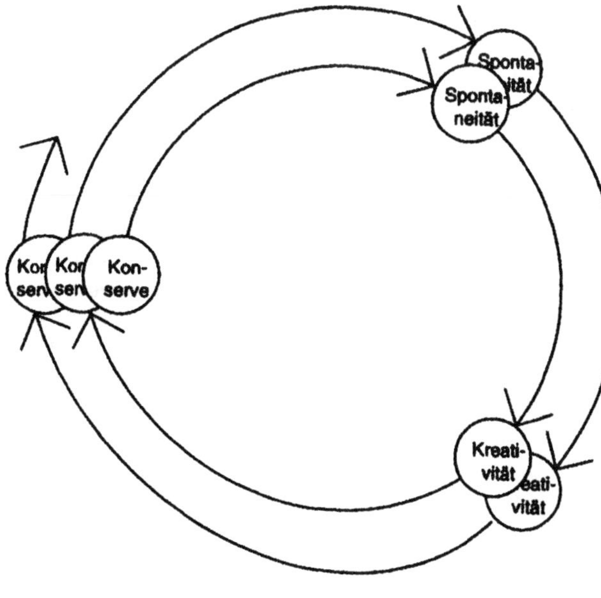

In der Supervision ist dies die Phase der Neuorientierung und der Absicherung durch die Frage: Wie kann dieses neu erkannte, neu erprobte Verhalten und Handeln Eingang finden in das berufliche Alltagshandeln? Welche Vereinbarungen müssen getroffen werden, welche Hilfe braucht die Supervisandin? Und in der nächsten Supervisionssitzung folgt die Überprüfung: Hatte das Neue Bestand? Und wenn nein, warum nicht? Damit wird eventuell eine erneute Runde des Handlungskreislauf eingeläutet (*Buer* 1999, S. 114, 117).

Konkretisieren möchte ich dieses Konzept am zuletzt beschriebenen Beispiel, der Supervision mit Sozialberaterinnen, auch wenn dieses (oder gerade deshalb) kein Beispiel eines klassischen psychodramatischen Spiels ist:

| **Supervisionsablauf** | **Phasen des Handlungskreislaufs** | **Phasen des Supervisionskonzepts** |
|---|---|---|
| Sozialberaterinnen, langjährig tätig in der Sozialberatung von alten Menschen.<br>Gefühl des Ausgebrannt-Seins | mitgebrachte, bisherige Konserve | Ausgangssituation<br>Aktivierung der Konserve Themensammlung durch Mitteilung |
| Alle sind berührt von dem genannten Thema und einigen sich darauf für die heutige Sitzung | Erwärmung | sich einigen auf ein Thema |
| Aufforderung, das Schlagwort „ausgebrannt" zu konkretisieren und zu differenzieren: Was heißt das für jede konkret? | Spontaneität | Fokus herstellen<br>genaue Fragestellung entwickeln |
| Die Supervisorin markiert auf der Bühne eine Skala von ‚ich kann nicht mehr' bis ‚da ist Lust und Kraft'. Die Supervisandinen gehen abwechselnd auf die Bühne und ordnen ihre Begriffe mittels Symbolen auf der Skala ein: Sichtbarmachen des Ist-Standes.<br>Dann legen die Supervisandinnen jeweils einen ihrer Begriffe einen Schritt in Richtung Pluspol und klären: Was muss ich tun, damit dieser Schritt Realität werden kann? | Kreativität | Bühne definieren<br>Bühne einrichten<br>Rollenwahl und Rolleneinführung<br>Spiel/Handlung |
| Rückmeldungsrunde: Wie haben sie sich gegenseitig erlebt? | | Reintegration<br>Rollenfeedback<br>Sharing |
| Absicherung: Was muss ich tun, damit dieses neue Erleben Bestand hat, in meinen Berufsalltag eingehen kann? | Sicherung der erweiterten Konserve | Neuorientierung<br>Vereinbarung<br>eventuell neue Spielrunde zur Absicherung oder zum Üben einer anderen Variante |
| Die Befürchtung, sich gegenüber dem Team nicht durchsetzen zu können | Aktivierung der Konserve | Überprüfung der Realisierungschancen |
| Der Wunsch, die Durchsetzung zu üben | Erneutes Erwachen von Spontaneität | Wunsch fokussieren |
| Rollenspiel ‚Dienstbesprechung' | Kreativität 2. Teil | Szeneneinrichtung, Rollenwahl, -einführung, Bühnenhandlung |
| usw. | | |

# 4. Die Bedeutung einzelner wichtiger Elemente der Organisation von Raum, Zeit und Bewegung

Nach diesem Exkurs möchte ich jetzt – in Rückgriff auf die beschriebenen Beispiele – einzelne Elemente des Supervisionskonzeptes in ihrer Bedeutung für das supervisorische Handeln in Raum, Zeit und Bewegung hervorheben. Und ich möchte verdeutlichen, welche Rollen und Aufgaben die Supervisorin als Organisatorin des Raum-Zeit-Erlebens dabei hat.

## 4.1 Ortswechsel: Vom Sitzkreis zum Bühnenraum

In den beschriebenen Beispielen kommt es mehrfach vor, dass der Ortswechsel ein wesentlicher Impuls ist, sich einzulassen auf die jeweilige Fragestellung (siehe Beispiele Notruf, Kirchengemeinde, Drogenberatung).

Aufstehen und gehen. Der Moment des Aufstehens ist die Entscheidung, sich einer neuen Erfahrung zuzuwenden, sich in eine Ungewissheit zu begeben, den ‚Nachtraum' zu betreten. Es kommt etwas in Bewegung. Ist das Aufstehen die Entscheidung, so ist der Ortswechsel die Vorbereitung auf das Kommende. Der Weg vom Sitzplatz zur Bühne, zum Handlungsraum hat die Aufgabe, weg von der Gegenwartswelt hin zum noch ungewissen Erleben zu führen. Ich wünsche mir oft, ich hätte mehr Platz in den Arbeitsräumen, so dass dieser Weg länger würde. Denn jeder Schritt, jeder Meter Distanz erhöht die Bereitschaft voran zu gehen und verunmöglicht die Umkehr (siehe Beispiel Kirchengemeinde). Der Architekturanalytiker *Grütter* (1987, S. 182) beschreibt viele Beispiele von Wegführungen in sakralen Anlagen, bei denen der Weg von der Außenwelt bis zum Tempel, Heiligtum .. bis zum Mittelpunkt der Anlage spiralförmig ist oder mehrfach in Windungen wieder ein Stück zurückführt um sich erneut dem Ziel zuzuwenden. Diese künstliche Ausdehnung des Weges soll die Vorbereitung auf das Kommende intensivieren. Im Psychodrama gibt es ein Ritual, das diesem Vorgehen ähnelt: Wenn der Protagonistin noch unklar ist, worauf sie den Fokus ihrer Bearbeitung legen will, macht die Leiterin mit ihr einen Spaziergang im Kreis – um den kostbaren Prozess des Ortswechsels zu verlängern (siehe Beispiele: Sozialberaterinnen, Pflegemutter).

Ich möchte drei wesentliche Aufgaben des Weges vom Sitzplatz zur Bühne festhalten:

- Klärung des Fokus
- Hilfe beim Wechsel von einer örtlichen und zeitlichen Realität (der Supervisionssitzung) zur anderen (Ort und Zeit der Szene)
- Vorbereitung für den Rollenwechsel.

Wenn die Supervisorin während einer Konfliktklärung zwischen zwei Teammitgliedern z.B. dazu auffordert, jede solle sich einmal in die Rolle der anderen einfühlen, ist die Gefahr groß, dass beim Verbleiben im Sitzkreis sich eine verweigert (‚mir fällt nichts ein'), da die Nähe zum Alltag, zu den Minuten zuvor zu verführerisch ist und träge macht. Gehen beide jedoch auf die Bühne und nehmen dort einen neuen Platz ein, ist die Bereitschaft zum Rollentausch ziemlich sicher.

In einer Fallbesprechung kann die Supervisorin im Sitzkreis alle auffordern, sich in die Klientin einzufühlen. Das mag den meisten Teilnehmerinnen möglich sein, für die Falleinbringerin selbst ist es schwierig, da sie körperlich/räumlich/zeitlich identisch bleibt mit der Rolle der Falleinbringerin. Nach einem Ortswechsel auf die Bühne gelingt dies immer. Der Ortswechsel ermöglicht den Zugang, die Situation auf der Bühne schafft eine kreative Konzentration – bei Mitspielerinnen *und* Zuschauerinnen.

## 4.2 Der Bühnenraum

Es ist wichtig, dass ein Teil des Raumes im Bewusstsein aller als Bühnenraum markiert wird, frei von allen persönlichen Sachen, die zum Format Supervision gehören. Dieser Bühnenraum gibt die Erlaubnis zum Experimentieren. Der harte Griff der Realität, das Festhalten am Gewohnten lockert sich. Das Einrichten dieses Raumes mobilisiert Gefühle und Erinnerungen. Jede kennt das: Längst Vergessenes kann über Gerüche, Farben, Formen, Gegenstände, Räume wieder auftauchen und diese leiten wie ein roter Faden zu weiteren Erinnerungen. *Reinhard Krüger* beschreibt ein eindrückliches Beispiel dafür, das ich zitieren möchte, auch wenn es aus einer therapeutischen Situation stammt.

„Eine Teilnehmerin – Ingrid – beschreibt ihre Großmutter. ‚Wenn ich kam, hat sie mich immer verwöhnt.‘ Der Therapeut: ‚Wo treffen Sie sie?‘ Ingrid wird unsicher. Sie kann sich an die Wohnung der Großmutter nicht mehr erinnern. Der Therapeut: ‚Sie sagten, die Großmutter hat sie immer verwöhnt – womit?‘ Ingrids Augen leuchten auf: ‚Ach, wenn ich kam, hatte sie immer eine Limonade für mich. Die holte sie aus dem Kühlschrank!‘ Der Therapeut: ‚Stellen Sie den Kühlschrank einmal auf. Nehmen Sie diesen Stuhl dafür.‘ Er reicht Ingrid einen Stuhl. ‚Wo kamen Sie denn in den Raum hinein?‘ Ingrid erinnert sich jetzt wieder, dass sie von der Eingangstür immer gleich zum Kühlschrank gelaufen war, um die Limonade zu holen. Sie setzte sich dann an den Tisch in der Küche und durfte dort die Limonade trinken. Die Großmutter saß auf ihrem Platz daneben. Tische und Stühle werden aufgebaut....Der Therapeut: ‚Wo sind die Fenster in der Küche und wo ist die Tür?‘ Ingrid weist an die gegenüberliegende Wand: ‚Da konnte man in den Garten meiner Großmutter sehen. Im Sommer gab es da eine Hecke voller riesengroßer Himbeeren.‘ Die Tür wird mit zwei Kissen räumlich markiert. Ingrid selbst steht draußen vor der Tür des Hauses. Sie ist fünf Jahre alt. Ihr Vater hat sie mit dem Auto gebracht und will sich von ihr verabschieden. Das Spiel kann beginnen“ (*Krüger* 1997, S. 87).

Die Raumaneignung bedarf eines Loslassens des Gedankens „ich weiß nicht mehr“. Dies geschieht im Herumgehen und Einrichten und dieses mobilisiert eine „vagabundierende Wahrnehmung“ (*Zacharias* 1989, S. 68), die alles, was sie streift, auf Brauchbarkeit überprüft. Die Bewegung im Bühnenraum bringt die Protagonistin in einen mit allen Sinnen erforschenden Zustand. Dies braucht Zeit. Es gibt eine Faustregel für psychodramatische Arbeit: Je kürzer die Zeit zur Bearbeitung, um so sorgsamer ist die Szeneneinrichtung zu begleiten, denn eine gut eingerichtete Szene kann den Verstehens- und Erkenntnisprozess verkürzen. Denn das Einrichten ist schon ein Sortieren, ein Übersichtgewinnen, ein „Aufräumen“ (siehe Beispiel Kirchengemeinde). Der szenische Raum wird dadurch zum verständlichen Raum. Ordnung schafft Raum, Unordnung dagegen vermindert den Raum, schafft Desorientierung. „Raum wird durch menschliche Ordnung geschaffen und geht verloren durch menschliche Unordnung. ... Einräumen und Aufräumen sind daher Formen der Organisation des menschlichen Lebensbereichs, in dem Raum für eine zweckmäßige Tätigkeit geschaffen wird" (*Bollnow* 1980, S. 37). Die Supervisandin richtet einen Raum ein, den sie erfahren hat und in der Verbindung mit ihrer Erfahrung wirkt er für sie real, so provisorisch und unzureichend die vorhandenen Gegenstände zur Bestückung des Raumes auch sein mögen. „Die innere Landschaft ist der Niederschlag szenisch erfahrener Orte. Sie steht uns als Landkarte zur Verfügung. Wir bewegen uns in der szenischen Vielfalt der Orte, der Landschaft drinnen wie draußen" (*Jüngst, Meder* 1986, S. 3).

Die Bühneneinrichtung ist die Anwärmung für die Protagonistin. Sie bestimmt Struktur, Richtung und Entfernung in dem Raum, den sie sich ‚einbildet'. Durch das Hin- und Hergehen und Gestalten schafft sie sich sinnliche Gewissheit. Sie nähert sich der zu bearbeitenden Frage, sie schafft Orientierung. Im Tun wird die Situation angenommen, es gleicht dem Anziehen eines Kostüms, um in eine Rolle zu schlüpfen. Der Raum wird gelebt.

So wie der Regisseur *Peter Brook* von einem guten Bühnenbildner fordert, keinen fertigen Entwurf abzuliefern, sondern diesen als ständig in Bewegung und Aktion zu betrachten in Verbindung mit den Aktionen und Möglichkeiten des Schauspielers (*Brook* 1969, S. 167), so ist das Einrichten des Raumes eng verknüpft mit der zu erwartenden Aktion in ihm. „Das Wiederbeleben vertrauter Räumlichkeiten ist gleichsam gekoppelt an die Erinnerungen in ihnen erlebter und teilweise allerdings verdrängter Handlungen und Gefühle" (*Moreno* 1981, S. 37). Räume und in ihnen stattgefundene Interaktionen werden als miteinander verbunden wahrgenommen. Zum Begreifen von Szenen ist es wichtig, „den ganzen Menschen nach der Art seines natürlichen In-der-Welt-Seins zu erfassen, da versteht es sich von selbst, daß sein Lebensraum, der ‚social space', konkret mit erfaßt werden muß" (*Leutz* 1974, S. 75).

## 4.3 Die Zuschauenden

„Wann immer ein Betrachter seine Aufmerksamkeit auf ein Bild richtet, das einige Tiefenwirkung besitzt, läßt sich von dem dreidimensionalen Bildraum sagen, daß er über den Rahmen hinausreicht und den Betrachter in sein Kontinuum einbezieht. Dies geschieht am unmittelbarsten und zwangslosesten, wenn die Mittelachse des Bildes mit der Blickrichtung des Betrachters zusammenfällt" (*Arnheim* 1983, S. 198). Dies zeigt seine Wirkung: Beim Handeln auf der Bühne entsteht eine enge Wechselbeziehung zwischen der Protagonistin und den Zuschauenden. Die Analytikerin *Eliacheff* beschreibt eindrücklich, wie sehr der therapeutische Effekt in ihren Therapien mit Kleinkindern durch Zuschauende verstärkt wird (*Eliacheff* 1994, S. 16ff.). Jede und jeder hat sicher schon erlebt, dass das eigene Handeln bewusster und intensiver erlebt wird, wenn andere zugucken. Manchmal gelingt es durch die Tatsache, dass andere zuschauen (in ganz normalen Alltagssituationen), sich selbst gleichzeitig zu erleben und von außen zu betrachten.

Die Bühne ist in unserer Vorstellung so sehr mit Zuschauen gekoppelt, dass selbst in der Einzelsupervision der Schritt auf die Bühne nicht nur durch den Ortswechsel intensiviert wird, sondern auch durch die bloße *Möglichkeit* des Gesehen-Werdens. Die Zuschauenden sorgen also für eine Intensivierung des Prozesses. Aber auch sie müssen angewärmt werden. Selbst wenn der Raum der Supervision groß genug ist, dass die

Zuschauenden nur ihre Köpfe drehen müssten, um auf die Bühne zu blicken, ist es sinnvoll, auch sie in Bewegung zu bringen, sie aufstehen und ihre Stühle anders ausrichten zu lassen. Es ist ein körperliches Einstellen auf die Rolle als ‚aktive Zuschauende'. Und, wie *Arnheim* in obigem Zitat beschreibt, ist die größte Betrachterintensität in der Mittelachse. Das ist deutlich zu merken: Supervisanden, die sich nur halb auf das Erleben einlassen, setzen sich nie in die Mittelachse.

Jede Teilnehmergruppe stellt nach *Jüngst* und *Meder* immer einen Ausschnitt umfassender sozialer Realität dar, die im Sinne von *Moreno* eine „Miniaturgesellschaft" bildet, damit an gesellschaftlichem Wissenspotential teilhat und in ihren Erfahrungen und Fantasien auch dieses widerspiegelt (*Jüngst, Meder* 1991, S. 125) und den Prozess auf der Bühne beeinflusst. Und im Anschluss binden sie die Protagonistin wieder in die Gemeinschaft und ihre Normen ein, reintegrieren sie mit Rollen- und Situationsfeedback und Sharing (d.h. das spontane Mitteilen eigener Erlebnisse, die durch die Identifikation angerührt sind). Damit wird die bis dahin als einmalig empfundene Not der Protagonistin zu etwas von vielen Geteiltem. „Protagonist und Zuschauer erleben eine tiefgehende Verbindung. Neben diesem Teilen der Lebenserfahrung bedeutet Sharing aber auch ein Mitleiden mit dem Protagonisten in seinen dargestellten Nöten, ein Mittragen seiner Last sowie die Mitfreude über seine durch die Katharsis zustande gekommene Erleichterung" (*Leutz* 1974, S. 102).

Die Zuschauenden bilden auch gleichzeitig das Reservoir an Mitspielenden. Was auch immer benötigt wird zum Gestalten und Spielen der Bühnenhandlung, Personen oder Gegenstände, die aus der Zuschauergruppe von der Protagonistin Ausgewählten können diese Rollen übernehmen, wenn sie genügend erwärmt und aktiviert sind. Und mit ihrer Rollengestaltung und ihrer Rollenidentifikation bringen sie eine eigene Dynamik in das Bühnenhandeln, gestalten den Prozess auf entscheidende Weise mit. Im Rollenfeedback im Anschluss an die Bühnenhandlung vergleichen sie ihre persönliche Wahrnehmung mit der ihrer Rolle und entwickeln auf diese Weise eine Neugier an Selbsterforschung.

## 4.4 Die Bühnenhandlung oder das Spiel

Die Bühnenhandlung ist zwar in der Regel der zentrale Abschnitt der Bearbeitung, aber sie ist eng verknüpft, zum Teil in fließendem Übergang mit den Phasen zuvor (Festlegung des Fokus, Einrichtung der Bühne, Auswahl der Mitspieler) und den Phasen danach (Feedbacks, Sharings, Neuorientierung). Ziel der Bühnenhandlung ist es, problematische Situationen, Aufgaben, Beziehungen, Ziele, Strukturen aus dem Arbeitsfeld der Protagonistin über den Weg der psychisch-räumlich-zeitlichen Erfahrung zu untersuchen und nicht genutzte Ressourcen zu fördern, um daraus Konsequenzen für zukünftiges Verhalten zu gewinnen.

Mit Beginn der Interaktionen findet ein Hineingleiten in die Rollen statt mit einem allmählichen Übergang von denkenden zu fühlenden Anteilen der Begegnungen (siehe Beispiel Kirchengemeinde). „Die Interaktionen vertiefen das Einfühlen in die eigene Rolle im Rahmen der Gesamtkonstellation des Spiels und ermöglichen ... die Aufdekkung von spezifischen dynamischen Zusammenhängen zwischen verschiedenen Elementen. .... Die sich im Spiel entwickelnde räumliche Dynamik kann als Ausdruck einer dynamischen Abstimmung eigener und fremder Wahrnehmungen ... interpretiert werden“ (*Jüngst, Meder* 1991, S. 105).

Das Spiel selbst ist kein statischer Vorgang, es ist in ständiger Bewegung, und zwar in einem Pendelprozess zwischen

- *unterschiedlichen Rollen:* Der Rollen*tausch* hat als erstes die Funktion, den Mitspielern zu zeigen, wie sie ihre Rolle spielen sollen, ihnen Körperhaltung, Sprache, Bewegung zu geben zur umfassenden Einfühlung. Als zweites hat der Rollen*wechsel* – die Protagonistin wechselt während des Spiels in unterschiedliche Rollen – die Funktion, ihr das Fühlen des Gegenpols zu ermöglichen, sie ‘hautnah‘ erleben zu lassen, welche Wahrnehmungen ihr Gegenüber von der Situation und von ihr als Protagonistin hat. Und sie erlebt sich aus der Sicht der anderen, die Selbstwahrnehmung wird bereichert durch die Fremdsicht. Es ist ein Pendeln zwischen ICH und DU, ins Gegenüber gehen und das ICH als DU und das DU als ICH erleben (siehe Beispiele Notruf, Pflegemutter).
- *Faktizität und Potentialität:* Das erlebte soziale Drama wird auf der Bühne zum einen wiederholt, zum anderen neu inszeniert. Die Bühne ist der Raum, in dem Wirklichkeit und Phantasie zusammen in Erscheinung treten. Das bisher Erlebte wird um- und neu definiert. Im wiederholenden Handeln werden alte Muster durchbrochen und neue Formen geschaffen, die zu einem neuen Ausgang führen (Aktionskartharsis).

  „Es ist ja die Chance der Ästhetik, sozusagen zwei Fenster zu haben, eines in Richtung Wirklichkeit, eines in Richtung Fiktion und Phantasie, und vom eigenen Standpunkt aus hier jeweils Ausdruck, Gestaltung, Form wahrnehmen und herstellen zu können. ..... Imaginierte Räume, die auch realistisch belebt werden können, oder reale Räume, die mit imaginierten Zeichen, Bedeutungen, Personen ausstaffiert werden: Phantasie in Aktion, als ästhetisches Vermögen„ die Überwindung des Hier und Jetzt durch die Einbildungskraft“ (*Zacharias* 1989, S. 69).
- *Eintauchen in das Spiel und Auftauchen daraus:* Immer wieder wird die Supervisorin die Protagonistin auffordern, aus dem Spiel herauszutreten und in die Distanz zu gehen. Oder eine Mitspielerin wird das Geschehen für die Protagonistin ‚spiegeln‘, d.h. nachspielen, während die Protagonistin von außen zuschaut. Dieses Heraustreten macht die mit der Situation zusammenhängenden Gefühle bewusst, macht Gefühle verbalisierbar, stellt ein Gleichgewicht zwischen Denken und Fühlen her, mobilisiert Fantasien für neues Verhalten, das unmittelbar erprobt werden kann. So wird dieses Eintauchen und Auftauchen zu einem Gang durch Vergangenheit, Gegenwart und Zukunft, und macht das Spiel zu einer „Erweiterung des Lebens über das wirkliche Leben hinaus“ (*Moreno* 1973, S. 77). Das bezeichnet *Moreno* als „Surplusrealität“. *Peter Brook* beschreibt es ähnlich: „Das Theater bietet sich ... immer in der Gegenwart dar. Damit kann es realer werden als der normale Bewußtseinsstrom, und das kann es auch so beunruhigend machen“ (*Brook* 1969, S. 163).

Das Hin- und Herschwingen, die Bewegung zwischen diesen scheinbar so entgegengesetzten Perspektiven, Dimensionen wird bedeutsamer als das Verweilen in einer von ihnen. „Das Hin- und Herpendeln wird zur eigentlichen Erkenntnisquelle, die die Unvereinbarkeit gegensätzlicher Perspektiven aufhebt und die verbindenden Muster der Wechselbeziehungen erkennbar werden läßt.“ (*Fuhr, Gremmler-Fuhr* zitiert in *Buer, Tanke-Sugimoto* 1995, S. 134)

Das Gleiche gilt für die Supervisorin. Sie ist die Organisatorin der verschiedenen Zeiten und Räume für die Erfahrungen der SupervisandInnen und muss deshalb flexibel sein in ihren Positionen. Sie stellt Räume und Regieeinfälle zur Verfügung – schafft Erkenntnisquellen durch Bewegung – und begleitet die SupervisandInnen auf deren Weg des Verstehens, der Veränderung und des Handelns durch Räume und Zeiten. Sie gestaltet das Gehen der SupervisandInnen und muss selbst ständig zum Gehen bereit sein, denn:

„Dem Gehenden schiebt sich ein Weg unter die Füße" (Hermann Hesse).

## Literatur

*Arnheim, R.* (1983): Die Macht der Mitte. Köln.

– (1990): Bewegung und Besinnung, Frankfurt.

*Bleckwedel, J.* (1996): Der Psychodramatiker als Arrangeur von Zeit, Raum und Ereignissen. Unveröffentlichtes Manuskript. Bremen.

*Bollnow, O.* (1980): Mensch und Raum. Stuttgart.

*Brook, P.* (1969): Der leere Raum. Hamburg.

*Brooks, Ch.W.* (1991): Erleben durch die Sinne. München.

*Buer, F./Tanke-Sugimoto* (1995): PsychoDrama, ein antirituelles Spiel. In: *Buer*, F. (Hg.): Jahrbuch für Psychodrama, psychosoziale Arbeit und Gesellschaftspolitik, 1994. Opladen, S. 119-140.

*Buer, F.* (1999): Lehrbuch der Supervision. Münster.

*Ciompi, L.* (1988): Außenwelt Innenwelt. Die Entstehung von Zeit, Raum und psychischen Strukturen. Göttingen.

*Ernst, B.* (1986): Der Zauberspiegel des M.C. Escher. Berlin.

*Grütter, J.K.* (1987): Ästhetik der Architektur. Stuttgart.

*Hall, E.* (1976): Die Sprache des Raumes. Düsseldorf.

*Jüngst, P./Meder, O.* (1991): Das themenzentrierte Assoziationsdrama als projektives Verfahren der Sozialforschung, in: *Buer,F.* (Hg.): Jahrbuch für Psychodrama, psychosoziale Praxis und Gesellschaftspolitik. Opladen, S. 101-128.

*Krüger, R.* (1997): Kreative Interaktion. Göttingen.

*Kükelhaus, H., zur Lippe, R.* (1990): Entfaltung der Sinne. Frankfurt.

*Kükelhaus, H.* (1995): Fassen, Fühlen, Bilden. Köln.

*Leutz, G.* (1976): Psychodrama. Berlin.

*Marawska-Büngeler, M.* (1989) (Hg.): Musik und Raum. Mainz.

*Mehrabian, A.* (1978): Räume des Alltags. Frankfurt.

*Moreno, J.L.* (1973): Gruppenpsychotherapie und Psychodrama. Stuttgart.

– (1981): Die Grundlagen der Soziometrie. Opladen.

*Ritscher, W.* (1996): Systemische psychodramatische Supervision in der sozialen Arbeit. Eschborn/Frankfurt.

*Wendt, W.R.* (1989): Raum schaffen und Platz für Erfahrung. In: *Zacharias, W.* (Hg.): Gelebte Räume. München.

*Williams, A.* (1994): Klinische Soziometrie. *Psychodrama* 7,2, 217-238.

*Winkelvoss, W.* (1985): Architektur und Raum. Stuttgart.

*Zacharias, W.* (Hg.) (1989): Gelebte Räume. München.

*Zeintlinger, K.* (1981): Analyse, Präzisierung und Reformulierung der Aussagen zur psychodramatischen Therapie. Salzburg.

# Spezielle Formen

*Ferdinand Buer*

# Psychodramatische Kurzzeitsupervision in der dyadischen Form

## 1. Einführung

Psychodramatiker haben Supervision durchgeführt seit ihrer Etablierung in den psychosozialen Diensten, allerdings meist in der Begleitung von Teams oder als Gruppensupervision (*Gneist* 1980, *Schwinger* 1984, *Klein* 1990, *Buer* 1997a; 1999). Da lange Zeit das Modell der psychodramatischen Gruppenpsychotherapie als normatives Grundmuster des Psychodramas galt, wurde der Einsatz des Psychodramas in anderen Settings als defizitär angesehen. Das führte dann oft dazu, entweder die Adressaten zu einer Psychodramagruppe zu konstellieren oder – wenn das nicht möglich war – nur vom Einsatz einzelner psychodramatischer *Elemente* und *Techniken* zu sprechen. Diese Sicht ist jedoch völlig unangemessen und irreführend.[1]

Stattdessen sollte klar zwischen *Format* und *Verfahren* unterschieden werden. Formate können daher als *Karosserie* der Beziehungsarbeit, Verfahren als ihr *Motor* betrachtet werden. Beide werden benötigt, damit das Auto fahren kann. Dabei ist darauf zu achten, dass Karosserie und Motor zueinander passen. Ist die Karosserie zu gewaltig und der Motor zu klein, ist die Beweglichkeit begrenzt. Ist der Motor überdimensioniert, hält die Karosserie nicht lange starke Belastungen durch extreme Beschleunigung und überhöhte Geschwindigkeit aus.

Supervision und Psychodrama passen im Prinzip gut zueinander, da es beiden um die Verbesserung sozialer Praxis geht (*Buer* 1996b). Da sich beide aber zunächst unabhängig voneinander entwickeln – die Supervision nutzt auch andere Verfahren wie das Psychodrama auch andere Formate bedient –, sind in concreto spezielle Anpassungsleistungen erforderlich. Wenn nun Supervision mit einer Einzelperson erfolgen soll, dann muss sich das psychodramatische Gruppensetting in ein Einzelsetting transformieren und zusätzlich alle Resourcen auf den supervisorischen Auftrag konzentrieren.

Diese Transformation des Psychodramas für die Supervision in der Dyade kann zunächst an die parallele Transformation im Format Psychotherapie anknüpfen (*Weth* 1985, *Seidel* 1989, *Kaspar* 1990, *Mattele* 1994, *Erlacher-Farkas*, *Jorda* 1996, *Schacht* 1996). Die dyadische Arbeitsform ist aber auch im Format Supervision im Wandel.

---

1 Allein der Psychoanalyse ist es in Deutschland gelungen, aus ihrem Verfahren einen Beruf zu machen. Aber diese Sonderstellung nivelliert sich zur Zeit im Rahmen der Europäisierung und Globalisierung.

Die Schlichtausführung (*Looss* 1990, *Pühl* 2000) wird zunehmend durch Rollenberatung (*Hanschk* 1994), Leitungssupervision (*Weigand* 2000) oder gar Coaching (*Fatzer* 1990, *Schreyögg* 1994, 1995, *Looss* 1997, *Rauen* 1999; 2000; 2002) ersetzt. Da es jetzt nicht mehr um den normalen Beziehungs*arbeiter* geht, sondern um den hochprofessionalisierten *Experten* bzw. den *Manager* in höheren Führungsetagen, bleibt wenig Zeit für die Supervision. Diese Kunden wollen Ergebnisse in kurzer Zeit sehen. Die SupervisorInnen haben aber bisher auf Entschleunigung und das langwierige und geduldige Arbeiten am Prozess gesetzt. Kann die psychodramatische Supervision in der Dyade (*Schaaf* 1989, *Buer* 2000a, → *Witte*, Raum, → *Witte*, Symbol, → *Wegehaupt-Schneider*, → *Schwitalla*, → *Geisler*) auf diese Herausforderung eine angemessene Antwort geben? Sie kann.

## 2. Die Geschichte

Der Geschäftsführer B. der Ortsstelle eines privaten Verbands sozialer Gesundheitsarbeit nahm bei mir zusammen mit drei weiteren Führungskräften an einer Gruppensupervision teil. Im Konflikt mit einem älteren ehrenamtlichen Mitarbeiter U., der die Ortsstelle patriarchalisch dominierte, fühlte er sich stark unter Druck gesetzt, so dass er sich am Ende seiner Kräfte wähnte und sich mit Kündigungsabsichten trug. Er befürchtete aber, dass sich in einer neuen Stelle der gleiche Burn-out-Prozess abspielen würde, da er immer in die gleiche Postition gerate, mit der er nicht angemessen umgehen könne. Nachdem wir in sieben jeweils 2-stündigen Treffen innerhalb von sieben Monaten keine Wende einleiten konnten und der Druck unerträglich blieb, verabredeten wir zusätzlich sechs einstündige Supervisionstreffen in der Dyade mit einwöchiger Frequenz.

In der Gruppensupervision hatten wir bisher herausgearbeitet:

- ein *strukturelles* Dilemma: Der Ehrenamtliche U. hat aufgrund seines hohen Einsatzes und seiner finanziell erfolgreichen Arbeit sowohl die weiteren MitarbeiterInnen und Ehrenamtlichen der Ortsstelle wie den Bezirksgeschäftsführer von sich abhängig gemacht. Da er nicht arbeitsrechtlich eingebunden ist, kann er kaum in seinen Aktivitäten gebremst werden. Der Bezirksgeschäftsführer will aber durch die Einstellung eines Ortsgeschäftsführers die Arbeit professioneller gestalten, um die feudalen Verhältnisse aufzuweichen und die Risiken dieses Arbeitsstils einzudämmen. Der Ortsgeschäftsführer ist nun für alle Aktivitäten vor Ort verantwortlich und wird auch dafür verantwortlich gemacht, ohne aber de facto gegenüber dem Ehrenamtlichen alle wichtigen Entscheidungen durchsetzen zu können.
- ein *interaktionales* Dilemma: Der Geschäftsführer wird vom ehrenamtlichen Patriarchen wie ein Untergebener behandelt, der für ihn Verwaltungsarbeit erledigen kann. Entscheidungen des Geschäftsführers, die U. nicht passen, werden von ihm ignoriert; er ist ja nicht sein Dienstvorgesetzter. Die anderen MitarbeiterInnen der Ortsstelle und seiner Einrichtungen orientieren sich am Patriarchen und torpedieren informell die Weisungen des Geschäftsführers. Dieser fühlt sich in die Rolle eines unterwürfigen Sohnes gedrängt, der seinem Vater zu Willen zu sein hat.
- ein *psychisches* Dilemma: Diese Abhängigkeit erzeugt eine mörderische Wut bei B., die er aber nicht direkt äußern kann, da er befürchtet, in dem dann zu erwartenden Konflikt den Kürzeren zu ziehen. Statt dessen machen sich Selbstzweifel und Autoaggression breit.

Da wir dem strukturellen Dilemma ein großes Gewicht beimaßen, für seine Bearbeitung durch einen Organisationsentwicklungsprozess aber keinerlei Chancen sahen, hatten wir für die Kündigungsabsichten des Geschäftsführers zunächst großes Verständnis.

Die Wut im Bauch des Geschäftsführers zeigt sich aber immer öfter im Zusammenstauchen von Untergebenen, wenn sie seine Weisungen nicht korrekt ausführen. Im fünften Gruppentreffen will B. aber unbedingt eine Auseinandersetzung mit U. inszenieren.

Zunächst greift B. den Patriarchen auf dem *Leeren Stuhl* an. Da diese Rolle so Profil bekommen hat, wird sie nun von einem Hilfs-Ich besetzt und B. macht einen *Rollentausch* mit U. Als Patriarch äußert B. nun, dass B. für ihn von keiner großen Bedeutung sei. Er komme auch ohne ihn zurecht. Seine Arbeit störe ihn kaum. Im anschließenden Gespräch erkennt B., dass er für U. keine sonderliche Bedrohung darstellt. Er habe sich völlig unnötig abhängig gemacht. Diese Abhängigkeit soll nun genauer in der dyadischen Supervision erkundet werden.

Im ersten Treffen lasse ich B. ein *Rollogramm* (*Auer-Hunzinger, Sievers* 1991, *Weiß* 1996, *Beumer, Sievers* 2000) auf dem Flip-Chart ausmalen, da ich eine Entsprechung zwischen den Rollenzuschreibungen in seiner Biographie und denen in seiner Arbeitsstelle vermute.

**Abb. 1: Rollogramm**

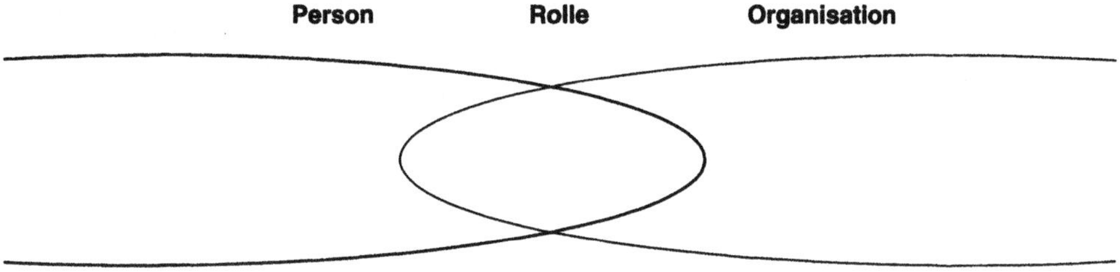


Wir nutzten den ästhetischen Informationsgehalt des Bildes, indem wir gemeinsam im Dialog genaue Beschreibungen des jeweils Gesehenen und des dabei Empfundenen verfassen. So sehe ich etwa auf der rechten Seite viele bunte Vierecke über einer Schale schweben. Dieser Wirbel von Vierecken zeigt mir Vielfalt, aber auch Chaos der Organisation an, die Schale aber auch Halt. Aus den Kommentaren von B. zu meinen Beschreibungen der linken Seite ergeben sich viele Geschichten. Z.B.:

Immer wenn der Vater mal wieder seinen Traktor auf dem Feld in den Dreck gefahren hatte, so dass er ihn nicht mehr herausbekam, musste der Sohn helfen. Er kannte die Fahreigenschaften des Traktors genau und besaß die entsprechende Geschicklichkeit, den Traktor so zu steuern, dass er tatsächlich wieder freikam. Dieses Rattern des Dieselmotors bei diesen Manövern fand er damals ganz toll.

Als der Vater durch einen Herzinfarkt ausfiel, musste B. einspringen und neben der Schularbeit auch die notwendigen landwirtschaftlichen Arbeiten durchführen. Angesichts der kränklichen Mutter fühlte er sich dazu verpflichtet, auch wenn allein schon die körperliche Arbeit seine Leistungsgrenze oft überschritt.

Im zweiten Treffen zeichnen wir die Familienkonstellation *soziometrisch* auf den Flip-Chart. Vater und Mutter sind in der Mitte lose miteinander verbunden. Mutter, Tochter und Oma bilden eine Untergruppe, Vater und Sohn eine andere. Von der Mutter geht ein moralischer Druck auf den Sohn aus. Der Vater jedoch behandelt den Sohn wie einen Knecht. Die durch diese Konstellation bei B. ausgelöste Wut kann nicht adäquat ausgedrückt werden. Sein Vater würde die Zurückweisung von Überforderungen als Auflehnung missverstehen, seine Mutter als Ungehorsam. B. spielt daher den lieben Jungen, der um Ankennung durch Leistung bis zum Umfallen ringt. Allein, wenn er als Helfer in der Not seinem Vater beispringen muss, weil dieser nicht mehr weiter weiß, dann ist er von einer tiefen (Schaden-)Freude erfüllt.

B. erkennt in diesem Treffen sofort, wie er diese Konstellation am Arbeitsplatz wiederholt: Er schreibt U. die Rolle des autoritären Vaters zu, der nur durch Leistung bis zum Umfallen zufriedenzustellen ist. Für den Bezirksgeschäftsführer spielt er den Helfer in der Not, der den Karren in der Ortsstelle aus dem Dreck ziehen soll. Er entschließt sich, sein berufliches Engagement auf 70% zu senken und seine Freizeitaktivitäten zu beleben.

B. zeigt und erläutert sein *Rollogramm* beim achten Treffen der Supervisionsgruppe. Er hat aber seinen Vorsatz, etwas für seine Erholung zu tun, noch nicht umgesetzt. Eine Gruppenteilnehmerin sagt ihm ganz deutlich: „Du willst auch nichts ändern". Er will, kann aber nicht. Um seine Sehnsucht zu wecken, inszenieren wir eine Szene aus besseren Tagen:

B. sitzt in seinem Mercedes-Diesel auf dem Weg zu seiner Freundin. Das Brummen trägt ihn gemächlich, zuverlässig, unbeschwert, direkt, geradezu ans Ziel zu seiner Freundin, den gemeinsamen Urlaub vor Augen. Diese „good vibrations" des Mercedes greifen das Rattern des Traktors auf und werden von den Mitspielerinnen akustisch und körperlich dem Fahrer nahegebracht. Aufgabe für das nächste Einzeltreffen: Beantwortung der Frage: Wonach sehnst Du Dich?

Im dritten dyadischen Treffen erzählt B., dass er auch im Verhalten seiner Tochter eine ähnliche Ängstlichkeit erkenne, wie er selbst sie zeige. Er kann sich auch noch nicht zu neuen Aktivitäten aufschwingen. B. befindet sich mitten in der Krise. Um einen Ausweg zu erspüren, führe ich B. an drei Orte. Die beiden ersten sind biographisch verbürgt:

1. Ein Café, in dem er mit einer netten Frau sitzt. B., im 29. Lebensjahr, ist locker drauf und flirtet.
2. B., hier 12 Jahre alt, kommt nach der Feldarbeit müde nach Hause. Er setzt sich allein an den Küchentisch und wartet auf das Abendessen. Seine Mutter brät ihm ein Spiegelei, sein Lieblingsessen.

Während die erste Szene durch Leichtigkeit, aber auch Oberflächlichkeit gekennzeichnet ist, zeigt sich in der zweiten eine große Schwere und existenzielle Bedrohung. In der ersten tritt B. als *sonny boy* auf, an Liebelei ohne tiefere Bedeutung interessiert, in der zweiten als *tragischer Jüngling*, allein, ungeliebt, traurig, leblos, schwierig. In beiden Szenen hat er Angst, sich lebendig zu zeigen, sein Inneres zu äußern. Er befürchtet, dann abgelehnt zu werden. Immer kontrolliert er sich, zeigt weder Begehren, noch Wut.

Der 3. Ort ist noch leer. Hier soll B. seine Zukunft inszenieren. Die bleiernde Schwere der 2. Szene hält ihn aber noch gefangen. Er spürt diese Traurigkeit, die er bisher in seinem Alltag nicht wahrhaben wollte. Noch fällt ihm nichts Neues ein.

Als Hausaufgabe soll er seine Gefühle deutlicher zulassen, wahrnehmen, ausdrükken und auf die Reaktionen der Mitwelt achten. Darüber will er sich jeden Abend Rechenschaft geben.

Im vierten Treffen berichtet B., dass er sich immer noch leer fühle und keinen Ausweg sehe. Er habe aber zuhause zusammen mit seiner Frau drei sich überschneidende Kreise gezeichnet. In den ersten habe er seine Eigenschaften geschrieben, so wie er sie sehe, in den zweiten die Eigenschaften, wie sie nach seiner Meinung vom Bezirksgeschäftsführer von ihm erwartet werden, in den dritten die Eigenschaften, die ihm wohl von seinen Freunden zugeschrieben würden. Im *Rollentausch* mit dem Bezirksgeschäftsführer werden die Erwartungen an B. bezogen auf ein bestimmtes Projekt konkretisiert. B. kann dem Berzirksgeschäftsführer jetzt seine abweichende Position entschiedener vortragen. Dieser – gespielt von B. – zeigt sich beeindruckt, ob der klaren und kompetenten Stellungnahme B's.

B. erkennt, dass er mehr Anerkennung findet, wenn er sich selbst ein Bild macht, eine eigene Einschätzung vorträgt, dafür aber auch die Verantwortung übernimmt, statt über die Einschätzungen und Erwartungen anderer endlos zu grübeln. Er sieht auch, dass er im zweiten Kreis viel zu überhöhte Eigenschaften eingetragen hat, die gar nicht von ihm erwartet werden.

Nachdem B. auf dem 9. Gruppentreffen mitgeteilt hat, er fühle sich wieder lebendiger, es gehe Berg auf, stelle ich B. im 5. Einzeltreffen vor die Entscheidung, ob dies die letzte Sitzung sein soll oder nicht. Zunächst zögert er, dann entscheidet er sich für: Ja. Da er bei sich einen deutlichen Wandel spürt, fragt er sich, wie kam er zustande? Was muss ich beachten, damit nicht wieder die negative Spirale ingangkommt? B. erkennt, dass die Wiederbelebung der mit Wut und Trauer verbundenen Szenen der Kindheit wie das Wiedererspüren der Lebensfreude in der Studentenzeit und der ersten unbeschwerten Berufsjahre eine Krise geschürt hat, die zum einen durch einen Zustand der Erstarrung, zum anderen durch eine noch ungerichtete Suchbewegung gekennzeichnet war. Er hat sich entschieden, diese Krise zu meistern, hat dabei den unangemessenen Transfer von alten Mustern wahrgenommen, konnte sich selbst wahrhaftiger sehen und auch als solchen annehmen und wertschätzen. Er war dann motiviert, die Leistungsspirale zu durchbrechen, die ihn in den Burn-out-Prozess getrieben hatte. Dieser Lernprozess führte zu größerer Achtsamkeit auf erfreuliche und belastende Gefühle, zu einer gestiegenen Wertschätzung der eigenen Kompetenzen, größerer Unabhängigkeit von der Anerkennung anderer, der Übernahme größerer Führungsverantwortung, einem Wertewandel von der einseitigen Leistungsorientierung hin zu gesteigerter Lebensfreude. Die Kündigungsgedanken waren wie weggeblasen. Die weitere Sicherung dieser Einstellung und die Veränderung des beruflichen Alltags wurde in den restlichen fünf Treffen der Gruppe begleitet.

## 3. Einschätzung und Amplifizierung

Wieso habe ich diese Geschichte als Beispiel für eine *Kurzzeitsupervision* nacherzählt? Die Einschätzung, ob dieser Prozess kurz war, also wenig Zeit in Anspruch nahm, misst sich zum einen daran, was üblich ist. Das hängt wiederum davon ab,

- in welcher Supervisionsszene man sich befindet. Nach den Ausbildungsstandards der Deutschen Gesellschaft für Supervision etwa wurde von den Ausbildungskandidaten traditionell ein Einzelsupervisionsprozess von 15 Sitzungen verlangt.

- mit welchem Verfahren man arbeitet. Tiefenhermeneutische Verfahren dürften mehr Zeit in Anspruch nehmen als steuernde, fokussierende Verfahren.

Zum anderen hängt es davon ab,

- wie groß die Differenz zwischen Ausgangspunkt und Ziel bzw.
- wie mächtig der hemmende Einfluss der Mit- und Umwelt eingeschätzt wird.

Da die Berücksichtigung all dieser Faktoren schwierig ist, möchte ich eine pragmatische Definition vorschlagen: Von Kurzzeitsupervision spreche ich, wenn in deutlich weniger als 15 Sitzungen eine Veränderung erreicht wurde, die von Supervisand und Supervisor übereinstimmend als weiterführend, richtungsweisend eingeschätzt wird. Statt weiterer abstrakter Präzisierungen möchte ich zur Erläuterung zwei weitere konkrete Beispiele vorstellen:

Eine Psychologin, Leiterin einer Tagesklinik für Psychisch Kranke, kommt zu mir in die Einzelsupervision. Sie sieht sich stark unter Druck, fühlt sich ausgebrannt und leidet unter Schlafstörungen. Sie trägt sich mit Kündigungsabsichten. Wir vereinbaren acht Treffen zu je 75 Min.. Nach der *soziometrischen* Überprüfung im ersten Treffen, dass ihr privates Netzwerk eine ausreichende support-Funktion wahrnimmt, klären wir im zweiten die strukturellen, interaktionalen und psychischen Dilemmata an ihrem Arbeitsplatz, u.a. durch Erhebung und Analyse des Organigramms. Auch hier lenkt die Durchführung des *Rollogramms* im dritten Treffen auf unverarbeitete Beziehungsmuster zu Vater, Mutter und Geschwistern. Wir stoßen auf eine stark ambivalente Beziehung zum Vater, dessen Ansichten sie total ablehnt, so dass die Kommunikation mit ihm bis dato gleich null ist. Der Vergleich zwischen dem Rollenverhalten des Vaters in seiner Familie wie in seiner Firma und ihrem Rollenverhalten in der Klinik, erbringt, dass sie sich haargenau wie er verhält: Sie fühlt sich für alles verantwortlich und will die totale Kontrolle behalten. Das, was sie am Vater gänzlich ablehnt, hat sie selbst reproduziert. Diese Einsicht erschüttert sie tief. Vorsichtig nimmt sie wieder das Gespäch mit dem Vater auf. In der Klinik kann sie nun besser delegieren. Sie kann jetzt auch leichter Grenzen zwischen Arbeits- und Privatleben ziehen. Zwischen den letzten Sitzungen liegen größere Zeitabstände. In dieser Supervisionsphase zieht sie mit ihrem Freund zusammen und entwickelt wieder ein Privatleben. Statt früh ins Bett zu gehen, um dann wach zu liegen, unternimmt sie jetzt etwas bis spät in die Nacht, um dann müde ins Bett zu fallen. Nachdem dieser Zustand erreicht ist, beschließen wir, den Prozess zu beenden. Es waren statt acht nur sechs Treffen.

Ein Lehrer kommt zu mir, um zu klären, ob er seine Schule wechseln soll, da er ein interessantes Angebot erhalten hat. Wir verabreden ein einziges 90-minütiges Treffen. Wir markieren auf dem Boden ein Quadrat, das in vier Quadranten aufgeteilt ist. Im 1. Feld befinden sich die positiven Erfahrungen, im 2. die negativen der alten Schule, im 3. Feld die Befürchtungen, im 4. die Hoffnungen, die die neue Schule auslösen. Wir machen nun zwei Durchgänge. Zunächst geht der Supervisand hintereinander in jedes Feld, fühlt sich ein und äußert seine Gedanken und Empfindungen im *Monolog*, durch mein *Doppeln* unterstützt. Im zweiten Durchgang geht er von 1 zu 3 zu 2 zu 4, nimmt dort jeweils eine charakteristische Körperhaltung ein und verdichtet seine Empfindung durch einen einzigen Satz. Während er zu Beginn des Treffens völlig unentschieden war, eher dem Wechsel skeptisch gegenüberstand, empfindet er im 4. Feld der Hoffnungen unerwartet eine große Freude, die die Befürchtungen überstrahlt und den Stolz über die erreichte Position in der alten Schule vergessen lässt. Er ist zum Wechsel entschlossen.

In allen drei Fällen hatte sich eine überraschende Einsicht ergeben, die richtungsweisende Handlungsperspektiven eröffnete. Das brachte Lust und Mut zur Verwirklichung.

# 4. Die Theorie

## 4.1 Psychodramatisches Arbeiten in der dyadischen Supervision

Leider können wir zu diesem Thema vom bisherigen Theorieangebot zum Psychodrama in der Dyade (s.o.) nicht viel lernen. Fälschlicherweise wird in diesem Zusammenhang immer gern vom *Monodrama* gesprochen. Monodrama meint aber nach *Moreno* eine psychodramatische Inszenierung, in der der Protagonist alle Rollen selbst spielt, also *mono*, ohne ein Hilfs-Ich, den Leiter oder andere Gruppenmitglieder einzubeziehen. Das kann in der Gruppe oder außerhalb geschehen (*Zeintlinger-Hochreiter*, 1996, S. 8f.). Man sollte also nicht von Monodrama reden, wenn man die Arbeit in der Dyade meint.

In der Psychodramagruppe befindet sich der Leiter in einer Metaposition: Er veranlasst die Gruppe, die erzählten oder gezeigten Themen an einer (oder mehreren) Personen festzumachen, und motiviert diese dann, diese Themen auf der Bühne zu bearbeiten. Er steuert dann diesen Prozess so, dass im optimalen Fall die gespielten Interaktionen eher Begegnungsqualität bekommen können. Das ist vom Arrangement her möglich, weil jeder Mitspieler im Prinzip bereit ist, für den anderen Hilfs-Ich zu sein. Die entscheidenden Lernprozesse sollen also auf der Bühne geschehen zwischen Protagonist und Antagonisten und nicht etwa zwischen Leiter und Protagonist.

Auch wenn in der dyadischen Supervision das Übertragungsgeschehen nicht diese Dichte annehmen muss wie in der Einzeltherapie, so rückt doch die Beziehung zwischen Supervisor und Supervisand in der Dyade zwangsläufig in den Vordergrund. Der Supervisor kann sich nicht so einfach in eine Metaposition begeben. Er muss mit der direkten Beziehung arbeiten. Dafür bietet das Psychodrama aber keine Konzepte an. Das Begegnungskonzept ist hier unpassend, weil die Beziehung asymmetrisch ist und keinesfalls auf Gegenseitigkeit ausgerichtet. So kann der Supervisor nicht erwarten, dass sich der Supervisand ernsthaft für seine Probleme interessiert. Er kann eben nicht auf *mutual support* setzen, sondern muss völlig einseitig Einfühlung entwickeln.

An dieser Stelle bedarf das Psychodrama einer Ergänzung. Ich orientiere mich in meinem Vorgehen in der Supervision am Dialog-Konzept von *Martin Buber* (1984), ergänzt um Praktiken und praxeologische Konzepte aus der Gestaltarbeit (*Fuhr, Gremmler-Fuhr* 1991) und der Gesprächsführung nach *Carl Rogers* (*Schreyögg* 1995, S. 215ff., *Mutzeck* 1996): Durch die Vergegenwärtigung des Supervisanden, die Entwicklung von Realphantasie über ihn in seinen Arbeitsszenen, wie die Erschließung seiner kreativen Potentiale kann eine existentielle Umfassung des Supervisanden gelingen, die ihn im gemeinsamen Gespräch erkennen lässt, was seine einmalige Aufgabe in dieser Szene ist. Das nenne ich *Dialogische Erkenntnis.* Wenn ich auch in der Dyade oft einseitig die Rolle des Ermutigers oder des Kritikers übernehme, so setze ich doch auf Kooperation – etwa bei der gemeinsamen Interpretation eines Rollogramms (s.o.).

Neben dem dialogischen Gespräch setzt die psychodramatische Supervision aber vor allem auf den *Kommunikationsmodus* des *Experiments* (*Buer* 1999, S. 105) Hier kann der Supervisor sich in eine Metaposition begeben. Er bietet hier Arrangements an, in denen der Supervisand spielerisch ungewohnte Erfahrungen machen kann, etwa indem er mit künstlerischen Medien arbeitet (*Schreyögg* 1995, S. 276ff., *Lammers* 1998) oder eine Szene spielt oder eine Körperhaltung einnimmt oder im Rollentausch spricht (*Bernd* 1987, *Buer* 1996a). Dieser Modus ist immer dann indiziert, wenn der Supervisand selbst durch Denk- und Handlungsrestriktionen seinen eigenen Lernprozess blockiert. Der Supervisor arrangiert die Versuchsanordnung und führt bei der Durchführung *Regie*. Er hat zwar Hypothesen über den Fortgang des Lernprozesses, kennt aber selbst den Ausgang nicht. Daher muss er stets den Prozess begleiten und spontan steuern. Der Lernprozess in diesem Modus ist gekennzeichnet durch:

- *Aisthesis*: die sinnlich-ganzheitliche Wahrnehmung,
- *Mimesis*: das wandlungsfähige Hineinversetzen in Gestalten,
- *Katharsis*: die Erschütterung bisher be-währter Gewohnheiten,
- *Poiesis*: die Erfindung und konkrete Erprobung neuartiger und angemessener Handlungsweisen (*Jürgens, Buer* 1994).

Die Symbolik in diesem Modus ist präsentativ in der Definition von *Susanne Langer* (1987). Neben der Entfaltungsmöglichkeit der präsentativen Symbolik im Modus des Experiments, welches *ästhetisches Lernen* ermöglicht, nutzt die psychodramatische Supervision auch die diskursive Symbolik, um Sachverhalte in der *Diskussion* zu klären (*Buer* 1999, S. 192) Aussagen zur Kennzeichnung einer Situation, eines Prozesses, einer Handlung, einer Person, einer Organisation usw. sind auch in der Supervision nur dann als gültig zu betrachten, wenn sie ausreichend gerechtfertigt wurden. Es wäre unverantwortlich, Handlungskonsequenzen aus Aussagen zu ziehen, deren Haltbarkeit zweifelhaft ist. Ich vertrete hier einen pragmatischen Standpunkt (*James* 1992). Zur Überprüfung bestimmter Aussagen kann auch der Modus gewechselt werden. Im Modus Experiment kann dann etwa in einer psychodramatischen Realitätsprobe die Durchführbarkeit getestet bzw. können neue, innovative Erkenntnisse gewonnen und neue Praxen erfunden werden. Der übliche Erkenntnisweg der Diskussion nutzt jedoch primär die diskursive Symbolik. Hier hat der Supervisor aber weniger den Experten als den *Moderator* zu spielen, der mit „sokratischer Hebammenkunst" (*Lippenmeier* 1990) Klärungen herbeiführt und Erkenntnisprozesse anstößt (→ *Buer* Einführung).

Psychodramatische Supervision jongliert aber nicht nur mit verschiedenen *Kommunikationsmodi*, sie arbeitet auch auf verschiedenen *Interpretationsebenen* (*Buer* 1999, S. 139): Auf der Ebene der inneren Welten werden die subjektiven Sichtweisen, Belastungen und Wünsche auf der Bühne sichtbar gemacht (*Psychik*). Die Innenwelten filtern jegliches Handeln, sind aber keineswegs allein als handlungsbestimmend anzusehen: Oft sind wir mit Phänomenen konfrontiert, die wir uns nicht ausgesucht haben und die wir auch nicht begreifen können, aber irgendwie berücksichtigen müssen. Eine prominente Rolle spielt in der menschlichen Selbstkonstitution der Andere, der uns gegenübertritt, aber letzlich unbegreifbar bleibt. Erst indem wir wahrnehmen, dass er uns als einmalig wahrnimmt und anerkennt, bildet sich unsere eigene Identität heraus. Es gilt, auch in den beruflichen Beziehungsnetzen solche signifikanten Interaktionen auszumachen und sie zu authentischen und angemessenen weiterzuentwickeln (*Dialogik*). So ist der Konflikt zwischen dem Geschäftsführer B. und dem ehrenamtilichen Mitarbeiter U. als eine solche signifikante Interaktion anzusehen, die durch den Transfer der signifikanten Beziehung B.s zu seinem Vater unangemessen aufgeladen ist.

Mit der Netzwerktheorie verfügt das Psychodrama über eine systemische Betrachtungsweise von Interaktionsprozessen in Lebenswelten der Adressaten der Supervisanden, wie ihrer Berufswelten selbst (*Systemik*). So ist eine soziometrische Untersuchung der Beziehungskonstellationen wie in den Geschichten des Geschäftsführers wie der Leiterin der Tagesklinik in jeder Supervision angezeigt[2]. Daneben werden die Einflüsse der äußeren Welten beachtet, wie Öffentlichkeit, Politik, Verwaltung, Wirtschaft, Wissenschaft, Kultur oder „Zeitgeist" (*Kontext*). Beim Wechsel der Ebenen wird nach Entsprechungen oder Differenzen gesucht (→ *Buer* Einführung).

In der dyadischen Supervision können die Antagonisten nicht durch Mitspieler verkörpert werden. Sie werden im Modus des *Experiments* zur Förderung des *ästhetischen Lernens* im Raum symbolisiert durch Stühle, Figuren, Puppen, Tücher, Steine oder auf Papier gemalt oder in Ton modelliert usw. Ansonsten können die meisten der kleineren Arrangements und der Techniken genutzt werden (*Buer* 1996a). Im Übrigen ist hier der spontanen Kreativität des Supervisors ein großer Spielraum gegeben. Allerdings ist in der Supervision der *dialogischen Erkenntnis* wie dem *pragmatischen Klären* ein ebenso wichtiger Platz einzuräumen.

## 4.2 Kurzzeitsupervision und Psychodrama

Was erklärt nun, dass gerade die psychodramatische Supervision in der Dyade in so kurzer Zeit einen richtungsweisenden intersubjektiv feststellbaren Wandel hervorrufen kann, wie in den drei Beispielen demonstriert?

1. *Die psychodramatische Orientierung an Imagination – Aktion – Kooperation fordert die eigenverantwortliche Selbsttätigkeit des Supervisanden wie des Supervisors heraus.*

Nicht nur in der Gruppenarbeit, sondern auch in der Dyade setzt das Psychodrama auf *Kooperation*, hier zwischen Supervisor und Supervisand. Allerdings müssen dabei die unterschiedlichen Rollen beachtet werden: Die nicht aufhebbare Asymmetrie bleibt bestehen. Berater und Rat Suchender, Regisseur und Spieler, Moderator und Klärung Suchender müssen in einem festen Arbeitsbündnis zusammenarbeiten, um gemeinsam ein Resultat zu erreichen, das beide akzeptieren können. Dabei nutzen sie immer wieder den Modus des Experiments, um zu überraschenden Einsichten und zu weiterführenden und motivierenden Ideen zu gelangen. Sie setzen dabei auf die Einbildungskraft, die Phantasie, die *Imagination*, um so die kritische Analyse zu ergänzen. Im darstellenden Spiel setzen sie sich in Bewegung, handeln sie, und stoßen so ganzheitliche Lernprozesse an. Diese Ausrichtung auf *action* fokussiert zudem den Lernprozess auf den Handlungszusammenhang, der in Frage steht und der eine Veränderung erfahren soll. Da hier Handlungs*schritte* erforderlich sind, wird automatisch die eigenverantwortliche Selbst*tätigkeit* angesprochen. Das gilt nicht nur für den Supervisanden. Auch der Supervisor muss sich auf den Weg machen.

So aktiviere ich mich selbst in der Supervision, wenn ich *Vignetten* inszeniere, um vom Supervisanden modellierte *Skulpturen* betrachtend herumschleiche, den Supervi-

2 Ferner habe ich eine soziologisch-soziodramatische Interpretationsfolie zur Untersuchung typischer Handlungsmuster in Arbeitsorganisationen herausgearbeitet (→ *Buer*, Handlungsmuster), die ich auch im Fall des Geschäftsführers zum Verständnis der unterschiedlichen Sichtweisen von Organisation des Patriarchen wie des Professionellen genutzt habe. Hier lassen sich nämlich zwei typische Handlungsmuster in Arbeitsorganisationen wiederfinden, das der Tradition und das der Rationalität.

sanden im *Rollentausch* oder in der *Spiegelpositon* locker *interviewe* oder ihn *dopple*. Dabei werden mir selbst die treffendsten Einfälle geschenkt. In den oben vorgestellen Fällen hat bei mir vor allem die intensive Bildbetrachtung der Rollogramme Einsichten hervorgebracht. Oder: Das Mit-Gehen in den traurigen Szenen des Geschäftsführers führte mich zu den lebensfrohen Szenen.

Durch meine Orientierung auf *Imagination – Aktion – Kooperation* in meinem supervisorischen Handeln wird diese Orientierung auch im Supervisanden ausgelöst. Er wird zum Mitmachen animiert und macht dann oft unmittelbar weiterführende Erfahrungen, die diesen Handlungsstil wiederum verstärken. Das Arbeiten in diesem spontan-kreativen Klima setzt sehr schnell eine positive Handlungsspirale ingang. Diese Bereitschaft zur Kooperation aktiviert dann meist auch in der privaten und der beruflichen Sphäre soziale Ressourcen.

2. *Der schnelle Wechsel der Kommunikationsmodi nutzt den jeweils weiterführenden Lernweg.*

Die drei *Kommunikationsmodi* haben in meinem Supervisionsraum jeweils einen eigenen Ort. Der Gesprächsplatz ist mit zwei bequemen Stühlen an einem kleinen runden Tisch ausgestattet. Klärende Diskussionen finden meist vor dem Flip-Chart stehend oder sitzend statt. Der Experimentierplatz stellt einen großen Spielraum zur Verfügung mit Stühlen, Tierfiguren oder anderen Materialien und regulierbarer Beleuchtung.

In der Anfangsphase eines Supervisionsgesprächs richte ich meine Aufmerksamkeit nicht nur auf das Gehörte und Gesehene, sondern auch auf meine inneren Resonanzen und suche dabei nach Experimentiermöglichkeiten. Es sei denn, es sind zunächst Informationen zu gewinnen oder längere Klärungsprozesse einzuleiten, die meist ihren Niederschlag in einer Visualisierung auf dem Flip-Chart finden. Auch der Experimentierprozess wird immer wieder durch klärende Gespräche, vor allem in der *Spiegelposition*, unterbrochen. Ist eine gewisse Gestalt entstanden, wird wieder zum dialogischen Gesprächsmodus gewechselt, um die neuen Erfahrungen und Einsichten zu ordnen und zu integrieren. Klärende Diskussionen werden solange geführt, wie eine Einsicht zu erwarten ist. Ansonsten wird wieder der Modus gewechselt.

Immer wenn also in einem Modus eine Hemmung auftritt, wird ein anderer Modus gewählt, um eben diesem im Hier-und Jetzt ablaufenden Prozess eine andere Ausdrucksmöglichkeit zu verschaffen. Wir bleiben also nicht vor dem Hindernis stehen und rätseln, sondern wir wählen einen anderen Weg zum Ziel. War dieser Weg erfolgreich, wird auch meist klar, worin das auf dem anderen Weg auftretende Hindernis bestanden hat. Auch wenn mehrere Wege ausprobiert werden müssen und manche zunächst als Umwege erscheinen, verläuft der Gesamtprozess doch meist schneller, als wenn erst mühsam ein Hindernis beiseitegeräumt werden muss.

3. *Die psychodramatische Fokussierung auf das konkrete Handeln im szenischen Kontext optimiert den Transfer des Erprobten.*

Die Nutzung psychodramatischer Arrangements und Techniken im Modus des *Experiments* verlangt nach einer Konkretisierung der Erzählungen des Supervisanden auf spielbare Szenen. Der Spieler muss dann entscheiden, *wie* er die Szenerie ausstattet: *wie* die Räumlichkeiten wirken, *welche* Personen mitspielen, *welche* Symbole wirksam sind etc. Im Spiel selbst entscheidet er, *was* er genau ausspielt, *was* er sagt, *wie* er es sagt, *wem* er es sagt, *wie* er sich dabei verhält. Diese Konkretisierung lässt ihn die Szene „realitätsgetreu" erleben. Die nach einem kreativen Lernprozess veränderte Handlungssequenz ist wiederum ganz konkret. Die hier im Spiel gemachten Erfahrungen sind im Leib gespeichert und werden in die beruflichen Alltagsszenen direkt transferiert. Es müssen hier also nicht erst allgemeine Einsichten eingepasst werden. Diese Passung ist schon weitgehend gegeben. Es gehen also nicht allzu viele schöne Einsichten verloren oder müssen erst langwierig transportiert, hervorgeholt und umgeformt werden. Das verkürzt die Übersetzungsarbeit erheblich.

4. *Durch die Orientierung am Modell des doppelten kreativen Lernzyklus wird der Lernprozess des Supervisanden gezielt gesteuert.*

Arbeitet der Supervisand im *Experiment* psychodramatisch, so orientiert sich die indirekte Steuerung des Regisseurs am Modell des kreativen Lernzyklus (*Buer* 1999. S. 117). Er ist durch zwei gleichzeitig ablaufende Zirkel gekennzeichnet, die zueinander in Spannung stehen. Mit der Erzählung, der Themenauswahl und der Präzisierung der Fragestellung konstelliert sich eine Szene, die sich im *kreativen Zirkel* als *Stegreiflage*, im *konservierenden Zirkel* als *Zwangslage* darstellt. Im improvisierenden Spiel ist zum einen *Spontaneität* verlangt, auf der andern Seite wird durch eben diese Verunsicherung *Angst* ausgelöst. Diese lässt den Spieler die problematischen *stereotypen Muster* wiederholen, setzt aber auch durch die ständig geforderte Darstellungsnotwendigkeit *Kreativität* frei. Ist die zwischen diesen Zirkeln damit notwendig auftretende Spannung angemessen dosiert, kommt es zu einer Krise, die zu einem Gefühl der Verwirrtheit oder Leere führen kann. Optimalerweise ergibt sich dann aber plötzlich durch die *Katharsis* ein Umschwung, der mit richtungsweisenden Einsichten und einem Motivationsschub verbunden ist (*Wartenberg, Kienzle* 1991). In der Integrationsphase werden diese neuen Empfindungen, Einsichten und Performanzen neu sortiert und leibhaftig *konserviert.*

Dieser kreative Lernzyklus wird nun ergänzt durch einen zweiten, der in der beruflichen Praxis stattfindet (*Kessel* 1998). Die neu erlernten Performanzen bewirken einen neuen kreativen Zirkel in der beruflichen Situation, dem der alte behindernde Zirkel von den Interaktionspartnern gegenübergestellt wird. Auch hier muss es zur Krise kommen, aus der dann ein Umschwung entstehen kann. Die Erfahrungen mit diesem Experiment werden dann mit dem Supervisionsprozess rückgekoppelt und ggf. neu austariert. Man kann also mit Fug und Recht von einem *doppelten kreativen Lernzyklus* sprechen (*Buer* 2000b, S. 195f.).

Im Falle des Geschäftsführers aus unserer ersten Geschichte ist diese Krise zwar durch den supervisorischen Lernprozess ausgelöst, aber nicht aufgehoben worden. Die Weiterbeschäftigung mit dieser Spannung – auch durch die Hausaufgaben verstärkt – hat ihn in Kooperation mit seiner Frau zur Zeichnung der drei Eigenschaftskreise veranlasst, deren gemeinsame Betrachtung und Interpretation in der Supervision weiterführte. In diesem Fall ist sogar von einem vierfachen Lernzyklus zu sprechen: dem Zyklus in der dyadischen Supervision, dem Zyklus in der Gruppensupervision, dem Lernprozess in der Privatsphäre mit dem Unterstützungsnetz der Familie und der Freunde und dem vierten, der am Arbeitsplatz stattfindet. Diese Zyklen sind jeweils vom Supervisor nachträglich zu koordinieren, können aber nicht im vornhinein genau gesteuert werden.

Im Falle der Leiterin der Tagesklinik ereignete sich die Katharsis, als sie sah, dass es die genaue Wiederholung des väterlichen Verhaltens war, die sie in ihren Burn-out-Prozess getrieben hatte.

Diese intensive Nutzung kreativer Potenzen, ihre Auslösung, Steuerung und Sicherung im konkreten Verhalten konzentiert die Arbeit auf einen wirksamen Lernprozess, der sich direkt auf die Praxis auswirkt. Allerdings kann gerade die Inkubationszeit nicht von außen bescheunigt werden. Hier ist geduldiges Warten auf den qualitativen Sprung notwendig.

5. *Durch die doppelte Fokussierung auf belastende wie ermutigende Szenen wird der Lernprozess beschleunigt.*

Die weiterführende Auseinandersetzung mit belastenden Szenen kann dadurch beschleunigt werden, dass ihr ermutigende Szenen vorgeschaltet oder kontrastierende beigegeben werden. So kann der frische Mut auch in die Konfrontation mitgenommen werden. Gerade die Wiederbelebung von fortgeschrittenenen Burn-out-Prozessen kann zu einer umfassenden Lähmung führen, die jegliche spontane Regung im Keim erstickt (*Fengler* 1991, *Hanelt, Kröner* 1991, *Kasper* 1993).

So war es mir in der Supervision mit dem Geschäftsführer wichtig, immer wieder die Sehnsucht zu wecken, zu einer erfreulichen Lösung zu kommen. B. hatte sich gerade in der Studentenzeit und in der Anfangszeit seiner Berufstätigkeit ein lockeres Leben gegönnt, auch um die bittere Jugend zu kompensieren. Gerade durch die Reaktivierung der „good vibrations" konnten die Erfahrungen mit dem Trecker aus seiner Jugend, wie mit dem Mercedes aus seiner Studentenzeit verbunden werden. Für mich überraschend erzählte mir B. dann, dass er einen Mercedes-Diesel in der Garage eingemottet stehen hat, den er nun wieder flottmachen wolle.

6. *Das psychodramatische Zeitverständnis ermöglicht neue Zeithorizonte.*

Das psychodramatische Zeitverständnis knüpft an die alte Unterscheidung zwischen *chronos* und *kairos* an (*Dux* 1992, *Nassehi* 1993, *Stanko, Ritsert* 1994). Da der Supervisand sein Problem normalerweise chronometrisch sieht, hat er keine Zeit, um es angemessen zu lösen. Auch die Supervisionszeit muss er in seinem linearen Zeitplan unterbringen. In der Supervision jedoch verändert sich die Zeitperspektive automatisch: Schon in seiner Falldarstellung gibt es erhebliche Zeitraffungen, aber auch Dehnungen, wenn eine bestimmte Begebenheit minutiös nacherzählt wird. Die Be- und Entschleunigung der Zeit wird im psychodramatischen Spiel noch extremer ausgenutzt.

Entscheidend jedoch ist, dass es hier darauf ankommt, den richtigen Zeitpunkt in der linear ablaufenden Zeit zu finden, an dem diese durchbrochen werden und sich ein Moment erfüllter Zeit breit ausdehnen kann (*Petzold* 1981). Dieser richtige Zeitpunkt ist ein Moment der Entscheidung, in dem neue Schritte gewagt werden müssen. Auf diesen Zeitpunkt muss sich der Supervisand vorbereiten, damit er gewappnet ist, wenn er plötzlich da ist. Er kann nicht genau vorhergesehen werden. Doch sucht der psychodramatische Supervisior nach einer erinnerten oder fiktiven Szene, in der dieser Punkt gekommen sein könnte. Er sollte den Supervisanden aber erst dann dorthin führen, wenn dieser auch genügend kreative Kräfte aktiviert hat, um diese Herausforderung auch bestehen zu können.

Dann kann sich durch die Katharsis hindurch ein Augenblick Raum schaffen, der mit tiefen Gücksgefühlen verbunden ist, in dem sich eine innere Umwandlung ereignet und vieles erfüllt, was zuvor nur als Versprechen wahrgenommen wurde. Diese Momente bleiben tief im Gedächtnis haften und beeinflussen das weitere Leben, auch die Berufstätigkeit. Die Erinnerung an diese Glücksmomente können auch im Alltag wieder diese kreative Lebendigkeit zurückrufen und für die Bewältigung neuer Aufgaben genutzt werden. Der Supervisand macht hier die Erfahrung, wie wichtig es ist, seine Arbeit durch solche Momente unterbrechen zu lassen, weil sie ihm Kraft geben, die weitere Arbeit im chronometrischen Rhythmus zu verkürzen.

So wurde die Zeit sowohl vom Geschäftsführer wie von der Klinikleiterin zu Beginn des Supervisionsprozesses als leer und endlos gedehnt erlebt. Diese unerfüllte Zeit breitete sich von der Arbeitszeit auf die Freizeit und bei der Psychologin auch auf die Schlafenszeit aus. Erst das Erlebnis erfüllter Zeit im Supervisionsprozess brachte die Fähigkeit zurück, die chronometrische Zeit positiv aufzuladen, sie zu begrenzen und jederzeit durch Entschleunigungspausen unterbrechen zu können.

Ob die hier aufgeführten Faktoren auch in jedem konkreten psychodramatischen Supervisionsprozess in der dyadischen Form tatsächlich aufzufinden und somit wirksam sind, weiß ich selbstverständlich nicht. Ich hoffe jedoch, dass ich ihre Möglichkeit, ja Wahrscheinlichkeit einleuchtend aufgezeigt habe. Sollen also Supervisionsprozesse in kurzer Zeit zu positiv bewerteten Ergebnissen führen, dann ist die Wahl eines psychodramatischen Supervisors jedenfalls gut begründet.

## Literatur

*Auer-Hunzinger, V., Sievers, B.* (1991): Organisatorische Rollenberatung und -analyse. Ein Beitrag zur Aktionsforschung. *Gruppendynamik* 2, 33-46.

*Beumer, U., Sievers, B.* (2000): Einzelsupervision als Rollenberatung. Die Organisation als inneres Objekt. *Supervision* 3, 10-18.

*Bernd, C.* (1987): Lernen durch Verkörpern. Frankfurt.

*Buber, M..* (1984): Elemente des Zwischenmenschlichen. In: Ders.: Das dialogische Prinzip. Heidelberg, S. 269-298.

*Buer, F.* (1996a): Methoden in der Supervision – psychodramatisch angereichert. *OSC* 3, 1, 21-44.

– (1996b): Psychodramatische Supervision. Das Modell in seiner Bedeutung fürt die Reflexion und Erforschung sozialpädagogischen Handelns. *Supervision* 29, 81-92.

– (1997a) (Hg.): Psychodramatische Supervision. Themenheft *OSC* 4. 4.

– (1997b): Zur Dialektik von Format und Verfahren. Oder. Warum eine Theorie der Supervision nur pluralistisch sein kann. Beispiel: Psychodramatische Supervision. *OSC* 4, 4, 381-394.

– (1999): Lehrbuch der Supervision. Der pragmatisch-psychodramatische Weg zur Qualitätsverbesserung professionellen Handelns. Münster.

– (2000a): Psychodramatische Supervision in der Bildungsarbeit. In. *Wittinger, Th.* (Hg.): Psychodrama in der Bildungsarbeit. Mainz, S. 106-128.

– (2000b): Zur Theorie psychodramatischer Bildungsarbeit. In: *Wittinger, Th.* (Hg.): Psychodrama in der Bildungsarbeit. Mainz, S. 173-204.

*Dux, G.* (1992): Die Zeit in der Geschichte. Ihre Entwicklungslogik vom Mythos zur Weltzeit. Frankfurt.

*Erlacher-Farkas, Jorda, C.* (1996) (Hg.): Monodrama. Heilende Begegnung. Vom Psychodrama zur Einzeltherapie. Wien.

*Fatzer, G.* (1990): Rollencoaching als Supervision von Führungskräften. *Supervision* 17, 42-49.
*Fengler, J.* (1991): Helfen macht müde. Zur Analyse und Bewältigung von Burnout und beruflicher Deformation. München.
*Fuhr, R., Gremmler-Fuhr, M.* (1991): Dialogische Beratung. Köln.
*Gneist, J.* (1980): Der Einsatz psychodramatischer Techniken im Rahmen der Fortbildung und Supervision einer Laienhelfergruppe des Sozialpsychiatrischen Dienstes München Nord – Erfahrungsbericht. *Sozialpsychiatr. Informationen*, März, 81-85.
*Hanelt, G., Kröner, F.* (1991): Psychodrama gegen Burnout. In: *Meyer, E.* (Hg.): Burn out und Streß. Hohengehren, S. 162-168.
*Hantschk, I..* (2000): Rollenberatung. In: *Pühl, H.* (Hg.): Handbuch der Supervision 2. Berlin, S. 160-171.
*James, W..* (1992): Der Wahrheitsbegriff des Pragmatismus (1907). In: *Skirrbeck, G.* (Hg.): Wahrheitstheorien. Frankfurt, S. 35-58.
*Jürgens, M., Buer, F.* (1994): Das Theater mit dem Psychodrama. Theaterästhetische Betrachtungen. Ein Gespräch. In: *Buer, F.* (Hg.): Jahrbuch für Psychodrama, psychosoziale Praxis & Gesellschaftspolitik 1993. Opladen, S. 123-165.
*Kaspar, I.* (1990): Fokussierendes Psychodrama. Psychodramatische Einzelbehandlung. *Psychotherapie, Psychosomatik, Medizinische Psychologie* 40, 6, 216-222.
*Kasper, G.* (1993): Erst Feuer, dann Flamme, dann ausgebrannt. Beispiele aus der Lehrer-Supervision. In: *Bosselmann, R..* et al. (Hg.): Varationen des Psychodramas. Meezen, S. 263-272.
*Kessel, L.v.* (1998): Theorie und Praxeologie des Lernens in der Supervision. Einige Bausteine aus niederländischer Sicht. In: *Berker, P., Buer, F.* (Hg.): Praxisnahe Supervisionsforschung. Münster, S. 46-68.
*Klein, U.* (1990) (Hg.): Supervision. Themenheft *Psychodrama* 3, 2.
*Lammers, K.* (1998): Verkörpern und Gestalten. Psychodrama und Kunsttherapie in der psychosozialen Arbeit. Göttingen.
*Langer, S.* (1987): Philosophie auf neuem Wege. Frankfurt.
*Lippenmeier, N.* (1990): Die Bedeutung des sokratischen Prinzips für und im Supervisionsprozeß. In: *Pühl, H.* (Hg.): Handbuch der Supervision. Berlin, S. 412-421.
*Looss, W.* (1990): Die Einzelsupervision von 'Beziehungsarbeitern'. In: *Fatzer, G., Eck, C.D.* (Hg.). Supervision und Beratung. Köln, S. 195-208.
- (1997): Unter vier Augen. Coaching für Manager. Landsberg.
*Mattele, J.* .(1994): Psychodrama als Methode der Einzelpsychotherapie? Skripten zum Psychodrama. Moreno Institut Stuttgart.
*Mutzeck, W.* (1996): Kooperative Beratung. Grundlagen und Methoden der Beratung und Supervision im Berufsalltag. Weinheim.
*Nassehi, A.* (1993): Die Zeit der Gesellschaft. Auf dem Weg zu einer soziologischen Theorie der Zeit. Opladen.
*Petzold, H.* (1981): Das Hier-und-Jetzt-Prinzip und die Dimension der Zeit in der psychologischen Gruppenarbeit. In: *Bachmann, C.H.* (Hg.): Kritik der Gruppendynamik. Frankfurt, S. 214-299, 391-409.
*Pühl, H.* (2000): Einzel-Supervision – Coaching – Leitungssupervision. In: Ders. (Hg.): Handbuch der Supervision 2. Berlin, S. 100-111.
*Rauen, Ch.* (1999): Coaching. Innovative Konzepte im Vergleich. Göttingen.
– (2000) (Hg.): Handbuch Coaching. Göttingen.
– (2002): Coaching von Führungskräften. *Supervision* 3, 35-42.
*Schaaf, B.* (1989): Psychodrama in der Einzelsupervision. In: *Kösel, E.* (Hg.): Persönlichkeitsentwicklung in beruflichen Feldern auf der Grundlage des Psychodramas. Freiburg, S. 192-194.
*Schacht, M.* (1996) (Hg.): Einzelpsychotherapie. Themenschwerpunktheft *Psychodrama* 1.
*Schreyögg, A.* (2000): Coaching und seine potentiellen Funktionen. In: *Pühl, H.* (Hg.): Handbuch der Supervision 2. Berlin, S. 173-187.

– (1995): Coaching. Eine Einführung für Praxis und Ausbildung. Frankfurt.
*Schwinger, Th.* (1984): Zur Funktion der Supervision für Mitarbeiter psychosozialer Einrichtungen am Beispiel therapeutischer Wohngemeinschaften. *Gruppenpsychother u. Gruppendyn.* 19, 4, 334-344.
*Seidel, U.* (1989): Psychodrama ohne Gruppe – Basistechniken in der Einzelarbeit. *Psychodrama* 2, 2, 193-205.
*Stanko, L., Ritsert, J.* (1994): Zeit als Kategorie der Sozialwissenschaften. Eine Einführung. Münster.
*Wartenberg, G., Kienzle, J.* (1991): Die Katharsis im psychodramatischen Spiel. In: *Buer, F.* (Hg.): Jahrbuch für Psychodrama, psychosoziale Praxis & Gesellschaftspolitik 1991. Opladen, S. 49-78.
*Weth, E.-J.* (1985): Monodrama mit Studenten – Zur Anwendung psychodramatischer Techniken in der Einzeltherapie. *Int. Ther.* 11, 1, 75-96.
*Weigand, W.*. (2000): Leitungsberatung. In: *Pühl, H.* (Hg.): Handbuch der Supervision 2. Berlin, S. 112-122.
*Weiß, R.* (1996): Organisatorische Rollenberatung – Schnittstelle zwischen Organisationsberatung und Supervision. In: *Geißler, K.* u.a.. (Hg.): Handbuch Personalentwicklung und Training. Ein Leitfaden für die Praxis. Köln, Losebl.-Ausg. 32. Erg.-Lfg.. 8.1.2.4.
*Zeintlinger-Hochreiter, K.* (1996): Kompendium der Psychodrama-Therapie. Köln.

*Marianne Kieper-Wellmer*

# Psychodramatische Gruppensupervision mit Heilpädagoginnen

In Nordrhein-Westfalen werden seit einigen Jahren Heilpädagoginnen in größerer Zahl ausgebildet (v.a. traditionell an Fachschulen, aber auch an Fachhochschulen), so dass sie inzwischen in vielerlei sozialen Einrichtungen tätig sind und sich zunehmend ein eigenes Tätigkeitsprofil entwickelt. Sie arbeiten immer noch vorwiegend als abhängig Beschäftigte in sogenannten Non-profit-Unternehmen (wie z.B. Heimen für geistig behinderte Erwachsene, Kinderheimen, Einrichtungen für psychisch kranke Kinder oder Erwachsene, Sonderkindergärten usw.), aber auch zunehmend als Selbständige. In fast jeder größeren Stadt Nordrhein-Westfalens gibt es inzwischen freie Praxen, die heilpädagogische Leistungen anbieten.

Heilpädagoginnen arbeiten also höchst professionell; nach zwei qualifizierten Berufsausbildungen und (darüber hinaus) häufig noch mehreren Zusatzqualifikationen haben sie eine selbstbewusste berufliche Identität entwickelt. Das ist die eine Seite. Andererseits empfinden sie oft mangelnde gesellschaftliche Anerkennung. Ihr Prestige leidet z.B. an der an Erzieherinnen orientierten Entlohnung ihrer Arbeit. Ein anderes Dilemma entsteht aus der persönlichen biographischen Situation der Frauen. Viele von ihnen stehen vor der Entscheidung, eine Familie zu gründen oder sind schon Teil einer Familie mit Kindern. Aus der Identifikation mit dem heilpädagogischen Ansatz, der vor allem Beziehungsarbeit betont, haben sie einen hohen Anspruch an die Zuwendung zu ihren eigenen Kindern entwickelt, und so leiden sie immer wieder an der empfundenen Unverträglichkeit zwischen ihrer Mutterrolle und ihrer Berufsrolle, die ihnen viel Zeit und hochgradiges Engagement abverlangt.

Diese Aspekte und vor allem das Bedürfnis, die eigene Arbeit fortlaufend prozesshaft zu reflektieren, haben dazu geführt, dass die Heilpädagoginnen zunehmend Supervision nachfragen. Dabei stellt m.E. die Tatsache, dass sie ihre Supervisionen aus eigener Tasche bezahlen (trotz ihrer nicht gerade üppigen Entlohnung), ein weiteres Indiz für ihre hohe berufliche Motivation dar.

## 1. Zu den Supervisionsgruppen

Ich biete seit einigen Jahren Gruppensupervision für Heilpädagoginnen an. Es handelt sich bei den Gruppen, von denen hier die Rede sein soll, immer um reine Frauengruppen. Das ist eine Folge der Tatsache, dass es zu etwa 90% Frauen sind, die diesen Beruf wählen. Eine Gruppe hat entweder ca. 10 Teilnehmerinnen (diese Größe ist für die supervisorische Arbeit mit allen infrage kommenden psychodramatischen Arrangements und Techniken gut geeignet) oder ca. 4 Teilnehmerinnen (bei dieser Gruppengröße beschränke ich mich auf die Hinzuziehung einzelner personenbezogener Interventionstechniken wie Rollentausch u.ä. oder auf die Arbeit mit kleinen soziometrischen Arrangements). Die Teilnehmerinnen sind zwischen 25 und 45 Jahre alt, und sie leben in unterschiedlichen familiären Konstellationen, vom Single bis zur Mutter mit zwei Kindern. Wir treffen uns in drei bis vierwöchigen Abständen und arbeiten in drei bis vierstündigen Sitzungen, je nach Gruppengröße.

Bei den Themen, die die Teilnehmerinnen einbringen, geht es in erster Linie um „Fälle": Kinder oder Erwachsene, die ihnen Schwierigkeiten bereiten und bei denen sie den Eindruck haben, dass die angebotene Beziehungsgestaltung für ihr Klientel nicht mehr hilfreich ist. Daneben geht es oft um „Abgrenzung", „Überforderung" und „private Wünsche vs. berufliche Ambitionen". Diese Themen sind schon ausgewiesen als immer wiederkehrend in weiblichen Berufsbiographien *(Dorst* 1991, S.11). Es geht aber auch um die eigene Stellung in der Organisation, in der sie beschäftigt sind, um Rollenklärung und um neue Rollenfindung.

Das Klima in den Gruppen ist warm, (vielleicht) weniger angstbesetzt als in gemischtgeschlechtlichen Gruppen und von großer Akzeptanz füreinander gekennzeichnet. Die Frauen sind sehr bereit, ihre persönlichen Erfahrungen zum Thema mit anderen zu teilen und sich auf die Gruppe einzulassen. Schwierigkeiten haben sie eher dort, wo es um Abgrenzung voneinander, um Konkurrenz untereinander geht (zu Frauengruppen in der Supervision vgl. *Kieper-Wellmer* 1991; zur Gruppendynamik *Dorst* 1991).

## 2. Psychodramatische Arrangements und Techniken in der Gruppensupervision

Das von *Moreno* entwickelte Psychodrama scheint mir von seiner Vorgehensweise für viele unterschiedliche Formate geeignet: für eine kurze Demonstration im Unterricht, in der Erwachsenenbildung, in Fortbildungsveranstaltungen in therapeutischen Gruppen und eben auch für die Supervision. Immer da, wo Beziehungen thematisiert werden, um sich selbst, seine interpersonalen Bezüge und den soziokulturellen Rahmen, in dem man agiert, besser zu verstehen, kann das konkret anschauliche Arrangement psychodramatischen Spiels den Zugang zu einem besseren Problemverständnis liefern und auch in Ansätzen zu neuen Handlungsmöglichkeiten verhelfen.

Auch aus dem Grund, dass *Moreno* „Spontaneität" und „Kreativität" ins Zentrum seiner Psychodrama-Theorie gestellt hat und dass diese Begriffe ebenfalls zentrale Anliegen der Supervision benennen, scheint mir der psychodramatische Zugang in der Supervision sehr naheliegend (ausführlich dazu vgl. *Krüger* 1990; *Buer* 1996). *Kreativität* in *Morenos* Verständnis erfasst die Strukturbildung bei Individuen, Beziehungen, Gruppen oder Organisationen. *Spontaneität* richtet sich auf die Dynamik von Strukturen und versucht, Antworten zu geben auf die Frage: „Was fördert und was verhindert eine Lösung von Konflikten?" Die Spontaneitätstheorie ist für die Supervision von besonderer Bedeutung:

„Spontaneität (...) treibt den einzelnen zu angemessenen Reaktionen *auf* eine neue Situation oder zu neuen Reaktionen auf eine alte Situation. (...)Ein großer Teil der menschlichen Psycho- und Soziopathologie kann der ungenügenden Entwicklung seiner Spontaneität zugeschrieben werden. Die Übung der Spontaneität ist daher das wichtigste Lehrfach und sollte in unseren Institutionen von allen Erziehern und Therapeuten verlangt werden. (...) Spontaneität wirkt wie ein Katalysator" (*Moreno* 1974, S. 13).

Die Möglichkeit, in alten Situationen neu bzw. in neuen Situationen angemessen zu reagieren, kann als *ein* zentrales Anliegen der Supervision verstanden werden. Die Arrangements und Techniken des Psychodramas, die auf dieses Ziel hin ausgerichtet sind, sind handlungsorientiert. Durch die Handlungsorientierung können die Mitglieder einer Supervisionsgruppe nicht nur ein neues Verständnis für ein „konserviertes" Problem entwickeln, sondern gleichermaßen neue Lösungsideen, die in der geschützten Atmosphäre der Gruppe erprobt werden können. Bei *Gellert* und *Heinz* (1993) sind die Gründe für die Verwendung des Psychodramas in der Supervision übersichtlich zusammengefasst:

„1. Psychodramatische Supervision löst Behinderungen in Beziehungen nicht durch Deutungen auf, sondern zunächst psychodramaimmanent im Spiel durch Einsatz von Psychodramatechniken.
2. Psychodrama-Supervision zielt darauf ab, nicht verfügbare oder behinderte Interaktionsfunktionen durch den Einsatz der spezifischen analogen Psychodramatechnik in Aktion zu bringen, dadurch den Wiederholungszwang aufzulösen und die Spontaneität wiederherzustellen.
3. Psychodrama ergänzt das Prinzip Deutung aus der Psychoanalyse durch das Prinzip Handlungserfahrung im konkreten Evidenzerlebnis im Spiel.
4. In der Supervision mit Psychodrama lernen die Teilnehmer/innen auch als Zuschauer: Sie identifizieren sich konkordant mit dem Supervisanden oder komplementär zu ihm mit dem Gegenspieler während des psychodramatischen Spiels" (*Gellert, Heinz* 1993, S. 275).

Neben den Möglichkeiten, die das psychodramatische Spiel liefert (wie z.B. Rollentausch, Spiegeln, Verdichtung der Situation) und die natürlich auch in soziometrischen Arrangements verwendet werden können, gibt es eine Reihe von weiteren soziometrischen Techniken, die gut geeignet sind, eine Organisation und die eigene Rolle darin darzustellen und zu erleben und Veränderungen spielerisch zu erproben. *Moreno* erforscht und beschreibt in seiner Theorie der Soziometrie Netzwerke sozialer Beziehungen. Die Struktur: das Macht-, Kommunikations- und Rollengefüge von sozialen Gruppen kann mithilfe soziometrischer Methoden ermittelt werden, so dass die Gruppenteilnehmerinnen einen deutlichen und erfahrungshaltigen Einblick in ihre eigene soziale Situation in der dargestellten Organisation und die damit verbundenen Handlungsmöglichkeiten gewinnen (zum Einsatz soziometrischer Methoden in der Supervision vgl. *Weiß* 1991).

Im folgenden möchte ich anhand zweier Beispiele die Anwendungsmöglichkeiten von psychodramatischen und soziometrischen Arrangements und Techniken in der supervisorischen Arbeit mit Frauen verdeutlichen.

## 3. „Abgrenzung" – ein protagonistenzentriertes psychodramatisches Spiel

Eine Gruppenteilnehmerin (Maria, 34 Jahre) bringt folgenden Fall ein:

Sie ist Heilpädagogin (gruppenübergreifende Funktionsstelle) in einem Kindergarten und hat die Aufgabe, Angebote mit heilpädagogischem Charakter (z.B. Psychomotorik, Rhythmik, Wahrnehmungs- und Sprachförderungsangebote etc.) für einzelne Kinder und Kleingruppen durchzuführen mit begleitender Elternarbeit. Von ihren Kolleginnen und der Leiterin wird sie als „Mädchen für alles" herangezogen: Weihnachtsfeiervorbereitung, Raumgestaltung, Aushelfen in den Gruppen usw. Über diese vielen Einzelaufträge kommt sie *oft* nicht in Ruhe dazu, sich auf ihre eigene Arbeit vorzubereiten und diese regelmäßig durchzuführen. Sie ist einerseits sehr ärgerlich auf ihre Kolleginnen, hat schon gar keine Lust mehr, in dieser Einrichtung zu arbeiten, andererseits schafft sie es nicht, sich gegen die immer wiederkehrenden Anforderungen zu wehren, und sie hört auch Vorwürfe gegenüber ihrer „Sonderrolle" heraus. Maria entschließt sich, dieses Thema psychodramatisch zu bearbeiten; die Gruppe, bestehend aus zehn Frauen, zeigt ihr durch soziometrische Wahl, dass sie an Maria und ihrem Thema sehr interessiert und zum Mitspielen bereit ist.

*1. Szene:* Sie baut auf der Bühne den Raum auf, in dem ihre eigene heilpädagogische Arbeit mit den Kindern stattfindet. Sie wählt aus den Teilnehmerinnen eine Frau für die Rolle ihrer Kollegin aus; im Rollentausch geht sie selbst in die Rolle der Kollegin, und die Supervisorin interviewt sie kurz: Wer ist sie selbst in dieser Einrichtung, wie geht es ihr mit ihrer Arbeit, wie sieht sie Maria, und was wünscht sie sich von ihr? Danach geht Maria in ihre eigene Rolle zurück, und die Mitspielerin nimmt die Rolle der Kollegin ein. Sie richtet eine dringende Bitte um Unterstützung an Maria. Zuerst versucht diese, sie abzuweisen, aber als sie ihr Anliegen noch verstärkt und dringlicher macht, gibt Maria ihr nach, ist aber gleichzeitig wütend auf sie. „Wie kann sie es wagen, mich dauernd von meiner Arbeit abzuhalten, sie findet wohl gar nicht wichtig, was ich tue. Sie tut so, als wäre sie zu nichts allein in der Lage, nur damit ich ihr immer wieder Arbeit abnehme". Diese Sätze kann Maria der Kollegin jedoch nicht direkt sagen, sondern nur in einem „Beiseitegespräch" gegenüber der Supervisorin äußern.

*2. Szene:* Maria wird aufgefordert, einen Spiegel für sich zu wählen. Das ist eine andere Frau, die ihr ihre eigene Rolle vorspielt. Maria geht aus der Szene heraus, stellt sich neben die Supervisorin auf einen Stuhl und schaut aus dieser Perspektive zu, wie ihr Spiegel dieselbe Szene von eben wiederholt. Danach interviewt die Supervisorin Maria. Sie wird quasi zu ihrer eigenen Supervisorin. „Was hast du in dieser Szene gesehen, was ist dir aufgefallen?" Maria hat schon während des Zuschauens starke gestische und mimische Signale gegeben, die auf eine starke innere Beteiligung schließen lassen. Sie ist sehr bewegt und kommentiert jetzt die Szene: „Ich kann nicht nein sagen, ich habe Angst, abgelehnt zu werden, und ein bisschen fühle ich mich auch geschmeichelt, weil ich so sehr gebraucht werde." Auf die Frage der Supervisorin, ob sie diese Gedanken und Gefühle als etwas Vertrautes kenne, kommt sie sehr schnell auf ihre Familiensituation. Als Älteste von drei Schwestern, allein mit der Mutter, hat sie früh sehr viel Verantwortung für das Wohlfühlen der gesamten Familie übernommen und hat sich auch immer bemüht, die an sie gestellten Erwartungen zu erfüllen, konnte es auch gut, hatte dabei aber immer das Gefühl, mit ihren eigenen Bedürfnissen zu kurz zu kommen.

3. *Szene:* Nach dem Exkurs in die Biographie Marias, der zeigt, dass die Ansprüche der Kolleginnen ein altes Muster aktivieren, wird sie aufgefordert, sich wieder der beruflichen Szene zuzuwenden. Sie soll überlegen, ob ihr etwas einfällt, was sie verändern könnte, und dann soll sie die Ausgangsszene noch einmal durchspielen. Sie denkt eine Weile nach und will es dann noch einmal versuchen. In der folgenden Szene besteht sie auf ihrer eigenen zeitlichen Planung und darauf, dass sie im Moment die Bitte der Kollegin um Hilfestellung nicht erfüllen kann. Sie weist sie nicht vollständig ab, sondern schlägt ihr von sich aus einen Zeitpunkt vor, zu dem sie helfen kann. Sie will die Antwort der Kollegin darauf nicht mehr hören. Nach dieser Spielszene ist sie spürbar erleichtert und zufrieden, dass ihr etwas gelungen ist, was sie vorher so schwer fand: ihre eigenen Interessen einer anderen Frau gegenüber zu behaupten, ohne sich, allerdings nur gedanklich, aggressiv gegen sie zu wenden.

Danach fordert die Supervisorin die Gruppe zum Sharing und zum Rollenfeedback auf. Im *Sharing* kann jede Teilnehmerin mitteilen, in welcher Weise das Spiel sie selbst emotional berührt hat und ob es eventuell eigene Erinnerungen an ähnliche Situationen hervorgerufen hat. So erfahren die Gruppe und die Supervisorin, dass das Problem, sich abzugrenzen, wohl ein typisches in dieser Gruppe zu sein scheint, und alle drängen darauf, die nächsten Male weiter daran zu arbeiten. Im *Rollenfeedback* teilen die beiden Mitspielerinnen ihre Erfahrungen in den Rollen mit. Die „Kollegin" macht deutlich, dass sie Maria im zweiten Spiel ganz anders erlebt hat, nicht mehr so leicht zu überreden und viel konturierter. Sie konnte den zeitlichen Verschiebungsvorschlag gut annehmen, und Maria erschien als zu achtende Partnerin, die man nicht mehr so leicht mal eben zu Eigenzwecken mißbrauchen kann. Die Frau, die als Spiegel ausgewählt war, teilt im Feedback vor allem ihr Gefühl des Ausgeliefertseins mit, und wie sie merkte, dass sie innerlich wütend wurde, ohne das Gefühl loswerden zu können. Sie teilte auch noch mit, dass sie gar nicht mehr in der Lage war, sich auf die eigene Arbeit zu konzentrieren, und die Kinder ganz in den Hintergrund gerieten.

Das Fallbeispiel zeigt einige Vorzüge des psychodramatischen Zugangs in der Supervision auf. Die Protagonistin *erlebt* sich selbst in ihren Interaktionen auf unterschiedliche Weise, kann alte Rollenkonserven im Spiel auflösen und neue spontane Handlungsweisen erproben. Das psychodramatische Spiel auf der Bühne ist ein gutes Übungsfeld für die berufliche Realität. Die Gruppe und die Supervisorin geben der Protagonistin die Sicherheit, die dafür nötig ist, sich zu öffnen, alte eingeschliffene Muster zu durchbrechen und etwas Neues zu riskieren. Es wäre natürlich illusorisch anzunehmen, die neuen angemesseneren Handlungsweisen würden sich in der harten Realität des Alltags sofort und immer umstandslos anwenden lassen. Aber die Erfahrung der Möglichkeit, anders als üblich reagieren zu *können,* setzt viele Kräfte frei und schafft den Personen freie Gestaltungsräume für ihr Handeln. Das kommt letztlich vor allem dem aufgabenbezogenen Handeln gegenüber den Klienten, in diesem Falle den Kindern, zugute, für die wieder mehr Energie freigesetzt werden kann.

## 4. „Mein Platz im Team" – soziometrische Arbeit mit Fingerpüppchen

Die Falleinbringerin, Luise, arbeitet als Heilpädagogin in einer von vier Gruppen einer integrativen Kindertagesstätte. In jeder Gruppe arbeiten eine Heilpädagogin und eine Erzieherin; sie betreuen fünfzehn Kinder, von denen fünf nachweislich behindert sind. Luise beschreibt in der Supervisionsgruppe (in diesem Fall bestehend aus vier Heilpädagoginnen aus unterschiedlichen Einrichtungen) ihre Verunsicherung im Team. Es hat in den letzten sechs Monaten einen Streit zwischen der Leiterin und einer Mitarbeiterin, Anna, gegeben, der eskaliert ist und damit endet, dass Anna kündigt. Diese Konfliktsituation hat das Team gespalten in die eine Gruppe, die auf der Seite von Anna steht und mehr oder weniger offen mit dem Gedanken der Kündigung spielt, und die andere Gruppe, die versucht, sich aus dem Konflikt herauszuhalten und zur Leiterin loyal zu bleiben. Luise selbst weiß im Moment nicht, wie sie ihren Platz im Team in Zukunft definieren kann, zumal ihre engste Vertraute, Berta, auch eine Heilpädagogin, im Konflikt mit der Leiterin konfrontativ geworden ist und ebenfalls gekündigt hat.

Die Supervisorin fordert Luise auf, aus einer großen Auswahl von Fingerpüppchen für jedes Teammitglied eine Puppe auszuwählen und sie so zueinander zu stellen, wie sie die Beziehungsstruktur des Teams im Moment erlebt. Sie beginnt mit Anna und wählt für diese einen „Punk", für die Leiterin wählt sie einen „Polizisten" und für sich selbst einen schwarzen „Raben". Dass die Wahl der Püppchen nicht beliebig ist, sondern in ihnen ein Ausdruck für ein inneres Bild gesucht wird, zeigt die lange Zeitdauer, die Luise zum Aussuchen der Puppen benötigt. Die Wahl des „Raben" für sich selbst ging sehr schnell, ebenfalls die des „Punks" für Anna, und auch die Wahl des „Polizisten" für die Leiterin war sehr spontan. Bei den übrigen Personen hat die Auswahl länger gedauert.

In dem Bild, das sie aufbaut, entsteht eine Gruppe, in der die Püppchen ziemlich eng zusammengerückt sind, bestehend aus Anna (Punk) und ihrer engsten Mitarbeiterin (Mädchen mit wilden roten Haaren), die zumindest gegenüber Anna angekündigt hat, dass sie auch gehen werde, wenn Anna das Team verlässt. Weiterhin gehören zu der Gruppe noch Berta (ein lachender Clown) und deren engste Mitarbeiterin (ein nachdenklicher Hund), wobei, wie gesagt, Berta schon gekündigt hat. Zu der Gruppe gehört dann noch die Köchin, sie wird etwas an den Rand der Gruppe gestellt (das ausgewählte Püppchen stellt eine kleine Prinzessin dar). Die Köchin leidet nach Luises Darstellung sehr unter den ständigen Spannungen im Team. Als nächstes wird Luises engste Mitarbeiterin aufgestellt, für die sie ein professorales Püppchen mit Brille ausgewählt hat. Sie steht etwas entfernt von der Gruppe um die Punkfrau Anna, weil sie sich nach Luises Meinung strikt um Neutralität bemüht. Noch weiter weg von der Gruppe um Anna, aber ihr gegenüber, werden die beiden letzten Mitarbeiterinnen der Einrichtung aufgestellt. Ausgewählt wurden ein Blumenmädchen und ein weißes Schaf. Sie stehen eng nebeneinander. Nach Luises Eindruck bemühen sich die beiden stark um die Anerkennung der Leiterin und haben wenig Kontakt zu den übrigen Frauen. Sie versuchen, die Krise zu leugnen. In der Nähe dieser beiden Mitarbeiterinnen (Blumenmädchen und Schaf), aber doch mit Abstand, wird die Leiterin (Polizist) postiert, neben ihr steht niemand. Zuletzt sucht Luise einen Platz für sich selbst, für ihren Raben. Sie stellt den Raben zunächst zögernd an den Rand der Gruppe um Anna, ist aber sichtbar unsicher, ob sie ihn dort lassen will. Sie verändert dann den Platz noch einmal und stellt den Raben zu ihrer engsten Mitarbeiterin

(Professor mit Brille), aber auch diese Position sagt ihr nicht zu, und so stellt sie ihn dann in die Mitte zwischen die größere Gruppe, der zum einen ihre Sympathien gehören, und ihre Mitarbeiterin, die sie ebenfalls schätzt,

Die Protagonistin stellt alle Personen in der Ich-Form vor. Sie stellt sie an ihren Platz in dem von ihr geschaffenen Gruppenbild und beschreibt, wen sie jeweils darstellen und warum sie gerade diesen Platz einnehmen. Sie gibt allen Figuren eine eigene Charakteristik, die als Mischung aus der Symbolik der ausgewählten Püppchen und der Vorstellung, die die Protagonistin von den im Team vertretenen Frauen hat, entsteht. Die symbolische Figur der Puppe unterstützt Assoziationen und Ideen zu den einzelnen Charakteren. Dadurch wird klarer, was in der Perspektive der Protagonistin die Beziehungs- und Konfliktlinien ausmacht, welche Motive sie den Personen zuschreibt und welche Persönlichkeitsmerkmale sie bei den Kolleginnen für wesentlich hält.

Nachdem das Gruppenbild gestellt ist und die Personen Konturen gewonnen haben, wird zuerst Luise gefragt, ob sie etwas zu dem entstandenen Bild und ihrer Position darin sagen möchte. Sie teilt der Gruppe mit, wie ihr deutlich wurde, dass ihre Beziehungs- und Koalitionswünsche offensichtlich gerade auf die Personen im Team gerichtet sind, die es verlassen oder verlassen wollen. Sie sieht, dass das Team in seiner jetzigen Form sich auflöst, und fragt sich nun, ob sie auch gehen solle, zumal sie sich nicht zutraut, das Restteam in ihrem Sinne zu beeinflussen und die Leiterin zur Kooperation zu bewegen. Sie befürchtet aber, mit einer eigenen Kündigung ein Verhalten zu wiederholen und aus dem Feld zu gehen, wenn es schwierig wird (sie ist schon zweimal aus für sie unerfreulichen und nach ihrer Meinung ineffektiven Teamkonstellationen weggegangen). Sie hat die Sorge, dass sich damit ein Verhaltensmuster etabliert, das ihr letztlich nicht guttut und das sie auch nicht befürwortet.

Dann werden die übrigen Supervisionsteilnehmerinnen zu ihren Gedanken und Assoziationen zu dem soziometrischen Bild befragt. Sie sehen zuerst Luises Position, und wie schwer es im Moment für sie ist, einen sicheren Platz zu finden. Sie haben den Aufbau des Bildes und die Figuren auf sich wirken lassen und können sich auch in die übrigen Teammitglieder einfühlen. Sie sehen die Einsamkeit der Leiterin als Polizistin und überlegen, wie man sie wieder einbeziehen könnte, ob es vielleicht andere Rollenanteile gebe. Sie sehen den lachenden Clown Berta und die Punkfrau Anna, die ihren Entschluß gefasst haben zu gehen und die vielleicht auch deshalb so offensiv gegen die Leiterin Stellung beziehen. Sie weisen daraufhin, dass es vielleicht andere Möglichkeiten gibt, sich zu arrangieren und seine Vorstellungen von guter Zusammenarbeit durchzusetzen. Sie betonen die Umbruchsituation, und dass ja die neu hinzukommenden Teammitglieder ganz neue Aspekte ins Team bringen könnten, Sie weisen schließlich auf die enge Verbindung und auf die Wertschätzung gegenüber der Mitarbeiterin (Professor mit Brille) hin, mit der sie doch gern zusammenarbeitet und die ja auch bleibt.

Am Ende ist Luise nachdenklich und viel ruhiger als zum Beginn der Sitzung. Sie wird aufgefordert, sich mit ihrer Entscheidung Zeit zu lassen, zumindest bis zur nächsten Supervisionssitzung. Das scheint Luise sehr zu entlasten.

Die Beschreibung *einer* Sitzung in einem Prozess der Rollen und Beziehungsklärung sollte deutlich machen, dass der Einsatz von Fingerpüppchen einen guten Einstieg in ein solches soziometrisches Thema darstellen kann. Dadurch können gerade zurückhaltende und zum Abwägen neigende Personen, die kaum eine eindeutige Meinung ausdrücken oder ein Urteil fällen können, ohne diese im nächsten Satz wieder zurückzunehmen, mutiger werden, anderen Menschen eine Charakteristik zu verleihen. Gleichzeitig können Beziehungskonstellationen, Untergruppen und Einflüsse im Team für alle Supervisionsmitglieder anschaulich dargestellt werden, so dass vielfältige Assoziationen und Phantasien zum Thema angeregt werden, die ansonsten vielleicht verschüttet blieben, weil die Gruppe dazu neigt, sehr lösungsorientiert zu arbeiten.

Die symbolische Form der Fingerpüppchen hat mehrere Funktionen:

- Sie haben etwas von einem Kinderspiel, Kasperletheater. Dieses *spielerische Element* fördert somit Kreativität und Spontaneität. Es löst eventuelle normative Blockierungen auf und regt an, seine inneren Bilder von einem Menschen in einer Figur wiederzufinden und sie auch zu benennen.
- Die Wahl eines Püppchens für eine Person lässt *Vereinfachungen* zu (wie im Märchen), betont häufig aber auch den *Doppelcharakter* eines gewählten Bildes. Eine Polizistin z.B. ist dominant, mächtig, aber sie schafft auch Ordnung und sorgt für Gerechtigkeit.
- Fingerpüppchen kann man schließlich *sinnlich wahrnehmen,* genauso wie wir im Kontakt mit anderen Menschen diese ganzheitlich erleben. Sie sprechen nicht nur die Kognition an, sondern ebenso unser Empfinden. Eine kleine Prinzessin löst z.B. Beschützergefühle aus, ein Blumenmädchen eventuelle Erinnerungen an die Hippiezeit. Daneben lösen sie auch ästhetische Eindrücke aus, so ein Püppchen können wir entweder schön oder häßlich, unscheinbar oder protzig, zart oder kräftig finden.

Die Beispiele zeigen, wie durch die psychodramatischen und soziometrischen Arrangements und Techniken das *Erleben,* die sinnliche Erfahrung der Gruppenteilnehmer, zur Basis für eine Reflexion ihres Verhaltens in Organisationen und Strukturen gemacht wird. Das sinnliche (Nach)Erleben durch das Spielen von Szenen setzt analytische Kräfte frei, die auf der Grundlage eines probeweise erlebten Handelns neue Einstellungen gegenüber „alten“ Situationen ermöglichen. Die spielerische Praxis in der Supervision ermöglicht den Teilnehmerinnen auch, gänzlich neue Handlungsweisen auszuprobieren, um neue Möglichkeiten des Handelns zu „erkennen“. Das Ziel der Supervision, eine angemessenere Handlungsfähigkeit im beruflichen Kontext zu erzeugen, wird durch psychodramatische und soziometrische Methoden gut unterstützt.

## Literatur

*Buer F.* (1996): Methoden in der Supervision – psychodramatisch angereichert. *OSC* 3 (1), 21-44.

*Dorst, B.* (1991): Psychodynamische und gruppendynamische Besonderheiten von Frauengruppen in Supervisionen. *Supervision* 20, 8-22.

*Gellert, M. und Heinz, W* (1993): Psychodrama und Soziometrie in der Supervision und Fortbildung von AIDS und Drogenberatern. In: *Bosselmann, R.* u.a. (Hg.): Variationen des Psychodrama. Meezen: S. 273-286.

*Kieper-Wellmer. M.* (1991): Wo Frauen unter sich sind. Überlegungen zu Struktur, Beziehung und Macht in frauendominierten sozialpädagogischen Einrichtungen. *Supervision* 20, 22-33.

*Krüger, R.T.* (1990): Psychodrama als Supervisionsmethode. In: *Pühl, H.* (Hg.): Handbuch der Supervision. Berlin: S. 323-340.

*Moreno, J.L.* (1974): Grundlagen der Soziometrie. Opladen.

*Weiß, K.* (1991): Psychodrama – Soziometrie. Ein Supervisionskonzept. *Supervision* 19, 38-53.

*Ferdinand Buer*

# Team- und Organisationsentwicklung im Rahmen der Organisationssupervision

## Eine Fallstudie

## 1. Einführung in die Thematik

Die MitarbeiterInnen in kleinen sozialen Einrichtungen verstehen sich gern als „Team". Dabei schwankt das Selbstverständnis zwischen einem Team als einem Gespann, das gemeinsam den Karren aus dem Dreck ziehen soll (was der etymologischen Bedeutung des Wortes nahekommt, s. *Münch* 1996, S. 8) und einem Team als einer speziell zusammengestellten Gruppe, die durch gute Zusammenarbeit von Fachkräften mit unterschiedlichen sich ergänzenden Fähigkeiten und Fertigkeiten Spitzenleistungen oder wenigstens kreative Lösungen hervorbringt (*Bennis, Biederman* 1998).

Das letzte wird heute sicher gern von den Geld- und Auftraggebern auch sozialer Einrichtungen gesehen. Die erstere Sicht scheint aber wohl, jedenfalls in der Sozialen Arbeit, realistischer. Nun wird die Schar der MitarbeiterInnen für eine soziale Einrichtung selten auf einen Schlag zusammengestellt, wie das bei einem speziellen befristeten Arbeitsprojekt der Fall ist (*Schiersmann, Thiel* 2000). Es muss eben zusammenwachsen, was eingestellt wurde. Und bei Ergänzungen durch Neueinstellungen wird leider zu wenig gefragt, ob der oder die neue Kollege/in sozioemotional (= soziometrisch) zu den schon vorhandenen passt. Wichtiger ist meist, dass ein Arbeitsfeld wieder besetzt wird, das sonst nicht mehr beackert werden könnte. Dadurch werden aber häufig Spannungen importiert, die eine optimale Kooperation behindern oder gar den Erfolg der gesamten Arbeit erheblich einschränken.

Erst wenn also das Kind in den Brunnen gefallen ist, wird nach *Teamsupervision* gerufen (*Fengler* 1997; *Kersting, Krapohl* 2000). Da aber nur schwerlich einfach entlassen und neu eingestellt werden kann, ist an die vielleicht notwendige radikale Umgruppierung nicht zu denken, jedenfalls nicht mit personellen Folgen. Statt dessen müssen die real existierenden MitarbeiterInnen mühsam lernen, miteinander auszukommen. Für diese Arbeit ist die Vision von „genialen Teams" wohl weniger angebracht.

Liegen aber keine großen Unverträglichkeiten zwischen den MitarbeiterInnen vor, sie sollen bzw. wollen ihre Arbeit nur besser koordinieren und sich gegenseitig befruchten und anspornen, dann ist *Teamentwicklung* angesagt (*Schmid, Berg*, 1995, S. 255). Dabei ist allerdings zu beachten, um welche Art von Team es sich handelt. Projektteams, Leitungsteams, normale Arbeitsteams, leiterlose Teams etc. bieten sehr unterschiedliche Entwicklungsmöglichkeiten und stellen ganz unterschiedliche Anforderungen (*Petzold* 1998).

Im supervisorischen Diskurs ist nun seit bald zehn Jahren erkannt worden, dass Supervision mit Teams immer auch Organisationsentwicklung bedeutet (*Buchinger* 1992;

*Weigand* 1996; 2000b): Auch wenn nur Fallsupervision verabredet ist, ist die Organisation der Zusammenarbeit wie in der Supervision so auch in der alltäglichen Praxis zwangsläufig Thema. Und wenn deutlich wird, dass die Schwierigkeiten bei der Fallbearbeitung auch mit organisatorischen Mängeln zu tun haben, dann wäre es doch merkwürdig, daran nicht arbeiten zu dürfen. Daraus ist der Schluss zu ziehen, dass in einer Teamsupervision immer eine Organisationseinheit vollständig vertreten sein sollte, also mit der Leitung, damit auch diese Fragen gemeinsam offensiv angegangen werden können. Es sei denn, diese Organisationsmängel sind nicht gravierend. Dann kann Fallsupervision im Vordergund stehen und die Leitung in dieser Zeit anderweitig engagiert sein. Sie sollte aber im Fall des Falles einbezogen werden können (*Rappe-Giesecke* 1996).

Wird Aufgabe der Teamsupervision Organisationsentwicklung, dann verändert sich allerdings auch der Arbeitsstil. Der Supervisor kann entweder das Supervisionsteam machen lassen, um dann die Mängel in der Zusammenarbeit reflexiv, also zurückgelehnt, aufzudecken. Das ist sicher spannend, dauert aber. Er kann aber auch eine provisorische Leitungsfunktion übernehmen und gezielt an der Entwicklung angemessenerer Organisationsstrukturen arbeiten lassen (*Scala, Grossmann* 1997; *Pühl* 1998; 2000). Dann nähert er sich dem steuernden, aktiven Vorgehen an, wie es in der Organisationsberatung eher üblich ist (*Schmid, Berg* 1995; *Doppler, Lauterburg* 1998).

Wenn in dieser Arbeit keine große Organisation verändert werden soll, sondern nur eine kleine oder nur eine bestimmte Organisationseinheit einer großen, dann lässt sich immer noch von Supervision sprechen. Dazu hat Gotthardt-Lorenz (1996; 1997; 2000; *Tatschl* 1997) mit der *Organisationssupervision* ein beachtliches Konzept vorgelegt, an dem auch meine Arbeit orientiert ist.

Mein Konzept für die supervisorische Arbeit mit kleinen Organisationseinheiten steht dabei in der Tradition der *Aktionsforschung (Moser* 1995*)*, wie sie auch in der Organisationsberatung rezipiert wurde (*Gairing* 1996). Dann übernehme ich die Aufgabe, das Forschungsdesign zu gestalten, in dem die Beteiligten sich selbst untersuchen. Gemeinsam mit ihnen werte ich die Ergebnisse aus, entwickele daraus Handlungsperspektiven und befähige sie zur Umsetzung in die Alltagspraxis. Die Erfahrungen mit der Umsetzung werden dann wieder eingespeist und weiterverarbeitet.

Damit greife ich eine Tradition auf, die *Moreno* mit seiner soziometrischen Aktionsforschung mitinitiiert und elaboriert hat (*Moreno* 1991; 1996). Dabei muss jetzt aber nicht ein umfassendes Forschungsprojekt gestartet werden (*Buer* 1999, S. 132f.). Es genügt, die steuernde Rolle des Aktionsforschers zu übernehmen und die in der Gruppe vorhandenen unterschwelligen sozioemotionalen Netze für die Herausbildung geeigneter Arbeitssstrukturen zu aktivieren. Ziel dieses provisorischen Steuerungsprozesses im Rahmen der Supervision ist die selbstverantwortliche Selbststeuerung der Organisation in der Praxis (*Schattenhofer, Weigand* 1998).

Wie das konkret gehen kann, soll am dargestellen Fall demonstriert werden. Dabei wird selbstverständlich ständig mit dem Wechsel der Kommunikationsmodi gearbeitet (→ *Buer* Einführung). Und im Modus des Experiments können vielfältige psychodramatische Arrangements und Techniken eingesetzt werden (*Wiener* 1997).

Im konkreten Fall handelt es sich um eine soziale Einrichtung mit professionellen MitarbeiterInnen. Im Auftrag von Staat und Gesellschaft sollen hier bestimmte personenenbezogene Dienstleistungen für bestimmte Klientengruppen erbracht werden, um dem Sozialstaatsgebot zu entsprechen. Eine solche Einrichtung ist also durch die Professionslogik gekennzeichnet, nach der die Qualität der Arbeit für die Klienten im Mittelpunkt steht. Diese Arbeit ist aber durch bestimmte unaufhebbare Paradoxien gekennzeichnet, mit denen man fertig werden muss (*Schütze* 1992; 1994; 1996). Zugleich muss aber mit den zugewiesenen knappen Mitteln wirtschaftlich umgegangen werden. Also ist auch die Unternehmenslogik wirksam, nach der der Erfolg primär durch die Effizienz definiert ist, unabhängig von der Qualität (*Buer* 2000).

Während sich nun die einfachen MitarbeiterInnen in diesen Einrichtungen oft schlicht nach der Professionslogik richten, also Geldfragen eher abwehren, müssen sich die Führungskräfte mit der Wirtschaftlichkeit beschäftigen. Sie bekommen die Spannung zwischen der Professions- und der Unternehmenslogik voll zu spüren. Von den Vorständen und den Geldgebern unter Druck gesetzt, müssen sie ihren MitarbeiterInnen allzu häufig die Unternehmenslogik erst beibringen. Wenn sie dann selbst noch mit einem Teil ihrer Stelle als Fachmitarbeiter tätig sind, also professionell klientenbezogen, zudem als einzige Führungskraft in der Einrichtung mit der Mission, für Wirtschaftlichkeit zu sorgen, allein dastehen, und dann noch mit einer *Teamideologie* konfrontiert sind, nach der ja alle gleichberechtigt arbeiten und entscheiden sollten, dann wird der Druck verständlich, unter dem so mancher Leiter einer sozialen Einrichtung steht (*Ritter, Kinzinger* 1996).

Daher muss in der supervisorischen Arbeit mit kleinen Einrichtungen die Führungskraft besonders gestützt werden (*Kessel* 1995; *Bennis* 1998). Da Führung ein Interaktionsphänomen ist (*Neuberger* 2002), sollte die Herausbildung und Gestaltung der Leitungsrolle im Gruppenprozess geschehen. Allerdings kann zusätzlich eine persönliche Einzelberatung notwendig werden (*Kessel* 1996, *Weigand* 2000a). Beide Prozesse müssen aber sorgfältig aufeinanderabgestimmt sein.

In der folgenden Fallstudie habe ich, um die Anonymität zu wahren, nicht die genaueren Kontexte der Einrichtung sowie ihre konkreten Aufgaben genannt. Dadurch kann nicht thematisiert werden, in wie weit sich eine spezifische Organisationskultur oder eine bestimmte Klientenkultur in der Arbeit und ihrer Problematik gespiegelt hat. Nun bin ich aber der Meinung, dass trotz dieses Mankos der Prozess der Organisationsentwicklung verständlich ist und so manche Lehren bereit hält.

## 2. Der Fall

### 2.1 Wir wollen Supervision. Oder: Von der Anfrage zum Kontrakt

Der Geschäftsführer einer sozialen Einrichtung, Herr A, rief mich an: Unser Team möchte Supervision, um die Zusammenarbeit zu verbessern. Das Wort Supervision stoße aber im Umfeld durchaus auf Vorbehalte. Nachdem skizziert war, worum es genauer gehen sollte, einigten wir uns zunächst auf den Begriff „Teamentwicklung". Das erste Treffen solle zweistündig in den Räumen der Einrichtung mit allen fest angestellten MitarbeiterInnen einschließlich des Geschäftsführers und der Sekretärin (sechs Frauen, zwei Männer) stattfinden, um zu klären, ob wir miteinander arbeiten könnten und wenn ja, wie das Setting aussehen sollte.

Nachdem sich auf diesem Treffen die MitarbeiterInnen vorgestellt haben, habe ich sie sich soziometrisch im Raum aufstellen lassen, zunächst nach dem Kriterium: Intensive Arbeitsbeziehungen, dann: intensive informelle Beziehungen. Es schälte sich ein Kern von MitarbeiterInnen heraus, den eine lange Geschichte miteinander verbindet. Vor einigen Monaten hatte die Einrichtung noch den Gründer des Vereins als Leiter. Nach seiner Pensionierung wollte der Vorstand die Einrichtung einem anderen Verband übergeben. Da das die bisherigen MitarbeiterInnen nicht wollten, hat sich einer von ihnen, Herr A, bereit erklärt, sich um den Geschäftsführerposten zu bewerben. Das konnte durchgesetzt werden. Einer der zusätzlich neu eingestellten Mitarbeiter, Herr B, hatte sich jedoch ebenfalls auf diesen Posten beworben, hatte die Stelle aber nicht bekommen, sondern war als einfacher Mitarbeiter eingestellt worden.

Als Ziel wurde vom Geschäftsführer/Leiter vor allem Qualitätssicherung angesichts neuer Anforderungen und eine Präzisierung der Aufgaben und Rollen der MitarbeiterInnen und der Arbeitsstrukturen benannt. Von den MitarbeiterInnen, gerade auch von Herrn B, wurde zusätzlich Verringerung der Arbeitsbelastung gewünscht.

Wir einigten uns darauf, die Veranstaltung „Team- und Organisationsentwicklung" zu nennen. In achtzehn je zweistündigen Treffen sollten innerhalb eines Jahres diese Ziele angestrebt werden.

### Kommentar

Der Vorschlag, innerhalb eines Jahres mit achtzehn zweistündigen Treffen das „Team" zu entwickeln, kam vom Geschäftsführer und wurde von der Gruppe unterstützt. Hier wurde also eine sehr intensive Intervention gewünscht. Ich sah darin den nicht deutlich ausgesprochenen Auftrag, klare Arbeitsstrukturen zu etablieren. Das schien allen ohne fremde Hilfe nicht möglich. Während der frühere Leiter keineswegs Beratung in Anspruch genommen hätte (*Schreyögg* 1996), wurde jetzt explizit nach Supervision verlangt: Ein neues Selbstverständnis hatte also schon Platz gegriffen. Die Organisation sollte als lernende definiert werden. Ich sollte also eine Interimsleitung übernehmen, bis die Gruppe sich selbst steuern kann. Dabei musste geklärt werden, wer was zu entscheiden hat. Das alles schon zu Anfang auf den Tisch zu legen, schien mir unangebracht. Also konnten auch zu Anfang die Arbeitsziele nicht genauer festgelegt werden. Das hätte die Gruppe überfordert. Ich musste also Leitung übernehmen, um sie der Gruppe in differenzierter Form zurückzugeben.

Ich war mit folgenden Spannungsfeldern konfrontiert (*Weigand* 1990):

- Die fünf „Alten" haben die Einrichtung mit aufgebaut und in der alten Form am Leben erhalten. Diese Geschichte mit einem charismatischen Patriarchen hat sie geprägt. Diese Abhängigkeitsverhältnisse wollen sie nun ändern (*Thiel* 1996). Die „Neuen" wollen gleichberechtige, demokratische Verhältnisse.
- Herr A muss sich als Leiter gegenüber den Alten, mit denen er bisher auf einer Stufe stand, aber auch gegenüber den Neuen profilieren.
- Die Herren A und B müssen ihre Beziehung austarieren.
- Einige wollen mehr ergebnisorientiert an den Strukturen arbeiten (Protagonist: Herr A), andere mehr prozessorientiert an der Verarbeitung der Belastungen (Protagonist: Herr B).

Ich entschied mich bei der Reflexion während der Nach- und Vorbereitung, den Schwerpunkt auf die *gemeinsame* Entwicklung einer *Arbeitsstruktur* zu legen. Dazu wollte ich den Supervisionsprozess selbst stark strukturieren und ein Arbeitsprogramm vorlegen (Modellfunktion). Die MitarbeiterInnen sollten zudem Hausaufgaben bekommen, damit sie in immer neuen Kombinationen Unterschiede in den unterschwelligen soziometrischen, also informellen Beziehungen zu spüren bekommen und die konkreten Kooperationsmöglichkeiten ausloten müssen. Auf dieser Erfahrungsbasis sollten die formalen Strukturen präzisiert und die Nützlichkeit der vorhandenen Gremien verbessert und neue entwickelt werden. Die Supervision sollte Katalysator sein, angemessenere Arbeitsformen für ihre Praxis zu etablieren. Ich hoffte, dass mit der Verbesserung der Kooperationsformen auch eine Entlastung einher geht. Ferner soll reihum von jedem Treffen ein Ergebnisprotokoll angefertigt werden, damit jeder dazu beiträgt, gemeinsame Sichtweisen und Beschlüsse präzise festzuhalten. Damit soll auch ein gemeinsames Gedächtnis aufgebaut werden, das immer wieder angezapft werden kann.

## 2.2 Was tun wir? Oder: Den Berufsalltag beschreiben, analysieren und absichern

Auf dem zweiten Treffen drei Monate später habe ich zunächst die Erwartungen präzisieren lassen, um dann meinen Arbeitsplan vorzustellen. Folgende Fragen sollten bearbeitet werden:

1. Was tun wir?
2. Was sollen wir tun?
3. Was können wir tun?
4. Was wollen wir tun?
5. Was werden wir tun?

Diese ergebnisorientierte Vorgehensweise wurde akzeptiert. Dabei sollte auch die weiterwirkende Geschichte angesprochen werden. Die Protokollführung wurde verabredet (inhaltlicher Kontrakt und Schließen eines Arbeitsbündnisses).

Es wurde geklärt, dass dieser vereinbarte Prozess Supervision genannt werden kann, weil hier in Selbst- und Fremdberatungsprozessen die Qualität fachlicher Beziehungarbeit gesichert und verbessert werden soll. Im Fokus steht aber die Entwicklung der Kooperationsstrukturen der Einrichtung. Also handelt es sich um Organisationsentwicklung. Da aber die Organisation im wesentlichen aus den anwesenden Mitarbeitern besteht, diese aber zu einem Team werden wollen, könne man auch von Teamentwicklung sprechen.

Ich habe gleich klargestellt, dass nicht jede Mitarbeitergruppierung ein Team darstellt. Daher soll die übliche wöchentliche Konferenz aller MitarbeiterInnen mit dem Geschäftsführer auch nicht mehr Teambesprechung genannt werden. Da es um die Klärung der dienstlichen Belange geht, heißt sie ab sofort: Dienstbesprechung.

Zur Beschreibung des Berufsalltags haben wir in einem brain storming Arbeitsschwerpunkte gesammelt und am Flipchart sortiert. Genannt wurden: Arbeit mit Betroffenen, Prävention, Teilnahme an Arbeitskreisen, Arbeit mit Ehrenamtlichen, Austausch mit Fachkollegen, Zusammenarbeit mit anderen Einrichtungen, mit Ämtern und Verbänden, Verwaltungsarbeit, Fortbildung, Dienstbesprechungen, Fallbesprechungen, informelle Treffen, Geschäftsführung.

Hausaufgabe: Jeder soll in Einzelarbeit schriftlich in einer Übersicht für alle festhalten, wieviel Zeit er/sie in einem für alle gleichen Monat für welche von diesen Tätigkeiten aufgewendet hat.

Auf dem dritten Treffen wurden die Übersichten vorgestellt. Die meiste Arbeit wird mit den Klienten, mit der Verwaltung dieser Arbeit und ihrer gemeinsamen Organisation verbracht. Genauer sollten die Felder: „Teamkommunikation" und „Geschäftsführung" untersucht werden. Die Gruppe bildete dann drei Arbeitsgruppen zum ersten Feld mit der Aufgabe, Probleme zu identifizieren. Die Zusammensetzung erfolgte in spontaner Wahl. Beim Austausch über die Ergebnisse stellten sich als Aufgaben heraus: Die informellen Treffen (Frühstück, Mittag), die Dienstbesprechung und die Fallbesprechung müssen neu geregelt werden.

Drei neu spontan zusammengestellte Gruppen erarbeiteten dann die Problemzonen zum Thema „Geschäftsführung": unterschiedlicher Informationsstand, keine klare Trennung von „Kollege" und „Chef", Umstellungsschwierigkeiten von der alten autoritären Struktur auf eine neue, demokratische.

Wir entschlossen uns, zunächst das Thema „Teamkommunikation" zu vertiefen. Dazu wurden drei wieder neu zusammengestellte Arbeitsgruppen gebildet, die als Hausaufgabe schriftlich Kurzanalysen zu den drei Kommunikationsettings vorlegen sollten.

Auf dem vierten Treffen stellte jede der vier AGs ihre Ergebnisse vor. Am Flipchart haben wir dann gemeinsam die offenen Punkte gesammelt. Um die Bedeutung der Kommunikationssettings herauszuarbeiten, wurde ein Organigramm gezeichnet, das die Aufgaben des Geschäftsführers auflistet wie die vier Kommunikationssettings: Dienstbesprechung, Mitarbeitergespräch, Fallbesprechung und informeller Austausch verortet.

Da z.Z. keine Fallbesprechungen mehr stattfanden, weil kein klares Verfahren verabredet war, griff ich zunächst dieses Thema auf, um ein altes wichtiges Gremium, das Entlastung schaffen kann, schnell wieder flott zu bekommen. Nachdem alle dargelegt haben, wozu ihnen Fallbesprechungen wichtig sind und worauf es ihnen dabei ankommt, habe ich dann als Hausaufgabe gestellt: Auf dem nächsten Treffen der Fallbesprechung soll ein klares Verfahren erarbeitet und beim nächstenmal in der Supervision vorgestellt werden. Als nächstes soll die Dienstbesprechung neu geregelt werden.

Auf dem fünften Treffen stellte die Gruppe ein klares Verlaufsschema für die Fallbesprechung vor, nach dem sie auch gleich gearbeitet hatte. Leider wurde das Schema nicht ganz eingehalten. Weder der gewählte Moderator, noch sonst jemand hatte in der Situation auf der Einhaltung des vereinbarten Ablaufs bestanden. Es wurde klar, wie schwer es noch fällt, Verantwortung für das Ganze zu übernehmen.

Auf der Dienstbesprechung wurden inzwischen auch die informellen Treffen einvernehmlich geregelt. Dort wurde auch der Rahmen festgelegt: Zeiten, Teilnahmeregeln, Festlegung der Tagesordnung, wechselnder Moderator und Protokollant. In drei spontan gebildeten Kleingruppen wurden dann die Fragen behandelt: Welche Unklarheiten gibt es noch und wie könnte eine angemessene Struktur aussehen? Als Ergebnis des anschließenden Diskussionsprozesses wurden als Ansprüche formuliert:

- partnerschaftliche Struktur,
- Es sollen möglichst viele Dinge besprochen werden.

- Transparenz,
- Übernahme von Verantwortung und Initiative von allen,
- Über Finanzen und Personal kann nicht verhandelt werden.
- Alle sollen mit diskutieren und beraten. Die letzte Entscheidung hat der Geschäftsführer.

Zur Frage, wie wird kontrolliert, ob Beschlüsse umgesetzt werden, wurde festgelegt: Es wird in der Dienstbesprechung eine Person benannt, die die Umsetzung eines konkreten Beschlusses beobachten soll. Darüber soll sie nach kurzer Zeit berichten. Jeder, der feststellt, es wird ein Beschluss nicht beachtet, soll seine Beobachtung sofort bekannt machen.

Die Rolle des Moderators in der Fall- wie der Dienstbesprechung soll noch genauer bestimmt werden. Dazu soll er auch Feedback erhalten.

Danach wurde die erste Phase abgeschlossen und der nächste Schritt angegangen: die Feststellung der Aufgaben und ihre Bewertung. Dazu wurden drei AGs gebildet: Aufträge durch die Geldgeber, Aufträge durch die Klienten, Aufträge aus professioneller Sicht. Die Klärung sollte bis zum nächstenmal als Hausaufgabe angegangen werden.

### Kommentar

Unter dem alten Leiter hatten die MitarbeiterInnen wenig zu sagen. Sie schlossen sich als Betroffenengruppe zusammen und verstanden sich als Team gegenüber dem Chef. Jetzt wollen die meisten viel zu sagen haben und verstehen sich als Team, das alles gemeinsam entscheidet. Während also die alte Konfiguration durch den traditionellen Beziehungsmodus „Gemeinschaft" gekennzeichnet war, gibt es jetzt unterschwellig den Wunsch, nach dem Modus „Bund" zu verfahren (→ *Buer* Handlungsmuster). Das aber macht es dem Geschäftsführer schwer, seine Leitungsrolle zu gestalten. Da das für die Entwicklung dieser Organisation aber notwendig ist, muss die Teamideologie verstört werden. Daher war es wichtig, die Verwendung des Teambegriffs vorläufig auszusetzen. Diese Sprachübung hält die Aufmerksamkeit für diese Aufgabe wach.

Auch die schriftliche Erledigung der Hausaufgaben sollte dazu dienen, eine angemessene Begrifflichkeit und Klarheit zu entwickeln. Aufgabe war es meist, eine Übersicht auf einem Flipchart-Bogen zu erstellen, die für alle schnell nachvollzogen werden kann. Dazu sollten dann vor den anderen in freier Rede verständliche Erläuterungen abgegeben werden. Das stärkt die Verantwortungsübernahme.

Die Hausaufgaben sollten den Transfer von der Supervisionsgruppe in den Berufsalltag bahnen. Auch sollten in den alltäglichen Ablauf Reflexionsorte eingebaut werden. Ziel ist es, diese Reflexionskultur der Supervision in die Alltagskultur zu implementieren. Ferner sollte der Nutzen der schon vorhandenen Gremien und Kommunikationsorte in der und für die alltägliche Praxis verbessert werden. Diese Orientierung ist pragmatisch, da Supervision nur so nützlich ist, wie sie nützliche Folgen für die alltägliche Berufspraxis hat. Die Supervision darf daher immer nur so viel Neues bringen, wie es kurz- und mittelfristig auch umgesetzt werden kann. Sie soll die vorhandenen Ressourcen aufgreifen, aktivieren und verbessern und nicht aufsaugen und verbrauchen. Die TeilnehmerInnen sollen also lernen, selbst zu entscheiden, was können wir schon wann und wo selbst angehen? Und was gehört noch in die Supervision?

Um die Kooperationsfähigkeit zu aktivieren, habe ich innerhalb und außerhalb der Supervisionstreffen immer wieder in Zweier- und Dreiergruppen zusammenarbeiten lassen. Bis zu diesem Zeitpunkt des Prozesses konnten die Gruppen spontan zusammengestellt werden. Dabei wird die unterschwellige Anziehung und Abstoßung wirksam gewesen sein. Die MitarbeiterInnen sollen erfahren, mit wem sie was gut machen können und mit wem nicht. Das Berücksichtigen der soziometrischen Konfigurationen in der Arbeitsgruppe halte ich für zentral, wenn die Kreativität der Gruppe genutzt werden soll und wenn Hemmungen und Störungen der Zusammenarbeit vermieden werden sollen. Bis zu diesem Zeitpunkt wurde jedes Gruppenmitglied gleichberechtigt behandelt. Die besondere Position des Leiters war kein Kriterium bei der Gruppenkonfigurierung. Das Thema Leitung wurde nur indirekt aktiviert dadurch, dass jemand bei der Vorstellung der Ergebnisse die Führung übernehmen musste. Das Thema Gleichheit und Differenz, Positionsunterschiede zwischen Leiter und MitarbeiterInnen sollte erst dann explizit aufgegriffen werden, wenn eine gute fachliche Zusammenarbeit verankert war. Daher habe ich in dieser Phase auch noch nicht die Neuregelung der Dienstbesprechung explizit aufgegriffen, weil zu diesem Anlass die Differenz zwischen Vorgesetztem und Untergebenen hätte definiert werden müssen.

In dieser Phase ging es mir also neben der kollektiven Bewusstmachung der Lage um die Sicherung und Entwicklung der Kooperationsfähigkeit und der vorhandenen Selbststeuerungssettings. Das war bis hierher ganz gut gelungen.

## 2.3 Was sollen wir tun? Oder: Aufgaben feststellen und akzentuieren

Beim sechsten Treffen war der Geschäftsführer kurzfristig verhindert. Er sah aber keinen Sinn darin, deshalb das Treffen abzusagen. Wir einigten uns, mit der Arbeit fortzufahren. Allerdings sollten Fragen der Geschäftsführung/Leitung nicht behandelt werden. Auch sollte der Bericht der AG „Geldgeber“ erst beim nächsten Mal vorgestellt werden, da Herr A hier mitgearbeitet hatte und die Ergebnisse vortragen sollte. Es gab zwar eine stellvertretende Leiterin, Frau C. Ihre Rolle blieb aber unklar. Hier sollte eine Klärung erfolgen.

Die AG „Klientel“ beschrieb dann die Wünsche der Klienten wie des Umfelds, von dem auch Aufträge ausgehen. Um die geäußerten und heimlichen Aufträge genauer zu eruieren, habe ich dann ein kleines Rollenspiel inszeniert, bei dem ein Mitglied der AG die Ehefrau eines Klienten gespielt hat. Im Interview habe ich deren Wünsche herausgelockt. Eine Vierergruppe hat dann ein internes Fachgespräch geführt, welche Aufträge sie übernehmen könnten und welche nicht. Das andere Mitglied der AG hat dann eine Hausfrau gespielt, die Interesse an einer ehrenamtlichen Mitarbeit hat. Eine Gruppe aus der Einrichtung hat dann geprüft, welche Interessen aufgegriffen werden können.

Durch diese Konkretisierung im Rollenspiel wurde deutlich, wie schwierig es ist, mit den Aufträgen umzugehen, welches Arbeitsfeld noch wenig professionalisiert ist und wo Absprachen mit vergleichbaren Einrichtungen getroffen werden müssen.

Auf meine Nachfrage hin wurde berichtet, dass die Fallbesprechung jetzt gut laufe. Von der Dienstbesprechung soll nächstes Mal berichtet werden.

Bis zum siebten Treffen war das letzte Protokoll bei mir nicht eingetroffen. Es war aber erstellt worden. Aus diesem Anlass wurde der Zweck der Protokollierung noch einmal erläutert:

- Gemeinsame Sichtweise entwickeln
- Dokumentation des Erarbeiteten.

Ich habe dann die Idee eingebracht, dass die Protokolle auch als Material verwendet würden, wenn später eine Gesamtdiagnose erstellt würde. Sie dienen also der Selbstvergewisserung. Sie sind nicht für die Öffentlichkeit, auch nicht für den Vorstand bestimmt.

Der Geschäftsführer hatte dann noch Nachfragen zum Protokoll und hat sich so in den Prozess eingeklinkt. Er hat noch einmal deutlich gemacht, dass ein Supervisionstreffen auch ohne ihn stattfinden könne. In einer Dienstbesprechung soll die Rolle der Stellvertreterin geklärt werden. Es tauchte die Frage auf, ob der ABM-Mitarbeiter nicht auch zur Mitarbeiterschaft gehöre und nicht auch an der Supervision teilnehmen müsse. Da für dieses Feld aber kein pädagogisches Konzept erarbeitet sei, könne dessen Rolle noch nicht genau bestimmt werden.

Generell wurde noch einmal deutlich, welche Aufträge allein von den Klienten auf die Einrichtung einstürmen. Der Geschäftsführer, der nun die Aufträge der Geldgeber vorstellen sollte, teilte zuvor mit, dass die Arbeit im gesamten Feld im Wandel sei und dadurch viel Arbeit entstehe. Diese Entwicklungen müssten stärker in die Supervision eingebracht werden. Ich konnte erreichen, dass wir zunächst im verabredeten Plan fortfuhren und Herr A die Aufträge der Geldgeber (Land, Kreis, Stadt, Kirche, Spender) vorstellt. Die Aufträge ergeben sich aus Verträgen, Satzungen, Dienstordnung, Geschäftsordnung. Wir einigten uns darauf, bestimmte Schriftstücke, insbesondere auch Leitsätze und Leitbilder des zuständigen Wohlfahrsverbandes allen zur Lektüre zur Verfügung zu stellen. Damit sollten alle MitarbeiterInnen stärker veranlasst werden, sich die vielfältigen Ansprüche der Geldgeber und Kooperationspartner genauer und intensiver bewusst zu machen.

Angesichts der vielen Aufträge wurde klar, dass das Arbeitskonzept, die Arbeitsstruktur, die Aufgabenverteilung dringend verbessert werden müssen, um dem Druck standzuhalten. Der Geschäftsführer machte an dieser Stelle deutlich, dass die Grenzen seiner Belastbarkeit erreicht seien. Er fühle sich oft von den MitarbeiterInnen allein gelassen. Darauf entgegnete Herr B, er erhalte ja auch nicht die nötigen Informationen. Den sich anbahnenden Beziehungskonflikt habe ich sofort entschärft, indem ich am Flipchart erläutert habe, dass mit den neuen Entwicklungen sich auch die Rolle des Mitarbeiters wandeln müsse. Nicht nur seine Fachkompetenz sei wichtig, sondern auch sein Engagement für den Erhalt und die Weiterentwicklung der Einrichtung insgesamt. Damit habe ich auf den Bericht der dritten AG „Professioneller Auftrag“ übergeleitet. Die bedrückende Stimmung aber blieb.

Beim achten Treffen fehlte Herr B, weil er Urlaub hatte. Frau D schlug in der Anfangsrunde vor, zwei Themen zu bearbeiten:

- Wie können Spannungen in der Beziehung zwischen MitarbeiterInnen in der Supervision aufgegriffen werden?
- In wie weit können alle MitarbeiterInnen an Entscheidungen beteiligt sein?

Da diese Themen von allen als vordringlich angesehen wurden, haben wir den Plan geändert und uns diesen Themen zugewandt. Die Analyse z.B. des Kontextes, in der die Spannung beim letzten Treffen zwischen den Herren A und B auftrat, zeigte, dass Rollen und Strukturen nicht klar genug sind. Wenn hier Klarheit herrscht, gibt es keinen Anlass für derartige Spannungen mehr. Es gibt einerseits den Wunsch nach mehr Mitbestimmung und Mitverantwortung von Seiten des „Teams". Die kontrollierende Funktion des Geschäftsführers führe aber andererseits dazu, sich zurückzuhalten. Hier gibt es noch Verunsicherung.

Der Führungsstils soll ein „demokratischer" sein, der sich vom autoritären der Vergangenheit unterscheide. Ich habe dann am Flipchart in Zeichnungen den Übergang von der Vergangenheit zur Zukunft visualisiert: Während in der Vergangenheit Leitung ein eigenes System darstellte, das das MitarbeiterInnensystem von oben dirigierte, müssen zwar in Zukunft Leitung und Facharbeit auch zwei verschiedene Systeme darstellen, die aber wechselseitig intensiv aneinander angekoppelt sind. Gegenwärtig ist Leitung noch Teil des MitarbeiterInnensystems, die sich zwar abgrenzt, sich aber noch nicht von der Ursprungszelle abgeteilt hat. Dieser Schritt sei für beide Systeme schmerzhaft, zumal er kurz bevor stehe, und solle in aller Ruhe möglichst ohne Verletzungen vonstatten gehen.

In einem demokratischen Führungsmodell sind möglich:

- Entscheidungen der MitarbeiterInnen
- Beratung in der Mitarbeiterschaft, Leitung entscheidet
- Leiter entscheidet allein

Der Leiter muss entscheiden, bei welchen Themen welche dieser Möglichkeiten angemessen ist.

Um die Rollen und Strukturen weiter klären zu können, soll am verabredeten Plan weitergearbeitet werden. Ich verdeutliche noch einmal unseren Kontrakt: Team- und Organisationsentwicklung bezieht zwar Erfahrungen ein, dürfe aber nicht zu einer Selbsterfahrungsgruppe werden. Beim nächsten Schritt der Ressourcenanalyse (Was können wir?) gehe es darum, die Stärken der Einzelnen hervorzuheben und somit abrufbar zu machen. Die Bestimmung des Selbstverständnisses (Was wollen wir?) kann Interesse und Motivation zur Arbeit stärken. Als Hausaufgabe wird verabredet: Jeder soll ein Bild seiner persönlichen Ressourcen (= Potenziale an Wissen und Können), die arbeitsrelevant sind, entwerfen.

Zu Beginn des neunten Treffens macht Herr B deutlich, dass er mit der Entscheidung, am Plan weiterzuarbeiten, einverstanden sei. Er halte es aber für wichtig, auch aktuelle Kommunikationsstörungen einbringen zu können. Das wird zugestanden.

Die dritte AG „Professioneller Auftrag" differenziert in ihrer Darstellung zwischen den drei Arbeitsfeldern der Einrichtung. Nach der Erläuterung des jeweiligen Feldes haben die MitarbeiterInnen je drei rote und drei blaue Punkte verteilt: Welche Bereiche werden gut ausgeführt (rot)? In welchen Bereichen sollte die Arbeit verbessert werden (blau)?

In der Analyse des Ergebnisses der Bewertungen wurde deutlich, dass die unmittelbare Arbeit mit den Klienten ganz gut läuft. Zu kurz kommt eindeutig: Öffentlichkeitsarbeit, Prävention, Vernetzung mit anderen Einrichtungen. Klar ist ferner, dass der erste Bereich im Vordergrund steht und prägend ist. Hier gibt es aber viel Routine, die revitalisiert werden müsste. Das zweite Feld wäre ausbaufähig. Dazu fehlen aber die personellen und materiellen Ressourcen. Der dritte Bereich soll weiter durch ehrenamtliche Helfer betrieben werden. Er soll wenig Arbeitskraft abziehen.

Da die Vorstellung der Ergebnisse und der fachliche Diskurs über die Bewertung der eigenen Arbeit doch viel Zeit beanspruchte, kam es nicht mehr dazu, noch mit der Darstellung der persönlichen Ressourcen zu beginnen. Das wurde auf das nächste Treffen verschoben.

## Kommentar

In dieser zweiten Phase kam es – wie nicht anders zu erwarten aufgrund des Gruppenverlaufs (storming-Phase) – zur Infragestellung des Arbeitsplans und meinem ergebnisorientierten Vorgehen. Zudem blieb die Frage virulent, wer trägt eigentlich für was die Verantwortung? Zum einen fehlte plötzlich der Leiter. Wie damit umgehen? Zum zweiten gibt es noch eine ABM-Kraft. Warum gehört sie nicht dazu? Trägt sie keine Verantwortung? Das Auftürmen der Aufträge vier Treffen lang machte zudem die Belastungen spürbarer, ohne dass die Ressourcen schon in Sicht waren. Hier drohte das Ganze in die Selbsterfahrung und das gegenseitige Zuweisen von zu wenig Verantwortung abzudriften. Ich sah daher meine Aufgabe darin, für das Umsetzen eines einmal gefassten Beschlusses einzutreten. Dazu mussten aber die „Beschwerden" ernst genommen und der Sinn des Arbeitsplans erneut verdeutlicht werden. Dieser Plan hatte sich nämlich in der Zwischenzeit nicht als korrekturbedürftig erwiesen, auch nicht als falsch. Der Sinn war nur nicht mehr präsent. Das auch hier verbreitete Muster, an Beziehungen zu arbeiten statt an Strukturen, hatte sich wieder einmal gemeldet (*Buchinger* 1992). Nach dieser Klärung war auf dem neunten Treffen wieder sachliche Arbeit möglich.

Ich habe diese Leitungsverantwortung auch so klar wahrgenommen, damit *ein* Modell eines demokratischen Führungsstils erlebt werden kann. Daher habe ich auch oft nachgefragt, wie Vorhaben, die in der Supervision angesprochen wurden, umgesetzt worden sind.

Psychodramatische Rollenspiele habe ich nur beim sechsten Treffen eingesetzt, um die Wünsche der Klienten noch deutlicher und differenzierter erspüren zu lassen. Um sie geht es schließlich. Und hier ist vor allem Achtsamkeit und Empathie am Platze. Generell geht es aber in der Organisationsentwicklung weniger um Einfühlung in den Anderen und um's Wohlbefinden, sondern um Sortierung, Überblick, Klärung, Reflexion, Bewertung, Entscheidung und Verabredung. Da stehen andere Arrangements und Verfahren im Vordergrund.

Das Ziel einer Organisation mit einem demokratischen Führungsstil stand nun im Raum. Regeln für die Mitbestimmung waren verdeutlicht. Jetzt konnte ich darauf warten, wann die Gruppe bei welcher Gelegenheit dazu eine Entscheidung fällt. Eben das wollte ich in der Supervision nicht an*leiten*. Das sollte die Gruppe selbst organisieren!

Mir wurde klar, dass nach der Ressourcenanalyse und der Diskussion des Selbstverständnisses ein vierstündiges Treffen notwendig wird, um eine gemeinsame Gesamtdiagnose zu erstellen und eine grundlegende Weichenstellung für eine neue Struktur und eine Agenda einzuleiten.

## 2.4 Was können wir tun? Oder: Ressourcen erheben und gewichten

Zu Beginn des zehnten Treffens legten wir fest, dass das fünfzehnte und sechzehnte Treffen als vierstündiger Workshop in einem größeren Raum stattfinden solle mit dem Ziel, gemeinsamen Konsequenzen aus dem bisher Erarbeiteten zu ziehen.

Für die Analyse der persönlichen Ressourcen haben wir die Bilder der Einzelnen wie in einer Galerie aufgehängt und nach folgendem Schema nacheinander betrachtet und ausgewertet:

- spontane Rückmeldungen der Gruppe, ohne dass mitgeteilt wurde, wer das Bild gemalt hat,
- Erläuterungen des/der „Künstlers/in",
- Nachfragen und Ergänzungen durch das Wissen um die Person,
- Vergleich: Selbstbild – Fremdbild,
- Welche Ressourcen sind bekannt, nicht bekannt? Welche werden schon eingebracht? Welche sollten abgerufen werden können?

Aus Zeitgründen konnten an diesem Treffen die Ressourcen von nur sechs Personen betrachtet werden. Es zeigte sich, dass das Selbst- und das Fremdbild weitgehend übereinstimmte. Es gab keine Entdeckungen über völlig unbekannte Ressourcen. Alle äußerten die Bereitschaft, an der Umsetzung der Team- und Organisationsentwicklung mitzuwirken. Beim nächsten Mal sollen neben den persönlichen auch die Struktur-Ressourcen in den Blick genommen werden.

Am elften Treffen konnte die Sekretärin, deren Bild wir noch nicht betrachtet hatten, aus Krankheitsgründen nicht teilnehmen. Der Geschäftsführer teilt mir dann mit, dass Frau D demnächst in ihren Schwangerschaftsurlaub gehen werde und Frau E ebenfalls zu diesem Zeitpunkt ausscheide, da ihr Vertrag nicht verlängert werden solle. Das sei aber schon mit ihr besprochen. Statt dieser beiden halben Stellen solle eine ganze neu ausgeschrieben werden als Schwangerschaftsvertretung. Die Entscheidung des Geschäftsführers auf Nichtverlängerung entsprach nicht den Wünschen von Frau E. Da bei ihr, aber auch in der Gruppe noch Betroffenheit über diese Entscheidung herrschte, habe ich alle dazu Stellung nehmen lassen. Herr B fand es nicht gut, dass das „Team" an dieser Entscheidung nicht beteiligt wurde. Es wurde festgelegt, dass Frau D noch am Workshop teilnehmen solle, da sie die Einrichtung schon lange kenne und demnächst auch wieder einsteigen werde. Frau E wird bis dahin ausgeschieden sein.

Ihr Bild war bei letzten Mal nicht betrachtet worden. Jetzt war unklar, wozu sie ihr Bild noch vorstellen sollte. Da sie aber durchaus Interesse an einer Rückmeldung zu ihren Ressourcen hatte, habe ich sie zur Vorstellung ermutigt. Sie war mit der Rückmeldung zufrieden.

Um die Arbeitsstruktur als Ressource gut nutzen zu können, müssen die Aufgaben und Verfahrensregeln der offiziellen Gremien wie der informellen Kommunikationssettings genau festgelegt und differenziert sein. Dazu hat die Gruppe dann über den Stand berichtet:

Die wöchentliche Dienstbesprechung sei das zentrale Entscheidungsgremium. Fachliche Diskussionen gehörten in andere Gremien. Die Abgrenzung zu fachlichen Diskursen sei noch etwas schwierig. Der Informationsaustausch sei jetzt angemessen. Für die vierzehntägig stattfindende Fallbesprechung gibt es jetzt ein festes Raster. Um die Zeit noch besser nutzen zu können, sollen die Fälle besser vorbereitet werden. Der/die ModeratorIn soll regelmäßig Feedback erhalten. Zur Diskussion grundlegender alle betreffender fachlicher Fragen soll von Fall zu Fall eine Fachbesprechung eingerichtet werden. Dazu soll auf dem nächsten Fachtreffen eine Moderation installiert werden, die auf die Erzielung von Ergebnissen achtet, die in einem Protokoll fixiert werden sollen.

Bei Personaleinstellungen haben die MitarbeiterInnen eine beratende Funktion bei der Festlegung der Auschreibung und der Auswahl. Hier soll größtmögliche Transparenz hergestellt werden. Entscheidungen obliegen dem Vorstand.

Hausaufgabe: Die vorliegende Texte zum Leitbild und zu den Leitsätzen des übergeordneten Wohlfahrtsverbandes soll in Kleingruppen diskutiert werden. Dann sollen folgende Fragen bearbeitet werden:

- Welche Leitsätze können wir übernehmen? Welche Modifikationen sind sinnvoll?
- Wie soll Leitung aussehen?
- Welches Selbstverständnis vertreten die MitarbeiterInnen von sich selbst?

Dazu wurden die Kleingruppen nach bestimmten Kriterien gebildet: Die Leitungsgruppe mit Herrn A und Frau C, die Gruppe der Jüngsten und die Gruppe der „alten Hasen".

Beim zwölften Treffen war Frau E aus Krankheitsgründen und die Sekretärin wg. Urlaubs nicht anwesend. Es wurde festgelegt, den Workshop auf einen Termin zu legen, an dem der neue Mitarbeiter schon eingestellt ist. Auf den zwei Treffen bis dahin soll die Diskussion über das Selbstverständnis (Was wollen wir tun?) abgeschlossen werden.

Auf diesem Treffen wurden gemeinsam die materiellen Ressourcen aufgelistet und bewertet. Die Arbeitsräume wurden als akzeptabel bezeichnet. Es fehle aber ein geeigneter Gruppenraum und eine deutliche räumliche Abgrenzung zu anderen Diensten im Gebäude. Der Standort wird als günstig angesehen. Die technische Ausstattung wird zwar durch die Einführung der EDV moderner, bringe aber auch viel Arbeit mit sich. Die Büroorganisation muss weiter ausgebaut werden, da hier ein Chaos übernommen wurde.

Die finanziellen Mittel von DM 540,– pro MitarbeiterIn und Jahr für Fortbildung werden kaum abgerufen. Damit war das Thema Fortbildung angesprochen, konnte aber an dieser Stelle nicht abschließend geklärt werden. Insgesamt ist die Finanzierung der Arbeit zur Zeit gesichert. Allerdings dürften in Zukunft die Zuschüsse und Erstattungen geringer werden. Hier müsse Vorsorge getroffen werden.

Alle versuchen, die anfallende Arbeit innerhalb der vorgesehenen Arbeitszeit zu erledigen. Da die Anforderungen (Fallzahlen) aber gestiegen seien, habe eine Verdichtung stattgefunden, die eine enorme Belastung mit sich gebracht habe. Allerdings gebe es hektische und ruhige Phasen. Insgesamt reiche die Zeit nicht aus, um alle Aufträge (s.o.) umzusetzen. Das sei sehr unbefriedigend.

Die Hausaufgabe wird präzisiert: Die Leitsätze für die Arbeit der Einrichtung sollen auf einem Flipchart-Bogen festgehalten werden.

## Kommentar

Mit der Entscheidung des Geschäftsführers, den Vertrag von Frau E nicht zu verlängern und das auch mit ihr in einem Mitarbeitergespräch abzuklären, hat Herr A seine Leitungsrolle deutlich übernommen. Das haben alle letztlich akzeptiert. Er hat auch darauf gedrängt, die Strukturen der Gremien genau festzulegen. Auch hier gab es inzwischen Konsens. Allerdings muss diese neue Praxis der klaren Differenzierung noch eingeübt werden. Mein Ziel, die vorhandenen Strukturen zur selbständigen Neuregulierung zu aktivieren, war erreicht.

Damit war auch akzeptiert, dass es verschiedene Positionen gibt. Die alte Teamideologie war de facto obsolet geworden. Dementsprechend sollten sich die Kleingruppen zur Bearbeitung der Hausaufgaben auch nicht mehr einfach nach Anziehung und Abstoßung bilden, sondern nach sachlichen Erfordernissen.

Überrascht wurde ich durch das plötzlich mitgeteilte Ausscheiden von zwei MitarbeiterInnen. Mein Konzept der Organisationsentwicklung basiert ja darauf, alle MitarbeiterInnen an der Entwicklung zu beteiligen, um alle einzubinden. Frau E hatte nun keinen allzu großen Einfluss, so dass durch ihr Ausscheiden die Entwicklung nicht gefährdet war. Frau D ging im Einverständnis aller. Sie würde fehlen. Es war aber nun die Möglichkeit gegeben, eine neue Kraft einzustellen, die die verbleibende Gruppe gut ergänzt und sich auf die neuen Arbeitsstrukturen und Aufgaben freut. Ich war guten Mutes, dass die Gruppe diese Möglichkeit nutzen würde.

Wenn plötzlich an einem Treffen zwei von acht Personen fehlen, sollten keine alle betreffenden wichtigen Themen behandelt werden, die mit Einstellungsänderung verbunden sind. Da in diesem Prozess dieser Fall nur einmal auftrat und zudem die Thematik des Treffens (materielle Ressourcen) nicht allzu strittig war, konnte mit der Arbeit fortgefahren werden. Die Lektüre des Protokolls erleichterte es den Fehlenden, sich über die weitere Arbeit zu informieren.

## 2.5 Was wollen wir tun? Oder: Das gemeinsame Selbstverständnis präzisieren und verankern

Beim dreizehnten Treffen hatte Herr B Urlaub, die Sekretärin hatte ihr Ressorcen-Bild vergessen. Frau E war das letzte Mal dabei. Alle waren ein wenig im Stress, weil in der Urlaubszeit der MitarbeiterInnen viel zu tun sei.

Die Gruppe der „Jüngsten", zu der auch Frau E gehört, hat zunächst ihre Leitsätze auf einem Bogen vorgestellt, dann die Leitungsgruppe auf zweien, zum Schluss die Gruppe der „alten Hasen" auf vier Bögen. Wir haben dann einzelne Leitsätze andiskutiert. Um auf die wesentlichen Punkte zu kommen, haben wir dann sieben Themen herausgefiltert, die vertieft bearbeitet werden sollten. Am Ende des Treffens wurde Frau E auch von mir verabschiedet.

Hausaufgabe: Zu den sieben Themen konkrete Leitsätze für die Arbeit der Einrichtung vorstellen. Das musste in Einzelarbeit geschehen, da es in dieser Phase schwierig war, arbeitsfähige Kleingruppen zusammenzustellen.

Zu Beginn des vierzehnten Treffens habe ich zunächst Arbeitsaufträge für den kommenden Workshop erläutert: Alle Flipchart-Bögen, auf denen die Arbeitsergebnisse der Kleingruppen verzeichnet waren, sollten gemeinsam an den Wänden des Arbeitsraums in chronologischer Reihenfolge vor Beginn des Treffens angebracht werden. Zudem sollten die Protokolle noch einmal durchgesehen werden. Auf dem Workshop sollte nach der Diagnose eine Vision vorgestellt werden, um dann konkrete Konsequenzen zu ziehen.

Der Geschäftsführer nutzte die Tatsache, dass auf diesem Treffen alle MitarbeiterInnen anwesend waren, um deutlich zu machen, er habe den Eindruck, er verwalte ein Chaos. Denn in den vergangenen Wochen waren viele Besprechungen ausgefallen, bedingt durch Mitarbeiterwechsel und Urlaub. Daher wurde daran erinnert, dass jetzt alle Besprechungen wieder regelmäßig stattfänden.

Zunächst haben wir das Ressourcen-Bild der Sekretärin, das sie nun mitgebracht hatte, betrachtet und reflektiert.

Dann wurden die mitgebrachten Leitsätze zu den sieben Punkten vorgestellt und jeweils gefragt, was das für die Rolle des Mitarbeiters wie für die des Geschäftsführers bedeutet:

- Christliches Menschenbild („Nächstenliebe“)
- Fachlichkeit (Professionelles Selbstverständnis)
- Bild vom Adressaten: Klient und/oder Kunde?
- „Partizipativer Führungsstil“
- Innovation
- Wirtschaftlichkeit
- Dienstgemeinschaft

Aus der Diskussion über den Status der Adressaten entwickelt sich folgendes Modell:

**Abb. 1: Der Bürger als Kunde und Klient im Laufe der Beziehungsarbeit**

| ***1. Phase***<br>***Kontaktaufnahme*** | ***2. Phase***<br>***Beratung*** | ***3. Phase***<br>***Auswertung*** |
|---|---|---|
| Der Bürger als interessierter Kunde | Der Bürger als Klient | Der Bürger als zufriedener Kunde |
| Aufgabe: Entwicklung<br>– eines Images<br>– einer Angebots-Palette<br>– eines Arbeitskonzepts<br>als Voraussetzung für ein aktives Marketing | Aufgabe: Professionalisierung der Beratung und funktionierende Arbeitsteilung | Aufgabe: Evaluation |

Angesichts der vielfältigen Aufgaben und des hohen Anspruchs steht die Frage im Raum: Wie wollen wir das alles schaffen?

## Kommentar

Die gemeinsame Arbeit hat durch die Fluktuation wegen der Urlaubszeit und durch den Mitarbeiterwechsel gelitten. Die gerade neu geregelten Gremien waren noch nicht wieder arbeitsfähig: Aufträge und Ansprüche waren zur Genüge ins Bewusstsein gehoben. Die Ressourcen wurden aber nicht mehr, waren zu dieser Zeit eher geringer. Jetzt stand die Frage im Raum: Was werden wir tun? Das musste nervös machen. Jetzt sollte es ernst werden. Die präzise Ausarbeitung eines Leitbildes und konkret fixierter Leitsätze (*Rappe-Giesecke* 1996) konnte in dieser Situation nicht erreicht werden. Ich musste aber trotz des Drucks mit dem Workshop warten, bis alle MitarbeiterInnen, auch der neue, teilnehmen konnten.

## 2.6 Was werden wir tun? Oder: Konkrete Handlungsschritte festlegen

Zur Vorbereitung des Workshops habe ich alle Protokolle und meine persönlichen Notizen, die ich mir von jedem Treffen mache, auf die bisherigen Ergebnisse und besonderen Themen hin durchgesehen. Mir wurde deutlich, dass die Gruppe nach dem Workshop die Umsetzung der Vorhaben selbst in die Hand nehmen musste. Daher wollte ich, dass zwischen den drei letzten Treffen ein größerer zeitlicher Abstand vereinbart wurde. Die Supervision sollte prüfen, in wie weit die Umsetzung gelang bzw. welche Korrekturen nötig würden. Auch würde ich dadurch etwas darüber erfahren, was tatsächlich in der Praxis von einem so intensiven Lernprozess übrig bleibt. Damit eine neue Praxis möglich wurde, mussten aber nicht nur die alten Gremien erneuert werden. Ich hielt es für sinnvoll, auch neue Gremien einzuführen, die die Verantwortung aller MitarbeiterInnen für das Gelingen herausfordern könnten. Daher sollten Fachgruppen eingerichtet werden, in denen die MitarbeiterInnen regelmäßig in Eigenverantwortung die Arbeit der Einrichtung in diesem Feld überprüfen und innovativ weiterentwickeln sollten. Diese neue Struktur hatte ich mir in einem übersichtlichen Organigramm aufgezeichnet. Am Ende sollte diese Struktur akzeptiert und mit Personen besetzt werden.

Die Gruppe war noch zu Beginn des Workshops (= fünfzehntes und sechzehntes Treffen) damit beschäftigt, die letzten Bögen dichtgedrängt aufzuhängen. Zu Beginn habe ich den neuen Mitarbeiter begrüßt. Er freute sich, gleich auf diese Weise in die Arbeit einbezogen zu sein. Nach einem Blitzlicht, bei dem die ängstliche Erwartung auf das, was jetzt auf sie zukommen würde, zum Ausdruck kam, habe ich dargelegt, dass wir jetzt im fünften Schritt (Was werden wir tun?) die Konsequenzen daraus ziehen werden, was wir in den vier Schritten bisher erarbeitet hätten. Als Ziel des Workshops wurde bestimmt:

- Festlegung der nächsten Arbeitsaufgaben
- Festlegung der neuen Arbeitsstruktur.

Die Ziele wurden zwar akzeptiert, lösten aber keine Begeisterung aus. Die Protokolle waren kaum zur Vorbereitung gelesen worden. Die gemeinsame Auswertung der Bögen an den Wänden verlief sehr schleppend, so dass der Geschäftsführer das geringe Engagement der MitarbeiterInnen ansprach. Um aus dieser Stagnation herauszukommen, habe ich diese Auswertung unterbrochen und zur Aktivierung die Gestaltung einer Skulptur vorgeschlagen, an der sich alle aktiv beteiligen könnten. Aufgabe war: die Rollen und Beziehungen der Gruppe zu aufzuzeigen, indem z.B. jede/r einen Teil eines Autos darstellt. Der Vorschlag wurde aufgegriffen. Das Ergebnis war:

Der Geschäftsführer war der Motor, stand an der Front. Dahinter standen parallel Herr B, der sowohl Gas wie Bremse übernahm, und die stellv. Leiterin als ABS-System. Dahinter hatten sich wieder parallel Frau D, die jetzt in ihren Schwangerschaftsurlaub gehen wollte, als linkes Hinterrad aufgestellt, daneben die jüngste Mitarbeiterin, Frau F, als rechtes. Frau K bildete dazwischen die Hinterachse. Der neue Mitarbeiter, Herr G, bildete als Ersatzreifen das Schlusslicht. Neben Herrn B hatte sich die Sekretärin, Frau H, als Außenspiegel zugeordnet.

Die gemeinsame Interpretation ergab: Der Geschäftsführer zieht allein von vorne den Wagen, hat aber kein Steuer in der Hand. Die stellv. Leiterin sorgt dahinter dafür, dass der Wagen nicht ins Schleudern kommt. Herr B bestimmt das Tempo. Frau D,

Frau F und Frau K sorgen für Stabilität und lassen sich steuern. Herr G muss noch Anschluss finden und die Sekretärin ist Außenzubehör und achtet auf Sicherheit. Deutlich war, dass die gesamte Gruppe „motorisiert" werden musste: Jeder muss sein eigenes Antriebssystem entwickeln, damit der Geschäftsführer entlastet wird und mehr Steuerungsaufgaben übernehmen kann.

Nach einer Erholungspause mit Kaffee und Plätzchen haben wir die Auswertung der Bögen beendet und folgende Klärungspunkte herausgearbeitet:

- Klärung der informellen Rollen und Beziehungen
  (Das war nun schon durch die Skulptur geschehen)
- Neubestimmung der Gremien in einem Organigramm
- Festlegung der Kernaufgaben der Einrichtung
- Zuschreibung klarer Verantwortlichkeiten.

Da nun alle bereit waren, neue Verantwortung zu übernehmen, habe ich nun vorgeschlagen, für die zukünftige Arbeit Fachgruppen zu bilden, zu denen die MitarbeiterInnen gehören, die in diesem Felder tätig sind. Dann gibt es zwei Fachgruppen A und B mit vier bzw. zwei Mitgliedern, dazu die Verwaltung und das Projekt, das mit Ehrenamtlichen betrieben wird. Da manche MitarbeiterInnen in zwei Feldern tätig sind, gibt es bei denen eine Doppelmitgliedschaft. Diese Fachgruppen übernehmen folgende Zuständigkeiten und Aufgaben:

- fachlicher Austausch
- systematische Beobachtung neuer Entwicklungen
- Sichten von neuer Fachliteratur
- Teilnahme an Fachtagungen und Fortbildungen
- Entscheidungsvorbereitung für die Dienstbesprechung
- Vorbereitung von Themen für die Fachbesprechungen
- Vorbesprechung von möglichen personellen Vertretungen
- Vernetzung und Gremienarbeit auch über die Einrichtung hinaus.

Die Einrichtung von Fachgruppen stieß auf großes Interesse. Sie sollten von nun an wöchentlich etwa eine Stunde stattfinden.

Da nun in Zukunft die Supervision als Steuerungsinstrument zurückgenommen würde, schlug ich vor, eine Projektgruppe einzurichten, die statt der Supervision den Implementierungsprozess so lange begleitet, bis alle Gremien voll funktionieren würden. Das leuchtete ein. Ich schlug vor, dass sich die Projektgruppe aus jeweils einem Sprecher jeder Fachgruppe und aus dem Geschäftsführer zusammensetzten sollte. Aufgabe dieser Gruppe sollte im Einzelnen sein:

*1. Entwickeln eines Arbeitskonzepts der Einrichtung*

- Festlegung der Kernaufgaben
- Entdecken neuer Arbeitsfelder
- Entwurf einer Vision
- Konkretisierung eines Leitbilds
- Klärung, wie das dritte Arbeitsfeld eingebunden werden kann

2. *Entwickeln einer Marketing-Strategie*
- Gestaltung des Image der Einrichtung
- Umsetzung der Kundenorientierung
- Öffentlichkeitsarbeit/Werbung

3. *Anschub beim Umsetzen der neuen Arbeitsweise*

Als Mitglied dieser Arbeitsgruppe wurde neben dem Geschäftsführer und der stellv. Leiterin als Sprecherin der Fachgruppe A Herr B als Sprecher der Fachgruppe B gewonnen. Er hatte zunächst gezögert wegen Arbeitsüberlastung, konnte aber überredet werden. Diese Projektgruppe sollte 14-tägig ca. zwei Stunden arbeiten. Ihr wurde eine ähnlich hohe Bedeutung wie die Dienstbesprechung zugesprochen.

Am Ende habe ich dann das Organigramm mit der neuen Struktur der Einrichtung am Flip-Chart skizziert (s. Abb. 2).

**Abb. 2: Organigramm der neuen Struktur**

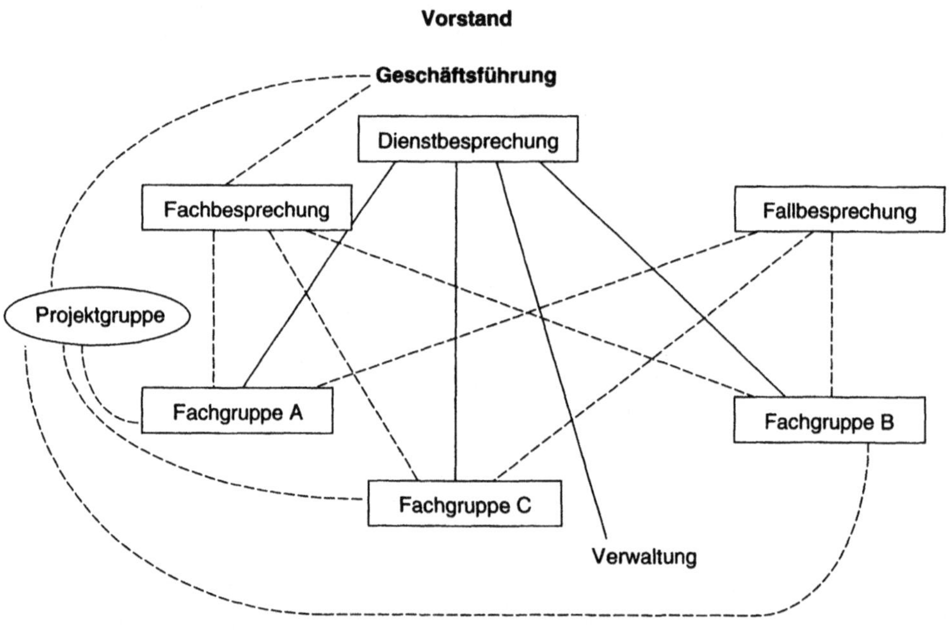


Zum Schluss haben wir dann noch einmal eine Skulptur aufgebaut, die die Rollen und Beziehungen auf dem neuen Niveau zeigen sollte: Frau F stellte sich als Scheinwerfer an die Front. Sie wollte aus dem Schatten treten und die Zukunft mitbestimmen. Gleich danach ordnete sich der Neue, Herr G, ein. Er wollte nach vorne kommen und Verantwortung übernehmen. Dahinter stellte der Geschäftsführer wieder den Motor dar, parallel dazu Herr B wiederum Gas und Bremse. Als dritte gesellte sich die Stellv. Leiterin hinzu, die ebenfalls zum Motor wurde. Alle drei fassten sich an den Händen und übernahmen dadurch das Steuer. Die Sekretärin bildete die Stoßstange. Sie wollte jetzt als Teil des Autos die Einrichtung nach hinten abschirmen. Frau K bildete wieder die Hinterachse, an der jetzt aber die beiden Hinterreifen befestigt waren. Frau D war ausgeschieden.

Damit hatte sich eine Steuerungsgruppe herausgebildet, die zugleich die Projektgruppe war. Die Jüngsten hatten ihre Bereitschaft zur Mitarbeit bekundet. Die Sekretärin war nicht mehr nur Zubehör. Frau D hatte ihren Abschied symbolisch vollzogen. Das Auto machte so einen ganz verkehrstüchtigen Eindruck.

Das nächste Treffen sollte erst sechs Wochen später stattfinden.

## Kommentar

Da ich annahm, dass die MitarbeiterInnen es nicht schaffen würden, die Protokolle durchzuarbeiten, sollten sie wenigstens durch das Aufhängen der Arbeitsbögen ihre Erinnerung an wichtige Phasen aktivieren. Zudem kam dadurch die Gruppe schon vor Beginn der Supervision in Kontakt und ins Arbeiten. Die Wahl eines anderen Raumes sollte auch die Bedeutung dieses Treffens hervorheben.

Da diese Aufgabe aber doch mehr Arbeit machte, als gedacht, war die Gruppe zu Beginn schon etwas gestresst. Der neue Mitarbeiter brachte aber von Anfang an eine belebende und erfreuliche Komponente ein, da er diese Arbeitsweise sehr interessant fand und die Gruppe ob ihres Lerneifers bewunderte. Da die Auswertungsarbeit aber wenig engagiert vonstatten ging und der Geschäftsführer einen wunden Punkt ansprach, so dass sich gleich zu Anfang eine depressiv/aggressive Stimmung zu verbreiten begann, ohne dass sich die Gruppe schon zum gemeinsamen Handeln angewärmt hatte, habe ich die eh geplante Skulpturarbeit vorgezogen, bei der eine passende Metapher für die Organisation gefunden und gestaltet werden sollte (*Morgan* 1998). Hier konnten sich alle ohne große Vorbereitung beteiligen. Durch den schrittweisen Aufbau mit Einzelinterviews und gemeinsamen Einschätzungen des Gesamtbildes konnten sich alle einbringen und hatten ein klares Bild über den gegenwärtigen Zustand und die Notwendigkeit seiner Veränderung gewonnen. Das motivierte zur Weiterarbeit.

Die Einrichtung der Fachgruppen wie der Projektgruppe und der Gesamtüberblick über die neue Struktur in einem Organigramm brachte dann Erleichterung mit sich, weil nun die weitere Arbeit überschaubar war. Durch die zeitliche Streckung des Supervisionsprozesses war Zeit gewonnen, die jetzt für die neue Gremienarbeit genutzt werden konnte.

Ursprünglich wollte ich zuvor die Gruppe noch eine visionäre Skulptur stellen lassen. Dieser Sprung war aber zu diesem Zeitpunkt utopisch. Ich konnte froh sein, eine weiterführende, realistische Perspektive erhalten zu haben. Zudem war auch keine Zeit mehr dafür vorhanden. Visionen sind ja ganz schön. Aber die Arbeit in einer sozialen Einrichtung hat vermutlich wenig Visionäres. Es geht wohl eher darum, mit den Klienten mitzuleiden und dann auch noch Zuversicht zu verbreiten. Wenn das gelingt, ist schon viel erreicht.

Die abschließende Skulptur zeigte den Umschwung im Entwicklungsprozess. Dadurch wurde Hoffnung gemacht, dass eine Qualitätsverbesserung der Arbeit und mehr Befriedigung durch mehr fachliche Beteiligung und klare Mitbestimmungsmöglichkeiten gewährleistet sein würde. Vor allem zeigt sich, dass der neue Mitarbeiter klug ausgewählt worden war. Er beförderte eindeutig den Prozess. Diese Wahl war vom Geschäftsführer und der Gruppe selbständig getroffen worden, ohne diesen Vorgang in der Supervision zu thematisieren. Das Ergebnis aber war ganz in meinem Sinne.

Bei der Nachbereitung des Workshops bekam ich Bedenken, ob der Geschäftsführer nicht doch zu viel Druck zu einem Zeitpunkt machen würde, zu dem die Gruppe noch nicht bereitwillig und genügend aktiviert war, und damit das zarte Pflänzchen der Neuorganisation ersticken könnte. Daher schlug ich ihm schriftlich vor, bei mir Leitungssupervision zu nehmen. Er nahm diesen Vorschlag sofort auf, zumal er eh daran gedacht hatte. Wir wollten damit sofort, also noch während der letzten Phase des Organisationsentwicklungsprozesse beginnen.

## 2.7 Was haben wir für die Zukunft erreicht? Oder: Rückblick und Ausblick

Zu Beginn des siebzehnten Treffens wird gleich deutlich, dass die Arbeit in den vielen Gremien eine Verlagerung der Arbeit darstellt. Die Selbstreflexion und -steuerung der Organisation erhält mehr Gewicht. Dadurch muss die direkte Arbeit mit den Klienten vielleicht zunächst etwas eingeschränkt werden.

Die Mitteilung des Geschäftsführers, jetzt bei mir zusätzlich Leitungssupervision zu nehmen, löste bei Herrn B Nachfragen aus. Es wurde transparent gemacht, dass erst in der letzten Phase des Prozesses dieses zusätzliche Angebot als nützlich erkannt wurde, damit der Geschäftsführer seine neue Leitungsrolle gerade auch in dieser Phase der Etablierung einer gewissen Selbststeuerung der Gruppe adäquat entwickeln könne. Die Entscheidung darüber müsse beim Geschäftsführer und beim Supervisor liegen. Das wurde eingesehen.

Die Überprüfung der Arbeitsfähigkeit der Gremienarbeit ergab, dass mit der Umsetzung sehr motiviert begonnen worden war. Eine Fachbesprechung sollte allerdings erst dann stattfinden, wenn sich ein Fachthema, das von allen diskutiert werden muss, aus der Arbeit in den anderen Gremien ergeben hat.

Durch die Frage der Sekretärin, ob sie weiter teilnehmen solle, die bejaht wurde, wurde deutlich, dass die Aufgabe und Struktur der Verwaltung noch geklärt werden muss. Dazu will der Geschäftsführer bis zum nächstenmal mit den VerwaltungsmitarbeiterInnen sprechen und ein Konzept vorlegen.

Die Projektgruppe hatte wegen Krankheit eines Mitglieds erst einmal getagt. Sie müsse sich jetzt konkrete Aufgaben stellen. Da der Geschäftsführer als Fachkollege auch in der Fachgruppe A mitarbeitet, entsteht die Frage, ob hier Entscheidungen gefällt werden können. Es wird klargestellt: Entscheidungen fallen nur in der Dienstbesprechung.

Ich habe den MitarbeiterInnen meine Anerkennung für das große Engagement bei der Umsetzung des Beschlossenen ausgesprochen und alle am Ende Stellung dazu nehmen lassen. Die stellv. Leiterin machte klar, dass sie inzwischen eingesehen habe, dass diese ständige Reflexionsarbeit ungewohnt, aber wohl notwendig sei, wenn die Zukunft der Einrichtung und damit die Arbeit für die Klienten gesichert werden solle. Herr G ist mit dieser Art der Arbeit insgesamt zufrieden. Frau F und die Sekretärin brauchen noch etwas Zeit, sich umzustellen. Herr B findet das Ergebnis gut, sieht aber noch keine Reduktion der Belastung. Der Geschäftsführer ist sicher, dass die Qualitätsverbesserung auch zu einer Entlastung führen werde. Er bedankt sich für die engagierte Mitarbeit aller.

An dem achtzehnten Treffen, vierzehn Wochen später, konnte die stellv. Leiterin wegen Krankheit nicht teilnehmen. In der Anfangsrunde wird artikuliert, dass die hohe Arbeitsbelastung noch nicht weniger geworden sei. Das mache unzufrieden.

Der Geschäftsführer berichtet, dass die Arbeit im Verwaltungsbereich jetzt neu geregelt sei. Es solle keine eigene Fachgruppe Verwaltung geben. Die Belange dieses Arbeitsbereichs werden regelmäßig in der Dienstbesprechung vorgestellt, diskutiert und entschieden.

Um die Effizienz bei der Umsetzung zu überprüfen, werden drei Kleingruppen gebildet, die in 15 Min. Positiv-Karten und Problem-Karten beschriften sollen. Die Durchsicht der dann aufgehängten Karten zeigt, dass vieles gut läuft. Als Problempunkte werden für die Bearbeitung herausgefiltert:

- *Fachgruppe A*

Der Geschäftsführer möchte sich aus diesem Gremium zurückziehen, um mehr Zeit für die Geschäftsführung zu gewinnen. Zudem fühle er sich in seiner Doppelrolle als Leiter und Fachkollege nicht wohl. Er möchte nicht zum heimlichen Leiter der Gruppe gemacht werden. Diese Funktion solle aktiv von Frau C übernommen werden. Trotz Bedenken von Herrn B, der wegen seiner Arbeitsaufgaben auch noch an zwei Fachgruppen teilnehmen muss, teilt Herr A mit, dass er in Zukunft nur noch von Fall zu Fall teilnehmen werde.

- *Verwaltung*

Die Sekretärin wünscht sich mehr Informationen aus den Fachgruppen. Diese sollen regelmäßig in der Dienstbesprechung mitgeteilt werden.

- *Projektgruppe*

Da die Steuerung der Gruppe schwierig ist und Herr B über zu hohe Arbeitsbelastung klagt, scheidet er aus. Frau F übernimmt diese Aufgabe, damit auch die Sprecherrolle in der Fachgruppe B. Es muss festgelegt werden, wer die Führung in der Projektgruppe übernimmt.

- *Leitung in den Fachgruppen*

Die Sprecher verstehen sich als Moderatoren, die den Arbeitsprozess ergebnisorientiert strukturieren.

- *Informeller Austausch*

Es sollen die Treffen zum Frühstück und zur Mittagszeit beibehalten werden. Es soll zwischendurch Zeit sein, um auch mal „zusammen lachen" zu können. In der nächsten Dienstbesprechung soll über Pausenzeiten nachgedacht werden.

Am Ende wird von allen festgehalten, dass die Umsetzung einer ständigen Überprüfung bedarf, um auch rechtzeitig angemessene Veränderungen vornehmen zu können. Während der Geschäftsführer sich jetzt entlastet fühlt, sehen sich Herr B und Frau F noch zu wenig entlastet.

Auf dem letzten Treffen, zwölf Wochen später, erfahre ich, dass auf einer Fachbesprechung vier Wochen nach dem achtzehnten Treffen alle offenen Fragen der Arbeitsstruktur geklärt wurden.

Herr B fehlt aus Krankheitsgründen. Frau F hat gekündigt und wird demnächst ausscheiden. Auf die Frage zu Beginn: Welche Gefühle mit dem Ende des supervisorischen Prozesses der Team- und Organisationsentwicklung verbunden sind, wird geäußert, dass schon der Alltag begonnen habe und eine emotionale Verabschiedung längst stattgefunden habe. Zum Funktionieren der Arbeitsgremien wird mitgeteilt, dass die Fallbesprechung z.Z. zurückgestellt sei. Frau C hatte übernommen, sie einzuberufen, hat es aber vergessen. Die Fachgruppen arbeiten gut, treffen sich aber seltener. Es soll auch die Fachgruppe C eingerichtet werden. Der Mitarbeiter dieses Feldes soll dann auch an der Dienstbesprechung teilnehmen. Der Geschäftsführer ist sehr zufrieden.

Zum Abschluss des Prozesses habe ich noch einmal die Gruppe als Auto darstellen lassen. Die beiden Skulpturen aus dem Workshop wurden noch einmal nachgestellt, um sie ins Gedächtnis zurückzuholen. Dann wurde die momentane Konstellation dargestellt. Vorne stehen Herr A als Lenker und (der fehlende) Herr B als Gas/Bremse (von der Gruppe so aufgestellt) nebeneinander. Dahinter steht Herr G. Frau C bewegt sich zwischen den drei Herren und verbindet sie. Die Sekretärin ist integriert als Hinterreifen. Frau K hat den anderen Hinterreifen übernommen. Frau F steht abseits. Sie wird die Gruppe verlassen.

Danach haben wir Frau F verabschiedet. Alle bedauern das.

Da die Fallbesprechung nicht einberufen wurde, wurde festgehalten, auf der nächsten Dienstbesprechung zu klären, wie Beschlüsse festgehalten und die Umsetzung überprüft werden soll.

Zum Schluss wurde der gesamte Supervisionsprozess als gut und notwendig bewertet. Allerdings sei die Arbeit manchmal doch etwas trocken gewesen.

So konnte auch ich mich zufrieden verabschieden.

## Kommentar

Es zeigt sich, dass die großen zeitlichen Abstände der letzten Treffen den Zusammenhang des supervisorischen Prozesses aufgelöst haben. So konnte und sollte sich eine Transformation vollziehen. Nicht die Supervision ist mehr wichtig, sondern was an Organisationsentwicklung von der Einrichtung selbst ständig umgesetzt wird. Nur so erhielt ich auch von den TeilnehmerInnen selbst Rückmeldung, wie auch sieben Monate nach dem Workshop dessen Beschlüsse umgesetzt wurden. Die Gremien funktionierten. Und die Gruppe wusste genau, welches Thema in welchem Gremium bearbeitet werden konnte, so dass die Supervision nicht mehr wichtig war. So hatte die Gruppe in einer eigens einberufenen Fachbesprechung schon vier Wochen nach dem achtzehnten Treffen die genauen Aufgaben, Zuständigkeiten und zeitliche Ausgestaltung der Gremien und informellen Kommunikationssetting festgelegt, ohne mich explizit zu informieren. Das war ja nun auch nicht mehr nötig.

Mit dem neuen Mitarbeiter war eine Männerriege entstanden, die heimlich die Führung übernommen hatte. Die stellvertretende Leiterin musste somit wenig eigene Leitungsverantwortung mehr übernehmen, was ihr ganz lieb war. Sie pendelt zwischen den dreien. Damit hat sie ihre Rolle als stellv. Leiterin gefunden: Sie übernimmt bei Bedarf Ersatzfunktion.

Vielleicht sah Frau F in dieser neuen Konstellation keine interessanten Entwicklungsmöglichkeiten mehr und nahm auch deshalb eine andere Stelle an.

Die Projektgruppe war allerdings nicht so recht ingang gekommen. Vielleicht ist die Integration des neuen Arbeitsstils mit Abstrichen viel schneller gelaufen, als ich vorhersah. So viel Selbstreflexion scheint nicht oder noch nicht umsetzbar zu sein.

Im zuletzt gestellten Bild wurde die Gruppe nicht mehr so sehr als Maschine konstruiert, sondern eher als Netz, dessen Elemente lose miteinander verknüpft sind (*Morgan* 1997). Zwar steuert nach wie vor der Geschäftsführer. Die anderen aber sind integriert und „bewegen" sich selbst. Der Motor ist zugunsten des Selbstantriebs eines jeden Elements aufgelöst worden.

## 3. Leitungssupervision

Bis zum Ende des o. beschriebenen Prozesses haben sieben jeweils 90-minütige Einzeltreffen mit dem Geschäftsführer in meiner Praxis stattgefunden, die danach auch mit neuen Themen fortgesetzt wurden. Wir haben in dieser Zeit am Führungsstil des Leiters und seiner soziometrischen Position innerhalb der MitarbeiterInnen-Gruppe gearbeitet. Auch wurden konkrete Konflikte bearbeitet und Entlastungsstrategien erprobt. Herr A konnte nun den Implementationsprozess geduldig abwarten.

Kommentar

Diese parallele Arbeit mit dem Geschäftsführer hat noch einmal in der Gruppe seine wichtige Rolle betont und die Differenzierung deutlich markiert. Ich konnte durch diese Stützung den Druck rausnehmen und ihn ermutigen, die Selbstverantwortung und Selbststeuerung der Gruppe (*Schattenhofer, Weigand* 1998) auch geschehen zu lassen.

Die soziometrische Betrachtung der Beziehung des Geschäftsführers zu den verschiedenen MitarbeiterInnen in diesem geschützten Rahmen konnte ihm zudem helfen, gelassener mit Konflikten umzugehen. Statt einer persönlichen Beziehungsklärung in der Supervisionsgruppe habe ich die Einbindung der MitarbeiterInnen in die selbstbestimmte Gremienarbeit wie eine klare Zurückweisung unangemessener Leitungsansprüche durch die konsensuelle Etablierung eines partizipatorischen Steuerungsmodells gefördert.

In diesem Prozess hat der Geschäftsführer auf der einen Seite seine besondere Rolle gegenüber der Mitarbeiterschaft etabliert und ausgestaltet. Auf der anderen Seite mussten die MitarbeiterInnen aber auch mehr Verantwortung für das Ganze *wahrnehmen*, d.h. erkennen und übernehmen. Dass dieser Prozess zustandekam, hing wesentlich mit dem Engagement und der Kompetenz von Herrn A zusammen, der nicht nur zur rechten Zeit fachliche Unterstützung in Anspruch nahm für die Entwicklung der MitarbeiterInnen-Kooperation wie für sich als Führungskraft, sondern sich auch selbst einen anstrengenden Lernprozess zumutete. Damit wurde er nicht nur zu einer Führungskraft, die etwas zu *sagen* hat, sondern auch zu einer, die führend vorangeht.

## 4. Auswertung und Schlussfolgerungen

Meine Doppelstrategie war aufgegangen. Ich wollte nicht direkt an den Beziehungen arbeiten, sondern an der Struktur. Zugleich aber habe ich ständig die Gruppe veranlasst, die soziometrischen Netze zur Bearbeitung von Aufgaben zu nutzen. Dadurch ist eine Kooperationskultur entstanden, die „Teamqualität" hat. Das habe ich weder in der Gruppe als Aufgabe formuliert, noch bewusst gemacht.

Hierin sehe ich die spezifische psychodramatische Qualität meiner Arbeit: Man muss nicht ständig inszenieren und den Rollentausch einsetzen. Gerade in der Entwicklung einer kleinen Organisation ist die Fokussierung auf die Struktur wichtig, um das Abgleiten in die Selbsterfahrung, die in einer Kleingruppe immer naheliegt, zu verhindern. Zugleich aber werden die informellen Beziehungen kultiviert, indem sie zur Erarbeitung einer Struktur genutzt werden. So passt die Entwicklung der unterschwelligen sozialen Netzes zu den offiziellen Rollen in den offiziellen Arbeitszusammenhängen und wird nicht, wie so oft, zur gegenseitigen Behinderung vorangetrieben.

Zugleich musste der Geschäftsführer zu einem Leiter gemacht werden, der auch der Gruppe gegenüber steht. Die Ausgangskonstellation zu Beginn der Arbeit, als noch die Nebenwirkungen des allzu patriarchalischen Führungsstils zu spüren waren, waren dazu nicht allzu günstig. Durch die Ausdifferenzierung der Gremien und ihre präzise Regulierung wurden Abgrenzungen etabliert, die jede/n je nach seiner/ihrer Aufgabe und Position herausforderte, selbst Verantwortung zu übernehmen. Auch das ist psychodramatische Arbeit: Gemeinsam Konserven zu schaffen, die Kreativität hervorlocken.

Diese Konserven sollten aber im *institutionellen Alltag* der Einrichtung funktionieren. Daher habe ich von vorne herein alles getan, um meine Leitungsrolle in der Supervisionsgruppe zu nutzen, Arbeit und Verantwortung zu delegieren. Das, was an Organisationsentwicklung *zwischen* den Supervisiontreffen geschah, das sollte immer wichtiger werden, bis diese Selbststeuerung den supervisorischen OE-Prozess ersetzt hat. Auch diese Orientierung ist psychodramatisch inspiriert: Im Schutz des supervisorischen Settings soll ein Feuer entzündet werden, das die vorhandenen Metalle zum Schmelzen bringt und neue, bessere Formen für den alltäglichen Gebrauch hervorbringt. Das geschieht manchmal heftig, manchmal aber auch langwierig. Ich persönlich neige dazu, diesen Schmelzvorgang etwas vorsichtig ingang zu halten. Das erfordert dann nicht nur von mir, sondern auch von den Beteiligten viel Geduld. Aber besser trocken und dauerhaft wirksam, als saftig und schnell verflogen.

Man kann sich natürlich fragen, ob dieser Prozess so lange dauern musste. Dass vor dem fünften Schritt Schwierigkeiten auftauchen würden, damit hatte ich gerechnet. Dass aber die Bearbeitung durch die ständige Fluktuation in einer so kleinen Gruppe während der Urlaubszeit und durch plötzliche Krankmeldungen zusätzlich erschwert wurde, konnte nur dadurch kompensiert werden, dass wir genug Zeit hatten, bis die neue Truppe vollzählig und gesund vorhanden war. Die letzten drei Treffen nach dem Workshop hätte man vielleicht um ein Treffen verkürzen können. So aber konnte ich immerhin von den Beteiligten selbst über eine so lange Zeit erfahren, was umgesetzt werden konnte und was nicht.

Die Gruppe hat mir gezeigt, was sie wie im Alltag adaptieren konnte und was nicht. Und da ist sicher wesentliches übrig geblieben.

Die Frage, wie dieser Prozess denn nun bezeichnet werden soll, Teamsupervision, Teamentwicklung oder Organisationsentwicklung, habe ich so entschieden: Aus fachlicher Sicht handelt es sich um Organisationssupervision mit der Fokussierung auf Team- und Organisationsentwicklung. Die Gründe lassen sich aus meinem Vorgehen ersehen:

– Organisationssupervision, weil die Organisationseinheit, um die es ging, eine Kleingruppe war, die kontinuierlich an einem längeren Prozess gearbeitet hat,

- Organisationsentwicklung, weil die gesamte Einrichtung (incl. Leiter und Sekretärin) beteiligt war und ihre Arbeit neu organisieren wollte,
- Teamentwicklung, weil die Binnenstruktur so gestaltet werden sollte, dass durch Etablierung eines partizipatorischen Arbeitsstils eine befriedigende und zugleich produktive Kooperationsweise implementiert werden sollte.

## Literatur

*Bennis, W.* (1998): Menschen führen ist wie Flöhe hüten. Frankfurt.
–, *Biederman, P.W.* (1998): Geniale Teams. Das Geheimnis kreativer Zusammenarbeit. Frankfurt.
*Buchinger, K.* (1992): Ist Teamsupervision Organisationsberatung? Zur Professionalisierung von Selbstreflexion. In: *Wimmer, R.* (Hg.): Organisationsberatung. Neue Wege und Konzepte. Wiesbaden, S. 151-169.
*Buer, F.* (1999). Lehrbuch der Supervision. Der pragmatisch-psychodramatische Weg zur Qualitätsverbesserung professionellen Handelns. Münster.
– (2000): Profession oder Organisation? Wem dient die Supervision? In *Pühl, H.* (Hg.): Supervision und Organisationsentwicklung. Opladen, S. 70-103.
*Doppler, K., Lauterburg, Ch.* (1998): Change Management. Den Unternehmenswandel gestalten. Frankfurt.
*Fengler, J.* (1997): Prinzipien und Methoden der Teamarbeit und Teamsupervision. *OSC* 4, 2, 119-136.
*Gairing, F.* (1996): Organisationsentwicklung als Lernprozess von Menschen und Systemen. Weinheim.
*Gotthardt-Lorenz, A.* (1996): Warum „Organisationssupervision?“ *Supervision* 29, 25-32.
– (1997): Methodische Vorgehensweise in der Organisationssupervision. In: *Luif, I.* (Hg.): Supervision. Wien, S. 207-229.
– (2000): „Organisationssupervision“. Rollen und Interventionsfelder. In: *Pühl, H.* (Hg.): Handbuch der Supervision 2. Berlin, S. 365-379.
*Kersting, H.J., Krapohl, L.* (2000): Teamsupervision. In: *Pühl, H.* (Hg.): Handbuch der Supervision 2. Berlin, S. 59-77.
*Kessel, L.v.* (1995): Führungsaufgaben in Human Service Organizations. *OSC* 2, 3, 243-251.
– (1996): Prozessbegleitende Führungsberatung. *OSC* 2, 113-128.
*Moser, H.* (1995): Grundlagen der Praxisforschung. Freiburg.
*Moreno, J.L.* (1981): Soziometrie als experimentelle Methode. Paderborn.
– (1996): Grundlagen der Soziometrie. Wege zur Neuordnung der Gesellschaft. Opladen.
*Morgan, G.* (1997). Bilder der Organisation. Stuttgart.
– (1998). Löwe, Qualle, Pinguin – Imaginieren als Kunst der Veränderung. Stuttgart.
*Münch, W.* (1996): Teamsupervision verlustig? *Supervision* 29, 8-11.
*Neuberger, O.* (2002): Führen und führen lassen. Stuttgart.
*Petzold, H.* (1998): Differentielle Teamarbeit, Teamformate und Teamprozeßqualität – Konzepte zur Optimierung aus intergrativer Sicht. In: *Petzold, H.*: Integrative Supervision, Meta-Consulting & Organisationsentwicklung. Paderborn, S. 433-453.
*Pühl, H.* (1998). Team-Supervision. Von der Subversion zur Institutionsanalyse. Göttingen.
– (2000): Moderne Teamsupervision. In: *Pühl, H.* (Hg.): Supervision und Organisationsentwicklung. Opladen, S. 123-144.
*Rappe-Giesecke, C.* (1996a): (Red.): Corporate Identity. Die Formulierung von Leitbildern und Werten als Aufgabe der Supervision. Themenheft *Supervision* 30.
– (1996b): Der Abschied von eindimensionalen Methoden – Über das Verhältnis von Supervision und Organisationsentwicklung. In: *Fatzer, G.* (Hg.): Organisationsentwicklung und Supervision. Köln, S. 45-62

*Ritter, J., Kinzinger, W.* (1996): Vom „Behandeln“ und „Verhandeln“. Das Dilemma von sozialem Management und therapeutischer Arbeit in psychosozialen Arbeitsfeldern. *OSC* 3, 2, 139-148.

*Scala, K., Grossmann, R.* (1997): Supervision in Organisationen. Weinheim.

*Schattenhofer, K., Weigand, W.* (1998) (Hg.): Die Dynamik der Selbststeuerung. Opladen.

*Schiersmann, Ch., Thiel, H.-U.* (2000): Projektmanagement als organisationales Lernen. Ein Studien und Werkbuch (nicht nur) für den Bildungs- und Sozialbereich. Opladen.

*Schmid, E.R., Berg, H.G.* (1995): Beraten mit Kontakt. Gemeinde- und Organisationsberatung in der Kirche. Offenbach.

*Schreyögg, A.* (1996): Zur Unberatbarkeit charismatischer Sozialmanager. *OSC* 3, 2, 149-166.

*Schütze, F.* (1992): Sozialarbeit als „bescheidene“ Profession. In: *Dewe B. u.a.* (Hg.): Erziehen als Profession. Opladen, S. 132-170.

– (1994): Strukturen professionellen Handelns, biographische Betroffenheit und Supervision. *Supervision* 26, 10-39.

– (1996): Organisationszwänge und hoheitstaatliche Rahmenbedingungen im Sozialwesen. Ihre Auswirkungen auf die Paradoxien des professionellen Handelns. In: *Combe, A., Helsper, W.* (Hg.): Pädagogische Professionalität. Frankfurt, S. 183-275.

*Tatschl, S.* (1997): Organisationssupervision und Organisationskompetenz als Antwort auf Herausforderungen des Wandels von sozialen Organisationen. In: *Luif, I.* (Hg.): Supervision. Wien, S. 57-68.

*Thiel, H.-U.* (1996). Die Bedeutung der Institutionsgeschiche für den Supervisionsprozess. In: *Pühl, H.* (Hg.): Supervision in Institutionen. Frankfurt, S. 114-126.

*Weigand, W.* (1990). Analyse des Auftrags in der Teamsupervision und Organisationsberatung. In: *Fatzer, G., Eck, C.D.* (Hg.): Supervision und Beratung. Köln, S. 311-326.

– (1996) (Red.): Von der Teamsupervision zur Supervision in Organisationen. Themenheft *Supervision* 29.

– (2000a): Leitungsberatung. In. *Pühl, H.* (Hg.): Handbuch der Supervision 2. Berlin, S. 112-122.

– (2000b): Teamsupervision: Ein Grenzgang zwischen Supervision und Organisationsberatung. In: *Pühl, H.* (Hg.): Handbuch der Supervision 2. Berlin, S. 78-99.

*Wiener, R.* (1997): Creative Training. Sociodrama and Team-building. London.

# Spezielle Methoden

*Ferdinand Buer*

# Methoden in der Supervision – psychodramatisch angereichert

## 1. Vorklärungen

### 1.1 Format – Verfahren – Methode

Die folgende Abhandlung geht von drei Unterscheidungen aus:

1. *Format* nenne ich einen institutionalisierten Rahmen für Beziehungsarbeit wie Psychotherapie, Beratung, Training, Supervision, Unterricht, Coaching usw.
2. *Verfahren* nenne ich einen in sich konsistenten Handlungsansatz der Beziehungsarbeit wie etwa Psychoanalyse, Themenzentrierte Interaktion, Systemischer Ansatz, Gesprächspsychotherapie, Gestalt-Ansatz, Verhaltensmodifikation, Gruppendynamik, Freinet-Pädagogik usw.
3. *Methoden* nenne ich geregelte Handlungsweisen, in denen Format und Verfahren verbunden sind, um mit bestimmten Personen bestimmte Ziele zu erreichen.

Im Format Supervision können also verschiedene Methoden identifiziert werden, die von bestimmten Verfahren geprägt sind. Hier soll es darum gehen, Methoden herauszustellen, die sich aus der Dialektik von Supervision und Psychodrama ergeben.

### 1.2 Zentrale Parameter des Formats Supervision

Aus den verschiedenen Parametern, die das Format Supervision bestimmen, möchte ich vier hervorheben, weil sie für die Supervision zentral sind und das Psychodrama hier wichtige Anreicherungen bieten kann:

1. Die wichtigsten *Formen* der Supervision *(Belardi* 1992, S. 101ff.; *Nellesen* 1994, S. 78ff.) sind: Einzelsupervision, Gruppensupervision, Team- bzw. Organisationssupervision *(Gotthardt-Lorenz* 1994) und Intervision (*Buer* 1999, S. 173f., S. 194, S. 203, S, 211, S. 287f.).
2. Als normale *Arbeitsphasen* eines Supervisionstreffens *(Fallner* 1990; *Ehinger, Hennig* 1994, S. 37ff.; *Rappe-Giesecke* 1994, S. 110ff.) lassen sich benennen: Eröffnung, Berichterstattung, Rückmeldung, Klärung, Integration, Handlungsorientierung.
3. Verschiedene Aufträge verlangen nach entsprechenden *Fokussierungen* der Supervision *(Rappe-Giesecke* 1994, S. 103ff.): Wird gesagt: „In einem bestimmten Fall komme ich mit meiner Arbeit nicht zurecht“, liegt der Fokus auf „Fallarbeit“.

„Psychohygiene“ ist angesagt, wenn der Satz typisch ist: „Ich leide unter meiner Arbeit“ (also bei Überforderung, Stress, Burn out, innerer Kündigung). Wird z.B. gesagt: „Ich zweifle, ob ich dem Anspruch, den dieser Beruf an mich stellt, überhaupt gerecht werden kann“, geht es um die „Berufsidentität“. Steht die Schwierigkeit im Vordergrund, ein Arbeitskonzept zu entwickeln bzw. die Arbeit zu planen, geht es um „Konzeptentwicklung“, ist die „Position und Rolle innerhalb des Tätigkeitsfelds“ Gegenstand, dann heißt der Fokus „Arbeitsorganisation“. Werden „Störungen der Supervisionsarbeit selbst“ thematisch, heißt der Fokus „Selbstthematisierung“ (*Buer* 1999, S. 202).

4. Als *Interpretationsebenen* der Supervision werden unterschieden (*Schreyögg* 1991, S. 149ff.): Organisation, Interaktion, Person. So kann beim Fokus „Fallarbeit“ die problematische Beziehung zum Klienten auf der Ebene der organisatorischen Bedingungen, der Interaktionsmuster wie der persönlichen Anteile betrachtet werden. Beim Fokus „Arbeitsorganisation“ bewegt sich die Analyse nicht nur auf der Ebene der Arbeitsverläufe, sondern auch auf der Ebene informeller Beziehungen oder von Kollusionen zwischen Person und Organisation aufgrund persönlicher Eigenheiten der Person (*Buer* 1999, S. 218f.).

Alle diese Parameter werden vom Psychodrama verändert. Was meine ich nun aber, wenn ich von Psychodrama spreche?

## 1.3 Das Verfahren Psychodrama

Beim „Psycho“-„Drama“ geht es um die „Dramatisierung“ des „Psychischen“, also darum, Erinnerungen und Phantasien von szenischen Bildern aus Vergangenheit, Gegenwart und Zukunft in ein dramatisches Spiel umzusetzen. um die Wahrnehmung emotionalen Erlebens und körperlicher Aktion sowie die begleitende reflexive Einsicht im Hier und Jetzt zu Erfahrungen vitaler Evidenz zu verdichten, durch die Änderungen von Erkenntnis, Einstellungen und Handeln möglich werden. In der Standardversion findet diese Arbeit in Gruppen unter Leitung eines Psychodramatikers statt (*Moreno* 1973, 1989; *Leutz* 1974; *Petzold* 1979; *Blatner, Blattner* 1988).

Da dieses Verfahren sehr häufig im Setting Gruppenpsychotherapie eingesetzt wurde und wird, hat sich im fachlichen Bewusstsein über Psychodrama eine fälschliche Ineinssetzung von Setting und Verfahren festgesetzt; Psychodrama = eine Form der Gruppenpsychotherapie. Das Verfahren ist aber keineswegs allein auf Psychotherapie ausgerichtet: Es beansprucht, nicht nur eine Praxeologie zur kunstgerechten Gestaltung einmaliger Lebenswelten und -stile konkreter Personen bereitzustellen, sondern auch verschiedene Theorien und Konzepte interaktiver Zusammenhänge, vor allem aber eine Philosophie menschlichen Lebens anzubieten (*Buer* 1991a). Das Psychodrama stellt – im weitesten Sinne – Arrangements und Techniken zur Verfügung, in denen Menschen sich selbst durch eine dramatische Auseinandersetzung mit ihren Lebenslagen innovative Tendenzen hin zu einer konkreten Utopie herrschaftsfreien Zusammenlebens aufzeigen und wirksam machen können. Dabei setzt es vor allem auf die Kräfte der Imagination (Phantasie, Kreativität, Spontaneität), der Aktion (theatralisches Spiel, Als-Ob-Handeln, Selbsttätigkeit) und der Kooperation (Bündnis, gegenseitige Anteilnahme, Solidarität, Begegnung). Diesen Auftrag sucht das Psychodrama in allen Settings gegen deren Kontrollfunktionen zur Geltung zu bringen. Dringt das Psychodrama in die Supervision ein oder versucht die Supervision sich das Psychodrama einzuverleiben, dann sieht das Ergebnis dieses Befruchtungsprozesses manchmal mehr nach Supervision mit psychodramatischen Elementen, manchmal mehr nach Psychodrama mit supervisorischen Zielsetzungen aus. In jedem Fall ergibt sich immer eine spannende Mischung.

Die *Philosophie* des Psychodramas ist seit *Moreno* beeinflusst von spirituellen Strömungen (jüdische, christliche und fernöstliche Mystik), von philosophischen Traditionen (Lebensphilosophie, Existentialismus, Phänomenologie, Pragmatismus, vgl. *Fellmann, Buer* 1995*)*, von sozialrevolutionären Bewegungen (kommunitärer Anarchismus, Marxismus) und von heilkundlichen Überlieferungen der Diätetik und Homöopathie *(Buer* 1992a). Diese Philosophie orientiert das Handeln darauf, jeder alltäglichen Szene Gerechtigkeit und Fürsorge widerfahren zu lassen: Das Handeln soll nicht nur zweckmäßig sein, sondern auch den jeweiligen moralischen Anforderungen entsprechen und sogar die kreativen Entwicklungspotentiale der Situation wirksam werden lassen.

Dazu benötigt der Psychodramatiker sicher ein ausgefeiltes Handwerkszeug. Wichtiger aber ist es, in der einmaligen Situation eine einmalige Antwort zu leben. Daraus ergibt sich: Es widerspricht dem Ethos des Psychodramas, die im folgenden beschriebenen Arrangements und Techniken unverändert zu übernehmen und mechanisch anzuwenden. Sie müssen immer mit Bezug auf die Ansprüche der je konkreten Situation modifiziert werden.

Die *Interpretationsfolien,* die die psychodramatische Theorie zum Verständnis der erzählten und gezeigten Geschehnisse anbietet *(Buer* 1996), stehen in den sozialwissenschaftlichen Traditionen von Interaktionismus *(Stimmer* 1982; *Krotz* 1992; 1996), Rollentheorie *(Petzold, Matthias* 1982; *Buer* 1991 b; *Frankl* 1992) und Netzwerkansatz *(Buer* 1988; *Lammers* 1992).

Die *Praxeologie* bezieht sich auf Methoden, die im wesentlichen aus dem Theater *(Moreno* 1970, 1947) und der Aktionsforschung stammen *(Moreno* 1956, 1960, 1974, 1981). Diese Methodik nutzt vor allem fünf Instrumente: Die Verkörperung des Themas in einem Hauptdarsteller (Protagonist), die Verortung des Themas auf einer Spielfläche, auf der alles möglich ist (Surplus-Realität auf der Bühne), den Lernbegleiter, der von einer Metaposition aus untersucht, steuert und stützt (Regisseur), dazu im Normalfall die Gruppe, die eine offene, authentische, lebendige und für alle bedeutsame Lernkultur schafft, und Mitspieler für die Inszenierungen auf der Bühne, die sich normalerweise aus der Gruppe rekrutieren, aber auch professionelle Lernhelfer sein können (Hilfs-Ichs).

Es geht in der Praxeologie um die Ermöglichung von existentiell bedeutsamem Lernen. Dieses Lernen ergibt sich aus der Konfrontation von Hemmungen im Denken, Fühlen und Verhalten, die im Spiel zum Ausdruck gebracht werden, und der spontankreativen Spiellust, die die Inszenierung vorantreibt und eine kreative Lösung will. Lernen wird hier somit als kreativer Prozess gefasst *(Brodbeck* 1995). Die damit verbundenen überraschenden und beeindruckenden neuen Einsichten, angenehmen Gefühle und erweiterten Verhaltensweisen bedürfen allerdings einer eingehenden Integration. Damit dieses Lernen aber möglich wird, müssen die belastenden Szenen wiederbelebt und zugleich der Glaube an eine kreative Neugestaltung gestärkt werden. Dazu bedarf es einer eigenen Anwärmphase. Psychodramatisches Handeln achtet also in jedem Fall auf eine angemessene Anwärmung, auf eine existentielle Auseinandersetzung im richtigen Moment und eine ausreichende Integration des neu Erfahrenen. Entscheidend ist dabei die Orientierung des Handelns auf die Förderung der kreativen Kräfte, die Aktivierung aller Beteiligten und ihre abgestimmte Kooperation *(Moreno* 1969; *Terbuyken* 1993; *Buer* 1995).

## 2. Supervisionsrelevante Arrangements und Techniken des Psychodramas

Das Psychodrama bietet ein großes Arsenal an Instrumenten, Methoden, Techniken, Handlungsstrategien, Arbeitsweisen und Interventionsformen (*Blatner* 1973; *Petzold* 1978a; *Schützenberger-Ancelin* 1979; *Leveton* 1979; *Yablonski* 1992; *Bosselmann u.a.* 1993; *Lammers* 1998; *Wittinger* 2000).

Um in diesen Begriffsdschungel eine Bresche zu schlagen, habe ich mich entschieden, nur zwei Begriffe zu verwenden: Techniken und Arrangements. Als *Technik* bezeichne ich ein Handwerkszeug, das eine bestimmte begrenzte Operation ermöglicht, als *Arrangement* ein theatralisches Mittel, das Spielräume eröffnet. Hier kann wiederum zwischen großen und kleinen Arrangements unterschieden werden je nachdem, ob die Spielräume mit Handlungssequenzen oder nur mit unbeweglichen Figuren genutzt werden. Die bisherige psychodramatische Supervisionsliteratur hat diesem Reichtum bisher zu wenig Beachtung geschenkt

Die Einbringung psychodramatischer Arrangements und Techniken in das Format Supervision bedeutet nun aber nicht, dass keine anderen Methoden mehr verwendet werden dürfen. Selbstverständlich wird jeder Supervisor für jede Aufgabe unterschiedliche Methoden einsetzen, aus welchen Verfahren auch immer. Sie müssen nur miteinander kompatibel und dem Selbstverständnis des Supervisors wie der Aufgabe entsprechen. Auch können sich die im folgenden beschriebenen Arrangements und Techniken in anderen Verfahren auffinden lassen. Ob sie alle von Psychodramatikern erfunden wurden, soll dahingestellt sein. Jedenfalls entsprechen sie dem Geist des Psychodramas und haben in diesem Rahmen eine lange Tradition.

## 2.1 Arrangements

### (1) Große Arrangements

– *Die psychodramatische Inszenierung:* Auch in der Supervision spielt die psychodramatische Inszenierung eine prominente Rolle.[1] Denn es geht darum, die subjektive Sicht einer Supervisandin zu objektivieren, indem sie ihre innere Geschichte nicht nur in einer Erzählung für andere hörbar macht, sondern in einem dramatischen Spiel verkörpert und anschauen lässt, so dass andere Personen mitspielen können. Hierdurch zeigt sie viel mehr, als sie verbal mitteilt. Dadurch bekommen die Zuschauer weitere, oft versteckte Informationen. Die Protagonistin spürt viel mehr als beim reinen Erzählen. Dadurch gerät sie beim Spiel in eine unbewusste Handlungsdynamik: Das bisher Unbewusste steigt auf und wird handlungsbestimmend. Die in der Handlung erspielten Erfahrungen prägen sich aber auch viel deutlicher ein als das nur in Worten Ausgedrückte. Die spontane Schöpferkraft der Supervisandin wird zum Zweck der dramatischen Darstellung viel stärker herausgefordert als beim konventionellen Berichten (*Sader* 1994, S. 10ff.). Die Mitspieler können durch ihr Mitspiel viel wirksamer spontan Einfluss nehmen und damit die Protagonistin zu Veränderungen provozieren, als dies beim Erzählen-Zuhören möglich ist. Hier können zudem alle Steuerungs- und Interventionstechniken des Psychodramas vom Supervisor als Regisseur voll zur Geltung gebracht werden. Das Spiel kann zudem „realistisch“, „phantastisch“ oder „utopisch“ angelegt sein. Es können mehrere Szenen hintereinander durchgespielt werden, ausgehend von aktuellen bewussten Vorstellungen bis hin zu Szenen, die erst jetzt spontan ins Bewusstsein dringen.

Es geht bei der psychodramatischen Inszenierung jedoch keineswegs darum, die Supervisandin in die Frühphasen ihrer Biographie „regredieren“ zu lassen. Vielmehr zielt die psychodramatische Inszenierung auf die personale Ebene und zeigt im Spiel Interaktionsstrukturen. Eine gerade für die Supervision wichtige Variante der psychodramatischen Inszenierung ist die „Zukunfsprojektion“ (*Petzold* 1979, S. 198ff.). Hier kann z.B. die berufliche Zukunft erkundet werden, aber auch erprobt, wie lange bestimmte fachliche Kompetenzen noch ausreichen. In der „Realitätsprobe“ dagegen geht es darum zu prüfen, ob ein im Spiel gezeigtes neues Verhalten auch in der beruflichen Alltagspraxis Bestand haben kann.

– *Das Rollenspiel:* Im Rollenspiel (ebenfalls von *Moreno* entwickelt; vgl. *Schützenberger-Ancelin* 1979, S. 105) wird angestrebt, berufliche Standardsituationen besser bewältigen zu können als bisher. Hier sind die Rollen der Mitspieler weniger aus der subjektiven Sicht des Protagonisten bestimmt, sondern als sozial bekannt vorgegeben (*Schützenberger* 1976, *Schaller* 2001). Hierzu haben vor allem die Abkömmlinge des Psychodramas: das Pädagogische Rollenspiel (*Mävers, Volk-von Bialy* 1995) wie das

1 Der Begriff Psychodrama meint zum einem das gesamte Verfahren, das von Moreno ins Leben gerufen wurde. Zum anderen wird er aber auch zur Bezeichnung einer psychodramatischen Inszenierung verwandt. Das Pendant ist dann das Soziodrama. Um der Klarheit willen habe ich den Begriff Psychodrama für das Gesamtverfahren reserviert.

Sozialtherapeutische Rollenspiel *(Stein* 1987), wichtige Beiträge geliefert, die für supervisorische Zwecke höchst nützlich sind.

– *Das Stegreifspiel:* Da *Moreno* das Psychodrama aus dem Stegreiftheater entwickelt hat *(Fangauf* 1991), wird diese Tradition auch in der heutigen psychodramatischen Arbeit weitergepflegt: im Arrangement des Stegreifspiels *(Schützenberger-Ancelin* 1979. S. 92). Es kann ein Protagonist im Mittelpunkt stehen, aber auch eine gesamte Gruppe. Zum Gelingen gehört eine bedeutsame Thematik, eine gute Anwärmung, eine klare Situationsbeschreibung, deutliche Rollenübernahmen und eine klare Aufgabenstellung. Der Vorteil des Stegreifspiels ist, dass seine große Offenheit unvorstellbar viele Möglichkeiten enthält. Diese können aber nur von mutigen und selbstbewussten Supervisanden wahrgenommen werden, sonst werden nur stereotype Muster wiederholt. Die Kunst besteht darin, diese Spannung möglichst lange aufrechtzuerhalten, damit möglichst viel Unbewusstes aus der Biographie der einzelnen Beteiligten wie der Gesamtgruppe zum Ausdruck gebracht werden kann.

Es können aber nicht nur frei erfundene Rollen gespielt werden. Oft ist als Ausgangspunkt auch die Übernahme von Rollen aus bekannten Filmen, Theaterstücken, Romanen sehr anregend. Eine besondere Variante des Stegreifspiels stellt das „Märchenspiel" dar *(Franzke* 1992). In der Supervision können dabei gerade die Märchen von Handwerkern *(Stöckle* 1993) einen inspirierenden Rahmen abgeben. Eine weitere Variante ist der „Spontaneitätstest" *(Schützenberger-Ancelin* 1979, S. 109ff.): Hier wird ein Supervisand mit einer Szene konfrontiert, die von ihm besondere Spontaneität erfordert: In der Abwesenheit des Supervisanden wird von der Gruppe diese Szene in Grundzügen entworfen und dann mit dem Supervisanden spontan gespielt. Anschließend wird durch Spieler, Zuschauer, Supervisor und Supervisand eingeschätzt, wie flexibel das vorhandene Rollenrepertoire eingesetzt bzw. wie kreativ es weiterentwickelt werden konnte.

– *Das Soziodrama:* Gegenüber der psychodramatischen Inszenierung geht es im Soziodrama um die Dramatisierung einer gemeinsamen Sicht einer Gruppe *(Moreno* 1989, S. 51; *Geisler* 2000). In der Team- oder Gruppensupervision wird ein berufsrelevantes Thema wie etwa Entlassungen, lean production, Mobbing, Karriereplanung, sexuelle Übergriffe usw. von allen gemeinsam auf die Bühne gebracht. Dabei werden die Szenen und Rollen vor Beginn des Spiels konkreter ausgestaltet und abgesprochen, als im Stegreifspiel üblich. Spannend wird das Spiel, wenn sich konträre Positionen gegenüberstehen und Techniken wie Rollentausch oder Spiegel (s.u.) eingesetzt werden *(Holmes* 1990).

– *Der Zauberladen:* Der „Magic-Shop" ist ein Geschäft, in dem man alles Mögliche und Unmögliche kaufen und verkaufen kann *(Schützenberger-Ancelin* 1979, S. 81ff.; *Petzold* 1978b). So können hier die Supervisanden Wissen, Fähigkeiten und Fertigkeiten, die ihnen fehlen, erwerben. Dafür müssen sie aber im Gegenzug einen Teil ihrer vorhandenen verkaufen. Das geschieht in einer imaginären, symbolischen Form: So kann ein älterer Sozialarbeiter als erfahrener Haudegen von seinem Mut abgeben und sich dafür ein Pfund Weisheit kaufen, muss jetzt aber mit weniger Mut leben. Oder eine mütterliche Ärztin kann von ihrer Fürsorglichkeit abgeben und sich ein Schmuckstück nur für sich allein kaufen, muss aber damit fertig werden, dass sie nicht mehr so sehr „gebraucht" wird. In den Verkaufsgesprächen mit dem Supervisor können dabei bisher unbekannte Seiten des Supervisanden aufgedeckt und spontane Bewertungen und Umwertungen provoziert werden.

Neben diesen Arrangements gibt es im Psychodrama noch eine Reihe weiterer wie das „Interaktionsspiel" (*Schützenberger-Ancelin* 1979, S. 91) und das „Rollentraining" (*Petzold* 1982). Auch kann das „Play-back-Theater", wie es *Jonathan Fox* (1991; 1996) u.a. aus dem Psychodrama entwickelt hat, sehr gut in der Supervision Anwendung finden.

(2) Kleine Arrangements

– *Die Vignette:* Hier handelt es sich um eine Kurzszene, die vom Protagonisten spontan zur Verdeutlichung (zusammen mit MitspielerInnen) vorgeführt wird. Im Gegensatz zur psychodramatischen Inszenierung ist hier nicht ein Drama mit mehreren Akten und Szenen geplant. Entsprechend muss auch nicht die Bühne je neu eingerichtet werden. Eine Vignette ist immer dann indiziert, wenn eine Erzählpassage merkwürdige Ambivalenzen und Undeutlichkeiten enthält. Sie kann aber auch als Anwärmung für ein intensiveres Spiel dienen.

– *Der leere Stuhl:* Die Supervisandin soll eine Person auf dem leeren Stuhl imaginieren, die ihr spontan im Zusammenhang mit ihrer Berufstätigkeit einfällt. Mit dieser Person führt sie dann in Begleitung des Supervisors ein Gespräch, um ihre Bedeutung zu erforschen (*Petzold* 1978a, S. 144; *Schützenberger-Ancelin* 1979, S. 83f.). Dabei kann vor allem neben dem Interview die Technik des Doppelns und des Rollentauschs weiterführen.

– *Das Standbild:* Der Supervisandin steht ein Bild ihrer Klienten oder ihrer Mitarbeiter vor Augen. Sie wird gebeten, diese Personen zu einem Standbild zusammenzustellen. Anschließend kann sie dieses Bild wie ein Foto betrachten. Dieses Foto kann dann auf die Anzahl, Konstellation, Gestik usw. der Gezeigten hin untersucht werden. Sie kann sich auch selbst in dieses Bild hineinstellen. Wenn sie sich dann von einer anderen Person spielen lässt, kann sie sich selbst in Beziehung zu den anderen in der Spiegelposition anschauen. Im Rollentausch kann sie die Beziehung zu ihr genauer erforschen. Die Mitspieler können aber auch aufgefordert werden, aus den Rollen heraus einen Satz zu finden und auszusprechen, der die Beziehung charakterisiert.

– *Die Skulptur:* Als Weiterführung des Standbildes werden die einzelnen Personen vom Supervisanden wie von einem Bildhauer gestisch gestaltet. Dadurch kann die Qualität der Beziehung noch deutlicher sichtbar gemacht werden. Diese Gestaltung kann auch ins Phantastische gehen und verschiedenste Verrenkungen zeigen. Besonders im Rollentausch wird der Supervisand dann eindrucksvolle Erfahrungen machen. Die Skulptur kann wie das Standbild verschiedene Ansichten des Supervisanden zeigen: die gegenwärtige Situation, eine vergangene oder eine zukünftige, aber auch eine „realistische", eine „albtraumartige" oder eine „gewünschte", oder ein Bild aus der

Sicht des Supervisanden, eines, wie es vermutlich die Klienten haben oder der Abteilungsleiter oder die Presse usw. Dadurch können verschiedene Perspektiven konsequent ausgestaltet und miteinander konfrontiert werden.

– *Das Sozialatom: Moreno* geht davon aus, dass jeder Mensch in einem unterschwelligen Netz von Anziehungen und Abstoßungen steht. Der kleinste Ausschnitt dieses Netzes, der zum Leben einer konkreten Person notwendig ist, nennt er Sozialatom (*Moreno* 1989, S. 60ff.). Um dieses Sozialatom sichtbar zu machen, kann der Protagonist die Personen, die er zu seinem Sozialatom zählt, so um sich herum versammeln, dass ein abstraktes Bild wie ein Planetensystem entsteht, in dem die intensiven Beziehungen durch Nähe, die neutralen durch Distanz, die negativen bzw. positiven durch eine entsprechende Gestik gekennzeichnet sind. In der Supervision sind hier die Beziehungen unter den Kollegen oder die Beziehungen zur Klientel oder die gespannten Beziehungen zwischen Arbeits- und Privatwelt von Interesse. Die erforderlichen Personen können durch die anderen Supervisanden dargestellt werden. Es können aber auch Stühle, Figuren, Puppen, Bauklötze oder andere Gegenstände benutzt werden. Dieses Arrangement stellt die informelle Beziehungsebene prägnant heraus, eine Ebene, die für die Arbeitsverhältnisse von besonderer Bedeutung ist. Diese Technik hat Ähnlichkeiten mit der Netzwerkanalyse (*Straus* 1990), hebt aber auf die unterschwelligen Gefühle von Anziehung und Abstoßung ab. Wie bei der Netzwerkanalyse kann das Ergebnis untersucht werden nach Segmentierung, nach Defiziten, nach Anzahl der belastenden bzw. entlastenden Beziehungen, nach Schlüsselpersonen usw. (*Engelhard, Feldkamp, Sader* 1989; *Treadwell, Stein, Leach* 1989).

– *Das Aktionssoziogramm:* Hier geht es nicht primär darum, wie die Personen des sozialen Netzes zum Supervisanden stehen (egozentriert), sondern darum, welche unterschwelligen Beziehungen sie aus der Sicht des Supervisanden untereinander haben (gruppenzentiert). Bei der Fokussierung auf „Arbeitsorganisation" kann so als nächster Schritt nach einem Organigramm ein Soziogramm dargestellt oder aufgebaut werden. Bei einer großen Anzahl der beteiligten Personen können sie auf wichtige Stellvertreter reduziert werden. Sind auch dann die Personen sehr zahlreich, wird mit Figuren, Klötzen, Münzen, Steinen gearbeitet, bis das Beziehungsnetz gut sichtbar geworden ist. Dann können die Beziehungen durch farbige Striche zwischen den Personen auf einem untergelegten Papier gekennzeichnet werden. Wie in der soziometrischen Analyse (s.u.) kann dann das Beziehungsnetz nach positiven bzw. negativen Stars, nach Paaren, Dreiecken, Ketten, Sternen, Isolierten, Vergessenen, Abgelehnten oder der grauen Eminenz untersucht werden. Wichtig ist auch, dieses unterschwellige Gefühlsnetz mit dem Arbeitsorganigramm zu vergleichen. Hier können erhebliche Differenzen auftreten, die so manchen Konflikt aufhellen. Aus dieser Übersicht können dann besonders interessante Beziehungen zur genaueren Erforschung ausgewählt werden. Hier kann ein großes Arrangement wie die psychodramatische Inszenierung oder ein Stegreifspiel weiterführen (*Klein* 1994).

– *Das Spektrogramm:* Die Gruppe oder der Supervisor legen zwei Pole fest, zwischen denen sich die Supervisanden auf einer geraden Linie aufstellen (*Schützenberger-Ancelin* 1979, S. 106). Das können Gegensätze sein wie „Ich arbeite kognitiv-planend" und „Ich arbeite affektiv-spontan" oder ein Viel oder Wenig in Bezug auf ein Kriterium, z.B.: „Mir macht die Supervision Spaß". Die Teilnehmer müssen sich selbst einschätzen, vor allem aber im Gespräch mit ihren Nachbarn genauer den Maßstab und das zu Beurteilende herausarbeiten.

– *Die soziometrische Landkarte:* Unterschiedliche Berufe, Ausbildungen, Arbeitsorte, Arbeitsorganisationen, Trägerverbände, aber auch unterschiedliche Posititionen zu einer bestimmten Frage oder unterschiedliche Aspekte zu einem bestimmten Thema können von den einzelnen TeilnehmerInnen nach Nähe und Distanz im Raum nacheinander markiert werden, in dem die TeilnehmerInnen sich selbst dort hinstellen oder statt dessen ein Symbol oder einen Zettel mit entsprechender Beschriftung dort hinlegen. Jede neue Markierung kann alle anderen Positionierungen verändern. Am Ende können gemeinsam interessante Häufungen, Segmentierungen, Isolierungen, Verbindungen hervorgehoben werden.

– *Das Rollenatom:* Wie beim Sozialatom werden auch beim Rollenatom die unterschiedlichen zentralen Beziehungen einer Person dargestellt. Allerdings geht es hier nicht um die unterschwelligen Anziehungen und Abstoßungen, sondern um komplementäre Rollenbeziehungen (vgl. auch das Kulturelle Atom, *Roesler* 1991). Ausgehend von *Morenos* Rollentheorie *(Buer* 1991b, 1996) wird jeder Mensch als Rollenspieler betrachtet, der nur durch Handeln in Rollen lebt. Dabei hat er im Laufe seines Lebens Rollen entworfen, die er einmal leben möchte, aber bisher nicht leben konnte, Rollen gespielt, die er nie mehr spielen möchte, oder Rollen gestaltet, weil er sich dazu hat herausfordern lassen. Auch in den beruflichen Beziehungen können Rollen verlangt sein, die vom Rollenspieler abgelehnt werden, oder werden Rollen abgelehnt, die der Supervisand gern spielen möchte. Im Rollenatom werden die tatsächlichen, aber auch die abverlangten oder die gewünschten Rollen gezeigt, indem Teilnehmer diese Rollen wie in einer Skulptur auf Anweisung des Protagonisten um ihn herum darstellen. So kann sich der Supervisand seine Rollen als Experte für juristische Fragen, als Betriebsnudel, als Vertrauter des Chefs, als gefragter Moderator usw. wie in einem Kaleidoskop ansehen und bewerten. Dazu können auch gut Puppen, Figuren oder andere Symbole verwendet werden.

## 2.2 Techniken

Im Kontext der Supervision ist es sinnvoll. zwischen Untersuchungs-, Veränderungs- und Integrationstechniken zu unterscheiden. Diese Techniken werden immer innerhalb eines Arrangements eingesetzt, wobei das Arrangement in der Supervision nicht immer ein psychodramatisches sein muss. So kann zu Beginn des Treffens[2] einer Supervisi-

2 Ich verwende statt des in diesem Zusammenhang üblichen Wortes „Sitzung" stets das Wort „Treffen", da es ja – zumindest bei psychodramatischer Orientierung der Supervision – weniger um das Herumsitzen oder gar Aussitzen geht, sondern vielmehr um das ‚Zusammentreffen' von zwei oder mehreren Personen, also um Begegnung oder Encounter, um gemeinsam „Stellung" zu nehmen, vielleicht auch den „aufrechten Gang" (Bloch) oder gar den „Auf-Stand" zu proben.

onsgruppe das Arrangement eines „Blitzlichts im Stuhlkreis" gewählt werden. Hier wird dann meist von den TeilnehmerInnen die Technik des „Monologs" eingesetzt. Allerdings kann auch die Technik des „Interviews" zum Zuge kommen, wenn etwa der Supervisor nachfragt, um Ambivalenzen zu verdeutlichen, die geklärt werden könnten.

(1) Untersuchungstechniken

Diese Techniken dienen der kognitiven Klärung eines Sachverhalts, eines Geschehnisses oder eines Prozesses. Sie sind notwendig, um das weitere Vorgehen in der Supervision zu planen. Da sie aber nicht sonderlich erlebnisaktivierend sind, werden hierdurch kaum existentielle Lernprozesse ausgelöst. Sie stehen daher in der psychodramatischen Supervision nicht im Vordergrund.

– *Das Interview:* Das Interview mit einem Supervisanden dient der Selbstexploration. Sobald im Dialog ein Thema deutlicher wird, wird von der Supervisorin ein dramatisches Arrangement für die weitere Bearbeitung vorgeschlagen, in dem dann Veränderungstechniken eingesetzt werden können. Im Interview kann aber auch am Ende eines Bearbeitungsprozesses eine Einschätzung, eine Stellungnahme oder eine Konsequenz vom Supervisanden formuliert werden.

– *Soziometrische Analysen: Moreno* hat eine „heiße" und eine „kalte" Richtung der Soziometrie ins Leben gerufen *(Moreno* 1974; *Dollase* 1981; *Hale* 1985). Die „hot sociometry" führt zu Arrangements wie Sozialatom, Aktionssoziogramm, Spektrogramm oder Soziometischer Landkarte (s.o.) und lässt sich in der Supervision gut einsetzen *(Weiß, K.* 1991; *Gellert* 1993b; *Ehinger, Hennig* 1994,S. 82ff.). Die „kalte" Fragebogen-Soziometrie umfasst viele Techniken von der Formulierung der Fragestellung über die Fragebogen-Erhebung, die Auswertung, die Darstellung der Ergebnisse und ihre Interpretation gemeinsam mit den Untersuchten *(Riegels, Schmitz-Hambrecht* 1981; *Hale 1985).* Ihre Anwendung in der Supervision ist meist zu aufwendig und nur selten indiziert. Daher soll hier auf eine Darstellung verzichtet werden. *Miguel Kulenkampff* hat allerdings ein standardisiertes Verfahren zur Erhebung des sozialen Atoms nach *Moreno* entwickelt. das „Soziale Netzwerk Inventar", das in der Supervision gut zur veranschaulichenden Diagnostik eingesetzt werden kann *(Kulenkampff* 1991). Der Vorteil der soziometrischen Analysen liegt darin, die unterschwelligen Beziehungen einer größeren Personengruppe (etwa einer Abteilung von 30 Personen) erheben und für diese Gruppe darstellen zu können. Der Aufwand lohnt sich allerdings nur, wenn die Gruppe auch bereit und in der Lage ist, das Ergebnis zu verkraften und entsprechende Veränderungen einzuleiten. Dies führt aber in der Regel zu einem Prozess der Organisationsentwicklung und sprengt damit die Grenzen der Supervision.

– *Rollenanalysen:* Neben dem Arrangement des Rollenatoms können auch schriftliche Rollenanalysen eingesetzt werden. Rolleninventar (= Gesamt möglicher Rollen), Rollenrepertoire (= Gesamt tatsächlich verfügbarer Rollen) und Rollenhandeln (= tatsächlich gezeigte Rollen) können durch das Rollendiagramm in interpersonaler wie intrapersonaler Perspektive sichtbar gemacht werden *(Hale* 1985, S. 113ff.; *Hale* o.J.). Diese Diagramme können von den Supervisanden auch in Eigenarbeit zuhause erstellt und analysiert werden. Die Ergebnisse können dann Ansatzpunkte für eine Bearbeitung z.B. der Interaktionsmuster einer Supervisandin in der Supervision bieten.

(2) Veränderungstechniken

Diese Techniken haben zum Ziel, den Lernprozess der Supervisanden innerhalb eines Arrangements so zu intensivieren, dass neue Einsichten, Klärung der Gefühle und angemesseneres Handeln ermöglicht werden. Dabei kann unterschieden werden in Techniken, die den Handlungsprozess in der Supervision zu einem bestimmten Zweck steuern sollen (prozessbezogene Steuerungstechniken), und Techniken, die in diesen Prozess intervenieren, um den Lernprozess einer bestimmten Person zu stimulieren (personenbezogene Interventionstechniken).

*a) Prozessbezogene Steuerungstechniken*

– *Anwärmung:* Zu Beginn eines Treffens geht es darum, ein Arbeitsklima herzustellen und Themen zu finden. Dazu stellt das Psychodrama eine Fülle von Anwärmtechniken zur Verfügung, wie gelenktes Warm-up, Interview, katathyme Szene (*Petzold* 1978a) oder verschiedene Gruppenspiele (*Gellert* 1993a). Hier können auch die kleinen Arrangements genutzt werden. Vielfach werden hier auch Interaktionsspiele aus verschiedenen Traditionen eingesetzt (*Fangauf* 1994).

– *Maximierung:* Durch Vergrößerung der Bewegungen, Verstärkung der Stimme (*Schützenberger-Ancelin* 1979, S. 79f.), Erhöhung der Position (z.B. durch Besteigen von Stühlen und Tischen) usw. kann eine bestimmte Handlungssequenz für den spielenden Supervisanden viel spürbarer werden und tiefere Lernprozesse auslösen.

– *Konkretisierung:* Hier werden verbale Äußerungen konkret theatralisch umgesetzt. So wird etwa die Wendung: „Es hat sich wieder eingerenkt“ als Einrenkungsvorgang konkret dramatisch ausgespielt. Oder „Da ist mir das Herz in die Hose gefallen“ wird theatralisch umgesetzt, indem der Supervisand das Herz spielt und in eine „Hose“ aus Requisiten fällt. Danach kann er dann interviewt oder gedoppelt (s.u.) werden. Diese Umsetzung macht den inneren Vorgang auch äußerlich spürbar und damit auch wieder innerlich erlebbar.

– *Tempovariation:* Zur Intensivierung kann eine Szene beschleunigt oder verlangsamt gespielt werden, um so bestimmte bisher verdeckte Gefühlsqualitäten spürbarer und bewusster zu machen.

– *Schnitt:* Wie im Film kann der Ablauf einer Szene jederzeit unterbrochen werden, etwa um ein Interview zu machen oder eine andere Technik einzusetzen. Danach wird die Szene vom Schnitt an direkt weitergespielt, oder es schließt sich eine neue Szene an. Die unterbrochene Szene kann auch eingefroren werden. Die Spieler können dann aus ihrer Position und Körperhaltung heraus ihr augenblickliches Gefühl, einen momentanen Einfall usw. in einem Satz oder einem kurzen Statement zum Ausdruck bringen.

*b) Personenbezogene Interventionstechniken*

– *Monolog:* Gehen dem Supervisanden viele Gedanken durch den Kopf, ist er von starken Empfindungen beherrscht oder ist das Gegenteil der Fall, ist sein Kopf leer und fühlt er nichts, dann kann er aufgefordert werden, ein Selbstgespräch über diesen Zustand zu führen, um sich größere Klarheit über seine Lage zu verschaffen. Dabei kann er durch ein einleitendes Interview oder durch Doppeln unterstützt werden.

– *Doppeln:* Ein Gruppenteilnehmer (in bestimmten Fällen auch der Leiter) übernimmt die Körperhaltung der Protagonistin und positioniert sich so neben sie, dass er sie noch gut beobachten kann, aber nicht mehr direkt in ihrem Blickfeld ist. So kann er sich gut einfühlen. Er regt das Selbstgespräch der Protagonistin an, indem er das in der Ich-Form ausspricht, was nach seiner Intuition in ihr vorgeht (*Schützenberger-Ancelin* 1979, S. 87ff.; *Petzold* 1979, S. 139ff.; *Schönke* 1979; *Moreno,* Z. 1987a, 1987b; *Müngersdorff* 1987). Diese zentrale Technik des Psychodramas kann verschiedene Aufgaben übernehmen: *Petzold* unterscheidet zwischen einfühlendem, telischem, direktivem, persuasivem, suggestivem, deutendem, vikariellem, konfrontierendem, provokativem, paradoxalem und stützendem Doppeln. Es können auch mehrere Doppelgänger eingesetzt werden, wenn konträre Stimmen, Gedanken, Gefühle verbalisiert werden sollen. Es geht immer darum, die unbewusste Innenwelt des Supervisanden aufsteigen zu lassen, um sie bewusst zu machen und klären zu helfen. In diesem so vertieften Monolog können dann wieder Szenen und Themen aufscheinen, die den Einsatz eines neuen Arrangements verlangen. In der Supervision sollen durch das Doppeln also keineswegs die verdrängten Erinnerungen an kindliche Traumata oder archaische Gefühle stimuliert werden. Es geht vielmehr darum, die subjektive Innenwelt auszuleuchten, um so rigide Sichtweisen, verschämte Gefühle, verletzende Erfahrungen oder felsenfeste Überzeugungen bewusst und damit erst entschieden veränderbar zu machen.

– *Rollentausch:* Beim Rollentausch geht es darum, dass der Protagonist in einer Handlungssequenz mit einem Gegenspieler die Rolle tauscht und sie konsequent weiterspielt, als wäre er der andere (*Schützenberger-Ancelin* 1979, S. 103; *Müngersdorff* 1990a; *Mattke* 1999). Durch diese Verkörperung des anderen erfährt er radikal dessen Lage, d.h. dessen Anspruch an ihn selbst wie dessen Möglichkeiten, seinem eigenen Anspruch an ihn entsprechen zu können (*Moreno* et al. 1964, S. 40ff.). Durch dieses Verkörpern der wichtigen Personen einer Szene oder eines Beziehungsgeflechts wird ein „szenisches interpersonales Bewusstsein" im Protagonisten konstituiert, das ihn erst in die Lage versetzt, die verschiedenen Ansprüche wahrzunehmen, um ihnen dann nach bestem Wissen und Gewissen gerecht werden zu können. So können in einer Szene im Rahmen einer Tätigkeit für eine soziale Dienstleistungsorganisation die Ansprüche der Auftraggeber, der Einrichtung, der Profession, der Adressaten, der Gesellschaft wie der Behörden wirksam sein. Der Rollentausch mit ihren Repräsentanten kann dazu dienen, sie zu erkunden. Der Rollentausch setzt allerdings die Bereitschaft zu einer offenen und ehrlichen Auseinandersetzung. also zur Begegnung voraus. Ist sie nicht gegeben, so kann der Rollentausch auch ein Einfühlungsvermögen verbessern, das nur dazu dienen soll, andere leichter manipulieren zu können. Das wäre aber mit dem Ethos des Psychodramas unvereinbar.

– *Rollenwechsel:* Die Übernahme verschiedener Rollen im Rollentausch der Protagonistin, beim Spiel bzw. beim Darstellen einer zugewiesenen Rolle durch die Mitspieler oder beim spontanen Ausleben in einem Stegreifspiel wird das Rollenrepertoire der Beteiligten erweitern. Gerade die dramatische Erprobung von Gegenrollen kann eigene Grenzen und Widerstände spürbar machen, die einer weiteren Bearbeitung bedürfen (*Schneider-Düker* 1992).

– *Spiegel:* Die Protagonistin wird durch ein Hilfs-Ich dargestellt, so dass sie sich ihre gerade ablaufende Szene oder ihr Sozial- oder Rollenatom von außen wie in einem Spiegel vor Augen führen kann (*Leutz* 1974, S. 46f.; *Schützenberger-Ancelin* 1979, S. 94). Diese Technik verschafft Überblick und ist daher gerade in der Supervision angebracht, wenn es um die Einschätzung der eigenen Rolle und Position innerhalb eines Interaktionssystems geht.

(3) Integrationstechniken

Gerade wenn der Supervisand bzw. die Supervisionsgruppe mit erlebnisaktivierenden Techniken gearbeitet hat und starke emotionale Prozesse abgelaufen sind, ist eine Rückführung auf ein „normales" Aktivitätsniveau und eine Integration der neuen Erfahrungen in das Rollenrepertoire jedes Supervisanden (wie der Gruppenkultur insgesamt) notwendig (*Redies* 1993).

– *Feedback:* Im Rollen-Feedback schildern die Mitspieler der Protagonistin nacheinander die Gefühle und Gedanken, die sie bei der Darstellung der ihnen zugeteilten Rollen entwickelt haben. Ebenso bringt die Protagonistin ihre eigenen Empfindungen und Einfälle in den von ihr gespielten Rollen zum Ausdruck (*Leutz* 1974, S. 99ff.; *Schützenberger-Ancelin* 1979, S. 90f.). Beim Identifikations-Feedback teilen die Zuschauer und die Supervisorin mit, was sie empfunden haben, sofern sie sich während des Spiels mit einer der dargestellten Personen identifiziert haben. Dadurch erhält die Protagonistin wertvolle verschiedenartige Ansichten über ihre Wirkung auf andere (*Sader* 1994, S. 24ff.).

– *Sharing:* Da die Supervisorin und weitere Supervisanden an der Bearbeitung eines Themas durch einen Protagonisten in der Regel intensiv Anteil genommen haben (nicht nur als Zuschauer, sondern gerade auch als Mitspieler und Doppelgänger), sind bei ihnen oft vergleichbare Erfahrungen angewärmt worden. Diese werden im Sharing dem Protagonisten mitgeteilt. Dadurch erfährt er, dass er mit seinem Thema nicht allein steht. Diese Anteilnahme lässt die Gruppe oft eine tiefe Verbundenheit erleben (*Leutz* 1974, S. 102f.).

– *Präsentative Zusammenfassung:* Zum Abschluss eines existentiellen Lernprozesse ist es sinnvoll, die Ergebnisse noch einmal vom Lernenden selbst zusammenfassen zu lassen (*Sader* 1994, S. 12f.). Damit dies aber nicht zu einer Intellektualisierung oder gar zu einer Rationalisierung führt, werden im Psychodrama präsentative Formen der Zusammenfassung gewählt.[3] Hier können wieder die kleinen Arrangements zum Einsatz kommen: ein Standbild des Teams mit veränderten Beziehungen, eine Skulptur, die ein neuartiges Rollenhandeln festhält, eine Vignette, die eine typische neue Geste zeigt, das Verteilen von symbolischen Geschenken an die Klienten oder den Vorgesetzten usw.

– *Prozessanalyse:* In der Prozessanalyse wird der gesamte Verlauf einer Lernphase rekonstruiert und dabei der gemeinsame wie der individuelle Lernprozess in seiner Abhängigkeit von der Beteiligung der Supervisanden wie der Supervisorin untersucht und geprüft (*Leutz* 1974, S. 103ff.). Auf einer Metaebene wird somit noch einmal die Wahrnehmungs-, die Analyse- wie die Verbalisierungskompetenz der Supervisanden herausgefordert. Das Processing ist aber nur dann indiziert, wenn es neue interessante Erkenntnisse verspricht, die sonst untergehen würden.

## 3. Methoden in der Supervision – psychodramatisch angereichert

Da die Supervisorin den gesamten Verlauf eines Treffen verantwortlich zu steuern hat, muss ihr Handeln immer methodisch geprägt sein. Je nachdem, welcher Kommunikationsmodus (*Buer* 1999, S. 105) gewählt wurde, werden unterschiedliche Methoden eingesetzt. Im Modus des *Dialogs* geht es eher um Methoden der Gesprächsführung. Im Modus der *Diskussion* geht es um Klärung der Sachverhalte. Sind aber Dialoge und Diskurse nicht mehr weiterführend, dann ist ein Wechsel in den Modus des *Experiments* fällig. Umgekehrt müssen die Erfahrungen aus den Experimenten in Dialogen tiefer verstanden und in Diskussionen klarer begriffen werden, um dann handlungsleitend sein zu können. Das zentrale Einsatzfeld für psychodramatische Arrangements und Techniken ist nun der Modus des Experiments. Hier übernimmt die Supervisorin die Rolle einer Regisseurin, die von einer Metaposition aus den Supervisanden im geeigneten Moment Arrangements und Techniken vorschlägt und bei Zustimmung deren kunstgerechten Einsatz überwacht. In der Standardversion des Psychodramas, nämlich als Gruppenverfahren, ergeben sich die entscheidenden Lernprozesse dann in der Auseinandersetzung des Protagonisten mit den Mitspielern. Die Auswahl der Methoden ergibt sich für die Supervisorin aus ihren Hypothesen darüber, was wie zu lernen wäre (*Buer* 1992b). Damit eröffnet sie allerdings nur Spielräume, die von den Spielern selbstverantwortlich genutzt werden müssen. Da hier spontan gehandelt werden muss, ist allerdings nie eindeutig vorherzusehen, was geschehen wird.[4] Die Supervisorin

3 Zur Theorie der präsentativen Symbolik: *Langer* 1987.

4 Das, was in konstruktivistischer Sicht als neuartige Perspektive verkauft wird, nämlich die Nichtsteuerbarkeit von Lernprozessen, ist in humanistischer Tradition eine Selbstverständlichkeit. Aber nicht aus Resignation, weil sich die Anfangshoffnungen der Systemik auf kybernetische Regulierung von Lernprozessen als falsch erwiesen haben, sondern aus Überzeugung: Menschliches Lernen bedarf der freien Entscheidung zu etwas Neuem. Dabei ist immer der Eigensinn der Person in Rechnung zu stellen. Ihn gilt es zu respektieren, ja geradezu zu schützen. Trotzdem geht es auch

muss sich also stets spontan auf die neue Lage einstellen, evtl. neue Hypothesen entwickeln und einen neuen Weg vorschlagen. Die Kunst besteht also darin, einem intuitiv erahnten Lernprozess stets neue Entfaltungsräume zu schaffen. So müssen die Arrangements und Techniken stets einmalig kombiniert, evtl. gar en passant neu erfunden werden.

Das Setting Supervision macht nun aber auch Zeitvorgaben für ein Treffen. Der Einsatz großer Arrangements, die mit einer entsprechend langen Anwärmung und Integration verbunden sind, ist daher nur dann möglich, wenn für ein Gruppentreffen zwei bis drei Zeitstunden zur Verfügung stehen. Ansonsten können nur die kleinen Arrangements und die vielfältigen Techniken genutzt werden. Auch für ein Einzelsupervisionstreffen sollten mindestens 75 Min. vorgesehen sein, damit genügend Zeit für spielerische Darstellung bleibt. Die etwas längere Dauer eines Treffens als üblich wird sich durch die beschleunigte Tiefung des Erkenntnisprozesses wie durch die langanhaltende Wirksamkeit des Lernprozesses bezahlt machen (*Sader* 1994, S. 2lff. → *Buer*, Kurzzeitsupervision)

Viele Psychodramatiker verwenden die psychodramatische Standardversion auch als Supervisionsform, nämlich die Selbsterfahrungs- bzw. Therapiegruppe (z.B. *Schwinger* 1986; *Krüger* 1990). Dabei werden dann allerdings häufig therapienahe Fokussierungen gewählt, wie „Fallarbeit", ‚Psychohygiene" oder „Berufsidentität". Konzeptionelle oder strukturelle Brennpunkte wie „Konzeptentwicklung" oder „Arbeitsorganisation" sind dann eher ausgeblendet. Der Auftrag der Supervision wird dadurch aber nur eingeschränkt wahrgenommen. Daher gilt es, zunächst von den Erfordernissen des Settings Supervision auszugehen.

## 3.1 Methoden im Kontext der Supervisionsformen

*(1) Gruppensupervision:* Da die Standardversion des Psychodramas zur Gruppensupervision die größte Nähe hat, können hier alle Arrangements und Techniken ohne große Einschränkung zur Geltung kommen (*Buer, Uhl-Dabelow* 1989; *Schreyögg* 1991, S. 337ff.; *Weiß, K* 1991; *Gellert, Heinz* 1993; → *Kieper-Wellmer*; → *Leuthner-Beller*; → *Weiß*).

*(2) Einzelsupervision:* Die psychodramatische Arbeit mit Einzelnen ist demgegenüber mit Einschränkungen verbunden. Hier sind vor allem Arrangements gefragt, die statt mit Mitspielern mit Puppen, Tieren und anderen Ersatzfiguren arbeiten. Wenn hier allerdings die richtigen Symbole gefunden werden, kann sich auch hier ein intensiver Lernprozess ergeben (→ *Buer* Kurzzeitsupervision; → *Wegehaupt-Schneider*; → *Witte* Symbolarbeit, → *Schwitalla*; → *Geisler*; → *Wieck*). Um seine Unterstützungs-, Steuerungs- und Analyseaufgabe nicht zu gefährden, kann der Supervisor auch nur beschränkt Rollen übernehmen oder die Doppel-Technik einsetzen. Interaktionen und Gespräche konzentrieren sich jetzt stärker als in der Gruppe auf die Beziehung Supervisand-Supervisor. Damit werden aber zwangsläufig – ge-

---

in der psychodramatischen Supervision darum, Menschen, die freiwillig gekommen sind, so vor Entscheidungen zu stellen, dass sie dadurch in ihrem Weg weiterkommen.

rade bei affektiven Themen – Übertragungs- und Gegenübertragungsprozesse ausgelöst, die in der Gruppe eher multilateral auftreten und daher vom Leiter leichter aufgefangen werden können. Das Psychodrama bietet aber zur Handhabung dieser Beziehung und zur Gesprächsführung keine befriedigend ausgearbeiteten Konzepte an *(Mattelé* 1994). Daher müssen für die Einzelsupervision andere Verfahren herangezogen werden, die mit dem psychodramatischen Ansatz kompatibel sind, wie etwa die Gesprächsführung nach *Rogers* oder die Dialogische Beratung in der Gestalttradition *(Fuhr, Gremmler-Fuhr* 1991, 1995).

Für die spezielle Variante der Einzelsupervision, die Leitungssupervision, wie für das ähnliche Setting des Coachings *(Schreyögg* 1995b, S. 264ff.) gelten ebenfalls die oben angeführten Überlegungen. Gerade bei der Klärung und Erweiterung der Leitungs- bzw. Führungsrolle sind insbesondere alle rollenanalytischen Arrangements und Techniken von großem Nutzen, vom Rollenspiel über das Rollentraining bis zur Skulptur, zum Rollenatom, zum Rollendiagramm und zum Rollentausch und Rollenwechsel. Hier ist auch eine konzeptionelle und methodische Nähe zur Rollenberatung gegeben *(Auer-Hunzinger, Sievers* 1991; *Weiß, R.* 1991).

(3) *Organisationssupervision:* Im Gegensatz zur Gruppensupervision, in der leicht ein Klima der gegenseitigen Unterstützung hergestellt werden kann, wird es in der Supervision mit Teams und Gruppierungen aus Arbeitsorganisationen damit meist Schwierigkeiten geben. Das bedeutet: Sofern diese Gruppe konflikthafte Beziehungen mitbringt, wird sie schwerlich kooperieren bei dramatischen Arrangements, bei denen ein spontanes Zusammenspiel notwendig ist. Es kommt also alles darauf an, die Lust zu wecken, Konflikte und Widerstände nicht durch Schweigen und Daherreden auszudrücken, sondern spielerisch, etwa in einem Stegreif- oder einem Interaktionsspiel. So können hier gut Metaphern für den Zustand der Firma improvisiert werden: „Meine Firma ist ein Dreckhaufen, ein Rennauto, ein Feriendomizil, eine Krake ..." *(Hamann* 1989). Ferner können soziometrische Arrangements und Techniken die unterschwellige Gruppendynamik zum Thema machen, etwa durch ein Schuhsoziogramm. – Wie in der Familientherapie wirken die in der Supervision angestoßenen Prozesse auch im Arbeitsalltag der Gruppe direkt weiter. Bei jeder Intervention muss also der mögliche Umgang mit ihrer Wirkung nach dem Treffen bedacht werden. Daher wird eine protagonistenzentrierte Arbeit nur in Ausnahmefällen möglich sein, wenn sich nämlich eine Teamsolidarität entwickelt hat. Aber auch dann kann das beschämende Zeigen von persönlichen Schwächen und beruflichen Inkompetenzen später zu verletzenden Angriffen genutzt werden. Daher ist hier größte Vorsicht geboten. Auch beim Doppeln ist das angemessene Schutzbedürfnis unbedingt zu achten.

Da es also hier weniger um die persönliche Ebene geht, sondern mehr um Interaktion und Organisation, sind erlebnisaktivierende Arrangements und Techniken nur sehr behutsam einzusetzen. Hier können vor allem klärende Untersuchungstechniken aus Soziometrie und Rollenanalyse, z.B. gruppenzentrierte Arrangements wie Soziodrama, Stegreifspiel oder Interaktionspiele, genutzt werden. Gerade auch die Integrationstechniken wie Feedback, Sharing, präsentative Darstellung und Prozessanalyse können die Fortschritte in der Zusammenarbeit am Beispiel der Supervision gegen die bisherige Erfahrung im Arbeitsalltag verdeutlichen *(Jensen* 1990). Neben der Konfliktklärung geht es in dieser Supervisionsform vor allem um die Entwicklung von Strukturen und Muster der Zusammenarbeit. Dabei ist vor allem auf die Ausgestaltung der unterschwelligen soziometrischen Konfigurationen und Telenetze zu achten (→ *Buer* Team- und Organisationsentwicklung; → *Buer* Handlungsmuster; → *Cremer-von Brachel*).

(4) *Intervision:* Gerade der freiwillige Zusammenschluss von Kollegen zur gegenseitigen Supervision kommt dem Anspruch des Psychodramas entgegen (*Buer* 1988, 1990a). Allerdings bedarf die Intervision eines klaren Ablaufschemas und einer klaren Rollenvergabe. Ob die jeweilige Leiterin allerdings in der Lage ist, psychodramatische Arrangements und Techniken fachgerecht einzusetzen, müsste im Einzelfall entschieden werden. Es kann sich aber auch eine Intervisionsgruppe aus Personen bilden, die schon psychodramatische Supervision erfahren haben und kleine Arrangements und Grundtechniken selbst ausprobieren möchten.

## 3.2 Methoden in den einzelnen Arbeitsphasen der Supervision

Der übliche Phasenverlauf im Psychodrama (Leutz 1974, S. 94ff.; *Schönke* 1977) ist triadisch: Anwärmphase, Bühnenphase, Abschussphase. *Petzold* (1979, S. 79ff.) hat dem eine Neuorientierungsphase hinzugefügt, so dass sich ein „tetradisches System" ergibt. Wenn nun die übliche Phaseneinteilung der Supervision (s.o.) mit den psychodramatischen Erfordernissen innerhalb eines begrenzten Zeitrahmens kombiniert wird, ergibt sich folgende Einteilung:

*(1) Vorbereitung:* Auch wenn die Supervisandinnen gehalten sind, Themen zu jedem Treffen mitzubringen, muss zunächst ein Anwärmprozess stattfinden, der die Themen wieder als drängend spürbar macht, muss ein kooperatives Arbeitsklima hergestellt werden. Dazu sind die Anwärmtechniken zu nutzen. Auch in der Supervision sollte dann das Thema soziometrisch gewählt werden (*Müngersdorff* 1990b), damit ein möglichst großes Interesse an einer (gemeinsamen) Bearbeitung gegeben ist. In einer Gruppensupervision wird danach eine ungefähre Zeitvorgabe festgelegt, damit evtl. noch weitere Themen aufgegriffen werden können. Es muss aber festgehalten werden, dass auch die Teilnehmer, deren Themen (scheinbar) nicht im Mittelpunkt stehen, wichtige Lernprozesse machen von der Erweiterung des Rollenrepertoires in den zugewiesenen Rollen über das Training der Wahrnehmung und der Verbalisierung bei den Feedbackprozessen bis hin zur kathartischen Erschütterung in der Identifikation mit der Protagonistin oder einer anderen Darstellerin. Diese eigenen Lernprozesse können dann im Sharing eingebracht werden. In der Einzelsupervision wie in der Team- oder Organisationssupervision kann die Arbeit zunächst auch im Modus des Dialogs wie der Diskussion stattfinden.

*(2) Darstellung*: Im Mittelpunkt der Gruppensupervision steht immer die leibhaftige spielerische Darstellung, die sich spontan aus einer Erzählskizze zum Thema ergibt. Auch in der Einzel- wie der Team- und Organisationssupervision kann eine aktionale Darstellung in einem kleinen Arrangement dem Lernprozess des Einzelnen wie der Gruppe eine neue Wendung geben. Hier wird eine kunstvolle Sequenz von Arrange-

ments und Techniken eingesetzt, bis sich deutlich spürbar eine Klärung im Denken, Fühlen und Handeln eingestellt hat.

(3) *Resonanz:* Diese Bühnenarbeit löst Resonanzen bei allen Beteiligten aus. Sie können als differenziertes Rollen- oder Identifikationsfeedback bzw. als Sharing eingebracht werden. Da in der Supervision in der Regel nicht mit archaischen Gefühlen gearbeitet wird, sind tiefe kathartische Erschütterungen wie in der Gruppenpsychotherapie nicht zu erwarten. Supervisorisches Lernen muss also eher den Perspektivenwechsel nutzen. Der Protagonist kann optimalerweise seine innere Sicht aus verschiedenen Szenen und Beziehungsgeflechten, im Rollentausch und aus der Spiegelperspektive zusammensetzen. Dazu erhält er von außen Informationen über sich aus der Position der verschiedenen Rollenspieler, der Zuschauer, der Doppelgänger wie des Leiters. Diese Perspektivenfülle bietet kein anderes Verfahren als das Psychodrama (*Sader* 1994, S. 22ff.)

(4) *Klärung:* Durch die eigenen Erfahrungen wie durch die Rückmeldungen wird ein innerer Klärungsprozess eingeleitet, der wieder durch den Einsatz von kleinen Arrangements und von Veränderungstechniken unterstützt werden kann.

*(5) Integration:* Danach gilt es, diese neuen Erfahrungen, Erkenntnisse, Vorstellungen und Einstellungen in die vorgegebene innere Welt zu integrieren, damit sie nicht einmalige Sondererfahrungen bleiben. Hierzu können ein Abschlußfeedback wie ein weiteres Sharing, aber auch eine Prozessanalyse bei einer Teamsupervision nützlich sein.

*(6) Handlungsorientierung:* Während in *der* Psychodrama-Gruppentherapie *eher* darauf gesetzt wird, dass die angeregten Heilungsprozesse autonom auch außerhalb der Treffen weitergehen (*Buer* 1992), muss die Supervision darauf achten, dass die existentiellen Lernprozesse auch ganz pragmatisch konkrete Folgen im Arbeitsprozess haben. Daher ist hier eine Übernahme der „Neuorientierungsphase“ nach *Petzold* sinnvoll. In dieser Phase sind vor allem Realitätsprobe und Rollentraining von Bedeutung, aber auch das Stellen von Hausaufgaben, deren Erledigung dann beim nächsten Treffen besprochen werden (*Buer* 2000; → *Buer* Team- und Organisationsentwicklung).

Diese Phasen können ein gesamtes Treffen strukturieren. Sie können sich aber auch auf die Arbeit mit nur einem Supervisanden beziehen, so dass sich in einem längeren Treffen mehrere Durchläufe ergeben. Die Phasen können je nach Bedarf gerafft oder gekürzt werden. Von diesen Arbeitsphasen zu unterscheiden sind die Lernphasen jedes Teilnehmers und der Gruppe insgesamt (*Bernler, Johnsson* 1993, S. 121ff.).

## 3.3 Methoden der Fokussierung in der Supervision

*(1) Fallarbeit:* Gerade durch die psychodramatische Inszenierung, aber auch in den kleinen dramatischen Arrangements können „Fälle“ mit Adressaten, aber auch mit Kollegen oder Vorgesetzten hervorragend erlebnisnah rekonstruiert und spielerisch veränderbar gemacht werden. Auch die interaktionalen Verstrickungen in den Fall können durch die soziometrischen und rollenanalytischen Arrangements und Techniken gut aufgedeckt werden *(Weiß, K.* 1991, S. 47f.).

*(2) Psychohygiene:* Da hier Nähe zur Therapeutik besteht, ist das Psychodrama eh für diesen Fokus geeignet. Insbesondere zur Bearbeitung von Burn out liegen Erfahrungen vor *(Hanelt, Kröner* 1991; *Kasper* 1993).

*(3) Berufsidentität:* Hier geht es um die Bearbeitung der professionellen Deformationen wie etwa dem Helfer-Syndrom *(Tommcsányi* et al. 1991), um die Klärung der Berufswahl, um die persönliche Ausgestaltung des Berufsbildes *(Schaaf* 1990), um den persönlichen Umgang mit den Grundwidersprüchen der Profession *(Schütze* 1994) sowie der ethischen Begründung beruflichen Handelns *(Klatetzki, Winter* 1995).

*(4) Konzeptentwicklung:* Zur Entfaltung von Ideen können so kreative Arrangements wie das Stegreifspiel oder die Soziometrische Landkarte genutzt werden. Auch können spontan gespielte Experten interviewt werden. Diese bunte Ideensammlung muss dann allerdings mit anderen als psychodramatischen Mitteln gesammelt, geordnet und bewertet werden. Oft hindert aber auch eine unbewusste Beziehungsdynamik an einer einvernehmlichen klaren Konzeptentwicklung. Hier wären soziometrische Arrangements und Techniken einzusetzen.

*(5) Selbstthematisierung:* Ist keine ausreichende Zusammenarbeit zwischen Supervisor und Supervisand, aber auch zwischen den Supervisanden bzw. im Team gegeben, so muss dies thematisiert und bearbeitet werden. Das kann durch Stegreifspiele, in der die Stimmung und die Rollenverteilung sichtbar wird *(Bubenheimer* 1983), oder durch Spektrogramme, Soziometrische Landkarten oder Aktionssoziogramme geschehen, die die unterschiedlichen Positionen sichtbar machen. Gegenseitiges Verständnis kann dann durch Argumentieren und Handeln im Rollentausch befördert werden. Am Ende müssen Kompromisse ausgehandelt werden, deren Sicherung festgelegt und deren Einhaltung überprüft werden muss.

*(6) Arbeitsorganisation:* In der soziodynamischen Theorie des Psychodramas wird die Arbeitsorganisation als Spezialfall von Organisation angesehen. die sich dadurch auszeichnet, dass hier zur Erreichung des Organisationsziels reguläre Arbeitsplätze eingerichtet wurden. Organisationen wiederum werden als soziale Gebilde gesehen, die bewusst auf ein Ziel hinarbeiten, dabei geplant arbeitsteilig organisiert sind und ihre Aktivität auf Dauer eingerichtet haben. Organisationen sind nun ein Spezialfall von Institution. Diese wird – ganz in der Tradition des Symbolischen Interaktionismus – als Ergebnis eines Institutionalisierungsprozesses mit verschiedenen Aspekten betrachtet (→ Buer, Handlungsmuster).

- Habitualisierung und Typisierung von Handlungsprozessen,
- Objektivierung/Vergegenständlichung in formalen Regelungen oder materiellen Anordnungen,
- Verdinglichung, wenn diese Verhaltensmuster, Regelungen und Anordnungen nicht mehr als von Menschen geschaffen und aufrechterhalten gesehen werden, sondern quasi als sachliche Gegebenheit hingenommen werden; der Mensch erlebt sich in diesem Kontext als fremder (Entfremdung).

Die Fokussierung auf Arbeitsorganisation aus psychodramatischer Sicht heißt dementsprechend, die hinter den Typisierungen, Objektivierungen und Verdinglichungen stehenden Herrschaftsinteressen sichtbar zu machen. Ihnen muss in einer fiktiven Inszenierung wieder eine Stimme gegeben werden, damit dieses Interesse artikuliert wird. Auch können diese Institutionalisierungsprozesse an ihren Entstehungsort, den *locus nascendi,* im Spiel zurückverfolgt werden, um die „ursprünglichen" Absichten mit den späteren Konservierungen zu konfrontieren. Hier gilt es, die Einflussmöglichkeiten der Supervisandin wiederzuentdecken und ihre eigene Macht zu stimulieren *(Buer* 1994).

Da das Psychodrama aber bisher stark den interaktionalen Zusammenhang thematisiert und noch zu wenige Konzepte zur Organisationsanalyse und -entwicklung ausgearbeitet hat *(Saaman* 1991), sind hier Ergänzungen durch kompatible Konzepte und Methoden notwendig wie etwa die Ansätze der Organisationskultur (→ Buer, Handlungsmuster).

## 3.4 Methoden auf den verschiedenen Interpretationsebenen der Supervision

Die übliche Unterscheidung zwischen Person, Interaktion und Organisation wird in der psychodramatischen Supervision ersetzt durch eine Sicht in der Tradition des Symbolischen Interaktionismus *(Krotz* 1996) bzw. des sozialen Konstruktivismus. Diese vier Ebenen werden durch den Einsatz der psychodramatischen Arrangements und Techniken unterschiedlich angesprochen:

*(1) Psychik – innere Welten:* In den protagonistenzentrierten Arrangements und Techniken bietet das Psychodrama hervorragende Möglichkeiten, die bewussten und unbewussten Innenwelten der Supervisanden zu erkunden.

*(2) Dialogik – interpersonale Welten:* Die Innenwelten filtern jegliches Handeln, sind aber keineswegs allein als handlungsbestimmend anzusehen: Oft sind wir mit Phänomenen konfrontiert, die wir uns nicht ausgesucht haben und die wir auch nicht begreifen können, aber irgendwie berücksichtigen müssen. Eine prominente Rolle spielt in der menschlichen Selbstkonstitution der andere, der uns gegenübertritt, aber letztlich unbegreifbar bleibt. Erst indem wir wahrnehmen, dass er uns als einmalig wahrnimmt und anerkennt, bildet sich unsere eigene Individualität heraus. Insofern spielt auch in der Berufswelt die Ebene der Dialogik eine wichtige Rolle, die *Moreno* in der Begegnungsphilosophie entfaltet hat *(Buer* 1990b). Es gilt, in den beruflichen Beziehungsnetzen solche dialogischen Beziehungen zu identifizieren und zu

fördern, in denen berufliche Qualifikation und Leistung authentisch und angemessen anerkannt wird.

*(3) Systemik – Arbeitswelten:* Das Psychodrama verfügt mit der Netzwerktheorie über eine systemische Betrachtungsweise von Interaktionsprozessen in Lebenswelten der Adressanten der Supervisanden wie ihrer Berufswelten selbst. Ihrer Sichtbarmachung dienen die soziometrischen Analysen. Allerdings betont diese Theorie primär die unterschwelligen informellen Beziehungen. Sie muss also durch Ansätze zur Analyse der formalen Prozesse und Strukturen ergänzt werden. Ferner bleibt die Netzwerktheorie weitgehend formal und kann keine unterschiedlichen Beziehungsmodi thematisieren. Daneben ist immer auch die symbolische Bedeutung von Lebensräumen zu erkunden *(Schönke* 1982).

*(4) Kontext – äußere Welten:* Die Berufs- wie die Lebenswelten der Supervisandin sind Einflüssen der äußeren Welten unterworfen, die von ihr nicht direkt verändert werden können:

- der Öffentlichkeit: von der Gemeinde, die ihre Klienten ausgrenzt, bis zur Presse, die Sensationen in ihrem Berufsalltag wittert,
- der Politik: von den Ratsbeschlüssen zur Streichung der Fördermittel bis zur engagierten Sozialpolitikerin, die für den Erhalt der Einrichtung kämpft,
- der Verwaltung: von dem Erlass einschränkender Vorschriften bis zur Verleihung der Ehrennadel,
- der Wissenschaft: von der fundamentalen Kritik an der Effektivität ihrer Berufspraxis bis zur Bereitstellung von nützlichem Wissen und Handlungsstrategien,
- der nationalen Kultur: von der Überreglementierung jeglicher staatlicher Aktivitäten bis zur Pflege anarchischen „Durchwurschtelns",
- dem „Zeitgeist": von der Betonung postmoderner Beliebigkeit bis zur erneuten Orientierung an alten Tugenden.

Auch diese Einflüsse können im dramatischen Spiel durch die Gestaltung der Szenerie mit Presseberichten, Gesetzesblättern, Erlassen, wissenschaftlichen Standardwerken oder durch Stimmen aus dem Off wahrnehmbar gemacht werden *(Ritter, Hundsalz* 1987).

## Literatur

*Auer-Hunzinger, V., Sievers, B.* (1991): Organisatorische Rollenberatung und -analyse. Ein Beitrag zur Aktionsforschung. *Gruppendynamik* 2, 33-46.

*Belardi, N.* (1992): Supervision. Von der Praxisberatung zur Organisationsentwicklung. Paderborn.

*Bernler, G., Johnsson, L.* (1993): Supervision in der psychosozialen Arbeit. Integrative Methodik und Praxis. Weinheim.

*Blatner, H.A.* (1973): Acting-In. Practical Applications of Psychodramatic Methods. New York.

*–, Blatner, A.* (1988): Foundations of Psychodrama. New York.

*Bosselmann, R., Lüffe-Leonhardt, E., Gellert, M.* (Hg.) (1993): Variationen des Psychodramas. Ein Praxisbuch – nicht nur für Psychodramatiker. Meezen.

*Brodbeck, K.-H.* (1995): Entscheidung zur Kreativität. Darmstadt.

*Bubenheimer, U.* (1983): Psychodrama mit Lehrern. In: *Mutzeck, W., Pallasch, W.* (Hg.): Handbuch zum Lehrertraining. Weinheim, S. 248-257.
*Buer, F.* (1988): Praxisberatung psychosozialer Arbeit im Wandel. Von der psychoanalytischen Supervision zur psychodramatischen Intervision. *Gruppendynamik* 19, 311-327.
– (1989): Psychodramatische Konzepte und Methoden in der Supervision. *Integrative Therapie* 15, 336-344.
– (1990a): LehrerInnen beraten LehrerInnen. Das psychodramatische Arrangement kollegialer Praxisberatung bei Problemen – am Arbeitsplatz Schule. *Die deutsche Schule* 4, 484-496.
– (1990b): Begegnung bei Moreno – Entfremdung bei Marx. *Psychodrama* 3, 1, 85-103.
– (1991 a) (Hg.): Morenos therapeutische Philosophie. Opladen.
– (1991 b): Rolle und Identität. *Psychodrama* 4, 1, 255-272.
– (1992a): Morenos Projekt der Gesundung. Therapeutik zwischen Diätetik und Politik. In: *Ders.* (Hg.): Jahrbuch für Psychodrama, psychosoziale Praxis & Gesellschaftspolitik 1992. Opladen: S. 73-109.
– (1992b): Über die Wahrheit der psychodramatischen Erkenntnis. *Gruppenpsych., Gruppendyn.* 28, 2, 181-203.
– (1994): Psychodrama der Macht. In: *Ders.* (Hg.): Jahrbuch für Psychodrama, psychosoziale Praxis & Gesellschaftspolitik 1993. Opladen: S. 43-55.
– (1995): Lernen durch spielerisches Darstellen: Das Psychodrama. In: *Heitkämper, P.*: Mehr Lust auf Schule. Paderborn, S. 367-381.
– (1999): Lehrbuch der Supervision. Der pragmatisch-psychodramatische Weg zur Qualitätsverbesserung professionellen Handelns. Münster.
– (2000): Psychodramatische Supervision in der Bildungsarbeit. In: *Wittinger, Th.* (Hg.): Psychodrama in der Bildungsarbeit. Mainz, S. 106-128.
–, Uhl-Dabelow, S. (1989): Psychodramatische Gruppensupervision. In: *Kösel, E.* (Hg.): Persönlichkeitsentwicklung in beruflichen Feldern auf der Grundlage des Psychodramas. Freiburg, S. 203-206.
*Dollase, R.* (1981): Gegenstand, Ziel und Methode der soziometrischen Aktionsforschung. In: *Moreno, J.L.*: Soziometrie als experimentelle Methode. Paderborn, S. 7-14.
*Ehinger, W., Hennig, C.* (1994): Praxis der Lehrersupervision. Weinheim.
*Engelhardt, A., Feldkamp. F., Sader, M.* (1989): The Social Atom. An Environmental and Supportive System. Int. *J. of Small Group Research* 5 (March, 1), 47-63.
*Fallner, H.* (1990): Grundlagen und Wirkungen. In: *Ders., Gräßlin. H.-M.* (Hg.): Kollegiale Beratung. Eine Systematik zur Reflexion des beruflichen Alltags. Hille, S. 9-55.
*Fangauf, U.* (1991): Moreno und das Theater. In: *Buer, F.* (Hg.): Morenos therapeutische Philosophie. Opladen, S. 89-107.
– (1994) (Hg.): Warming-Up. Themenschwerpunkt. *Psychodrama* 7,1.
*Fellmann, F., Buer, F.* (1995): Das Psychodrama als philosophische Praxis: Zum Verhältnis von Philosophie und Psychodrama. In: *Buer, F.* (Hg.): Jahrbuch für Psychodrama, psychosoziale Praxis & Gesellschaftspolitik 1994. Opladen, S. 141-170.
*Fox, J.* (1991): Die inszenierte persönliche Geschichte im Playback-Theater. *Psychodrama* 4, 1, 31-44.
– (1996): Renaissance einer alten Tradition. Playback-Theater. Köln.
*Frankl, H.* (1992): Über Mead hinaus: Morenos Theorie des alltäglichen und des psychodramatischen Rollenspiels. In: *Buer, F.* (Hg.): Jahrbuch für Psychodrama, psychosoziale Praxis & Gesellschaftspolitik 1992. Opladen, S. 19-55.
*Franzke, E.* (1992): Märchen und Märchenspiel. *Psychodrama 5*, 2, 177-186.
*Fuhr, R., Gremmler-Fuhr, M.* (1991): Dialogische Beratung. Köln.
– (1995): Gestalt-Ansatz. Grundkonzepte und -modelle aus neuer Perspektive. Köln.
*Geisler, F.* (2000): Zwischen Kulturen und Welten. Soziodrama nur ein Arrangement der psychodramatischen Bildungsarbeit. In: *Wittinger, Th.* (Hg.): Psychodrama in der Bildungsarbeit. Mainz, S. 205-224.

*Gellert, M.* (1 993a): Die Gruppe in Bewegung bringen... In: *Bosselmann, R.* et al. (Kg.): Variationen des Psychodramas. Meezen, S. 155-159.

– (1993b): Lebendige Soziometrie in Gruppen. In: *Bosselmann, R.* et al. (Hg.): Variationen des Psychodramas. Meezen, S. 286-301.

–, *Heinz,* W (1993): Psychodrama und Soziometrie in der Supervision und Fortbildung von AIDS- und Drogenberatern. In: *Bosselmann, R.* et al. (Kg.): Variationen des Psychodramas. Meezen, S. 273-285.

*Gotthardt-Lorenz, A.(*1994): „Organisationssupervision": Rollen und Interventionsfelder. In: *Pühl, H.* (Hg.): Handbuch der Supervision 2. Berlin, S. 365-379.

*Hale, A.* (1985): Conducting Clinical Sociometric Explorations. Roanoke.

– (o.J.): Das erweiterte Rollendiagramm. Duisburg.

*Hamann, A.* (1989): Organisationsentwicklung: Welche Rolle kann Psychodrama dabei spielen, wie helfen uns soziometrische Ansätze weiter? In: *Kösel, E.* (Hg.): Persönlichkeitsentwicklung in beruflichen Feldern auf der Grundlage des Psychodramas. Freiburg, S. 239-249.

*Hanelt, G.. Kröner, F.* (1991): Psychodrama gegen Burnout. In: *Meyer, E.* (Hg.): Burn out und Streß. Hohengehren, S. 162-168.

*Holmes, P.* (1990): Konsularische Beratung mit Soziodramatischen Techniken in Einrichtungen der Jugendarbeit. *Psychodrama* 3, 2, 205-224.

*Jensen, K* (1990): „Was sollen wir denn noch tun?" Zur Supervision in einem Lehrerkollegium. *Psychodrama* 3, 2, 225-234.

*Kasper, I.G.* (1993): Erst Feuer und Flamme, dann ausgebrannt. Beispiele aus der Lehrer-Supervision. In: *Bosselmann, R.* et al. (Hg.): Variationen des Psychodrarnas. Meezen, S. 263-272.

*Klatetzki, Th., Winter H.* (1995): Die Förderung der Einbildungskraft. In: *Buer, F.* (Hg.): Jahrbuch für Psychodrama, psychosoziale Praxis & Gesellschaftspolitik 1994. Opladen, S. 71-93.

*Klein, U.* (1994) (Hg.): Soziometrie. Themenschwerpunkt *Psychodrama* 7, 2.

*Krotz, F.* (1992): Interaktion als Perspektivverschränkung. *Psychodrama* 5,2, 301-324.

– (1996): Psychodrama als konstruktivistische Interaktionstheorie. In: *Buer, F.* (Hg.): Jahrbuch für Psychodrama. psychosoziale Praxis & Gesellschaftspolitik 199S. Opladen.

*Kulenkampff M.* (1991): Das „Soziale Netzwerk Inventar" – SNI. *Psychodrama* 4,2, 173-184.

*Lammers, K* (1992): Das Konzept des sozialen Netzwerkes. *Neue Praxis* 22,2, 117-130.

– (1998): Verkörpern und Gestalten. Psychodrama und Kunsttherapie in der psychosozialen Arbeit. Göttingen.

*Langer,* S. (1987): Philosophie auf neuen Wegen. Frankfurt.

*Leutz, G.A.* (1974): Psychodrama. Berlin: Springer.

*Leveton, E.* (1979): Mut zum Psychodrama. Hamburg.

*Mävers,* W., *Volk-von Bialy, H.* (1995): Rollenspielpädagogik – Entwicklungsperspektive für ein erlebnisgegründetes Lern-Lehr-Verfahren. *Pädagogisches Rollenspiel* 29/30, 5-106.

*Mattelé, J.* (1994): Psychodrama als Methode der Einzelpsychotherapie? Stuttgart.

*Mattke, U.* (1999): Menschen mit geistiger Behinderung im Rollentausch verstehen. Köln.

*Moreno, J.L.* (1947): The Theatre of Spontaneity. Beacon.

– (Ed.)(1956): Sociometry and the Science of Man. Beacon.

– et al. (Ed.)( 1960): The Sociometry Reader. Glencoe.

– et al. (Ed.)(1964): The Psychodramatic Familiy. Beacon.

– (1969): Psychodramatic Rules, Techniques and Adjunctive Methods. In: *Ders.*: Psychodrama III. Beacon, S. 233-276.

– (1970): Das Stegreiftheater. Beacon, (1. Aufl. 1924).

– (1973): Gruppenpsychotherapie und Psychodrama. Stuttgart.

– (1974): Die Grundlagen der Soziometrie. Opladen.

– (1981): Soziometrie als experimentelle Methode. Paderborn.

– (1989): Psychodrama und Soziometrie. Köln.

*Moreno, Z.T* (1987a): Klinisches Psychodrama. Doppel- und Spiegeltechniken beim Hilfs-Ich. In: *Geßmann, H.W.* (Hg.): Bausteine zur Gruppenpsychotherapie 2. Neckarsulm, S. 13-18.

– (1987b): Die Doppelsituation im Psychodrama. In: *Geßmann, H.- W.* (Hg.): Bausteine zur Gruppenpsychotherapie 2. Neckarsulm, S. 19-29.

*Müngersdorff, R.* (1987): Über die Doppeltechnik im Psychodrama. In: *Geßmann, H.-W* (Hg.): Bausteine zur Gruppenpsychotherapie 2. Neckarsulm, S. 31-135.

– (1990a): Bemerkungen zur „Rollenmethode" im Humanistischen Psychodrama. In: *Geßmann, H.-W.:* Bausteine zur „Gruppenpsychotherapie 3. Neckarsulm, S. 135-167.

– (1990b): Aktionssoziometrie am Beispiel der Soziometrischen Wahl. In: *Geßmann, H.-W.* (Hg.): Bausteine zur Gruppenpsychotherapie 3. Neckarsulm, S. 73-103;

*Nellesen, L.* (1994): Berufsbezogene Supervision. *SLR* 29, 76-79.

*Petzold, H,* (1978a): Einige psychodramatische Initial-, Handlungs- und Abschlußtechniken. In: Ders. (Hg.): Angewandtes Psychodrama. Paderborn, S. 138-158.

– (1978b): Die therapeutischen Möglichkeiten der psychodramatischen „Magic-shop-Technik". In: Ders. (Hg.): Angewandtes Psychodrama. Paderborn, S. 159-177.

– (1979): Psychodrama-Therapie. Paderborn.

– (1982): Behaviourdrama als verhaltenstherapeutisches Rollenspiel. In: Ders. (Hg.): Dramatische Therapie. Stuttgart, S. 219-233.

–, *Mathias, U.* (1982): Rollenentwicklung und Identität. Paderborn,

*Redies, R.* (1993): Über den Abschluß von Psychodrama-Sitzungen. Skripten zum Psychodrama 2. Stuttgart.

*Riegels, V., Schmitz-Hambrecht, A.* (1981): Soziometrie – eine Einführung. In: *Engelke, E.:* Psychodrama in der Praxis. München, S. 33-45.

*Ritter, J., Hundsalz, A. (1987):* Der Umgang mit dem Kontext als Werkzeug in der Supervision. *Wege zum Menschen 3, 139-150.*

*Roesler, M.* (1991): Das kulturelle Atom – Ein psychodramatisches Element zur Erfassung der Persönlichkeit. *Psychodrama* 4, 2, 187-201.

*Saamann, W.* (1991): Auf dem Weg zur Organisation von morgen. Stuttgart: C.F. Peeschel.

*Sader, M.* (1994): Psychodrama und Psychologie. In: *Buer,* F.(Hg.): Jahrbuch für Psychodrama, psychosoziale Praxis & Gesellschaftspolitik 1994. Opladen, S. 7-30.

*Schaaf, B.* (1989): Psychodrama in der Einzelsupervision. In: *Kösel, E.* (Hg.): Persönlichkeitsentwicklung in beruflichen Feldern auf der Grundlage des Psychodramas. Freiburg, S. 192-194.

– (1990): Psychodramatische Supervision im Bildungs- und Sozialbereich. In: *Psychodrama* 3, 2, 235-245.

*Schaller, R.* (2001): Das große Rollenspiel-Buch. Weinheim

*Schneider-Düker, M.* (1992): Über die Bedeutung der Gegenrollen im Gefüge der Hilfs-Ich-Rollen, Rollen in Gruppenspielen und der Protagonistenrolle im Psychodrama. In: *Buer, F.* (Hg.): Jahrbuch für Psychodrama, psychosoziale Praxis & Gesellschaftspolitik 1992. Opladen, S. 57-72.

*Schönke, M.* (1977): Der Aufbau einer Psychodrama-Sitzung. *Gruppendynamik* 8, 185-201.

– (1979): Der Doppelgänger in der Psychodrama-Gruppentherapie. *Praxis der Kinderpsychologie und Kinderpsychiatrie* 28, 303-308.

– (1982): Diagnose des sozialen Lebensraums. *Gruppendynamik* 13, 385-398.

*Schreyögg, A.* (1995a): Organisationskulturen von Human Service Organizations. *OSC* 2, 1, 15-34.

– (1995b): Coaching. Eine Einführung für Praxis und Ausbildung. Frankfurt.

*Schütze, F.* (1994): Strukturen des professionellen Handelns, biographische Betroffenheit und Supervision. *Supervision* 26, 10-39.

*Schützenberger, A.* (1976): Einführung in das Rollenspiel. Stuttgart.

*Schützenberger-Ancelin, A.* (1979): Psychodrama. Ein Abriß. Erläuterung der Methoden. Stuttgart.

*Stein, A.* (1987): Das Sozialtherapeutische Rollenspiel als Mittel der Praxisberatung und Supervision. In: *Aschenbrenner-Egger, W.* et al. (Hg.): Praxis und Methode des Sozialtherapeutischen Rollenspiels in der Sozialarbeit und Sozialpädagogik. Freiburg, S. 49-61.

*Stimmer, F.* (1982): Der Beitrag J.L. Morenos zu einem interaktionistischen Ansatz einer Theorie der Institutionalisierung. In: *Helle. H.J.* (Hg.): Kultur und Institution. Berlin, S. 131-155.

*Stöckle, F.* (1993): Märchen von Handwerkern. Frankfurt.

*Straus, F.* (1990): Netzwerkarbeit. Die Netzwerkperspektive in der Praxis. In: *Textor, M.* (Hg.): Hilfen für Familien. Frankfurt, S. 496-520.
*Terbuyken, G.* (1993): Bedeutungsrekonstruktion im Psychodrama als ein Element des Leiterhandelns. In: *Bosselmann, R.* et al. (Hg.): Variationen des Psychodramas. Meezen, S. 182-194.
*Tomcsányi, T., Kónya, O., Fodor, L.* (1991): Die psychohygienische Wirkung des Psychodrama in der Ausbildung von Menschen mit helfenden Berufen. In: *Vorwerg, M., Alberg, T.* (Hg.): Psychodrama. Leipzig, S. 76-85.
*Tradwell, Th., Stein, St., Leach, E.* (1989): The Social Atom Test – Revised. *Int. J. of Small Group Research 5* (March, 1), 65-88.
*Weiß, K.* (1991): Psychodrama – Soziometrie – Ein Supervisionskonzept. *Supervision* 19, 38-52.
*Weiß, R.*(1991): Selbstmanagement als Rollenmanagement. In: *Lewkowitz, M.* (Hg.): Neues Denken in der Sozialen Arbeit. Freiburg.
*Williams, A.J.* (1991): Strategische Soziometrie. *Psychodrama* 4, 2, 273-289.
*Wittinger, Th.* (2000) (Hg.): Psychodrama in der Bildungsarbeit. Mainz.
*Yablonski, L.*(1992): Psychodrama. Frankfurt.

*Ingeborg Wegehaupt-Schneider*

# Psychodramatische Methoden in der Einzelsupervision

## 1. Psychodrama und Supervision im Einzel-Setting

Psychodrama wurde von *Moreno* als Gruppenverfahren konzipiert. Dies hat bis heute für das psychodramatische Einzelverfahren weitreichende Folgen. Psychodrama heißt Ausagieren verschiedener Rollen und dramatischer Vorfälle, die jenen Situationen ähneln, welche für den Klienten[1] in seinem Leben Probleme und Konflikte mit sich bringen. Der Klient kann im Psychodrama neue Einblicke gewinnen und korrektive emotionale Erlebnisse haben. Die Psychodramamethode bedient sich folgender fünf Hauptinstrumente: Bühne, Protagonist, Leiter, Mitspieler (Hilfs-Ichs), Zuschauer und Gruppe. Die Hilfs-Ichs helfen dem Hauptdarsteller, die von ihm gewünschten und erforderlichen Rollen darzustellen. Sie helfen ihm, sich als Teil eines Beziehungsnetzes zu sehen, seine eigenen Gefühle zu integrieren, sich selbst und die der anderen besser zu verstehen. Die Bühne wird dabei als eine Erweiterung des Lebens gedacht und vorgestellt. So können Realität und Phantasie gemeinsam agieren. Die psychodramatische Welt der Gegenstände, Personen, Erlebnisse, Träume, Projektionen stehen auf der Bühne alle auf demselben Niveau. Auf diese Weise erhält der Protagonist Gelegenheit, sein Spiel frei zu entfalten und seine Spontaneität zu entwickeln. Das Prinzip der Darstellung befähigt den Protagonisten nicht allein, mit Teilen seines Selbst in Kontakt zu kommen, sondern auch mit anderen Personen, die in seiner Wahrnehmung beteiligt sind, ob dies nun real oder vorgestellt ist. Verschiedene psychodramatische Techniken, wie zum Beispiel Selbstdarstellung, Selbstgespräch, Projektion, Rollentausch, Doppeln und Spiegeln, werden dem Protagonisten zur Verfügung gestellt, um ein Warming-up und Spontaneitätsprozesse auszulösen. Der Leiter unterstützt, führt Regie und analysiert das Bühnenspiel. Die Gruppe schließlich gibt dem Protagonisten Unterstützung, Bestätigung und Feedback. Die Teilnehmer der Gruppe selbst können im Spiel eigene Erfahrungen mobilisieren und bearbeiten *(Leutz* 1974; *Moreno* 1973, 1989).

Diese Beschreibung zeigt, dass Psychodrama in der Arbeit mit Einzelnen einiger Variationen bedarf. Insbesondere verändert sich in einem psychodramatischen Einzelsetting die Rolle und Funktion des Leiters sowie die Funktion der Hilfs-Ichs. Das Psychodrama mit Einzelnen ist selbstverständlich möglich, führt aber bisher eher ein Schattendasein *(Klosinski* 1981, S. 149; *Schaaf* 1989, 5. 192f.). So wurde bis vor kur-

---

1 Ich benutze hier und im folgenden der besseren Lesbarkeit halber nur die männliche Form. Selbstverständlich sind Frauen ebenso wie Männer damit einbezogen.

zem die Bezeichnung „Monodrama“ für das Psychodrama mit Einzelnen verwendet, wobei durch das Herausfallen eines wesentlichen Begriffsteils („Psycho“-) dem Monodrama bereits eine untergeordnete Rolle zugewiesen wird *(Erlacher-Farkas, Jorda* 1996). Der Begriff „Monodrama“ meint bei *Moreno* die psychodramatische Bühnenarbeit eines Protagonisten, der alle Rollen selbst verkörpert. Im therapeutisch ausgerichteten Psychodrama ist seit einigen Jahren eine Veränderung zu konstatieren. So wird Psychodrama in der Einzeltherapie als eigener wichtiger Teil in der Psychodramaausbildung angeboten, und die Einzeltherapie wird als Herausforderung für das Können eines Psychodramatikers propagiert *(Goldmann, Morrison* 1984; *Mattelé* 1994).

Für die Supervision bietet die psychodramatische Philosophie einen idealen Handlungsrahmen, ist sie doch darauf ausgerichtet, jeder alltäglichen Szene Gerechtigkeit und Fürsorge widerfahren zu lassen *(Buer* 1996, S. 4). Die psychodramatische Philosophie erlaubt es, in der einmaligen Situation eine einmalige Antwort zu finden. Das psychodramatische Handwerkszeug kann immer mit Bezug auf die Ansprüche der konkreten Situation modifiziert werden. Gemäß der psychodramatischen Philosophie kann also dann etwas Neues und Kreatives entstehen, wenn die beiden Stiefkinder Monodrama und Einzelsupervision eine Verbindung eingehen. Die einmalige Antwort dieser Verbindung heißt dann psychodramatische Einzelsupervision.

Die fünf Elemente des Psychodramas verringern sich in der Einzelarbeit auf drei: den Leiter, die Bühne, den Einzelsupervisanden bzw. Protagonisten. Hilfs-Ichs und Gruppe sind als supervisorisches Potential nicht vorhanden. Ihre Funktionen müssen von dem Leiter bzw. Supervisor und/oder dem Protagonisten bzw. Supervisanden mit übernommen werden. Die Bühne ist auch im Einzel-Setting ein definierter Raum. Die Bühne kann ein Tisch, ein Teppich, ein verbal bezeichneter oder mit Gegenständen abgegrenzter Raum sein oder das gesamte Zimmer. Leiter und Supervisand bestimmen gemeinsam, was Bühne ist und wie sie aussieht. Ich ziehe es vor, eine Bühne im Raum abzugrenzen und nicht das gesamte Zimmer als Bühne zu definieren. So können die Rollen des Supervisors und des Regisseurs getrennt werden. Dies hat den Vorteil, der psychodramatischen Inszenierung einen Rahmen zu schaffen. Das Thema kann als Supervisionsthema zwischen Supervisor und Supervisand benannt werden, zwischen Regisseur und Protagonist bearbeitet und in der Abschlussphase zwischen Supervisor und Supervisand mit einer Prozessanalyse abgeschlossen werden. Weshalb dieser Ablauf und Rollenwechsel als sinnvoll erscheint, wird noch deutlicher werden, wenn das zweite und dritte Element des psychodramatischen Settings des Leiters und des Protagonisten in der Einzelsupervision beschrieben werden. Die folgende Darstellung beschränkt sich auf die Perspektive des Regisseurs, da an ihm die Besonderheiten der Einzelsupervision deutlich werden.

## 2. Die Rolle des Supervisors/Regisseurs in der Einzelsupervision

In der Einzelsupervision besteht die Schwierigkeit für den Supervisor, mit den aus der Zweier-Situation entstehenden Bedürfnissen nach Nähe und z.T. nach Therapie des Supervisanden umzugehen. Es ist wichtig, diese Bedürfnisse anzunehmen, ohne die Grenzen eines Supervisionssettings aus den Augen zu verlieren (vgl. *Pühl* 1994, S. 92).

Die Zweier-Situation zwischen Supervisand und Supervisor schafft eine starke Intimität. Worte und Handlungen des Supervisors erfahren kein Korrektiv durch eine Gruppe, sie füllen mindestens die Hälfte der Zeit und haben so eine extrem große Bedeutung. Durch die Zweier-Situation werden therapeutische Bedürfnisse geweckt, entstehen schneller als in anderen Settings regressive Wünsche und Übertragungen auf den Supervisor. Um den aus dieser Dynamik entstehenden Balanceakt zwischen Selbsterfahrung und Supervision handhabbar zu machen, können psychodramatische Methoden eingesetzt werden. Insbesondere der Rollenwechsel, den der Supervisor wie auch der Regisseur während des Prozesses vollzieht, schafft natürliche Grenzen. Dieser Vorteil des Rollenwechsels, durch den immer wieder eine symmetrische Kommunikation zwischen Supervisor und Supervisand hergestellt werden kann, wird durch die Einrichtung der Bühne unterstützt. Eine Falldarstellung soll dies erläutern.

Die Supervisandin, eine Sozialpädagogin, arbeitet in einer Altenhilfeberatungsstelle bei einem kirchlichen Träger. Ihre Aufgabe besteht darin, ehrenamtliche Betreuerinnen und Betreuer auf ihre Aufgaben vorzubereiten. Dazu werden die zukünftigen Betreuer/innen in Gruppen von acht Personen zusammengefasst und in drei Seminaren mit jeweils 20 Unterrichtsstunden geschult. Diese Schulung wird von einem Team von vier Frauen ausgeführt, von denen zwei für die anderen beiden Leitungsfunktionen haben. Gleichzeitig wird im Team betont, es gebe keine Hierarchie. Die Supervisandin möchte ihre, wie sie selbst es nennt, Anerkennungsproblematik bearbeiten. Sie hat das Gefühl, im Team, insbesondere von den Leiterinnen und ganz besonders von einer Leiterin, mit ihren Leistungen nicht gesehen, sondern statt dessen für alle vorkommenden Fehler schuldig gemacht zu werden. Sie schildert, dass sie keine Lust mehr habe zu arbeiten und dass ihr nichts mehr einfalle, was sie mit den Betreuerinnen machen könne. Ihre Anerkennungsproblematik scheint also weitreichende Folgen zu haben.

Um ihr Problem besser verstehen zu können, bitte ich sie in der klassisch psychodramatischen Vorgehensweise zunächst, sich eine Szene ins Gedächtnis zu rufen, wo sie ein solches Gefühl des Nicht-Angenommenseins und Schuldig-gemacht-Werdens empfunden habe. Ihr fällt folgende Situation ein: Sie kommt zu der Leiterin, von der sie am meisten Anerkennung möchte und sich am heftigsten abgelehnt fühlt, und will über den Verlauf des letzten von ihr durchgeführten Seminars berichten. Die Supervisandin richtet eine Bühne ein: In meinem Zimmer ist ein reicher Fundus an Stoffen, Tüchern, Garnen, Knöpfen, Kästen, Büchern, Bändern, Kugeln, Steinen, Puppen, Elefanten, Zetteln, Karten, Münzen und vieles mehr vorhanden, aus dem die Protagonisten ihre Hilfs-Ichs wählen können. Diese Dinge helfen, das Problem zu visualisieren, und können gleichzeitig als projektives Material dienen. Auf der Bühne entsteht das Zimmer der Supervisandin mit zwei nebeneinander stehenden Schreibtischen, drei Stühlen, zwei großen Fenstern und einem kleinen Tisch. Es ist ein kleines ungemütlich enges Büro, das sich die Supervisandin (A) mit der ebenfalls nicht leitenden Kollegin teilt. Als wir uns gemeinsam den Raum anschauen, wird ihr bereits deutlich, dass sie sich in der Einrichtung keinen Raum nimmt und dies auch der Leiterin (B) nonverbal vermittelt.

Ich lasse sie für sich und Frau B zwei Puppen auswählen. Sie wählt Tierpuppen, für sich einen weißen Hasen und für die Leiterin einen gelben Löwen. Als ich sie auf die Symbolik der beiden Tiere hinweise, lacht sie. Allerdings habe sie bei der Wahl der beiden Tiere nur an die Farben gedacht, Weiß für sich selbst, ein schmutziges Gelb für B. Im Rollentausch mit Frau B entsteht das Bild einer Frau, die Kraft und Stärke liebt, sich ihrer Macht bewusst ist. Sie mag keine Abhängigkeiten und Schwächen. Hasen sind für sie Angsthasen. Weiß bedeutet, keine Farben zu haben. Weiße Hasen können ihrer Meinung nach weder sich selbst wahrnehmen noch von anderen gesehen werden. Solche farblosen Hasen spüren nicht ihr eigenes Machtpotential, sie orientieren sich an der Farbe der anderen und wollen von deren Kraft und Macht partizipieren. Ich entlasse sie aus der Rolle von B und schicke sie in ihre eigene Rolle. Es wird klar, dass der Hase gefallen möchte und deswegen seine Angst nicht zeigen darf. Ein süßer unschuldiger Hase scheint ihr der beste Garant dafür zu sein, geliebt, anerkannt und nicht verletzt zu werden.

Nachdem die beiden Rollen eingeführt sind, wird die reale Gesprächssituation nachgespielt. Im Gespräch berichtet Frau A der Vorgesetzten Frau B, dass die Gruppe schwierig sei, sich gespalten hätte, seit der vorletzten Sitzung nicht mehr arbeitsfähig sei und dass sie selbst offensichtlich alles falsch gemacht habe. Ich lasse sie einen Rollentausch machen. Sie geht in die Rolle von B, ich in die Rolle der Protagonistin. Ich wiederhole ihren Text. Die Supervisandin kann nicht antworten, sie hat vergessen, was B damals gesagt hatte. Ich übernehme wieder meine Rolle als Regisseurin und bitte sie, in der Rolle von B zu bleiben und sich nur auf ihre Empfindung zu konzentrieren. Danach wechsele ich erneut in die Rolle der Supervisandin, wiederhole den Text und maximiere die unschuldige Schuld. Jetzt wird die Supervisandin in der Rolle von Frau B wütend und schreit Frau A an, dass sie keine Lust habe, die Verantwortung für das Handeln von Frau A zu übernehmen.

Ich gehe zurück in meine Rolle und befrage Frau B nach ihrem Ausbruch. Sie formuliert ihre Wut darüber, keine Chance für einen Austausch oder Gespräch zu haben. Danach löse ich die Szene auf und gehe in meine Supervisorinnenrolle zurück und bespreche mit ihr ihre Erlebnisse in der Szene. Sie äußert große Überraschung über Wut, die sie in der Rolle der Kollegin empfunden hat. Eigentlich kann sie diese Wut genauso wenig verstehen wie ihr eigenes, sich selbst klein machendes Verhalten.

Ich gehe noch einmal mit ihr zurück in die Szene und übernehme die Rolle der Frau B. Als Frau B erzähle ich der Protagonistin, dass ich ein klares Gegenüber möchte und keinen weißen Hasen. Während Frau B spricht, versteinert die Protagonistin. Deshalb gehe ich kurz in die Leitungsrolle und frage, ob ich doppeln könne. (Das Doppel identifiziert sich mit der Protagonistin und kann als deren innere Stimme Gedanken, Gefühle, Haltungen, Wünsche usw. äußern. Das Doppel kann versuchen, Zugang zu nichtbewusstem oder unbewusstem Material zu finden. Es kann den Widerstand thematisieren und deuten.) Ich doppele ihre Angst, gesehen zu werden, ihren Wunsch wegzulaufen, aber nicht laufen zu können, da sie angenagelt sei, ihr Gefühl, sich schuldig zu fühlen dafür, dass die anderen wütend sind, das Gefühl der Scham, nicht so gut und perfekt sein zu können, wie sie eigentlich sein müsste. Als ich ihre Gefühle doppele, löst sich ihre Spannung und Erstarrung. Sie signalisiert Einverständnis mit dem Doppel. So spreche ich jetzt weiter die Verhaltensebene an, ich doppele die dahinterliegende Bedürftigkeit, ihren Wunsch nach Anerkennung und ihre unbewusste Intention, sich in der Interaktion so darzustellen, dass niemand ihr solche Anerkennung geben mag.

Die Bühne wird abgeräumt. In meiner Leitungsrolle frage ich sie, ob sie annehmen könne, was das Doppel gesagt habe. Sie erklärt, dass es stimme, dass ihr durch das

Doppel klar geworden sei, dass sie selbst viel dazu tue, keine Anerkennung zu finden und nicht gemocht zu werden. Solche Phänomene seien ihr auch aus Gruppen und privaten Kontakten bekannt. In meiner Supervisorinnenrolle erkläre ich ihr, dass es zwei Möglichkeiten gebe, ihre Anerkennungsproblematik weiter zu bearbeiten: eine eher selbsterfahrungsbezogene Ebene, bei der ihre Gefühle auf die Bühne kommen und neu geordnet werden, oder eine verhaltensorientierte, bei der sie in Form eines Rollentrainings ihre Handlungen verändern könne. Ich betone, dass beide Ebenen möglich sind, um wieder handlungsfähig zu werden. Gleichzeitig lasse ich sie entscheiden, ob sie weiter psychodramatisch oder mit anderen Methoden, z.B. im Gespräch, arbeiten möchte. Mit dieser Entscheidung mache ich ihr deutlich, dass sie die Verantwortung für sich selbst hat. Sie möchte mit ihren Gefühlen auf der Bühne weiterarbeiten. Diese Entscheidung kann sie ohne Ambivalenz treffen. Auf die Frage, was ihr an Gefühlen wichtig sei, nennt sie Scham, Verantwortung, Schuld, Abhängigkeit, Macht und Zerstörung.

Ich bitte sie wieder, als Regisseurin die Bühne einzurichten und für die einzelnen Gefühle Puppen auszuwählen. Als Scham wählt sie eine schwarze Katze, als Verantwortung einen Elefanten, als Schuld einen Hasen, als Abhängigkeit ein Eichhörnchen, als Macht einen Drachen und als Zerstörung einen großen Wolf. Für sich selbst wählt sie eine Prinzessin. Sie baut die Tiere folgendermaßen auf der Bühne auf:

**Abb. 1:**

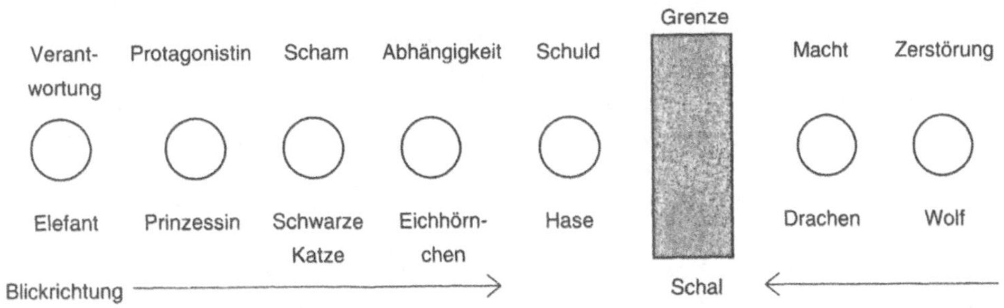


Verantwortung, Protagonistin, Scham, Abhängigkeit und Schuld stehen in einer Reibe hintereinander und blicken in eine Richtung. Sie schauen Macht und Zerstörung an. – Ich bitte sie nun, sich aus ihren Rollen aus der alten Szene als weißer Hase und als Löwe die Szene zu betrachten. Dem weißen Hasen fällt auf, dass es ihn nochmals gebe, dass er einen eineiigen Zwilling habe, den er nicht möge. Außerdem stellt er fest, dass die Prinzessin sich nicht bewegen könne, nichts sehen und wahrnehmen könne. In der Rolle des Löwen stellt sie fest, dass die Prinzessin dumm sei, dass sie Angst vor der Macht habe, weil sie nicht die Macht, sondern nur die Zerstörung hinter der Macht sähe. Ich lasse dieses Material erst einmal unkommentiert im Raum stehen und ermuntere die Protagonistin statt dessen, nun in jede Rolle zu gehen und einen für die Rolle typischen Satz zu der Prinzessin zu sagen. Zum Schluss solle sie dann als Prinzessin einen Wunsch formulieren. Ihre Sätze sind:

- *Als Verantwortung:* „Ich möchte benutzt werden, gesehen werden."
- *Als Scham:* „Ich möchte nicht die Luft nehmen, sondern schützen."

- *Als Abhängigkeit:* „Ich kann auch für mich und andere sorgen."
- *Als Schuld:* „Ich bewahre dich davor, so zu werden wie die Macht, und damit schütze ich dich vor Zerstörung."
- *Als Macht:* „Ich bin wichtig, ohne mich gibt's kein Leben."
- *Als Zerstörung:* „Ich sorge für neues Leben, aber wer nicht mit mir umgehen kann, wird zerstört."
- *Als Prinzessin:* „Ich wünsche mir Bewegung."

Ich bitte sie nun, in die Rolle der Prinzessin zu gehen, und übernehme nacheinander die Gefühlsrollen. Besonders die Verantwortungs- und Machtrolle spiele ich aus. Danach wechsele ich in die Rolle der Regisseurin und interviewe die Protagonistin: Braucht sie etwas? Möchte sie etwas ändern? Sie bejaht: Sie möchte die Verantwortung an ihrer Seite haben und sich gemeinsam mit ihr mit den anderen Gefühlen auseinandersetzen, um sich dann mit diesen neu geordneten Gefühlen, mit ihrer eigenen und der fremden Macht auseinanderzusetzen und herauszufinden, was Macht und Zerstörung verbindet.

Ich möchte hier noch darauf hinweisen, wie jede Stunde beendet wird: Am Ende findet eine Abschlussphase statt, wo ich in die Rolle der Supervisorin gehe und mit der Supervisandin das Geschehen reflektiere und das Ergebnis der Beratung festhalte. Vorher wird selbstverständlich die Bühne abgeräumt. Zusammenfassend kann aus diesem Fallbeispiel in bezug auf die Supervisorenrolle gesagt werden:

Durch den häufigen Rollenwechsel zwischen Supervisor und Regisseur kann sowohl eine zu große Beziehungsdichte zwischen Supervisand und Supervisor vermieden werden als auch ein Anwachsen von Übertragungsbeziehung. Der ständige Wechsel zwischen zwei Rollen mit unterschiedlichen Interaktionsspielräumen, Kommunikations- und Interaktionsstilen verlangt einerseits eine starke Rollenflexibilität und ermöglicht andererseits zugleich das Eröffnen vieler unterschiedlicher Perspektiven, die häufig zu einem schnellen Verstehen und Verändern-Können von Situationen führen. Der Regisseur entwickelt mit dem Protagonisten gemeinsam eine Szene, trifft Entscheidungen, in welcher Reihenfolge Szenen auf die Bühne kommen, welche beruflichen Fragen und Hintergründe fokussiert werden, welche Rollen wesentlich sind und wann welche psychodramatischen Arrangements und Techniken eingesetzt werden. In dieser Rolle ist der Supervisor ein „Macher", und zwar um so mehr, als in der Einzelsituation die korrigierende kreative Kraft der Gruppe fehlt. Im Psychodrama bekommen Gefühle, Konzepte, Interaktionspartner einen sichtbaren Platz durch Symbole oder Gegenstände. Auseinandersetzungen können direkt ausgespielt werden. Der Leiter führt Regie, ist aber auch Hilfs-Ich, doppelt und spiegelt in der Rolle des Protagonisten auch diesen selbst wider. *Klosinski* (1981, S. 152) sieht hierbei „die Gefahr, dass der Therapeut im Monodrama in eine „Macher-Rolle" hinein gerät, da er flexibel mehrere Funktionen zur gleichen Zeit übernehmen muss."

Im Gegensatz zum Monodrama ist jedoch eine Einzelsupervision, die mit psychodramatischen Anteilen arbeitet, dadurch vor dieser Gefahr geschützt, dass zwischen der Rolle des Regisseurs und der des Supervisors als eines Prozessanalytikers ein ständiger und klar erkennbarer Wechsel stattfindet. Daher liegt nach meinen Erfahrungen die Gefahr auch weniger darin, die Macht zu missbrauchen oder „zuviel" zu machen, sondern eher in der Schwierigkeit der eigenen Rollenflexibilität, d.h. die jeweiligen Rollen sauber zu trennen, sowohl für sich selbst als auch für den Supervisanden. Gleichwohl stimme ich *Klosinski* zu, dass es im Einzelverfahren wichtig ist, dem Supervisanden die Gelegenheit zu geben, selbst Schauspieler und Regisseur zu sein.

Da das Doppeln und Spiegeln eine andere Funktion hat als die Übernahme von Hilfs-Ichs wie z.B. Antagonistenrollen und der Leiter im Einzel-Setting auch diese Rollen übernimmt, kann durch die Vielfalt und Unterschiedlichkeit von Funktionen einem zu starken einseitigen „Machen" entgegengewirkt werden. Das Doppel identifiziert sich mit dem Protagonisten, kann mit ihm verschmelzen und drückt so dessen geheime Gedanken, Gefühle usw. in Ich-Form aus. Auch als Spiegel ist der Leiter gezwungen, sich mit dem Protagonisten zu identifizieren. Dagegen identifiziert er sich in der Hilfs-Ich-Rolle mit anderen Menschen oder Selbst-Konzepten. Der häufige Rollenwechsel im Spiel ermöglicht also viele Perspektiven auf das Geschehen. Die besondere Leistung des Psychodramaleiters besteht in der Fähigkeit, einen häufigen Rollen- und Perspektivenwechsel vollziehen zu können. In der Supervisorenrolle wird deutlich gemacht, was im Psychodrama geschehen ist. Reflektierende und erklärende Aspekte stehen hier im Mittelpunkt. So werden z.B. Widerstände nicht nur diagnostiziert und bearbeitet, sondern können so auch in einer gemeinsamen Besprechung geklärt werden. Der Kommunikationsstil ist symmetrisch.

Die Trennung der beiden Rollen ermöglicht das Konzept der Rahmenhandlung, der Geschichte in der Geschichte. Solche Rahmenhandlungen haben die Möglichkeit, verschiedene Ebenen miteinander zu verbinden wie Traum und Wirklichkeit. So können in der psychodramatischen Inszenierung Phantasien aller Art entwickelt werden und verlieren durch das Konzept der Handlung in der Handlung an Bedrohlichkeit.

## 3. Soziometrische Arrangements in der Einzelsupervision

Die Netzwerke sozialer Beziehungen beschreibt *Moreno* in seiner Soziometrie. In der Einzelsituation können soziometrische Testverfahren nicht angewandt werden, aber es können zwei Varianten der Soziometrie dargestellt werden: das soziale Atom und das Soziogramm. Als drittes Element wird das Organigramm hinzugezogen.

### Das soziale Atom

Das soziale Atom ist nach *Moreno* die kleinste notwendige soziale Einheit, in der das Individuum aufgehoben sein muss, um existenzfähig zu sein. Es besteht aus Repräsentanzen von Personen (aber auch von Tieren, Dingen und Ereignissen), mit denen das Individuum mehr oder weniger viel zu tun hat. Es müssen nicht reale Personen (Tiere, Dinge, Ereignisse) sein, es kann sich auch um Mythen von Personen (Tieren ...) handeln. Das Kriterium für die Zugehörigkeit zum sozialen Atom sind emotionale Valenzen, die diese Repräsentanzen besetzt halten.

Im sozialen Atom kann deutlich werden, welche Bereiche und Personen im Leben des Supervisanden eine Rolle spielen. Dort spielt sich das konkrete Leben ab. Es ist das soziometrisch nachweisbare soziale Beziehungsgefüge eines Individuums. Dort finden wir Hinweise über die verschiedenen Kriterien wie Liebe, Arbeit usw., die die Auswahlprozesse bestimmen.

## Das Soziogramm

Im Soziogramm kann aus Sicht des Supervisanden die Teamstruktur dargestellt werden; Zu- und Abneigungen, Nähe und Distanzen sowie Aufgabenschwerpunkte können deutlich werden. Ich erweitere das Soziogramm noch um den Rollenaspekt. Dadurch kann die eigene Position gesehen, akzeptiert und evtl. verändert werden.

**Abb. 2**

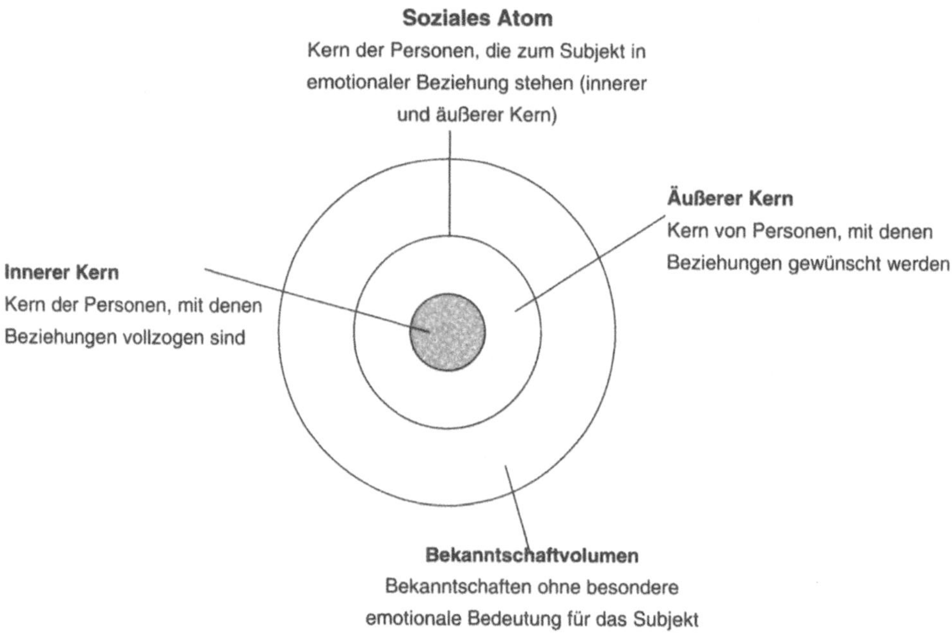


## Das Organigramm

Im Organigramm schließlich wird die hierarchische Struktur deutlich und die Rolle des Teams und des einzelnen in der Organisation geklärt.

Ein Beispiel soll erläutern, wie in der Einzelsituation mit diesen drei Aspekten gearbeitet wird:

Nach fünf Jahren Teamsupervision mit sehr vielen unterschiedlichen Supervisoren, die alle an dem Team scheiterten, entschließt sich das Team, keine weitere Supervision zu machen, seinen Widerstand in bezug auf Veränderungen ernst zu nehmen und mit den vorhandenen Schwierigkeiten leben zu lernen. Einer aus dem Team kam zu mir in die Einzelsupervision. Sein Auftrag war, seine Rolle im Team zu klären, die aktuelle schwierige Teamsituation besser zu verstehen und evtl. neue berufliche Perspektiven zu entwickeln. In der ersten Sitzung ließ ich ihn ein Soziogramm seines Teams darstellen, das folgendermaßen aussah:

**Abb. 3**

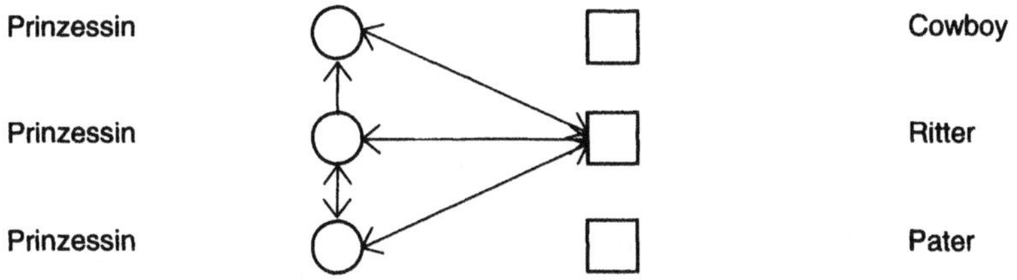


Dabei gab ich bewusst nicht vor, ob er dies mit Gegenständen legen oder zeichnen sollte, sondern bat lediglich darum, die Teamstrukturen verdeutlicht zu bekommen. Zur Anfertigung des Soziogramms wählte er aus dem Angebot von Möglichkeiten, die in meinem Zimmer für eine solche Darstellung vorhanden sind, die Fingerpuppen. Besonders interessant war, dass er diese Fingerpuppen nicht einfach auf den Boden legte, sondern sie mit unendlich viel Mühe und Geschicklichkeit richtig aufbaute. Männer und Frauen standen sich gegenüber, alle Frauen schauten auf den Supervisanden (siehe Bild). Statt mit den einzelnen Personen gleich einen Rollentausch zu machen, bat ich ihn, ein Märchen zu erzählen, in dem diese Rollen vorkommen. Die Essenz des Märchens war, dass Cowboy und Pater das Reich verließen, um draußen entweder Wildpferde zu fangen oder arme Heiden zu bekehren, während der Ritter im Land blieb, um die Prinzessinnen zu schützen. Die Prinzessinnen aber wollten nur miteinander spielen und hatten keinerlei Interesse daran, von einem Ritter beschützt zu werden. Diese Geschichte machte deutlich, dass unter den Männern gar keine, zwischen dem Ritter und den Frauen eine negative und unter den Frauen eine symbiotische Beziehung herrschte. Die Frauen waren gleich, die Männer nicht da oder nicht erwünscht.

Um diese Strukturen noch deutlicher werden zu lassen, ließ ich ihn ein Organigramm der gesamten Organisation mit Münzen legen: Die Beratungsstelle hat drei verschiedene Träger; die einzelnen Teammitglieder sind bei unterschiedlichen Trägern angestellt; die drei Frauen bei der Kirche, zwei Männer bei freien Wohlfahrtsverbänden und ein Mann bei einem assoziierten privaten Träger (Supervisand). Alle Träger haben unterschiedliche tarifvertragliche Regelungen und Gratifikationsmodelle, d.h. Vergütung, Zulagen, Aufstiegsmöglichkeiten, Urlaubsregelungen. Überstundenregelungen sind ebenso unterschiedlich wie die hierarchische Ebene. Da kein Chef da ist, sondern ein Verantwortlicher für die Beratungsstelle jedes Jahr neu im Rotationsverfahren von den Trägern gestellt wird, gibt es in dem Team ein Machtvakuum. Um dem Thema Männer – Frauen und Macht noch etwas mehr Informationen hinzuzufügen, bat ich ihn, sein soziales Atom zu legen und auf jeden Fall seine Herkunftsfamilie mit in dieses soziale Atom einzufügen.

**Abb. 4**

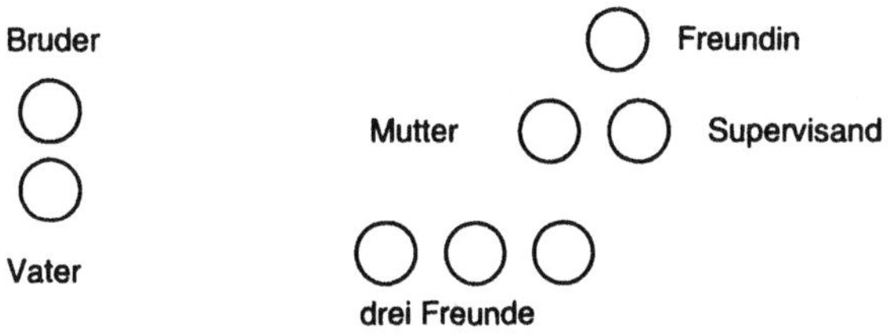

Das soziale Atom zeigt auf den ersten Blick seine große Nähe zu zwei Frauen, seiner Mutter und seiner Freundin. Im Rollentausch mit den Personen des sozialen Atoms arbeitet der Supervisand heraus, dass zwischen ihm und seinem Vater eine große Konkurrenz besteht, der Vater nicht möchte, dass der Supervisand mächtig wird, dass seine Mutter und seine Freundin einen edlen Ritter wünschen, der ihnen zur Seite steht und dass die drei Freunde den Supervisanden als größer als sich selbst erleben. In der Analyse des sozialen Atoms fällt ihm am stärksten auf, dass der Supervisand eine soziale, aber keine berufliche Orientierung hat, dass er Macht möchte, aber sich nicht traut, mächtig zu sein, dass er gern dazu gehören möchte zu seinen Freunden, gleich sein möchte, aber es nicht schafft. Wir gehen mit dieser neuen Erkenntnis zurück zum Soziogramm und seiner Rolle im Team. Daran wird dann weitergearbeitet.

## 4. Rollenberatung

Rollenberatung zielt darauf ab, die Kompetenz der Supervisanden zu steigern, damit sie ihre Rollen und Aufgaben autonomer gestalten können. Die Rolle ist das Bindeglied zwischen Individuum und Organisation. *Sievers* geht davon aus, dass alle Mitglieder und Leiter sich die Organisation suchen, die sie für ihre persönliche Struktur brauchen *(Sievers* 1985, S. 54). *Moreno* legt analog dazu in seiner Rollentheorie dar, dass berufliche (soziale oder offizielle) und private Rollen immer eine Einheit bilden mit den psychischen oder psychodramatischen Rollen sowie den physiologischen oder psychosomatischen Rollen. Handlungsunfähig wird dann eine Person, wenn bestimmte Rollenmuster immer wiederholt werden, obwohl sie in dem entsprechenden sozialen Kontext nicht mehr passen.

Wenn der Supervisand also schon früh die Rolle des edlen Ritters erlernt hat und sich nicht traut, machtvollere Positionen zu besetzen, so können auf der Ebene von Rollenberatung im Psychodrama neue Rollen spielerisch ausprobiert und visionär entwickelt werden. Aufgrund des Soziogramms wird dem Supervisanden aus dem oben ausgeführten Beispiel schnell klar, dass die Rolle des edlen Ritters in seinem Team wenig Handlungsalternativen bietet. Bei der Suche nach seiner idealen Rolle für sein Team fällt ihm die Rolle des Königs ein. Ich lasse ihn einen König spielen in einem vorgegebenen Rollenspiel. Im Teamland ist das Wasser knapp geworden. Wie kann das Land gerettet werden? Es gelingt ihm, Ansätze von „königlichem" Verhalten zu zeigen. Er übernimmt die Verantwortung für das Geschehen, erläutert die Situation für seine Mitglieder (er sagt nicht Untertanen) im Königreich, entwickelt ein Konzept und verteilt Aufgaben, um das Konzept erfolgreich umsetzen zu können. Ich lasse ihn im selben Spiel noch einmal die alte Rolle des edlen Ritters spielen. Der Ritter irrt durchs Land und sucht Verdurstende, denen er helfen kann, leider findet er keine mehr, denen er helfen könnte.

Ohne weiter den Prozess der Supervision zu beschreiben, ist meines Erachtens deutlich geworden, wie sehr soziometrische Arrangements und Rollenberatungselemente als psychodramatische Methoden dazu verhelfen, Positionen zu klären, Organisationsstrukturen zu erkennen, Themen zu finden und neue Rollen zu erproben.

Wir haben gesehen, dass alle psychodramatischen Techniken auch im Einzel-Setting Anwendung finden. Sie erleichtern Diagnosen, bereichern die Bearbeitung von

Fällen und Teamproblemen und können neue Möglichkeiten erproben helfen. Hilfs-Ichs sind im Einzel-Setting nicht Personen, sondern hier wird mit Medien gearbeitet. Medien wie Fingerpuppen, Handpuppen, Tiere, Stühle, Steine, Münzen, Murmeln, Bilder, Tarotkarten, Blumen, Stifte, Stoffbahnen oder andere im Raum angesammelte Gegenstände bringen eine eigene Dynamik in die Szene, das Spiel, soziales Atom oder Soziogramm. Als Symbole geben sie Auskunft über Strukturen, Wünsche und Probleme. Der Leiter/Supervisor wird im Einzel-Setting in besonderer Weise gefordert. Er braucht große Rollenflexibilität und Klarheit. Er darf sich nicht selbst inszenieren, darf nicht „machen", sondern muss in der psychodramatischen Einzelsupervision abwechselnd emphatisch und rollendistant dem Supervisanden bei der Klärung der vielfältigen Determinanten des zu bearbeitenden Problems helfen.

## Literatur

*Belardi, N.* (1992): Supervision. Von der Praxisberatung zur Organisationsentwicklung. Paderborn.

*Bosselmann, R., Luffe-Leonhardt, E, Gellen, M.* (Hg.)(1990): Variationen des Psychodramas Ein Praxisbuch – nicht nur für die Psychodramatiker. Meezen.

*Buer, F.* (1996): Methoden in der Supervision psychodramatisch angereichert. *OSC* 3 (1), 21-44.

*Engelke, E.* (Hg.) (1981): Psychodrama in der Praxis. München.

*Erlacher-Farkas, B., Jorda, C.* (Hg.)(1996): Monodrama. Heilende Begegnung. Vom Psychodrama zur Einzeltherapie. Wien.

*Goldmann, E., Morrison, D.* (1984): Psychodrama. Experience and Process. Iowa.

*Klosinski, R.T.* (1981): Psychodrama als Interventionstechnik in der Einzelpsychotherapie mit Pubertierenden. In: *Engelke, E.* (Hg.), Psychodrama in der Praxis, S. 143-153.

*Krüger, R.T* (1990): Psycbodrama als Supervisionsmethode. In: *Pühl, H.* (Hg.): Handbuch der Supervision. Berlin, München, S. 323-339.

*Leutz, G.A.* (1974): Psychodrama. Heidelberg.

*Leveton, E.* (1979): Mut zum Psychodrama. Hamburg.

*Mattelé, J.* (1994): Psychodrama als Methode der Einzelpsychotherapie? Skripten zum Psychodrama. Moreno Institut Stuttgart.

*Moreno, J.L.* (1973): Gruppenpsychotherapie und Psychodrama. Stuttgart.

– (1974): Die Grundlagen der Soziometrie. Opladen

– (1989): Psychodrama und Soziometrie. Köln.

*Pühl, H.* (1994): Einzelsupervision. In: *Pühl, H.* (Hg.): Handbuch der Supervision 2. Berlin, S. 85-95.

– (Hg.) (1990): Handbuch der Supervision. Berlin.

– (Hg.)(1994): Handbuch der Supervision 2. Berlin.

*Schaaf, B.* (1989): Psychodrama in der Einzelsupervision. In: *Kösel E.* (Hg.): Persönlichkeitsentwicklung in beruflichen Feldern auf der Grundlage des Psychodramas. Freiburg, S. 192-194.

*Schreyögg, A.* (1991): Supervision. Ein integratives Modell. Paderborn.

*Sievers, B., Weigand, W* (1986): Rollen und Beratung in Organisationen. *Organisationsentwicklung 5* (3).

*Weiß, K.* (1990): Psychodrama Soziometrie. Ein Supervisionskonzept. In: *Bosselmann, R.* u.a. (Hg.), Variationen des Psychodramas. Meezen, S. 249-262.

*Katharina Witte*

# Die Kunst des Denkens in Bildern

## Arbeit mit Symbolen in der Supervision

Vor etwa zwei Jahren entdeckte ich auf dem Flohmarkt ein goldenes Puppenkleid. Es hatte einen gefältelten Rock, eine ganz schmale Taille, einen zierlichen Ausschnitt und gerüschte Ärmel und war aus einem etwas durchscheinenden, schimmernden, aber steifen goldenen Kunststoffgewebe, so dass es auf seinem Rocksaum stehen konnte. Ich kaufte es sofort und stellte es begeistert in mein ‚Symbole-Regal', überzeugt, dass es die First Lady unter den Symbolen werden würde, gewählt, wann immer es Schönheit, Glanz oder Schneewittchenkonkurrenz zu besetzen galt. Doch in den zwei Jahren wurde es nur zweimal gewählt, und dies auch nur für ‚Nebenrollen'. Und da erst merkte ich, dass dieses Kleid meine eigene Geschichte war. Ich hätte mir als Kind sehnsüchtig ein solches Kleid gewünscht, und wenn schon nicht ich es bekam, so doch wenigstens meine Puppe Bärbel.

Dieses kleine Beispiel löst erste Gedanken zum Thema aus: Es gibt offensichtlich keine Aussage eines goldenen Kleides, die allgemein gültig ist. Ich könnte zwar vorsichtig versuchen, „golden" als stellvertretend für Reichtum oder Macht zu wählen und „Kleid" für Weiblichkeit und die Kombination beider Begriffe für Eleganz oder Festlichkeit, aber ebenso auch für Unnahbarkeit. Also schon bei der Frage, ob „golden" eher für Wärme oder Kälte steht, werden die Meinungen sehr auseinandergehen. Und doch wären sich alle einig, dass die Farbe keinesfalls für Armut stehen kann.

Kommt dann noch die biografische Ebene dazu wie in meinem Beispiel, wird es vollends unübersichtlich. Das Kleid ist für mich ein Symbol für Schönheit und Konkurrenz. Ich gehöre zur „Vor-Barbiepuppen"-Generation, und meinen eigenen Kindern gegenüber habe ich die damals politisch-feministische Haltung „Barbiepuppen kommen nicht ins Haus" vertreten. Ein doppelter Riegel des Verbotes liegt also bei mir vor der Tür zu diesem Kleid meiner heimlichen Sehnsucht.

Wenn ich also in der Supervision Gegenstände als mögliche Symbole anbiete (in einem ‚Symbole-Regal' oder ‚Symbolkoffer'), dann hat diese Auswahl, da notwendigerweise begrenzt, immer mit *meiner* Möglichkeit und Entscheidung, die Welt zu sehen, zu tun.

Der Symbolgehalt von Dingen geht aber gleichzeitig auch über das Individuelle hinaus. Farben, Gegenstände, Wörter, Klänge, Formen haben auch eine allgemeine, von Kultur, Religion, Geschichte geprägte symbolische Bedeutung, die intuitiv berücksichtigt wird.

Das Beispiel löst Fragen aus:

- Was ist ein Symbol, und wie wird ein Gegenstand zum Symbol?
- Wie ist die Beziehung zwischen der individuell, biografisch bedingten Auswahl von Gegenständen und ihrer allgemeinen symbolischen Bedeutung?
- Wie arbeiten Bewusstes und Unbewusstes zusammen bei der Wahl und Deutung von Symbolen?
- In welcher Art und Weise können Symbole den Erkenntnisprozess voran bringen, und in welchen Arbeitssituationen ist diese Methode einsetzbar?

In diesem Beitrag werde ich zunächst den Begriff „Symbol" beleuchten, ihn dann auf die Supervision beziehen und schließlich die theoretischen Äußerungen in einer Reihe von kommentierten Fallbeispielen sinnbildlich werden lassen. Aber zuvor möchte ich den Blick gerne noch etwas weiten:

## 1. Die Kraft von Gegenständen zur Symbolbildung in der Supervision

> Alles kann zum Symbol werden, wenn vom Erleben des Menschen etwas in ein Zeichen gebannt wurde, um für ihn wieder lebendig daraus hervorzutreten. Symbole sind stets Erinnerungszeichen für solch ein wesentliches, bestimmendes Erleben.
> *Bernhard Wittlich*

Wenn ich in meinen Symbolkoffer fasse und typische, häufig gewählte Gegenstände herausgreife, so werden diese oft zu ähnlichen Anlässen gewählt, wenn auch unterschiedlich gedeutet.

Zum Beispiel greife ich *ein kleines Plastikboot mit einem Ruderer,* Kindern auf der Straße von ihrem Flohmarktdeckchen abgekauft für 50 Pfennig. Es wird überwiegend gewählt für *Unterwegs-Sein – das Ruder in der Hand halten – Steuermann sein – einen Halt bieten –Aufgaben und Verantwortung übernehmen ...*

Beim genaueren Hinsehen lässt sich entdecken, dass der Ruderer nur ein Ruderblatt hat. Das löst dann auch andere Bedeutungen aus: *kann nicht geradeaus rudern – sitzt rückwärts zum Ziel – Hilflosigkeit – Behinderung ...*

In zwei unterschiedlichen Einzelsupervisionen wählen zwei Vorgesetzte für ihren Abteilungsleiter bzw. ihre Mitarbeiterin jeweils das Boot. Die Entdeckung, dass der Ruderer einarmig rudert, bringt beide auf unterschiedliche Weise zum Nachdenken.

Der eine: „Da rudert er ja im Kreis. Kann überhaupt nicht vorwärts kommen. Das bemerke ich erst jetzt." Und es eröffnet sich ihm eine Parallele zum Arbeitsfeld und ein neuer Blick auf seinen Abteilungsleiter, der vergleichbar im Kreis rudert – mehr reagiert auf Ereignisse, als dass er sie zukunftsorientiert anstößt.

Der zweite Supervisand deutet den einseitigen Ruderer seiner eigenen Situation entsprechend: „Meiner Mitarbeiterin geht es wie diesem armen Ruderer. Sie hat eine unzureichende Ausstattung (nur ein Ruderblatt). Trotzdem hält sie den Laden am Laufen. Da muss ich aktiv werden und sie unterstützen."

Oder ich greife einen kleinen Spielzeugkoffer, wieder ein Flohmarktfund. Er wird häufig gewählt für Unterwegs sein – seinen Besitz bei sich haben – keinen Ort haben – sich nicht recht einlassen, niederlassen können – patent und praktisch sein – aus dem Koffer leben/zaubern können ...

Ein großes Helfersystem kümmert sich um ein schwer behindertes Kleinstkind und dessen Eltern. In diesem schwer zu durchschauenden System (das durch den gewaltbereiten Vater und die Vermutung, er habe durch einen Sturz die Behinderung ausgelöst, noch zusätzliche Aufmerksamkeit verlangt) scheint der dreijährige Bruder Hans[1] völlig unterzugehen. Erst die Tatsache, dass die Supervisandin für ihn den kleinen Kinderkoffer gewählt hat, lenkt das Augenmerk der Supervisionsgruppe plötzlich auf ihn. Er ist derjenige, der in diesem System keinen Ort, keine Heimat hat, der unterwegs ist .. Als die Supervisandin den Koffer bewegt, klötert es in ihm. Sie öffnet ihn und findet darin einen Spielzeugkompass, zufällig irgendwann einmal hineingeraten (solche ‚Zufälle' sind nicht selten). Der Koffer und vor allem der Kompass beschäftigen die Supervisandin lange und sind öffnender Schlüssel für ihre weitere Arbeit: Was kann Kompass sein für Hans in seiner derzeitigen Lebens – und Entwicklungssituation?

Oder ich greife *eine Strickliesel,* Überbleibsel aus dem Nähkorb meiner eigenen Kinderzeit. Sie wird häufig gewählt für *Standhaftigkeit – Ausdauer – der Erfolg ist erst später zu sehen – Fleiß – Druck, weiterzumachen – endlos füttern müssen – durchhalten – ...*

Eine Diakonin ist mit der Hälfte ihrer Stelle aus der Gemeinde, in der sie Kinder- und Jugendarbeit macht, in eine überregionale Funktion gewechselt (Organisation von Jugendarbeit für einen ganzen Kirchenkreis). Die Arbeits- und Stundenteilung ist schwer einzuhalten für sie, vor allem weil sie so unterschiedliche Rollen hat. In der Gemeinde wird Präsenz gefordert, sie wählt für diese Rolle einen Kreisel (alle Augenblick muss sie einen Anstoß geben, um ihn am Laufen zu halten), der macht sie atemlos, macht ihr den Druck, immer im richtigen Moment anwesend sein zu müssen – aber sie sieht auch, was sie tut. Mit der überregionalen Arbeit ist sie unzufrieden. Sie gibt Anregungen über Anregungen in die Gemeinden und bekommt kein Echo. Für diese Rolle wählt sie die Strickliesel und macht sich in der Auseinandersetzung mit diesem Symbol klar: Man muss mit Ausdauer in das obere Teil der Strickliesel bunte Fäden einhaken, und es dauert lange, bis unten das Ergebnis sichtbar wird – aber sie kann auch sicher sein, dass unten ein buntes Strickband herauskommt. Sie muss sich Zeit geben für die Auswirkungen ihrer Arbeit.

Oder ich greife *eine hölzerne Spielzeugampel,* dem Baukasten meiner Kinder entnommen, die sich auf rot, grün oder gelb einstellen lässt. Sie wird häufig gewählt für *die eigene Rolle im System, Verkehr und Geschäfte regeln – Warnlampen zeigen – Mut zur Weiterfahrt machen – sich im Mittelpunkt des Systems fühlen – unentbehrlich sein – Stopp sagen – Grenzen setzen – Leitung übernehmen – Schutzfunktionen für Mitarbeiter übernehmen – eingreifen – Regeln setzen ...*

Ein Supervisand, der mit halber Stelle Vorgesetzter und mit halber Stelle Mitarbeiter ist, wählt für sich die Spielzeugampel und stellt sie ins System. „Für welche der beiden Rollen steht sie?" fragt die Supervisorin. „Für beide", ist die Antwort. In der nachfolgenden Arbeit entdeckt er, dass er sich auch in der Mitarbeiterrolle wie ein Vorgesetzter verhält (den Verkehr zu regeln versucht) und dass das der zentrale Punkt seiner Schwierigkeiten und Verwicklungen ist. Über den Weg der Wahl eines zweiten Symbols für seine Rolle als Mitarbeiter beginnt er, ‚handgreiflich' seine Rollen zu trennen und Haltungen und Aufgaben für jede der Rollen zu sortieren.

Eine andere Supervisandin, eine Pflegemutter mit Pflege- und eigenen Kindern, die für sich die Ampel wählt, macht die Entdeckung, dass sie zwar intuitiv ein passendes Symbol für ihre Aufgabe als verkehrregelnde Fachfrau in einer großen, vielschichtigen Familie gewählt hat, sich aber nicht

1 Ich möchte betonen: Alle Fallbeispiele sind verfremdet und die Namen veändert.

dementsprechend verhält, sondern die ‚Ampelregelung' willkürlich anderen überlässt und sich dadurch hin- und hergeschoben fühlt.

Oder ich greife *Steine*, in verschiedenen Formen und Farben.

Eine Supervisandin, die in Entscheidungsnot ist, wählt für alle Argumente, die für die eine oder andere Entscheidungsmöglichkeit stehen, Steine (schwerwiegende Argumente). Beim Betrachten der Gestalten, die sich dabei ergeben haben, stellt sie verblüfft fest, dass sie intuitiv für die Möglichkeit, für die sie sich dann später auch entscheidet, überwiegend glänzende Halbedelsteine gegriffen hat.

Oder ich greife *Tücher in verschiedenen Farben.* Bei der Wahl von Tüchern spielen zwar auch Material, Gewicht und Größe eine Rolle, aber vorwiegend wird die Farbe gewählt, um Personen oder Aufgaben zu symbolisieren.

Eine Supervisandin, tätig in der Beratung zur Arbeitsvermittlung von behinderten Menschen, möchte sich von einer Frau distanzieren, die seit langer Zeit regelmäßig zur Beratung kommt und von der sie sich irgendwie bedrängt fühlt. Die Supervisorin fordert auf, die Person zu gestalten. Die Supervisandin stellt einen Sessel auf die Bühne, den sie mit einem grellroten, glänzenden Tuch bedeckt, daneben eine Person aus der Supervisionsgruppe, die sie mit einem schwarzen Tuch verhüllt und hinter beides eine weitere Person, die sie mit einem bunten Tuch bekleidet. Dies geschieht völlig intuitiv.

In der Analyse dieser drei Gestalten findet sie heraus, dass die aggressiven (das Rot) und depressiven (das Schwarz) Anteile der Klientin deren fachliche Fähigkeiten (das Bunte) völlig verdecken. Für die Supervisandin ist die symbolische Aktion, den farbigen Anteil der Fähigkeiten hinter dem Rot und Schwarz hervorzuholen und ihm einen eigenen Platz zu geben, ein wichtiger Schritt zur Vorbereitung eines klärenden Gesprächs mit der Klientin.

Oder, ein letzter Griff, *eine Trommel.* Musikinstrumente scheinen bei ihrer Wahl als Symbole oft gar nicht wegen ihrer eigentlichen Funktion, Töne und Geräusche zu erzeugen, gewählt zu werden, sondern „weil die Form passt". Aber in der Interaktion mit Instrumenten werden dann immer und vor allem auch die Töne wichtig.

Eine Supervisandin, die in einem mittelständischen Betrieb in einem offenen Büro arbeitet, fühlt sich oft von ihren Kolleginnen und Kollegen gestört, die keinerlei Rücksicht nehmen. Sie traut sich aber nicht, etwas zu sagen und reagiert auf alle Arbeitsunterbrechungen durch die Kollegen freundlich und hilfsbereit. Sie wählt für diese Personen Instrumente – Trommel, Rassel und Mundharmonika. Sie selbst sitzt in der folgenden Szene dazwischen an ihrem Schreibtisch und versucht zu arbeiten. Die Supervisorin betätigt die Instrumente, immer länger, immer lauter, immer schriller und aggressiver, bis die Supervisandin endlich das Geräuschtohuwabohu mit einem Schrei stoppt. Ihr Schrei und die Feststellung, wie lange sie den Lärm ausgehalten hat, sind ein Aha-Erlebnis für sie.

## 2. Was ist ein Symbol?

> Ein Wort oder ein Bild ist
> symbolisch, wenn es mehr
> enthält, als man auf den
> ersten Blick erkennen kann.
> *C.G.Jung*

Menschliche Kommunikation vollzieht sich in Form von gesprochenen oder geschriebenen Worten, aber mehr noch in Form von Bildern, Zeichen, Gesten. Die Verwendung von nicht-sprachlichen Symbolen ist wesentlicher Teil der Kommunikation (*Lan-*

*ger* 1987). Symbole sind Repräsentanten von Wirklichkeit – über Generationen gewachsener Ausdruck von menschlichen Geschehnissen und Gedanken oder bewusst gewählt zur einmaligen Bedeutung– und sind Repräsentanten unseres Inneren – sichtbare Verbindungsstücke zu Gefühlen und der unbewussten Welt in uns. Sie sind sichtbarer Träger der Verbindung zwischen außen und innen.

In seiner Herkunftsbedeutung aus dem griechischen ist 'symbalon' das Zeichen, und das Verb ‚symbalein' heißt zusammenfügen, zusammenwerfen. Das Zeichen war ein in mehrere Teile zerbrochener Gegenstand (Tonscherbe, Holzstückchen), der als Erkennungszeichen diente. Die Überbringer einer Nachricht oder die Beteiligten an einem Vertrag wiesen sich damit aus: Wenn die Teile sich zusammenfügen ließen, glaubte man dem Boten, vertraute man der Nachricht, genoss der Überbringer Gastfreundschaft, kurz, die zusammengefügten Teile waren Ausdruck einer Wahrheit.

Die Herkunft des Wortes zeigt also, dass es sich um etwas Zusammengesetztes handelt. Erst durch das Zusammenfügen wird es zum Symbol, und dieses steht für eine Bedeutung, die nicht sichtbar ist. „Das Symbol ist ein sichtbares Zeichen einer unsichtbaren ideellen Wirklichkeit" (*Kast* 1990, S. 19).

Noch im Mittelalter hatte der Besitz des Symbols als Repräsentant für eine getroffene Vereinbarung mehr Gewicht als das gesprochene oder geschriebene Wort. Juristische Verträge wurden durch das gemeinsame Anfassen eines Gegenstandes (Memorialzeichen) besiegelt, aus dem Wissen heraus, dass der auf solche Weise mit diversen Sinnen (Tasten, Fühlen, Sehen) erfahrene Vertrag deutlicher und verbindlicher im Gedächtnis bleibt als das gesprochene Wort.

Symbole berühren immer die Sinne und Emotionen und eröffnen psychische Räume. Symbole werden erlebt und brauchen die Bereitschaft, sich emotional ansprechen zu lassen, sie als ‚Wahrheit' anzunehmen. Sie ‚sprechen', wenn sie als Symbole angenommen, anerkannt werden. Sie brauchen „die antwortende Reaktion des Menschen, nicht passiv, sondern konstruktiv verstanden ... und der Symbolisierungsvorgang ist der Schlüssel zu diesem konstruktiven Prozess" (*Langer* 1987, S. 32).

## 2.1 Symbol als Zeichen der Sinne

> Die Bischöfin der Landeskirche Hannover, Margot Käßmann, ermunterte bei einem Besuch in einer Schule die Schüler, alles zu fragen, was sie beschäftige. Ein Schüler wollte wissen, was das *Plus* bedeute, das auf den meisten Kirchtürmen sei.
> (Anlässlich eines Besuches in Bremen, Frühjahr 2000)

*Susanne Langer* nähert sich dem Symbolbegriff, indem sie ihn vom Anzeichen unterscheidet. Anzeichen sind Indizien, die mit Gegenständen oder Wörtern gekoppelt sind. Weckerklingeln ist Anzeichen dafür, aufzustehen, ein Ortsschild Anzeichen für örtliche Orientierung, ein schreiendes Baby Anzeichen für nötige Fürsorge. Je nach dem, wie wichtig wir die Anzeichen nehmen, fordern sie zu einem entsprechenden Verhalten heraus. Ein Symbol dagegen ist ein Sinnzeichen (*Cassirer* 1994). Es fordert nicht zum Handeln heraus, sondern löst eine Vorstellung aus, provoziert einen Begriff oder einen Denkprozess. Und zwar bei jedem Menschen etwas Unterschiedliches, beruhend auf seinen Erfahrungen und seiner derzeitigen Situation.

„Die Fähigkeit, Symbole zu verstehen, d.h., alles an einer sinnlichen Gegebenheit als irrelevant anzusehen außer einer bestimmten, in ihr verkörperten Form, ist der charakteristischste Wesenszug des menschlichen Geistes. Er äußert sich in einem unbewussten, spontanen Abstraktionsprozess, der fortwährend im Geist vor sich geht: Ein Prozess, der den Begriff in jeder der Erfahrung begegnenden Gestalt erkennt und zur Bildung einer entsprechenden Vorstellung führt" (*Langer* 1984, S. 79). Es ist eine außerordentlich kreative Fähigkeit des Menschen, Symbole zu schaffen und zu erkennen, eine Fähigkeit, die uns als Menschen auszeichnet, so bedeutsam, dass *Cassirer* vom Menschen als einem „animal symbolicon" spricht (*Cassirer* 1960, S. 39).

So ist ein Ball, der mir beim Gang durch die Straßen vor die Füße rollt, ein sichtbarer Gegenstand. Er ist Anzeichen dafür, dass in der Nähe wahrscheinlich ein Ballspiel stattfindet. Werde ich bei dieser Gelegenheit gewahr, wie zielgerichtet ich immer durch die Straßen gehe und wie gut mir ab und zu spielerische Unterbrechungen täten, dann wird der rollende Ball für mich zum Symbol.

Ein anderes Mal, wenn mir der Ball vor die Füße rollt, nehme ich vielleicht im Ball das Symbol der Kugel wahr und mir wird plötzlich deutlich, dass die Frage, die ich gerade mit mir herumtrage, keine lineare, sondern eine zirkuläre, eine in alle Richtungen rollende Lösung verlangt.

So kann jeder Gegenstand verschiedene symbolische Bedeutungen haben, die ich in ihren Möglichkeiten gar nicht ausschöpfen kann. Aber wir geben uns in der Regel mit der zufrieden, die uns in diesem Moment das Tor zu einem anderen Wahrnehmungsraum öffnet, d.h. uns einleuchtet und befriedigt. *Verena Kast* nennt dieses ‚Mehr' an Bedeutung, das in jedem Symbol steckt, den ‚Bedeutungsüberschuss': „Wenn wir deuten, suchen wir jeweils die unsichtbare Wirklichkeit hinter diesem Sichtbaren und ihrer Verknüpfung. Dabei kennzeichnet das Symbol immer einen Bedeutungsüberschuss, wir werden seine Bedeutungen nie ganz erschöpfen können" (*Kast* 1990, S. 20).

Ein Mensch in einer ganz bestimmen Situation oder Verfassung trifft auf einen Gegenstand, eine Farbe, einen Satz, einen Klang, und er kann diesen Weltausschnitt mehrfach lesen, einmal als ein System der Sachverhalte und zum anderen kann er ihnen symbolische Bedeutung geben, die eine neue Dimension hinzufügt. Symbole und symbolische Interaktionen machen die Welt erklärbar und verstehbar. Sie öffnen „das Eigensein der Dinge, damit diese uns erinnern, woraus und woraufhin wir leben. Indem die Symbole auf ein anderes weisen, verweisen sie uns auf uns selbst. Sie sind insofern Spiegel, in denen wir uns lesen und zeigen als das, was wir sein könnten und sein möchten. Die Symbolik ist deshalb so komplex wie der Mensch selber: kommunikativ und gewaltsam, wahr und verlogen, ernst und verspielt – immer aber zwei- oder mehrdeutig" (*Saner* in: *Benedetti* 1988, S. 19).

Jeder Gegenstand kann also seine symbolische Bedeutung ständig wechseln. Aber es haben sich Strukturen herausgebildet in der symbolischen Bedeutung von Gegenständen (durch Kultur, Religion, Geschichte), Fixierungen, die der Mensch nicht einfach übergehen kann. „Nehmen wir z.B. die Farbe ‚Rot'", schreibt *Verena Kast*, „ Farben sind über ihre Farbqualität hinaus auch Bedeutungsträger. Das Rot bringen wir in Zusammenhang mit dem roten Blut, das wir existentiell erleben; und so bekommt Rot die Bedeutung von

Leben, Lebendigkeit, Leiden, Leidenschaft usw. Es ist kaum denkbar, dass es möglich wäre, eine Konvention zu schaffen, nach der alles, was mit Leiden, Leidenschaft, warmer Emotion zu tun hat, durch Grün symbolisiert würde. Wir können nicht durch Abmachung einem Symbol eine neue Bedeutung geben, weil diese Bedeutung unmittelbar mit dem Bild zusammenhängt" (*Kast* 1990, S. 20). Wandlungen vollziehen sich hier nur über Generationen, aber sie tun es, selbst in Bereichen, wo wir symbolische Bedeutungen für unveränderbar halten, wie das Zitat zum Kreuz auf den Kirchtürmen zeigt.

## 2.2 Präsentative und diskursive Symbolik

> Die Entwicklung der Sprache ist die
> Geschichte der allmählichen Ansammlung
> und Ausbildung verbaler Symbole.
> *Susanne Langer*

*Langer* unterscheidet zwischen präsentativen (visuellen, emotionalen, akustischen) und diskursiven (sprachlichen) Formen der Symbolik. Die Sprache bezeichnet sie als häufigst genutzte Form der Symbolbildung. „Sprache bedeutet die freie, gekonnte Verwendung von Symbolen als Ausdrucksmitteln, sie ist das Zeugnis artikulierten begrifflichen Denkens." (*Langer* 1987, S. 109). Aber Sprache ist nur eine Möglichkeit der Symbolbildung. „In Wahrheit aber ist die Sprache das natürliche Ergebnis nur *einer* Art im symbolischen Prozess" (S. 53). ... „Visuelle Formen sind in ihrer Artikulation von denen der Sprache grundverschieden. Der radikalste Unterschied ist der, dass visuelle Formen nicht diskursiv sind. Sie bieten ihre Bestandteile nicht nacheinander, sondern gleichzeitig dar, weshalb die Beziehungen, die eine visuelle Struktur bestimmen, in einem Akt des Sehens erfasst werden" (S. 99). Diese Fähigkeit des gleichzeitigen Wahrnehmens von unterschiedlichen Ebenen und Tiefen eröffnen der präsentativen Symbolik Möglichkeiten des Erfassens, die die Sprache nicht hat.

„Der Symbolismus, der unserem rein sensorischen Sinn für Formen entspringt, ist jedoch nicht diskursiv, er ist besonders geeignet für den Ausdruck von Ideen, die sich der sprachlichen ‚Projektion' widersetzen. Die Flut der Eindrücke in Vorstellungen zu fassen, so dass uns statt kaleidoskopischer Farben und Geräusche konkrete gegeben sind, ist seine Hauptfunktion, und schon dies stellt eine Leistung dar, die kein sprachgeborenes Denken ersetzen kann. Das Verständnis des Raumes, das wir dem Gesichts- und Tastsinn verdanken, könnte mit gleich detaillierter Bestimmtheit aus einer diskursiven Kenntnis der Geometrie niemals entwickelt werden. Zuallererst spricht die Natur durch die Sinne zu uns; die Formen und Eigenschaften, die wir unterscheiden, erinnern, vorstellen oder erkennen, sind Symbole für Entitäten, die unsere momentane Erfahrung übersteigen und überdauern." (S. 99f.).

Präsentative Symbolik umfasst nach *Langer* Formen, Gegenstände, Musik, Farben, Rituale, Tänze und Mythen. In diesem Artikel werde ich mich lediglich mit präsentativer Symbolik beschäftigen, und hier lasse ich auch Rituale und Mythen außer acht. Der Versuch, sprachliche und rituelle Symbolik einzubeziehen, sprengte schon in der Vorbereitung und den gesammelten Fallbeispielen den Rahmen.

## 3. Arbeit mit Symbolen und symbolischer Interaktion in der Supervision

> Das glückbringende Kleeblatt erlaubt, sich Glück zu wünschen, aber es wird nicht verantwortlich gemacht, wenn das Glück nicht eintrifft.

Die vorausgegangenen Abschnitte befassten sich mit Symbolen, die dem Menschen in seiner Entwicklung begegnen. In der Supervision ist die Situation eine andere, wie schon in den ersten Fallbeispielen deutlich wurde. Der Raum der Supervision ist ein künstlicher Raum. Symbolische Bedeutungen begegnen uns nicht wie im Alltagshandeln, sondern die Begegnung wird initiiert und gestaltet und bewusst genutzt.

Ich fasse hier als Thesen zusammen, was mir von den oben entwickelten allgemeinen Aussagen zur Bedeutung von Symbolen in der Supervision begegnet.

- Jeder Gegenstand, jede Form, Farbe, jeder Klang kann symbolische Bedeutung erhalten und diese wieder wechseln. Vom zufällig greifbaren Wasserglas bis zum eigens mitgebrachten Gegenstand eignet sich alles in den zur Supervision genutzten Räumen zur Bildung von Symbolen.
- Kulturelle Überlieferungen von symbolischen Bedeutungen werden dabei in der Regel berücksichtigt.
- Das Symbol bietet einen Ausdruck für Gedanken, Ideen, Emotionen, die sich der Sprache vorerst widersetzen. In der Praxis kommt von der Supervisandin, das Symbol in der Hand haltend, immer wieder ein Satz wie: „Jetzt fällt mir plötzlich ein ..., ich weiß gar nicht warum ...“, oder: „Jetzt ist mir klar, was ich will.“
- Im Symbol treffen zwei Welten zusammen, die Erscheinung, das Vordergründige und die Idee, das Unsichtbare. Es repräsentiert eine Wirklichkeit und schafft darüber hinaus Zugang zu etwas bis dahin Verdecktem. Das Symbol öffnet die Tür zu anderen Wahrnehmungsräumen. Seine Erschaffung und sein Verständnis fordern alle Sinne. Es ist ein Mittler zwischen dem Verstand und den Sinnen.
- Das Symbol ist nicht linear zu verstehen und zu lesen, sondern zirkulär. Es lädt zu einer Vielzahl von Perspektiven ein, und es ist Aufgabe der Supervision, die verschiedenen Sichtweisen und Assoziationen in bezug auf ihre Brauchbarkeit zur Lösung des Problems zu prüfen.
- Das Symbol ist gekennzeichnet durch einen Bedeutungsüberschuss, durch eine Verdichtung, es hat immer mehr Bedeutungen in sich, als ihm abgefordert werden. Für Supervisanden, die Eindeutigkeit wünschen, ist das eine Beunruhigung, für andere ist die dadurch entstehende Sinnfülle belebende Anregung. Niemals können alle Aspekte eines Symbols definiert oder erklärt werden. Bei der Übertragung in Sprache bleibt immer ein unübersetzbarer Rest.
- Das Symbol ist dialogisch, es ‚antwortet‘ und ‚spricht‘, wenn es angenommen und vom Akteur belebt wird. Es schließt eine Zuschauerhaltung aus. Um es in seinen Möglichkeiten zu erleben – und auf das Erleben kommt es an –, braucht es die Bereitschaft, sich emotional ansprechen zulassen. Dadurch werden aber auch Abwehrmechanismen mobilisiert. Die Angst, vielleicht unkontrolliert zu handeln, er-

zeugt Widerstände. Wichtig ist der Respekt der Supervisorin vor dieser Haltung als einem legitimen Schutzmechanismus.

Über diese, aus dem theoretischen Teil entwickelten Aussagen hinaus möchte ich noch folgende Ergänzungen machen:

- Symbole schaffen einen Freiraum für kreatives, assoziatives Denken und Reden. Die Arbeit mit ihnen erzeugt ein Gefühl von Lebendigkeit und Emotionalität und initiiert schöpferische Prozesse. Sie lässt Neugier entstehen.
- Die Bewertungsschranke fällt weg, und deshalb ist erst einmal alles zu denken und zu sagen erlaubt, wenn es der Supervisorin gelingt, die entsprechende Atmosphäre zu schaffen. Das Spiel mit symbolischen Gegenständen hat etwas Kindliches, Spontanes, und die Kontrolle tritt zeitweise in den Hintergrund.
- Ein anfassbares und sichtbares Symbol prägt sich mehr ein als ein Wort. Die Vorstellung, das aus der Supervision mitgenommene Bild vom Symbol (oder das Symbol selbst; manchmal nehmen die SupervisandInnen sogar das konkrete Symbol leihweise mit), wirkt wie ein hilfreicher Anker im Alltag. „Die ästhetischen Erfahrungen, die hier gemacht werden, sind durch EinBildung und EinVerleibung prägend und werden als stabile Lernerfahrungen bei der tatsächlichen Verifikation orientierend und motivierend wirksam“ (*Buer* 1999, S. 55).
- Dieser Vorteil ist aber auch gleichzeitig eine Schwierigkeit: Da die Symbolbildung sich tiefer einbrennt in die Erinnerung als das gesprochene Wort, ist sie auch nicht so flüssig, nicht so leicht veränderbar wie Sprache. Es besteht die Gefahr, dass der Momenteindruck so stark ist, dass die SupervisandInnen sich davon nicht wieder lösen können. Hier ist es Aufgabe der Supervisorin, bewusst zu machen, dass es auch andere Foki auf die Situation gibt.
- Die Arbeit mit Symbolen bringt Verlangsamung in den Prozess. Es gibt keine vorschnellen Lösungen. Mögliche Erkenntnisse und Lösungen ‚sickern' erst durch alle Sinne.
- Das Symbol ermöglicht gleichzeitig fühlende Nähe und reflektierende Distanz und bringt die SupervisandInnen und den Prozess dadurch in Bewegung.
- In der Einzelsupervision können Symbole bei einer psychodramatischen Inszenierung die Gruppenmitglieder als Hilfs-Ichs ersetzen (→ *Wegehaupt-Schneider*, → *Geißler*). Aber auch in der Gruppen- und Teamsupervision steht die Inszenierung von Situationen mit Symbolen meines Erachtens nicht in Konkurrenz zur Besetzung der Rollen durch Gruppenmitglieder. Beide Arbeitsformen ergänzen einander. Während die Rollenübernahme durch Gruppenmitglieder die Chance bietet, Erkenntnisse durch Einfühlung zu gewinnen, liegt der Erkenntnisgewinn bei der Symbolarbeit im Erforschen der Aussagen, die in den Symbolen liegen und in der Chance, gemeinsam das ganze System, auf der Bühne angeordnet, und seine Dynamik in den Blick zu nehmen.

Welche Wege gibt es, mit Symbolen zu arbeiten? In den folgend dargestellten Fallbeispielen werden fünf unterschiedliche Wege beschritten (sicher gibt es noch weitere):

- Die Supervisorin gibt die Symbole vor.
- Die SupervisandInnen wählen aus einer speziell zur Symbolbildung vorgegebenen Auswahl von Gegenständen, Farben, Instrumenten .

- Die SupervisandInnen wählen Gegenstände mit Alltagsfunktionen als Symbole.
- Nutzung von Stühlen als Symbole. Diese sind neutraler und weniger festgelegt als andere Alltagsgegenstände.
- Die SupervisandInnen finden Gegenstände in ihrer eigenen Einrichtung, die ihre Arbeit charakterisieren.

Aber welcher Weg zur Symbolbildung auch beschritten wird, die Supervisandin, die ein Symbol wählt, bewegt sich dabei – bewusst oder unbewusst – auf mehreren Ebenen:

Die *erste Ebene* ist die des Bildes, das sie von der zu gestaltenden Situation oder der spezifischen Person, um die es geht, hat. Oft ist das die größte Hürde bei der Wahl, wenn sie dabei nach einer äußeren Ähnlichkeit sucht, die es selten geben kann. Die Symbolarbeit erlaubt kein Kleben an der Realität, sondern verlangt den Sprung in die freie Assoziation.

Die *zweite Ebene* ist die der Beeinflussung durch die Alltagsfunktion des Gegenstandes und die *dritte Ebene* ist die der gesellschaftlichen, kulturellen symbolischen Bedeutung eines Gegenstandes. Beim Sprung in die Assoziation sind die 2. und 3. Ebene u.U. hilfreicher Anker, denn sie geben der Phantasie eine Rahmung und entlasten von der persönlichen Deutung, falls die Assoziationen sehr pointiert sind (eine geöffnete Schere z.B. schneidet und hat Spitzen und wirkt aggressiv – aber das ist erst einmal die Eigenschaft der Schere, auch unabhängig von der Kollegin, für die sie möglicherweise gewählt wurde).

Die *vierte Ebene* ist die der eigenen biografischen Geschichte und Sozialisation, die bestimmten Gegenständen bestimmte Bedeutungen zuweist. Diese Ebene rückt ins Bewusstsein, wenn die eigenen Assoziationen in Reibung und Austausch mit denen der Supervisionsgruppe geraten und die Supervisandin ganz überrascht ist, wie völlig anders das gewählte Symbol auch gedeutet werden kann. Durch diese Reibung entstehen Funken der Erkenntnis.

Von 1- 4 sind die Ebenen zunehmend vom Bewussten zum Unbewussten angesiedelt.

In den nun folgenden Fallbeispielen ist die Reihenfolge der Interventionen wie oben beschrieben eingehalten, d.h. im ersten Beispiel gibt es eine Symbolvorgabe durch die Supervisorin, dann folgen mehrere Beispiele mit Symbolwahl aus vorgegebenen Materialien, danach Beispiele mit Alltagsgegenständen und schließlich Beispiele mit Wahl von Symbolen aus den Institutionen der Supervisanden. Die Titel der Fallbeispiele sind richtungsweisend für die Ziele, für die ich überwiegend Symbole in meiner supervisorischen Arbeit einsetze.

Die Fallbeispiele habe ich jeweils auf die Ausschnitte reduziert, die mir für das Verständnis der Symbolbildung und der symbolischen Interaktion wesentlich erschienen.

# 4. Fallbeispiele

Wenn die Seele das Symbol erforscht,
wird sie zu Vorstellungen geführt, die
jenseits des Zugriffs des Verstandes liegen.
*C.G.Jung*

## Teamentwicklung und Rollenklärung/Arbeitsfeld: Beratungsstelle

Das Team einer Beratungsstelle hat aufgrund von Einsparungen und Stundenkürzungen zwei Kolleginnen verloren. Das Restteam, vier Frauen, muss sich neu zusammenfinden.

Eine der Frauen, A, benennt in einer Supervisionssitzung ihr Unbehagen, wenn sie pünktlich Feierabend mache. Sie habe dann immer das Gefühl, vom Team und besonders von einer Kollegin, B, scheel angeguckt zu werden, so als mache sie etwas Falsches. Die Kollegin und das Team widersprechen dem entrüstet. Alle Versuche, diesem Konflikt näher zu kommen, scheitern. Das Team scheut davor zurück, in eine Auseinandersetzung über seine Unterschiedlichkeit zu gehen.

Als hilfreich erlebt es das Team, als die Supervisorin A und B als Trägerinnen einer möglichen Unterschiedlichkeit entlastet und zwei Gegenstände mit Entfernung zueinander in den Raum stellt als Symbole für unterschiedliche Prinzipien, die im Team allgemein und nicht nur durch die beiden Protagonistinnen vertreten sind. Jetzt können die Assoziationen dazu frei fließen:

Ein sich *drehendes Püppchen* wird zum Symbol für Sehnsucht, ohne Verpflichtung, aus Lust sich drehen, tanzen gehen, keine Überstunden machen, sich abgrenzen, eigene Interessen entfalten, die Schwere der Beratungsarbeit abzuwerfen ...

Ein *Spielzeugmotor* wird zum Symbol für Rotieren, Zuverlässigkeit, Präzision, nie müde werden, Pflichten, Verantwortung, Überstunden, Last, hohes Engagement, Identifikation mit der Arbeit, Erfolgserlebnisse ...

Die Loslösung von konkreten Personen und die Transformation auf Symbole geben die Freiheit, mit Lust die Gegensätze, die jede in sich und alle im Team fühlen, wahrzunehmen und zu benennen.

Dann fordert die Supervisorin die Frauen auf, sich jede einen Stuhl zu nehmen und sich in einen räumlichen Bezug zu den Symbolen zu setzen. Und es zeigt sich, dass die Kollegin A. sehr deutlich von allen am nächsten zu dem Prinzip „tanzendes Püppchen“ ihren Platz hat und alle können jetzt nachempfinden, dass sie die Blicke aller auf sich fühlt, wenn sie diesem Prinzip entsprechend handelt.

Jetzt erlauben sich die Frauen auch, die jeweils eigenen Anteile an den beiden Prinzipien für die anderen sichtbar zu machen. Die Stühle werden spielerisch verstellt: Wenn du hier sitzt, dann muss ich da sitzen. Wo möchte ich am liebsten sitzen? Wo möchte ich meine Kollegin haben? Wie heißen die beiden Pole, zwischen denen ich mich hin und her bewegen möchte?

Und wo Bedürftigkeiten und Wünsche benannt werden, da können Vereinbarungen getroffen werden in der Bandbreite zwischen Wunsch und Pflicht.

Die Sitzung endet leicht und angeregt. Eine Tür zu einer bisher verborgenen Seite der Teamdynamik ist geöffnet.

## Kommentar

Warum hat hier die Supervisorin die Symbole ausgewählt und nicht die Supervisandinnen? Das Team befindet sich in einer Situation von Unsicherheit und Verlustangst. Da ist es sicherer, sich nicht zu bewegen und nicht in eine offene Konfrontation zueinander zu gehen. Durch die Intervention der Supervisorin lassen sich die unterschiedlichen Einstellungen im Team gefahrlos betrachten, denn die Assoziationen fixieren sich erst einmal am sich rastlos drehenden Motor und an der genussvoll sich bewegenden Tänzerin. Die Konfrontation wird aus dem Team herausgenommen und an symbolisierende Gegenstände abgegeben, sie wird von der Bindung an Personen gelöst. Danach kann sie, mittels der eigenen örtlichen Zuordnung, nach und nach ‚betrachtend' wieder ins Team zurückgeholt werden. Und dadurch, dass die Supervisorin die Gegenstände ausgesucht hat (und sie hat keine komplizierten, sondern eher ‚platte' Symbole gewählt) standen sie nicht stellvertretend für je ein Teammitglied im Raum, sondern für unterschiedliche Prinzipien, wie sie in jedem Team vorkommen. Über den Umweg ‚von außen angucken' kommen die Teammitglieder in Bewegung und können sich auch ‚von innen' wieder angucken und sich in ihrer Unterschiedlichkeit sehen und damit umgehen. Die Supervisorin schafft, bzw. gestaltet einen symbolischen Raum, in dem die Auseinandersetzung auf eine Metaebene transformiert und erst in einem zweiten Schritt wieder personalisiert wird. Und dieser Raum ist nicht als ein ‚Entweder-oder-', sondern als ein ‚Sowohl-als-auch-Raum' (durch zwei Symbole) konzipert.

## Rollendifferenzierung/Arbeitsfeld: Leitung im kirchlichen Bereich

Der Supervisand ist Pastor und Vorgesetzter (Superintendent) in einer kleinen Stadt. Er hat große Schwierigkeiten mit einem anderen Pastor, Herrn F, unter dessen Aggressionen und Unkollegialität er sowohl als Kollege als auch als Vorgesetzter leidet. Herr F ist für ihn der ‚Buhmann', der intrigiert, nicht ‚teamfähig' ist und für alle ein Kreuz. Die Supervisorin regt an, den Blick auf das ganze Team zu richten. Er beginnt, die einzelnen Personen zu beschreiben ... Die Aufforderung, für die einzelnen Personen Symbole zu wählen, setzt etwas in Gang. Nehmen wir den Satz „eine eher unauffällige Pastorin ...". Der Supervisand geht mit seiner Beschreibung der Person zum Regal. Dort trifft er auf eine beschränkte Auswahl von Gegenständen. Eigentlich liegt ihm diese Art zu arbeiten nicht, er glaubt nichts zu finden. Doch die Beschränktheit erregt, das Auge wandert, tastet ab auf Brauchbarkeit. Brauchbarkeit heißt: Es werden die Bilder, die sich im Regal darbieten, mit dem eigenen Bild der Person intuitiv verglichen. Und plötzlich funkt etwas, nicht bewusst. Auf der kontrollierten Bewusstseinsebene greift er (und so machen das viele) betont gleichgültig nach einem Gegenstand, begleitet etwa von „... dann nehme ich dies, es passt eigentlich nicht ...". In diesem Fall ist es ein etwas zerdrückter Vogel aus Watte und Federn, gewählt für die eher unauffällige Pastorin.

Auf der ‚Bühne' hingeordnet zu den anderen gewählten Gegenständen, entfaltet das Symbol seine Dynamik: „Sieht ja aus wie ein zerzauster Vogel ... Der zerzauste Vogel sieht so geduckt aus ... Ja ... davon hat Frau M auch was ... von einem zerzausten Vogel ... und das ärgert mich ... dass sie sich so duckt ... das sie sich viel kleiner macht als sie ist ... oh, hier gibt es ja auch farbige Federn, die schillern sogar etwas ...

ob Frau M auch welche hat ... ich nehme immer nur das Geduckte, unauffällige wahr ... sie sollte sich mal die Federn putzen, sich zeigen ... (der Supervisand nimmt den Vogel in die Hand, richtet sorgsam die Federn, setzt ihn aufrechter wieder hin) ... sie kann nämlich viel ... sie muss ihren Schnabel aufmachen .... sich mehr behaupten, sich aufrichten ... ich muss ihr das sagen ... niemand gibt ihr Rückmeldung, wie sie wirkt. ... sie muss sich profilieren, darf nicht nur piepsen ... ich bin ihr Vorgesetzter, es ist meine Aufgabe, mit ihr zu reden ... dann hätte auch Herr F ein Gegenüber und könnte sich nicht mehr alles herausnehmen ..."

Für jedes Teammitglied macht nun der Supervisand über die Auseinandersetzung mit den gewählten Symbolen seine Neuentdeckungen und schließlich auch für sich selbst

### Kommentar

Was ist passiert? Durch die Bereitschaft, die intuitive Wahl eines Vogels als Symbol anzunehmen und die dadurch ausgelöste Übernahme der Vogelbegriffe – der kollektiv mit Vogel verknüpften Begriffe – für die Kollegin (geduckt, zerzaust, farbige Federn, schillernde Federn, Federn putzen, Schnabel aufmachen, sich aufrichten, piepsen ...) und die anschließende Übertragung auf die Person wird das Bild von der Kollegin differenzierter. Aus der unauffälligen Pastorin, die im Team scheinbar keine Rolle spielt, wird eine Kollegin mit Stärken und Veränderungspotential. Und der Supervisand entwickelt für sich als Vorgesetzter eine Handlungsidee, nämlich ein Mitarbeiterinnengespräch zu führen.

In diesem Beispiel wird deutlich, wie sehr ein assoziativer, kreativer Umgang mit Sprache durch die ‚Zwischenschaltung' eines Symbols gefördert wird. In dem Augenblick, da ein Symbol angenommen wird, d.h. gehalten, gefühlt, betastet und beguckt wird, in seiner Funktion, seinem Material, seiner Oberfläche und Erscheinung, seinen Farben und seinem Gewicht ernst genommen wird als Träger von zu diesem Zeitpunkt bedeutsamen Informationen, da kommen die Assoziationen in Fluss.

Eigentlich lag für ihn der Fokus auf Herrn F. Doch durch die Symboleaufstellung wird

- der Fokus ‚verflüssigt',
- der Blick auf die anderen Teammitglieder gleichwertig erweitert und
- der ‚Buhmann' plötzlich als Teil eines Systems sichtbar, in dem jede und jeder zur Dynamik beitragen.

Zu den konkreten Schwierigkeiten mit Herrn F lässt sich jederzeit zurückkehren – aber dann von einer anderen Blickwarte aus und nun von einer flexibleren, wesentlich weniger fixierten und gebannten Position heraus. Vom Leiden durch einen Mitarbeiter kommt der Supervisand zur Teamentwicklung und arbeitet an seinen Leitungskompetenzen.

## Familiensystem/Arbeitsfeld: Frühförderung

Simon, 1.3 Jahre, ist ein Kind mit einer schweren Behinderung. Er hat eine sehr seltene Kehlkopfanomalie aufgrund einer Chromosomenveränderung. Er trägt eine Kanüle in der Luftröhre, und diese muss in kurzen Abständen abgesaugt werden. Simon kann nicht sprechen, er hat über Mimik und Gestik zwei Zeichen zur Verfügung, Zuneigung und Ablehnung, ja und nein. Er wohnt mit Eltern und Großeltern zusammen, in zwei identischen, nebeneinander liegenden Wohnungen. Die Behandlung findet mal in der einen, mal in der anderen Wohnung statt, je nach dem, wer von den Erwachsenen gerade mit dem Kind zugange war, und die Supervisandin (die Frühförderin) weiß dann oft nicht, in welcher Wohnung sie sich befindet. Alle Erwachsenen kümmern sich ohne System und ohne Rücksicht aufeinander um das Kind.

Die Supervisandin fühlt sich verworren, möchte ein Elterngespräch, weiß aber nicht, wer alles dazugehört. Sie hat das Gefühl, es dürften nicht alle sein, möchte eigentlich die Großeltern nicht dabei haben.

Die Supervisorin lässt die Supervisandin für alle Beteiligten Symbole wählen und diese in dynamischer Beziehung zueinander aufstellen.

Simon (eine Trillerpfeife) steht im Mittelpunkt. Die Mutter (ein Wollknäuel), die Großmutter (eine Strickliesel) und der Vater (eine Ente) stehen sehr nah bei ihm, der Großvater (ein Kasperkopf) und die Frühförderin (eine Spielzeugampel) etwas weiter entfernt, aber auch sie im sich schließenden Kreis um Simon. Alle Erwachsenen sind auf ihn ausgerichtet.

Warum die Supervisandin für die einzelnen Personen welches Symbol gewählt hat, lässt die Supervisorin in diesem Fall beiseite. Auch das wäre ein Weg der Weiterarbeit, den einzelnen gewählten Symbolen nachzugehen. In diesem Fall entscheidet sich die Supervisorin, über den Blick auf das System, der Supervisandin zu einer Antwort auf ihre Frage zu verhelfen.

„Alle betüdeln ihn gleichzeitig, wenn er ablehnende Gesten zeigt", erläutert die Supervisandin ihre Anordnung des Kreises um Simon, „er darf kein NEIN zeigen, sie fürchten, dann könnte er einen Krampfanfall bekommen und möglicherweise ersticken. Aber irgendwie hat die Mutter doch die Fäden in der Hand."

„Wie sieht das aus, wenn die Mutter die Fäden in der Hand hält?" fragt die Supervisorin.

Die Supervisandin nimmt das Fadenende des Mutterknäuels und windet ihn durch das ganze System, mehrfach um alle Figuren, auch die Frühförderin wird mit einbezogen. Das Bild wirkt jetzt eng und bedrohlich.

Für die umsitzenden SupervisandInnen wird schnell deutlich: Erstickungsgefahr ist nicht nur Simons Thema.

Erstickt wird jede Offenheit. Jeder hat seinen eigenen Umgang mit Simon und verheimlicht die Art des Umgangs vor den anderen. Jetzt fällt der Supervisandin wieder ein, dass es in der Verwandtschaft erstaunlich viele Tote gibt, über die aber nicht gesprochen wird, aber dass jedes Familienmitglied ihr immer wieder wie hinter vorgehaltener Hand vorgefallene dramatische Ereignisse erzählt..

Und die Supervisandin selbst? Was ist ihre Einbindung? Plötzlich fragt sie sich, warum sie in dieser Familie keine klaren Regeln setzt, z.B., immer an dem selben Ort zu behandeln oder kein Betüdeln des Kindes während der Behandlung zuzulassen oder sich keine heimlichen Geschichten einzelner Familienmitglieder anzuhören.

Und jetzt ist ihr auch klar: Wenn das Familienthema Erstickungsgefahr und Verheimlichung heißt, dann muss das Elterngespräch mit allen vier Erwachsenen stattfinden. Und sie findet den Begriff „Gespräch mit dem Pflegeteam" für sich, um den nötigen Abstand zu halten, nicht zu tief in das Familiensystem eingesogen zu werden.

## Kommentar

Was ist abgelaufen? Die Supervisandin wählt intuitiv für die Mutter ein Wollknäuel und kommt dadurch bei der Erläuterung ihrer Skulptur auf die Redewendung ‚Fäden in der Hand halten'. Die Supervisorin nimmt diesen Begriff wörtlich und bringt die Supervisandin damit zum Handeln – zu einer symbolischen Interaktion: alles einzuwickeln, einzuspinnen. Das entstandene Bild ermöglicht es den Teammitgliedern, die nicht so verwickelt sind wie die Supervisandin, das Thema des Systems zu erkennen.

Bei komplexen Situationsschilderungen, die leicht Verwirrung in die Gruppe bringen (und bei der die Mitglieder der Supervisionsgruppe dann manchmal die Tendenz haben, sich geistig ‚auszuklinken), schafft die Nutzung von Symbolen Klarheit. Die Gruppe hört nicht nur, sondern sieht gleichzeitig, das Hören ordnet sich in Sichtbares, orientiert sich an Sichtbarem. Das erhöht die Konzentration. Der Geist muss sich nicht krampfhaft am Geländer des Verstehens festhalten, und zwar des Verstehens, das die Erzählerin anbietet, sondern er kann, da das System vor ihm liegt, im Sichtbaren verankert ist, frei spazieren gehen. Er kann Eigenes, Neues, bisher nicht Erkanntes entdecken, in Ergänzung zu dem, was sein Auge wahrnimmt. Das, was sichtbar vor der ganzen Supervisionsgruppe liegt, ist sozusagen der gemeinsame Boden, auf seiner Grundlage darf Unterschiedliches zusammengetragen werden. Gestaltende Kreativität im Sinne *Morenos* wird frei.

## Blickwechsel/Arbeitsfeld: Beratungsstelle gegen sexuellen Mißbrauch

In der Fallbesprechung geht es um ein neunjähriges Mädchen, Mali, die von ihrem Großvater mütterlicherseits missbraucht wird. Sie ist scheu und angepasst, hat eine schwierige Beziehung zur Mutter und liebt ihre Großmutter über alles. Den aktuellen Missbrauch hat sie einem gleichaltrigen Freund erzählt, dieser musste ihn lange geheim halten, bis sie ihm erlaubt hat, das Geheimnis an seine Mutter weiterzugeben. Über diese ist dann die Beratungsstelle einbezogen worden. Mali kam dann regelmäßig in die Beratungsstelle und, nachdem sie das erste Beratungsziel, ihrer Mutter vom Missbrauch zu erzählen, erreicht hatte, kam auch diese zu einer anderen Kollegin zur Beratung. Die Mutter, selbst missbraucht von ihrem Vater, war außer sich und wollte am liebsten sofort eine Anzeige machen.

Die beiden beratenden Kolleginnen möchten Mutter und Tochter in einem Gespräch zu viert zusammenbringen und wollen sich mögliche Fallen dieses Gespräches in der Supervisionssitzung verdeutlichen.

Die Supervisorin schlägt vor, noch einmal zeitlich zurückzugehen und fordert beide Frauen auf, getrennt voneinander im Raum einen Ort für ihre jeweilige Klientin zu gestalten, mit dem Material, von dem sie sich intuitiv beim Rundblicken im Raum angesprochen fühlen.

Der Ort der Mutter: Ein leuchtend rotes Seidentuch mit einem schwarzen, hochhackigen Schuh darauf. Mittendrin ein kantiger Ziegelstein, teilweise mit farbiger Glasur überzogen. Ein großer Bauklotz ragt über den Rand des Tuches nach draußen.

Erste Assoziationen zu dem Bild sind: erotisch, aggressiv, ichbezogen, mein Leben ist mir wichtig, pragmatisch, hart.

Der Ort der Tochter: ein türkisblaues Tuch, eine weiße Maske darin, von den Falten des Tuches wie von Wellen halb verdeckt, eine geöffnete Schere und ein Teufelskopf auf dem Tuch, an seinem Rand ein Plastikboot mit einem Jungen am Ruder, ein kleines Kissen etwas außerhalb.

Erste Assoziationen zu dem Bild: Angst, Scheu, Verletzung, Ertrinken und Wut. Alleinsein. Am Rand des Meeres das rettende Boot des Freundes und seiner Familie. Die Beratungsstelle als ein Ruhekissen.

Beide Orte haben eine sehr unterschiedliche Ausstrahlung, haben aber auch etwas gemeinsam durch die als Grundlage gewählten Tücher: Einsame Inseln.

Im nächsten Schritt fordert die Supervisorin die Teamkolleginnen auf, an einen von beiden Orte zu gehen und sich mit Mutter oder Tochter zu identifizieren. Was denken, wünschen beide?

Tochter: Mutter soll sich nicht einmischen – Mutter soll mir helfen – ich brauche Zeit – ich bin bis an meine Grenze gegangen, aber das ist nur der erste Schritt – der Missbrauch soll aufhören – ich will Oma nicht verlieren – die Großeltern sollen weiter zu Besuch kommen.

Mutter: Mali macht mich verrückt mit ihrer Angepasstheit – sie soll Opa so hassen wie ich – ich will die Großeltern konfrontieren – ich will den Kontakt abbrechen – der Missbrauch soll aufhören – ich muss Mali schützen, sie kann es nicht allein (sie lässt den Großvater in die Wohnung) – die Sache soll schnell erledigt sein – der Großvater soll bestraft werden.

Die anschließende Frage heißt: Wo sind Übereinstimmungen, wo sind Unvereinbarkeiten in den Wünschen von Mutter und Tochter? Und das Team stellt fest: Übereinstimmungen gibt es im Wunsch, der Missbrauch solle aufhören und in der Rolle der Mutter als unterstützende Person (nur, wie die Unterstützung aussehen soll, ist noch unklar), außerdem gibt es sie im Gefühl des Alleinseins bei beiden Personen. Die größten Unvereinbarkeiten gibt es in bezug auf den Kontakt zu den Großeltern und die unterschiedlichen Zeitvorstellungen.

Beim Blick zurück auf die gestalteten Orte fragt eine der nicht involvierten Kolleginnen nach der wichtigen Figur der Großmutter. Wie könnte ihr Ort aussehen? Die Phantasien dazu sind ähnlich wie bei Mali. Und plötzlich öffnet sich dem Team eine Generationenlinie, in der eine Generation auf die nächste reagiert:

*Großmutter* angepasst, hat gewusst und nicht geschützt, hat das Geheimnis für sich behalten, wollte die Familie zusammenhalten

*Mutter* konfrontierend (hat ihren Vater konfrontiert), zupackend, handelnd, will nicht sein wie die Großmutter

*Tochter* angepasst, hat das Geheimnis lange für sich behalten, will die Familie zusammenhalten, will nicht sein wie die Mutter ....

Und den beiden Kolleginnen wird klar, dass ein Vierergespräch zum jetzigen Zeitpunkt nicht günstig ist, dass die Beteiligten gar nicht aus ihren Rollen können, es würde (bei einem Nichtverstehen von Mutter und Tochter) das Risiko einer Fortsetzung des Missbrauchs erhöhen. Es braucht noch Vorarbeit am Verständnis füreinander, für die Unterschiedlichkeit von Mutter und Tochter. Die Mutter muss verstehen, ( und auch die beteiligten Kolleginnen verstehen jetzt) warum Mali ihre Zeit braucht, warum sie sich abgrenzt von ihr, warum ihr (der Mutter) schnelles Handlungsbedürfnis nicht schützend ist. Erst dann kann ein Vierergespräch die Bedürfnisse aneinander sichtbar machen, und die Übereinstimmungen können genutzt werden, um Hilfeschritte zu vereinbaren.

Kommentar

Wozu hat die symbolische Gestaltung in diesem Fallbeispiel gedient?

- Sie hat zu einer Verlangsamung des Prozesses beigetragen.
- Sie hat geholfen, die Personen mit allen Sinnen zu erfassen, mit Hilfe von Farben, Formen, Materialien und den inneren Rollentausch zu unterstützen.
- Der Gestaltungsprozess hat eine reiche Assoziation und Identifikation ermöglicht, ohne dass die Symbole im Einzelnen gedeutet wurden.
- Die Funktion der Beratungsstelle als ein Ruhekissen für Mali auf ihrem mühsamen Weg wurde wegweisend für die beratende Kollegin deutlich und
- durch die Gestaltungsphantasien kam das ganze System in den Blick. Die Supervisandinnen konnten die Verbindungen zwischen den Personen erfassen.

Das Denken in Bildern, das Gestalten von Bildern ergänzend zum Denken sind „unverzichtbare Grundlage für jedes kreative Denken und Handeln: Unsere vielleicht einzige Chance, nicht in leerer Routine zu erstarren ... Denn das Schöpfen aus dem unerschöpflichen Brunnen der Mythen und Symbole allein scheint es zu sein, was uns befähigt, uns und unsere Welt zu verwandeln und uns und die Welt immer neu zu sehen, zu begreifen und bestaunen zu können“ (*Bauer* 1980, S. 12).

## Ein Team positioniert sich /Arbeitsfeld: Rehaklinik

In diesem Beispiel geht es um die Arbeit mit Alltagsgegenständen. Hierunter verstehe ich Gegenstände, die nicht speziell zur Symbolbildung von der Supervisorin ausgesucht bzw. angeboten werden, sondern sich eher zufällig ergeben aus dem Ambiente der Supervisionssitzung oder der Einrichtung, in der die Supervision stattfindet.

Z.B. wünscht ein Team, sich gegenseitig Feedback zu geben, ohne sich recht zu trauen. Sie finden keinen Anfang. Nun kann es wichtig sein, diesem Unvermögen und seinen Hintergründen nachzugehen, aber es kann auch ein Weg sein, nicht nur offen zu machen, *was nicht geht,* sondern zu zeigen, *wie es gehen kann.* Und die Supervisorin kann auffordern, sich auf dem im Raum stehenden Schreibtisch umzusehen und für sich selbst und jedes Teammitglied einen Gegenstand zu wählen. Und schon wird eine Dynamik anfassbar und sichtbar: Für welche Teammitglieder wird das Lineal, die Schere, das Fachbuch, das unbeschriebene Blatt, der Stift, der Locher, der Hefter, das vorgedruckte Formular oder der ungeöffnete Brief gewählt?

- Und warum?
- Wie ist die Selbstsicht jedes Teammitglieds und wie die Fremdsicht?
- Wo gibt es Übereinstimmungen/Ähnlichkeiten in der Wahl der Gegenstände, wo Unterschiede?

Über solch einen eher spielerischen und unverkrampften Weg kann eine tiefgehende Feedbackrunde entstehen. Über die Beschreibung des Symbolgehalts der Gegenstände können gegenseitig sehr zugespitzte Mitteilungen gemacht werden, die zunächst den Gegenstand betreffen, dann differenziert und konkretisiert werden auf die Person, bis das Feedback stimmt und eine wirkliche Hilfestellung ist. Anstelle der Kollegin einen Gegenstand zu beschreiben, nimmt die Angst, deutlich zu werden. Und die Adressatin hat mehr Freiheit als im direkten Feedback, die Deutung anzunehmen oder zurückzuweisen. Das gewählte Symbol ist sicher niemals das ‚einzig Richtige'. Aber das, was gewählt wird, regt an, die innere Wahrheit zu finden und zu formulieren. Im Beschreiben merkt die Supervisandin, was stimmt und was nicht stimmt. Dem Team wird über diesen Weg eine mutige Leistung ermöglicht.

Einen ähnlichen „symbolgeladenen" Reichtum wie ein Schreibtisch bietet eine Küche (in einer Einrichtung) mit ihren Gerätschaften, ein Spielzimmer, ein Nähkasten ... oder der Inhalt der eigenen Handtasche. Jede und jeder findet wahrscheinlich die eigenen köstlichen Fundgruben für solche fruchtbaren, spielerischen Zugänge. Oder die Fundgrube des menschlichen Körpers: Stellen Sie sich vor, Ihr Team wäre ein menschlicher Körper, welche Extremitäten, welche Organe würden Sie jedem Teammitglied zuschreiben?

Doch können Gegenstände in einem ersten Schritt auch ganz anders als gleich mit ihrem Symbolgehalt genutzt werden.

In einem Vorgespräch mit dem Team einer Reha-Klinik, das Supervision bis jetzt noch nicht kennt, ist Misstrauen deutlich zu spüren. Supervision ist zustande gekommen halb auf Drängen einzelner MitarbeiterInnen, halb ist sie von der Leitung verschrieben worden. Das Team sitzt um einen riesigen Tisch im Essraum herum, der großen Abstand garantiert. Der Supervisorin ist überhaupt nicht klar, wer wie zu diesem Reflexionsinstrument Supervision steht – und Äußerungen dazu kommen nur spärlich. Sie fordert deshalb alle auf, sich einen im Raum befindlichen Gegenstand zu nehmen (eine Tasse, ein Stück Obst aus einer Schale, einen Serviettenständer, eine Zuckerdose, ein Besteck ...) und diese Gegenstände anstelle der eigenen Person auf einer gedachten diagonalen Linie über den ganzen Tisch zu verteilen. Der eine Endpunkt der gedachten Linie heißt: ‚Ich will unbedingt Supervision' und der andere: ‚Ich will auf keinen Fall Supervision'. Als die Gegenstände ihren Platz entsprechend der Haltung der Teammitglieder erhalten haben, wird für alle deutlich, d.h. sichtbar, wie die Häufigkeitsverteilung diesseits und jenseits der Mitte ist, und es entsteht auch ein Bedürfnis in der bisher eher schweigsamen Runde, das Sichtbare zu benennen und zu erläutern, sich über die Skepsis auszutauschen. Die Haltung des Teams liegt auf dem Tisch, und die Kontraktentwicklung kann sich daran orientieren.

In diesem Beispiel sind die Gegenstände Platzhalter für Personen auf einer Skala geworden, jede weitergehende öffentliche Deutung wäre fehl am Platz. Zum Abschluss hat die Supervisorin lediglich auf die mögliche symbolische Nutzung von Gegenständen hingewiesen und gesagt: „Bevor Sie Ihren Gegenstand wieder zurücklegen, halten Sie ihn doch noch ein paar Sekunden in der Hand und phantasieren Sie, warum Sie für Ihre Person gerade diesen Gegenstand gewählt haben könnten, was ist das Verbindende zwischen Ihnen und dem Gegenstand? Diese Überlegung ist nur für Sie allein, sie soll nicht veröffentlicht werden."

Viele Sitzungen später erzählte eine Teilnehmerin, was ihr alles durch den Kopf gegangen sei zu sich und ihrem gewählten Symbol nach diesem Erlebnis, und sie wollte vom Team eine Rückmeldung, ob diese sie auch so sähen.

Kommentar

Sich eine Vorstellung bilden heißt, etwas vor sich stellen, sich etwas plastisch machen. Für Menschen, die reflexionsungewohnt oder auch so hilflos sind wie in diesem Beispiel, ist es hilfreich, einen Sachverhalt, eine Fragestellung symbolisch zu externalisieren und vor sich hinstellen zu können. Die Bildhaftigkeit eines Symbols macht auch die Denk- und Sprechweise bildhaft und ermöglicht damit Benennungen: Das Symbol oder der symbolische Raum als Hilfestellung zur Versprachlichung, zur Sprachanbahnung, zum Verstehen der eigenen Wirklichkeit.

## Eine angehende Supervisorin auf der Suche nach ihrer Rolle/ Arbeitsfeld: Lehrsupervision

Ein weiteres Beispiel für die Arbeit mit Alltagsgegenständen ist die Nutzung von Stühlen. Stühle gehören zur Grundausstattung einer Supervisionspraxis. Stühle sind hoch oder niedrig, sind aus Korb, Holz, Leder, Metall, Pappe oder Plastik. Sie haben eine Lehne, Armstützen oder nichts dergleichen. Sie sind elegant oder schlicht, bequem oder unbequem, sind Klapp- oder Schaukelstühle oder stehen fest. Sie können zugewandt oder abgewandt stehen, oder sie können liegen.

Die Ausdrucksmöglichkeiten sind schier unerschöpflich, und sobald sie symbolhaft genutzt werden für das Sichtbarmachen von Systemen oder Rollen, bekommen sie differenzierte Gesichter.

Supervision in einer Gruppenlehrsupervision.
Eine Supervisorin in Ausbildung, vom Grundberuf Lehrerin und auch als solche in einer Schule tätig, berichtet von der Supervision mit einer Gruppe von Lehrerinnen und Lehrern. Bei einer Situationsschilderung sei in ihr die Wut hochgekocht auf das System Schule, und sie habe sich kaum zügeln können. Sie klagt: " Was mache ich mit meiner Felderfahrung? Ich bin selbst so vielfältig verwoben mit Schule!"

Die Lehrsupervisorin sortiert mit ihr mit Hilfe von Stühlen ihre diversen Rollen:
Die Supervisandin wählt

- einen Holzhocker für ihre eigenen belastenden Schulerfahrungen als Lehrerin. Sie sitzt sehr aufrecht auf dem harten Hocker, merkt, wie schnell sie in Wut kommt und spürt ihre Haltung, ‚auf dem Sprung zu sein'.
- einen Stuhl mit gerader Rückenlehne, aber gut zu sitzen für sich als Expertin für Schul- und Lehrerfragen. Dieser Stuhl steht nah am Hocker, aber auf diesem kann sie ruhig sitzen. Sie überblickt von hier aus das System Schule, und ihre Erfahrungen sind ihr ein Schatz.
- einen Klappstuhl für sich als Mutter von schulpflichtigen Kindern. Mal sitzt sie drauf und freut oder ärgert sich, mal klappt sie ihn zusammen, geht in Distanz zur Schule und ist erleichtert, dass sie Mutter und nicht die verantwortliche Lehrerin ist.
- einen Sitzball für ihre eigenen Erfahrungen als Schülerin. Der Ball rollt wie zufällig hin und her zwischen dem Hocker der extremen Erfahrungen und dem mütterlichen Klappstuhl. Als Dreiergespann ist das ein mächtiges Gebilde.

- schließlich einen Schaukelstuhl für sich als Supervisorin. Weit ab von den anderen findet sie für diesen einen Platz im Raum. Sich hineinsetzen, das Sitzen spüren, die Aufrichtung und den Atem: Zuhören, Zulassen, Annehmen.

Sie holt den Stuhl der Expertin heran („ohne den fühle ich mich unsicher“). Wie weit entfernt, wie nah dran ist der richtige Platz? Sie stellt den Stuhl auf den Schaukelstuhl der Supervisorin und stellt fest: Expertenrolle plus Supervisorin = Macht, Gefahr der Besserwisserei und Belehrung.

Das Dreiergespann rückt sie weit weg, aber so, dass sie es im Blick behalten kann („ich will profitieren von den Erfahrungen, aber nicht abhängig sein von Emotionen“). Der Expertenstuhl kommt in angemessene Entfernung hinter den Schaukelstuhl („ab und zu auf mein Expertentum zurückgreifen können“).

Jetzt stimmt die Anordnung. Die Supervisandin überblickt ihre Rollen im Raum. Eine experimentierende Entdeckungsreise durch den Reichtum, die Gefahren und Chancen ihrer Rollen geht zu Ende. Leicht und genussvoll war sie, verbunden mit viel lachendem Erkennen.

### Kommentar

Bei der Arbeit mit Stühlen erlebe ich wenig Widerstand oder Hemmungen bei den SupervisandInnen, wenig Angst, sie könnten ihre Kontrolle verlieren. Stühle sind so selbstverständliche, allen gewohnte Gegenstände, da wird nicht lange gezögert, da wird zugepackt, aufgestellt, verstellt, gearbeitet. Vorerst werden sie eher als Platzhalter für Personen genutzt. Das Zögern kommt, wenn die Supervisorin stoppt, z.B. mit der Intervention: „ Ihre Hände greifen jetzt zum nächststehenden Stuhl, Ihre Augen sind aber bei dem Sitzelement aus Pappe da drüben. Welcher passt denn nun besser für Ihren Chef?“ Solch eine Frage bewirkt den ‚Verlust der Unschuld‘ im Moment der Bewusstwerdung, jetzt folgt eine zweite Entscheidung für diese Art zu arbeiten, unter der bewussten Einbeziehung der Stühle als Symbole. Und dann ist Raum da, der Lust nachzugehen, dem Unbewussten seine Informationen zu entlocken.

## Organisationskulturen/Arbeitsfelder: Kinder- und Jugendhilfe und Arbeit mit Drogenabhängigen

Des weiteren sind Alltagsgegenstände als Symbole zu nutzen für die Analyse und das Bewusstwerden von Kulturen, Besonderheiten, eingefahrenen Gewohnheiten einer Organisation, einer Einrichtung, eines Teams, d.h., es lassen sich diese über Symbole in den Organisationen selbst erforschen.

Die Supervisorin stellt dem Team einer Notaufnahme für Kinder und Jugendliche zu Beginn einer neuen Supervision nacheinander folgende Fragen: Was wären für einen fremden Besucher Erkennungszeichen dafür, dass er sich in einer Notaufnahme befindet, d.h. was sind Symbole für die hohe Fluktuation dieser Einrichtung? Und an welchen Gegenständen würde er sehen, welche Altersstufe hier gerade lebt? Woran wird ihm deutlich, dass im Team nur Frauen arbeiten? Anhand welcher Symbole merkt er, dass das Team schon über Jahre unverändert in dieser Zusammensetzung arbeitet? Was sind Symbole der Gegenreaktion auf die hohe Fluktuation? ...

Während der Suche nach den passenden Symbolen bekommt das Team plötzlich wieder den Außenblick. Die Kolleginnen wandern innerlich durch Raum und Zeit (durch die Räume der Einrichtung, den Tagesablauf und den Lauf der Verweildauer eines Jugendlichen von der Aufnahme bis zum Abschied). Sie werden neugierig auf die Symbolwahl der Kolleginnen und werden sich ihrer Muster bewusst. Dadurch entsteht die Erkenntnis, wie wenig transparent vieles in der Einrichtung für neue Jugendliche ist und was sie in ihren Aufnahmegewohnheiten verändern könnten und sollten.

Und ein letztes Beispiel:

Das Team einer ambulanten Einrichtung für Drogenabhängige wurde von der Supervisorin aufgefordert, einen Gegenstand zu finden, der für sie die Einrichtung symbolisch repräsentiert und sich auf einen zu einigen. Das Team wählte nach längerer Diskussion hierfür die Kaffeemaschine und fand für sich heraus: „In der Kaffeemaschine drückt sich unser Wohlbefinden aus, und wir halten uns an ihr fest, wenn es uns schlecht geht. Durch sie entsteht Kontakt im Team und zu den Drogenabhängigen. Der Kaffee für die neuen Besucher gehört für uns zur Kontaktaufnahme, und im Umgang der Stammbesucher mit der Maschine drückt sich deren Vertrautheit und Verbundenheit aus. Sie symbolisiert *unsere* Sucht. Und sie ist ein Spiegel für das Arbeitsfeld: Wir trinken immer zu viel Kaffee, mehr als uns gut tut, können keine Grenzen einhalten – wie unsere Besucher -, tun uns ständig etwas an mit dem Zuviel."

Kommentar

Die Kaffeemaschine als Symbol für die Dynamik einer Einrichtung, für die Spiegelung des Arbeitsfeldes, für die Beziehungen im Team und zum Klientel und ein Instrument zur Selbstkenntnis. Zu den sichtbaren Symbolsystemen einer Einrichtung gehören ebenso Kleidung, Rituale, Möblierung, Sprache, Umgangsformen ... Alles lässt sich wie die Kaffeemaschine für die Arbeit nutzen. Sie zu kennen fördert die Teamentwicklung und den professionellen Umgang mit dem Klientel.

Beim Entdecken und Entwickeln von Symbolen in der eigenen Einrichtung wandert die Vorstellung zwischen dem Innen- und dem Außenblick hin und her. Diese Bewegung zwischen Innen und Außen bei der Arbeit mit Symbolen scheint mir ein wesentlicher und notwendiger Motor für Veränderungsbereitschaft zu sein.

## 5. Diese Methode ist nichts für mich

Die Spannung zwischen sinnlicher Anschauung
und geistiger Bedeutung von Symbolen ist ein
bedeutsamer Zugang zur Lösung von Beratungsfragen.
*Manfred Lurker*

Nach dieser Fülle einleuchtender Fallbeispiele werden Sie sich fragen: Gibt es nicht auch Abwehr? Lassen sich denn alle SupervisandInnen auf diese Art zu arbeiten ein?

Nein. Einigen macht die Erfahrung, dass die Kontrolle bei der intuitiven Symbolauswahl zeitweilig in den Hintergrund tritt, dass sie Entdeckungen über sich machen könnten, für die sie nicht bereit sind, Angst. Und diese Angst äußert sich in Sätzen des Selbstschutzes wie „mit dieser Methode konnte ich noch nie etwas anfangen". Sie verweigern sich der Aufforderung, Symbole zu wählen. Dieser Widerstand gilt nicht nur der Arbeit mit Symbolen, sondern jeder handlungsorientierten Methode, und diese Weigerung muss von der Supervisorin akzeptiert werden. „Der ablaufende Prozess stellt offensichtlich die bisherige Routine mancher SupervisandInnen so infrage, dass sie sich wehren. Diese Abwehr ist angemessen und sinnvoll, solange sie eine Überforderung verhindert und berechtigte Interessen schützt" (*Buer* 1999, S. 102). Der Respekt der Supervisorin vor dieser Haltung zeigt sich in ihrem Angebot anderer Wege zur Bearbeitung einer Fragestellung und in ihrem Anerkennen, dass die Symbolarbeit nur eine von vielen Möglichkeiten ist. Die Akzeptanz der Supervisorin gegenüber der Weigerung, ein Symbol zu wählen, ist der beste Weg, auch bei dieser Supervisandin (vor allem wenn es nur *eine* Person aus einem Team ist), Neugier auf das Regal zu wecken.

Auf der anderen Seite kann es auch geschehen, dass SupervisandInnen sich in den Symbolen verlieren. Durch die oben beschriebene ‚Überschussbedeutung' (*Kast*) können sich andere Bedeutungen in den Vordergrund drängen, die das Thema verändern, ihm eine andere Richtung geben. Dann ist es Aufgabe der Supervisorin als Lenkerin des Prozesses, diesen immer wieder auf die Anfangsfrage zu beziehen und mit den SupervisandInnen zu erforschen, ob die Abweichung eine sinnvolle ist.

Was bleibt noch zu ergänzen?

Vielleicht noch ein Blick auf meine Rolle und meine Haltung als Supervisorin bei der Arbeit mit Symbolen. Mein Herz schlägt für diese Art zu arbeiten, das ist in diesem Beitrag wohl deutlich geworden. Der Respekt vor Symbolen und den auswählenden SupervisandInnen steht an erster Stelle. Auch ich gehe beim Anbieten und Nutzen von Symbolen wie die SupervisandInnen weitgehend intuitiv vor und denke erst anschließend, zusammen mit ihnen, über das Geschehene nach. Trotzdem entsteht eine Machtungleichheit. Wie bei jeder handlungsorientierten Methode – die von den SupervisandInnen ein Einlassen auf den Prozess fordert – wird der Supervisorin mit diesem Einlassen eine Machtposition gegeben. Diese muss sie im Laufe des Prozesses an die SupervisandInnen und in deren Selbstverantwortung zurückgeben. „Diese Macht muss zur Ermächtigung der SupervisandInnen eingesetzt werden, so dass aus einer Machtasymetrie am Anfang des Prozesses am Ende eine Machtbalance entsteht" (*Buer* 1999, S. 103). Für diesen Weg braucht es einen Raum gegenseitigen Vertrauens.

Dieses wird auch mitgetragen von der Atmosphäre bei der Symbolauswahl.

Deshalb sortiere und ordne ich mein Symboleregal immer wieder neu und bin immer auf der Suche nach brauchbaren Gegenständen. Beim Auswählen und Anbieten von Gegenständen als Symbole verlasse ich mich auf meine Erfahrung. Diese ist Teil meiner Fachlichkeit als Supervisorin, die ich den SupervisandInnen zur Verfügung stelle.

Ich möchte den SupervisandInnen Zeit vermitteln für den Prozess, vom Bild im Kopf zu assoziativen Bildern aller Sinne zu kommen, Zeit für das Überspringen des Funkens 'ich lasse mich ein'. Einige greifen sehr schnell zum Symbol; mir obliegt es dann, den langsamer Wählenden das Gefühl zu vermitteln, dass jede und jeder soviel

Zeit hat wie nötig. Sich Zeit zu lassen und trotzdem intuitiv zu wählen, kann manchmal zu einem Widerspruch werden, denn über den Zeitfaktor schleicht sich leicht das Denken wieder in den Prozess des Wählens. Die Aufforderung, den Blick ‚unscharf' über die Gegenstände wandern zu lassen, unterstützt das intuitive Wählen. Ich sorge auch dafür, dass die gewählten Symbole eine ‚Bühne' bekommen, einen Raum der Aufmerksamkeit, in dem sie ihre Kraft und Bedeutung entfalten können. In Gedanken wähle ich oft mit, entsprechend der Bilder, die bei mir entstanden sind während der Bearbeitung. Die Diskrepanz zwischen meiner Wahl und der der SupervisandInnen erzählt mir so ganz nebenbei etwas über diese, über den Prozess und über mich.

Wie bei dem goldenen Puppenkleid.

## Literatur

*Baur, W.* (1980): Lexikon der Symbole. Wiesbaden.
*Bernedetti, G., Rauchfleisch, U.* (1988): Welt der Symbole. Göttingen.
*Buer, F.* (1999): Lehrbuch der Supervision. Münster.
*Cassirer, E.* (1960): Was ist der Mensch? Stuttgart.
– (1994): Philosophie der symbolischen Formen. Darmstadt.
*John, R.* (1995): Ein Bild sagt mehr als tausend Worte. Hille.
*Jung, C.G.* (1968): Der Mensch und seine Symbole. Olten.
*Kast, V.* (1990): Die Dynamik der Symbole. Olten.
*Langer, S.* (1987): Philosophie auf neuem Wege. Frankfurt.
*Lurker, M.* (1990): Die Botschaft der Symbole. München.
– (1990): Wörterbuch biblischer Bilder und Symbole. München.
– (1991): Wörterbuch der Symbolik. Stuttgart.
*Mohr, G.H.* (1971): Lexikon der Symbole. Köln.
*Moser, B.* (1986): Bilder, Zeichen und Gebärden. München.
*Paul, I.* (1990): Rituelle Kommunikation. Tübingen
*Riedel, I.* (1986): Formen. Solothurn.
*Turner, V.* (1989): Das Ritual. Frankfurt.
*Wittlich, B.* (1965): Symbole und Zeichen. Bonn.

*Ferdinand Buer*

# Typische Handlungsmuster in Arbeitsorganisationen

## Eine soziologisch-soziodramatische Interpretationsfolie für die Supervision

## Prolog

Supervision hat immer schon die Berufstätigkeit ihrer Adressaten aus den Sozialen Dienstleitungsorganisationen im Spannungsfeld von Person, Rolle und Institution gesehen. Mit der zunehmenden Einbeziehung von SupervisorInnen in Personal- und Organisationsentwicklungsprozesse in Unternehmen und Behörden (*Ingerfeld, Berker* 1995, → *Weiß*, → *Schwitalla*; *Leffers* 1998, *Pühl* 2000), wie der verstärkten Durchsetzung von Management-Denken auch in Sozialen Organisationen (*Gehrmann, Müller,* 1993, *Merchel* 1995, *Badelt* 2002) geraten aber die Organisationen, in der die SupervisandInnen tätig sind, als Untersuchungsgegenstand viel deutlicher ins Blickfeld als bisher (*Belardi* 1992, *Buchinger* 1997, *Scala, Grossmann* 1997). Supervision mit Einzelnen und Gruppen *außerhalb* von Organisationen, also ohne Auftrag und Finanzierung durch den Arbeitgeber, wird vermehrt relativiert durch Supervision *in* Organisationen, bei der die Leitung der Organisation in den Supervisionskontrakt einbezogen ist (*Rappe-Giesecke* 1996a).

Parallel zu dieser Entwicklung hat sich die klassische Form der Teamsupervision ausdifferenziert. Sie reduzierte sich auf einen Sonderfall innerhalb der *Organisationssupervision,* die heute nicht nur die Supervision von klassischen Teams umfasst, sondern auch von den verschiedensten Subsystemen in Organisationen, sei es der Leitung, einer Berufsgruppe, einer Projektgruppe oder einer Abteilung (*Weigand* 1996). Damit nähert sich die Supervision der Organisationsberatung: Während aber die Organisationsberatung die Entwicklung der Gesamtorganisation zur Aufgabe hat, einschließlich die Verbesserung der instrumentellen Organisation der Arbeitsabläufe (*Wimmer* 1992), hat die Organisationssupervision nur Teile der Organisation im Blick und soll deren Leistung im Rahmen der Gesamtorganisation sichern oder verbessern (*Gotthard-Lorenz* 1989, 1996, 1997, 2000).

Im Kontext dieser Entwicklung wurde der bisher vorherrschende sozialpsychologische Diskurs überlagert von einem wirschaftswissenschaftlichen mit der Folge, dass dem Institutionsbegriff der Organisationsbegriff an die Seite gestellt wurde, ohne deren Verhältnis zu klären. Ich vertrete eine Konzeptualisierung, die *Organisation* als Spezialfall von *Institution* auffasst. Dann ist *Institution* das (mehr oder weniger verfestigte) Ergebnis von Institutionalisierungsprozessen, die durch Habitualisierung, Typisierung und Objektivierung aus Handlungsprozessen entstehen (s.u.). Institutionalisierung menschlichen Lebens ist ein notwendiger Prozess, der der Entlastung von Dauerregelungsstress dient, aber auch zur Belastung führen kann, wenn zuviel verregelt wurde. Der *Institutionalisierung* (Strukturierung) steht also immer die *spontane Flexibilisierung* (Prozessualisierung) gegenüber (→ *Buer*, Einführung). Eine *Organisation* ist dann das (mehr oder weniger verfestige) Ergebnis von Institutionalisierungsprozessen zweckbezogener Tätigkeiten von Großgruppen. Handelt es sich bei diesen Tätigkeiten um Arbeitsverhältnisse, spreche ich von *Arbeitsorganisationen*. Von diesem *institutionellen* Organisationsbegriff ist der *instrumentelle* Organisationsbegriff zu unterscheiden, der die technologische Organisierung von Arbeitsabläufen meint (*Schreyögg, G.* 1996, S. 4ff.). In der Supervision geht es immer um die *Arbeitsorganisation als Institution* mit einem abgrenzbaren Territorium und einer spezifischen Arbeitswelt. Es ist also ein sozialwissenschaftlicher Blick vonnöten, der Sozialpsychologie und Wirtschaftswissenschaft verbindet.

In diesem Beitrag möchte ich eine Interpretationsfolie vorstellen, eine *Brille* (*Schreyögg, A.* 1994), die einen solchen sozialwissenschaftlichen Blick auf Organisationen ermöglicht. Dabei gehe ich davon aus, dass auch Arbeitsorganisationen durch Handlungen ihrer Mitglieder produziert und reproduziert werden: Wird das Organisationshandeln verweigert, findet die Organisation nicht statt. Bei der Organisation von Arbeit bilden sich auf die Dauer Muster heraus, die die spezifische Arbeitswelt einer bestimmten Organisation kennzeichnen. Da diese Muster von allgemeinen gesellschaftlich geprägten Mustern mitbestimmt werden, kann man davon ausgehen, dass sich solche allgemeinen Muster konstruieren lassen, die in allen Arbeitsorganisationen einer bestimmten Gesellschaftsepoche wiedergefunden werden können, mit spezifischen Vor- und Nachteilen für die Arbeitswelt einer Organisation. Interessant ist dann ihre spezifische Ausprägung, Variation und Mischung. Eine solche Typologie von Handlungsmustern in Arbeitsorganisationen hat für Berater den Vorteil, sich nicht je neu eine angemessene Brille konstruieren zu müssen, aber auch den Nachteil, nur das sehen zu können, was die mitgebrachte Brille durchlässt (*Walter-Busch* 1996, S. 13ff.). Diese Brille sollte also durchaus auch mit anderen Brillen ausgetauscht werden. Die hier vorgestellte Interpretationsfolie basiert auf sozialwissenschaftlichem Wissen und ist spezifisch für die Betrachtung von Organisationen zugeschnitten. Ob sie im Rahmen von Supervision oder Organisationsberatung zur Diagnose von Ressourcen und Defiziten im Organisationshandeln und zur Planung und Orientierung von Interventionen zur Steuerung der ablaufenden Institutionalisierungs- und Flexibilisierungsprozesse nützlich ist, kann nur durch einen differenzierten Evaluationsprozess vieler konkreter Anwendungsexperimente beurteilt werden. Dazu möchte ich einladen. In meiner Praxis jedenfalls ist diese Brille inzwischen unverzichtbar geworden.

Bevor ich aber diese Typologie vorstellen kann, möchte ich zunächst meine Organisationstheorie skizzieren. Denn nur auf dieser Basis wird die Typologie verständlich und ihre praxeologische Verwendung handhabbar.

## 1. Die Organisation als interaktive Inszenierung

Da diese Theorie für die Supervision nützlich sein soll, muss ein Ansatz mittlerer Reichweite gewählt werden, der in etwa einem Feld entspricht, wie es von den Beteiligten in diesen Prozessen eröffnet wird. Es ist also weder sinnvoll, makrosoziologische Theorien heranzuziehen, etwa funktionalistische oder systemtheoretische Ansätze, die die Menschen in Organisationen nur als *Elemente* eines Gesamtzusammenhangs konstruieren können. Noch wäre es angemessen, persönlichkeitstheoretische Zugänge zu wählen, die zwar noch Auswirkungen von Einzelpersönlichkeiten auf das Organisationshandeln aufzeigen können, aber wohl kaum die Vernetzung dieser Wirkungen. Hier bietet sich nun eine mikrosoziologische Perspektive an, die zudem Institutionalisierungs- wie Flexibilisierungsprozesse gleichermaßen thematisieren kann: die Handlungstheorie (*Miebach* 1991). Sie geht davon aus, dass soziale Wirklichkeit nicht allein im Kopf konstruiert wird, wie das der radikale Konstruktivismus annimmt, sondern durch Handlungsprozesse, die nicht nur individuell, sondern immer auch sozial geprägt sind und vor allem auch unerwartete Wirkungen auf andere Akteure haben können, also keineswegs als vollständig plan- und steuerbar angesehen werden können. Man wird mit ihnen konfrontiert, ohne sie genau vorhersehen zu können.

Handlungsprozesse finden immer in Beziehung zu anderen Akteuren in bestimmten Situationen statt: Handlungsprozesse sind szenisch modelliert (*Varela u.a.* 1992). In Auseinandersetzung mit der Szenerie versuchen die Akteure ihre szenischen Entwürfe umzusetzen und machen dabei szenische Erfahrungen. Wenn wir davon ausgehen, dass Organisationen zweckorientierte Institutionen sind, dann ist das Organisationshandeln noch einmal in besonderem Maße als intentional gestaltet zu betrachten. Ich möchte hier also Organisation als interaktive Inszenierung betrachten. Das hat zudem den Vorteil, dass diese Perspektive mit der psychodramatischen Sicht *Morenos* kompatibel ist und gute Skripts für eine psychodramatische Rekonstruktion durch Reinszenierung anbietet (→ *Buer* Methoden). Diese Organisationstheorie steht in der Tradition der interpretativen Soziologie (*Eickelpasch* 1994) und spezieller, einer qualitativen Organisationsforschung (*Walter-Busch* 1996, S. 253ff.).

Voraussetzung für Institutionalisierungsprozesse ist die Entwicklung von Gewohnheiten, *Habitualisierungen* des Handelns, die von den Akteuren wechselseitig abgestimmt werden (*Berger, Luckmann* 1980; *Luckmann* 1992). Diese Routinen entlasten die Handelnden davon, ständig neue Problemlösungen zu finden und ihr Handeln ständig neu auszutarieren. Dabei entstehen soziale Beziehungen, die durch die erwartbare Wiederkehr erfolgreichen sozialen Handelns geprägt sind. In diesen *InterAktionen* schleifen sich typische Verhaltensmuster ein, die wir als *Rollen* bezeichnen. Werden diese Rollen von anderen übernommen, ohne dass sie sie selbst entwickelt hätten, so treten diese ihnen quasi objektiv gegenüber. In dem Moment, wo solche verobjektivierten Handlungsmuster auf Dauer gestellt werden zur Lösung gesellschaftlich bedeutsamer Probleme, können wir von einer *Institution* sprechen. Diese Institution kann sich materialisieren in einem bestimmten Territorium mit Gebäuden und spezifischer Ausstattung sowie (schriftlich) fixierten Verhaltensregeln. Kommen Personen in dieses Territorium, so werden sie automatisch einem bestimmten Erwartungsdruck ausgesetzt, auf bestimmte Weise zu handeln. Wenn diese Erwartungen, Regelungen und Muster nicht mehr als von Menschen geschaffen und aufrechterhalten angesehen werden, sondern quasi als sachliche Gegebenheiten, können wir von *Verdinglichung* sprechen. Der Mensch erlebt sich in diesem Kontext als fremdbestimmt (Entfremdung). Institutionen normieren also das Handeln ihrer Mitglieder bzw. ihrer Adressaten und können ggf. Abweichungen sanktionieren. Um diese Herrschaftsverhältnisse zu sichern, werden Legitimationsstrategien eingesetzt von einfachen Versicherungen „Das macht man so“ bis hin zu elaborierten Legitimationstheorien und ausgestalteten symbolischen Sinnwelten. Auf der anderen Seite werden durch Institutionen die Errungenschaften vergangener Generationen gesichert und können vergleichsweise leicht angepasst und genutzt werden. Nur auf dieser Basis ist überhaupt eine menschenwürdige Lebensqualität denkbar. Diese spannungreiche Dialektik von Belastung und Entlastung kennzeichnet alle institutionalisierten Lebensräume. Da Schaden und Nutzen von Institutionen ungleich verteilt sind, sind Institutionen immer auch Räume der Auseinandersetzung um eine andere Ausbalancierung.

Eine Institution bleibt am Leben, solange die Gesellschaft ihr die notwendigen Ressourcen zur Verfügung stellt. Das wird fraglich, wenn sie ihren Beitrag zur Lösung gesellschaflich wichtiger Aufgaben nicht mehr ausreichend legitimieren kann, jedenfalls in den Augen derjenigen, die über die Ressourcen verfügen. Da Institutionen Dauereinrichtungen sind, passen sie sich eher an, als dass sie sich ihrer Legitimationsgrundlage berauben lassen. Der Verfestigungstendenz steht also immer eine Flexibilisierungstendenz gegenüber, die die Institution den jeweils neuen Anforderungen der Umwelt (wie ihrer Mitglieder) anpassen will. Von ihren Mitgliedern ist also nicht nur routinisiertes, d.h. bewährtes und erwartbares Handeln gefordert, sondern auch eine kreative Akkomodation an neue Gegebenheiten. Da diese Gegebenheiten von den Mitgliedern einer Institution unterschiedlich erkannt, bewertet und vorhergesehen werden und zudem die vorhandenen Ressourcen unterschiedlich eingeschätzt werden können, sind die tatsächlichen InterAktionen innerhalb einer Institution keineswegs einfach zu durchschauen. *Schülein* (1996, S. 154) fordert daher zurecht: „Institutionen müssen als *stabile Relation* in einem *dynamischen und kontingenten Prozess* verstanden werden, als eine nicht selbstverständliche Fest-Stellung von Realität angesichts von Alternativen und Veränderungen".

Das alles trifft nun auch auf Arbeitsorganisationen zu. Das sind Institutionen, die die notwendige Arbeit so organisieren sollen, dass der gesellschaftliche Bedarf an Gütern und Dienstleistungen gedeckt ist. Arbeitsorganisation als Institution lebt von den Rollen, die in ihrem Rahmen gespielt werden. Sie sind nicht nur Ausdruck individueller Handlungsgestaltung durch die Rollenträger, sondern repräsentieren immer auch spezielle Erwartungen der Institution. Man kann sogar sagen: Die Arbeitsorganisation ist (als lebendige) nur existent in den tatsächlichen Rollenspielen ihrer Mitglieder. So können *Berger & Luckmann* (1980, S. 79) schreiben:

> „Nur in ihrer Repräsentation durch Rollen manifestiert sich die Institution als wirklich erfahrbar. Mit ihrem Ensemble ‚programmierter' Handlungen ist sie so etwas wie ein ungeschriebenes Textbuch eines Dramas, dessen Aufführung von der immer wiederkehrenden Darstellung vorgeschriebener Rollen durch lebendige Akteure abhängt. Die Schauspieler verkörpern ihre Rollen und vergegenwärtigen das Drama auf vorgegebener Bühne".

Durch die Rollenübernahme und ihre kreative Ausgestaltung bewegen sich ihre Spieler in einem institutionalisierten Wissensfeld, das ihr Handeln kognitiv und affektiv formiert. Zwar können sich die Akteure auch von ihrem Rollenspiel innerlich distanzieren. Innerhalb des Einflussbereichs der Institution müssen sie aber ihre Rollen spielen, wie der Schauspieler auf der Bühne eine Rolle spielen muss, ob er will oder nicht. Entscheidend ist also nicht, ob das jeweilige Rollenspiel mit dem „Selbst" des Spielers übereinstimmt, sondern ob das Spiel seine beabsichtigte Wirkung erzeugt.

Der Sozialforscher, der diesen Aspekt ins Zentrum seiner Analysen gestellt hat, war *Erving Goffman* (*Hitzler* 1992). In dieser dramaturgischen Perspektive geht es darum, die Handlungen als interaktive Inszenierungen zu begreifen, die bestimmte Wirkungen auf ein Publikum haben sollen, seien es die Adressaten oder bestimmte Teilgruppen der jeweiligen Organisation. *Goffman* (1969) unterscheidet dabei zwischen Hinter- und Vorderbühne. Auf der Hinterbühne wird von einem geschlossenen Ensemble von Darstellern eine bestimmte Inszenierung mit den entsprechenden Rollen abgesprochen und vorbereitet, um dann auf der Vorderbühne vor einem ausgewählten Publikum mit Anstand und Höflichkeit bestimmte Handlungen durchzuführen. Der Zugang zur Hinterbühne wird dabei kontrolliert, um die Zuschauer daran zu hindern, die geheimen Absprachen und Strategien zu durchschauen. Auch muss der Zugang zur Vorderbühne unter Kontrolle gehalten werden, damit nicht taktlose Zuschauer die Aufführung stören können. Auf den Territorien aller Arbeitsorganisationen gibt es solche Hinterbühnen, sei es das Vorstandszimmer, sei es die Kantine, der Pausenraum oder die Toilette. Manchmal wird die Hinterbühne aber auch nach außen verlegt, in eine Privatwohnung, eine Kneipe oder einen Golfplatz. Als Vorderbühnen eignen sich repräsentative Räume, deren Zugänge kontrolliert werden können: also Sprechzimmer, Gruppenräume, Konferenzsäle. Störungen können dadurch auftreten, dass Ensemblemitglieder aus der Rolle fallen und doch etwas von den Geheimnissen der Hinterbühne preisgeben oder dass einzelne Zuschauer durch Kontakte mit einigen Ensemblemitgliedern mehr wissen, als sie wissen sollten und das auch in ihren Reaktionen zeigen. Die anderen Teile sowohl des Ensembles wie des Publikums versuchen dann normalerweise, das Spiel zu retten durch Anwendung ritualisierter Techniken. Gerade in Sozialen Dienstleistungsorganisationen, in denen nicht materielle Güter hergestellt werden, ist die „Eindrucksmanipulation" nicht nur gegenüber den Adressaten und der Öffentlichkeit von zentraler Bedeutung, sondern auch gegenüber Vorgesetzten und Untergebenen (*Neubert* 1992) wie zwischen verschiedenen Abteilungen. Mit der Unterscheidung in Hinter- und Vorderbühne hat *Goffman* ein wichtiges Modell eingebracht, das erlaubt, offene und verdeckte Prozesse in Arbeitsorganisationen zu beschreiben (*Schülein* 1996, S. 164f.). Daneben hat er mit seiner breit rezipierten Analyse „totaler Institutionen" (*Goffman* 1973) wichtige Zugänge zur Untersuchung von geschlossenen Anstalten wie Gefängnissen, Psychiatrischen Krankenhäusern und Wohnheimen mit stark behinderten und pflegebedürftigen Personen eröffnet, die für die Supervision besondere Anpassungsleistungen erfordern (*Möller* 1997; *Schnell* 1997).

Macht in Organisationen zeigt sich nach *Goffman* in der Wirksamkeit von Inszenierungen. Dieses Verständnis ist vor allem im Mikropolitik-Ansatz weiter ausgearbeitet worden (*Küpper, Ortmann* 1988; *Neuberger* 1995; *Heinrich, Schulz zur* Wiesch, 1998, *Küpper, W., Felsch, A.* 2000, *Schreyögg, G.,* 1996,S. 413ff.). Unter Mikropolitik versteht *Neuberger* (1994, S. 261) dabei „das Arsenal jener alltäglichen ‚kleinen' (Mikro-!)Techniken, mit denen Macht aufgebaut und eingesetzt wird, um den eigenen Handlungsspielraum zu erweitern und sich fremder Kontrolle zu entziehen". Dabei geht es um Strategien und Taktiken wie Drohen und Bestrafen, rational Argumentieren, Appell an höhere Autoritäten, Koalitionsbildung, persönliche Attraktivität, Idealisierung und Ideologisierung. Eine der Leitmetaphern dieses Ansatzes ist das Wettkampfspiel (*Neuberger* 1988). Bei diesen *games* in Organisationen geht es um die regelgebundene und zielbewusste Auseinandersetzung mit Aufgaben oder Menschen. Diese Spiele sind *intersubjektive Ereignisse*, haben *Regeln*, können trotzdem mit einem gewissen *Freiheitsgrad* beeinflusst werden, verfolgen einen bestimmten *Zweck*, haben *Wiederholungscharakter*, sind auf bestimmte Handlungssequenzen *begrenzt*, changieren zwischen *fiktional* und *real*, finden in *Koalitionen* und *Gegnerschaften* statt, zeichnen sich durch *Spannungsauf- und abbau* aus, differenzieren die Mitspieler nach *Position, Funktion und Rollen* und haben eine sozial geregelte *Zeitstruktur (Neuberger* 1995, S. 202f.). *Mintzberg* (1983, S. 183-216) hat fünf Gruppen von Spielen unterschieden:

- Spiele, in denen Widerstand gegen Autorität geleistet wird,
- Spiele gegen Widerstands-Spiele,
- Spiele zum Aufbau von Macht,
- Spiele zur Bekämpfung von Rivalen,
- Spiele zur Realisierung organisationalen Wandels.

Insbesondere *Crozier* und *Friedberg* (1979) zeigen in ihrer Organisationstheorie, wozu die Spielmetapher nützlich ist: Sie vermittelt zwischen dem Verständnis einer Organisation als einem Zwangsapparat, der die Rollen der Mitarbeiter genau definiert, und dem Verständnis einer Organisation, die alle Handlungen als kontingent und das Geschehen insgesamt als chaotisch betrachtet. Die Akteure wollen frei ihre Spiele spielen, sehen sich aber dabei veranlasst, bestimmte Regeln einzuhalten, weil sonst das Spiel ganz schnell zusammenbrechen kann. Organisationen werden dann als soziale Konstruktionen gesehen, die auf der einen Seite Zwänge schaffen,

„die sich zu gegebener Zeit allen Mitgliedern einer Organisation auferlegen, selbst den Leitungskräften, die sie geschaffen haben; aber andererseits sind sie selbst nur Produkt früherer Kräfteverhältnisse und Feilschbeziehungen. In gewisser Weise sind sie die *provisorische und immer kontingente Institutionalisierung* der Lösung, die relativ freie Akteure mit ihren Zwängen und Ressourcen, kurz, mit ihren augenblicklichen Verhandlungsfähigkeiten, für das schwierige Problem der Kooperation im Rahmen eines finalisierten Ganzen gefunden haben. Und als solche sind sie weder neutral noch unbestritten" (*Crozier, Friedberg* 1979, S. 64f.)

Inszenierte Spiele lassen sich fassen als konkret erfahrbare Ausdrucksweisen von Umgangs- und Arbeitsstilen in Organisationen. Diese wiederum sind abgesichert in symbolischen Sinnwelten, deren Werte sich offen oder unterschwellig in Handlungsnormen und Spielregeln niederschlagen sowie in der Gestaltung der materiellen Umwelt. Für diese symbolischen Sinnwelten wird in der angloamerikanischen Tradition auch der Begriff der *Kultur* verwendet. Insoweit in der aktuellen Debatte um Organisations- oder Unternehmenskultur dieser Kulturbegriff vertreten wird, sind Erkenntnisse und Konzepte aus diesem Ansatz auch für meine Argumentation anschlussfähig (*Schmidt, Berg* 1995, S. 385ff.; *Schreyögg, A.* 1995; 1996a; *Schreyögg, G.* 1996, S. 426ff.).

Der Ansatz von *Ed Schein* (1995) unterscheidet zwischen drei Analyse-Ebenen: Den Kern der Organisationskultur stellen die Basisannahmen dar, die den Organisationsmitgliedern zumeist unbewusst sind und nirgends direkt greifbar sind. Diese Sinnsysteme enthalten Annahmen über die Umwelt der Organisation, die Wahrheitsauffassungen und Zeitvorstellungen der Mitglieder, über den Sinn menschlichen Handelns und sozialer Beziehungen. Diese Annahmen repräsentieren das „organisatorische Weltbild" der Mitglieder, das sich in Werten, Verhaltensstandards, Normen und Spielregeln zeigt. Diese können von den Mitglieder häufig benannt werden und sind z.T. auch als Maximen, Richtlinien und Verbote schriftlich fixiert. Die Basisannahmen und Normen zeigen sich in einem erfahrbaren Symbolsystem von Sprache, Ritual, Kleidung, Umgangform, Raumausstattung. Es wird davon ausgegangen, dass diese Basisannahmen, Normen und Symbolsysteme das Organisationshandeln stärker beeinflussen als die formale Organisationsstruktur, die ausgearbeiteten Managementkonzepte und die Planungs- und Steuerungssysteme (*Walter-Busch* 1996, S. 259ff.).

Organisationskulturen können monolithisch sein und sich durch Prägnanz, Verbreitungsgrad und Verankerungstiefe auszeichnen. Das kann sie schlagkräftiger machen, aber auch einseitig festlegen. Kulturen können aber auch durch ein Netz unterschiedlicher Subkulturen bestimmt sein. Das kann für die Zielerreichung kontraproduktiv sein, weil sich die Subkulturen gegenseitig behindern oder paralysieren. Das kann förderlich sein, wenn sie sich ergänzen und stützen. Bei größeren Organisationen scheint heute ein Mix verschiedener Subkulturen, die nur lose zusammenhängen, eher angemessen zu sein.

Organisation wird in meiner Sicht also zusammenfassend verstanden als mehr oder weniger prägnante Aufführung einer oder gar verschiedener Dramen auf einer begrenzten Bühne, die ein bestimmtes außenstehendes Publikum beeindrucken soll. Dabei kann es klassische Rollen geben, aber auch bisher nie gezeigte. Aber immer versuchen die Darsteller bestimmte Regeln zu setzen und einzuhalten, so dass ein Spiel zustandekommt, das das Publikum unterhält und den Spielern Unterhalt bietet. Innerhalb des Ensembles kann es dabei durchaus zu Wettkämpfen um die angenehmste Rolle kommen oder gar um die Position des Regisseurs, Stückeschreibers oder Produktionsleiters. Jede Inszenierung ist von bestimmten Basisannahmen der Beteiligten beeinflusst, von bestimmten Spielregeln und -stilen, die sich vor allem in der Ausstattung zeigt. Insofern hat jede Organisation ihre eigene Kultur.

Mit dieser Auffassung von Organisation ist der Ansatz von *J.L. Moreno* nahtlos kompatibel. Generiert aus dem Stegreiftheater in Wien nach dem Ersten Weltkrieg hat er seit den dreißiger Jahren in den USA seine Theaterkonzeption als Psychodrama in der Arbeit mit Psychisch Kranken eingesetzt und als Soziodrama in sozialen Umstrukturierungsprozessen. Während Psychodrama und Soziodrama in spielerischen Darstellungen eher die alltäglichen Inszenierungen zum Thema machen, lassen sich durch die Soziometrie informelle Ströme eines Beziehungsnetzes aufdecken, die die Inszenierungen unterschwellig beeinflussen (*Dollase* 1996). In Auseinandersetzung mit dem Symbolischen Interaktionismus hat *Moreno* eine Rollentheorie entwickelt, die für die Rollenanalyse in Organisationen nützlich ist (*Petzold*, 1982; *Frankl* 1992; *Buer* 1991; *Krotz* 1992). Mit seiner Rede von „Spontaneität, Kreativität und Konserve“ hat er darüber hinaus Grundzüge einer Theorie der Institutionalisierung und Flexibilisierung von Handlungsprozessen skizziert (*Stimmer* 1982; *Buer* 1996b):

In *Morenos* Modell sind Handlungsprozesse durch zwei zugleich ablaufende Zirkel bestimmt (*Buer* 1999, S. 117). Die vorgegebenen institutionellen Zwänge einer Organisation erzeugen beim Akteur auf der einen Seite Angst, die ihn zu den organisationsüblichen Routinen greifen lässt und somit das bewährte Handlungsmuster verfestigt. Zugleich erfordert der Eintritt in eine unbekannte Organisationskultur aber auch die spontane Erzeugung einer zusätzlichen, individuell gestalteten Rolle, eine kreative Leistung, die die vorgegebenen Muster mehr oder weniger verändert. Zudem können die in der Organisation schon vorhandenen konservierten Muster gute Starter darstellen, die Kreativität dieses neuen Mitarbeiters herauszufordern. Stellen Umwelteinflüsse neue Anforderungen, kann mit Angst und Konservierungsstrategien reagiert werden. Es kann aber auch ein kreativer Prozess der Akkomodation ausgelöst werden. In den soziometrisch-soziodramatischen Rekonstruktionsversuchen dieser Prozesse im Rahmen der Supervision werden die szenischen Konstellationen herausgearbeitet, die die Handlungsprozesse in eine unangemessene Institutionalisierung treiben, und die Konstellationen herausmodelliert, die eine Richtungsveränderung in einen kreativen Neugestaltungsprozess ermöglichen (*Moreno* 1981; 1989; 1996).

Diese Theorie der Organisation als interaktive Inszenierung bietet eine Alternative zu formalen Organisationstheorien, zu denen auch der systemtheoretische Ansatz zu rechnen ist, weil sie den Blick weg von abstrakten Annahmen auf das konkret erfahrbare Geschehen lenkt. Sie bietet eine Alternative zu radikal konstruktivistischen Theorien, weil sie die kognitiven Konstruktionen einbettet in Handlungszusammenhänge, deren Wirkungen durchaus manche Konstruktion plötzlich und unerwartet erschüttern können. Und mit der Fokussierung auf das *Handeln* in Organisationen wird ein Blickfeld freigelegt, für das Supervision explizit Zuständigkeit reklamieren kann.

## 2. Typische Handlungsmuster der Akteure

*Max Weber* hat schon 1922 in „Wirtschaft und Gesellschaft" mit seiner Bürokratietheorie der Organisationsforschung ein Modell geliefert, das über Jahrzehnte seine Gültigkeit für eine effektive und effiziente Organisationsstruktur behauptet hat (*Walter-Busch* 1996, S. 93-118). Bei genauerer Betrachtung hat aber *Weber* selbst die Geltung dieses Modells relativiert: Bürokratisches Verwaltungshandeln realisiert nur *einen* Typus legitimer Herrschaft, nämlich den der *legalen* Herrschaft. Daneben sind aber noch Typen *traditionaler* und *charismatischer* Herrschaft von Gewicht:

„Die charismatische Herrschaft ist, als das *Außer*alltäglich*e*, sowohl der rationalen, insbesondere der bureaukratischen, als der traditionalen, insbesondre der patriarchalen und patrimonialen oder ständischen, schroff entgegengesetzt. Beide sind spezifische *Alltags*-Formen der Herrschaft, – die (genuin) charismatische ist speziell das Gegenteil. Die bureaukratische Herrschaft ist spezifisch rational im Sinn der Bindung an diskursiv analysierbare Regeln, die charismatische spezifisch irrational im Sinn der Regelfremdheit. Die traditionale Herrschaft ist gebunden an die Präzedenzien der Vergangenheit und insoweit ebenfalls regelhaft orientiert, die charismatische stürzt (innerhalbe ihres Bereichs) die Vergangenheit um und ist in diesem Sinn spezifisch revolutionär... (Sie ist legitim, F.B.) nur soweit und solange, als das persönliche Charisma kraft Bewährung ‚gilt', das heißt: Anerkennung findet und ‚brauchbar' der Vertauensmänner, Jünger, Gefolge, nur auf die Dauer seiner charismatischen Bewährtheit" (*Weber* 1922, S. 141).

Da Arbeitsorganisationen als gesellschaftliche Institutionen als Herrschaftsapparate aufgefasst werden können, ist in ihnen schon nach *Weber* nicht nur mit rationalen Handlungsstrukturen, sondern ebenfalls mit irrationalen, charismatischen wie traditionalen, zu rechnen. Vor allem in den „Betriebsgemeinschafts- und Human Relations-Modellen" der Organisationsforschung zwischen 1925 und 1950 wurde die rein rationale Auffassung von Organisation ergänzt um die Einbeziehung emotionaler Bindungen (*Walter-Busch* 1996, S. 143-189). Ebenso dient die aktuelle Diskussion um Organisations- und Unternehmenskultur dazu, durch Propagierung einer gemeinschaftlichen Kultur eine affektive Identifikation mit dem Unternehmen zu erzeugen, die die Arbeitsmotivation erhöht und dabei möglicherweise die Arbeitszufriedenheit steigert (*Schreyögg, G.* 1996, S. 426ff.). Die Arbeit an der *Corporate Identity* einer Organisation in diesem Rahmen kann dabei durchaus Aufgabe der Supervision sein (*Rappe-Giesecke* 1996b).

Leider wird in dieser Diskussion meist dichotomisch gedacht: Der funktionalen Systemrationalität wird eine Gemeinschaftskultur gegenübergestellt. Und diese *Kultur* erscheint den einen als *kommunikativ zu rationalisierende Lebenswelt* á la *Habermas*, den anderen als *herkömmliche, traditionelle Weise*, zu denken und zu arbeiten (*Walter-Busch* 1996, S. 259ff.). Um diese markante Unterscheidung aber aufnehmen zu können, scheint es somit sinnvoll zu sein, die dualistische Betrachtung aufzugeben zugunsten einer triadischen. Damit würden wir auch wieder das Niveau erreichen, das uns schon *Weber* 1922 vorgegeben hat. Und es geht nicht um ein Entweder-Oder, sondern um ein Sowohl-Als-Auch.

Ich möchte zwischen drei Handlungsmustern unterscheiden: *Rationalität, Tradition* und *Engagement*. Sie sind entwickelt aus den drei gesellschaftlichen Beziehungsmodi: *Gesellschaft, Gemeinschaft* und *Bund*, wie sie *Tönnies* und *Schmalenbach* vorgeschlagen haben und auf die *Weber* in seiner Herrschaftssoziologie ebenfalls zurückgreift [1].

## 2.1 Zur Konstruktion der drei gesellschaftlichen Beziehungsmodi: Gesellschaft – Gemeinschaft – Bund

*Ferdinand Tönnies* unterscheidet 1887 in seinem grundlegenden Werk „Gemeinschaft und Gesellschaft“ zwischen zwei Arten der Verbundenheit in modernen sozialen Verhältnissen, der *Gemeinschaft* und der *Gesellschaft*. Die *Gemeinschaft* (z.B. Familie, Nachbarschaft, Dorf, Freundschaft) wird von emotionalen, intimen sozialen Beziehungen gekennzeichnet und ist durch traditionelle Werte und Gebräuche gesteuert. Die *Gesellschaft* hingegen (z.B. Zweckverband, Bürokratie, Großstadt) wird von individuellen Interessen und lockeren Sozialbeziehungen geprägt. Sie dient dem Erreichen bestimmter Ziele und kommt im rationalen Zweck-Mittel-Denken von Einzelmenschen zum Ausdruck (*Jacoby* 1971; *Deichsel* 1981; *Schäfers* 1983; *Strang* 1985). Aber schon bei *Tönnies* trägt der Gemeinschaftsbegriff zwei Gesichter: Auf der einen Seite bezeichnet er die untergehenden eher ganzheitlichen Sozialformen traditionaler Gesellschaften. Auf der anderen Seite sieht er in ihm genossenschaftlich-sozialistische Züge, die in die Zukunft weisen.

Diese Widersprüchlichkeit hat *Herman Schmalenbach* (1922) zu beseitigen versucht, in dem er zwischen *Gemeinschaft* und *Bund* differenziert. *Gemeinschaft* wird dann von ihm beschränkt auf durch Blutsbande und Traditionen vorgegebene Institutionen, während *Bund* auf Gefühlserlebnissen basiert, wie sie in der bündischen Jugendbewegung gang und gäbe waren. *Schmalenbach* meint mit diesen drei Kategorien keine substantiellen sozialen Gebilde. Vielmehr nimmt er sie als Beziehungsmodi, zu denen bestimmte soziale Institutionen eine besondere Affinität haben. Im Prinzip kann aber kein soziales Aggregat ohne einen Anteil an diesen drei Modi existieren.

> „Weder ‚Gesellschaft‘ noch ‚Bund‘ sind denkbar ohne zumindest weitere gemeinschaftsartig verbindende Grundlagen: Sprach-, Sitten-, Alters-Verwandtschaft oder irgendwelche noch fernere Gemeinsamkeiten müssen naturhaft gegeben sein, damit ‚Gesellschafts‘- oder ‚Bund‘-Verband möglich wird. Und weder ‚Gemeinschaft‘ noch ‚Bund‘ können ohne gesellschaftsartig strukturierte Faktoren bestehen. Aber endlich bauen auch auf ‚Bund‘ sowohl ‚Gemeinschaft‘ wie selbst ‚Gesellschaft‘ auf“ (1922, S. 81).

Diese makrosoziale Betrachtung wurde dann vor allem von *Simmel*, *v. Wiese* und *Vierkandt* in eine mikrosoziale transferiert: Die *Gruppe* erscheint plötzlich als Hort emo-

---

1 Die folgende Rekonstruktion stützt sich auf Vorarbeiten, die ich in anderem Zusammenhang durchgeführt habe (*Buer* 1993).

tionaler Beziehungen. Noch in den heutigen Konzepten von Gruppenpädagogik, Gruppentherapie und industrieller Gruppen- bzw. Teamarbeit (*Heidenreich* 1994) scheint dieser bündische Beziehungsmodus virulent zu sein.

Diese Dreiteilung von *Gesellschaft, Gemeinschaf* und *Bund* kann auch durch die Dialogsoziologie *Martin Bubers* gestützt werden (*Gundopp* 1975; *Lieth* 1986; *Wolf* 1992; *Werner* 1994): Urquell des „Sozialen" ist nach *Buber* das *Zwischenmenschliche*. Aus ihm heraus haben sich die drei Modi der Verbundenheit in historisch je konkreter Weise ausdifferenziert. In den sozialen Institutionen der modernen Industriegesellschaft herrscht der Modus der *Gesellschaft* vor. Er zeigt sich im Individualismus und Kollektivismus und hat die Gesellschaft „entstrukturiert". Institutionen, in denen der Modus der *Gemeinschaft* noch vorherrscht, haben an Bedeutung verloren. Die damit verbundene Entfremdung des Menschen und seine soziale Isolation und Einsamkeit wird aber immer wieder überwunden werden durch den Aufbau neuartiger Zusammenschlüsse. Diese „Restrukturierung" der Gesellschaft speist sich durch das Eingehen dialogischer Beziehungen, die die Möglichkeit des *Zwischenmenschlichen* verwirklichen. Das geschieht am deutlichsten im Modus des *Bundes*. Er geht aus von der Zweierbeziehung, die durch Freundschaft und Liebe gekennzeichnet ist, und weitet sich aus auf Großgruppen und Kollektive bis hin zu Vollgenossenschaften und Föderationen. Auch wenn diese sozialen Institutionen durch den Modus des Bundes geprägt sind, so bleiben auch sie auf die Wirksamkeit des anderen beiden Modi angewiesen. *Bubers* Ansatz ist wesentlich beeinflusst von dem anarchistischen Theoretiker *Gustav Landauer*, für den der Aufbau einer solidarischen Gesellschaft nur von unten nach oben durch einen Bund von Bünden denkbar war (*Wolf* 1988).

Zentraler sozialgeschichtlicher Hintergrund dieses bündischen Denkens (schon implizit bei *Tönnies*) waren die Genossenschaftsbewegung (*Buer* 1992) wie die Gemeinschaftsexperimente, die um die Jahrhundertwende und nach dem Ersten Weltkrieg Konjunktur hatten (*Linse* 1983). Von diesem Geist ist auch die Kibbuz-Bewegung geprägt (*Heinsohn* 1982; *Busch-Lüthy* 1989). Der Soziologe *Erik Cohen* (1982) hat die *Tönnies-Schmalenbachsche* Typologie aufgegriffen, um mit ihrer Hilfe die Entwicklung der Kibbuzim von den Anfängen bis heute zu untersuchen. Er unterscheidet dann drei Phasen: Die erste Phase, vom ihm *Bund* genannt, ist gekennzeichnet durch den Versuch, gemeinsame Werte zu verwirklichen. Dieser „ideologische Bund" ist durch enge persönliche Beziehungen in kleinen Gruppen gesichert. Mit der Zeit führen aber Gewohnheiten und Routinen unweigerlich zu Sitten und Gebräuchen wie zu entlastenden Absprachen und nützlichen Regelungen, die eben nicht immer neu ausgehandelt werden. Die Ausweitung der Ökonomie verlangt die Durchsetzung umfassender rationeller Beziehungsmuster im Arbeitszusammenhang. Das Anwachsen der Kibbuzgröße erfordert eine institutionalisierte Verwaltung. Mit der Geburt von Kindern, die sich nicht wie die erste Generation freiwillig zu diesem kollektiven Leben zusammengeschlossen haben, muss diese Lebensform von außen legitimiert werden. Als Kompensation dieses Wandels wird dabei zurückgegriffen auf Rituale, Zeremonien und Glaubensweisen aus der jüdischen Tradition. Ein neuer Beziehungsmodus wird prägend, der der *Gemeinschaft*, von *Cohen Kommune* genannt. Mit dem Scheitern des Versuchs, in Palästina eine Gesellschaft nach den Kibbuzideen aufzubauen, und der Etablierung einer modernen kapitalistisch strukturierten Industriegesellschaft in Israel wurde auch die Kibbuzbewegung vom Vergesellschaftungsprozess stark überformt, so dass die dritte Phase durch den Terminus *Gesellschaft* – *Cohen* wählt das Wort *Vereinigung* – charakterisiert werden muss. Aus den landwirtschaftlichen

Dörfern wurden kleine Städte, aus der Alternativökonomie wurden florierende Wirtschaftsunternehmen, aus der Basisdemokratie wurde eine Delegationsdemokratie mit bürokratischem Verwaltungsapparat.

In der Tradition dieser Sozialexperimente stehen die vielen Alternativprojekte und Inititativen, die auch heute noch die soziale und die politische Szene befruchten (*Hollstein, Penth* 1980; *Peters* 1980; *Glaesner, Scherer* 1986; *Gizycki* 1983; 1990). Gerade viele Soziale Dienstleistungsorganisationen sind aus solchen bündischen Inititativen hervorgegangen, häufig angestoßen und getrieben durch charismatische Führungspersönlichkeiten.

Diese hier skizzierte Diskussion ist auch Hintergrund der aus den USA auf uns gekommenen „Kommunitarismus-Debatte" (*Brumlik, Brunkhorst* 1993; *Reese-Schäfer* 1994). Als Reaktion gegen einen zerstörerischen Liberalismus, der mit grenzenlosem Egoismus und gnadenloser Konkurrenz verbunden wird, werden Ideen solidarischen Zusammenlebens propagiert. Jenseits des Rationalismus wird wieder die Rolle von Werten und Emotionen betont. Jenseits des radikalen Individualismus wird die Rolle der Gemeinschaft herausgestellt (*Etzioni* 1996, 1997). Leider wird in diesem Diskurs nicht deutlich zwischen *Gemeinschaft* und *Bund* differenziert, so dass dieser gesamte Ansatz allzu leicht in die konservative Ecke gestellt werden kann. Zutreffend wird hier jedenfalls betont, dass gesellschaftliche Institutionen nicht allein durch egoistische Nützlichkeitserwägungen getragen werden können. Es bedarf ebenso einer Verpflichtung gegenüber der Gemeinschaft wie der Orientierung an grundlegenden Werten und Normen.

*Morenos* Ansatz kann durchaus in dieser Tradition einer „deontologischen Sozialwissenschaft" (*Etzioni*) gesehen werden (*Buer* 1998; *Papcke, Buer* 1997). Er schuf Arrangements, durch die im Hier und Jetzt gruppaler Lebenszusammenhänge innovative Tendenzen hin zu einer konkreten Utopie herrschaftsarmen Zusammenlebens aufgezeigt und wirksam gemacht werden können. Die Psychodrama-Gruppe kann dabei durchaus als *Bund* verstanden werden, zu dem sich Individuen auf Zeit zusammengeschlossen haben, um die Zwänge der Verwertung durch den *gesellschaftlichen* Beziehungsmodus wie die Zwänge aufgeherrschter Traditionen durch den *gemeinschaftlichen* zurückzuweisen und eine dosierte Neuordnung dieser Modi gemeinsam zu gestalten. Seine Utopie einer solidarischen Gesellschaft soll durch Vernetzung solcher austarierter Gruppierungen und Institutionen von unten nach oben aufgebaut werden (*Hutter* 1996). Insofern steht *Moreno* dem kommunitären Anarchismus eines *Martin Buber* und *Gustav Landauer* wohl am nächsten (*Buer* 1991).

## 2.2 Zur Konstruktion der drei Handlungsmuster in Organisationen: Rationalität – Tradition – Engagement

Organisationen sind nun Zweckgebilde, die ihre moderne Existenz eben der Durchsetzung des *gesellschaftlichen* Beziehungsmodus verdanken. Insofern scheint dieser Modus auf den ersten Blick der einzig bestimmende zu sein. In der Empirie jedoch funktionieren Organisationen aber keineswegs besser, je rationaler sie organisiert sind. Offensichtlich ist immer auch mit irrationalen Prozessen zu rechnen. Sie nicht einfach zu übersehen, wegzurationalisieren oder unter Kontrolle zu bringen, sondern sie als notwendig zu akzeptieren, ja sie systematisch in Analyse und Management einzubeziehen, dazu haben schon der Human-Relations- wie der Organisationskultur-Ansatz aufgefordert. Da davon auszugehen ist, dass Menschen auch in Arbeitsorganisationen nicht nur die vorgeschriebenen rationalen Handlungsmuster berücksichtigen, sondern auch ihre im Alltag bewährten Muster mitbringen, rechne ich damit, dass sich die oben entwickelten drei Beziehungsmodi, die von *Tönnies* bis *Etzioni* als für unsere gegenwärtige Gesellschaft typisch angesehen werden können, auch in den Organisationswelten wiederfinden lassen. Allerdings müssen sie für unsere Analysezwecke modifiziert und erweitert werden. Dabei sehe ich meine drei Handlungsmuster ähnlich wie *Gareth Morgan* (1997) als Metaphern an, mit deren Hilfe nützliche Informationen über den Zustand und die Entwicklung einer Organisation gewonnen werden können. Meine typischen Muster sind aber nicht einfach intuitiv einem kreativen Hirn entsprungen, sondern stützen sich auf sozialwissenschaftlich begründbare Einsichten. Sie sind in bestimmten, den Akteuren meist unbewussten Basisannahmen legitimiert, stehen hinter den speziellen Spielregeln und Aufführungsstandards und zeigen sich in charakteristischen Führungs-, Umgangs- und Arbeitsstilen.

Ich gehe also davon aus, dass sich in den Handlungssequenzen jeglicher Inszenierung in Organisationen, seien es kurze Vignetten oder ganze Dramenzyklen, diese drei Handlungsmuster als geheime Steuerungslogiken wiederfinden lassen. Ob eine Arbeitsorganisation ihre Aufgabe erfüllen kann oder nicht, hängt auch davon ab, ob die Mischung dieser drei Muster stimmt und ob die auflösenden Seiten dieser Muster durch ihre stabilisierenden Seiten kompensiert werden. Mein heuristisches Modell zur Organisationsanalyse sieht also so aus:

**Abb. 1: Rationalität, Tradition und Engagement als Muster interaktiver Inszenierungen**

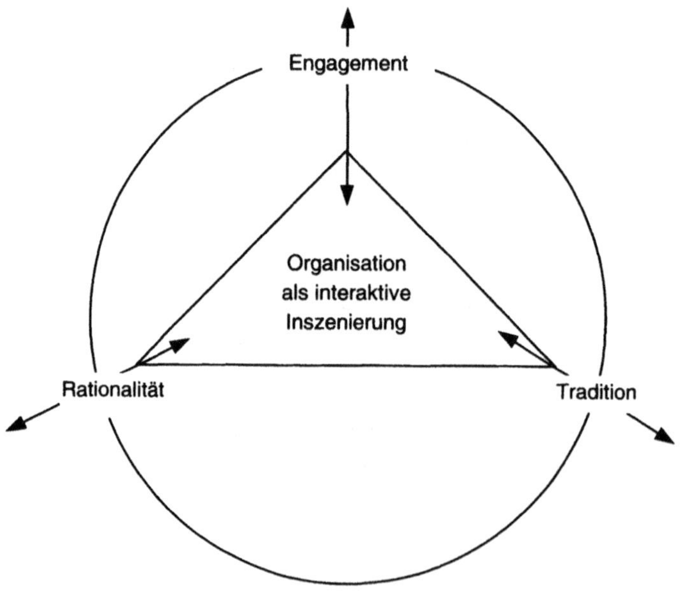

Diese drei Muster verstehe ich als für unsere Gesellschaft charakteristische Typisierungen von Tele-Beziehungen, wie sie *Moreno* in seiner soziodynamischen Theorie annimmt. Während die Soziometrie bisher eher quantitative Muster in Klein- und Großgruppen herausgearbeitet hat, gehe ich davon aus, dass es sinnvoll ist, auch von qualititiven Mustern auszugehen. Meine drei Muster sind allerdings nicht das Ergebnis soziometrischer Forschung, können aber als Arbeitshypothese verwendet werden, die durch soziometrische Untersuchungen überprüfbar ist.

### Das Handlungsmuster: Rationalität

Zentrales *Motiv* dieser Logik ist das Nutzenkalkül der Akteure. Dabei kann es um Eigennutz gehen: möglichst viel verdienen, möglichst schnell aufsteigen, möglichst wenig arbeiten, über möglichst viel Macht verfügen auf Kosten anderer. Es kann aber auch um eine Durchrationalisierung der Arbeit insgesamt gehen, so dass höchste Effektivität und Effizienz bei der Realisierung des Organisationszwecks erreicht wird. Die *Zeit* wird dabei als knapp angesehen und ökonomisch verplant. Das kann zu Dauerstress führen, aber auch zu einer befriedigenden Zeitnutzung. Der *Stil* der Inszenierung kann als kalkuliert und zweckmäßig beschrieben werden. Die Akteure sind durch einen freiwillig eingegangenen Vertrag aneinandergebunden. Diese *Bindung* ist emotional nicht sehr tief verankert. Sie bleibt daher locker und kann als oberflächlich erlebt werden. Auf der anderen Seite ist diese Bindung aber auch leicht zu lösen. Die Positionen der Akteure werden nach funktionalen Erfordernissen und nach Leistung ausdifferenziert. Das bedeutet einerseits, unter dem ständigen Druck zu stehen, optimal funktionieren zu müssen, andererseits aber sein Handeln an rationalen Kriterien ausrichten zu können. Für diese Positionen und Rollen müssen die Akteure die passende *Qualifikation* mitbringen, die auch on the job angepasst und weiterentwickelt werden kann. Hier wird also auf professionelles Arbeiten wertgelegt. Auf der anderen Seite wird die Einbeziehung und Wertschätzung menschlicher Qualitäten vernachlässigt. Die *Honorierung* erfolgt streng leistungsbezogen nach Vertrag. Die *Gliederung* der Organisation ergibt sich in dieser Logik nach funktionalen Prinzipien. *Leitung* wird als Management von zu erledigenden Aufträgen verstanden. Das kann sowohl zur inhumanen Instrumentalisierung der MitarbeiterInnen führen wie zur Respektierung der Privatperson. Aus dieser Aufgabe ergeben sich als *Handlungsanweisung* klare Vorschriften, oft auch schriftlich fixiert. Diese Klarheit kann belasten, weil jeder Fehler eindeutig benannt werden kann. Sie kann aber auch entlasten, weil viele unnötige Missverständnisse ausgeschaltet sind. Als *Leitfiguren* erscheinen in dieser Logik kühle Rechner, rationale Planer, gut kalkulierende Unternehmer, perfekte Verwalter. Die *Szenerie* ist durch eine sachliche Ausstattung und eine funktionale Anordnung der Einrichtung gekennzeichnet. Das kann eine seelenlose, bedrückende Atmosphäre erzeugen, aber auch die Funktionslust der MitarbeiterInnen wecken.

Als zentrale *Metapher* für eine Organisation nach dieser Logik kann die „Maschine" gelten. Als *biographisches Modell* für dieses Muster kann noch am ehesten die Schulklasse angesehen werden, in der die Schüler in einer mehr oder weniger festen Gruppierung Teil eines aufoktroyierten bürokratischen Systems werden. Auch kann das zensurgesteuerte abstrakte Lernen als Vorform des outputgesteuerten abstrakten Arbeitens aufgefasst werden.

Der Vorteil dieses Musters liegt in der effektiven und effizienten Erreichung eines bestimmten Zwecks. Mit den personalen, technologischen und materiellen Ressourcen wird möglichst sparsam umgegangen. Da die emotionale Bindung vernachlässig wird und die persönlichen Interessen nicht eingebracht werden können, kann aber eine Übersteuerung erfolgen, die von den Akteuren nicht mehr durchgehalten werden kann und dann zu irrationalen Auf- und Abtritten führen muss.

Dieses Muster ist meist dominant in großen Bürokratien und Profit-Unternehmen.

## Das Handlungsmuster: Tradition

Zentrales *Motiv* dieser Logik ist die unverbrüchliche Treue gegenüber den Mitgliedern einer festen Gemeinschaft, zu der man selbst gehört, und damit auch zu den überkommenen Werten und Gebräuchen. Das kann äußerst repressive Züge annehmen, kann aber auch Geborgenheit bieten. Diese Logik will das Handlungsmuster auf Dauer stellen, möglichst auf ewige Zeiten. *Zeit* als Gegenwart soll überwunden werden zugunsten einer Zeit als Ewigkeit. Dadurch können die aktuellen Erfordernisse übersehen werden mit schlimmen Folgen für die Akteure selbst, aber auch für die Mit- und Umwelt. Andererseits wird nicht jeder Mode nachgejagt zugunsten verlässlicher, stabiler Verhältnisse. Der Umgangs- und Arbeits*stil* ist eher konventionell: Er kann langweilen, kann aber auch beruhigen. *Bindungen* zwischen den Akteuren sind von besonderer Art und Tiefe. Entweder man gehört dazu oder nicht. Und wenn man dazugehört, dann mit Haut und Haar. Diese Gemeinschaften können auch als *Clans* beschrieben werden (*Brose* u.a., 1994, S. 265ff.). Mitgliedschaften in Gemeinschaften müssen durch Initiation erworben und können nicht einfach gekündigt werden. Das kann als Zwang erlebt werden, aber auch als orientierende Verpflichtung. Für die Mitgliedschaft ist weniger eine professionelle *Qualifikation* von Bedeutung als vielmehr die unverbrüchliche Übereinstimmung mit den Grundwerten der Gemeinschaft. Das sichert die Loyalität der Mitspieler und damit ihre Ausbeutbarkeit. Die *Honorierung* erfolgt nur teilweise in Geldbeträgen. Sie kann sich auch in der Verleihung bestimmter Rechte oder durch Übertragung ehrenvoller Aufgaben ausdrücken. Die *Gliederung* der Gemeinschaft ist hierarchisch, d.h. nach einer „heiligen", unabänderlichen Ordnung vorgegeben. Jeder hat seinen ihm zugewiesenen festen Ort. Das behindert die Entfaltung individueller Potenziale, kann aber auch Sicherheit und Konzentration bieten. *Leitung* erscheint als Führerschaft über eine gehorsame Gefolgschaft. Das bedeutet für die Leitung totale Verantwortung, die meist nur durch „höhere Weihen" legitimiert werden kann. Die Einzelnen von individuellen Entscheidungen dispensiert, das Kollektiv trägt aber die Mitverantwortung für das Ganze. *Handlungsanweisungen* erfolgen nach alter Tradition. Sie lassen kaum neuartiges Handeln zu, sind dafür aber vorhersehbar: Man kann sich darauf einstellen. *Leitfiguren* in dieser Logik sind Patriarchen, die Gehorsam verlangen, aber auch umfassende Fürsorge garantieren, gelegentlich auch legendäre Muttergestalten. Die *Szenerie* ist durch einen für die Gemeinschaft typischen Ausstattungsstil gekennzeichnet, der meist mit expliziten Symbolen versetzt ist und Darsteller wie Publikum gefangen nehmen soll. Die Raumgestaltung, die Anordnung der Requisiten und die Kostüme dienen der weihevollen Durchführung von Ritualen und Zeremonien. Diese Szenerie kann das Publikum beeindrucken und dem einzelnen Darsteller durch die Zuweisung einer besonderen Rolle Würde und Anerkennung bieten. Sie lässt aber keine Abweichungen zu und ahndet „Fehlverhalten“ meist drakonisch durch das Abverlangen von Sühneleistungen oder gar durch Ausschluss.

Die traditionelle *Metapher* für eine Organisation nach diesem Muster ist der „Organismus“, in dem alles „natürlich und wunderbar zugleich“ angeordnet ist. Diese Logik knüpft *biographisch* an das (ideologische) Modell der Familie an, in die man hineingeboren wird und einen festen Platz mit bestimmten Pflichten zugewiesen bekommt.

Der Vorteil dieses Musters liegt primär in der Geborgenheit, die es für Gemeinschaftsmitglieder bietet. Für die Umwelt ist dieses Muster relativ leicht einzuschätzen. Der Nachteil liegt in der Unveränderbarkeit dieses Musters und damit in dem geringen Anpassungsspielraum sowohl für eine veränderte Nachfrage wie veränderte Bedürfnisse der MitarbeiterInnen.

Dieses Muster prägt auch heute noch Familienunternehmen, vor allem aber Tendenzbetriebe (wie Kirchen und deren Einrichtungen und Verbände, Gewerkschaften, Parteien, Privatschulen) und ist daher gerade in Sozialen Dienstleistungsorganisationen äußerst virulent.

### Das Handlungsmuster: Engagement

Zentrales *Motiv* ist die Begeisterung für ein Ideal. Das kann ungeahnte Kräfte freilegen und in einen wahren Gefühlsrausch versetzen. Es kann aber auch leicht überfordern oder die Akteure abstürzen lassen. Die *Zeit* wird weniger quantitativ als qualitativ gesehen: Die Gegenwart wird als Entscheidungszeit wahrgenommen, in der in einem bestimmten einmaligen Augenblick die Herrschaft der Vergangenheit abgestreift und die Weichen für eine neue erfüllte Zukunft gestellt werden müssen. Die Handlungsweisen in dieser Zeit sind durch einen *Stil* der Spontaneität gekennzeichnet. Es ist wichtiger, das Neue auszuprobieren als das Alte weiterzuführen. Dieser Stil ermöglicht daher viele kreative Innovationen, kann aber auch dem Fragmentarischen und Unvollendeten verhaftet bleiben. Die *Bindungen* zwischen den Akteuren beruhen auf Sympathien. Sie können sich zu Freundschaften oder Liebschaften verfestigen, bleiben aber doch flüchtig und labil. Diese Gruppierungen können als *Clique* oder *peer-group* beschreiben werden. Professionelle *Qualifikationen* sind für diese Aufführungen nicht unbedingt notwendig. Jeder Laie kann hier mitmachen. Sie sind aber auch nicht unerwünscht, weil sie durchaus gebraucht werden. An eine *Honorierung* der Mitarbeit ist nicht gedacht. Allenfalls können Unkosten für das ehrenamtliche Engagement durch Spenden oder Umlagen auf freiwilliger Basis finanziert werden. Die Positionen der Aktivisten ergeben sich aus den Erfordernissen und dem persönlichen Engagement. Insgesamt ist kaum eine klare, dauerhafte *Gliederung* der Gruppe zu erkennen. Informell spielt das Ansehen einzelner aber eine große Rolle. Die Aufgabe der *Leitung* wird meist verleugnet. Oft versucht sich die Initiativgruppe kollektiv zu leiten, de facto üben aber einzelne „Charismatiker“ großen Einfluss aus. Der egalitäre Anspruch wird daher oft konterkariert durch informelle Machtausübung. *Handlungsanweisungen* werden eher vermieden. Die Aktivitäten sollen ständig aus dem Engagement der einzelnen wie von selbst in bereitwilliger Kooperation mit der Gruppe gesteuert werden. Es wird schlicht auf Selbstorganisation gesetzt. Das überlässt dem einzelnen einen hohen Entscheidungsspielraum, den er kreativ zur Umsetzung seiner Ideale und Utopien nutzen kann. Durch fehlende oder unklare Absprachen beim Entwurf von Projekten ist aber das Ergebnis vieler Aktivitäten gar nicht klar festzustellen und zu bewerten. *Leitfiguren* sind Charismatiker, Visionäre, Propheten, Gurus, Künstler, die aber nicht wie in der *traditionalen* Logik Gefolgschaft verlangen, sondern als Initiatoren, Erwecker oder Anreger auftreten.[2] Leitfigur kann aber auch eine egalitäre Gruppe sein, die das erfüllte Leben schon im Hier und Jetzt verwirklichen will. Die *Szenerie* hat eher den Charakter eines Sammellagers, das nur provisorisch und notdürftig eingerichtet ist, nur um den Aufbruch für die nächste Aktion vorzubereiten. Hier finden sich die verschiedendsten Utensilien, die alsbald als Requisiten für einen spontanen Auftritt genutzt werden können. Ein längerer Aufenthalt ist nicht vorgesehen.

Als *Metapher* für eine Organisation nach dieser Logik möchte ich das „Netz" wählen. Es ist nicht sehr haltbar, kann schnell erweitert oder verkleinert werden und verknüpft viele Einzelpersonen auf gleiche Weise. Als *biographisches Modell* kann die Clique von Freunden bzw. Freundinnen angesehen werden, die nach Sympathie frei gewählt ist, die Ablösung vom Alten begleitet und aufs Neue vorbereiten will. Sie kann von flüchtigem Charakter sein, kann aber auch lebenslange Freundschaften begründen.

Der Vorteil dieses Musters liegt darin, dass hier in einem höchst kreativen und selbstbestimmten Milieu die Innovationen für die Zukunft entworfen werden. Der Nachteil zeigt sich dann, wenn diese Entwürfe gesichert werden sollen und ihre Umsetzung ansteht. Dann sind dauerhafte Strukturen und planvolle Handlungen notwendig, die aber dieses Muster nicht bieten kann. Gerade dieses Muster ist daher auf die Unterstützung der beiden anderen angewiesen Gelingt das nicht, führt das Festhalten an diesem Muster unweigerlich zur Überforderung seiner Akteure, die mit Burn-out verbunden ist oder zum plötzlichen Abgang des Darstellers führt.

Dieses Muster ist nicht nur virulent in Alternativprojekten, sondern auch in den Betrieben der Genossenschaftsbewegung, den Institutionen der Frauenbewegung wie in den Einrichtungen der politisch, sozial oder religiös motivierten Bürgerinitiativen.

## 2.3 Organisieren als Balancieren der drei Handlungsmuster

Diese drei Handlungsmuster lassen sich in unserer Gesellschaft in allen Arbeitsorganisationen wiederfinden. Allerdings ist ihre Mischung wie die negative oder positive Wirkung auf die Akteure wie das Publikum unterschiedlich je nach übernommener Aufgabe und Entwicklungsphase.

Besteht im öffentlichen Sektor die Aufgabe darin, bei knappen Kassen möglichst sparsam gesetzlich vorgesehene Güter und Dienstleistungen zu erbringen, dann muss das Muster *Rationalität* im Vordergrund stehen. Dieses Vorhaben stößt aber häufig auf den Widerstand alteingesessener Verwaltungsbeamter, deren Arbeitsstil meist stark

---

2 *Astrid Schreyögg* (1996b) hat eine interessante Typologie charismatischer Sozialmanager vorgelegt, die allerdings quer zu meiner Handlungstypologie liegt. Sie müsste im Lichte der hier vorgestellten Überlegungen neu überprüft werden. Für „unberatbar" halte ich eher die Patriarchen und Mütterfiguren nach dem *traditionalen* Muster, während sich Visionäre durchaus mit einem Beraterstab umgeben können.

vom *traditionalen* Muster geprägt ist. Ebenso fühlen sich die Dienstleister vor Ort oft durch den Zwang zur rationalen Planung und zur detaillierten Rechnungslegung in ihrem spontanen *Engagement* behindert. Hierdurch können Spannungen entstehen, die jegliche Rationalisierungsvorhaben scheitern lassen.

Tendenzbetriebe wie Kirchen, Interessenverbände, Parteien sind in ihrer Pionierphase meist vom Musters des *Engagements* geprägt. Sie rekrutieren auch immer wieder neue Mitarbeiter und vor allem ehrenamtlich Tätige, deren Handeln ebenfalls durch dieses Muster bestimmt ist. Werden die Betriebe auf Dauer gestellt und werden feste Aufgaben fixiert, bildet sich daneben das *traditionale* Muster heraus: Die Organisation erscheint als Gemeinschaft mit festen Glaubenssätzen, Werten, Normen, Standards, Stilen und Inszenierungen. Angesichts der unhinterfragbaren großen Ziele muss das *rationale* Handlungsmuster, das zur effizienten Mittelverwendung notwendig ist, marginal bleiben.

Supervision hat es häufig mit Sozialen Dienstleistungsorganisationen zu tun (Sozialer, Pastoraler, Bildungs- und Gesundheitssektor), die (in Deutschland) zumeist öffentlich oder parastaatlich als Tendenzbetriebe verfasst sind, zu einem geringeren Teil auch kommerziell (vor allem im Gesundheitsbereich) (*Buer* 2000). Die Non-Profit-Organisationen sind durch Transferleistungen finanziert und müssen daher *rational* handeln. Zugleich haben sie es aber mit Adressaten zu tun, die durch Defizite etikettiert werden („asozial",„ungläubig",„lernbedürftig" oder „ungebildet", „krank"). Die Aufgabe, diesem Personenkreis zur Normalität zu verhelfen, wie sie von der dominanten Kultur definiert wird, verlangt von den Dienstleistern eine hohe Professionalität. Sie sollen die Adressaten auf höchst rationelle Weise gemeinschaftsfähig machen. Zudem treten diese Abweichungen stets in neuen Variationen auf und unterliegen ständig anderen und zudem unterschiedlichen Bewertungen. Das verlangt von den hier etablierten Berufstätigen nicht nur *rationelles* Vorgehen in Loyalität zu den *tradierten* Werten, sondern auch soziales *Engagement* im Umgang mit kontingenten und ungewöhnlichen Handlungsweisen. Man kann also sagen: Soziale Dienstleister sollen zugleich Rationalisierer, Traditionsvermittler und Pioniere sein. Diese Rollenerwartung schlägt sich nieder in den Handlungsmustern innerhalb ihrer Arbeitsorganisationen. In vielen Organisationen stehen an der Front, im direkten Umgang mit den Adressaten, die Pioniere, in den Verwaltungen sitzen die Bürokraten und im Trägerverband thronen die Traditionshüter. Gerade wenn der Vorstand des Trägers mit verdienten Eminenzen besetzt ist, die ihre Tätigkeit ehrenamtlich übernommen haben, muss es mit den hauptamtlichen Professionellen zu Konflikten kommen, weil die Arbeitsauffassungen nach dem *traditionalen* und dem *rationalen* Muster diametral differieren. Oder: In der Gründungsphase herrscht noch Pioniergeist, Auflösungserscheinungen werden durch Traditionsbildung aufgefangen, bis die Verstaatlichung eine Durchrationalisierung verlangt.

Die Qualität einer Organisation muss also immer gemessen werden an ihrer Aufgabe, an ihrem Entwicklungsstadium, an ihren Ressourcen und den gemeinsam definierten Zielen. Die Mischung der drei Handlungsmuster muss dann neu ausbalanciert werden, wenn sie diese Qualität beeinträchtigt. Das zeigt sich daran, dass die negativen Seiten der drei Muster nicht mehr durch die positiven kompensiert werden und ihre zerstörerische Wirkung entfalten.

Zerstört die *Rationalität* jegliche Gemeinschaftsbindung und desavoiert jegliches innovatives Engagement, wird eine Übersteuerung einsetzen, die die Mitarbeiter zu stark instrumentalisiert: Die Arbeitsbereitschaft und damit die Leistung sinkt, der Krankenstand steigt an und eine hohe Mitarbeiterfluktuation setzt ein. Beherrschen *traditionale* Muster die Organisation, wird sie zum Zwangsapparat für ihre Mitglieder. Dann wird ebenfalls die Innovationskraft sinken und Ressourcen werden unnötig vergeudet. Bleibt die Organisation im Pionierstadium stecken oder lässt sie sich ständig durch Erneuerer destabilisieren, wird sie unweigerlich ihre Mitarbeiter überfordern, so dass sie sich niemals am Markt oder im Rahmen der Wohlfahrtsökonomie etablieren wird.

Organisieren heißt also, die richtige Mischung der drei Muster auszubalancieren, damit die Akteure so spielen können, dass eine Aufführung zustande kommt, die das Publikum überzeugt. Ist diese Mischung aber aus einem (vielleicht unerfindlichen) Grund aus der Balance geraten, so dass die Darsteller ständig „Aussetzer" haben oder kaum noch auftreten, bis das Publikum protestiert und schließlich wegbleibt, dann ist ein Neubalancieren vonnöten. Ob eine Organisation diese Aufgabe aus eigener Kraft schafft, ist unwahrscheinlich. Hier sind Organisationsberatung bzw. Organisationssupervision gefragt.

# 3. Über den Nutzen der Interpretationsfolie für die supervisorische Praxis

## 3.1 Die Balance der drei Handlungsmuster in der Supervision

Supervision wendet sich seit ihren Anfängen primär an soziale Dienstleister, die in der direkten Beziehungsarbeit mit den Adressaten stehen. Da hier das Muster *engagierten* Handelns vorherrscht, wird von dieser Seite dieses Muster häufig auch auf die Supervision übertragen: Der Supervisor als Freund, der sich mit den Supervisanden gegen die Bedrohungen im Feld wie in der Organisation verbünden soll. Nimmt der Supervisor dieses Rollenangebot an, dann wird er bald Teil dieser Clique und seine Arbeit passt sich diesem Muster an: Der mit diesem Muster verbundenen Überforderung, dem jähen Wechsel von Euphorie und Depression, den unklaren Absprachen, all dem wird er bald nichts mehr entgegensetzen können. Dagegen müsste er das *rationale* Muster stärken und ebenso auf verlässliche Gewohnheiten setzen. Der Supervisor muss daher gerade hier darauf achten, dass die Supervision zu einem festen Ritual wird und nach einem klaren Kontrakt verläuft.

Gerade wenn die Supervisanden die Supervision selbst bezahlen, ist dieses Rollenangebot häufig anzutreffen. Erst in der Teamsupervision wird der Supervisor im typischen Fall mit zwei Mustern konfrontiert: Das Team möchte den Supervisior zu einem kollegialen Mitglied machen oder ihn gar als Guru einsetzen. Die zahlende Organisation möchte den Supervisor entweder zum Vollstrecker der traditionalen Standards und Normen nutzen, wenn die Organisation stark einer Gemeinschaftsideologie verbunden ist. Oder sie möchte ihn als Rationalisierer einsetzen, um das aufmüpfige Team in den Griff zu bekommen und wieder zu effektiver Arbeit zu bringen. In diesem Dreiecksverhältnis kann sich der Supervisor nicht einfach auf eine Seite schlagen. Er muss die unterschiedlichen Handlungsmuster thematisieren und die darin zum Ausdruck kommenden unterschiedlichen Interessen. Eine Neubalancierung der Muster muss zwischen allen Parteien ausgehandelt werden. Dabei kann sich professionelle Supervision nicht an unbegründeten Herrschaftsinteressen orientieren, sondern muss für eine Mischung eintreten, die einer angemessenen Aufgabenerfüllung dient.

Supervision der Berufsanfänger durch die Erfahrenen, der Ehrenamtlichen durch die Hauptamtlichen, der Ausbildungskandidaten durch die Ausbilder, der Untergebenen durch die Vorgesetzen setzt immer das *traditionale* Muster frei, nach dem die bewährten Standards und Spielregeln durchgesetzt werden sollen. Innovative Potenziale werden dadurch zumeist erstickt. Erst eine unabhängige professionalisierte Supervision kann für eine aufgabenorientierte Mischung der Muster Sorge tragen. Sie selbst ist dem *rationalen* Muster verpflichtet, als sie auf klare Verträge, effektive Arbeit und angemessene Honorierung achtet. Sie ist aber auch einer Gemeinschaft verpflichtet, der professional community, die bestimmte Standards zur *Tradition* machen will. Diese Standards dürfen aber nicht zu Glaubenssätzen verkommen, sondern müssen stets nach rationalen Kriterien auf ihre Haltbarkeit hin überprüft werden. Supervision ist aber vor allem dem sozialen *Engagement* verpflichtet. Sie will ja gerade dazu beitragen, dass die Sozialen Organisationen ihre Aufgabe besser erfüllen können, nämlich gemäß ihrem Auftrag den Adressaten angemessene Unterstützung zu gewähren. Auch in Unternehmen und Behörden hat die Supervision die Aufgabe, die berechtigten Interessen der Mitarbeiter zur Sprache zu bringen und ihre kreativen Potentiale zu entfalten.

Supervision kann also niemals schlichtes Rationalisierungsinstrument sein, noch kann sie unhinterfragbare Traditionen durchsetzen. Sie muss immer instrumentelle und traditionale Verfestigungen infragestellen und für eine spontan-kreative Inszenierung eintreten, die den Akteuren Spaß macht und als gelungene Vorstellung beim Publikum ankommt. Insofern kann sich Supervision nur dann in einer Organisation entfalten, wenn diese Organisation an eigenständigen Darstellern interessiert ist, die für ihre Rolle die volle Verantwortung übernehmen sollen.

Gerade die *psychodramatische* Supervision steht aber in der Gefahr, dem Muster *engagierten* Handelns zu sehr zu folgen, jegliche Institutionalisierung als einschränkende Konserve abzulehnen und unreflektiert auf spontane Aktionen zu setzen. Ebenso problematisch wäre ein unreflektiertes Bestehen auf *traditionalen* Ritualen, Arrangements und Techniken, wie sie in der Psychodrama-Szene üblich sind. Diese Tendenzen müssen korrigiert werden durch die Einbeziehung des *rationalen* Musters mit einer kalkulierten Planung, einer funktionalen Strukturierung und einer effektiven Steuerung.

## 3.2 Die Interpretationsfolie in der Psychodramatischen Supervision

Diese drei Handlungsmuster werden also wahrscheinlich in den Arbeitsbeziehungen in der Supervision reinszeniert, vor allem wenn die Teams oder Subgruppen aus derselben Organisation kommen. Diese Spiegelungen können zum geeigneten Zeitpunkt thematisiert werden, indem die Beziehungen in der Gruppe in einem Aktionssoziogramm oder einer Skulptur spontan gestaltet bzw. in einer charakteristischen Vignette oder einem Stegreifspiel zum Ausdruck gebracht werden. Durch gezielte Interviews mit den Rollenträgern, evtl. durch Doppeln, und durch präzise Beschreibungen des Gezeigten durch Beobachter können diese Muster oder wichtige Anteile davon herauskristallisiert werden. Die Wiederholung dieser Muster in der Supervision aus den Inszenierungen in der Organisation wird dann meist plastisch greifbar.

Diese Handlungsmuster sind aber auch in den Erzählungen der SupervisandInnen virulent.

## Fallbeispiel

Im Rahmen der Psychodrama-Ausbildung hatten zwei angehende Psychodramatiker (Mann und Frau) die Durchführung eines Trainings in Gesprächsführung für ehrenamtliche Mitarbeiter des Sorgentelefons in einer Kleinstadt übernommen. Auftraggeber war also zum einen der örtliche Sorgentelefon-Verein. Als Träger und Geldgeber des Kurses trat die örtlichen Volkshochschule auf. Die Trainer waren vom Sorgentelefon angesprochen und ausgesucht worden, aber von der VHS angestellt. In der Zusammenarbeit zwischen Trainern, VHS und Verein traten nun eine Reihe von Konflikten auf, die Thema in der Supervision wurden. So war lange Zeit nicht klar, mit welchem Ziel das Training durchgeführt werden sollte. Es zeigte sich dann: Der Verein wollte eine Qualifizierung und Motivierung der interessierten Bürger für eine Mitgliedschaft im Verein und eine verbindliche Übernahme der Telefonberatung. Die Trainer sollten am Ende feststellen, wer dazu geeignet ist oder nicht. Die VHS hatte diesen Kurs als Training in Gesprächsführung angeboten. Die Trainer sollten am Ende ein Zertifikat ausstellen, das die erfolgreiche Teilnahme bescheinigt. Diese widersprüchlichen Erwartungen brachten die Trainer in erhebliche Schwierigkeiten. Klarheit ergab sich erst, als wir diese Diffusität als Ausdruck zweier Handlungsmuster analysierten:

Der Verein versteht sich als Gemeinschaft mit einem moralisch-sozialen Auftrag. In ethisch-religiöser Verpflichtung sollen seine Mitglieder ohne finanzielle Honorierung anderen Menschen in schwierigen Situationen helfen. Die Honorierung erfolgt durch die Finanzierung der Ausbildung wie der Supervisionen (*Schumacher* 1996), aber vor allem durch die emotionale Geborgenheit einer Gemeinschaft. Entsprechend diesem Muster ist das Training als Initiation aufzufassen. Hier sollen Normalbürger in Mitglieder einer verschworenen Dienstgemeinschaft verwandelt werden. Die Trainer haben dann die Rolle von Priestern, die prüfen sollen, ob jemand geeignet ist, diese Aufgabe zu übernehmen und ein würdiges Mitglied dieser Gemeinschaft zu werden. Die VHS dagegen definiert die Trainer in der Logik des *rationalen* Musters als Professionelle, die eine Qualifizierungsmaßnahme mit Zertifikat durchführen sollen.

Die Trainer nun haben diese Aufgabe nicht nur in der Ausübung ihrer Berufsrolle übernommen, sondern auch als Kandidaten der Psychodrama-Ausbildung. Sie sollen hier ihr Gesellenstück abliefern, um dann Mitglied der professional community zu werden. Das nun wiederum hatte ich als Ausbildungssupervisor nach dem *traditionalen* Muster zu prüfen. Die Durchführung dieses Trainings mit psychodramatischen Mitteln war also als Prüfung im Rahmen eines Initiationsritus zu verstehen. Zugleich sollen die Trainer aber schon als Professionelle auftreten, die für effektive Arbeit angemessen honoriert werden.

Die Ausbildungsgruppe selbst wurde im ersten Teil als Selbsterfahrungsgruppe geführt, im zweiten als Trainingsgruppe. In der Ausbildung selbst etablierte sich das *engagierte* Muster, das der ursprünglichen Motivation der TeilnehmerInnen entsprach wie dem psychodramatischen Verständnis von Gruppenarbeit als gruppale Selbstorganisation. In der Trainingsphase wurde dieses Muster durch das *rationale* ergänzt, als hier eine effektive und Zielerreichung vorrangig wurde. Diese Training fand im Territorium der VHS statt. Als dann in der Endphase der Ausbildung die Teilnehmer durch Hospitation bei anderen Mitgliedern des Vereins als Mentoren auf dessen Territorium mit *traditionalen* Mustern konfrontiert wurden, trat auch bei ihnen eine erhebliche Verunsicherung auf, die dann in der Ausbildungsgruppe artikuliert wurde. Die TeilnehmerInnen erwarteten jetzt von den Trainern, in diesem Übergang begleitet zu werden.

Bei der Analyse und Reflexion dieser Konflikte entschieden sich die Supervisanden dazu, Rollenklarheit herzustellen, indem sie nur die Rolle von professionellen Trainern ausüben wollten. Sie wollten am Ende nur bewerten, ob eine erfolgreiche Absolvierung des Kurses zu bescheinigen ist oder nicht. Ob nun ein Teilnehmer mit oder ohne Zertifikat Mitarbeiter des Sorgentelefons wird, müsse der Verein selbst entscheiden. Dementsprechend haben sie auch die Bearbeitung der Verunsicherung, die durch die Hospitation bei den Teilnehmern entstand, abgelehnt. Das gehöre nicht zum Qualifizierungsauftrag der VHS. Gegenüber der VHS haben sie auf eine peinlich genaue Durchführung der vereinbarten Arbeitszeiten und eine detaillierte Abrechnung ihrer Leistungen bestanden.

### Kommentar

In diesem Prozess waren die angehenden Psychodramatiker mit unterschiedlichen Mustern konfrontiert, die von verschiedenen Organisationen und Gruppierungen ausgingen. Ein Versuch, von der Position eines Trainers aus VHS und Verein zu einer widerspruchsfreien Kooperation zu bewegen, wurde bald als nicht durchsetzbar eingeschätzt. In dieser Situation haben die Trainer das rationale Muster inszeniert, sowohl gegenüber den TeilnehmerInnen, indem sie nach der angenehmen Selbsterfahrungsphase die erforderliche Trainingsphase eingeführt haben, als auch gegenüber dem Verein, indem sie unvereinbare Aufgaben zurückwiesen. Gegenüber der VHS haben sie ihre rationale Verhandlungsfähigkeit eingeübt. In dieser Supervision stand also weniger die angemessene Anwendung des Psychodamas im Vordergrund. Das war bei diesen Kandidaten das geringste Problem. Vielmehr wurden im Laufe dieses Prozesses, der sich auf ein Jahr erstreckte, aus engagierten Psychodrama-Anhängern professionelle Trainer, die angesichts irrationaler, behindernder Muster auf einer rationalen Durchführung ihres Auftrags gesorgt haben. Erst auf dieser Basis ist dann psychodramatische Arbeit möglich. Gerade indem in dieser Ausbildungssupervision nicht direkt auf das Psychodrama geschaut wurde, sondern auf die institutionelle Dynamik, wurde erst die Entfaltung psychodramatischen Arbeitens möglich.

In Organisationen, die als Alternativprojekte gegründet wurden, ist die Mischung aller drei Handlungsmuster besonders brisant. Gerade weil sie als Alternative zu Organisationen durchgesetzt wurden, die durch *rationale* oder *traditionale* Muster gekennzeichnet sind, waren diese Muster tabu. Ihre unterschwellige Etablierung durfte nicht angesprochen werden. Gerade in der Arbeit mit diesen Projekten hat die Supervision ihre speziellen Erfahrungen gemacht (*Busch, Deserno* 1989; *Conen* 1989; *Heinevetter* 1989; *Karnath* 1989; *Schultes* 1989; *Pühl* 1989). Heute sind diese Projekte entweder aufgelöst oder stark vom *rationalen* Muster durchsetzt (*Scheffler* 1996). Werden neue MitarbeiterInnen in diesen Einrichtungen eingestellt, so werden sie häufig mit nicht vorhergesehenen Empfindlichkeiten älterer Kollegen konfrontiert, hören sie von

Mitstreitern aus grauer Vorzeit, die inzwischen ihr Leben als Karteileiche im Trägerverein fristen, flammen urplötzlich irrationale Kontroversen über die Überstundenregelung auf. Hat es die Organisationssuperivision mit diesen Dynamiken zu tun, sollte sie schleunigst die Geschichte dieses Projektes zum Thema machen (*Thiel* 1996).

## Fallbeispiel

In einem fünftägigen Kompaktseminar im Rahmen der Supervisionsausbildung mit dem Fokus „Organisationstheorie" habe ich als Analyseinstrument von Organisationskulturen die drei Handlungsmuster vorgestellt. Sofort konnten viele Teilnehmer zahlreiche Beispiele für diese Muster aus ihren eigenen Erfahrungen mit Organisationen benennen. Wir haben dann zu jedem dieser Muster eine Arbeitsgruppe gebildet, die sich aus Interessierten rekrutierte. Jede Gruppe hatte die Aufgabe, eine Bewegungsskulptur zu diesem Muster zu gestalten und vorzuführen. Nach der Aufführung aller drei Kurzinszenierungen, nach ihrer Beschreibung durch die Zuschauer und das Rollenfeedback der SpielerInnen, begannen einige TeilnehmerInnen im Sharing von ihren belastenden Erfahrungen als Mitinitiatoren alternativen Projekte zu erzählen. In dieser Situation entschlossen wir uns, eine Supersionssequenz in die Fortbildung einzubauen, um hier exemplarisch Klärungen herbeizuführen. Soziometrisch gewählt wurde ein Lehrer, der ein alternatives Bildungsprojekt mit aufgebaut hatte, sich aber inzwischen aus diesem Projekt zurückgezogen hat. Seine Erfahrungen damit waren aber noch keineswegs verarbeitet.

Da er deutlich die Geschichte seiner Einrichtung in drei Phasen sehen konnte, die den drei Mustern entsprachen, habe ich in der Mitte der Bühne drei gleich große Sektoren eingezeichnet.

Im ersten Sektor, der die Darstellung der ersten Phase aufnehmen sollte, modellierte der Supervisand eine Skulptur aus den Gründerpersönlichkeiten, die durch große Nähe und sympathische Zuwendung gekennzeichnet war. In der zweiten Phase spaltete sich das Personal in ein Ensemble auf der Hinterbühne und einige Akteuren auf der Vorderbühne. Die Akteure auf der Vorderbühne wollten endlich professionelle Arbeit machen und rationale Muster einführen. Auf der Hinterbühne aber hockten die Ideologen zusammen, die inzwischen zu einer verschworenen Gemeinschaft zusammengeschrupft waren, ihre traditionellen Ideale pflegten und Strategien entwarfen, wie sie die Professionellen manipulieren konnten. In dieser Phase ging es um die Existenz des Projekts. In harten Kämpfen konnten sich die Professionellen durchsetzen, wobei allerdings viele Kränkungen und Verletzungen zurückblieben. Unser Lehrer gehörte auch zu dieser Gruppierung. Mit der Aufnahme in den staatlichen Schuldienst konnte er es sich dann leisten, aus dem Projekt auszusteigen. Von den Tradionalisten zogen sich einige resigniert zurück, blieben aber dem Trägerverein erhalten, einige stiegen aus und wechselten die Fronten, einige sahen sich fertiggemacht und verschwanden von der Bildfläche.

Heute ist das Projekt ein etablierter Bildungsträger geworden, der kaum noch durch ein alternatives Programm auffällt. Die Szenerie in diesem dritten Sektor wurde durch eine kleine Vignette gekennzeichnet, die die normale Geschäftigkeit zum Ausdruck brachte. Im zweiten Sektor waren allerdings noch einige Personen als Leichen liegengeblieben, die an unsichtbaren Fäden die Akteure und Einrichtungsgegenstände zu steuern versuchten.

Kommentar

Durch diese soziodramatische Reinszenierung und ihre zwischenzeitliche Betrachtung und Reflexion aus der Spiegelposition konnte sich der Supervisand deutlich entlasten, die Dynamik dieser Entwicklung klarer durchschauen und die gemachten, oft leidvollen Erfahrungen besser integrieren. Auch im Sharing gewannen viele aus der Gruppe mehr Klarheit über ihre eigenen Erfahrungen in der Projektarbeit.

## Literatur

*Badelt, Ch.* (Hg.) (2002): Handbuch der Non-Profit-Organisationen. Strukturen und Management. Stuttgart.

*Belardi, N.* (1992): Supervison. Von der Praxisberatung zur Organisationsentwicklung. Paderborn.

*Berger, P.L., Luckmann, Th.* (1980): Die gesellschaftliche Konstruktion der Wirklichkeit. Frankfurt.

*Brose, H.-G, Holtgrewe, U., Wagner, G.* (1994): Organisation, Personen und Biographien: Entwicklungsvarianten von Inklusionsverhältnissen. *ZfSoz.* 23, 4, 255-274.

*Brumlik, M., Brunkhorst, H.* (Hg.) (1993): Gemeinschaft und Gerechtigkeit. Frankfurt.

*Buchinger, K.* (1997): Supervision in Organisationen. Heidelberg.

*Buer, F.* (1991a): Morenos Philosophie und der Marxismus. In: Ders. (Hg.): Morenos therapeutische Philosophie. Opladen, S. 159-178.

– (1991b): Morenos Philosophie und der Anarchismus. In: Ders. (Hg.): Morenos therapeutische Philosophie. Opladen, S. 181-198.

– (1992): Genossenschaften, Genossenschaftswesen, Genossenschaftsbewegung. In: *Bauer, R.* (Hg.): Lexikon des Sozial- und Gesundheitswesens. München, S. 763-769.

– (1993): Familiale Netzwerke – Die bürgerliche Familie zwischen Individualisierung und Solidarisierung. Bielefeld, S. 232-300.

– (1996): Psychodramatische Supervision. Das Modell und seine Bedeutung für die Reflexion und Erforschung sozialpädagogischen Handelns. *Supervision* 29, S. 81-92.

– (1999): Lehrbuch der Supervision. Der pragmatisch-psychodramatische Weg zur Qualitätsverbesserung professionellen Handelns. Münster.

– (2000): Profession oder Organisation? Wem dient die Supervision? In. *Pühl, H.* (Hg.): Supervision und Organisationsentwicklung. Opladen, S. 70-103.

*Busch, H.-J., Derserno, H.* (1989): Zur Dynamik einer Institutionalisierung. *Supervision* 15, 55-64.

*Cohen, E.* (1982): Der Strukturwandel des Kibbuz. In: *Heinsohn, G.* (Hg.): Das Kibbuz-Modell. Frankfurt, S. 289-340.

*Conen, M.-L.* (1989): Teamsupervision in alternativen Projekten. *Supervision* 15, S. 4-14.

*Crozier, M., Friedberg, E.* (1979): Macht und Organisation. Die Zwänge kollektiven Handelns. Königstein.

*Deichsel, A.* (1981): Gemeinschaft und Gesellschaft als analytische Kategorien. In: *Clausen, L., Pappi, F.U.* (Hg.): Ankunft bei Tönnies. Kiel, S. 33-41.

*Dollase, R.* (1996): Wege zur Überwindung der Asozialität des Menschen. Vorwort. In: *Moreno, J.L.*: Grundlagen der Soziometrie. Opladen, S. XI-XXIX.

*Eickelpasch, R.* (1994): Handlungssinn und Fremdverstehen. Grundkonzepte interpretativer Soziologie. In: *Kneer, G. u.a.* (Hg.): Soziologie Bd. I. Münster, S. 119-144.

*Etzioni, A.* (1996): Die faire Gesellschaft. Jenseits von Sozialismus und Kapitalismus. Frankfurt.
– (1997): Die Verantwortungsgesellschaft. Individualismus und Moral in der heutigen Demokratie. Frankfurt.
*Frankl, H.* (1992): Über Mead hinaus: Morenos Theorie alltäglichen und des psychodramatischen Rollenspiels. In: *Buer, F.* (Hg.): Jahrbuch für Psychodrama, psychosoziale Praxis & Gesellschaftspolitik 1992. Opladen, S. 19-55.
*Gehrmann, G, Müller, K.D.* (1993): Management in sozialen Organisationen. Berlin.
*Gizycki, H.v.* (1983): Arche Noah '84. Zur Sozialpsychologie gelebter Utopien. Frankfurt.
– (1990): „Mother Jones" oder Ein anderes Amerika. Kritische Minderheiten in den USA. Frankfurt.
*Glaesner, W., Scherer, K.-J.* (Hg.) (1986): Auszug aus der Gesellschaft? Gemeinschaften zwischen Utopie, Reform und Reaktion. Berlin.
*Goffman, E.* (1969). Wir alle spielen Theater. München.
– (1973): Asyle. Über die soziale Situation psychiatrischer Patienten und anderer Insassen. Frankfurt.
*Gotthard-Lorenz, A.* (1989): Organisationsberatung. Hilfe und Last für Sozialarbeit. Freiburg.
– (1996): Warum „Organisationssupervision"?. *Supervision* 29, 25-32.
– (1997). Methodische Vorgehensweise in der Organisationssupervision. In: *Luif, I.* (Hg.): Supervision. Tradtition, Ansätze und Perspektiven in Österreich. Wien, S. 207-229.
– (2000): „Organisationssupervision". Rollen und Interventionsfelder. In: *Pühl, H.* (Hg.): Handbuch der Supervision 2, Berlin, S. 297-312.
*Gundopp, W.-D.* (1975): Martin Bubers dialogischer Anarchismus. Frankfurt.
*Heidenreich, M.* (1994): Gruppenarbeit zwischen Toyotismus und Humanisierung. Eine international vergleichende Perspektive. *Soziale Welt* 1, 60-82.
*Heinevetter, A.* (1989): Vom Wunsch zur Wirklichkeit. *Supervision* 15, 28-45.
*Heinrich, P., Schulz zur Wiesch, J.* (Hg.) (1998): Wörterbuch zur Mikropolitik. Opladen.
*Hitzler, R.* (1992): Der Goffmensch. *Soziale Welt* 43, 449-461.
*Hollstein, W., Penth, B.* (1980): Alternativ-Projekte. Reinbek.
*Hutter, Ch.* (1997): Morenos Projekt der Gesellschaftsgestaltung. In: *Buer, F.* (Hg.): Jahrbuch für Psychodrama, psychosoziale Praxis & Gesellschaftspolitik 1996. Opladen, S. 27-51.
*Ingerfeld, G., Berker, P.* (Hg.) (1994): Supervision – ein Instrument der Personalentwicklung. Sonderheft der *Supervision.*
*Jacoby, E.G.* (1971): Die moderne Gesellschaft im sozialwissenschaftlichen Denken von Ferdinand Tönnies. Stuttgart.
*Karnath, J.* (1989): Supervision und Beratungskultur in der alternativen Szene. *Supervision* 15, 65-72.
*Krotz, F.* (1992): Interaktion als Perspektivverschränkung. *Psychodrama* 5, 2, 301-324.
*Küpper, W., Felsch, A.* (2000): Organisation, Macht und Ökonomie. Opladen.
*Küpper, W., Ortmann, G.* (Hg.) (1988): Mikropolitik: Rationalität, Macht und Spiele in Organisationen. Opladen.
*Leffers, C.-J.* (1998): Sozialmanagement und Führungskräfteberatung im Wandel. In: *Leuschner, G., Weigand, W.* (Hg.): Qualitätssicherung durch Supervision – Qualität von Supervision. Sonderheft *Forum Supervision* Nr. 2, 78-83.
*Lieth, W.* (1989): Martin Bubers kritisch-utopisches Gesellschaftskonzept. In: *Wiehn, E.R.* (Hg.): Juden in der Soziologie. Konstanz, S. 195-210.
*Luckmann, Th.* (1992): Soziologische Handlungstheorie. Berlin.
*Merschel, J.* (1995): Sozialmanagement. Problembewältigung mit Placebo-Effekt oder Strategie zur Reorganisation der Wohlfahrtsverbände. In: *Rauschenbach, Th. u.a.* (Hg.): Von der Wertegemeinschaft zum Dienstleistungssystem. Frankfurt.
*Miebach, B.* (1991): Theorie des sozialen Handelns. Opladen.
*Mintzberg, H.* (1983): Power in and around organizations. Egelwood Cliffs.
*Möller, H.* (1997): Supervision im Gefängnis als totaler Institution. *OSC* 4, 1, 25-41.
*Moreno, J.L.* (1981): Soziometrie als experimentelle Methode. Paderborn.

– (1989). Psychodrama und Soziometrie. Köln.
– (1996): Grundlagen der Soziometrie. Wege zur Neuordnung der Gesellschaft. Opladen.
*Morgan, G.* (1997): Bilder der Organisation. Stuttgart.
*Neuberger, O.* (1988): Spiele in Organisationen, Organisationen als Spiele. In: *W. Küpper, Ortmann, G.* (Hg.): Mikropolitik. Opladen, S. 53-86.
– (1994): Führen und Geführtwerden. Stuttgart.
– (1995): Mikropolitik. Stuttgart.
*Neubert, H.* (1992): Die Inszenierung von Führung – Zur vergessenen Dramaturgie des Managements. In: *Geißler, H.* (Hg.): Neue Qualitäten des betrieblichen Lernens. Frankfurt, S. 239-248.
*Papcke, S.* , *Buer, F.* (1997): Moreno und die Soziologie. Ein spannendes Verhältnis. In: *Buer, F.* (Hg.): Jahrbuch für Psychodrama, psychosoziale Praxis & Gesellschaftspolitik 1996. Opladen, S. 125-148.
*Peters, R.* (1980): Die Geschichte alternativer Projekte von 1800 bis 1975. Berlin.
*Pühl, H.* (1989): Alternativprojekte: Der Kollektivmythos als Chef. *Supervision* 15, 15-27.
– (2000) (Hg.): Supervision und Organisationsentwicklung. Handbuch 3. Opladen.
*Rappe-Giesecke, K.* (1996a): Der Abschied von den eindimensionalen Methoden – über das Verhältnis von Supervision und Organisationsentwicklung. In: *Fatzer, G.* (Hg.): Organisationsentwicklung und Supervision. Köln, S. 45-62.
– (1996b) (Hg.): Corporate Identity. Die Formulierung von Leitbildern als Aufgabe der Supervision. Themenheft der *Supervision* 30.
*Reese-Schäfer, W.* (1994): Was ist Kommunitarismus? Frankfurt.
*Schäfers, B.* (1983): Gemeinschaft und Gesellschaft. Zur Entwicklung und Aktualität eines Begriffspaares. *Gegenwartskunde* 1, 5-18.
*Scala, K., Grossmann, R.* (1997): Supervision in Organisationen. Weinheim.
*Schein, E. H.* (1995): Unternehmenskultur. Ein Handbuch für Führungskräfte. Frankfurt..
*Scheffler, S.* (1996): Organisationskultur in Frauenprojekten. In: *Pühl, H.* (Hg.): Supervision in Institutionen. Frankfurt, S. 226-240.
*Schmalenbach, H.* (1922): Die soziologische Kategorie des Bundes. In: *Stich, W.* (Hg.): Die Dioskuren. Jahrbuch für Geisteswissenschaften. Bd. 1. München, S. 35-105.
*Schmidt, E.R., Berg, H.G.* (1995): Beraten mit Kontakt. Gemeinde- und Organisationsberatung in der Kirche. Offenbach.
*Schnell, W.* (1997): Teamsupervision in der Forensischen Psychiatrie. *OSC* 4, 1, 43-53.
*Schreyögg, A.* (1994): Wieviele „Brillen" verwenden Berater? Zur Bedeutung von Mehrperspektivität in Supervision und Organisationsberatung. *OSC* 1, 1, 5-28.
– (1995): Organisationskulturen in Human Service Organizations. *OSC* 2, 1, 15-34.
– (1996a): Organisationskultur und Supervision. In: *Pühl, H.* (Hg.): Supervision in Institutionen. Frankfurt, S. 94-113.
– (1996b): Zur Unberatbarkeit charismatischer Sozialmanager. *OSC* 3, 2, 149-166.
*Schreyögg. G.* (1996): Organisation. Grundlagen moderner Organisationsgestaltung. Wiesbaden.
*Schülein, J.* (1996): Der Institutionsbegriff und seine praktische Relevanz. In: *Pühl, H.* (Hg.): Supervision in Institutionen. Frankfurt, S. 151-172.
*Schultes, J.* (1989): Entwicklungslinien – Veränderungen eines Altervativprojektes durch Organisationsberatung. *Supervision* 15, 46-54.
*Schumacher, M.A.C.* (1996): Motivation und Supervision von ehrenamtlichen MitarbeiterInnen in der Telefonseelsorge. *OSC* 3, 4, 323-336.
*Stimmer, F.* (1982): Der Beitrag Morenos zu einer interaktionistischen Theorie der Institutionalisierung. In: *Helle, H.J.* (Hg.): Kultur und Institution. Berlin, S. 131-155.
*Strang, H.* (1985): „Gemeinschaften" innerhalb der „Gesellschaft" oder die soziologische Aktualität des Ferdinand Tönnies. In: *Clausen, L. u.a.* (Hg.): Tönnies heute. Kiel, S. 257-265.
*Thiel, H.-U.* (1996): Die Bedeutung der Institutionsgeschichte für den Supervisionsprozess. In: *Pühl, H.* (Hg.): Supervision in Institutionen. Frankfurt, S. 114-126.
*Tönnies, F.* (1963): Gemeinschaft und Gesellschaft. Darmstadt.
*Varela, F.J., Thompson, E., Rosch, E.* (1992): Der Mittlere Weg der Erkenntnis. Bern.

*Weber, M.* (1922): Wirtschaft und Gesellschaft. (Nachdruck) Tübingen.
*Weigand, W.* (Hg.) (1996): Von der Teamsupervision zur Supervision in Organisationen. Themenheft der *Supervision* 29.
*Werner, H.-J.* (1994): Martin Buber, Frankfurt.
*Walter-Busch, E.* (1996): Organisationstheorien von Weber bis Weick. Amsterdam.
*Weiß, R.* (1997): Psychodramatische Supervision als Passage in PE-Maßnahmen. In: *OSC* 4, 4, 331-344.
*Wimmer, R.* (Hg.) (1992): Organisationsberatung. Neue Wege und Konzepte. Wiesbaden.
*Wolf,* S. (1988). Gustav Landauer zur Einführung. Hamburg.
– (1992): Martin Buber zur Einführung. Hamburg.

# Spezielle Felder

*Jasmin Leuthner-Beller*

# Interne Supervision für Pflege- und Adoptiveltern

Von Pflege- und Adoptiveltern wird eine anspruchsvolle Beziehungsarbeit erwartet, die dem Wohl der Kinder und ihrer gesamten Entwicklung dienen soll. Die „semiprofessionellen" Pflege- und Adoptiveltern benötigen daher – ebenso wie die professionellen Fachkräfte – einen qualitativ hochwertigen Rahmen von Beratung, wie ihn Supervision bietet. Sie haben im übrigen ein gesetzlich verankertes Recht auf Beratung.

Im folgenden Text werde ich beschreiben, in welcher Weise Supervision Pflege- und Adoptiveltern als Unterstützung dient, zu ihrer Qualifizierung beiträgt und somit ein qualitätssicherndes Angebot des Jugendhilfeträgers ist.

## 1. Der Supervisionsbedarf

Die Art und Weise, wie Hilfe vor Ort in organisatorische Strukturen eingebunden ist und wie sie jeweils inszeniert wird – angefangen von der Trägerform, dem Angestelltenverhältnis, der Qualifikation von Fachkräften, der Fach- und Praxisberatung, Supervisionsangeboten, Fortbildungsmöglichkeiten, Spielräumen für zeitliche Flexibilität, bis hin zu räumlichen und sächlichen Voraussetzungen –, beeinflusst generell die Fachlichkeit und Effizienz der Arbeit (*vgl. Bundesministerium für Familien, Senioren, Frauen und Jugend* 1997).

Nun stehen Pflege- und Adoptiveltern in keinem Angestelltenverhältnis zu öffentlichen Trägern, sie bekommen kein Gehalt und werden sozial nicht abgesichert. Pflegeeltern erhalten „Pflegegeld", welches sich aus einem materiellen Anteil und einem (geringen) Erziehungsbeitrag zusammensetzt.

Da die „Vollzeitpflege" aber ein Bestandteil der Jugendhilfe ist, sind Pflegeeltern in die Institution Jugendamt durch das Hilfeplanverfahren eingebunden und haben dadurch Anteil an den „Inszenierungen" vor Ort. Hier unterscheiden sich Pflegeeltern ganz deutlich von ErzieherInnen aus Heimen, Wohngruppen, Internaten etc. Privatheit und Semi-Professionalität vermischen sich!

Pflegeeltern sind zur Zusammenarbeit mit dem Jugendamt verpflichtet und sollen die „Vollzeitpflege" nicht nur planvoll mitgestalten, sondern auch durchführen. Dies bedeutet, dass Pflegeeltern im Zusammenwirken mit den jeweils beteiligten Fachkräften (SozialarbeiterInnen/SozialpädagogInnen des Pflegekinderdienstes, SachbearbeiterInnen der wirtschaftlichen Jugendhilfe, evtl. ErzieherInnen des Kindergartens, LehrerInnen, ÄrzteInnen, PsychologenInnen etc.), die Inhalte und Ziele der Hilfe besprechen und festlegen.

Pflegeeltern werden im allgemeinen als „Semi-Professionelle" bezeichnet, die, neben vielen anderen Tätigkeiten, eine schwierige Beziehungsarbeit leisten, welche die Bedürfnisse und Erfordernisse des Kindes erfassen und berücksichtigen sollen.

Bereits im Jahre 1925 bezeichnete *S. Freud* in einem Geleitwort zu *Aichhorns* „Verwahrloste Jugend" Erziehen, Kurieren, Regieren als die „drei unmöglichen Berufe" und meinte, dass es unmöglich sei, den an sie gestellten Anforderungen genügen zu können.

Das gilt in besonderem Maße für Pflege- und Adoptiveltern (*Belardi* 1992). In „besonderem Maße" deshalb, weil zu berücksichtigen ist, dass Pflege- und Adoptiveltern mit ihren Kindern keinen gemeinsamen Anfang haben, Kinder aufgrund ihrer „Vor-Geschichte" häufig schwer traumatisiert sind und dadurch Erfahrungen gemacht haben, die sie prägen und die sich in ihrem Verhalten ausdrücken. Die Erziehungstätigkeit von Pflege- und Adoptiveltern ist besonders schwierig, die Familien gelten daher als „störanfällige Systeme" (*Textor,* 1996).

Pflege- und Adoptiveltern müssen vor diesem Hintergrund besonders belastbar sein. Zur Unterstützung und Qualifizierung benötigen sie daher Beratung in differenzierten Formen und spezifische Fortbildung.

Die institutionellen Rahmenbedingungen für Beratung, einerseits als Fachberatung durch die Fachdienste, andererseits als Beratung durch das Format Supervision, müssen durch die Jugendhilfeträger geschaffen werden, wenn sie nicht, oder in noch nicht ausreichendem und angemessenem Maße vorhanden sind. Dazu gehört auch, dass die finanziellen Ressourcen bereit gehalten und die erforderlichen Räumlichkeiten zur Verfügung gestellt werden.

Der Gesetzgeber hat im § 37 Abs. 2 KJHG ausdrücklich festgelegt, dass Pflegepersonen „...vor der Aufnahme des Kindes oder des Jugendlichen und während der Dauer der Pflege Anspruch auf Beratung und Unterstützung..." haben (*Deutscher Verein* 1997). Pflegepersonen sind also nicht nur zur Zusammenarbeit mit den Jugendämtern verpflichtet, sondern haben einen *Anspruch auf Beratung*. Der Begriff „Beratung" ist im Gesetzestext nicht näher erläutert. Supervision ist eine Form von Beratung, die in diesem Kontext in den unterschiedlichsten Arbeitsformen angefragt und durchgeführt werden kann.

Bei Adoptionspflegen greift der § 9 des Adoptionsvermittlungsgesetzes, wonach sicherzustellen ist, dass „...die gebotene vor- und nachgehende Beratung und Unterstützung geleistet wird..." (*Deutscher Verein* 1997). Auch in diesen Zusammenhängen kann sich die vor- und nachgehende Beratung sinnvoll mit Supervision ergänzen, wobei verschiedene Settings denkbar und möglich sind.

Die Forderung der Fachverbände für Pflege- und Adoptiveltern, dass kompetente Fachberatung und Supervision Standard sein sollten, lässt sich auch vor dem Hintergrund nachvollziehen, dass für „... HeimerzieherInnen Supervision, Fallbesprechungen, Teamsitzungen und kollegiale Fachberatung ein durchaus nennenswerter Teil der wöchentlichen Arbeitszeit sind, Pflegeeltern (erhalten) nur einen Bruchteil derartiger Unterstützung. Es ist also dringend notwendig, das System der Nachbetreuungsmaßnahmen auszubauen und möglichst vielfältige Angebote zu machen, damit unterschiedliche Bedürfnisse befriedigt werden können. Die Pflegeeltern sollten nicht als Klienten oder gar als Bittsteller behandelt werden, sondern als semiprofessionelle Träger der Jugendhilfemaßnahme Vollzeitpflege (*Textor* 1996).

Die Anforderungen und Ansprüche an gute Arbeit bzw. „Qualität", die vonseiten der Jugendhilfeträger an die Pflegefamilien gestellt werden, sind an die Nachfragen, Bedürfnisse und Erfordernisse der „Leistungsempfänger" angepasst (oder sollten es sein). Entsprechend unterschiedlich sind die Aufgaben der Pflegefamilien und darauf wiederum muss sich Beratung einstellen. Wie aber sind die Begriffe „Qualität", „Qualitätssicherung und -entwicklung" auf Supervision mit Pflege- und Adoptiveltern zu übertragen?

„Qualität im Sozialbereich ist die positive Bewertung der Beschaffenheit, Nützlichkeit und Güte einer Handhabung oder eines Gegenstandes... Qualität ist subjektiv, da sie aus der Bewertung einer Interaktion entsteht... Qualität ist relativ, da sie kein absoluter Wert, sondern an Zielannäherungen gemessen wird... " ( *Berker* 1998).

Dies geschieht in Form von *Standards*, wobei folgende Differenzierungen als sinnvoll erscheinen:

- *Struktur- oder Rahmenstandards* (Organisationsform, Vorhalten geeigneter Arbeitsmittel, Räumlichkeiten, Personal, Kooperation von Berufsgruppen, Koordination unterschiedlicher Arbeitsabläufe);
- *Prozess- oder Verlaufsstandards* (verbindliche Aussagen über Art, Abfolge und Inhalt des Handelns und Verhaltens aller MitarbeiterInnen);
- *Produkt- und Ergebnisstandards* (eindeutige und nachprüfbare Beschreibung der Ergebnisse, die mittels Struktur und Prozess erzielt werden) (*Berker* 1998).

Auch die Erziehungstätigkeit von Pflege- und Adoptiveltern ist ein fortlaufender und sich ständig verändernder Prozess.

Weitere „Qualitätsstandards", die vonseiten der Jugendhilfe als notwendig erachtet werden und generell als Arbeitsgrundlage dienen sollten, sind folgende:

- Eine gezielte Planung der Fremdplatzierung und Unterbringungsform,
- eine genaue Auswahl und Vorbereitung der Pflegepersonen und
- eine differenzierte intensive Betreuungsarbeit vor und nach der Vermittlung.

Öffentliche Träger gehen davon aus, dass Pflegepersonen zum Pflegekind eine besondere Beziehung eingehen und dabei insbesondere folgende Aufgaben übernehmen:

- Eine am „Hilfeplan" ausgerichtete Erziehung und Betreuung zu gewährleisten,
- die gesundheitliche Betreuung sicherzustellen,
- Hilfe zu einer angemessenen Schul- und Berufsausbildung zu gewähren und mit den Lehrkräften und Ausbildern intensiv zusammenzuarbeiten,
- das religiöse Bekenntnis des Minderjährigen zu beachten.

*(LWL, Arbeitskreis „Adoptions- und Pflegekindervermittlung", 1998).*

„Qualitätssicherung beinhaltet alle Maßnahmen, die getroffen werden, um Standards zu bestimmen, weiterzuentwickeln und aufrechtzuerhalten. Qualitätssicherung ist somit eine Form der Steuerung von Arbeit...Supervision ist (...) als bedeutsames Mittel (...) zur Bestimmung, Weiterentwicklung und Aufrechterhaltung von Prozessstandards zu verorten. In diesen prozessualen Zusammenhängen entstand der Bedarf nach einem Ort, an dem über die alltägliche Arbeit nachgedacht wird..." (*Berker* 1998).

Für Vollzeitpflege- und Adoptiveltern ist dieser Ort besonders wichtig, da sie mit ihrer „alltäglichen Arbeit" während des gesamten Jahres ( ohne Wochenend-, Feiertags- oder Urlaubsregelung... ) und mitunter „rund um die Uhr" beschäftigt sind.

Der Anspruch der Jugendhilfeträger, dass die Erziehungstätigkeit der Pflegeeltern dem Wohl der Kinder/Jugendlichen entspricht und fachlichen Standards gerecht wird, ist durchaus legitim und notwendig, denn „Klient" ist das Kind oder der Jugendliche und deren Bedürfnisse gilt es in erster Linie zu berücksichtigen.

Da sich „Semiprofessionalität" mit Familienleben und intimer Privatheit vermischen, entsteht geradezu zwangsläufig und unbeabsichtigt ein hohes Maß an affektiver und rollenbezogener Verwicklung.

Insofern ist es nicht nur im professionellen Bereich der stationären Heimerziehung erforderlich, die Selbstreflexionskompetenzen zu aktivieren, sondern auch im semiprofessionellen Bereich der Vollzeitpflegen, bei den Adoptionsverhältnissen und Tagespflegen.

Deutlich wird vor diesem Hintergrund, dass Supervision für Pflege- und Adoptiveltern hervorragende Möglichkeiten zur Qualifizierung und Qualitätssicherung bietet.

## 2. Angebote und Arbeitsformen der Supervision

Supervision ist ein Format, welches sich grundsätzlich an alle Pflegepersonen und -eltern im Bereich Tagespflege, Ergänzungs- oder Bereitschaftspflege, an sozialpädagogische Pflegestellen, Dauer- oder Adoptionspflegen und Adoptiveltern wendet.

Für Pflege- und Adoptiveltern oder „Pflegepersonen" bieten sich folgende Arbeitsformen und Differenzierungen an:

| | |
|---|---|
| – *Einzelsupervision* | – eine Pflegeperson/Elternteil |
| – *Paarsupervision* | – beide Pflegepersonen/Elternteile gemeinsam |
| – *Gruppensupervision mit Einzelnen* | – eine Pflegeperson/ein Elternteil gemeinsam mit anderen einzelnen Pflegepersonen/Elternteilen |
| – *Gruppensupervision mit Paaren* | – beide Pflegepersonen/Elternteile gemeinsam mit anderen Paaren |
| – *Gruppensupervision mit Einzelnen und Paaren* | – eine bzw. beide Pflegepersonen/ Elternteile gemeinsam mit anderen einzelnen oder beiden Pflegepersonen/ Elternteilen |

Die Unterscheidungen „Pflegepersonen" und „Eltern" sind im Gesetzestext nicht vorgesehen. Der Gesetzgeber spricht von „Pflegepersonen" und „Familie". Eine Unterscheidung halte ich jedoch deshalb für wichtig, weil es im emotionalen Erleben, bei der Gestaltung des Zusammenlebens und des Alltags von Bedeutung ist, ob es sich um

- Tagesmütter handelt, die Kinder tagsüber betreuen, wobei die Kinder abends in ihren familiären Bereich zurückkehren, oder um

- Übergangs- und Bereitschaftspflegefamilien, bei denen die Kinder nur kurze Zeit aufgrund einer besonderen Not- oder Krisensituation leben, dann aber in den elterlichen Haushalt zurückkehren, oder anderweitig untergebracht werden, oder um
- sozialpädagogische Pflegefamilien, Dauer-, und Adoptionspflegefamilien, sowie Adoptiveltern, bei denen die Kinder/Jugendlichen langfristig oder dauerhaft leben und der Auftrag an die Eltern geht, nicht „nur" Pflegepersonen zu sein, sondern *Eltern* für das Kind/den Jugendlichen zu werden.

Vor dem Hintergrund, dass die Gründe für die Unterbringung von Kindern/Jugendlichen in Tagespflege- oder Vollzeitpflegestellen ganz unterschiedlich sind, ergeben sich verschiedene Betreuungsformen mit differenzierten Anforderungsprofilen.

Auf die unterschiedlichen Bedürfnisse der zu beratenden Personen muss sich Beratung inhaltlich einstellen. Das hat für die psychosoziale Beziehungsarbeit „Supervision" u.a. zur Folge, dass über Arbeitsformen nachgedacht werden muss, die sinnvoll, nützlich und angemessen sind.

Konkret bedeutet dies, dass Tagesmütter wohl kaum Einzelsupervision in Anspruch nehmen werden, weil Jugendhilfeträger diese nicht finanzieren.

Ausnahmen sind denkbar, wenn es sich bei der Tagespflege um eine Form von „Hilfe zur Erziehung" handelt, die in das Hilfeplanverfahren eingebettet ist, gravierende Schwierigkeiten und Probleme in der Ursprungsfamilie vorhanden sind, so dass Inhalte und Ziele der erzieherischen Hilfe eine besondere Rolle spielen und daher die Anforderungen an die Pflegeperson deutlich höher sind als sonst üblich bei Tagespflegen.

Sinnvoll und nützlich erscheint darüber hinaus *„Gruppensupervision mit Tagesmüttern"*. In dieser Beratungssituation kann es darum gehen, dass Tagesmütter Gelegenheit haben, in einem geschützten Rahmen über ihre Erziehungstätigkeit nachzudenken, aufgetretene Probleme zu reflektieren und nach neuen Wegen zu suchen. Dies können geeignetere Verhaltensweisen gegenüber den ihnen anvertrauten Kindern sein sowie zum Inhalt haben, nach Lösungsmöglichkeiten bei Konflikten zwischen Tagesmüttern und leiblichen Müttern, dem Jugendhilfeträger und Tagesmüttern etc zu suchen.

Für *alle Formen der Vollzeitpflege,* angefangen bei Übergangs- und Bereitschaftspflegen, über sozialpädagogische Pflegestellen, Ergänzungs-, Dauer- und Adoptionspflegen, *sowie für Adoptiveltern,* kommen generell *alle zuvor beschriebenen Arbeitsformen der Supervision* in Betracht. Sofern SupervisandInnen in einer Gruppe zusammengefasst werden, ist es (wie immer) wichtig, sich gut zu überlegen, aus welchen TeilnehmerInnen sich die Gruppe konstituiert und welche Themen – auch gemeinsame Themen –, es geben könnte.

Bei der Zusammensetzung einer Gruppe ist es *eine* Möglichkeit, sich an den Aufgaben und Anforderungen zu orientieren, mit denen die Pflegepersonen oder Eltern beschäftigt sind und auf diese Weise nach Gemeinsamkeiten zu suchen. Dadurch ergibt sich automatisch eine Vielzahl ähnlicher Themen (z.B. Umgangskontakte mit Herkunftsfamilien, schwebende gerichtliche Verfahren und die Angst, das Kind wieder abgeben zu müssen, etc.), die intensiv, vielleicht sogar mehrfach zu bearbeiten sind.

Eine „bunte Mischung" aus Tagesmüttern, Bereitschaftspflegeeltern und Adoptiveltern kann ebenfalls sinnvoll sein, wenn die TeilnehmerInnen bereit sind, sich auf die

Aufgaben und Anforderungen, Probleme und Schwierigkeiten der anderen Gruppenmitglieder einzustellen und einzulassen. Die Unterschiedlichkeiten können dann dazu führen, dass die TeilnehmerInnen ungewöhnliche Fragen stellen oder „spektakuläre" Ideen haben, die die anderen „Semi-Professionellen" gar nicht in Erwägung ziehen, aber gerade so zu Klärungen beitragen. Das Spektrum dessen, was bearbeitet wird, erweitert sich. Wichtig ist, auf eine Gruppenzusammensetzung zu achten, die reflektorische Möglichkeiten nicht einschränkt, so dass die supervisorische Arbeit für den Einzelnen, aber auch für die Gruppe nutzbringend ist.

In diesem Zusammenhang werden sich, wie ansonsten auch, sorgfältige Kontraktverhandlungen als hilfreich erweisen. Es ist zu berücksichtigen, dass Pflege- und Adoptiveltern häufig noch keine Erfahrungen mit Supervision hatten, vielleicht sogar ängstlich sind, weil sie nicht wissen, was sie erwartet. Offenheit und Transparenz tragen dazu bei, miteinander „Bedenken zu überdenken", sowie Gefühle von Angst zu minimieren, indem Raum geschaffen wird, sie zu thematisieren und zu bearbeiten.

Supervision mit Paaren, die in Gemeinschaft zusammenleben – ob verheiratet oder nicht -, ist in der „Supervisionslandschaft" relativ selten.

Da Pflege- und Adoptiveltern jedoch gemeinsame Aufgaben haben, die es angemessen und verantwortungsbewusst zu bewältigen gilt, ist es von besonderer Bedeutung, diesem, in anderen beruflichen Bereichen eher selten anzutreffenden Setting, Raum zu geben. *Sondermann* beschreibt zu Recht, dass es beim Kontrakt mit den Pflegeeltern nicht alleine zu einem Kontrakt mit der Pflegemutter kommen dürfe.

> „Die Männer dürfen keineswegs übergangen werden... Denn in der Familie hat er, wie auch immer sie von ihm ausgefüllt wird, eine sehr wichtige Rolle... Es geht um die Betreuung eines Pflegekindes und der damit auf die Pflegeeltern zukommenden oder dadurch ausgelösten Probleme..." (*Sondermann,* 1992).

So betrachtet kann Supervision auch bei Paaren die Selbstreflexion fördern und Entwicklungspotenziale mobilisieren. Sie grenzt sich jedoch von Paartherapie oder Erziehungsberatung ab!

Supervision für Pflege- und Adoptiveltern ist nach meinem Verständnis ein ergänzendes Angebot zu der Fachberatung durch Pflegekinder- und/oder Adoptionsvermittlungsdienste. Supervision bietet die Chance, auch Schwieriges, Konflikthaftes, Fehlerhaftes, Ambivalentes, eben Nicht-Perfektes zu benennen und zu bearbeiten. Nur dann, wenn Probleme benannt werden können und dürfen, besteht die Möglichkeit der Be- und Verarbeitung, kann Neues geschaffen werden. Die Erlaubnis, dies zu tun, gibt sich das Individuum selbst und jedes entscheidet in eigener Verantwortung, wann es sich öffnet und welches der richtige Rahmen für sein Anliegen ist.

Es ist realistisch anzunehmen, dass auch dann, wenn die Kontakte zwischen Fachdiensten, Pflege- und Adoptiveltern partnerschaftlich sind, vieles in guter Zusammenarbeit besprochen und bearbeitet wird, immer noch Reste bleiben, die aus den verschiedensten Gründen „verschwiegen" werden. Dieses „Verschweigen" muss nicht mit den Personen der Fachdienste zusammenhängen, oder mangelhaftem Vertrauen ihnen gegenüber, sondern beinhaltet bereits deren Rolle und den miteinander verbundenen Aufgaben: Zu beraten, zu unterstützen *und* zu kontrollieren – sozusagen ein doppeltes Mandat!

Die Fachkräfte selbst müssen immer wieder das Kunststück vollbringen, die Aufgaben zu trennen und doch wieder zusammenzufügen. Eine vollständige Trennung von

Beratung und Kontrolle kann es, realistisch betrachtet, nicht geben, wenn beides „in einer Hand" ist. Supervision bietet die Möglichkeit, dass auch das Unausgesprochene in einem geschützten Rahmen benannt und nach Lösungsmöglichkeiten gesucht wird.

Zusammenfassend kann festgestellt werden, dass Fachberatung und Supervision unterschiedliche Möglichkeiten und Aufgaben haben. Die Beratungsformate grenzen sich voneinander ab, ergänzen sich aber auch wieder und fügen sich da zusammen, wo der Fokus liegt: bei den Familien – den Kindern und Jugendlichen, die darin leben.

## 3. Die Bedeutung von Supervision für Pflege- und Adoptiveltern im familiären Zusammenleben

### 3.1 Veränderung und Erneuerung durch Erweiterung

Wenn ein Kind in eine Familie hinein geboren oder von einer Familie aufgenommen wird, muss sich das gesamte Familiensystem neu orientieren und organisieren. Alle Beziehungen werden erneut ausgehandelt, definiert und den Veränderungen entsprechend in einem fortlaufenden Prozess sinnvoll angepasst.

Kinder und Jugendliche, die nicht von ihrer Ursprungsfamilie betreut und versorgt, begleitet und erzogen werden, haben dennoch einen, wie immer auch gearteten Anfang mit den leiblichen Eltern und bringen ihre eigene Geschichte in die neue Familie bereits mit. Selbst dann, wenn Kinder in „Tagespflegefamilien" kommen, dort „nur" tagsüber betreut werden, jedoch abends wieder in ihre Familien zurückkehren, verändert sich bereits die Art, miteinander zu kommunizieren. Verhalten muss überdacht, Regeln müssen neu ausgehandelt werden – das Familiensystem entwickelt sich weiter.

Darüber hinaus müssen die Tagesmütter aus diesem Anlass mit anderen Personen, vielleicht auch Einrichtungen, außerhalb des eigenen Familiensystems kooperieren und dies verläuft nicht immer konfliktfrei.

Kinder, die vom Jugendhilfeträger aus wichtigen Gründen in „Vollzeitpflegefamilien" untergebracht werden, kommen dort an, treten in ein bestehendes System ein und es kann durchaus passieren, dass zunächst einmal auch dort das „Chaos" ausbricht, wo zuvor alles „wohl geordnet" schien. Aus dem Chaos entsteht dann wieder eine neue, aber andere „Ordnung".

Je älter die Kinder sind und je länger die Vorgeschichte von Kindern ist, je traumatisierender die Erlebnisse waren, die Kinder erlitten haben, je mehr Beziehungsabbrüche vorangegangen sind und je weniger sich erwachsene Personen als verlässliche Bezugspersonen erwiesen haben, um so schwieriger wird der gemeinsame „Neu-Anfang" von Pflegeeltern und Pflegekindern.

„Gewünscht wird oftmals, dass der „Neue" sich anpasst, schließlich wäre er dann der Einzige, der sich ändern müsste..." (*Sondermann* 1992). Die Realität zeigt, dass es bei diesen Wünschen bleibt, denn die Pflege- und Adoptivkinder „funktionieren" nicht so, wie man sie gerne hätte. Sie sind, wie sie sind, und sie verhalten sich, wie sind.

Anfangs erbringen Kinder anstrengende *„Anpassungsleistungen"*, um sich sicherer zu fühlen und den Erwartungen der Erwachsenen zu entsprechen.

„Das Kind passt sich den vorherrschenden Normen, Werten und elterlichen Erwartungen an, so gut es kann. Es liest den Eltern ihre Wünsche oft geradezu von den Augen ab und funktioniert beunruhigend gut..." (*Tenhumberg, Michelbrink* 1998).

Sobald sich die Kinder sicherer fühlen, verändert sich auch ihr Verhalten – deutlich spürbar für die Erwachsenen und manchmal kaum zu ertragen.

„Wenn das Kind eine größere Sicherheit gewonnen hat, wird deutlich, dass es seinen neuen Bezugspersonen mit den Gefühlen, Einstellungen, Erwartungen und Verhaltenstendenzen begegnet, die aus seinen alten Erfahrungen resultieren. Die neue Situation wird vom Kind durch die Brille seiner Geschichte betrachtet, verwechselt und verkannt. Das Wiederbeleben von Ängsten, heftigen Wünschen, Enttäuschungen, Ohnmacht, Wut und Zorn in der *Übertragungsbeziehung* zu elterlichen Objekten... ist therapeutisch wirksam und ermöglicht korrigierende Erfahrungen. Oft erkennen die Pflegeeltern die Übertragungsbeziehungen nicht. Sie fühlen sich durch die Reaktion des Kindes angegriffen oder vom Kind abgelehnt..." (*Tenhumberg, Michelbrink* 1998).

Eine weitere Phase im Zusammenleben wird der Aufbau neuer persönlicher Beziehungen sein. Dies geschieht dann, wenn Kinder traumatische Vorerfahrungen in den Übertragungsbeziehungen zu einem guten Teil aufgearbeitet haben.

„Die Denk- und Orientierungsschemata und die Verhaltensmöglichkeiten des Kindes verändern sich allmählich. Hierbei ist festzustellen, dass der Neuaufbau von Beziehungen in gleichen Schritten, wie sie auch für die frühkindliche Entwicklung charakteristisch sind, erfolgt. Es ist wichtig, dass die neuen Eltern die Anzeichen solcher *Regression* erkennen und auch begrüßen" (*Tenhumberg, Michelbrink* 1998).

Dabei handelt es sich um Bedürfnisse nach umfassender Versorgung, ständiger Nähe zu einem oder beiden Elternteilen. Gleichzeitig kann es vorkommen, dass die Kinder plötzlich unselbständig werden und ihre bereits erlernten Fähigkeiten nicht mehr einsetzen.

Oftmals erkennen Pflege- und Adoptiveltern nicht, wenn ein Kind regrediert, weil sie zu sehr in die „Alltagsgeschäfte" involviert sind und nicht den nötigen Abstand haben, um das Familiengeschehen „von außen betrachten" zu können. Sie sind verunsichert, zweifeln vielleicht an sich selbst und machen sich Sorgen. Eltern fragen sich dann, ob sich das Kind noch „normal" verhält, was sie richtig, aber vor allem, was sie falsch gemacht haben könnten.

Für Pflege- und Adoptiveltern ist es daher aus diesen und vielen anderen Gründen wichtig, die Ereignisse und Geschehnisse von außen, also aus einer *anderen Perspektive* betrachten, klären und einordnen zu können.

## 3.2 Themen der Supervision

### Lebensgeschichte der Kinder und Jugendlichen – aktuelle Probleme und Fragestellungen

Dazu gehören folgende Themenkreise:

- Aus welchen familiären Verhältnissen stammt das Kind? Welches waren die Gründe der Fremdunterbringung? Hatte das Kind traumatische Erlebnisse und wenn ja, welche? Wurde das Kind vernachlässigt, misshandelt und/oder sexuell missbraucht?

- Was bedeutet es, wenn ein Kind allein gelassen oder eingesperrt wurde, wenn es geschlagen wurde, oder gehungert hat, vielleicht sogar von Eltern, die es eigentlich schützen sollten, sexuell missbraucht wurde? Wie gehen wir mit solchen Erfahrungen um?
- Hatte das Kind Beziehungsabbrüche und wenn ja, welche? Was bedeutet dies gegenwärtig, oder kann es künftig bedeuten? Welche Vorstellungen hat das Kind von erwachsenen Personen? Ist das Kind beziehungsfähig, ist es bindungsfähig und wenn nicht, wie wirkt sich dies im familiären Zusammenleben aus? Wie halten wir dies aus?
- Hat das Kind körperliche, seelische und/oder geistige Störungen/Behinderungen (z.B. durch Alkohol- und/oder Drogenmissbrauch)? Sind deshalb häufige Arztbesuche, Klinikaufenthalte, Therapien bei Psychologen, Ergotherapeuten usw., notwendig? Was bedeutet dies für seine weitere Entwicklung? Kommen wir damit zurecht?
- Wer gehört zu seiner Ursprungsfamilie? Gibt es Geschwister, die ebenfalls woanders leben? Soll das Kind Umgangskontakte mit Eltern, Geschwistern, oder Großeltern haben? Sind wir bereit, diese Umgangskontakte mitzutragen?

Biografie der Elternteile – Geschichte der aufnehmenden Familie

Die Geschichte der aufnehmenden Familie impliziert Fragestellungen wie:

- Welche Motivationen hatten wir, ein Kind in unsere Familie aufzunehmen?
  Was gab es zu klären und zu verarbeiten? Fühlen wir uns den Anforderungen, die der Familienzuwachs mit sich bringt, gewachsen? Können wir uns auf die Bedürfnisse und die Bedürftigkeit eines Kindes einlassen, das Mangel erlebt hat, vielleicht von Erwachsenen überwältigt wurde? Hat das Kind Entwicklungsverzögerungen und wenn ja, welche? Wie können wir das Kind fördern? Was können wir tun, wenn wir uns überfordert fühlen?
- Wer gehört zur aufnehmenden Familie?
  Wohnen Eltern im Haushalt, oder im gleichen Haus, Geschwister, oder sonstige Verwandte? Akzeptieren sie unsere Entscheidung, ein (fremdes) Kind bei uns aufzunehmen? Tragen sie die Entscheidung mit? Kommen wir damit zurecht, wenn es nicht so ist? Wie reagieren wir dann, wie verhalten wir uns?
- Wie ist meine Biografie, meine Lebensgeschichte? Welches Bild von Familie habe ich?
  Wie habe ich die Erziehung meiner Eltern, das Zusammenleben mit ihnen und – so weit vorhanden – meinen Geschwistern erlebt? Welche Erlebnisse hatte ich, die ich als problematisch, oder traumatisierend erlebte? Habe ich sie verarbeitet, worunter leide ich heute noch? Gibt es „blinde Flecke“? Hatte ich Beziehungsabbrüche und Trennungen, die ich als kränkend, oder schmerzlich erlebte und unter denen ich heute noch leide?

## Sozialer Kontext der Familie – aktuelle Problemlagen

Wie ist die Situation der Familie? Welche Problemlagen gibt es gegenwärtig und womit ist die Familie befasst?

- Zur Situation der Familie gehören Inhalte, wie z.B.: Wie ist der Status der Familie? Wie sind die Rollen aufgeteilt? Welche beruflichen Vorstellungen oder Wünsche haben wir (eigentlich) noch? Wo müssen wir uns begrenzen und wie kommen wir damit zurecht? Was fehlt uns? Welche Persönlichkeiten/Temperamente haben wir? Welche Kommunikationsformen haben oder pflegen wir?
- Problemlagen können scheinbar einfache Themen sein, wie: Umzug in eine andere Wohnung, in ein neues Haus. Wie aber verkraftet die Familie, das Kind den Ortswechsel? Welche Schwierigkeiten, welche Ängste gibt es bei einem Kind, das sich vor jeglichen Veränderungen fürchtet?
- Es können aber auch ausgesprochen schwierige Lebensumstände sein – Probleme, die Pflege- und Adoptivfamilien ebenso, wie andere Familien auch haben können, z.B.: Arbeitslosigkeit eines Elternteiles, schwere Erkrankungen eines Elternteiles, Pflege oder gar Tod von nahen Angehörigen, Partnerschaftsprobleme, bis hin zu Trennungen oder Scheidungen. Angesichts der Besonderheiten und Probleme, die Pflege- und Adoptivkinder mit sich bringen, kann davon ausgegangen werden, dass derartige Lebensumstände noch schwerer zu bewältigen und zu verkraften sind.
- Für viele Pflege- und Adoptiveltern sind die drei verschiedenen Phasen *Anpassung – Übertragungen – Regression* eines positiv verlaufenden Integrationsprozesses nicht leicht zu erkennen und zu bewältigen (*Nienstedt, Westermann* 1998).
  Welche Unsicherheiten, welche Probleme haben wir damit? Was enttäuscht oder verärgert uns? Was müssen wir noch wissen? An welche Grenzen geraten wir? Was können oder sollten wir verändern?
- Pflege- und Adoptiveltern haben einen „Sonderstatus“, obwohl in unserer Gesellschaft viele Formen von Familien gelebt werden. Sie haben häufig das Gefühl, sich erklären und rechtfertigen zu müssen, stoßen nicht selten auf Unverständnis angesichts der vielen Besonderheiten, die „auffallen“. Pflegeeltern sind außerdem zur Zusammenarbeit mit dem Jugendamt verpflichtet, insofern ist bereits eine „gewisse Öffentlichkeit“ hergestellt. Die elterliche Sorge obliegt nicht den Pflegeeltern, sondern ist bei Dritten (leibliche Eltern oder Amtsvormundschaft) angesiedelt. Inhalte und Ziele der Erziehung werden nicht nur innerhalb der Partnerschaft, sondern auch in Hilfeplankonferenzen besprochen usw.
- Vor diesem Hintergrund stellt sich immer wieder die Frage und die Aufgabe: Wie kommen wir mit heftigen und belastenden Auseinandersetzungen innerhalb der Familie oder des sozialen Umfeldes (Kindergarten, Schule etc.) zurecht? Was bedeutet es für uns und wie reagieren wir gegenüber dem Kind, wenn wir immer wieder Konflikte zu bewältigen haben, die im Zusammenhang mit dem Pflege- oder Adoptivkind stehen?

### Zusammenarbeit mit dem Jugendhilfeträger

Bei der Zusammenarbeit mit dem Jugendhilfeträger ergeben sich ebenfalls zahlreiche Fragestellungen, die zu beantworten sind. Auch können sich immer mal wieder Probleme ergeben, die bearbeitet werden müssen.

- Einbindung in das Hilfeplanverfahren: Welches sind meine Aufgaben? Wie wird seitens der Organisation meine Rolle definiert und wie definiere ich sie? Habe ich innerhalb der Organisation einen Platz und wo ist dieser?
- Wie vertrauensvoll ist die Zusammenarbeit? Wie viel Vertrauen darf ich haben? Was muss ich mitteilen, was sollte ich mitteilen? Was darf ich verschweigen, wo ist meine Intimsphäre? An wen wende ich mich bei Konflikten? Welche Rechte habe ich? Welche Ansprüche darf oder sollte ich geltend machen? Was kann ich verweigern?

Die zuvor genannten Fragestellungen sind Probleme, die Pflege- und Adoptiveltern möglicherweise haben und von denen auch die Kinder oder Jugendlichen betroffen sind. Daher können sie zu Inhalten von Supervision werden, wenn nicht andere Formate wie Psychotherapie, Erziehungsberatung, Familienberatung etc. zu deren Bearbeitung nützlicher und sinnvoller sind.

## 3.3 Supervision als Ort der Reflexion

Pflegeeltern, die Kinder oder Jugendliche in ihre Familie aufnehmen, später vielleicht zu Adoptiveltern werden, haben bei der Aufnahme eines Kindes oder Jugendlichen die besten Absichten, geben sich von Anfang an die größte Mühe.

Sie freuen sich auf das Kind und haben möglicherweise schon lange auf den Familienzuwachs gewartet. In ihrem häuslichen Umfeld richten sie alles her, ein Elternteil lässt sich beim Arbeitgeber sogar beurlauben. Verwandte und Freunde werden über den Neuankömmling informiert. Zeitschriften und Bücher wurden schon frühzeitig gelesen, zahlreiche Informationen überall eingeholt. Auch die Beratung des Jugendhilfeträgers haben sie umfassend in Anspruch genommen und wurden sogar in Seminaren geschult.

Kurzum: Die Pflegeeltern haben vor der Aufnahme des Kindes alles unternommen, was überhaupt nur getan werden konnte. Sie sind theoretisch so gut vorbereitet, wie es nur irgend möglich ist.

Dann kommt das Kind: die Theorie muss sich sozusagen in der Praxis bewähren und das meiste ist ganz anders als erwartet. Die Anforderungen und Herausforderungen sind so, wie sie sich dies gar nicht vorstellen, nicht einmal denken konnten. Vielleicht bricht ein mittleres oder gar größeres Chaos über die Familie herein – die Familie befindet sich im Umbruch. Als wäre dies nicht genug, entstehen Gedanken, wie z.B.: Warum haben wir uns dies eigentlich angetan? Nicht selten werden derartige Gedanken umgehend mit einem Verbot belegt. Es kann aber auch zu Befürchtungen, bis hin zu Ängsten kommen und der Frage: Wie sollen wir dies eigentlich alles schaffen?

Pflege- und Adoptiveltern haben häufig hohe (Perfektions-)Ansprüche an sich selbst. Sie wollen vieles an dem Kind/Jugendlichen wiedergutmachen, was ihm widerfahren ist und wollen (insgeheim) die besseren Eltern sein. Natürlich wollen sie vom Kind geliebt werden und tun vieles, wenn nicht alles dafür. Nicht selten kommt es vor, dass sich Pflege- und Adoptiveltern selbst überfordern. Es kann aber auch sein, dass die Schwierigkeiten und Probleme, die Kinder in die Familie mitbringen, so groß werden, dass die Eltern an ihre Grenzen stoßen.

Der Austausch mit anderen Eltern, die ihre leiblichen Kinder großziehen, führt nicht selten zu weiteren Frustrationen, weil diese die vielen Besonderheiten nicht verstehen, nicht nachvollziehen können. Auch Verwandte und Freunde wundern sich häufig, warum sich das Kind immer noch nicht „normal" verhält, obwohl es eventuell schon längere Zeit in der Familie ist und fragen, was eigentlich so schwierig sein kann. Auf diese Weise können sich Selbstzweifel, sogar Schuldgefühle einstellen.

In solchen Fällen gibt es die Möglichkeit, sich von den FachberaterInnen der Jugendhilfeträger beraten zu lassen. Deren Rahmenbedingungen sind jedoch andere als die innerhalb der Supervision: sie haben, wie bereits ausgeführt, beratende *und* kontrollierende Funktionen.

Pflege- und Adoptiveltern benötigen daher einen geschützten Rahmen, der für die Öffentlichkeit nicht zugänglich ist. Sie brauchen ebenso einen Ort wie andere Professionelle auch, der zwar nicht frei von Kritik, aber frei von Sanktionen, Verurteilungen und Kontrolle ist. Es muss ein Ort sein, an dem es sogar erwünscht ist „Fehlerhaftes", „Nicht-Perfektes" und „Schwieriges" zu thematisieren – ein Ort, wie ihn Supervision bietet. In einem gemeinsamen Lernprozess mit dem Supervisor/der Supervisorin und – im Falle von Paar- oder Gruppensupervision – anderen SupervisandInnen, können kreative Problemlösungen herbeigeführt werden.

- Zunächst geht es um einen *Ort,* an dem sich die SupervisandInnen verstanden und angenommen fühlen. Voraussetzung hierfür ist, dass ihnen Verständnis, Anerkennung und Wertschätzung entgegengebracht wird.
- Belastende, emotional schwer zu verarbeitende Erlebnisse und Ereignisse, haben in der Supervision ihren Platz und können zum Thema gemacht werden. Gefühle, wie Wut, Ärger, Enttäuschung, Neid, Eifersucht, aber auch Ängste und Trauer können und dürfen in diesem Format angesprochen werden.
- Supervision dient somit auch der Entlastung, Unterstützung und Verarbeitung.
- Die SupervisandInnen benötigen *Raum,* in welchem Problematisches, Fehlerhaftes und Nicht-Perfektes benannt werden darf, sogar soll und in dem gemeinsam nach Lösungswegen gesucht wird.
- Pflege- und Adoptiveltern brauchen *Zeit* für sich selbst, um der alltäglichen Hektik „entfliehen", das familiäre Geschehen aus einer sinnvollen Distanz betrachten und somit den „Überblick" zurückgewinnen zu können.
- Schließlich bedarf es eines speziellen *Rahmens,* der es ermöglicht, neue Wege der Wahrnehmung und des Verhaltens zu entdecken.
- Auf diese Weise kann „Chaos" sortiert und strukturiert, können *neue Möglichkeiten kreiert* und *Klärungen* herbeigeführt werden.
- Da es sich bei Supervision um einen Lernprozess handelt, der über längere Zeit andauert und darauf ausgerichtet ist, dass sich die SupervisandInnen weiterentwikkeln, kann zu einem späteren, geeigneten Zeitpunkt nachgefragt werden, ob sich das Erarbeitete in der Praxis bewährt hat und zu welchen Veränderungen es gekommen ist. Ergebnisse können somit gesichert, „Kurskorrekturen" rechtzeitig vorgenommen werden.

- Supervision mit Pflege- und Adoptiveltern soll auch dazu beitragen, dass die Eltern lernen, mit Belastungen anders umzugehen und auf ihre Ressourcen zu achten. Diese gilt es einerseits zu schützen und andererseits sinnvoll zu nutzen, um gegenüber den vielfältigen Anforderungen besser gewappnet zu sein.
- Supervision soll präventiv dazu dienen und dabei helfen, dass sich „Burn-Out-Symptome" nicht einstellen. Ein wichtiges Ziel ist sicherlich, dass das familiäre Zusammenleben zufriedener und harmonischer verläuft. Dies wäre ein Vorteil für alle Familienmitglieder.

# 4. Aus der Praxis: Gruppensupervision mit Pflege- und Adoptivmüttern

## 4.1 Ausgangslage und Rahmenbedingungen

Im Jahre 1997 habe ich innerhalb der Institution, in der ich als Sozialpädagogin beschäftigt bin, mit den zu beteiligenden Fach- und Führungskräften (Kolleginnen des Pflegekinder- und Adoptionsvermittlungsdienstes, Sachgebietsleitung, Amtsleitung, Dezernentin), Überlegungen angestellt, ob und in welcher Form Supervision für Pflege- und Adoptiveltern angeboten werden kann und soll. Bis zu diesem Zeitpunkt wurde Supervision für Pflege- und Adoptiveltern zwar noch nicht angeboten. Dennoch waren alle AnsprechpartnerInnen von Anfang an interessiert und motiviert, Supervision für diesen Personenkreis zu ermöglichen.

Voraussetzungen für die Durchführung des Angebotes als *interne Supervisorin* waren, dass bestimmte Kriterien bereits erfüllt waren bzw. wurden:

- Die Einschätzung, dass eine kooperative Zusammenarbeit möglich sein würde, da sie sich in anderen Bereichen in der Vergangenheit bewährt hat, fachlich und persönlich auf gegenseitiger Wertschätzung beruhte.
- Einvernehmen darüber, dass Supervision ein ergänzendes und nicht konkurrierendes Angebot zu der Fachberatung durch Pflegekinder- und Adoptionsvermittlungsdienst ist.
- Professioneller Umgang mit dem Format auch in der Weise, einen *Dreieckskontrakt* zu schließen zwischen der Institution, den SupervisandInnen und mir als Supervisorin. Inhalte und Ziele konnten mit den SupervisandInnen erarbeitet werden. Diskretion und Verschwiegenheit waren oberstes Gebot.
- Supervision wurde als *freiwilliges* Beratungssetting angeboten. Niemandem sollte „nahegelegt" werden, Supervision in Anspruch zu nehmen.
- Die Gruppe wurde von den Fachberaterinnen zusammengestellt. Vorabinformationen, außer Namen, Adresse, Anzahl und Alter der Kinder, wurden nicht ausgetauscht.
- Ein weiteres Kriterium war, dass es keine beruflichen Bezüge zwischen den Supervisandinnen und mir gibt.
- Einvernehmen bestand auch darin, zunächst mit einer Gruppe von Pflege- und Adoptivmüttern zu beginnen und in diesem Kreis Erfahrungen zu sammeln.

## Informationsveranstaltung

Der Supervisionsprozess begann im Dezember 1997 mit einer Informationsveranstaltung, an der die interessierten Pflege- und Adoptivmütter, die Fachberaterinnen des Pflegekinderdienstes und ich als Supervisorin teilnahmen. Ziel der Veranstaltung war, mich den Pflege- und Adoptivmüttern vorzustellen, ihnen das Angebot „Supervision" zu erläutern und nahe zu bringen. Dabei ging ich davon aus, dass das Beratungssetting überwiegend unbekannt war.

In Anbetracht dieser Ausgangslage habe ich einen Einblick gegeben, was „Supervision" ist, was ich darunter verstehe und wie ich mir Supervision für Pflege- und Adoptivmütter vorstellen kann. Um das Format deutlicher und verstehbarer zu machen, gab ich Hinweise auf mögliche Inhalte und Themen.

Mein „Input" führte dazu, dass sich die Pflege- und Adoptivmütter besser vorstellen konnten, worum es gehen könnte und fühlten sich sofort angesprochen.

Zur Vertiefung und um ein erstes, etwas näheres Kennenlernen zu ermöglichen, haben wir drei Kleingruppen gebildet. Dort haben die Pflege- und Adoptivmütter Fragen zusammengetragen, die anschließend in der Großgruppe beantwortet wurden.

Nach der Informationsveranstaltung hatten die Teilnehmerinnen Gelegenheit, sich in Ruhe zu entscheiden und anzumelden. Da alle Supervisionstermine bekannt waren, konnten sich die Pflege- und Adoptivmütter auch zeitlich gut orientieren.

## Teilnehmerkreis

An der Gruppensupervision nahmen zu Beginn sieben Pflege- und Adoptivmütter teil. Eine Teilnehmerin musste sich aus zeitlichen und anderen Gründen, die im Zusammenhang mit dem Pflegekind standen, nach der 4. Sitzung verabschieden. Alle anderen haben bis zur 15. Sitzung mitgearbeitet. Bei der Auswertung am Ende des Supervisionsprozesses, haben die Supervisandinnen eine Anzahl von 6-8 Teilnehmerinnen als optimal eingeschätzt.

## Räumlichkeiten

Auf der Suche nach geeigneten Räumlichkeiten ging es mir darum, dass bestimmte Kriterien erfüllt waren. Die Räume sollten gemütlich und ausreichend groß sein, um bei Bedarf kreativ, z.B. psychodramatisch, arbeiten zu können. Ferner war es wichtig, dass sie sich nicht innerhalb der Institution Jugendamt befinden, damit Abgrenzung und Distanz auch räumlich möglich wurden. Die Supervisandinnen haben die Räumlichkeiten als angenehm empfunden und für dieses Setting als optimal eingeschätzt.

## Zeiträume

Der Supervisionsprozess mit den Pflege- und Adoptivmüttern begann im Januar 1998 und endete im August 1998. In diesem Zeitraum gab es 15 Treffen, jede Gruppensupervision dauerte 2 ½ Stunden. Bei der Auswertung nach Beendigung des Supervisionsprozesses haben die Pflege- und Adoptivmütter die Anzahl von 15 Treffen überwiegend als „eher zu wenig" eingestuft, wohingegen der Zeitraum von 2 ½ Stunden von den meisten als „genau richtig" bewertet wurde.

Kontrakt

Zwischen der Institution, den Supervisandinnen und mir als Supervisorin, wurde ein *Dreieckskontrakt* geschlossen, der von allen Beteiligten unterschrieben und an alle VertragspartnerInnen ausgehändigt wurde. Ort, Zeit, Anzahl der Sitzungen, Regelung bei Abwesenheit und Verpflichtung zur Verschwiegenheit, waren wesentliche Punkte des Kontraktes. Ziele und Inhalte der Supervision konnten mit den Teilnehmerinnen fortlaufend abgestimmt werden. Diese Vorgehensweise hat sich als sinnvoll erwiesen.

## 4.2 Motivation, Atmosphäre und Themen

Die Pflege- und Adoptivmütter waren von Anfang an offen, sehr motiviert und engagiert. Sie sind den Treffen nur dann ferngeblieben, wenn es die Umstände erforderten (z.B. plötzliche Erkrankung des Kindes) und haben sich jeweils abgemeldet. Die Supervisandinnen waren von sich aus ausgesprochen diszipliniert und haben immer eine Vielzahl an Themen mitgebracht, die es zu bearbeiten galt. Die Supervisionen hatten nie den Charakter einer „Kaffeeklatschrunde" – dies war von den Supervisandinnen auch gar nicht erwünscht. „Selbsthilfe" und „Selbsterfahrung" spielten in diesem Setting eine wichtige Rolle, aber die Abgrenzung zu Selbsthilfe- und Therapiegruppen war gegeben.

Mit der Struktur einer Supervisionssitzung konnten sich die Supervisandinnen gut arrangieren. Sie gliederte sich in: *Eingangsrunde – Hauptphase – Abschlussrunde.*

Manchmal dauerte die Eingangsrunde etwas länger, weil sich bei den Teilnehmerinnen in der Zwischenzeit so vieles angestaut hatte. In der Hauptphase haben wir uns jedoch immer auf ein bestimmtes Thema geeinigt, welches intensiv besprochen und bearbeitet wurde. Die im Einvernehmen mit allen Supervisandinnen eingeführten Strukturen und Regeln wurden respektiert und sogar „eingeklagt", wenn jemand sie nicht einhielt.

Wenn auch Pflege- und Adoptiveltern als „Semi-Professionelle" bezeichnet werden, so konnte ich feststellen, dass sie sich gut auf „professionelles" Arbeiten einlassen konnten. Die Arbeitsatmosphäre war von großer Offenheit und gegenseitigem Vertrauen, welches im Verlauf des Prozesses zunahm, geprägt. Die Supervisandinnen waren sehr einfühlsam und aufmerksam. Kritik wurde wertschätzend und konstruktiv geäußert.

Die Tatsache, dass ich innerhalb der Organisation als Sozialpädagogin beschäftigt bin, hat nach meinen Beobachtungen nicht dazu geführt, dass Themen vermieden wurden. Verschwiegenheit und Glaubwürdigkeit waren als interne Supervisorin von großer Bedeutung. Und sicherlich ist es gerade als *interne Supervisorin* besonders wichtig gewesen, die Prozesse im Rahmen von Supervision und kollegialer Beratung gut zu reflektieren. Als vorteilhaft habe ich meine „Feldkompetenz in Teilbereichen" angesehen, denn selbst tätig war ich diesem Bereich nicht. Das Spektrum dessen, was bearbeitet wurde und wie es bearbeitet werden konnte, hat sich nach meinen Beobachtungen dadurch erweitert.

Strukturiert wurde der Supervisionsprozess auch in der Weise, als ich die Supervisandinnen gleich zu Anfang gebeten habe, sich Gedanken darüber zu machen, welche Erwartungen, Wünsche, Themen und Vorstellungen sie haben und sich (auch) schriftlich zu äußern. Fast alle Supervisandinnen haben dies getan, so dass relativ schnell eine Ersteinschätzung möglich war.

In der *8. Sitzung* haben wir mit Hilfe kreativer Mittel *„Zwischenbilanz“* gezogen, um sich gegenseitig folgende Rückmeldungen zu geben: Wie habe ich den Supervisionsprozess bislang erlebt? Wie geht es mir in der Gruppe? Was sollte geändert, was beibehalten werden? Welche weiteren Themenwünsche haben sich zwischenzeitlich herauskristallisiert? Was hat sich geklärt?

Nach der *14. Sitzung* gab es *eine schriftliche Auswertung* mit Fragestellungen, wie z.B.: War die Dauer des Supervisionsprozesses (15 Sitzungen) angemessen? Wie bewerten Sie die zeitlichen Abstände (14-tägig)? Wurden die für Sie persönlich wichtigen Themen angemessen bearbeitet? Welche wichtigen Themen wurden noch nicht berücksichtigt? Welche Themen waren für Sie besonders wichtig? Ist es Ihrer Meinung nach sinnvoll, Gruppensupervision für Pflege- und Adoptiveltern anzubieten und können Sie sich auch andere Arbeitsformen vorstellen (Einzel- oder Paarsupervision)?

Alle Supervisandinnen haben schriftlich und mündlich Rückmeldungen und Anregungen im Sinne einer *Evaluation* gegeben. Es war ihnen bekannt, dass wir sozusagen ein „Projekt“ gestartet haben und sie wussten daher, dass die Auswertung in vielerlei Hinsicht wichtig war.

Zum 2. Teil der Abschlusssitzung kamen die Fachberaterinnen absprachegemäß hinzu, so dass auch mit ihnen ein Austausch möglich war. Es gab einen gemeinsamen Anfang und ein gemeinsames Ende – dazwischen lag ein höchst spannender, intensiver Supervisionsprozess.

Während des Supervisionsprozesses äußerten die Supervisandinnen immer wieder ihre Erleichterung darüber, endlich einen Kreis von Menschen gefunden zu haben, die ähnliche Probleme haben wie sie. Das Gefühl, nicht „exotisch“ zu sein, nicht alles bis ins kleinste Detail erklären, sich nicht ständig und für alles rechtfertigen zu müssen, sowie der subjektive Eindruck, wirklich und tatsächlich verstanden zu werden, haben die Supervisandinnen bereits als hilfreich und unterstützend erlebt.

Folgende Themenschwerpunkte wurden unter anderem bearbeitet:

– *Herkunftsfamilie:* Im Verlauf des Supervisionsprozesses hat sich immer wieder gezeigt, dass die „Wurzeln“ der Kinder – die Familien, aus denen sie stammen –, eine bedeutende Rolle spielen. Pflege- und Adoptiveltern können in der Regel akzeptieren, dass die Wurzeln nicht „abgeschnitten“ oder ignoriert werden dürfen – so, als gäbe es sie nicht. Allerdings führt die Art und Weise, wie intensiv diese sich in den Pflege- und Adoptivfamilien ausbreiten, wie sehr sie sich dort verzweigen und verwickeln zu Problemen. Die Problematik der Herkunftsfamilien „schwappt“ sozusagen in das familiäre Zusammenleben der Pflege- und Adoptivfamilien über.

Eine Pflegemutter drückte ihr Erleben, ihre Gefühle und Gedanken so aus: „Der ganze „Schmutz“ aus der Herkunftsfamilie wurde in unsere Familie hineingetragen und wir mussten erst lernen, damit zurechtzukommen“. Damit meinte sie, dass sich die vom Kind erlebten Misshandlungen, die erheblichen Vernachlässigungen, manchmal wie ein Gespenst in der Familie ausbreitet und viele Gesichter hat: die großen immer wiederkehrenden Ängste, die tiefen Verunsicherungen, der Wunsch nach umfassender Versorgung und ständiger Präsenz, nach übersichtlichem Tagesablauf, wenig Veränderungen, der Kontrolle durch das Kind(!) und das Gefühl des Kindes, sich und seine Umgebung ständig „absichern“ zu müssen.

Im Rahmen der Supervision wurde die Thematik „Herkunftsfamilie" immer wieder und in unterschiedlichen Variationen besprochen und bearbeitet. Es ging darum, die Kinder in ihrem Dasein verstehen und akzeptieren zu können. Dazu gehört, dass weder ihre Geschichte, noch ihre Herkunft verleugnet oder gar verachtet werden dürfen, denn sie sind ein Teil von ihnen. So schwierig sich die Gesamtproblematik auch darstellt: Die Pflege- und Adoptivmütter haben sich sehr darum bemüht, die Geschichte des Kindes in seiner Gesamtheit zu begreifen und zu verstehen – ohne das Verhalten der leiblichen Eltern legitimieren zu wollen. Gleichzeitig war es wichtig, sich von der Herkunftsfamilie *abzugrenzen*! Wenn sich Pflege- und Adoptiveltern zu sehr in die Lage von Müttern und Vätern einfühlen, die ihre Kinder „abgeben" mussten, allzu großes Mitleid haben, oder sich sogar (unbewusst) mit ihnen solidarisieren, geraten sie ganz erheblich in persönliche Konflikte. Es kann sogar vorkommen, dass sie sich möglicherweise nicht mehr vollständig schutzbietend hinter das Kind stellen können. Als Aufgabe von Supervision habe ich es daher angesehen, genau diese Konflikte und Ambivalenzen zu bearbeiten.

– *Umgangskontakte*: Während des Supervisionsprozesses hatten Pflegekinder Umgang mit leiblichen Eltern. Dies war für die Pflegeeltern aufregend und verunsichernd: Der Umgang mit den eigenen Emotionen war schon schwierig, gleichzeitig musste das Kind behutsam vorbereitet werden. Im Rahmen der Supervision ging es vor allem darum, dass die Pflegemütter sicherer wurden und um die Frage, was ihnen dazu verhilft. Die Zeit nach den Umgangskontakten war ebenfalls schwierig, denn die Kinder verhielten sich anders. Erlebnisse und Gefühle wurden beim Kind aktualisiert, Ängste und Unsicherheiten deutlich, die sich z.B. in Alpträumen äußerten. Die Pflegemütter mussten daraufhin den Kindern Hilfestellung geben und sich an den jeweiligen Bedürfnissen orientieren. Auch dies wurde supervisorisch bearbeitet.

– *Übertragungen und Regressionen:* Mehrfach wurde das Verhalten der Kinder und die Reaktionen der Pflegemütter auf dieses Verhalten in Supervisionssitzungen thematisiert. Es kam vor, dass sich ein Kind im Kaufhaus auf den Boden warf, völlig außer sich schrie und nicht zu beruhigen war: „Du bist die schlechteste Mutter, die es gibt! Du lässt mich verhungern und gibst mir nichts zu essen!"

Oder in einem anderen Fall: „Du bist eine ganz böse Mama! Ich will, dass du tot bist!" Und andererseits: „Mama, du sollst nie sterben!" Aber auch Väter mussten lernen, Übertragungssituationen auszuhalten und damit umzugehen. Väter wurden plötzlich nicht mehr beachtet, geradezu ignoriert, als seien sie Luft. Aus „heiterem Himmel" hatten sie das eigenartige Gefühl, dass *sie* die „potentiellen Kindesmisshandler" sind.

Es geschah auch, dass sie bei Tisch mit „todesverachtenden Blicken" gestraft wurden und es kam ihnen so vor, als würden *sie* den Kindern alles wegessen und als bliebe für diese nichts mehr übrig.

Regressionen wurden z.B. in der Weise deutlich, als 4-5 jährige Kinder den unbedingten Wunsch hatten, von ihrer Pflegemutter/ihrem Pflegevater gestillt zu werden. Dabei ist zusätzlich zu bedenken, dass die Pflegeeltern bislang kinderlos waren und dies für eine bestimmte Zeit in ihrer Biografie nicht unproblematisch war. Es kam auch vor, dass Kinder Erlerntes nicht mehr konnten oder scheinbar nicht mehr wussten und die Pflegeeltern sich Sorgen machten, ob sich das Kind weiter- oder „zurückentwickelt".

Die zuvor geschilderte Themen wurden innerhalb der Supervision bearbeitet. In diesem Zusammenhang ging es u.a. darum, Übertragungsphänomene der Kinder auf die Eltern als solche zu erkennen, sie zuzulassen und als wichtig und heilsam für die weitere Entwicklung anzusehen. Ich habe mit den Pflege- und Adoptivmüttern daran gearbeitet, zu diesen Phasen eine positive Haltung einzunehmen, sowie Möglichkeiten zu finden, mit solchen Situationen umzugehen.

– *Partnerschaftsprobleme:* Partnerschaftsprobleme haben wir mehrfach thematisiert. Zum Zeitpunkt des Supervisionsprozesses waren die Kinder 1-3 Jahre in den Familien.

In dieser Zeit hat sich das partnerschaftliche Zusammenleben völlig verändert. Die Kinder standen über lange Zeit mit ihren Wünschen und Bedürfnissen, Auffälligkeiten und Besonderheiten absolut im Vordergrund. Dies hatte u.a. zur Folge, dass die eigenen Bedürfnisse und Vorstellungen innerhalb der Partnerschaft stark zurückgedrängt wurden, so dass sich – wen wundert es? – mit der Zeit eine gewisse Unzufriedenheit bemerkbar machte.

Im Rahmen von Supervision ging es darum, die Bedürfnisse der Kinder auch weiterhin zu berücksichtigen, aber gleichzeitig die eigenen Wünsche innerhalb der Partnerschaft, nach Nähe, Intimität, Sexualität und Zweisamkeit wieder mehr in den Blickwinkel zu nehmen. So wurden Überlegungen angestellt, was die Paare vor der Aufnahme der Kinder an gemeinsamen Interessen hatte, woran angeknüpft werden kann, welche Vorstellungen und Wünsche in der Gegenwart vorhanden sind, die gut umgesetzt werden können.

Wichtig war zunächst die Erkenntnis, sich die Wünsche wieder zugestehen zu dürfen, sie zu artikulieren und nach Möglichkeiten zu suchen, sie umzusetzen. Dabei wurde auch ganz praktisch darüber nachgedacht, ob und in welcher Form die Kinder von anderen Personen betreut werden können.

– *Soziales Umfeld:* Ebenfalls mehrfach besprochen wurde, dass das soziale Umfeld (Freunde, Bekannte, Verwandte, Kindergarten Schule, Ärzte, etc.) einerseits positiv zugewandt, aber auch „merkwürdig“ reagierte. Die Verhaltensweisen reichten von Interesse, Neugierde, „Besser-Wissen“, über Ablehnung bis hin zu Anklagen. Insofern kamen von der Außenwelt Signale, dass die Familien ungewöhnlich, exotisch, eben nicht mit normalen Begriffen „einzuordnen“ sind.

Eine Adoptivmutter musste sich beim Arzt rechtfertigen, weshalb sie während der Schwangerschaft so viel geraucht habe (die Adoptivmutter hatte noch nie geraucht) und wie sehr dies dem Kind geschadet habe. Freunde haben sich zurückgezogen, oder haben sich in einer Art verhalten, dass die Pflege- und Adoptiveltern dies taten. Freunde, Eltern, Tanten usw., haben sich in Erziehungsfragen eingemischt und wussten – natürlich – alles besser. Im Kindergarten und vor allem in der Schule mussten Pflegeeltern sich erklären, rechtfertigen, immer wieder auf die besondere Situation des Kindes hinweisen und um Verständnis werben. Dies ist sehr anstrengend, manchmal regelrecht zermürbend. Daher wurden auch diese Konflikte im Rahmen von Supervision bearbeitet.

In allen Bereichen war es für die Pflegemütter entlastend nicht alleine zu sein, sondern innerhalb der Gruppe auf viel Verständnis zu stoßen und gute Anregungen zu erhalten. Durch meine supervisorische Begleitung konnten Probleme aus anderen Perspektiven betrachtet, Klärungen herbeigeführt und Lösungswege erarbeitet werden. Je nach Thematik habe ich die dafür entsprechenden Kommunikationsmodi eingesetzt.

## 4.3 Familie Schmidt – Fallbeispiel

Die Eheleute Schmidt (Name geändert!) konnten keine leiblichen Kinder bekommen und hatten „alles schon probiert". Sie haben sich dann dazu entschlossen, ein Pflegekind in ihre Familie aufzunehmen. Um sich vorzubereiten, nahmen sie an der Bewerberschulung des Jugendamtes teil. Mitte 1996 wurde Julia (Name geändert!) als zweijähriges Kind von Familie Schmidt aufgenommen. Julia wurde von ihren leiblichen Eltern misshandelt und erheblich vernachlässigt. Da ambulante Jugendhilfen scheiterten, die Gefährdungen für die Kinder erheblich waren, wurden Julia und weitere Geschwister aus der Familie herausgenommen. Zunächst lebte Julia für acht Wochen in einer Bereitschaftspflegefamilie und kam dann zu Familie Schmidt. Dort wurde Julia sehr erwartungsvoll und sehr liebevoll aufgenommen.

*– Anfangsphase: Was wollen wir bearbeiten?*

Eines Tages kam Frau Schmidt aufgeregt und äußerst angespannt in die Gruppensupervision. Der Ehemann und Vater war für 14 Tage in Urlaub gefahren! Frau Schmidt berichtete in der *Eingangsrunde*, Julia und sie seien „wie aneinandergefesselt". Julia vermisse ihren Vater ganz enorm und weine nach ihm – Frau Schmidt vermisse ihren Ehemann. Frau Schmidt konnte dem erst vierjährigen Kind nicht erklären, wie lange es noch dauert, bis der Vater zurückkommt. Schließlich half sie sich mit Bauklötzchen, die auf die Fensterbank gelegt wurden. Täglich wurde eines weggenommen und – Gott-sei-Dank –, es wurden immer weniger.

Dennoch empfand Frau Schmidt die derzeitige Situation als äußerst anstrengend und hat Julia bereits mehrfach angeschrieen. Julia anzuschreien war jedoch keine Entlastung, schon gar keine Lösung. Dieses Verhalten führte statt dessen zu weiteren inneren Konflikten. Frau Schmidt wollte ihre aktuelle Situation näher betrachten und klären, was derzeit so schwierig ist und warum das so ist. Die Gruppe konnte sich in die Situation von Frau Schmidt gut einfühlen und war bereit, in der *Hauptphase* an der Thematik intensiv weiterzuarbeiten.

*– Spielphase: Was war ansonsten geschehen?*

Nach meiner Einschätzung war es sinnvoll, die vorgetragene Problematik im Modus des Experiments nicht nur verbal, z.B. im Rahmen eines Diskurses zu bearbeiten, sondern kreative Mittel einzusetzen, damit die derzeitige Situation emotional erlebbar wird. Die Gruppe war bereits mit psychodramatischen Techniken vertraut. Frau Schmidt als Protagonistin war einverstanden, mit mir auf die Bühne zu gehen.

Zunächst wurde Frau Schmidt von mir interviewt. Sie beschrieb zuerst das Aussehen von Julia. Dann erzählte Frau Schmidt, dass Julia als verängstigtes kleines Mädchen zu ihnen gekommen sei, welches keinen Raum für sich einnahm und nichts für sich beanspruchte. Ich habe Frau Schmidt gebeten, uns dies zu zeigen. Frau Schmidt machte sich klein, zeigte eine „geduckte" Haltung mit verschränkten Armen über dem Kopf so, als wolle sie sich schützen.

Frau Schmidt sprach darüber, dass Julia furchtbar viel Angst hatte, als sie zu ihnen kam. Diese Angst war so spürbar, so greifbar, dass sie sich damals auf die Pflegemutter übertrug. Angesichts dieser Situation wurde Julia „in Watte gepackt und in Liebe eingehüllt."

Frau Schmidt meinte und auch dies war regelrecht mitzuerleben, dass sich beide Elternteile große Mühe gegeben haben, alles gut und richtig zu machen. Julia stand lange Zeit fast ausschließlich im Mittelpunkt des Geschehens. Nahezu alle Gedanken und Handlungen drehten sich um Julia.

Es gab aber auch eine Zeit davor: Vor der Aufnahme des Kindes war Frau Schmidt als Chefsekretärin beruflich sehr engagiert. Sie war nach eigener Einschätzung ein „eher verstandesorientierter Mensch“. Dann erzählte Frau Schmidt, dass sie im Zusammenleben mit dem Pflegekind Gefühle kennenlernte, die sie in dieser Intensität nie zuvor erlebte. Manchmal fuhren die Gefühle geradezu „Achterbahn“ mit ihr, aber mittlerweile hat sie jedes Gefühl einzeln in seiner ganzen Stärke kennengelernt. Über das Pflegekind hat Frau Schmidt vieles von sich selbst erfahren.

Julia selbst nahm eine gute Entwicklung und wurde ein selbstbewusstes, viel Raum einnehmendes und manchmal „freches“ kleines Mädchen. Frau Schmidt wiederum merkte, dass sich alles nur noch um Julia drehte, sie nicht mehr zu ihrem Recht kam und ständig hinten anstand. Auch ihr Ehemann, dessen ungeteilte Aufmerksamkeit sie früher hatte, musste „aufgeteilt“ werden – schließlich war er jetzt auch Vater. Angesichts der Gesamtsituation, machte sich bei Frau Schmidt ein gewisser Unmut breit.

Frau Schmidt sprach davon, dass sie anfing, eigene Interessen wiederzuentdecken und es ihr auch gelang, diese anzumelden! Schließlich begannen Frau Schmidt und Julia, miteinander zu streiten und Frau Schmidt hat Julia in ihrem Ärger sogar mehrfach angeschrieen – aber niemals, ohne ein sehr schlechtes Gewissen zu haben. Die größte Überraschung sei für sie jedoch gewesen, dass dieses Verhalten Konsequenzen hatte und nicht unbeantwortet blieb – Julia schrie kräftig zurück. Und nicht nur das: Julia schrie sogar ihre Puppe an und behandelte sie schlecht! Frau Schmidt hat sich daraufhin überlegt, ob es nicht doch besser sei, wieder alles „über den Kopf zu steuern“. Sie könne sich doch nicht von Julia verrückt machen lassen. Frau Schmidt machte sich Sorgen, wie es wohl weitergehen konnte.

Frau Schmidt nahm meine Anregung an und ging in den *Rollentausch* mit Julia. Sie nahm eine Puppe, die sich im Raum befand und zeigte, wie Julia mit ihrer Puppe umging – sanft und liebevoll. Frau Schmidt konnte ausschließlich liebevolles Verhalten demonstrieren. Das Anschreien konnte Frau Schmidt nicht zeigen. Sie meinte, dass sie dies nicht könne, daher brauchte sie es auch nicht.

Während des Spieles mit der Puppe und eine kurze Zeit danach, kehrte Frau Schmidt gedanklich und emotional in ihre eigene Kindheit zurück. Sichtlich betroffen fiel Frau Schmidt auf, dass sie sich als Kind nicht durchsetzen konnte und durfte.

In die Gegenwart zurückgekehrt, meinte Frau Schmidt, dass Julia Dinge macht, über die sie einerseits froh und auch stolz ist. Sie betrachtet es durchaus als ihr Verdienst, dass sich das Kind so positiv entwickeln konnte. Andererseits kennt sie dieses Verhalten nicht von sich als Kind. Daher ist es ihr auch wieder fremd und sogar etwas bedrohlich.

Im Einvernehmen mit Frau Schmidt, haben wir an dieser Stelle die Szene beendet. Denn die Bearbeitung ihrer Situation auf diese Weise, war für Frau Schmidt sehr anstrengend und ungewohnt. Frau Schmidt meinte, dass sie für diesen Moment genug gesehen und erlebt habe. Nach der Spielphase wurde die Bühne geschlossen, und wir kehrten zurück in die Gruppe.

– *Integrationsphase: Was haben wir gemeinsam entdeckt und erarbeitet?*

Nach der Spielphase hatten die Pflege- und Adoptivmütter Gelegenheit zum Sharing und Feedback. Dabei wurde deutlich, dass sich die Pflege- und Adoptivmütter nicht nur gut in Frau Schmidt einfühlen konnten, sie fanden sich an zahlreichen Stellen wieder. So gab es folgende Äußerungen, Hinweise und Bestätigungen:

„Das kenne ich auch von mir, das kenne ich alles".
„Als Kind habe ich mir auch immer so gewünscht, mich durchsetzen zu können".
„Ich mache seit kurzem wieder Sport, um Stress abzubauen".
„Katharina (Name geändert!) redet mit mir auch im Befehlston. Sie tut so, als sei sie die Mitte des Kosmos und als müsse sich alles um sie drehen. Sie fordert nur noch und weiß nicht mehr, dass es so etwas wie „bitte" gibt."
„Ich habe beim Herumschreien auch immer so ein schlechtes Gewissen".

Die Pflege- und Adoptivmütter haben Frau Schmidt darin bestärkt, sich selbst zuzulassen. Wichtig erschien ihnen andererseits das Loslassen (Julia wird älter, selbständiger, muss und will nicht mehr so „in Watte gepackt werden"). Schließlich ging es darum, etwas sein zu lassen – etwas so *sein* lassen, wie es ist, nicht alles „kontrollieren" und im Griff haben müssen.

In der anschließenden Diskussions- und Durcharbeitungsphase ging es darum, gemeinsam mit der Gruppe wesentliche Ereignisse der Spielphase zu besprechen und deutlich hervorzuheben. Ferner erschien es mir wichtig, die unterschiedlichen „Entdeckungen" miteinander zu verknüpfen und Erkenntnisse zu erlangen, die wiederum Verhaltensänderungen ermöglichen.

- Frau Schmidt hatte Sorge, dass Julia ihr entgleitet. Daher kamen ihre Gedanken, lieber „alles wieder über den Kopf zu steuern" – um sozusagen die eigene Kontrolle über das Geschehen zurückzugewinnen. Wir haben ausgewertet, dass die Erziehung von Kindern mit der eigenen Sozialisation, eigenen Erziehung, dem eigenen früheren „Kind-Sein" zu tun hat, und dass dieses Kind in uns weiter lebt – dies ist auch bei Frau Schmidt so. Verhalten, welches wir von uns nicht kennen, weil wir so nicht sein durften, erscheint uns als Erwachsenen vielleicht sogar bedrohlich und wir haben Angst, den Überblick, oder gar die „Kontrolle" zu verlieren. Diese Verknüpfung erschien mir deshalb wichtig, weil Pflege- und Adoptivmütter unterschiedliche Berufe haben und es daher nicht selbstverständlich ist, dass sie diese Verbindung herstellen. Tatsächlich gab es bei einigen Pflegemüttern Erkenntnisse, zumindest „Aha-Erlebnisse" – diese Verbindung war entweder nicht bekannt oder nicht präsent. Deutlich wurde auch, dass Frau Schmidt manchmal ein wenig eifersüchtig ist auf Julia, weil Julia den Vater, der beruflich sehr engagiert ist und wenig Zeit hat, doch sehr für sich einnehmen und „um den Finger wickeln" kann. Wichtig war mir herauszuarbeiten, dass dieses Gefühl der Eifersucht normal und „erlaubt" ist. Zum anderen hat Frau Schmidt ebenfalls das „Recht", den Vater des Kindes als ihren Ehemann für sich in Anspruch zu nehmen. Damit nimmt sie Julia nichts weg.
- Frau Schmidt hat sich parallel zum Pflegekind weiterentwickelt. Sie hat viel Neues an sich selbst entdeckt hat und empfindet dies als bereichernd. Die anderen Pflege- und Adoptivmütter äußerten sich ähnlich. Neben dem Schwierigen und Problematischen gibt es auch sehr viel Schönes und Lebendiges.

- Es wurde auch deutlich, wie sicher sich Julia mittlerweile in ihrer Familie fühlt. Julia hat Vertrauen und getraut sich, Raum einzunehmen. Sie ist längst nicht mehr das verängstigte, verschüchterte Kind. Julia fürchtet keine Repressalien und hat keine Angst, bei Ungehorsam „aus dem Nest gestoßen zu werden". Wichtig erschien mir, dass Frau Schmidt und die anderen Pflege- und Adoptivmütter ihre Arbeit nicht nur wichtig nehmen, sondern auch ihre Erfolge sehen und spüren.
- Julia verhält sich mit ihren vier Jahren so, wie andere Kinder in diesem Alter auch: Mitunter geradezu „unerträglich frech und trotzig" – also ganz normal... Sie testet ihre Grenzen aus, und sucht nach Möglichkeiten, dieselben zu erweitern. Pflege- und Adoptivmütter können manchmal nicht einschätzen, ob sich das Kind „normal" entwickelt, oder ob bestimmte Verhaltensweisen „Besonderheiten" sind, auf die „besonders" reagiert werden muss. In diesem Falle war es für Frau Schmidt entlastend, dass Julia ihrem Alter entsprechende Verhaltensweisen zeigt.
- Das Kind ahmt die Mutter nach und spiegelt dieser eigenes Verhalten auf diese Weise wider. Im Spiel des Kindes mit der Puppe sah sich Frau Schmidt selbst schreien und gerade dieses Verhalten von sich konnte Frau Schmidt nur schwerlich akzeptieren. („Ich lasse mich doch nicht von Julia verrückt machen"). Meine (unveröffentlichte) Diagnose: Frau Schmidt kann diese aggressiven Anteile von sich (noch) nicht akzeptieren. Die letzten Worte von Frau Schmidt an diesem Tag: Es hat mir gut getan. Es ist also doch nicht so schlimm, wie ich dachte. Ich darf auch mal „Fünfe" gerade sein lassen".

Die Gruppe hat sich nach dem Supervisionsprozess in einem informellen Rahmen auch weiterhin getroffen.

## Ausblick

### ... im Allgemeinen

Angesichts der Problemlagen in unserer heutigen Gesellschaft, ist von einem Rückgang an Leistungen der Jugendhilfe nicht auszugehen – eher ist mit einem Anstieg zu rechnen. Auch bei einem gut ausgebauten, differenzierten, ambulanten Jugendhilfeangebot werden stationäre Formen der Jugendhilfe, wie z.B. die der Vollzeitpflege, immer erforderlich sein. Zudem ist in der Praxis eine leichte Zunahme bei der Vermittlung älterer Kinder zu beobachten, was zur Folge hat, dass die Anforderungen an diese Familien noch größer werden.

Da die Erwartungen der Jugendhilfeträger an Pflege- und Adoptiveltern einerseits sehr hoch sind und sich die zu bewältigenden Aufgaben andererseits als sehr schwierig darstellen, muss diesem Personenkreis kompetente und umfassende Beratung angeboten und ermöglicht werden. Wenn von Pflege- und Adoptiveltern anspruchsvolle Beziehungsarbeit erwartet wird, die dem Wohl der Kinder und ihrer gesamten Entwicklung dienen soll, dann müssen auch die dazu erforderlichen Rahmenbedingungen geschaffen, die notwendigen personellen und finanziellen Ressourcen bereit gehalten werden.

Supervision für Pflege- und Adoptiveltern sollte nicht länger eine „Ausnahmeerscheinung“ sein, sondern als Selbstverständlichkeit in das Beratungsangebot der Jugendhilfeträger aufgenommen werden. Supervision ist eine eigenständige Profession und eine Ergänzung zu der Fachberatung durch die Pflegekinder- und Adoptionsvermittlungsdienste.

## ... und im Besonderen

Das Angebot „Gruppensupervision für Pflege- und Adoptivmütter“ wurde von diesen gut angenommen, als hilfreich und unterstützend erlebt. Vor diesem Hintergrund haben sie sich in einem Brief an die Stadtverwaltung dafür ausgesprochen, dass auch künftig Supervision ermöglicht wird.

Nachdem der Supervisionsbedarf seitens der verantwortlichen Fachkräfte überprüft wurde, stellte sich heraus, dass nicht nur Pflegemütter Supervision wünschen, sondern mittlerweile auch Pflegeväter. Diesen Vorstellungen hat der öffentliche Träger entsprochen und „Gruppensupervision für Pflegeeltern“ von Juni 1999 bis Mai 2000 angeboten.

Geleitet wurde dieser Prozess von einem Supervisionskollegen und mir. Die Leitung des Supervisionsprozesses als „Supervisorenpaar“ hat sich als vorteilhaft erwiesen, da in den Prozess verschiedene Kompetenzen ergänzend eingebracht werden konnten. Außerdem standen den SupervisandInnen unterschiedliche Identifikationsmodelle, Projektionsflächen und Konfrontationspartner zur Verfügung.

Es hat sich wiederum gezeigt, dass Supervision, neben einer kontinuierlichen Fachberatung durch den Pflegekinderdienst und gezielten Fortbildungen, ein wichtiger Baustein zur Unterstützung und Qualifizierung von Pflege und Adoptiveltern ist und so zur Qualitätsentwicklung innerhalb der Organisation beiträgt.

## Literatur

*Arbeitskreis Adoptions- und Pflegekindervermittlung* (1998): Arbeitshilfe zur Vollzeitpflege gem. § 33 SGB VIII, Landschaftsverband Westfalen-Lippe.

*Belardi, N.* (1992): Supervision, Von der Praxisberatung zur Organisationsentwicklung. Paderborn.

*Berker, P.* (1998): In: Supervision in der Jugendhilfe, Qualität in der Jugendhilfe: Kriterien und Bewertungsmöglichkeiten. Münster

*Buer, F.* (1999): Lehrbuch der Supervision. Münster.

*Bundesministerium für Familien, Senioren, Frauen und Jugend* (1997): Handbuch Sozialpädagogische Familienhilfe. Stuttgart.

*Deutscher Verein für öffentliche und private Fürsorge* (1997): Kinder- und Jugendhilfegesetz, Sozialgesetzbuch, 8. Buch.

*Nienstedt, Westermann* (1989): Pflegekinder, Psychologische Beiträge zur Sozialisation von Kindern in Ersatzfamilien. Münster.

*Sondermann, J.* (1992): Supervision mit Pflegeeltern. *Supervision* 21, 64-73.

*Tenhumberg, Michelbrink* (1998): In: Stiftung „Zum Wohl des Pflegekindes“, 1. Jahrbuch des Pflegekinderwesens.

*Textor, M.* (1996): In: Kindeswohl, Fachzeitschrift für das Pflege- und Adoptivwesen, Bundesverband der Pflege- und Adoptiveltern e.V.

*Günter Rütz-Lewerenz*

# Interkulturelle Supervision in der Migrationsarbeit

## 1. Andere Länder – andere Sitten

„Kochboykott für Frieden
Arusha – Der Vermittler in den Friedensbemühungen für Burundi, Nelson Mandela, hat die Frauen des ostafrikanischen Landes zu einem ‚Kochboykott' aufgerufen. Nach den vorläufig gescheiterten Verhandlungen sollen sie die Kochtöpfe leer lassen, bis die Ehemänner eingesehen hätten, dass sie an den Verhandlungstisch zurückkehren müssten, erklärte der frühere südafrikanische Präsident. 'Es ist jetzt Ihre Aufgabe, Ihren Männern klarzumachen, dass sie Frieden schließen müssen'" (*Kölner Stadt-Anzeiger* v. 22./23.7.2000).

Aus diesem Beispiel lässt sich eine Menge über interkulturelle Supervision lernen: Die typischen Handlungsmuster und gewohnten Lösungen sind in interkulturellen Settings nicht immer angebracht. Dies gilt auch für die soziale Arbeit. Das Format Supervision muss sich in dem einen oder anderen Fall öffnen und anderen Lösungsmöglichkeiten, wie den oben beschriebenen, Raum schaffen.

Um sich mit dem Thema der interkulturellen Supervision weiter beschäftigen zu können, bedarf es einiger Begriffsklärungen. Denn in der Fach- und allgemeinen Öffentlichkeit werden Begriffe zu diesem Komplex sehr unscharf benutzt.

In diesem Beitrag soll ansatzweise hierzu eine Klärung sowohl von Seiten der Theorie als auch von der Praxis geleistet werden. Daher werden zu den wesentlichen Punkten jeweils Fallbeispiele aus der praktischen supervisorischen Arbeit im interkulturellen Feld berichtet.

### Fallbeispiel: Wasser ist wertvoll

Das folgende Beispiel wurde nicht von einem Mitarbeiter als Problem in die Supervision eingebracht, macht aber im Zusammenhang interkultureller Arbeit etwas Grundlegendes deutlich. Ein afrikanisches Mädchen macht ein Praktikum im Bereich der Gebäudereinigung. Dem Vorarbeiter fällt auf, dass dieses Mädchen kaum Wasser verwendet. Die Ergebnisse entsprechen daher auch nicht den Anforderungen des Vorarbeiters. Ein Berater aus dem Berufshilfeprojekt erfährt von dem Konflikt und spricht das Mädchen auf die Problematik an. Es stellt sich heraus, dass für das Mädchen Wasser so wertvoll ist, dass sie es nur spärlich gebraucht – für ihre früheren Lebensbedingungen sicherlich eine sinnvolle Vorgehensweise, aber mit unserem System kaum in Übereinstimmung zu bringen.

## 2. Begriffe, Definitionen und Merkmale in interkulturellen Arbeitsfeldern

*Buer* ist zu danken, dass der Begriff der interkulturellen Supervision eine erste Definition erhält:

„Zunächst meint interkulturelle Supervision, dass die Supervisionsteilnehmer aus verschiedenen Kulturen stammen. Aber auch zwischen TeilnehmerInnen und Supervisor kann es kulturelle Unterschiede geben. Mit Kultur sind hier verschiedene Lebenskreise gemeint, die vor allem durch Nation, Ethnie, Religion, Land bestimmt sind. Fassen wir den Begriff ‚Kultur' weiter, wie er etwa in dem Begriff Organisationskultur verwendet wird, dann richten wir den Blick auf die unterschiedlichen Welten, aus denen die SupervisandInnen kommen, mit ihren unterschiedlichen Kommunikations- und Arbeitsstilen, Werten, Normen, Standards und Weltbildern. In jedem Supervisionsprozess sind diese unterschiedlichen Kulturen als unterschiedliche Perspektiven ernst zu nehmen. Sie können die Verständigung erschweren, aber auch erleichtern, wenn dadurch das Thema vielfältig beleuchtet wird (Mehrperspektivität). Auch ist in der Supervision zu berücksichtigen, dass nicht nur die Sichtweisen, sondern auch die Handlungsmöglichkeiten in unterschiedlichen Kulturen verschieden sein können. Was in der einen Kultur geht, muss nicht in der anderen gehen" (*Buer* 1999, S. 217f.).

Die Definition wäre noch um den Ansatz einer spezifischen Fallsupervision zu erweitern, wo es in der Supervision nicht um Teamarbeit geht, sondern um das konkrete Arbeitsfeld, das migrationsspezifische Fragestellungen beinhaltet. Diese Erweiterung scheint wichtig, da die kulturelle Dimension gerade im Arbeitsfeld Migration häufig vernachlässigt wird zugunsten einer individuenbezogenen Sichtweise, und das, obwohl sich die Lebenswirklichkeit von Migranten – in der Rolle als Supervisanden/Mitarbeiter/Klienten – komplexer gestaltet. Egal in welcher Rolle, die Menschen sind hier immer auch als Ethnie betroffen und latent der Gefahr von Diskriminierung unterworfen (auch durch den Supervisor).

Häufig wird in den Arbeitsfeldern von „multikulturell" geredet – zumindest von Deutschen, denn Migranten benutzen den Begriff fast nie. „Interkulturell bedeutet zwischen den Kulturen, nämlich Konzepte in soziologischer, pädagogischer und politischer Hinsicht. Multikulturell bezeichnet dagegen eine gesellschaftliche Situation, die unter dem Einfluss von Migration steht" (*Filtzinger* 1995, S. 112). Es sind also die Deutschen, die „ihre" Gesellschaft multikulturell geprägt erleben, während Migranten in der Situation stehen, sich zwischen den Kulturen zurechtfinden zu müssen.

Warum ist der saubere Umgang mit diesen Begriffen für den Supervisor so wichtig? Wir sind eine Einwanderungsgesellschaft. Es gibt kaum noch Teams in sozialen Arbeitsfeldern, in denen nicht Mitarbeiter aus verschiedenen Ethnien arbeiten (z.B. eine Station in einer psychiatrischen Klinik: Arzt aus Iran, Krankenpfleger aus Polen und Indien, Sozialarbeiterin aus der Türkei, weitere Mitarbeiter aus Deutschland, die Patienten auf der Station sind ähnlich gemischt). Diese Interkulturalisierung der Gesellschaft löst starre Grenzen auf. Dies führt dazu, dass Unterschiede im politischen, gesellschaftlichen und privaten Bereich sich nicht mehr nur auf ganze Gruppen von Menschen beziehen. Die einzelne Person, die Familie entwickelt eine andere Kulturalität. Dies bringt Brüche mit sich, die im einzelnen Leben, in der konkreten Arbeitssituation wie in der Supervision ihren Niederschlag finden. Der Supervisor muss in der Lage sein, die dadurch geprägten Prozesse und Situationen wahrzunehmen und mit ihnen umzugehen.

„Eine andere begriffliche Abweichung ergibt sich daraus, dass sich interkulturelle Beratung kaum befriedigend definieren lässt und damit abgrenzen lässt. Insbesondere ist in einer Einwanderungsgesellschaft eine klare Abgrenzung von interkulturellen, also zwischen Kulturen stattfindenden, und intrakulturellen Situationen, die innerhalb einer Kultur zu betrachten sind, kaum möglich. So ist der hiesige rechtliche und soziale Status als Migrantin als soziales Phänomen der Anerkennung innerhalb der Einwanderungsgesellschaft als intrakulturell einzuordnen, er ist aber auch in allen interkulturellen Kontexten von Bedeutung" (*Jacobs, Wießmeier* 1999, S. 7).

So lässt sich in der Alltags- und Supervisionspraxis nicht immer genau herausarbeiten, wann ein Problem als interkulturell und wann es als intrakulturell gelten soll. Für die Supervision ist jedenfalls wichtig, welche besonderen Problemlösungen in interkulturellen Teams bevorzugt werden, welche besonderen Stile und Fähigkeiten sich ergeben und wie Ergebnisse zustande kommen.

„Folgende in der Praxis existierende Strategien werden identifiziert:

1. Die Eroberungs-Strategie verabsolutiert den eigenkulturellen Standpunkt und strebt an, diesen als allgemeingültig für das Handeln aller Teammitglieder zu etablieren.
2. Die Chamäleon-Strategie geht von einer fundamentalen Unvereinbarkeit der beteiligten Kultursysteme aus, und Verständigung wird durch eine vorübergehende Assimilation unter Aufgabe der Ursprungskultur erreicht.
3. Die Universalitäts-Strategie hingegen geht auf die Suche nach einem gemeinsamen Kern, der bereits vor dem Kontakt existierenden Schnittmenge von Gemeinsamkeiten der beteiligten Teammitglieder.
4. Die Synergie-Strategie schließlich strebt Interkulturalität als ein im Kontaktverlauf dialogisch zu konstruierendes gemeinsames Orientierungssystem an. Dieser Entwicklungsprozess umfasst sowohl die Produktion innovativer Lösungen als auch die Verständigung über Gemeinsamkeiten und vorhandene Überschneidungsbereiche" (*Nixdorf-Pohl* 1999, S. 2).

Ein weiterer Begriff, der in unserem Arbeitsrahmen vorkommt, ist der Begriff ‚ethnisch'. Dieser Begriff beschreibt Gruppen/Personen aus der gleichen Kultur (mit gleichen Regeln, Ritualen, Gebräuchen), die sich dessen auch bewusst sind.

Würde man die theoretischen Ansätze auf die Supervision übersetzen, so würde dies bedeuten:

„Ethnospezifische Arbeit
Ziel: Begegnung als Bewusstmachung und Herausarbeitung der unterschiedlichen Bedeutungen von Kulturspezifika, Respekt vor Anderssein, Differenz
Mittel: Empathisches Verstehen und Mitvollziehen des Besonderen

Interkulturelle Arbeit
Ziel: Kulturen in Beziehung zueinander setzen, Zusammenhänge erhellen
Mittel: Fragen ‚Wie kommt es dazu?', erklären, Beschreiben von Situationen, Geschichte heranziehen, eigene und fremde Gesellschaften hinterfragen, erklären und Wahrnehmen von Differenzen und Konvergenzen
Stand: Entscheidungshilfe bieten, um aus Gebundenheiten, Widersprüchen und Ambivalenzen herauszukommen" (*Tekbasaran, Wießmeier* 1999, S. 14)

## Fallbeispiel: Schleichender Rassismus

In einer Einzelsupervision berichtet ein afrikanischer Pädagoge darüber, dass er sich zur Zeit im Team nicht wohlfühle. Er berichtet, dass alle sehr engagiert seien und für die Rechte der Ausländer und auch für die Rechte der Schwarzen kämpften. Die deutschen Kollegen hätten auch großes Verständnis für diejenigen Asylbewerber, die stehlen, denn diese hätten ja wenig Geld. Im Laufe der Supervision wird deutlich, dass den afrikanischen Kollegen diese schleichende Form von Rassismus mehr verunsichert und verletzt als rechtsradikales Geschrei. Er erlebt diese Gönnerhaftigkeit und die Übernahme der Rolle der ideellen Gesamtvertretung der Interessen der Schwarzen als Entmündigung und Unterdrückung. Arbeit im interkulturellen Kontext muss also ständig reflektiert und von naiven und sozialromantischen Betrachtungsweisen befreit werden, um den Menschen die Möglichkeit zu geben, sich in diesem Kontext erwachsen zu verhalten und zu fühlen – es bringt gar nichts, jemanden zum Kind zu machen. Hier muss „einfühlendes Verstehen" von Formen des sanften Rassismus abgegrenzt werden, damit die Mitarbeiter nicht zu selbsternannten Beschützern werden, sondern zu Partnern. Auf der anderen Seite ist dem Mitarbeiter aber auch klar, dass afrikanische Migranten einen eigenen Anteil an dem Dilemma haben. Wenn Wünsche nicht erfüllt werden, bezeichnen sie die deutschen Mitarbeiter sehr schnell als rassistisch und versuchen damit zu manipulieren – was bei den engagierten Kollegen auch auf fruchtbaren Boden fällt. Wenn man mit Menschen aus Afrika arbeitet, sollte man zumindest die folgende Philosophie kennen:

„Damit eine Gesellschaft sozial gesund ist, müssen die Sehnsüchte und Erwartungen realisierbar sein. Träume und Wirklichkeit, Leistungsansprüche und ihre Erfüllung in etwa übereinstimmen. Durch die soziale Natur des Menschen bedingt, ist dafür die Art der zwischenmenschlichen Beziehung auf den verschiedenen Gesellschaftsebenen maßgeblich. Diese wiederum werden durch den Glauben geprägt – Wertvorstellungen darüber, was recht, wünschenswert und zu rechtfertigen ist: den göttlichen Willen" (*Koopman* 1994, S. 83).

Wer sich dies zu Herzen genommen hätte, wäre zu einem anderen Umgang mit dem genannten Beispiel des Diebstahls gelangt.

## 3. Fremd ist der Supervisor bei der Beratung von Fremden

Für die Qualifizierung der praktischen Arbeit im Bereich der Migration, aber auch für die interkulturelle Supervision hat *Geert Hofstede* einen wesentlichen Beitrag geleistet, in dem er generelle Unterscheidungsmerkmale zwischen nationalen Kulturen entwickelt hat.

„Meine Terminologie zur Beschreibung nationaler Kulturen umfasst vier Kriterien, die ich ‚Dimensionen' nenne, da sie in fast allen möglichen Kombinationen auftreten. Sie sind voneinander weitgehend unabhängig:

1. Individualismus versus Kollektivismus;
2. große und kleine Machtdistanz;
3. starke und schwache Vermeidung von Unsicherheit;
4. Maskulinität versus Feminität" (*Hofstede* 1999, S. 333).

Kulturen lassen sich an Symbolen, Helden, Ritualen, Werten und Normen unterscheiden. Für das Arbeitsfeld Migration sind die von *Hofstede* herausgearbeiteten Punkte praxisrelevant; in der Supervision beeinflussen sie das Format. Unsere Gesellschaft ist weitgehend auf Individualismus aufgebaut. Die Mitarbeiter in interkulturellen Teams kommen jedoch häufig aus Gesellschaften, die eher dem Kollektivismus zuzuordnen sind. Kennzeichnend sind bei der erstgenannten Gesellschaftsform die eher unverbindlichen Beziehungen. Dagegen sind bei der zweiten Gruppe die Menschen durch Geburt in geschlossene Gruppen aufgenommen, die im Tausch für bedingungslose Loyalität aber auch einen dauernden Schutz bieten. Hier finden wir zum Beispiel bei Mitarbeitern aus der türkischen Kultur starke Veränderungen, die dann auch in die Supervision hineinspiegeln können. Die Mitarbeiter aus der kollektivistischen Kultur handeln als Wir-Gruppe. Bei diesen Mitarbeitern sollte der Supervisor sehr vorsichtig mit Konfrontation umgehen, denn die Konfrontation vor der Gruppe wäre ein Gesichtsverlust. Supervisoren sei angeraten, sich in solch einer Situation flexibel zu verhalten: Ein Einzelgespräch in der Pause kann da sehr hilfreich sein.

Das soziale Netzwerk hat in diesen Kulturen eine wesentlich höhere Bedeutung, und das Arbeitsteam wird häufig als solches erlebt. Problem und Konflikte werden untereinander gelöst – wie in der Familie/Netzwerk. Sich an jemand anders zu wenden – in diesem Fall an den Supervisor – kann tabu sein, denn es setzt die Ehre des Teams/der Familie/des Netzwerks aufs Spiel. Zudem sucht man in moslemisch geprägten Kulturen nicht selbst Rat, sondern beauftragt jemanden, Rat einzuholen.

Ein weiteres bestimmendes Element ist das Verhältnis zur Macht, definiert über die Distanz: „... als das Ausmaß, bis zu welchem die weniger mächtigen Mitglieder von Institutionen bzw. Organisationen eines Landes erwarten und akzeptieren, dass Macht ungleich verteilt ist" (*Hofstede* 1993, S. 42). So erwarten Mitglieder bestimmter Kulturen mehr Leitung auch in der Supervision. Auch die von den Supervisoren so gerne gesehene Auseinandersetzung mit der Leitung (der Organisation) wird eher kritisch bewertet bzw. ist ein Tabu. Wahrgenommene Nichtausübung von Macht führt zu einem Nichternstnehmen z.B. in islamisch geprägten Kulturen.

Supervisorinnen können in eher moslemisch geprägten Kulturen Probleme mit der Akzeptanz bekommen – trotz ausgesucht höflicher Behandlung. Wenn dieses Phänomen auftritt, wird eine aufgabenorientierte Führung der Supervisionsgruppe nach und nach den nötigen Respekt erzeugen und dann auch zu einer Öffnung der Arbeit an Beziehungen führen. Einstellungen zum Thema Maskulinität und Feminität sind stark ökonomisch und religiös geprägt. Feminine Institutionen sind mehr an Beziehungen orientiert und maskuline mehr an Aufgaben.

„Das männliche Kind ist – weil es in der agrarisch strukturierten Herkunftsgesellschaft im Hause bleibt und die Altersversorgung der Eltern sichert – mehr wert als das weibliche. Das männliche Kind genießt viele Freiheiten, die dem weiblichen nicht zugestanden werden, und wird insbesondere durch die Mutter hofiert und verhätschelt." (*Kampmann* 1919, S.61)

Was in diesem Beispiel beschrieben wird, verliert sicherlich auf Dauer an Bedeutung, aber für die jetzige Arbeit in Teams, deren Mitarbeiter teilweise aus diesem kulturellen Kontext kommen, gibt es wichtige Hinweise auf das Prinzip Maskulinität und Feminität. Rolle und Status werden hierdurch bestimmt. Jede Kultur hat eigene Vorstellungen darüber, was sie als Aufgabe bzw. als Arbeit für Frauen und Männer sieht.

Mitarbeiter in interkulturellen Teams bzw. in Migrationsarbeitsfeldern sind stark daran orientiert, Unsicherheit eher zu vermeiden. Dies liegt in der sozialen Situation der Mitarbeiter begründet, aber auch in der unsicheren Arbeitsplatzsituation (zeitlich begrenzte Projekte, Zeitverträge, schlechtere Bezahlung aufgrund fehlender formaler Qualifikationen).

Diese Unsicherheit würde reduziert durch ein klares und geregeltes Management. Dies wird aber in vielen sozialen Organisationen vermieden, was wiederum die Unsicherheit erhöht. Daraus ergibt sich, dass die im Sozialwesen eher als non-direktiv zu bezeichnenden Führungsstile für interkulturelle Teams kontraproduktiv sind, es sei denn, ein gemeinsamer Lernprozess habe hierzu geführt. Aber Unsicherheit lässt sich auch abbauen in der Auseinandersetzung mit dem Fremden. Diese zu fördern ist daher elementare Aufgabe von Supervision im interkulturellen Kontext:

> „Ursachen für die Barrieren zu Menschen aus anderen Kulturkreisen liegen meiner Meinung nach nicht an der Kultur. Barrieren sind da, wenn ich psychodramatisch gesprochen, keinen Rollentausch mit dem Anderen machen kann, nicht in der Lage bin, in die Welt des anderen zu gehen, sie mit seinen Augen zu sehen und zu erleben. Vielleicht ist es oftmals eher die Andersartigkeit und das Fremde allgemein, welche beängstigend wirken, da sie die eigene Identität in Frage stellen" (*Dhawan* 1992, S. 39).

## Fallbeispiel: Beratung kann lebensgefährlich sein

In einer Fallsupervision berichtet eine katholische Flüchtlingsberaterin über häufige Übergriffe brutalster Art von Männern aus dem Kosovo auf ihre Frauen. In einem Fall waren die Verletzungen so schwerwiegend, dass die betroffene Frau auf Rat der Mitarbeiterin eine Anzeige erstattete. Der Ehemann wurde zu einem Jahr Gefängnis ohne Bewährung verurteilt. Nun steht er vor der Entlassung. Die Mitarbeiterin hat Angst für die Frau, fürchtet aber auch um ihre eigene Unversehrtheit. In der Analyse des Falles wird schnell klar, dass die Mitarbeiterin und die Frau real gefährdet sind und daher schützende Maßnahmen zu ergreifen sind. In diesem Fall war es sicherlich wichtig, dass eine gewisse Feldkompetenz vorhanden war. Die Abschiebung in den Kosovo stand an. Ausländerrechtlich sind Möglichkeiten vorhanden, dass die Frau nicht mit abgeschoben wird, da sie an Leib und Leben gefährdet ist. Sie würde sicherlich keinen Tag im Kosovo überleben, denn sie hat die „Ehre" der Familie verletzt. Die Beraterin befindet sich weiter in einem sehr großen Konflikt, da die Übergriffe häufig vorkommen, und bittet in der Gruppe darum, ihr zu helfen, für diese Fälle eine Haltung und eine Rolle zu finden. Es wird schnell klar, dass die Mechanismen, die unser Sozialsystem bietet (z.B. Frauenhaus), in diesen Fällen nicht greifen. Es wird im Ergebnis deutlich, dass die Beratung über die Möglichkeiten dieser Kultur im Vordergrund steht, dass dies aber mit dem Hinweis darauf geschehen muss zu überlegen, was die Nutzung in der eigenen Kultur für Risiken in sich birgt (und dieser letzte Teil ist das, was wir dann als interkulturellen Aspekt in dieser Beratung sehen). Damit bleibt die Entscheidung letztlich bei der Klientin.

## Fallbeispiel: Es ist nicht das Problem des Lehrers

In einer Supervisionssitzung erzählt ein Lehrer, dass ein Mädchen in die Türkei muss, da es für die Ehe versprochen ist. Wie vorher die Schulklasse reagiert auch die Supervisionsgruppe mit hektischer Debatte, wie dies denn nun verhindert werden könne. Das Mädchen hatte alle Aufmerksamkeit in der Klasse auf sich gezogen. Der Lehrer hatte sich als Vermittler den Eltern gegenüber angeboten, das Mädchen dies aber abgelehnt. Mit Hilfe der Supervisionsgruppe wird die Szene mit der Schulklasse nachgestellt. Im Rollentausch mit der Schülerin macht der Lehrer die Erfahrung, dass die Entscheidung ihr zwar nicht passt, aber der Preis, Probleme mit der Familie zu bekommen, ihr viel höher erschien. Nachdem der Lehrer wieder in die Rolle des Lehrers gegangen war, kam es zu einer Entspannung, und die Klasse schaffte es, eine andere Verabschiedung mit weniger Dramatik zu erreichen.

## 4. Erwartungen an die Supervision

„Die mitunter sehr schmerzhafte und auf starke Widerstände stoßende interkulturelle Selbstreflexionsarbeit des Teams bedarf professioneller Unterstützung durch eine in der BRD erst zu entwickelnde interkulturelle Supervision“ (*Gaitanides* 1995, S. 77). Um sich der Frage zu nähern, was denn nun eine interkulturelle Supervision zu leisten habe, solle die Zielgruppe an dieser Stelle zu Wort kommen. Ich befragte 20 nichtdeutsche Fachkräfte der Sozialarbeit, die in Regeldiensten arbeiten. Die KollegenInnen kamen aus: der Türkei, Türkei mit kurdischer Identität, Ex-Jugoslawien und dem Libanon.

Die konkrete Frage lautete: Wie kann Fortbildung und Supervision Ihre Arbeit unterstützen/was erwarten Sie konkret?

Die Antworten waren zum Teil überraschend:

- Objektive Beobachtung und Bewertung der Arbeitskollegen durch den Supervisor bezüglich der Stärken und Schwächen
- Rat durch den Supervisor
- Regelmäßige Fortbildungen in Bezug auf Veränderungsprozesse im Feld, die neue Anforderungen stellen, die Arbeit unterstützen, die berufliche Kompetenz erhalten und weiter entwickeln
- Supervision ist in verschiedenen Einrichtungen ein Bestandteil der Arbeit und eine Voraussetzung für die erfolgreiche Erfüllung der gestellten Aufgaben
- Supervision kann die Arbeit unterstützen, indem man die Veranstaltungen regelmäßig durchführt und daran teilnimmt
- Regelmäßige Supervision trägt dazu bei, die Zusammenarbeit innerhalb des Teams effektiver zu gestalten und die eigene Arbeit und Rolle besser zu bewerten
- Dass der Fliege der Ausweg aus dem Fliegenglas gezeigt wird
- Durch Supervision erwarte ich die Herausstellung meiner Stärken und Schwächen bezüglich meiner interkulturellen Arbeit
- Des weiteren erhoffe ich seitens eines erfahrenen Supervisors Hilfestellung und Rat
- Aufarbeitung mit Abstand und Ideen von Dritt-Fachleuten, Austausch und Anregungen
- Objektive Sichtweise von Handlungsstrategien
- Reflexion über eigene Unzulänglichkeiten, Unsicherheiten und Ängste, dadurch Stabilisierung der emotionalen Ausdrucksfähigkeit und Schaffung von neuen Handlungsmöglichkeiten in Konfliktsituationen

- Eine Supervision kann meine Arbeit begleiten im Hinblick auf Reflexion, Problem-Bewältigungsstrategien, neue Tipps und Ratschläge für Konfliktsituationen, Analyse und Diagnostik bestimmter Problemfälle, Entwicklung neuer Ideen, sich aussprechen können, seine Vorgehensweise verstärken oder verändern, Neues dazu lernen usw.

An dieser Stelle sollen die Aussagen nicht aus ihrem kulturellen Kontext interpretiert oder übersetzt werden. Ein Hinweis jedoch: Die offensichtliche Einladung zur Thematisierung von Unzulänglichkeiten sei als Warnung vor vermintem Gebiet zu verstehen.

Zusammenfassend fordern die KollegenInnen:

- Objektivität und Bewertung (!) ihrer Arbeit
- Regelmäßigkeit und Verbindlichkeit
- Konkrete Ratschläge, Tipps, Handlungsstrategien und Ideenentwicklung.

### Fallbeispiel: Vermintes Gebiet

Es kommt in einem Arbeitsteam, bestehend aus Sozialabeitern/Sozialbetreuern, zu häufigen Konflikten. Es wird eine Kurzzeitsupervision zur Klärung vereinbart. Der Leiter nimmt an den Sitzungen teil. Das Team ist interkulturell zusammengesetzt und besteht aus Frauen wie aus Männern. Als Themen sind benannt: Probleme in der Kooperation und in der Außenwirkung. Die Gruppe geht sofort in den Clinch. Es tut sich besonders ein Kollege hervor, der aus dem moslemischen Kulturkreis kommt. Er geht jeden und jede an. Sein Verhalten ist auch dem Leiter gegenüber unangemessen. Doch keiner in der Gruppe setzt dem Mitarbeiter eine Grenze. Gerade die deutschen Mitarbeiter sind gehemmt, sich fachlich und menschlich offen mit dem ausländischen Kollegen auseinander zu setzen. Diese Hemmung beruht in diesem Fall auf den üblichen Polarisierungen: Dort ist der Ausländerfeind und hier sind die guten Menschen. Der Supervisor setzt nun Grenzen, indem er die Verantwortung für die Situation übernimmt, und das deutlich und auch laut. Es wird deutlich gemacht, dass nicht nur die deutschen Mitarbeiter sich mit dem „Fremden" zu beschäftigen haben, sondern auch die ausländischen Mitarbeiter. In dieser Situation wird das Macho-Gehabe einer anderen Kultur zum Thema und die Instrumentalisierung der Tatsache Ausländer zu sein. Für das Team wird an dieser Stelle deutlich, dass auch Engagement – unreflektiert – eine Falle sein kann.

Auf diesem Gebiet sind viele Tabus versteckt, und es lässt sich zu Recht als vermintes Gelände in der interkulturellen Arbeit bezeichnen, dies trifft besonders für deutsche Sozialarbeiter zu.

## 5. Handelnde im Feld

Es gibt sehr unterschiedliche Felder, in denen sich Migrationsarbeit abspielt und interkulturelle Teams arbeiten. Neben den Regeldiensten, wo zur Zeit noch ein Nachholbedarf an nichtdeutschen Fachkräften (z.B. Jugendhilfe/Psychiatrie) besteht, haben wir hier die Ausländersozialdienste, Beratungsstellen für Migranten, Asylbewerber-Einrichtungen usw.

Die Teams setzen sich in der Regel aus drei Gruppierungen zusammen, die nach Erfahrung des Autors wie folgt zu charakterisieren sind:

Deutsche Fachkräfte mit interkultureller Erfahrung:

- Haltung: professionell distanziert
- Methode: beziehungs-/personenzentriert
- Berufschancen: sinken bei langer Verweildauer im Feld
- Vorgehensweise: planend und eher kommen lassend
- Kultur: überidentifiziert/ängstlich-kritisch

Ausländische Fachkräfte mit anerkannter deutscher Ausbildung

- Haltung: ambivalent
- Methode: wechselnd
- Berufschancen: gut
- Arbeitsfelder: breit
- Vorgehensweise: abwägend
- Kultur: kritisch

Ausländische Mitarbeiter mit Erfahrung, aber ohne Ausbildung

- Haltung: über-engagiert
- Methode: anweisend/direktiv
- Berufschancen: gering
- Arbeitsfelder: eingeschränkt
- Vorgehensweise: spontan
- Kultur: identifiziert

Supervision muss also mit unterschiedlichen und flexiblen Rahmungen dem unterschiedlichen Ausbildungsstand und damit immer wieder auch Elementen der Erwachsenenbildung im Sinne von konzeptionellem Lernen Rechnung tragen. Hier liegt sicherlich immer das Problem der Überschneidung mit anderen Formaten.

In diesem Zusammenhang bleibt festzuhalten: Veränderungen der Kundenwünsche werden von Supervisoren mit psychoanalytischer Orientierung immer noch etwas abfällig kommentiert. Z.B.: „Unter dem Etikett Supervision werden kurzzeitige Veranstaltungen (Tages-, Wochenendseminare, Abendveranstaltungen) angeboten. Darin bieten Supervisoren ihre Berufskompetenz an, obwohl der Prozess das Essentielle von Supervision ist" (*Ingerfeld* 1998, S. 48).

Gerade im interkulturellen Bereich geht diese Kritik an den Bedürfnissen der Mitarbeiter vorbei. Bei der Klärung eines aktuellen Konflikts mit Hilfe von Fallsupervision ist nicht der Prozess das Wichtige, sondern die Klärung des Problems und die Eröffnung der Möglichkeit, wieder handeln zu können. Darüber hinaus bieten diese Interventionsformen die Chance, die Mitarbeiter an das Format Supervision heranzuführen. Die Postulierung des „Prozesses" in dieser eher zwanghaften Form ist eine typisch deutsche Abwehrform vor dem „Fremden" – also einer am Ergebnis orientierten Supervision. Aus diesem

Grunde sind handlungsorientierte Verfahren wie das Psychodrama für interkulturelle Supervision eher geeignet als die psychoanalytischen Vorgehensweisen. Selbst der bekannte amerikanische Psychoanalytiker *Yalom* geht mittlerweile sehr kritisch mit dieser Fixierung um. So beschreibt er die Gedanken eines Analytikers zu diesem Thema: „Schließlich begriff Ernest, dass er sich nicht auf Inhalte, sondern auf den Prozess konzentrieren musste – das heißt auf die Beziehung zwischen Patient und Therapeut. Der Prozess ist das magische Amulett des Therapeuten und in Zeiten der Teilnahmslosigkeit immer wirkungsvoll. Er ist das mächtigste Geschäftsgeheimnis des Therapeuten ..." (*Yalom* 1998, S. 67). Auch wenn dieses Beispiel aus dem Format Therapie stammt, so ist die Konzentration auf den Inhalt in der interkulturellen Supervision bedeutsam, ermöglicht sie doch überhaupt erst den Zugang zu den Zielgruppen.

Die Supervisionssitzungen sind wie Glieder einer Kette. Erst nach einiger Zeit gelingt es, die Verbindung dieser Glieder zu betrachten und zum Thema zu machen: die Prozesskette. Der Supervisor sollte sich hier nicht aus dem Konzept bringen lassen, wenn in dieser Kette am Anfang Fälle und Beispiele eingebracht werden, von denen sich am Ende der Sitzung herausstellt, dass der „Fall" bereits gelöst wurde. Auch dies kann zum Ritual gehören.

## Fallbeispiel: Den Mitarbeiter verstehen lernen

In einer Besprechung von Supervisoren berichtet ein Kollege über ein Problem, das er derzeit in einer Supervisionsgruppe hat. Es handelt sich um eine Gruppe von Mitarbeitern, die in einer größeren Stadt für die Betreuung von Asylbewerbern zuständig ist und aus verschiedenen Nationalitäten besteht. Ein Mitarbeiter aus dem arabischen Bereich wurde stark abgelehnt, weil er einen sehr rigiden Arbeitsansatz verfolgte nach dem Motto: Klient, da ist der Weg und den hast du zu gehen. Die Kollegen sahen zwar die Erfolge, kämpften aber für einen anderen Arbeitsansatz. Da der Mitarbeiter sehr massiv auftrat, rutschte auch der Supervisor zunehmend auf die Seite der meist deutschen Kollegen. Der Supervisionsprozess stockte und es kam zu keinen Entwicklungen.

In der Supervisorengruppe wird der Fall besprochen und analysiert. Der arabische Mitarbeiter hatte keine fachliche Ausbildung, war aber als Migrant Angestellter der Stadt und hatte in den Augen der Asylbewerber einen hohen Status.

In einem Rollentausch geht der Supervisor in die Rolle seines Supervisanden. Hier spürt er den extremen Druck des Mitarbeiters:

- Angst vor Gesichtsverlust
- Hoher Erfolgsdruck den deutschen Kollegen gegenüber
- Hierarchie gegenüber den Klienten: Der hat es in Deutschland geschafft!

Nach diesen Ergebnissen wird dann in der Gruppe sehr behutsam an der Entwicklung von Beratungsstilen gearbeitet und es entsteht ein Respekt vor den unterschiedlichen Ansätzen. Dies ist sicher ein typischer Fall, den Supervisoren in diesem Feld immer wieder finden werden. Die extrem direktive Herangehensweise von nicht ausgebildeten Sozialberatern bringt in interkulturellen Arbeitskontexten häufig Konflikte mit sich: Ablehnung der deutschen Kollegen gegenüber solchen Ansätzen, Verhinderung von Wachstum in interkulturellen Problemfamilien, Macht und Ohnmacht sind das Ergebnis. Das Thema heißt dann in der Supervision: Entwicklung einer interkulturellen Beratungshaltung und -technik versus Erzwingung von Verhalten durch Macht und Druck.

## 6. Psychodrama – ein geeignetes Verfahren in der interkulturellen Supervision

*Moreno*, Begründer des Psychodramas, war selbst Migrant und arbeitete in seiner frühen beruflichen Entwicklung als Arzt in einem Flüchtlingslager (1916) in Mitterndorf/ Österreich.

Dem Psychodrama ist ein optimistisches Weltbild zu eigen: der Mensch als Schöpfer, der über Kreativität und Spontaneität verfügt und sich gestaltend seiner Umwelt zuwendet. Hieraus ergibt sich für die psychodramatische Supervision die Prämisse, dass Handeln mehr Lernerfahrungen bringt als das „lass uns mal darüber reden", und dies gilt insbesondere für die eingeschränkten Möglichkeiten, sich verbal auseinander zu setzen.

Gerade der Rollentausch als Technik des Psychodramas ist ein wertvoller Ansatz in der Supervision mit Mitarbeitern im interkulturellen Bereich. Rollentausch ist der Weg in die Rolle eines anderen und seine kulturelle Identität, aber auch in einen Gegenstand oder Persönlichkeitsanteil. Damit wird die Möglichkeit eröffnet, den gleichen Sachverhalt aus unterschiedlichen Perspektiven zu sehen und mit Gefühlen „besetzt" zu erleben. Eine solche Technik fördert Erlebnisse und bietet über Reflexion an, diese zu Erfahrungen zu transformieren. Die Aufhebung der Fixierung auf Sprache erweitert den Handlungsspielraum.

„... Alle Gesten des zweiten Typs sind kulturabhängig, d.h. sie werden in ihrer korrekten Anwendung unbewusst erlernt und unterscheiden sich wie verschiedene Sprachen voneinander. Daher kann es nicht überraschen, wenn derartige Körperhaltungen und Bewegungen in verschiedenen Regionen der islamischen Welt, ja sogar in einzelnen Gegenden des Nahen und Mittleren Ostens in unterschiedlichen Bedeutungen und Modifikationen der Ausführung zu beobachten sind ... Ein Taxifahrer in Beirut kann mit einer einfachen Handbewegung einem Verkehrspolizisten seinen Ärger in viel heftigerer und beleidigenderer Weise äußern, als das seinem Berufskollegen in Düsseldorf möglich wäre ..." (*Heine* 1994, S. 130).

Supervision, und damit auch interkulturelle Supervision, ist ein institutionalisierter Rahmen psychosozialer Beziehungsarbeit mit Orientierung an Themen wie Rolle/Organisation/Arbeitsfeld, also ein spezifisches Format für Begegnung.

### Fallbeispiel: Algerier schlägt Iraner oder Younis gegen Mahmud

In einem Wohnheim für Asylbewerber kommt es zu einer Schlägerei zwischen Vertretern zweier Volksgruppen. Die Tage danach sind ebenfalls von Reibereien geprägt. Das interkulturelle Team der Einrichtung überlegt, wie es den Konflikt beilegen kann. Es wird entschieden, beiden Gruppen ein Forum zu bieten, das Problem zu besprechen. Der Besprechungsraum der Einrichtung wird dafür gewählt. Die Mitarbeiter sind nicht frei von Angst vor dieser Situation. Eine heiße Diskussion entsteht, mit Aufstehen, mit

Drohungen usw. Es stehen zwei nationale Blöcke gegeneinander. Nachdem der Energiepegel etwas nach unten gegangen ist und die Sprecher der beiden Gruppen beginnen, sich aufeinander zu beziehen, wird von den Mitarbeitern die Frage gestellt, wann und wo der Konflikt begann und wer konkret beteiligt war. Die Sitzordnung wird verändert und die Kontrahenten in Beziehung gebracht. Der Konflikt hatte im Cafe begonnen. Der persische Asylbewerber hatte ferngesehen, der Algerier war in den Raum gekommen und hatte Lärm gemacht. Der Erstere hatte dann den Finger auf den Mund gelegt, um mitzuteilen, dass er um Ruhe bitte. Der Zweite hatte dies als Beleidigung gesehen. Die gleiche Geste hätte er bei Freunden dagegen akzeptiert. Nachdem dies dann zwischen den beiden Personen ausgehandelt worden ist und damit eine Vermittlung stattgefunden hat, umarmen sich beide Kontrahenten und der Streit ist beendet. Anzumerken ist noch, dass die Schlägereien immer in öffentlichen Räumen stattfanden. Der Fall wurde in die Supervision gebracht mit dem Anliegen, den Fall genauer zu diagnostizieren, um standarisierte Interventionsformen entwickeln zu können.
In diesem Fall wurden folgende Punkte festgestellt:

- Solange es ein Nationalitätenkonflikt bleibt, der von öffentlichem Interesse ist und den Männern (die sich eigentlich aufgrund ihrer konkreten Lebenssituation in Ohnmacht befinden) ein Forum bietet, sich mächtig darzustellen, wird der Konflikt nicht lösbar sein, da an der Aufrechterhaltung ein zu großes Interesse besteht.
- Das Team stellt für sich fest, dass es trotz Verständnis für die Männer dieses Spiel nicht akzeptiert.
- Weiter wurde herausgearbeitet, dass die Eskalationsmuster auch bei deutschen Konflikten ähnlich verlaufen. Nur die Geschwindigkeit ist höher, wenn Aspekte von Ethnisierung und Diskriminierung in dem Konflikt enthalten sind.
- Die Mitarbeiter entwickelten aus dieser Erkenntnis einen Standard zur Konfliktregulierung. Dieser besteht aus der oben beschriebenen Vorgehensweise, die mediativ das Problem entnationalisiert und auf eine persönliche Ebene bringt. Damit war verbunden die Annahme der Rolle als Mediator und damit als neutrale und unparteiische Person. Hier wurde in der Supervision auch deutlich, dass dies Mitarbeitern schwer fällt, wenn es um Problempersonen aus dem eigenen kulturellen Hintergrund geht.
- Zur Vertiefung wurde ein Trainer eingeladen, um ein Seminar zum Thema „Konfliktregulierung durch psychodramatischen Rollentausch“ abzuhalten.
- Der Supervisor gab in die theoretische Nachbetrachtung ein Modell *Morenos* ein. In diesem Prozess war es gelungen, von der Oberflächenstruktur von Beziehungen (Nationalitäten) zu Tiefenstrukturen von Anziehung und Ablehnung zwischen zwei Personen zu kommen. Die Neustrukturierung des Beziehungsgeflechtes ergab sich dann durch das Kennenlernen im Forum und die Aufnahme von Kommunikation.

Das folgende Zitat, wurde für die Mitarbeiter der Einrichtung zu einem Schlüssel für ihre Arbeitsweise:

„Moreno entwickelte die Idee der Soziometrie als Umordnung einer Gemeinschaft in dem Flüchtlingslager Mitterndorf. Auch hier wurde nach bürokratischen Gesichtpunkten zusammengelegt. Wie heute: Die Leiterin eines Ordnungsamtes im Westfälischen vermutete jüngst nach Auseinandersetzungen mit erheblichem Sachschaden zwischen Schwarzafrikanern und Kosovo-Albanern, die im selben Haus untergebracht worden waren, dass man sorgfältig darauf achten müsse, welche Nationalitäten man unter einem Dach zusammenbringen könne und welche nicht. Aus Morenos Sicht müsste man das korrigieren: welche Menschen man unter einem Dach zusammenbringen könne, sollte es besser heißen" (*Dollase* 1996, S. XIX).

Die Mitarbeiter haben aus der Supervision gelernt und immer wieder zum Thema gemacht, wer zu wem passt. Diese Frage zu stellen, bedeutet nicht, von außerhalb oder von oben eine Einteilung und Zuordnung zu treffen, sondern sich selbst auf die Begegnung mit dem Fremden einzulassen. Wenn dies immer wieder gelingt, wird hieraus eine wichtige neue Kompetenz:

„Viel mehr als in anderen Beratungskontexten geht es daher darum, die Balance zu halten zwischen der Selbstverständlichkeit solidarischer Partizipation ... und der gleichzeitigen Notwendigkeit, soviel Distanz zum Erleben des Klienten zu bewahren, dass man nicht selbst in Schrecken und Entsetzen versinkt und hilfsunfähig, erstarrt, dem Klienten gerade die Hilfe und Stütze versagt, derer er oder sie besonders bedarf. Diese Balance gelingt aus unserer Erfahrung dann besonders gut, wenn man als Berater/Supervisor mit der Einstellung an das ratsuchende System herantritt, selbst in der Rolle des Lernenden zu sein" (*Schlippe u.a.* 1997, S. 212).

## Literatur


*Buer, F.* (1999): Lehrbuch der Supervision. Münster.

*Dhawan, S.* (1992): Psychodrama in der therapeutischen Arbeit mit Verfolgten. *SysThema* 2, 39.

*Dollase, R.* (1996): Vorwort. In: *Moreno*, J.L.: Die Grundlagen der Soziometrie. Opladen, S. XI-XXIX.

*Filtzinger, O.* (1995). In: *Barwig, Hinz-Rommel* (Hg.): Interkulturelle Öffnung sozialer Dienste. Freiburg.

*Gaitanides, S.* (1992). In: *Barwig, Hinz-Rommel* (Hg.): Interkulturelle Öffnung sozialer Dienste. Freiburg.

*Heine, P.* (1994): Kulturknigge für Nichtmuslime. Freiburg.

*Hofstede, G.* (1993): Interkulturelle Zusammenarbeit. Kulturen-Organisationen-Management. Wiesbaden.

– (1999): Organisationsentwicklung in verschiedenen Kulturen. In: *Fatzer, G.* (Hg.), Organisationsentwicklung für die Zukunft. Köln.

*Ingerfeld, G.* (1998): Beobachtungen zum Supervisionsmarkt aus der Sicht einer Supervisorin. *Supervision* 34, 45-48.

*Jacobs, K., Wießmeier B.* (1999). In: Beratung im interkulturellen Kontext. Berlin. IAF-Verband binationaler Familien und Partnerschaften.

*Kampmann, B.* (1990): Der Gestaltansatz in der psychotherapeutischen Arbeit mit ethnischen Minderheiten. *Gestalttherapie.*

*Koopman, A.* (1994): Transcultural Management. Köln.

*Nixdorf-Pohl, M.* (1999): Unveröffentlichtes Seminarprotokoll: differenzierte Selbst- und Fremdbilder im europäischen Vergleich. München, S. 2.

*Schlippe, A. v., El Hachimi, M., Jürgens, G.* (1997): Systemische Supervision in multikulturellen Kontexten. *OSC* 4, 3, 207-224.

*Tekbasaran, C., Wießmeier, B.* In: Beratung im interkulturellen Kontext.

*Yalom, I. D.* (1998): Die rote Couch. München.

*Friedel Geisler*

# Karriere und Kinder. Eine Frauengeschichte

## Einzelsupervision mit einer Ärztin in der Facharztausbildung

Die hier vorgestellte Einzelsupervision zeigt die persönliche Entwicklung einer Supervisandin in drei verschiedenen Arbeitsbereichen: der Facharztausbildung, der Psychodrama-Therapie, der Arbeit in Haushalt und Familie. Diese ist für eine Frau im reproduktionsfähigen Alter grundsätzlich einzubeziehen, soll der Lebenssituation weiblicher Fach- bzw. Führungskräfte mit Partner, Kind und weiterem Kinderwunsch Rechnung getragen werden (*Vahsen* 2000). Der Beitrag wurde nach Themen geordnet und nicht nach den zeitlichen Abläufen. Fast alle Themen der Supervision tauchen innerhalb des Zeitraumes vom Herbst 1998 bis zum Sommer 2000 mehrmals auf. Die sechzehn Arrangements sind als Handlungsmodelle aufgefasst. Sechzehn Termine liegen zugrunde. Die Supervision dauert beim Abschluss dieses Beitrages noch an.

## 1. Der Rahmen

### Der Auftrag

Einzelsupervision bedeutet eine gewisse Unabhängigkeit vom Anstellungsträger. Die Ziele können selbst gesetzt werden, stehen natürlich in der Korrelation zu den drei Arbeitsfeldern mit ihren sozialen Bezügen. Der Schwerpunkt liegt jedoch auf der vierjährigen Facharztausbildung und der Dissertation. Gewünscht wird:

- Supervision für die Qualifizierung in dem anstrengenden Arztberuf;
- die psychodramatische Einzeltherapie, die gerade zu Ende geht, supervisorisch zu reflektieren;
- mit Techniken des Psychodramas die Supervision zu gestalten, damit die Supervisandin selber mehr Zugang und Sicherheit in diesem Verfahren bekommt. Sie will die Frage klären, ob sie eine Tätigkeit bei einem Facharzt wählt, bei dem sie das Verfahren einsetzen kann oder ob sie dem verlockenden Angebot aus einer anderen Fachrichtung folgt, dort zu promovieren, zumal sie hier auf internationalen Kongressen bereits ihr Fachwissen unter Beweis gestellt hat, wo aber das Psychodrama keine Anwendung findet.
- die Dissertation auf der emotionalen Ebene begleiten;

- Themen als Partnerin, Hausfrau und Mutter können immer dann einen Platz bekommen, wenn sie die Arbeitssituation sehr belasten.

## Das Feld

Arbeitskontext ist das Gesundheitswesen, hier die ärztliche Arbeit auf der Krankenstation eines Universitätskrankenhauses. Zwei der drei AssistenzärztInnen auf der Station der Supervisandin werden aus Drittmitteln, sprich Forschungsmitteln, bezahlt. Sie selber besetzt eine Stelle der Klinik. Alle arbeiten auf ihren 20-Stunden-Stellen mehr als doppelt so viele Stunden (manche Drittmittel-KollegInnen in der Klinik haben auch volle Stellen. Überstunden fallen aber auch so noch genug an). Für die notwendigen Arztbriefe bleibt kaum Zeit übrig. Sie müssen aber nachgearbeitet werden. Also sind noch mehr Stunden gefordert. Die ausländischen Gastärzte (oft bereits hoch qualifiziert) arbeiten für die Anerkennung ihrer Fachlichkeit in Deutschland umsonst. Zwei AssistenzärztInnen haben bereits ihren Facharzt und wollen sich auf ihrer jetzigen Stelle habilitieren. Die Klinik hat eine klassische hierarchische Chefarztstruktur.

Es besteht im Gesundheitswesen ein Überangebot an ÄrztInnen. Das große Gefälle in der Finanzierungsstruktur der Krankenhäusern ist nur sehr schwer veränderbar. Es bestehen große Unterschiede in und zwischen den einzelnen Berufsgruppen. Chefärzte und Oberärzte bringen mit ihrer Lehrtätigkeit als Professoren Forschungsmittel herein, die u.a. an ÄrztInnen in der Ausbildung vergeben werden. Erwartet wird der Einsatz in einer vollen Stelle, ohne dass Überstunden abgegolten werden. Alle sind gehalten, einschlägig zu veröffentlichen.

Während der ersten 18 Monate arbeitet die Supervisandin als AiP (Ärztin im Praktikum) auf einer Station mit einem Forschungszentrum zusammen und erhält dann für sechs Monate eine halbe Forschungsstelle auf einer Frauen- und Kinderstation. Der Erste Oberarzt ist Susannes[1] direkter Vorgesetzter und seit Herbst 1996 ihr Doktorvater. Außerdem hat er die Stelle als Personalvertreter inne. Der wissenschaftliche Leiter ihres Forschungsgebietes im Medizinischen Institut vergibt ihr seine Aufträge. Als Assistenzärztin auf einer anderen Station bekommt sie später einen anderen Oberarzt. Die offiziellen Weisungsbefugnisse kommen niemals in Deckung mit denen, die durch Vergabe von Forschungsmitteln, Bezahlung aus dem Krankenhausbudget, Personalvertretung usw. bestehen.

## Zur Person

Susanne ist 1965 geboren. Sie lebt in zweiter Partnerschaft mit Tom und hat ihre eben schulpflichtige Tochter Lisa mitgebracht. Dass sie die Kleine ihrem Ehemann meist überlassen muss, daran trägt sie schwer. Bei Beginn der Supervision ist sie noch AiP. Als Assistenzärztin erhält sie dann den Auftrag einer Stationsärztin. Der leibliche Vater zahlt für die Erziehung seiner Tochter den Mindestunterhalt bzw. eine Summe knapp darüber. Die Einkünfte des Ehemannes sind nur zeitweise gesichert und ihre

---

1 Alle Namen sind verändert.

Bezahlung im Krankenhaus dürftig. Die Haushaltsmittel sind trotz kleiner Unterstützungen durch die Eltern äußerst knapp. Die Mutter und jung Verheiratete ringt sich jede Zeit für die Familie mit viel Mühe und unter Stress ab.

Susanne ist eine gutaussehende, große schlanke Frau, die sich anmutig und schnell bewegt. Sie kleidet sich sportlich-lässig, trägt eine Kurzhaarfrisur. Blitzschnell erkennt sie Zusammenhänge und äußert sie auch. Sie ist sehr gewissenhaft; Fehler können sie in Panik versetzen. Von der Station kommt sie immer abgehetzt und kann nur schwer die Termine bei mir pünktlich einhalten.

Das Arbeiten mit ihr ist sehr angenehm. Kurz und präzise stellt sie das Problem dar. Fast immer hat sie ihre Gedanken im Herfahren schon sortiert. Sie bringt die gute Schulung einer Ärztin mit, klar und ohne Umschweife zu fokussieren. Allerdings muss sie sich ständig absichern, kann nur schwerlich etwas dem Zufall überlassen. Auch das ist eine Seite ihrer beruflichen Existenz, nämlich immer hellwach und überblickend zu sein: „Habe ich wirklich alles Notwendige getan?" Wenn es um Leben und Tod geht, bleibt keine Zeit für lockere Experimente mit viel Kreativität und Spontaneität, wie sie gerne von uns PsychodramatikerInnen in anderen Berufsfeldern trainiert werden.

## Die berufsethische Ebene der Supervisandin

Die Ärztin hat einen anderen berufsethischen Auftrag zu erfüllen, als die freiberuflich tätige Psychodrama-Therapeutin. Während die Ärztin die gesundheitlich erforderlichen Maßnahmen, seien es Untersuchungen, Medikamentierungen oder Eingriffe zwar der Patientin erklärt, um deren Einwilligung zu bekommen, dann aber eigenverantwortlich durchführt, basiert die Arbeit der Psychodrama-Therapeutin auf einem gegenseitigen Einvernehmen, das der Klientin zu ihrer Selbstverantwortung und -bestimmung verhelfen will und sie darin begleitet, auch für die Folgen und Ergebnisse zu stehen. Sie soll lernen, das eigene Leben mehr und mehr selbst gestaltend in die Hand zu nehmen (*Geisler* 1999). Die medizinisch tätige Ärztin hingegen muss für ihr Handeln an der Patientin allein die Verantwortung tragen. Bei ärztlichen Kunstfehlern schützt sie keine noch so gut vereinbarte vorherige Genehmigung ihrer Patientin. Natürlich kann auch eine psychodrama-therapeutische Vereinbarung in eine andere, in eine medizinisch relevante Lage geraten, wenn die Patientin durch schwere psychische Störungen die Verantwortung für sich nicht oder zeitweise nicht tragen kann. Trotzdem ist hier ein ganz wesentlicher Unterschied zu beachten, auch weil die Ärztin stationär arbeitet, während die Psychodrama-Therapeutin einen zeitlich umrissenen Vertrag ambulant erfüllt.

Die hier beschriebene Supervision hat die professionelle Ebene der angehenden medizinischen Fachärztin und das professionelle Bewusstsein der Psychodrama-Therapeutin im Auge zu halten, um mit der Supervisandin mögliche Verwicklungen aufzuspüren.

### Die relevanten Arbeitsbereiche

1. Der private Bereich

Susannes Partner kommt aus einer anderen weißen Kultur. Er liebt sein helles Land. In Deutschland hat er Schwierigkeiten mit dem Klima, findet Deutsche nicht unbedingt liebenswert. Zu Beginn der Supervision hatte sein damaliger Arbeitgeber Zahlungsschwierigkeiten und zahlte keine Gehälter mehr aus. Nach einem Wechsel auf eine Stelle mit sicheren Einkünften ist eine emotionale Entlastung der Supervisandin deutlich wirksam. Ein gemeinsames Kind steht irgendwo auf der Wunschliste. Stress um Mann und Tochter ist ein ständiger Begleiter.

2. Der Klinikbereich

Als Ärztin im Praktikum hatte sich Susanne in 18 Monaten schon viel Praxis angeeignet. Die Assistenzärztin bekommt von Anfang an viel Verantwortung aufgebürdet. Sie muss ihre Station leiten und ist ihren Oberärzten verantwortlich, nicht nur „ihrem" Oberarzt, sondern auch ihrem Doktorvater. Die sind jedoch sehr viel mit ihren eigenen Forschungsprojekten beschäftigt und schätzen die Selbstständigkeit ihres Fachpersonals. Schließlich wird von einer Uni-Klinik immer wieder erweitertes und neues Wissen in der Fachöffentlichkeit erwartet. Oft ist Susanne mit wichtigen Entscheidungsfragen allein. Dann rennt sie bei mir erst einmal durch den Raum, um im Bewegen und Reden noch einmal zu reflektieren und „den Dampf abzulassen". Den Arbeitsstress will sie auf keinen Fall mit nach Hause nehmen.

3. Der Bereich Psychodrama-Therapie

Psychodrama-Therapie in einem privaten Bündnis.

## 2. Themen und Arrangements

### 1. Thema: Kompetenz als Psychodrama-Therapeutin

Susanne möchte klären, ob sie bei ihrer Klientin „auch nichts übersehen" hat. Zehn Treffen waren vereinbart, die neunte ist vorüber. Sie wählt für jedes Thema in der Therapie ein Symbol und legt es auf den Teppich, der die Bühne in meinem Arbeitsraum markiert (→ *Witte*, Symbolarbeit):

Diese Exploration macht drei Ebenen deutlich:

- Die Klientin hat in den Sitzungen ihre existentiellen Themen „angespielt": Vater-Problematik, die sexuelle Misshandlungen vermuten lassen, hat aidskranken Freund, bei dem sie bewusst Ansteckung riskiert, ein latenter Todeswunsch; Angst, die Themen genauer anzuschauen.
- Susannes Verantwortungsbewusstsein als Ärztin, das sie hier in eine Gegenübertragung rutschen lässt: Hilfloses Entsetzen darüber, dass die Patientin Kondomschutz ablehnt; sich nicht raten lässt.

- Ihr Unvermögen, den Abschluss der Therapie zu akzeptieren, obwohl nur zehn Stunden vereinbart waren. Es ist doch vieles nur angerissen!

I. Arrangement: Symbolarbeit

Die Symbole ermöglichen Projektionen auf den jeweiligen Gegenstand erlebbar zu machen.

- Es wird in wenigen Minuten für jedes Thema aus der Therapie ein Symbol gewählt und auf die Psychodrama-Bühne gelegt, auch für die vermuteten, unausgesprochenen.
- Für die Klientin und Susanne wird nun auch je ein Symbol gewählt und platziert.
- Nun werden die Themen den beiden Personen zugeordnet. Dabei ergeben sich bei Susanne weitere Themen: Enttäuschung, dass der medizinische Rat nicht befolgt wurde, Kondome zu benutzen; Angst, nicht „alles“ gesehen zu haben, Chancen verpasst zu haben, der Wunsch nach weiterer Arbeit.

II. Arrangement: Rollentausch

Der Rollentausch ermöglicht die Einfühlung in eine andere Person. Nachdem die Bühne bis auf die Symbole für die Personen abgeräumt ist, wird das Ergebnis mit dem Rollentausch angestrebt.

- In die Rolle der Klientin gehen, das Symbol in die Hand nehmen und seine Eigenschaften beschreiben: „Ich bin klein und glatt, damit ich mich gut verstecken kann und mein Inneres niemand so schnell erfasst.“
  Als Klientin: „Zu Susanne bin ich gerne gegangen und habe auch viel bekommen. Sie ist sehr besorgt um mich. Für mehr habe ich jetzt keine Kraft, aber ich will sie nicht enttäuschen. Deshalb bin ich froh, dass es jetzt zu Ende ist.“ Supervisorin: „Mach eine Bewegung zu Susanne.“ Zu einer abwehrenden, sich schützenden Handbewegung sagt sie: „Jetzt ist es für mich genug.“
- Zurück in der eigenen Rolle, ist sie frei für eine Entscheidung.
- Als Ergebnis nimmt sie mit für die letzte Stunde: „Ich habe sie losgelassen und kann ihr die Entscheidung überlassen, ob sie weitermacht oder wie verabredet beendet.“ Das nächste Mal bearbeitet sie den Abschied.

III. Arrangement: 3 Bühnen für 3 Ebenen des Abschieds

1. *Bühne* mit einem „Feuerball“, dem großen roten Sitzball; dort sitzend sagt sie: „Das war zu schwer für mich.“
2. *Bühne* mit einem Sessel für ihre Trauer, auf dem sie in die Ferne blickt: „Sicher habe ich Fehler gemacht, aber schade, dass es vorbei ist. Was ich konnte, habe ich getan. Ich mochte sie sehr.“
3. *Bühne,* der Platz für den letzten Tag: Sie hat der jungen Frau Raum gegeben für die ganze Schwere ihres Schicksals und ihrer Bedürftigkeit, so dass es bei diesem Abschied zu einer Begegnung von Mitmenschlichkeit gekommen ist *(Geisler* 1998).

Abschließend nimmt sich Susanne vor, die Ergebnisse ihrer Gestalt- und Psychodrama-Ausbildung zu reaktivieren.

## 2. Thema: Selbstbewusstsein als Fachärztin

Susanne ist immer noch unsicher, in welche Richtung sie sich wenden will. Sie befürchtet, dass sie weder die Erwartungen ihres Chefs erfüllen kann, noch in dem tobenden Konkurrenzkampf bestehen wird, dem sie sich ausgesetzt sieht. Sie weiß auch noch nicht, ob sie nach dem Praktikum in dieser Klinik bleiben wird. Sie hat nämlich noch zwei andere Möglichkeiten: Sie könnte in das Land ihres Ehemannes auswandern, wo sie sich mit Veröffentlichungen bereits einen Namen gemacht hat. Sie könnte auch in eine andere Fachrichtung wechseln. Beide Male wäre sie, so erwägt sie, viel näher an den PatientInnen als in diesem Forschungskrankenhaus.

IV. Arrangement: Rollentausch mit einer Person mit Vorbildcharakter, um eigene Ressourcen aufzuspüren (Doktorvater)

- Sich in der Phantasie so kleiden wie er.
- Sich so durch den Flur bewegen, wie sie Müller neulich gesehen hat (Ort, Zeit und Bewegung).
- So treffsicher die Diagnose stellen, wie sie es bei ihm bewundert, als er ihren Patienten durch den Krankenhausflur latschen sieht.
- Seine Stimme nehmen, wenn er „zu Susanne“ redet.

Ziel: Die gewünschten und bewunderten Eigenschaften in sich entdecken und entwickeln (*Geisler* 1998; 2000).

Der Entschluss reift, sich auf die ausgeschriebene Assistenz zu bewerben. Bisher arbeitet Susanne auf einer anderen Station im selben Fach als AiP. Der Professor, der die meisten Mittel über Preise und Forschung in die Klinik holt, wird ihr Oberarzt. Das macht ihn in der Klinik sehr mächtig. Er steht in Konkurrenz zu ihrem Doktorvater. Der schätzt sie: ihre Zuverlässigkeit, ihre Einsatzbereitschaft, ihre Sorgfalt und ihr ärztliches Wissen. In mehreren Veröffentlichungen hat sie das bereits bewiesen. Er hat ihr 1996 das Dissertationsthema angeboten. Die Herausforderung hat sie angenommen und weiß, was erwartet wird; Stationsleitung, Fachambulanz, Aushilfen, dazu ihre Doktorarbeit mit Zwischenveröffentlichungen.

Sie hat auch genau erwogen, wieviel Müller von seinen DoktorandInnen noch erwartet an Dingen, zu denen er keine Lust hat: Seine Dias suchen und bei Vorlesungen einlegen, seiner Vergesslichkeit nachhelfen, Arbeiten auf sie abschieben: „Machen Sie mal!“ So vergesslich ist er, dass manchmal wichtige Entscheidungen auf seinem Schreibtisch „untergehen“. Aber sie will von seinen diagnostischen Fähigkeiten lernen, den klaren Blick für den körperlichen Ausdruck mancher Krankheiten, die schnelle und klare Ausdrucksweise.

## V. Arrangement: Soziometrische Untersuchung

Wo liegen Kraftquellen, wo Problemfelder und Behinderungen?

Symbole werden gesucht:

- für alle Felder ihrer fachlichen Möglichkeiten:
  Auslandsstelle, Kongresstätigkeit, Psychodramaanwendung, Stellenbewerbung im jetzigen Feld
- für alle Dinge ihres persönlichen Umfeldes, die sie stärken:
  Meditation, Lisa, Tom, Schwiegereltern im Ausland, Ursprungsfamilie
- für alle Problemfelder:
  „Drachenmutter“ Susanne, Kindesvater, Finanzen, fehlende Tagesmutter
- ein Symbol für sich selber.

Alle Symbole werden in ihren Spannungen zueinander und zu ihr auf die Bühne gebracht:

**Abb. 1**

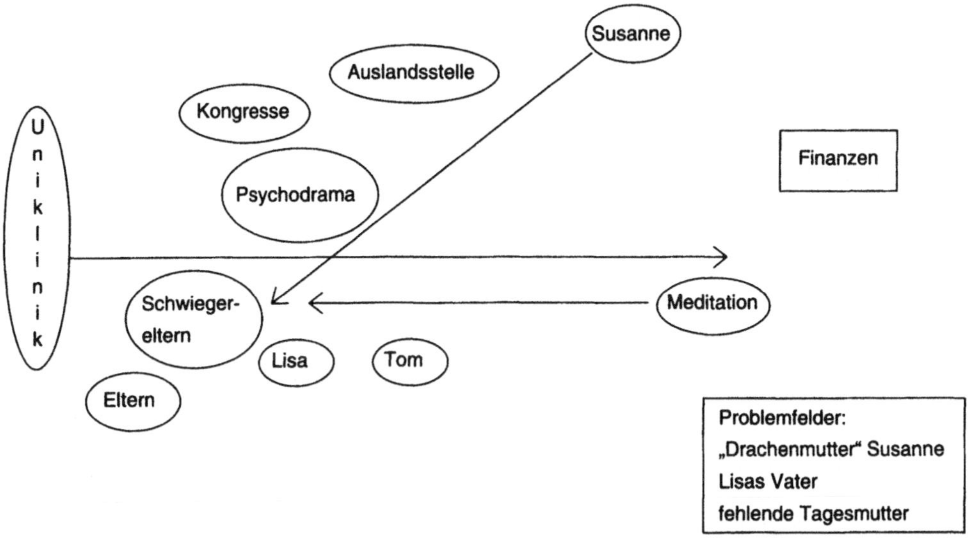


Dann werden die Symbole bewegt, bis sie eine für sie angenehme Position in Nähe und Distanz haben.

Am Ende liegen die Stabilisierungsfaktoren Familie und Angebote aus dem Ausland in ihrer Nähe. Offene Fragen haben einen gemeinsam Platz, Probleme sind in der Peripherie angeordnet. Sie sollen meditativ-langsam und bewusst atmend angegangen werden. Die Entscheidung für den Facharzt an dieser renommierten deutschen Uniklinik ist nochmals emotional unterstützt worden.

Für die Anwendung der Psychodrama-Therapie deutet sich zur Zeit kein Platz an. Nach den ersten Qualen und Ängsten als Stationsleiterin ohne die erwartete Hilfe des Oberarztes wächst über die Monate ihr Selbstbewusstsein: „Ich habe gelernt in der Supervision.“ Vor ihrem Oberarzt hat sie sich neulich aufgebaut und ihm den Sachverhalt aus der Morgenvisite erklärt, bei der er sie vor einer Patientin getadelt hatte und sie nicht zu Wort kommen ließ. Das hat sie nun aufgeklärt, indem sie sich vor ihn gestellt hat und ihn dadurch zwang, sie anzuschauen und ihr zuzuhören. Als Gegengabe erhielt sie noch einen wichtigen Hinweis, für den sie sich bedanken konnte.

Die Bilanz am Jahresende 1999 fällt positiv aus: Die Studie für ihre Dissertation läuft. Die Station hat sie im Griff. Trotz aller Verstrickungen von Kompetenzen und Konkurrenzen in der Klinik hat sie sich einen guten Stand erworben. Viele Klippen konnte sie umschiffen. Dazu legt sie ein „Jahresereignisband" mit Symbolen auf den Teppich.

Sie kommentiert in Negativ-Sätzen: „Ich hab mich nicht verheizen lassen. Meine Kompetenzen konnte man mir nicht streitig machen. Der Müller kann mich nicht mehr übergehen..."

VI. Arrangement: Wir trainieren Positiv-Sätze

„Meine Kompetenzen werden geachtet. Ich konnte mich durchsetzen, wo es nötig war. Mit dem Müller kann ich jetzt gut zusammenarbeiten."

Bei dieser Übung empfindet sie ihre Ungeduld und Überforderung gegen sich selber. Sie merkt, wie durch die Übung ihre Stimmung steigt. Sie nimmt sich vor, sich im neuen Jahr in diese Richtung zu bewegen.

## 3. Thema: Selbstbewusstsein als Frau

Die Dissertation ist abgegeben. Susanne kommt entspannt „nur zum Tottern" nach der langen Plackerei. Aus ihren Erzählungen wiederhole ich verstärkend nur eine Passage mit ihrem Doktorvater Müller. „Der hat einen ‚Hebel', mit dem er mich aus der Fassung bringt." Sie wird rot. Ich sehe die Verlegenheit oft, wenn es um ihn geht. Heute hat das Thema plötzlich einen Platz. „Wenn er 20 Jahre jünger wäre, könnte ich mich glatt in ihn verlieben", sagt sie.

VII. Arrangement: Experiment mit Symbolen auf einer Bühne

Sie baut eine Gegenüberstellung von sich und Müller mit Symbolen auf: sich als Indianerin mit Kind auf dem Rücken, gegenüber vier Symbole für die verschiedenen Seiten von ihrem Doktorvater. Für sein hohes fachliches Können wählt Susanne eine kleine schwarze Lackdose, die mit Schellen an bunten Bändern gefüllt ist. Für seine zu erwartende Berufung an ein anderes großes Krankenhaus wird eine mit einem Deckel verschlossene Keramikdose aufgestellt. Wenn er mit seiner Frau Krach oder schlecht geschlafen hat, so wird kolportiert, ist er für Fachfragen besonders gut zu sprechen. Diese Seite wird mit einer Steinmaske gekennzeichnet. Ein altes Stück Weinrebe, lang und faserig, platziert sie so, dass es fast unter dem Rock ihres Symbols liegt.

Ergebnis: Susanne möchte ihre Weiblichkeit entwickeln. Hat bereits neue Garderobe und Kosmetik. „Das errötende Mädchen" will sie nicht bleiben. Das Phallussymbol kommentiert sie: „Ich bin naiv, das könnte gefährlich werden."

**Abb. 2: Prof. Müller mit seinen Stimmungen und seinem Stimmungswechsel**

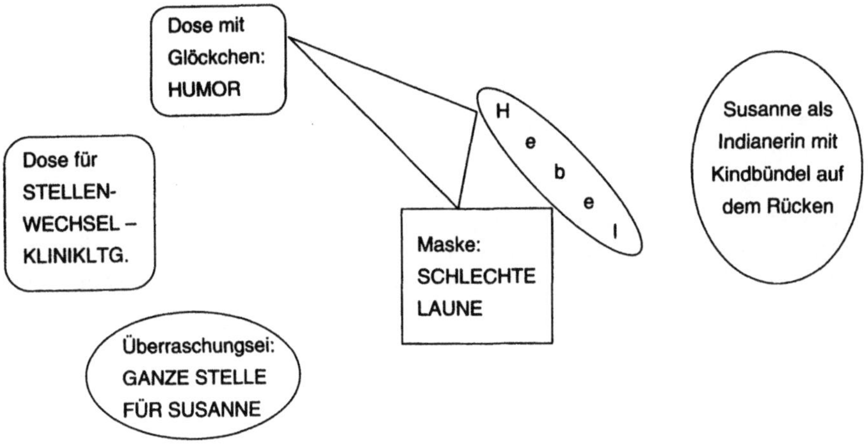


## 4. Thema: Kinderwunsch

In der 16. Sitzung ist plötzlich Platz für den bisher latent gehaltenen Kinderwunsch. Die Frage lautet: ein zweites Kind oder Karriere? Kann ich mich als Schwangere mit abgeschlossener Fachausbildung bewerben?

Mit Symbolen legt sie in einer geraden Linie die Doktorarbeit, den Professor, ihren Zyklus und die Bewerbung für eine neue Stelle. Dann platziert sie sich mit einer großen Holzkugel auf dem Schoß außerhalb des Bildes in eine Ecke des Teppichs. Der Aufbau geschah in blitzartiger Geschwindigkeit. Jetzt sitzt sie auf dem Boden und lässt die Hände über die Kugel gleiten wie über ein Kind in ihrem Leib: „Das alles macht mir Angst... Ich kann die Schwangerschaft nicht planen. Beim zweiten Kind will ich doch nichts falsch machen. Das soll nicht wieder so chaotisch werden wie beim ersten Mal. Und wenn ich schwanger bin, kann ich doch keine neue Stelle antreten. Dann bin ich nicht zumutbar."

### VIII. Arrangement: Diskussion

Es werden Argumente ausgetauscht. Ich: „Du kannst bei einem Kind nie alles richtig machen, das weißt du. Es wird später genug finden, an dem es sich reibt und ärgert. Das braucht es für seine Entwicklung ebenso wie das Positive. Wie willst du das planen, Bewerbung gegen Schwangerschaft? Beides musst du gleichzeitig riskieren." Sie atmet ruhiger. Das greife ich auf.

IX. Arrangement: Körperarbeit

Supervisorin: „Geh mit der Atmung noch mehr in den Bauch. Gib Dir eine Pause wischen Einatmung und Ausatmung. Da ist es ganz still. Du tust nichts. Die Pause ist die Zeit für Neues. Alles gilt: Schwangerschaft erhoffen – darauf einstellen, gleichzeitig einen neuen Arbeitsplatz suchen. Einfach alles geschehen lassen, statt ängstlich alle Risiken zu erwägen."

Diese leicht suggestive Atemarbeit hat sie ganz beruhigt. Sie wird trotzdem nichts Unbedachtes oder Unüberlegtes tun – aber hoffentlich aus einer ruhigen angstarmen Haltung heraus. Ihre Überlegungen enden heute mit der Vorstellung von einzelnen Schritten zu einer eigenen Praxis, die ihr beides ermöglichen wird. „Das war eine sehr wichtige Erkenntnis für mich, dass ich mich nicht zwischen Kind und Berufstätigkeit entscheiden muss," sagt sie später.

## 5. Thema: Überlastung

Susanne ist ständig in beiden Bereichen anwesend, in der Klinikarbeit wie auch im Privatbereich. In fast allen Sitzungen geht es um Überforderungen und deren Abbau. Es sind schon „für DM 60.000,00 Überstunden" aufgelaufen ohne Aussicht auf irgendeine Würdigung. Wie kann der Alltag noch besser strukturiert werden? Sie fragt:

- Was ist wichtig für den Facharzt?
- Was kann und will ich abgeben, um mehr Zeit in der Familie haben?
- Wie kommen gute Gerüchte über mich an Müller?

X. Arrangement: Soziometrische Skizzen der Klinik

Die formellen und informellen Kommunikationswege, Intrigen, Machtspiele, sollen deutlich werden. Susanne zeichnet mit rasender Geschwindigkeit:

- eine Grafik, die das System der Ärzte ihrer Klinik aufzeigt. Mit dem Finger läuft sie die Bindungslinien ab,
- eine Tagesstruktur ihrer Aufgabenverteilung,
- eine Wochenstruktur ihrer Aufgabenverteilung.

Das Ärzte-System zeigt ihr die Verstrickungen in der Klinik. Die verschiedenen Geldquellen statten von außen die unterschiedlichen Entscheidungsträger mit eigenmächtigen Handlungskompetenzen aus. Nur ein unausgesprochenes Stillhalteabkommen hält den Ärztebetrieb einigermaßen reibungslos aufrecht. Susanne streicht alles, was sie in Zukunft nicht mehr übernimmt: Täglich um 16 Uhr wird sie nach Hause gehen, damit sie die vierzig Wochenstunden, die von ihr erwartet werden, nicht mehr übersteigt. Die Assistenz in der Privatambulanz des Chefs kann sie ohne Schaden ablehnen, weil sie ihm nicht verpflichtet ist. In Müllers Ambulanz muss sie präsent sein. OP's benötigt sie für ihren Abschluss. Vertretungen sollen die AiP's machen. Die Verwaltung kann sie nicht verpflichten, weil die Überstunden nicht bezahlt werden. Von drei Wochen Urlaub will sie 14 Tage schreiben und eine Woche ausspannen. So bleibt ihr die nötige

Zeit für ihre „Diss." Susanne hat dann wirklich in der geplanten Zeit ihre Arbeit fertig bekommen.

Im Juli 1999 ist sie eine Woche im neuen Dienst und auf der neuen Station. Sie beginnt ohne nähere Einweisung, denn alle Oberärzte sind gerade in Urlaub. Alle Schwestern arbeiten hier gegeneinander. Der Chef lässt sie murksen mit vier TodeskandidatInnen und Chemotherapie. Sie rennt durch die langen Flure, um für ihre Verordnungen sein O.K. zu bekommen: für ihre justiziable Absicherung. Wo sind ihre Stützen? Warum ist sie nicht an die ausländische Klinik gegangen, wo die PatientInnen wirklich im Mittelpunkt stehen? Susanne ist voller Unsicherheit. Sie baut die Struktur auf, in der ihr berufliches Feld funktioniert.

XI. Arrangement: Perzeptionssoziogramm *(Buer* 1999, S.281) ihres Berufsfeldes
Soziogramm der sinnlichen Wahrnehmungen

Mit drei Ebenen hat sie zur Zeit in ihrer neuen Position zu kämpfen:

- die Patienten, zum größten Teil schwerstkrank und dem Tod nahe,
- die Schwestern und Pfleger in ihrer soziometrischen Struktur, soweit sie die überhaupt schon erfassen kann (ein Jahr später kennt sie noch immer nicht alle zehn Pflegekräfte). Ihre Anordnungen werden zum Teil einfach ignoriert. Eine erträgliche Zusammenarbeit ist nur schwer herzustellen,
- die Soziometrie der Oberärzte innerhalb der Klinik.

Die Supervisandin legt mit Symbolen die Subsysteme. Sie kommentiert das Abhängigkeitsgeflecht, während sie aufbaut.

Die Exploration entspannt sie etwas, aber das nagende Gefühl bleibt: „Ich wollte doch vor allem mit den Patienten arbeiten, aber hier kann ich vor lauter Hetze nur meine ärztlichen Verrichtungen absolvieren, anordnen, Spritzen setzen, kontrollieren. Und wenn die Schwester einfach „vergisst", weil ihr die Anordnung wohl zu arbeitsaufwändig ist, muss ich das auch noch machen. Wäre ich doch ins Ausland gegangen. Meine Vorgesetzten lassen mich allein, weil ihnen ihre Forschungen am wichtigsten sind."

XII. Arrangement: Bericht

Der Bericht am Anfang einer Sitzung dient zur Problembeschreibung. Durch den Kontakt im Gespräch wärmt sich die Supervisandin für ein Arrangement auf.

Susanne kommt gehetzt und zu spät. Sie konnte die Station nicht eher verlassen. Sie hat lauter Todeskandidaten und ist damit allein, denn ihre Vorgesetzten würden am liebsten nicht gestört, wenn sie überhaupt erreichbar sind. Die Tochter liegt zu Hause krank im Bett. Um die kann sie sich nicht kümmern.

Aber Tom sitzt an ihrem Bett und versorgt sie liebevoll. „Die spielt mit ihm und sagt auch manchmal ‚Papa' zu ihm." Susanne verdrückt einige Tränen: „Könnte ich mich einfach freuen, das wäre doch zu leicht." Sie fühlt sich in der neuen Stations-Verantwortung mit einem Übermaß an schnellen und gravierenden Entscheidungen allein gelassen. Sie hat noch keine Erfahrung mit ihrem Zeitbudget, ihr fehlt noch die Routine.

## XIII. Arrangement: Aktives Zuhören

Das aktive Zuhören (*Rogers*) bei einem Bericht verstärkt den Kontakt. Ich spiegele, tröste, verstärke positive Äußerungen und beende diese Sitzung mit der Frage nach dem, was sie sich schon erarbeitet hat. Sie merkt, dass sie ihr Kind dem Partner überlassen kann. Sie gestattet sich, noch in den Anfängen zu stecken und noch nicht perfekt sein zu müssen. Sie findet eine Schwester auf ihrer Station, mit der sie vertrauensvoll zusammenarbeiten kann.

Beim nächsten Termin kommt sie völlig ausgepumpt und will als Stärkung zu einer Zen-Meditation angeleitet werden.

## XIV. Arrangement: Zen-Meditation

- Sie sucht sich einen indischen Sarong aus der Kleiderkiste und umhüllt sich kunstvoll mit dem zartseidenen lila Wickelkleid.
- Sie holt den hölzernen Meditationsschemel und platziert sich.
- Ich leite sie an, sich aufzurichten und korrigiere ihre Wirbelsäule.
- Anleitung nach Karl Dürkheim für die Meditation:

> Während ich wachse, lasse ich mich los in den Schultern,
> lasse ich mich nieder im Becken,
> werde ich eins mit dem Grund.
> Da ich eins geworden bin mit dem Grund,
> lasse ich die Einatmung in mich einströmen
> und lasse mich neu werden. (aus dem Gedächtnis zitiert)

Ein anderes Mal übt sie das Abgrenzen auf ihrer Männerstation. Heute hat sie nur 30 Minuten. Aber sie kommt mit einer klaren Vorstellung von dem, was sie braucht.

Sie musste noch nach den Unterschriften für größere Verordnungen jagen. Ein Patient brauchte einen sofortigen Eingriff... alles in letzter Minute. Mehrere Männer liegen im Sterben.

## XV. Arrangement: Eine Psychodrama-Bühne

Sich eine Grenze bauen:

- Alle 24 Patienten ihrer Station bekommen Steine als Symbole und werden auf eine Seite der Bühne gelegt.
- Als Abgrenzung nimmt sie den großen roten Sitzball.
- Sie baut sich dahinter auf, lehnt sich bequem auf den Ball und betrachtet aus sicherer Entfernung ihren Arbeitsplatz. dabei fällt ihr ein, wieviel Anerkennung sie schon bekommt, wie dankbar ihr die Kranken sind für ihre Art, mit ihnen umzugehen. Fünf Monate als Stationsärztin hat sie schon hinter sich. Mit ihrer Zeit kann sie inzwischen gut umgehen, eine entlastende Routine hat sich eingestellt. Außerdem geht sie zur Zeit tatsächlich nach acht Stunden Arbeit nach Hause.

## 6. Thema: Konkurrenz in der Klinik

Wer von den ÄrztInnen steht in Müllers Gunst am höchsten?

Anfang des Jahres 1999 hat Tom eine gut bezahlte Stelle bekommen. Zu Hause können Schulden abgetragen werden. Lisa geht zu einer Tagesmutter. Susanne hat mehr Zeit für ihre Facharztausbildung. Gerne hätte sie eine volle Stelle. Aber nur jene Kollegin ist die Bevorzugte, die von einer anderen Uniklinik abgeworben werden sollte. Außerdem habilitiert sie sich bereits. Wer bekommt welche Forschungsaufträge von Müller? Die ehrgeizige Fachärztin hat die volle Assistentenstelle inne, um sich zu habilitieren. Der Oberarzt findet viele Gründe, seiner fähigen Assistentin Susanne das Leben schwer zu machen. Auch sie beide konkurrieren um die Forschungsaufträge von Müller. Susanne möchte vermitteln für „ihren" Professor, weil der damit nichts zu tun haben will. Noch ist sie AiP-Ärztin im Praktikum. Wo verbirgt sie ihren eigenen Wunsch nach einem dotierten Auftrag, Assistentenstelle und Promotion?

XII. Arrangement: Soziogramm

Es soll Susannes Position in diesem Geflecht aufzeigen:

- für alle beteiligten Personen werden Symbole gewählt
- sie werden nach der Beziehungsstruktur aufgebaut.

**Abb. 3**

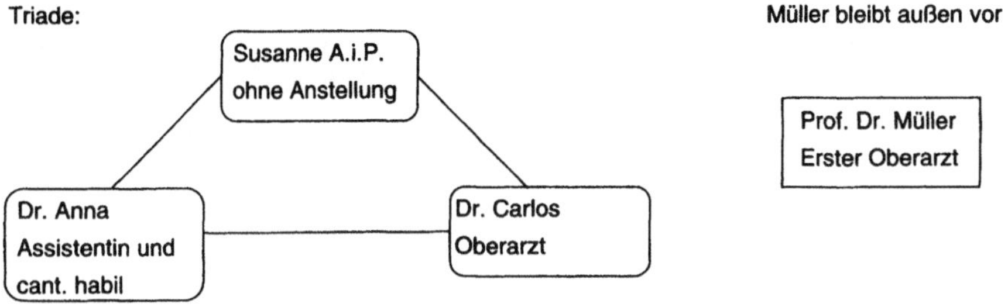


- Rollentausch in jede Position: In die Haltung gehen, eine Bewegung zu jeder der anderen Personen machen, einen Satz dazu sagen. Ergebnis: Susanne stellt ihre Familienkonstellation als Einzelkind her. Sonst müsste sie sich in einer Geschwisterrolle konkurrierend mit den anderen zu dem Forschungsverträge vergebenden Professor positionieren. Sie übernimmt aber seine Position, um ihm „den Rücken frei zu halten". Dann schweift sie scheinbar ganz ab von ihrem Anliegen und phantasiert darüber, dass sie aus ihrer Kinderrolle raus will.

Nur sporadisch taucht das Thema Konkurrenz bisher auf, scheinbar nebenher: „Der Müller hat heute Anna hervorgehoben bei seinem Vortrag. Mich hat er nicht erwähnt. Dabei habe ich ebenso viel dafür an Vorarbeit geleistet wie sie. Die Anna hat überhaupt keinen Sinn für das andere Geschlecht. Die arbeitet nur. So möchte ich nicht sein. Eine Habilitation brauche ich auch nicht. Die männlichen Kollegen machen einfach ohne Rücksicht auf ihre Familie ihre Karriere. Die haben ja auch eine Frau zu Hause."

Später taucht eine andere Frage auf: Wie schützt sie sich selber vor dem Mobbing? Wie hält sie sich raus?

XIII. Arrangement: Kommunikationstraining

Susanne übt mit folgenden Sätzen, sich gegen die Gerüchteträger zu wehren:

- „Ich möchte nichts über andere hören." – Abwehr der Verleumdungsrede
- „Ich habe nur von... bis ... Zeit mit demonstrativem Blick auf die Uhr." – indirekte Abwehr mit Zeitbudgetierung
- „Was sagst Du über mich, wenn ich nicht dabei bin?" – Konfrontation

Sie stellt für die jeweils dazugehörige Person einen Stuhl auf und übt den Satz. Die Anwendung klappt, meldet sie später zurück.

Zwei Jahre ihrer Facharztausbildung sind bereits um.

## Literatur

*Buer, F.* (1999): Lehrbuch der Supervision, Münster.

*Geisler, F.* (21998): Morenos Wurzeln in der jüdischen Tradition. Skripten zum Psychodrama. Moreno Institut, Stuttgart.

– ($^{3}$1999): Judentum und Psychodrama. In: *Buer, F.* (Hg.): Morenos therapeutische Philosophie. Die Grundideen von Psychodrama und Soziometrie. Opladen, S. 49-73.

– (2000): Zwischen Kulturen und Welten – Soziodrama nur ein Arrangement der psychodramatischen Bildungsarbeit? In: *Wittinger, Th.* (Hg.): Psychodrama in der Bildungsarbeit. Mainz, S. 205 -224.

*Vahsen, M.* (2000): Frauenleben light oder: Über den Generationenwechsel innerhalb der Frauenliteratur. *Schlangenbrut*, Nr.70, 18. Jg., 26-29.

*Ferdinand Buer*

# Supervision mit PromovendInnen

## mit Stellungnahmen von Birgit Szczyrba und Katharina Klaudy

## 1. Mein Erfahrungshintergrund

Dieser Beitrag basiert auf meinen Erfahrungen mit zwei jungen Wissenschaftlerinnen, die ihre jeweiligen Prozesse des Promovierens in Erziehungswissenschaft durch mich supervisorisch begleiten lassen wollten. Frau S. kannte mich als Psychodramatiker, Supervisor und Erziehungswissenschaftler aus ihrer Psychodrama-Ausbildung. Da ich nun für ihr Forschungsvorhaben Feldkompetenz mitbrachte und sie meine supervisorischen Qualitäten schätzen gelernt hatte, war es für sie kein grosser Schritt, mich anzufragen. Sie hatte sich aber zuvor schon mit ihrer Freundin, Frau K., zusammengetan, die ihr eigenes Promotionsvorhaben gerade begonnen hatte. Obwohl Frau K. über keinerlei Psychodrama- oder Supervisionerfahrung verfügte, hat sie sich auf diesen Prozess eingelassen. So fand seit 1998 etwa alle zwei Monate ein zweistündiges Treffen zu dritt statt, ggl. von Einzeltreffen unterbrochen. Die Supervision ist bei Abschluss des Beitrags noch nicht abgeschlossen.

In der Supervision geht es nun explizit nicht darum, wissenschaftliches Wissen zu vermitteln bzw. die wissenschafliche Forschungskompetenz zu trainieren. Das sollen die PromovendInnen selbständig leisten. Supervision kann sich nur mit dem Promotionsverlauf als einem Prozess sekundärer Sozialisation befassen, in dem besondere Schwierigkeiten bei der Gestaltung von Beziehungen, beim Umgang mit vorhandenen Arbeitsstrukturen und beim Aufbau neuer, so wie bei der persönlichen Adaption an diese neuartige Tätigkeit auftreten. Welche Supervisionsanlässe sich in diesem Feld konkret zeigen und wie sie supervisorisch aufgegriffen werden können, soll im Folgenden gezeigt werden.

Vergleichbare Erfahrungen habe ich in der Supervision mit einer jungen Soziologin gemacht, die die Durchführung eines Forschungsprojekts während eines halben Jahres in sieben Treffen durch mich supervisorisch begleiten ließ.

Supervision für WissenschaftlerInnen oder für wissenschaftliche Einrichtungen ist bisher nicht weit verbreitet. Sie taucht im Rahmen von Evaluationsprozessen (*Belardi* 1998) oder im Rahmen der Entwicklungsberatung von Hochschulen (*Belardi* 1999) auf, vor allem aber als Kollegiale Supervison von Hochschullehrern (*Arnold* 1994). Dabei könnte sie über die Beratung bei schwierigen Lehr- und Forschungsprozessen hinaus vor allem auch für die Leitung von wissenschaflichen Einrichtungen und Forschungsprojekten nützlich sein, zumal viele Wissenschaftler für die Leitungsrolle nicht eigens ausgebildet sind (*Buer* 2000).

Neben der Unkenntnis des supervisiorischen Leistungsprofils steht der Inanspruchnahme aber vor allem der gängige professionelle Habitus des Wissenschaftlers entgegen (*Allert* 1998). Wissenschaftler verstehen sich gemeinhin als so autonom und höchst kompetent, dass sie ihre beruflichen Schwierigkeiten meist nicht direkt mit fremder Hilfe angehen, sondern gern als wissenschaftliches Problem verpacken und dann mit ausschließlich gleichrangigen Wissenschaftlern diskutieren. So sind es vor allem junge WissenschaftlerInnen, die den Mut haben, den Wissenschaftsprozess als ganz normalen sozialen Prozess beruflichen Handelns in Organisationen zu betrachten, der wie alle anderen professionellen Tätigkeiten auch selbstreflexiv überprüft und gesteuert werden sollte (*Buer* 1999b, S. 36).

## 2. Die Promotion als sozialer Prozess der Professionalisierung

Die Verleihung der Doktorwürde signalisiert, dass die Doctores über die Abvolvierung eines wissenschaftlichen Studiums hinaus durch die Dissertation ihre besondere Qualifikation als WissenschaftlerInnen nachgewiesen haben und von nun an in den hehren Kreis der KollegInnen aufgenommen sind. Damit dieser Karriereschritt gelingen kann, muss zunächst die finanzielle Absicherung des Promotionsvorhabens gewährleistet sein. Ferner muss ein Forschungsnetz aufgebaut und gestützt werden. Ein Thema muss gefunden und forschungspraktisch operationalisiert werden. Da die offizielle Betreuung meist zu wünschen lässt, sind hier hohe Managementqualitäten verlangt.

In diesem Prozess sekundärer Sozialisation wird eine Wissenschaftlerin geboren, meist unter Schmerzen: Denn die Durchführung von Forschungsprojekten unter Hochschulbedingungen (jedenfalls der BRD) ist oft ein Prozess, in dem viele Illusionen über die Wahrheitsliebe der Wissenschaft angesichts des rauhen Wissenschaftsbetriebs enttäuscht werden, in dem fast immer unter grossem Zeitdruck hohe Qualifikationen erst on the job entwickelt werden müssen, in dem um die Anerkennung von etablierten Kollegen hart gekämpft werden muss, in dem die eigene wissenschaftliche Leistungsfähigkeit zum ersten Mal bis an die Grenze getestet und dann in mancherlei Hinsicht als (noch) unzulänglich erfahren werden kann. Am Ende steht eine gute oder schlechte Zensur, eine nur gering aufgelegte Publikation oder eine in Fachkreisen begehrte Neuerscheinung, ein uninteressantes Forschungsergebnis oder ein Wurf, der von vielen als Fortschritt in der Wissenschaftsentwicklung angesehen wird. Diese Unsicherheit begleitet den gesamten Prozess. Da bedarf es schon der Entwicklung einer hohen Motivation, angesichts des offenen Ausgangs einer selbst gewählten Fragestellung mit selbst zu verantwortenden Mitteln unbeirrt über mehrere Jahre nachzugehen.

In den Humanwissenschaften kommt noch hinzu, dass alle Forschungsthemen auch immer den Forschenden selbst betreffen, also seine eigenen biographisch erworbenen Sichtweisen und Interessen in Frage stellen. Wenn zudem die WissenschaftlerInnen sich nicht ausschließlich am Leitkriterium der Wahrheitsfindung, sondern zudem am Kriterium der konstruktiven Verbesserung der Bedingungen pädagogischer Praxis orientieren, in die sie selbst involviert sind (*Dewey* 1993; 1998; *Krüger* 1997), dann ist Selbstaufklärung über mögliche eigene Interessen, Perspektiven, gar Illusionen, Vorurteile, Ideologien und Pathologien unabdingbar. Im konkreten Umgang mit den zu erforschenden Menschen tauchen zudem die für professionelle Tätigkeiten typischen Antinomien auf, etwa Distanz versus Nähe zum Probanden, Subsumtion in ein abstraktes Klassifikationsschema versus Rekonstruktion eines konkreten Falls, Autonomie der Erkenntnisgewinnung versus Interessengebundenheit der Forschung usw. (*Schütze* 1997; *Helsper* 1997).

Genau zur Aufklärung und Handhabung dieser Beschränkungen und Antinomien ist Supervision das angemessene Format (*Buer* 1999b, → *Buer* Einführung).

Dann muss der Professionalisierungsprozess nicht zum Habitus eines abgehobenen, unnahbaren Fachgelehrten führen (*Bourdieu* 1981). Er kann auch eine praxisorientierte, kommunikative Forscherin hervorbringen.

## 3. Supervisionsanlässe

### 3.1 Die finanzielle Absicherung

Wird die Promotion durch ein Stipendium gefördert, dann können Konflikte auftreten, wenn die Forschungsarbeit nicht so vorankommt, wie vom Geldgeber gewünscht. Auch können Spannungen entstehen zwischen dem Interesse des Stipendiaten an freier Forschung und dem Interesse der anderen Seite an einer Forschung, die ihrem Leitbild entspricht. Das dann anstehende Konfliktmanagement kann supervisorisch begleitet werden.

Oft muss aber zusätzlich zum Stipendium Geld verdient werden. Oder die Promotion muss neben einem anderen Job ohne Unterstützung vorangetrieben werden. Hier sind vor allem Prioritäten zu setzen und es muss ein angemessenes Zeitregime etabliert werden. Auch dazu kann die Supervision beitragen.

### 3.2 Aufbau und Sicherung eines Forschungsnetzes

Die Promovendin ist davon abhängig, dass sie einen Hochschullehrer findet, der die Arbeit annimmt und betreut. Leider sind heute die meisten „Doktorväter bzw. -mütter" durch ihre weiteren Verpflichtungen völlig überfordert, so dass oft notwendige Absprachen nicht zustande kommen oder nicht eingehalten werden, die gewünschte wissenschaftliche Beratung unzulänglich bleibt, auch das Vermitteln von Forschungskontakten unterlassen wird. Da nun zum Betreuer eine Abhängigkeit besteht, da er ja zugleich Gutachter und Prüfer ist, müssen oft sehr geschickte Durchsetzungsstrategien entworfen und umgesetzt werden. Das gilt ebenso für junge WissenschaftlerInnen in Forschungsprojekten gegenüber der etablierten Projektleiterin.

Ähnliche Probleme können mit einem Vertrauensdozenten, der die PromotionsstipendiatInnen zu betreuen hat, auftreten, wenn dieser sich entzieht oder steuernde Ansprüche stellt.

Damit diese Enttäuschung nicht in Resignation, Depression oder gar Abbruch des Dissertationsvorhabens endet, ist eine gezielte supervisorische Klärung und Beratung hilfreich.

So war eine junge Soziologin zunächst für ein halbes Jahr mit der Durchführung und Auswertung von Interviews innerhalb eines schon laufenden Forschungsprojekts beauftragt. Die Leiterin des Projekts, eine vielbeschäftigte Professorin, war aber kaum ansprechbar. So haben wir in mehreren Treffen immer wieder daran gearbeitet, wie hier eine angemessene Arbeitsbeziehung hergestellt werden kann. Wir haben verschiedene Kontakte durchgespielt. Dabei habe ich vor allem den Rollentausch, durch Interview und Doppeln unterstützt, eingesetzt, damit die Soziologin die Perspektive der Professorin besser wahrnehmen konnte. Es zeigte sich, dass sich die Professorin – gerade als Frau – unter einen hohen Leistungsdruck gesetzt sah und anscheinend zu viele Aufgaben übernommen hatte. Zugleich fühlte sich sich verpflichtet, sich intensiv um ihre kranke Mutter zu kümmern, die vom Hochschulort weit entfernt lebte. Daher überließ sie der Soziologin viele Entscheidungen, die sie selbst hätte fällen müssen. Um Zeit zu sparen, fanden manche Arbeitsgespräche beim Mittagessen statt. Die dadurch schon nahegelegte private Atmosphäre führte dann dazu, dass von der Professorin – ihr wohl unbewusst – Erwartungen an die Soziologin ausgingen, die bei ihr als Aufforderung zur Frauensolidarität in ihrer angespannten Lage ankamen. Demgegenüber musste nun eine Rolle entwickelt werden, die die Soziologin selbst als sinnvoll zur Erledigung ihrer Aufgabe ansehen konnte. Wir haben dann in einer Realitätsprobe ihren Auftritt trainiert, so dass sie in weiteren Kontakten ein klareres Profil zeigen konnte. Das veranlasste dann auch die Professorin tatsächlich dazu, eine klarere Gegenrolle einzunehmen, so dass eine angemessenere Arbeitsbeziehung möglich wurde. Das setzte aber bei der Soziologin voraus, ihre eigene Rolle als selbständige Forscherin zu entfalten und selbstverantwortlich zu vertreten. So war am Ende des Supervisionsprozesses aus einer noch etwas unsicheren wissenschaftlichen Hilfskraft eine selbstbewusstere Forscherin geworden.

Zur Kompensation, aber auch zur weiteren Qualifizierung ist es oft nützlich, ein Netz von weiteren ForscherInnen aufzubauen, das nicht nur aus ausgewiesenen Experten besteht, sondern auch aus jungen WissenschaftlerInnen, die sich in einer ähnlichen sozialen Lage befinden. Auch hier muss entschieden werden, was notwendig und was wünschenswert ist, und wie das zeitlich bewältigt werden kann.

Wenn, wie im Fall von Frau S. und Frau K., Interviews in sozialen Einrichtungen durchgeführt werden müssen, dann ist zunächst die Genehmigung durch die zuständigen Ämter einzuholen. Da nun durch diese Forschung auch Unangenehmes aufgedeckt werden könnte, herrscht oft Zurückhaltung und Skepsis. Zudem kann die Forschungsarbeit die üblichen Abläufe stören. Oft kann man auch in die Machtkämpfe zwischen verschiedenen Ämtern oder zwischen verschiedenen Hierarchiebenen geraten. Die jungen WissenschaftlerInnen müssen also aus dem Stand mit diesen Komplikationen fertig werden. Das ist um so schwieriger, je weniger sie sich selbst des zu erwartenden Ertrags und der Angemessenheit ihrer Forschungsmethoden sicher sind. Sie müssen also sicher auftreten, obwohl sie (noch) unsicher sind. Sie müssen dann mit einer unlösbaren Paradoxie (*Martin, Drees* 1999, 11ff.) umgehen: Um die Ängste abzubauen, müssen sie absolut vertrauenswürdig erscheinen. Gerade das kann aber als vorgespielt durchschaut werden und die Erreichung des Ziels verhindern. Hinzu kommen kann, dass gerade hier häufig Verhaltensweisen gegenüber der Forscherin an den Tag gelegt werden, zu deren Abbau sie die Forschung betreibt.

So hatte Frau S. mit einem höheren Verwaltungsmitarbeiter zu tun, dessen Verhalten sie als glatt, strategisch und machtbetont wahrnahm. Sie war in der Situation von diesem Verhalten überrascht und wurde unweigerlich von Ohnmachtsgefühlen, aber auch von Wut und Ärger erfasst. Da sie aber seine Zustimmung für den Zugang zu ihren InterviewpartnerInnen benötigte, haben wir in der Supervision diese Szene aufgegriffen und durchgespielt. Hier zeigte sich, dass die Promovendin viel zu offen und vertrauensselig aufgetreten war. Sie hätte mit diesem Verhalten bei etwas Überlegung rechnen müssen, hatte aber offensichtlich diese Möglichkeit nicht wahrhaben wollen. Bei ihrem Forschungsprojekt geht es nämlich um die Kooperation und Perspektivenübernahme zwischen Sozialarbeitern und Lehrern. Sie hatte selbst in ihrer Schulzeit ihre Positionsmacht missbrauchende, wenig einfühlsame, sarkastische Lehrer erlebt und die damit hervorgerufen Gefühle der Abhängigkeit und Ohnmacht durch kompetentes Auftreten kompensiert. In der Situation mit dem Verwaltungsmitarbeiter konnte sie gegen diese plötzlich wieder auftretenden Gefühle aber nicht mit diesem Muster aufwarten, da sie sich in der Anlage ihres Forschungsprojekts noch nicht sicher genug war. Sie war in dieser Phase auch noch auf der Suche nach einem Hochschullehrer, die ihre Arbeit betreuen würde. In der Supervision haben wir diese Zusammenhänge aufgedeckt, zunächst ihre Rolle als Forscherin gestärkt und dann im Rollenspiel andere Umgangsweisen mit dem Verwaltungsmitarbeiter erprobt und eingeübt.

Menschen, die sich beforschen lassen, müssen überzeugt werden, dass sich der zusätzliche Aufwand, der mit den Interviews und weiteren Informationsgesprächen verbunden ist, auch lohnt. Wenn nicht für sie direkt, so doch für den Erkenntnisfortschritt der Menschheit oder gar für die Dissertation der Forscherin. Hier die richtigen Worte zu finden und die Leute bei Laune zu halten, so dass sie ehrlich mitmachen und nicht durch Desinteresse oder gar Ärger die Ergebnisse verfälschen, ist oft eine heikle Aufgabe, zu deren Lösung antizipierende Rollenspiele nützlich sind.

## 3.3 Die Geburt einer Wissenschaftlerin

*Der Transformationsprozess vom persönlichen Anliegen zur wissenschaftlichen Fragestellung*

Wie bei vielen Examensarbeiten auch wird die Fragestellung meist nicht cool durch die Sichtung eines weißen Flecks in der Forschungslandkarte gewonnen, sondern entspringt oft einem persönlichen Anliegen. Diese Motivation treibt die Sache zunächst voran. Wenn aber im Laufe der Forschungserfahrung deutlich wird, dass eine umfassende Antwort gar nicht in der vorgebenen Zeit und mit den vorhandenen Mitteln gegeben werden kann, ja vielleicht eine Antwort gar nicht erreichbar ist, jedenfalls nicht mit wissenschaftlichen Mitteln, dann macht sich Ernüchterung breit und die Motivation kann verloren gehen. In der Supervision geht es dann darum, diesen Prozess als unvermeidlichenen Vorgang der Ent-Täuschung anzunehmen und den Wert des Machbaren neu Wert schätzen zu lernen. Diese pragmatische Wende kann eine geläuterte Bodenhaftung der Forschung befördern und helfen, unnützen Aktivismus zu beenden. Erst dieser Läuterungsprozess kann eine gestandene Wissenschaftlerin hervorbringen, die sich auch für die Bearbeitung nur begrenzter Fragestellungen engagieren kann.

Frau K. war zunächst Erzieherin, hatte dann ihr Diplom in Pädagogik gemacht und wollte sich nun in ihrem Dissertationsprojekt mit den „Wirkungen administrativer Steuerung auf die sozialpädagogische Qualität der Arbeit in Kindertagesstätten" befassen. Diese neutrale Formulierung verdeckte aber ihre persönliche Motivation: Sie hatte sich von einer Erzieherin zu einer Wissenschaftlerin „emporgearbeitet" und wollte nun den „zurückgebliebenen" Erzieherinnen von den Segnungen der Wissenschaft zurückgeben. Erst im Laufe des Supervisionsprozesses konnte sie sich von dieser Bindung lösen und eine distanziertere Haltung einnehmen und eine eingeschränkte Fragestellung angehen.

Frau S. war stark durch ihre negativen Erfahrungen mit dem Verhalten mancher ihrer Lehrer tangiert und wollte durch ihr Projekt dazu beitragen, die „Begegnungsfähigkeit" verschiedener Berufsgruppen zu verbessern. Dazu war sie auch positiv motiviert durch die Begegnungserfahrungen in ihrer Psychodrama-Ausbildung. So war das Projekt auch zunächst als Aktionsforschungsprojekt angelegt, das neben den Interviews auch psychodramatische Selbsterfahrungs- und Trainingselemente für die beteiligten Untersuchungspersonen enthielt. Erst im Laufe des Supervisionsprozesses wurde ihr klar, dass sie sich auf die Erforschung der tatsächlichen Kooperationskompetenz beschränken musste und weitgehende Veränderungen nicht Aufgabe dieses Forschungsprojekts sein können.

*Die Gewinnung eines wissenschaftlichen Standpunkts*

Wenn nicht schon im Studium ein wissenschaftlicher Standpunkt gewonnen wurde, so wird das spätestens mit der Dissertation notwendig. Denn nur auf dieser Basis kann eine konsistente Perspektive eingenommen werden, die die Konstruktion des Forschungsgegenstands, einer möglichen Fragestellung so wie die Auswahl der geeigneten Forschungsstrategien rechtfertigen kann. Mit dieser Wahl ist aber eine Festlegung verbunden, die andere Möglichkeiten wenn nicht aussschließt, so doch ungenutzt lässt. Damit ist oft eine Weichenstellung verbunden, die sich auf das ganze Forschungsleben auswirkt. Selbst wenn man später eine andere Position bezieht, bleibt diese Position präsent, so lange die Dissertation als Publikation in den Bibliotheken präsent ist. Zudem macht eine Festlegung manche Kollegen zu Verbündeten, andere allerdings auch zu Gegnern. Das kann sich schon beim Promotionsverfahren bemerkbar machen. Hier muss das Interesse, eine der Forschungsaufgabe angemessene Position beziehen zu können, mit dem Interesse, in der Fakultät bzw. in der wissenschaftlichen Öffentlichkeit anzukommen, auf einen Nenner gebracht werden.

Es kann auch geschehen, dass der Dissertationsentwurf noch von einer Position geprägt ist, die man im Studium erarbeitet hat. Der nähere Kontakt mit der Forschungsaufgabe und den zu untersuchenden Menschen kann jedoch den Wandel einer Perspektive bewirken. Dann erscheint plötzlich das Vorhaben in einem ganz anderen Licht und muss – mehr oder weniger – umformuliert werden.

So war Frau K. zunächst von einer strukturfunktionalistischen Position ausgegangen. Durch den intensiven Einstieg in die Arbeitswelten der untersuchten Erzieherinnen in den Kindertagesstätten und die Notwendigkeit eines hermeneutischen Zugangs zu den erfahrenden Phänomenen und Äußerungen entwickelte sich eine Umschwung der Perspektive. Auch durch den intensiven Austausch mit Frau S. und weiteren KollegInnen im gemeinsamen Forschungsnetz, aber auch durch meine Sichtweise auf die problematisierten Szenen vertritt sie heute den Standpunkt des Symbolischen Interaktionismus.

*Der professionelle Umgang mit den untersuchten Personen*

Hier ist vor allem die Antinomie von Nähe versus Distanz zu handhaben.

So wollte Frau K. nicht nur die Einstellungen und Einschätzungen der Erzieherinnen erforschen. Sie wollte ihnen auch helfen, ihren Alltag besser zu bewältigen. Als Kollegin hatte sie eine ähnliche Sicht der Dinge wie ihre „Forschungsobjekte" und konnte sich gut mit deren Interessen solidarisieren. Sie war so etwas wie eine „Co-Expertin". Diese große Nähe lässt sie gut an das System andocken, erschwert aber den wissenschaftlichen Blick von außen. Um diese Spannung besser halten zu können, haben wir eine konkrete Szene während einer Konferenz gespielt, die Frau K. „nur" beobachten wollte. Sie war aber immer wieder veranlasst, diese Rolle aufzugeben und in die Diskussion einzugreifen, um eine professionelle Sicht der Dinge voranzutreiben. Sie musste lernen, diese pädagogische Veränderungsintention aufzugeben und bei der Betrachtung zu bleiben. Denn das war nicht ihr Auftrag.

Da Frau K. eine bestimmte Vorstellung von einem angemessenen Arbeitsstil in einer Kita hatte, fiel es ihr zunächst schwer, allen drei Kitas in ihrer Untersuchung das gleiche Verständnis entgegenzubringen. Wir haben daher die drei Kitas auf einer Geraden im Raum angeordnet. Frau K. hat dann ihre Einstellung zu diesen sehr unterschiedlichen Kitas durch die Einnahme einer Position auf einer Nähe-Distanz-Skala eingenommen. Dadurch wurden die Differenzen sehr deutlich sichtbar. Da aber diese sehr unterschiedliche Einstellung die Vergleichbarkeit der Informationsgewinnung beeinträchtigen dürfte, haben wir uns damit befasst, ob sie diese Positionierung rechtfertigen kann oder verändern muss. Das Ergebnis war: Die Distanz zur ersten Kita ist für die wissenschaftliche Betrachtung ganz nützlich, muss aber durch Verständnis aufgeweicht werden. Die große Nähe zur zweiten muss aufgehoben werden, da sonst der Hilfeaspekt dominiert und eine neutrale Betrachtung beeinträchtigt. Die Nähe zur dritten kann bleiben, da hier der Wechsel von Nähe und Distanz zur Kultur gehört und damit ohne Probleme vollzogen werden kann. Durch diese differenzierte supervisorische Arbeit wird deutlich, dass das Ziel einer Gleichbehandlung nur durch eine unterschiedliche Positionierung erreicht werden kann. Die verbreitete Idee, allen in gleichem Abstand unvoreingenommen entgegen treten zu wollen, erweist sich auch hier wieder forschungsstrategisch als kontraproduktiv.

Ihre negativen Erfahrungen mit LehrerInnen bearbeitete Frau S., weil sie ihr nahelegten, die Kompetenzen zur Perspektivenübernahme bei ihren befragten Lehrern von vorne herein zu unterschätzen. Zu diesem Zweck ließ ich sie die Rolle einer Lehrerin übernehmen, die äußert, was ihrer Meinung nach ein Sozialarbeiter von der Schule hält. Frau S. meinte, dass eine Lehrerin meint, dass ein Sozialarbeiter meint, die Schule sei ein Zwangsapparat, der die Menschenwürde verletze. Umgekehrt ließ ich sie die Rolle einer Sozialarbeiterin übernehmen, die die Einschätzung einer Lehrerin von der Schule äußert. Hier wurde Verständnis für die schwierigen Arbeitsverhältnisse in der Schule geäußert. Durch diese durch Doppeln unterstützte anstrengende Übung einer mehrfach gewechselten Perspektivenübernahme war Frau S. veranlasst, mehrere konträre Perspektiven innerlich prägnant nachzuvollziehen. Vor allem musste sie damit indirekt ihren eigenen Schulerfahrungen gegenüber in der Perspektive des Sozialarbeiters eine verständnisvolle Einstellung einnehmen. Das hat damit ihre immer noch hartnäckig automatisch auftretende verhärtete Einstellung auch emotional aufgeweicht. Sie konnte dieses rigide Urteil jetzt nicht nur kognitiv kritisieren, sondern sich auch emotional davon verabschieden.

### *Zur Dialektik von Innovation und Konvention*

Die Dissertation erzeugt ein unauflösliches Dilemma (*Martin, Drees* 1999, 31ff.): Auf der einen Seite soll der Promovend nachweisen, dass er die wissenschaflichen Standards beherrscht, also konventionell forschen kann. Auf der anderen Seite muss er sich aber durch eine Neuerung hervortun, will er auffallen. Beide Ziele sind aber kaum zugleich zu erreichen. Die Entscheidung für die eine oder die andere Seite kann zu Erfolg wie zur Ablehnung führen, auch eine Mischung kann als unverträglich beurteilt werden.

So wurde in einem Forschungskolloquium die Datenerhebungsmethode von Frau S. in Frage gestellt. Sie hatte die Interviewpartner nicht nur erzählen lassen. Sie hatte sie auch aufgefordert, sich in eine Szene hineinzuversetzen und sich im inneren Rollentausch zu äußern. Hier wurde eine zu starke Einflussnahme unterstellt. Frau S. war aber so vorgegangen in Anlehnung an den psychodramatischen Rollenwechsel in einer Spielszene. Die Kritik an dieser Innovation irritierte sie. An dieser Stelle war ich ausnahmsweise als Experte für psychodramatische Forschungsmethodologie gefragt. Ich konnte ihr deutlich machen, dass sie wie ein Psychodramatiker den Kommunikationsmodus des Experiments gewählt hat, in dem der Protagonist sich selbst erforscht (*Buer* 1999a, S. 241). Durch dieses Experiment wird ein Rahmen geboten, der eine kreatives Feld eröffnet, in dem der Protagonist neue Erfahrungen macht, diese selbst wahrnimmt und deutet. Diese Rahmensetzung wird nicht vorgeschrieben, sondern nur dann angeboten, wenn sie vom Forscher intuitiv für angemessen gehalten wird. Dafür trägt er die Verantwortung. Daher muss er diese Entscheidung im Nachhinein forschungsstrategisch rechtfertigen können. Was im Experiment geschieht und wie der Protagonist das Geschehen interpretiert, ist seine Sache und hat er zu verantworten. Der Forscher hat allerdings während des Experiments auf die Einhaltung der Spielregeln und Forschungsstandards zu achten. Dieses psychodramatische Vorgehen ermöglicht authentische Äußerungen, die hohe Gültigkeit beanspruchen dürfen, weil diese spielerische Rollenübernahme Realitätscharakter hat (*Sader* 1986; *Schneider-Düker* 1991). Hier konnte die Supervision Unterstützung bieten, eine Innovation gegenüber der Konvention durchzuhalten.

Generell schwankte Frau S. in ihrer Arbeit an der Dissertation zwischen zwei sehr konträren Haltungen. Es gab kreative Phasen, in denen sie ständig innovative Ideen entwarf und engagiert an die Umsetzung ging. Dann trat häufig eine längere Pause ein, in der wenig geschah. Unter zeitlichem Druck musste dann die konventionelle Arbeit getan werden. Das jedoch tat sie äußerst „fleißig", wie sie es selbst nannte. Diese „Sprunghaftigkeit" belastete sie jedoch, so dass ich vorschlug, beide Haltungen auf je einem Stuhl hintereinander einzunehmen. Im Interview hat sie dann charakterische Sätze aus dieser Haltung heraus formuliert. Danach hat sie sich von diese beiden Haltungen wie in einem Spiegel angeschaut und sich mit mir beraten, wie es damit weitergehen soll. Spontan kam sie auf die Idee, diese Aufspaltung durch Fäden einzuschränken, die sie dann zwischen den Stühlen knüpfte. Da diese beiden Haltungen biographisch geprägt waren, war eine schnelle Aufhebung nicht denkbar. Aber Verbindungen schaffen, die ein flexibleres Umschalten ermöglichen, war eine realisierbare Perspektive. So spiegelte sich die forschungsstrategische Dialektik von Innovation und Konvention in der biographischen wieder.

## 3.4 Die Promotion als Karriereschritt

Die Motivation zur Promotion ist oft weniger das Interesse an wissenschaftlichem Fortschritt, sondern die Möglichkeit, damit eine gesellschaftlich anerkannte Voraussetzung für eine Karriere in der Wissenschaft oder für eine andere verantwortlichen Positionen in der Gesellschaft zu schaffen. Dieses strategische Interesse arbeitet mit Annahmen über die Karrieremöglichkeiten in bestimmten Arbeitsfeldern wie über eine bestimmte Selbsteinschätzung. Beides kann aber problematisch sein. Nicht nur, weil hier Illusionen und Fehleinschätzungen im Spiele sein können. Vor allem weil sich im Moment die Arbeitswelt radikal wandelt und eher der souveräne Umgang mit Ungewissheiten gefordert ist.

Insofern kann die Bewältigung eines mehrjährigen Promotionsprozesses in einem komplexen, Höchstleistungen erfordernden, mit Machtkonflikten getränkten Territorium eine Qualifikation darstellen, die weniger in der wissenschaftlichen Leistung besteht, sondern vielmehr in der machtvollen und doch sensiblen Durchsetzung und in dem Management eines innovativen Projekts. Diese Möglichkeit optimal zu nutzen, dazu kann die Supervision entscheidend beitragen.

## 3.5 Zum Management eines Promotionsprojekts

### *Zeitmanagement*

Frau S. hatte neben der Dissertation auch mehrere Forschungaufträge übernommen, um sich dadurch weitere Forschungserfahrung, aber auch notwendige Geldeinnahmen zu verschaffen. Zudem musste sie noch zwei Seminarscheine erwerben und wollte ihre Psychodrama-Ausbildung durch eine Zertifizierungsarbeit abschließen. Da das alles, zum Teil durch unverschuldete Verzögerung, zu einem bestimmten Zeitpunkt kulminierte, haben wir zunächst eine Prioritätenliste erstellt und dann diese zu erledigenden Aufgaben in eine sinnvolle und machbare Reihenfolge gebracht. Frau S. hat dazu diese Tätigkeiten auf Karten notiert und sie dann sortiert. Durch diesen Überblick entstand ein Arbeitsplan, der ihr als zu bewältigen erschien.

Bei Frau K. hatten sich zu einem bestimmten Zeitpunkt Aufgaben angehäuft, die in Form von Zetteln, Akten, Briefen, Manuskripten in einem großen, nicht mehr überschaubaren Stapel auf dem Schreibtisch lagen. Da Frau K. befürchtete, diese Aufgaben gar nicht alle mehr rechtzeitig erledigen zu können, konnte sie sich nicht entschließen, sich damit zu befassen. Wir haben zunächst den Schreibtisch aufgebaut. Sie hat dann vorsichtig die einzelnen Papiere angeschaut und abgetragen. Dabei zeigte es sich, dass sich vieles schon erledigt hatte. Weil sie den Kontakt zu diesen Aufgaben verloren hatte, hatte sie keine realistische Sicht der Dinge mehr. Die Konfrontation und Sortierung in der Fiktion machte das Ganze wieder übersichtlich. Nach dieser Erfahrung konnte sie dann auch zuhause ihre Aufgaben abarbeiten.

*Krisenmanagement*

In Promotionsprozessen treten nicht nur Motivationskrisen auf, manche Aufgaben scheinen auch als nicht zu bewältigen. Dann erscheint die nächste Zukunft wie eine schwarze Wand. In diesen persönlichen Krisen können Szenen wiederbelebt werden, die doch bewältigt wurden. Die damals offensichtlich plötzlich doch vorhandenen Ressourcen können auch heute wiederentdeckt und erneut aktiviert werden. Oft entstehen aber auch Konflikte mit dem Betreuer der Dissertation, mit Hilfskräften, die etwa zur Verschriftlichung von Interviews engagiert wurden, oder mit den Untersuchungspersonen. Hier müssen neue Strategien entwickelt und im Rollenspiel ausprobiert werden.

Diese „Reibungsverluste“ schaffen oft unnötigen Ärger, der unbearbeitet bleibt und den weiteren Kontakt vergiftet. Dadurch entstehen zu häufig erhebliche Verzögerungen der Dissertation. Arbeitskraft wird unnötig gebunden. Hier kann durch rechtzeitige Supervision ein effizientes Arbeiten meist erheblich befördert werden.

## 4. Spezielle Anforderungen an den/die SupervisorIn

Supervision von PromovendInnen verlangt mehr als nur supervisorische Kompetenzen. Hier sind auch grundlegende Kenntnisse des Forschungsfeldes und der Wissenschaftsdisziplin notwendig, in der sich das Projekt bewegt. Ferner sind grundlegende Kenntnisse der Forschungsmethoden nötig, die im Projekt zur Anwendung kommen sollen. Auch wenn in der Supervision keine direkte Forschungsberatung stattfinden kann, so muss der Supervisor doch um die Möglichkeiten und Grenzen des Promotionsprojekts wissen. Sonst können viele Sackgassen nicht angemessen eingeschätzt werden. So würde ich mir die Supervision zu sozialwissenschaftlichen oder auch geisteswissenschaftlichen Projekten zutrauen, auch wenn ich nicht jedes Detail nachvollziehen kann. Naturwissenschaftliche Forschungsprojekte bleiben mir aber verschlossen. Hier könnte ich höchstens zu den Themen: finanzielle Absicherung und zum Management beraten.

Zum anderen sind einschlägige Kenntnisse über die jeweilige Hochschulkultur notwendig. Hier gibt es sicher übergreifende Stile, Standards, Konventionen, Werte und Überzeugungen. Aber jedes Fach und jede konkrete Abteilung kann wieder eine eigene Prägung entwickelt haben. Da zu diesem Feld kaum empirische Studien vorliegen, durch die sich der Supervisor informieren könnte, muss er auf die eigene Studien- und Forschungserfahrung setzen. Wer über diese Erfahrungen nicht ausreichend verfügt, sollte sich nicht in dieses Feld begeben.

## 5. Zur Nützlichkeit der Supervision für PromovendInnen

### 5.1 Stellungnahme von Birgit Szczyrba

1998 bewarb ich mich – Diplom-Sozialwissenschaftlerin und Psychodramatikerin – um ein Promotionsstipendium bei einer Stiftung, die bei der Vergabe das Hauptgewicht auf das gesellschaftspolitische Engagement der BewerberInnen legt. Mein Promotionsvorhaben fand Gefallen. Ich forsche seit nunmehr zwei Jahren finanziell und ideell gefördert in einem Feld, das als klassisches Beispiel für hartnäckige Kooperationsstörungen und Vorurteilsbildung gilt: dem Versuch der Zusammenarbeit von Jugendhilfe und Schule im Interesse von Kindern und Jugendlichen. Daraus ergeben sich für mich drei Themen, die meinen Supervisionsgbedarf ausdrücken:

*Die Promotionsphase als Statuspassage*
Sinn und Zweck einer Promotion ist es laut Promotionsordnung, eine beachtliche eigenständige wissenschaftliche Leistung zu erbringen, die das entsprechende Fach mit einer Neuheit bereichert.

Als Jungwissenschaftlerin (von knapp 40 Jahren) bezeichnet, durchlaufe ich als Promovendin nach dem Schulbesuch, dem Studium, einer langjährigen Weiterbildung und einer an Erfahrungen reichen berufstätigen Zeit noch immer oder schon wieder einen Qualifizierungsprozess, in der Terminologie der Sozialisationstheorie: eine Statuspassage. In einer solchen Vorbereitungsphase auf eine höhere Weihe als dann von der wissenschaftlichen Gemeinschaft akzeptierte Kollegin befinde ich mich, die Jungwissenschaftlerin, in einem Netz von Kontakten und Beziehungen, das neben Unterstützung auch Abhängigkeit bereithält. Hier findet sich der erste Anlass für die Supervision.

Weiterer Supervisionsbedarf liegt im Absicherungsprozess des eigenen Standpunktes zwischen bereits unter Beweis gestellten Kompetenzen – fachlichen wie persönlichen – und neuen unsicheren Schritten auf dem Terrain einer Fachdisziplin, die konventionell-wissenschaftliche Ansprüche an Dissertationen erhebt, aber dennoch Neuheiten, Bereicherungen, Innovationen erwartet.

Der wissenschaftliche Betreuer, die peergroup der statusgleichen ForscherInnen, die ProbandInnen oder InterviewpartnerInnen, der Supervisor und sonstige Unterstützer bilden ein konfliktträchtiges, aber auch enzymreiches Netz. Hier muss ich richtige von falscher Unterstützung – sei sie gekauft oder geschenkt – unterscheiden. Ich muss abwägen, ob ich meine genuinen Interessen gegen die des wissenschaftlichen Betreuers durchsetzen oder aufgeben will. Denn ich befinde mich in einem Abhängigkeitsverhältnis zu ihm als einer statushöheren Koryphäe. Die Personalunion von Betreuer und Gutachter mag heikle Auswirkungen auf die Beziehung zwischen Betreuer und PromovendIn, aber auch auf den Inhalt meiner Dissertation haben. Eine Klärung der Beziehung mit ihren Fallen und Vorteilen wird in den meisten Fällen nicht direkt zwischen den Beteiligten vorgenommen. Hier bietet die Supervision einen geschützten Rahmen, in dem SupervisandInnen probeweise in bereit stehende Fallen tappen und Strategien für deren Vermeidung in der Realität entwickeln können. Die Hochschule als Ort des Geschehens bietet hierfür keine Gelegenheit, zumal offene Kritik an BetreuerInnen sozial unerwünscht ist. Auch ein Wechsel des wissenschaftlichen Betreuers kann mit Zweifeln behaftet sein: Ist das Promotionsthema überhaupt für andere

ProfessorInnen interessant? Wer macht sich die Mühe, sich in ein bereits begonnenes Projekt einzulesen und „gebraucht“ zu übernehmen? Überzeugungsstrategien können in der Supervision geübt und authentisch an die Persönlichkeit des Promovenden angepasst werden.

*Die Situation als Stipendiatin*

Als Stipendiatin arbeite ich unter Zeitdruck: Nach spätestens drei Jahren muss die Arbeit fertig sein. Nach zweieinhalb Jahren muss sie bis auf wenige Korrekturen verschriftlicht sein, sonst fließt bis auf weiteres kein Geld mehr. Der Segen der relativen finanziellen Unabhängigkeit ist verknüpft mit einem straffen Zeitplan, dessen Einhaltung durch Arbeitsberichte dokumentiert werden muss. Ergeben sich im Verlauf des Forschungsprozesses Zweifel an der Relevanz des Themas, Veränderungen in der theoretischen Auffassung des Forschungsgegenstands, Unzuverlässigkeiten in der wissenschaftlichen Betreuung, interessante Angebote zur Mitarbeit aus der Wissenschaftswelt wird der straffe Zeitplan zunächst gestört. Neben der Ausschöpfung der objektiv vorhandenen Möglichkeiten, den Zeitplan zu verändern und zu erweitern, können PromovendInnen in der Supervision ihre persönlichen Prioritäten erkennen, vermeintlich unlösbare Probleme probeweise auflösen, so wie angemessenere Schritte mit Blick auf das Ziel entwerfen.

Als Stipendiatin einer Stiftung, die die Mitbestimmung auf ihre Fahne schreibt und besonders engagierte und befähigte Menschen auf die Wahrnehmung qualifizierter Aufgaben in sozialer Verantwortung vorbereitet, trage ich an einer (selbst gewählten) Aufgabe, die über das rechtzeitige Abliefern einer schriftlichen Arbeit hinaus geht. Wie bei vielen meiner MitstipendiatInnen liegt im Dissertationsthema eingebettet die Vision einer Gesellschaft, in der Zwänge und Abhängigkeiten von – nicht nur arbeitenden – Menschen durch Solidarität und mutige Interessenvertretung erkannt, gemildert oder gar abgeschafft und durch angemessene, würdige Verhältnisse ersetzt werden. Die meist biographische Fundierung der Themenwahl und des damit verbundenen Engagements erfordert ein genaues Betrachten der vielschichtigen Motivationslage, um aus Weltverbesserungsprojekten realisierbare Doktorarbeiten zu machen. Hierfür ist die Supervision der geeignete Rahmen.

Das Prüfen der Motivationslage ist im übrigen auch notwendig für die anfallende Überzeugungsarbeit in Feld- und Handlungsforschungsprojekten. TeilnehmerInnen müssen gefunden, Vorgesetzte von interessanten Personen um Erlaubnis gefragt werden. Das Rollenspiel als Zukunftsprobe bietet hier wertvolle Möglichkeiten, Selbstbewusstsein im Präsentieren des eigenen Projektes zu erlangen. Die supervisorische Begleitung kann zur Konkretisierung und Unterscheidung von fachlichen und persönlichen Interessen führen. Denn eine Vermischung könnte eine strategisch ungünstige Position beim „Verkaufen“ des Projektes hervorrufen. Zu starkes persönliches Engagement kann, wenn es zurückgewiesen wird, Kränkungen hervorrufen, die strategisch völlig unbrauchbar sind. Daher halte ich die Reflexion der fachlichen und der persönlichen Interessen, die in ein Dissertationsthema einfließen, für überaus nützlich, um sämtliche Schritte realitätsangemessen operationalisieren zu können – von der maximal vertretbaren Eingrenzung der Forschungsfrage über die Akquise der TeilnehmerInnen bis zur Präsentation von (Teil-)Ergebnissen auf dem Markt.

*Mein psychodramatisches Interesse an Begegnung*
Wenn eine im Verfahren Psychodrama ausgebildete Forscherin an ihrem Dissertationsprojekt arbeitet, das psychodrama-theoretisch und -praktisch angelegt ist, weil sie das Ziel verfolgt, die konkrete humane Utopie des Psychodramas mit dem Design der Handlungsforschung in der Realität ein wenig zu verankern, nimmt sie sich am besten einen psychodramatisch orientierten Supervisor, damit alles gut geht. Wie sich das Psychodrama in der persönlichen Haltung als Forscherin, in der theoretischen Sichtweise, in der Entwicklung von angemessenen Forschungsinstrumenten und in der supervisorischen Begleitung als gemeinsamer Bezugspunkt zeigt, ist in der Tat eine Reflexion wert. Das gilt insbesondere für PsychodramatikerInnen, die die gesellschaftliche Realität in ihrem Arbeitsfeld an Morenos therapeutischer Philosophie (*Buer* 1999a) messen wollen.

Damit rutscht die sowieso schon hoch angelegte Latte an ein Projekt, das einen Beitrag zu einer solidarischen Gesellschaft liefern soll, noch etwas höher. Hohe Ideale sollen mittels des psychodramatischen Verfahrens implementiert werden, das somit nicht nur Mittel, sondern auch Zweck des Ganzen, kurz: Motto ist. Mit dieser Einstellung vor der konservativeren Wissenschaftswelt mit ihrem Repertoire aus abgesicherten, nicht zu sehr eingreifenden Methoden der Datenerhebung zu bestehen, ist nicht leicht. Verunsicherungen im Glauben an die weitere Machbarkeit und Beständigkeit der Arbeit vor den prüfenden Gremien treten zwangsläufig ein und müssen bearbeitet werden. Hier sehe ich die größtmögliche Falle: Ohne Supervision hätte ich das Projekt an dieser Stelle wahrscheinlich nicht halten können. Hier haben sich die fachliche und die methodische Kompetenz meines Supervisors ideal ergänzt: Die Verstrickungen, denen ich als psychodramatisch arbeitende Jungwissenschaftlerin im Durchlaufen einer Statuspassage ausgesetzt bin, konnten und können durch die Supervision identifiziert und Schritt für Schritt entwirrt werden. Das Projekt gewinnt hierdurch. Es wird – ohne Ideale aufzugeben – machbar und überzeugender.

Der Supervisionsprozess, den ich bisher als Promovendin durchlaufen habe, stellt sich mir im Rückblick als Kurve dar, die zu Beginn ein unbeständiges, aber im Höhenunterschied unauffälliges Auf und Ab zeigt. Die Phase der Orientierung in der neuen Rolle als begabter wissenschaftlicher Nachwuchs steigert sich in eine Spitze der Selbstansprüche, Wünsche, Ideale. Das Sortieren eigentlicher Interessen und das Fokussieren auf Schwerpunkte, die aus gigantischen Dimensionen heraus gewählt werden müssen, folgen dann. Hieran anschließend sehe ich die Kurve absinken und eine Weile konstant auf mittlerem Niveau bleiben. Eine gewisse Ruhe und Zufriedenheit ist eingetreten, weil das Projekt erfolgversprechend operationalisiert wurde. Die folgenden Supervisionstreffen können zum Rückblick, zur Entlastung und Entspannung im Vergleich zur aufregenden Zeit der Orientierung und der Entscheidungen genutzt werden. Sicherlich bleibt es nicht dabei. Die Vorbereitung auf die „Zeit danach“ stellt für mich einen weiteren Supervisionsbedarf dar. Die Hochschule stellt hierfür keine Begleitung zur Verfügung. Kämpfe um rare Stellen sind oft vergeblich, wenn die dreißig überschritten wurde. Das Heraustreten aus der Statuspassage als Doktorandin kann in der Supervision erforscht werden, so dass eventuelle Zukunftssorgen aus der Phantasie in die Realität treten und entschärft werden können.

## 5.2 Stellungnahme von Katharina Klaudy

Ein altes chinesisches Sprichwort sagt:

„Dass die Vögel der Sorge und des Kummers über deinen Kopf fliegen,
kannst du nicht ändern.
Aber dass sie Nester in deine Haare bauen, das kannst du verhindern."

Supervision war mir bisher eine große Hilfe, den „Nestbau" in meinem Promotionsprojekt zu verhindern und bereits vorhandene „Nester" zu erkennen und zu entfernen.

Nach zweieinhalb jähriger Forschungstätigkeit kann ich als Diplom-Pädagogin auf viele Hindernisse und Probleme meines bisherigen Promotionsprozesses zurückblicken. Die Bitte, über meine Erfahrungen mit der promotionsbegleitenden Supervision zu berichten, veranlasst mich so zu einem Zwischenresümee: Schwankte die Kurve meiner Befindlichkeit in den ersten Monaten zwischen enthusiastischen Höhen und Tiefen der Unsicherheit, so befinde ich mich heute auf einem relativ konstanten mittleren Niveau. Der Forschungsschwerpunkt ist fokussiert, das Forschungsfeld aufgebaut, die erforderlichen Daten sind erhoben und aufbereitet und der Auswertungsprozess ist in vollem Gange.

Um die Wirkungen der Supervision auf diesen Prozess zu beschreiben, greife ich beispielhaft auf zwei für mich universelle Problemstellungen zurück:

*Zeit für die Promotion versus Zeit, sich nebenbei als Forscherin bekannt zu machen*
Ich erinnere mich noch zu genau an meine Ängste und Unsicherheiten, die meine Planungen als so genannte Nachwuchswissenschaftlerin begleiteten. Zeitprobleme entstanden insbesondere dann, wenn die Finanzierung meiner kostenintensiven Forschungstätigkeit mich trotz meines Stipendiums zu Nebentätigkeiten zwang oder sich mir die Möglichkeit bot, mich in der Fachwelt als Forscherin bekannt zu machen. Es soll ja noch ein Leben nach der Promotion geben. Oftmals fühlte ich mich gehetzt und glaubte, den vielen Anforderungen nicht mehr gewachsen zu sein. Die Supervision gab mir hier Sortierhilfen bei der Setzung von Prioritäten. Was will ich mit meiner Promotion erreichen und was ist nötig, um mein Ziel zu erreichen? Nach Klärung dieser generellen Fragen wurde es mir möglich, mich von Forschungsfragen zu verabschieden, die die Bearbeitung meiner Dissertation gesprengt hätten. Ich gelangte zu mehr Ruhe und Gelassenheit und lernte auch einmal 'Nein' zu sagen, wenn mich zusätzliche Anliegen von dritter Seite zu weit von meinem zentralen Anliegen entfernt hätten.

Wahrscheinlich wäre ich zu diesen Erkenntnissen und den entsprechenden Entscheidungen auch allein gelangt. Mit Hilfe der Supervision gelang mit dies aber schneller und ich gewann Zeit, die ich heute meinem vordringlichen Anliegen, der zügigen Bearbeitung meines Promotionsprojektes, widmen kann.

*Subjekte Nähe zum Forschungsgegenstand versus objektiv-wissenschaftliche Distanz*
Wie bei vielen Promovierenden ist mein Promotionsgegenstand eng mit meiner Berufsbiographie verbunden. So promoviere ich in einem Feld, in dem ich bereits vor meinem Studium viele Jahre beschäftigt war. Hoch qualifiziert und gut ausgestattet mit Erfahrungen und Hintergrundwissen stehe ich einem Forschungsfeld gegenüber, dessen Strukturen und Prozesse mir bestens bekannt sind. Daraus eröffnen sich mir viele

Zugänge, die ich mir sonst hätte langwierig erarbeiten müssen. Die Bearbeitung meines Untersuchungsgegenstandes wird jedoch durch diesen Tatbestand auch erschwert, da sie einer neutralen, offenen und objektiven wissenschaftlichen Haltung bedarf. Die Wirkungen meiner positiven und negativen Vorerfahrungen müssen mir bewusst sein und dürfen nicht unbeabsichtigt in den Forschungsprozess einfließen.

Die Supervision zeigte mir, wo mir meine Vertrautheit im Forschungsprozess nützlich und wo mehr Distanz geboten ist. Dieses Thema wird mich sicherlich auch weiterhin beschäftigen. Ich fühle mich jetzt jedoch sicherer in der Annahme meiner Rolle als ‚Co-Expertin‘ und im Umgang mit den damit verbundenen Gefahren im wissenschaftlichen Prozess.

Ohne psychodramatische Vorerfahrungen habe ich vor zwei Jahren mit der Supervision als Begleitmaßnahme zur professionellen Reflexion und Innensteuerung meines Promotionsprojektes begonnen. Unerfahren und neugierig konnte ich mich schnell mit dem psychodramatischen Verfahren anfreunden und meinen Nutzen daraus ziehen. Mein Projekt und dessen Planung mit Hilfe von Rollentausch, Doppeln, Spiegeln etc. zu betrachten, konfrontierte mich so manches Mal mit eigenen Vorurteilen, Zwängen oder Interessen. Dies ermöglichte mir eine professionellere und klarere Arbeitsweise und bereitete mich auf die Umsetzung einiger, für mich unangenehmer Entscheidungen vor. Wenn ich auch heute mit einer gewissen Ruhe und Gelassenheit das Fortschreiten meines Projektes betrachte, wird es mich sicherlich noch so manche Mühe kosten, sich von mir zunächst unbemerkt bildende „Nester“ mit Hilfe der Supervision aufzulösen.

Abschließend möchte ich noch bemerken, dass Supervision natürlich ihren Preis hat. Dieser ließ sich durch die Möglichkeit der Doppelsupervision leichter aufbringen. Insbesondere zu Anfang waren in den Phasen der Strukturierung und Fokussierung unserer Forschungsanliegen viele Treffen nötig, deren Finanzierung als Einzeltreffen meine finanziellen Möglichkeiten gesprengt hätten. Da aber gerade in diesen Phasen die Probleme, mit denen sich Promovierende auseinander zu setzen haben, oftmals gleichgestaltet sind, konnte ich häufig aus der Themenbearbeitung der anderen Doktorandin meinen eigenen Nutzen ziehen. Die angewandten Arrangements und Techniken wurden mir vertrauter und so manches Thema der Kollegin war auch meines.

Ich halte es daher für sinnvoll, wenn in die materielle Förderung von Promotionen auch begleitende Supervision einbezogen würde. Das entlastet nicht nur die Promovierenden. Es spart auch Zeit und verbessert die Qualität des Forschungsprozesses selbst.

## Literatur

*Allert, T.* (1998): Braucht jede Profession eine Supervision? Soziologische Anmerkungen zum Autonomieanspruch und Supervisionsbedard professioneller Tätigkeiten. In: *Berker, P. & Buer, F.* (Hg.): Praxisnahe Supervisionsforschung. Münster, S. 16-4S.

*Arnold, E. u.a.* (1994): Kollegiale Supervision als Praxisbegleitung für HochschullehrerInnen. EWI-Report Nr. 9, Weinheim.

*Belardi, N.* (1998): Evaluation ohne Organisationsberatung ist nur eine halbe Sache. *OSC* 5, 2, 111-125.

–. (1999): Entwicklungsberatung für den Hochschulbereich. In: *Pühl, H.* (Hg.): Supervision und Organisationsberatung. Handbuch 3. Opladen, S. 359-376.

*Bourdieu, P. u.a.* (1981). Titel und Stelle. Über die Reproduktion sozialer Macht. Frankfurt.

*Buer, F.* (1999a): Morenos therapeutische Philosophie. Ihr aktuelle Rezeption und Weiterentwicklung. In: *Ders.* (Hg.): Morenos therapeutische Philosophie. Opladen, S. 227-258.

– (1999b). Lehrbuch der Supervision. Der pragmatisch-psychodramatische Weg zur Qualitätsverbesserung professionellen Handelns. Münster.

– (2000): Psychodramatische Supervision in der Bildungsarbeit. In: *Wittinger, Th.* (Hg.): Psychodramatische Bildungsarbeit. Mainz, S. 106-128.

*Dewey, J.* (1993): Demokratie und Erziehung. Eine Einleitung in die philosophische Pädagogik. Weinheim.

– (1998): Die Suche nach Gewissheit. Frankfurt.

*Helsper, W.* (1997): Antinomien des Lehrerhandelns in modernisierten pädagogischen Kulturen. In *Combe, A. & Helsper, W.* (Hg.): Pädagogische Professionalität. Frankfurt, S. 521-550.

*Krüger, H.-H.* (1997): Reflexive Erziehungswissenschaft und kritische Bildungsforschung – ein Ausblick. In: *Ders.*: Einführung in Theorien und Methoden der Erziehungswissenschaft. Opladen, S. 243-254.

*Martin, A., Drees, V.* (1999): Vertrackte Beziehungen. Die versteckte Logik sozialen Verhaltens. Darmstadt.

*Sader, M.* (1986): Rollenspiel als Forschungsmethode. Opladen.

*Schneider-Düker, M.* (1991): Psychodrama als Forschungsmethode und Forschungsgegenstand. In: *Vorwerg, M., Ahlbeg, T.* (Hg.): Psychodrama. Leipzig, S. 33-43.

*Schütze, F.* (1997): Organisationszwänge und hoheitsstaatliche Rahmenbedingungen im Sozialwesen: Ihre Auswirkungen auf die Paradoxien des professionellen Handelns. In: *Combe, A. & Helsper, W.* (Hg.): Pädagogische Professionalität. Frankfurt, S. 183-275.

*Ulla Schwitalla*

# Unternehmenswandel und Supervision

Als Beraterin und Trainerin in vorwiegend großen privaten Unternehmen habe ich die Grenzen organisatorischer und sachlicher Kompetenz und Argumentation immer wieder in eigener Anschauung erlebt. Interne und externe Experten und Berater werfen stapelweise Veränderungsvorschläge, Ideen und Konzepte in den betrieblichen Diskurs, in dem es fast immer um verbesserte und effizienter erzielte Arbeits- und Produktionsergebnisse geht. Unabhängig davon, ob es sich um rein rationalisierende oder auch um emanzipatorische Modelle handelt, wird in der Regel die emotionale Seite der Menschen und der Veränderungsprozesse vergessen. Aus diesem Grunde biete ich seit einigen Jahren Supervision in Unternehmen an, als eigenes Format und als Arbeitssequenz innerhalb anderer Formate, wie etwa Training und Organisationsberatung. Ich arbeite dabei bevorzugt mit Techniken und Arrangements des Psychodrama-Verfahrens, das für mich gut in einen Bereich passt, in dem sich Dramen sonst vor allem im Verborgenen abspielen.

Supervision trifft im Profit-Bereich auf eine andere „Grund-Kultur" als im Nonprofit-Bereich: Sie ist eher kosten-, leistungs- und zielorientiert, und ihr Arbeits- und Kommunikationsstil ist anders *(Butzko* 1994, S. 316); es gibt (über alle Unterschiede zwischen Profit-Unternehmen hinweg) strukturelle und kulturelle Gemeinsamkeiten und ähnliche Entwicklungsprozesse, die den Profit- vom Nonprofit-Bereich unterscheiden. Es geht hier um Tendenzen, die geradezu prädestiniert dazu sind, einen hohen Bedarf an Supervision zu wecken. Diese Strukturen und Tendenzen sollte man kennen, wenn man in diesem Feld arbeiten oder akquirieren will.

Es erscheint mir dennoch unsinnig zu glauben, Supervisoren in Unternehmen müssten ganz andere sein als die im sozialen Bereich und sich geradezu „verbiegen", anpassen o.ä.. Denn es ist gerade die originär supervisorische Kompetenz und das Format und Setting der Supervision, das gebraucht wird: das vertrauensvolle Gespräch mit einer externen, nicht den Interessen der Arbeitsorganisation verhafteten Person, in dem die emotional-psychische mit der fachlichen, sozialen und wirtschaftlichen Seite der Arbeit verbunden werden kann. So sieht auch *Belardi* (1996, S. 55ff.) diese Form der Beratung, wenn er Supervision für den sozialen Bereich beschreibt. Seine Einordnung von Supervision zwischen Fachberatung und Psychotherapie gilt aber auch für den Unternehmens-Bereich. Dabei muss auch die Organisationskultur berücksichtigt werden *(Schreyögg* 1995a, 1996), die je nach Unternehmensart, Größe, Branche und Geschichte des Unternehmens ganz unterschiedlich sein kann. So ist eine große Versicherung oder eine Bank nicht nur anders strukturiert als ein mittelgroßer Maschinenbaubetrieb. Auch Ziele, Sprache, Kultur des Umgangs, formale und geheime Regeln etc. unterscheiden sich maßgeblich, und zwar unter Umständen genauso stark wie die etwa von Bank und Krankenhaus (stellvertretend für Profit- und Nonprofit-Bereich). Supervision als spezifische Beratungsform im eingangs formulierten Sinn hat in Unternehmen ihren Platz. Über Feldkompetenz im Sinne von generalisierendem Wissen zu verfügen ist ebenso wichtig wie die Bereitschaft und Fähigkeit, sich mit der jeweils speziellen Organisationskultur auseinanderzusetzen. Dies soll im folgenden verdeutlicht werden.

# 1. Ausgangssituation: Unternehmenswandel und neue Anforderungen

## 1.1 Modernisierungsstrategien, Organisationskonzepte und Entwicklungstrends

Über alle Branchen hinweg ist seit einiger Zeit ein deutlicher Umbruch in Ansatzpunkten und Strategien der technisch-organisatorischen Modernisierung zu spüren *(Wicke* 1992, S. 28ff.): In bezug auf den Gegenstand, also das Was der Modernisierung, geht es zunehmend nicht mehr um punktuelle Einzelsysteme und -abläufe, sondern um abteilungs-, betriebs- und unternehmensweite, manchmal sogar um branchenübergreifende und internationale technisch-organisatorische Gesamtkonzepte. In bezug auf die Wege, also das Wie der Modernisierung, stehen nicht mehr starre, klassisch tayloristische Konzepte im Vordergrund, sondern Flexibilisierung ist das entscheidende Ziel. Die Unternehmen suchen in ihren Modernisierungskonzepten nach Flexibilisierungspotentialen in der Technik und auch bei den Mitarbeitern. In diesem Zusammenhang erlebt die menschliche Arbeitskraft in den letzten Jahren als wichtigeres Flexibilisierungspotential einen erheblichen Bedeutungswandel. Das vor Jahren von einigen Soziologen prophezeite und von vielen Praktikern belächelte „Ende der Arbeitsteilung" *(Kern, Schumann* 1984) ist als Trend – tatsächlich in Sicht (z.B. die Beträge in *Reorganisation* 1997). Technische Entwicklung und Reorganisation sind dabei zunehmend als „Aushandlungsprozesse" zu betrachten. Die betrieblichen Akteure und deren Handlungsbedingungen bestimmen maßgeblich, wie schnell die jeweilige betriebliche Modernisierung tatsächlich geht, wie sie sich konkret entwickelt und ausprägt und welche Konsequenzen sich daraus für die Gestaltung der Arbeit ergeben *(Küpper, Ortmann* 1988). Ohne die aktive Mitarbeit der betroffenen Führungskräfte und Mitarbeiter kann kaum mehr eine neue Technik effektiv entwickelt und auch keine Teamarbeit sinnvoll eingeführt werden, ohne sie kann kein Arbeitsablauf rationell gestaltet werden.

Bei einem kurzen Blick auf einige der wichtigsten derzeit diskutierten Organisations- und Managementkonzepte wird der damit verbundene Paradigmenwechsel deutlich, der endgültig wegzugehen scheint von tayloristischen Formen der Arbeitsorganisation. Kernelement praktisch aller modernen Organisationskonzepte sind Gruppen- oder Teamarbeit und eine partizipative, kooperative Unternehmenskultur *(Bullinger* 1995*)*:

- Beim *Lean Management* dient die Delegation von Verantwortung auf teilautonome, sich selbst organisierende Gruppen dazu, bürokratische Hierarchien abzubauen. Nur wenn solche Gruppen ein Stück „Führungsverantwortung" übernehmen, kann die Reduktion der Hierarchie funktionieren, die Entscheidungswege flexibilisieren und beschleunigen soll.
- Im *Geschäftsprozess-Management* sollen Schnittstellen zwischen verschiedenen, ehemals funktionsorientiert ausgerichteten Organisationseinheiten entlang der Hauptgeschäftsprozesse reduziert und die Aufgaben möglichst ganzheitlich bearbeitet werden. Wegen der Kormplexität mancher Geschäftsprozesse ist dies aber nur möglich, wenn diese Aufgaben nicht von einzelnen, sondern von einer Arbeitsgruppe verantwortet und bearbeitet werden.
- Im *Total-Quality-Management* und bei der totalen Kundenorientierung steht die Servicequalität im Vordergrund. Ein wesentlicher Ansatzpunkt dazu ist auch hier die Gruppen- oder Teamarbeit: Kleine Vertriebs- und serviceorientierte Organisationseinheiten, möglichst organisiert in ergebnisverantwortlichen und am Ergebnis beteiligten Centern, sollen der direkte Ansprechpartner für den Kunden sein und im direkten Kundenkontakt für hohe Servicequalität und bessere Kundenbetreuung sorgen.
- *Kontinuierlicher Verbesserungsprozess* und *lernende Organisation* sollen in vielen Unternehmen dafür sorgen, dass die Organisation ihre Flexibilität steigert und sich den schnelllebig wechselnden Markt- und Umfeldanforderungen anpassen kann. Teams und Partizipation sind dazu die wichtigsten Elemente, weil in ihnen nicht nur Lernprozesse am Arbeitsplatz, sondern auch Verbesserungsprozesse unter Beteiligung aller Mitarbeiter optimal organisiert werden können.
- Noch weiter reichende neue Überlegungen zur tendenziellen *Auflösung fester Unternehmens- und Betriebsstrukturen* bauen ebenfalls auf Teams auf: Kern dieser Überlegungen sind immer wieder neu zusammengesetzte Projektteams, die zunächst für befristete Sonderaufgaben eingesetzt werden sollen. Insofern haben sie ja bereits heute im Projektmanagement praktische und ständig wachsende Bedeutung. Perspektivisch sollen in den Zukunftskonzepten von fraktaler Organisation oder virtuellen Unternehmen miteinander vernetzte Projektteams auch für das „Tagesgeschäft" feste Organisationseinheiten ablösen.

## 1.2 Neue Leitbilder und neue Anforderungen

So unterschiedlich die Ansätze jeweils sind, gemeinsam ist ihnen, dass sie sowohl Aufbau- und Ablauforganisation als auch die Technik immer grundlegend zur Disposition stellen und damit auch Unternehmenskultur sowie Personalpolitik und -entwicklung zusätzlich immer häufiger ausdrücklich beachten oder zumindest implizit verändern. Daraus ergibt sich ein erstes Merkmal, das besondere Anforderungen an die Beteiligten und Betroffenen stellt: Die Veränderungen sind immer sehr weitreichend und in ihrer Komplexität und ihren Auswirkungen für den einzelnen oft nicht mehr durchschaubar. Das eine oder andere der vielen derzeit so heiß gehandelten modernen Organisationskonzepte wird möglicherweise lediglich vorübergehend als „Modeerscheinung" von Bedeutung sein, weil es sich als wenig vernünftig herausstellt und in die Irre führt; *Shapiro* (1996) macht dies in ihrer humorvollen Kritik an der Flut von Management-Moden deutlich. Ein gerade fertiges Umstrukturierungskonzept ist noch nicht umgesetzt, da wird schon das nächste entwickelt. Die Geschwindigkeit der Veränderungen nimmt immer mehr zu und scheint gleichsam zum wichtigsten Wettbewerbs- und Überlebensfaktor für viele Unternehmen geworden zu sein – nach dem Motto: „In Zukunft fressen nicht mehr nur die Großen die Kleinen, sondern vor allem fressen die Schnellen die Langsamen."

Um bei dieser Komplexität und Geschwindigkeit von Veränderungen bestehen zu können, bedarf es bei allen Beteiligten vor allem eines hohen Maßes an Flexibilität, Lern- und Veränderungsbereitschaft. Und dabei gilt gemeinhin als Devise: „wer auf Nummer sicher geht, kann kein Unternehmen verändern". Das einzige, was noch sicher und stabil erscheint, ist die Notwendigkeit zum permanenten Lernen und zur ständigen Veränderung. Das Management von Lernprozessen (*Sonntag* 1996) und von Veränderungsprozessen (*Doppler, Lauterburg* 1994) ist zur zentralen Anforderung an Führungskräfte geworden. Unternehmen werden zur „lernenden Organisation", in denen „fünf Disziplinen" entscheidend sind (*Senge* 1996): Personal Mastery (sprich Selbstführung und Persönlichkeitsentwicklung), mentale Modelle, gemeinsame Visionen, Team-Lernen und Systemdenken. Was erfordern diese Anforderungen für ein Umdenken bei Menschen in Organisationen, für deren Erfolg in der Vergangenheit vor allem Erträge, Kosten, Leistung, Disziplin, Stabilität, Loyalität und Kontrolle das wichtigste waren? Wie kann dies alles gelingen, wenn solche Prozesse von „oben" verordnet statt von innen gewachsen sind?

Orientierung sollen in diesem Veränderungsprozess neue Leitbilder liefern (z.B. *Belzer* 1995), die die gemeinsame Basis der verschiedenen Organisationskonzepte zum Ausdruck bringen. Sie zu verinnerlichen und umzusetzen ist aber nicht nur sehr kompliziert, weil sie sich so schnell verändern. Es verlangt auch für sich genommen zunächst einmal ein Umdenken und eine Neuorientierung bei allen Beteiligten, die oft erhebliche Rollenkonflikte und Veränderungen des eigenen Selbstverständnisses mit sich bringt. Denn Leitlinie für viele der neuen Organisationskonzepte sind heute auch bei Betriebswirten und Unternehmensleitungen Leitbilder, wie sie vor 10-15 Jahren lediglich von Gewerkschaften und arbeitsorientierten Sozialwissenschaftlern formuliert wurden – wenn sie auch heute erst dadurch, dass sie Voraussetzung zur Profitrealisierung sind, diesen Bedeutungszuwachs erhalten haben.

Obwohl mit hoher Veränderungsgeschwindigkeit immer wieder scheinbar sehr unterschiedliche Organisationskonzepte entwickelt werden, haben sie doch eine gemeinsame Basis, die noch lange von Bedeutung sein wird, wenn die jeweilige Modewelle schon abgeebbt ist und ein neues Konzept gerade „in" ist: Diese langfristig wohl stabile Basis bilden Teamarbeit und partizipative, kooperative Unternehmenskultur (z.B. *Katzenbach, Smith* 1993; *Frei* u.a. 1993). „Eine zukunftsorientierte Unternehmenskultur beruht auf dem grundlegenden Gedanken der Beteiligung der Mitarbeiter. Dies ist ein wesentliches Unterscheidungsmerkmal gegenüber der Gestaltung industrieller Beziehungen in der Vergangenheit," fassen *Beyer, Fehr; Nutzinger* (1995, S.157) zusammen. Dass dies in vielen Branchen und Unternehmen noch längst nicht alltägliche Praxis und manchmal nicht einmal Leitbild ist, soll dabei nicht verschwiegen werden (ebd.; s.a. *Reisach* 1995, S.59).

## 2. Auswirkungen: Verunsicherung und Widerstand

An der vorangegangenen Darstellung ist deutlich geworden, dass solche weitreichenden technischen und organisatorischen Veränderungen also auch immer umfangreiche soziale Veränderungen mit sich bringen: Sei es, dass sich Einstellungen, Bewusstsein und Kultur verändern müssen, um die organisatorischen Konzepte umzusetzen; sei es, dass ganze Hierarchiestufen wegfallen und damit viele (Leitende) ihre Stelle und/ oder ihre bisherigen Privilegien verlieren (werden); sei es, dass Machtstrukturen und Aufbauorganisation verändert werden und Beschäftigte sich in neuen Kooperationszusammenhängen zurechtfinden müssen; oder sei es, dass der Umstrukturierungsprozess selbst zu einem Aushandlungsprozess zwischen den verschiedenen Interessen wird. In gewissem Sinne befinden sich heute fast alle Mitarbeiter, gleich welcher Funktion und Hierarchiestufe, in solchen betrieblichen Umbruchsituationen und müssen sich auf eine neue Rollendefinition und Arbeitssituation einstellen. Hierbei treten z.T. widersprüchliche Anforderungen auf:

Wettbewerbs- und Leistungsdruck auf die Firma bewirken den Zwang zu Einsparungen und zu dichterem und effizienterem Arbeiten; die Einführung von neuen Arbeitsformen, wie etwa Teamarbeit, erfordert ein „Loslassen“ von Teams und Führungskräften.

Zur besonderen persönlichen Herausforderung und Belastung für den einzelnen wird neben diesen Widersprüchen und notwendigen Neuorientierungen als solchen vor allem Komplexität und Geschwindigkeit: Die Veränderungen von Produkten, Produktionssystemen, Arbeitsorganisation und Abläufen sind komplexer und schneller, als die beteiligten und betroffenen Menschen es nachvollziehen können. Und sie werden vor allem auch schneller betrieben, als die gleichzeitig notwendige Veränderung von inneren Einstellungen, sozialen Beziehungen und Unternehmenskultur überhaupt möglich ist. Darauf ist es m.E. zurückzuführen, dass (nach dem Klassiker *Nadolny* 1983) in jüngerer Zeit eine Welle von Büchern und Aufsätzen auf den Markt schwappt und in Mode kommt, die sich mit dem Thema Zeit und – als Gegenpol zur dieser weiteren Beschleunigung in modernen Managementkonzepten *(Riekhof* 1997) – mit Verlangsamung befasst *(Deysson* 1997). *Baekhaus, Gruner* (1997) z.B. beschreiben die „Epidemie des Zeitwettbewerbs“ zwischen Unternehmen als klassische Drama-Situation: „Beide zur Verfügung stehende Alternativen, weiter zu beschleunigen oder alleine stehen zu bleiben, führen ins Verderben. Was tun? Lassen sich die zu erwartenden Zusammenbrüche vermeiden? Eine Chance hierfür besteht nur, wenn alle Anbieter das Innovationstempo verringern... Dafür gibt es in Japan bereits mehrere Anzeichen“ (1997, S. 44f.).

### 2.1 Verunsicherung und Umorientierung bei Mitarbeitern, Führungskräften und Betriebsräten

Ich möchte das, was dadurch an Verunsicherung bei den einzelnen Menschen ausgelöst wird, an drei verschiedenen Personengruppen veranschaulichen, die in solchen Veränderungsprozessen zentrale Bedeutung haben: an den Mitarbeitern in Teams, an den Führungskräften und an den Arbeitnehmervertretern.

*Mitarbeiter zwischen individueller Leistungsorientierung und Teamarbeit*

Kundenorientierung, Flexibilität, soziale Kompetenz, vernetztes Denken, lernende Organisation ...: Bei vielen Menschen lösen die mit diesen Schlagwörtern verknüpften neuen Anforderungen Unsicherheiten bis hin zu Existenzängsten aus. Nun ist vermehrt kooperatives Verhalten, Zusammenarbeit und konstruktive Konfliktlösung gefragt. Aber von der Schule an haben wir in Strukturen gelernt, die auf die einzelne Person setzen. Besser als andere zu sein war und ist gefragt. Anders zu sein weicht ab von der Norm. Hilfe anzunehmen gilt als Ausdruck von Schwäche, Hilfe zu geben steht im Widerspruch zum Leistungsprinzip. Wir sind es gewohnt, allein zu lernen. Nur nicht abgucken und abgucken lassen! Gruppenarbeit – gemeinsame Leistung? In den Lehrplänen der meisten, die heute im Berufsleben stehen, kam dies kaum vor. Kooperation, Kommunikation, konstruktive Konfliktlösung? In welchem Fach stand das auf dem Themenplan, was heute in jedem modernen Unternehmen als Ziel der Personal- und Teamentwicklung in aller Munde ist? Und in der bisherigen beruflichen Tätigkeit insbesondere der Angestellten hat man sich traditionell an der Leistung des einzelnen orientiert. Ältere Führungsstile und Managementkonzepte gingen davon aus, dass Leistungsbereitschaft und Kreativität bei den Beschäftigten fehle und deshalb von außen erzeugt und hergestellt werden könne.

Nun meine ich nicht, „was Hänschen nicht lernt, lerne Hans nimmer mehr"; nur braucht Hans – um in diesem Bild zu bleiben – Übung, Erfahrung, Fehlertoleranz, Zeit und während seines Lernprozesses Akzeptanz bei seinen Kollegen und vor allem Unterstützung. Neben fehlender Erfahrung und Übung spielen Ängste vor Veränderungen und unklaren Strukturen eine wichtige Rolle für Unsicherheit und Widerstände bei Mitarbeitern. Wichtig dabei ist, dass diese Ängste um so größer zu sein scheinen, je weiter Arbeits- bzw. Teamstrukturen von klassischen hierarchischen Strukturen abweichen. *Pühl* (1994a, S. 65ff.) unterscheidet drei Formen von Organisationsstrukturen:

- Arbeitsteams, die in traditionell hierarchischen Strukturen eingebunden sind,
- kollektive nichthierarchische Arbeitsgruppen,
- Zwitterorganisationen, als hierarchische Institutionen mit einer nicht abgesicherten kooperativen Binnenstruktur, die sich aufgrund der Arbeitsanforderungen durchgesetzt hat.

Er stellt fest, dass feste, klare Strukturen in besonderer Weise die Funktion der Angstabwehr ihrer Mitglieder übernehmen, weil ihre Regeln ihnen Sicherheit vermitteln. In kollektiven nichthierarchischen Arbeitsgruppen kann das Angstpotential nicht ohne weiteres über solche Strukturen kanalisiert werden. Dadurch tritt Angst offener zutage, häufig in Form von Wut- und Aggressionsäußerungen.

*Führungskräfte zwischen anweisendem Vorgesetztem und unterstützendem „Leader"*

Über den Wandel der Aufgaben und Rollen von Führungskräften aus Sicht der Supervision wurde ja schon relativ viel geschrieben (z.B. *Weigand* 1994; *Schreyögg* 1995b); hier soll ein kurzer Blick auf den Rollenwandel von Führungskräften durch Veränderungsprozesse genügen. Die modernen Organisations- und Managementkonzepte und der ständige Wandel stellen hohe und z.T. völlig neue Anforderungen an die Führungskräfte und verunsichern auch sie in besonderer Weise. Führungskräfte stehen einerseits als Träger des betrieblichen Wandels unter dem besonderen Druck, den Veränderungsprozess vorantreiben, anleiten und unterstützen zu müssen. Führen in Veränderungsprozessen wird geprägt durch fünf entscheidende Faktoren *(Kouzes, Posner* 1991): das Begeistern für eine gemeinsame Zukunft, das Infragestellen und Verändern des Bestehenden, das Fördern des selbständigen Handelns, das Anerkennen von Leistung und das Vorbild-Sein im Handeln. Führungskräfte müssen die „essentials" der Organisationskultur stimmig repräsentieren *(Scheffler* 1996, S.229) gerade diese wird aber durch den Wandel angegriffen und verändert.

Die Führungskräfte unterliegen andererseits selbst einem grundlegenden Rollen- und Funktionswechsel, der weitreichende Veränderungen ihrer eigenen Einstellungen und ihres Verhaltens von ihnen verlangt. Am deutlichsten kommt diese doppelte Anforderung im Konzept des Lean Management zum Ausdruck, bei dem die Führungskräfte in ihrer Funktion und Position oft selbst grundsätzlich in Frage stehen bzw. zumindest eine völlig neue Rolle einnehmen. In der Unterscheidung von „Leadership" und „Management" drückt sich die veränderte Rolle von Führungskräften besonders deutlich aus: Im ersteren geht es vor altem darum, zu überzeugen, zu ermutigen und Committment der Mitarbeiter zu generieren; im letzteren um die Aufforderung zu einer Gehorsamsleistung und das Durchsetzen derselben *(Schulz* 1996, S.61).

Neben den klassischen Anforderungen wie Intelligenz, analytisches Denkvermögen, Loyalität und Begeisterungsfähigkeit haben in dieser neuen Rolle zukünftig ganz andere Anforderungen eine hohe Bedeutung: Flexibilität, Aufgeschlossenheit, Sensibilität, Teamarbeit, Motivation, Kreativität, kommunikative Kompetenz, Konfliktmanagement, systemisches, ganzheitliches Denken. Um diesen Wandel erfolgreich bestehen zu können, wird dadurch zur wesentlichen persönlichen Qualifikationsanforderung das, was *Coleman* (1996) als „emotionale Intelligenz" bezeichnet: die Fähigkeiten, die eigenen Emotionen wahrzunehmen, kennenzulernen und zu steuern, sie mit Motivation und Begeisterung in Taten umzusetzen, wahrzunehmen, was andere fühlen, und mit Beziehungen umzugehen. Bei einem solch fundamentalen Rollenwandel mit einer derartig starken Veränderung der Anforderungen an die Führungskräfte verwundert es nicht, wenn diese häufig verunsichert sind. Sie leisten deshalb z.T. großen Widerstand gegen solche Veränderungen oder ertragen diese Last, ohne sich zu trauen, sie zu äußern und damit wenigstens etwas zu verringern.

### *Betriebsräte zwischen Fundamentalopposition und Co-Management*

Die von Betriebsräten erwartete Umorientierung wird bei „Insidern" allgemein als Co-Management beschrieben: Ohne eine kritische, aber konstruktiv-kooperative Gestaltung der betrieblichen Veränderungsprozesse scheint betriebliche Arbeitnehmervertretung kaum mehr effektiv möglich zu sein *(Wicke* 1992). Der Machtverlust der Gewerkschaften hat dazu beigetragen. Die alten reaktiven, ausschließlich auf Schutz vor negativen Folgewirkungen bedachten Strategien werden diesen komplexen Veränderungsprozessen nicht mehr gerecht. Wenn dies so ist, wieso handeln dann eigentlich nicht bereits alle betrieblichen Interessenvertretungen nach einer solchen Strategie des Co-Managements? Ich möchte hierzu – etwas provokant und zugespitzt – folgende zehn

Thesen aus meiner Arbeit mit Betriebsräten formulieren, die mitten in solchen Umorientierungsprozessen stehen. Sie machen deutlich, mit welchen inneren Konflikten und Widersprüchen dabei Betriebsräte zu kämpfen haben:

1. *Der Kampf um Politik und Strategie:* In den Betriebsräten geht es heiß her in der politischen Bewertung: Co-Management oder Fundamentalopposition bei Umstrukturierungen? Die Fraktion derer, die sich lieber heraushalten, um nicht „Akzeptanzbeschaffer" für unliebsame Veränderungen zu sein, ist groß: „Wieso sollten wir das Geschäft des Arbeitgebers machen?"
2. *Die Last der Verantwortung:* „Egal was ihr tut, ihr seid am Ende die Dummen!" – so ein Betriebsrat, der einen langen schmerzhaften Umstrukturierungsprozess hinter sich hat und sich dabei intensiv gestaltend eingebracht hat. Deutlich wurde dabei, dass man es nicht allen recht machen kann, wenn man sich einmischt; und plötzlich wird man selbstverständlich auch (oder gerade) für die immer auch auftauchenden Mißerfolge verantwortlich gemacht.
3. Die *Angst vor unklaren Konsequenzen (Kontrollverlust):* „Es kommt immer alles anders, als man denkt!" – so könnte man die quälende Unsicherheit beschreiben, die mit offenen Prozessen verbunden ist. Nur Rahmenbedingungen können geregelt werden, nicht aber bereits das Ergebnis in allen Einzelheiten. Sich einzulassen auf einen offenen Prozess verlangt von den Beteiligten, solche Unsicherheiten und Widersprüche ertragen zu können – eben nicht „alles unter Kontrolle" zu haben.
4. *Der Verlust von Orientierung:* „Früher war alles viel einfacher und klarer": Scheinbar klar waren Freund und Feind, eindeutig und oft vorgegeben waren politische Zielsetzungen und Werte. Nun sollen Betriebsräte konstruktiv und kooperativ gestalten, neue Bündnispartner suchen, sich auf neue Gestaltungsfelder und Aufgaben einlassen, die betroffenen Beschäftigten mit ihren individuellen (u.U. ja antigewerkschaftlich und divergierenden!?) Interessen agieren lassen, Althergebrachtes in Frage stellen... – das alles stellt hohe Ansprüche an die politische Orientierung. Es erfordert, zu akzeptieren, dass man unsicher ist und nicht immer bereits Antworten weiß, dass man manchmal nach neuen Ufern und Zielen im offenen Diskussionsprozess sucht und Widersprüche erträgt.
5. *Der Maßstab für Erfolg:* Misserfolg und das, was nicht erreicht werden konnte, sind immer schnell zu erkennen und melden sich lauthals zu Wort; an ihnen wird in der Regel die politische Auseinandersetzung geführt. Erfolge werden so oft zerredet und zugedeckt, sie treten aber oft auch erst nach sehr langer Zeit zutage und sind manchmal viel weniger deutlich greifbar – hierfür wird ein „langer Atem" benötigt.
6. *Die Folgen der Misstrauenskultur:* „Sind die positiven Veränderungen und die gut klingen den Erklärungen einst gemeint?" Diesen Zweifel haben viele Betriebsräte, wenn sie sich in solche Prozesse begeben und ihr Gegenüber plötzlich anders wahrnehmen als bisher. Das gilt auch anders herum: „Will der Betriebsrat uns mit seiner Kooperationsstrategie über den Tisch ziehen?" fragt sich die Gegenseite, die den Betriebsrat vielleicht nur als Fundamental-Opposition kennt.
7. *Die Angst vor Machtverlust:* „Wenn die Betroffenen ihre Interessenvertretung selbst in die Hand nehmen, wozu brauchen sie dann noch einen Betriebsrat?" – so meinen viele Betriebsräte, die Angst vor Beteiligung haben und noch dazu spüren,

dass ihre klassischen Machtinstrumente, nämlich die betriebsverfassungsrechtlichen Mitbestimmungsrechte kaum mehr greifen. Außerdem bleibt doch, dass die Verteilung der Ressourcen ungerecht ist!

8. *Kapazität und Kompetenz:* „Haben wir nicht schon genug zu tun mit unseren ‚eigentlichen' Aufgaben? Warum sollten wir jetzt auch noch das Geschäft des Arbeitgebers machen?" Viele Betriebsräte fühlen sich hoffnungslos überfordert und den Experten unterlegen, wenn sie sich mit ihren beschränkten Mitteln in solche Prozesse begeben.
9. *Die Spaltung des Betriebsrats:* „Wie halten wir das selbst durch?" Betriebsräte zerstreiten sich oft nicht nur an der Grundsatzfrage, ob und wie man sich einbringen soll, sondern auch an Detailfragen: Wenn es Gewinner und Verlierer gibt, versucht jeder seine Belegschaftsgruppe zu retten. Im komplizierten Argumentationsstreit hängen anerkannte Profis im Betriebsrat den Rest schnell ab und profilieren sich auf dessen Kosten.
10. *Organisationsentwicklung im Betriebsrat:* Ein Betriebsrat, der im wesentlichen ein „Ein-Mann-Unternehmen" oder sehr zentralistisch und hierarchisch ausgerichtet ist, kann in solchen Prozessen nicht bestehen. Oft fehlt die notwendige Diskussions- und Beteiligungskultur und das Vertrauen untereinander auch innerhalb des Betriebsrats. Beteiligung, Vielfalt und Argumentationsstreit stellen jedoch eine Stärke dar und sind auch innerhalb der Interessenvertretung oft erst in einem längeren Organisationsentwicklungsprozess zu entfalten.

## 2.2 Widerstand gegen Veränderungen – auch ein Abwehrmechanismus

Führungskräfte, Mitarbeiter und z.T. Betriebsräte in den Unternehmen werden von ihrer Unternehmensführung und z.T. von eigens für solche Veränderungsprozesse eingerichteten Projektgruppen zur Mitarbeit an ihren Plänen und Konzepten angehalten. Oft werden sie allerdings leider auch erst zu spät, nämlich zu deren Umsetzung einbezogen. Verwundert stellen die „Promotoren" und oft auch ihre externen Berater dann fest, dass sie auf direkten oder indirekten starken Widerstand stoßen:

- Konzepte werden scheinbar ohne Alternativen endlos wiederholt in Frage gestellt oder verschleppt.
- Mitarbeiter, deren Auftrag es ist, die Projektgruppen-Vorschläge in ihren Fachbereichen zur Diskussion zu stellen, unterlassen dies, stellen sie dann aber – nach Verabschiedung – gemeinsam in Frage,
- Es werden Vorgehensweisen verabschiedet, aber nicht realisiert, ohne dass dies durch verbindliche Gespräche und Vereinbarungen hinterfragt und verändert wird.
- Es werden ständig wichtige Termine verschoben, ohne dass es zu mehr als wiederholtem Beklagen der einen oder anderen betroffenen Seite kommt.

Diese Liste ließe sich beliebig verlängern; jeder, der schon einmal eine Rolle in Umstrukturierungsprozessen einnehmen durfte oder musste, wird dies wissen. Unter Unternehmensberatern und Vorständen wird dies, wenn überhaupt, als Widerstand aus z.T. ja sehr berechtigten Ängsten wahrgenommen: Eine Mitarbeit an Einsatzplänen moderner Technologien kann zur Monotonisierung, Verdichtung der Arbeit oder gesundheitlichen Mehrbelastungen führen, vielleicht wird dem einen oder der anderen bei einer Geschäftsprozessanalyse ineffektives Arbeiten nachgewiesen. Und schließlich: Welche Führungskraft soll sich freien und motivierten Herzens an Lean-Management-Prozessen beteiligen, wenn sie nicht mit großer Sicherheit davon ausgehen kann, dass ihr Arbeitsplatz nicht unter denen ist, die zur Disposition stehen? Benchmarking, Outsourcing... – es gibt heute viele Gründe, vor Verlust des Arbeitsplatzes oder mindestens der Position Angst zu haben. Auf den ersten Blick überraschend – und entsprechend negativ bewertet – scheint demgegenüber der Widerstand in Form von Verschleppung oder Boykott von Mitarbeitern bei Organisationsentwicklungsprozessen, welche einen emanzipatorischen Kern haben. Dies gilt z.B. bei Gruppen- oder Teamarbeitsmodellen, die in vielen Unternehmen derzeit eingeführt werden.

## Fallbeispiel: Mitarbeiter-Team

Ein neu gebildetes Team in einer EDV-Abteilung eines Großunternehmens der Dienstleistungsbranche bekommt, vom Betriebsrat des Hauses „erkämpft", vom Vorstand zugestanden, wie alle anderen seines Bereiches und des Unternehmens einen zweitägigen Teamentwicklungs-Workshop vorgeschlagen. Zu Beginn des Workshops werden von den Trainern, die im Vorfeld durch Personalentwicklung, EDV-Leitung und Trainer eingebrachten und diskutierten Themen vorgestellt und nach Übereinstimmung, Abweichung, Vorschlägen, Plänen und Wünschen für die zwei Tage gefragt. Das Team verweigert die Mitarbeit, indem es keinerlei Fragen, Themen, Vorschläge, Kritik etc. hat und auch nach mehrmaligen Nachfragen insistiert, es sehe nur einfach keinen Sinn darin. Wird etwa noch eine Kritik an den Trainern laut, und sind diese dann noch supervisorisch und gruppendynamisch unausgebildet bzw. unerfahren, so endet dieser Workshop entweder als zäh schleppende Veranstaltung, aus dem die Beteiligten geschlaucht herausgehen (die Trainer, weil sie die ganze Zeit für die Gruppe an der Gruppe vorbei gearbeitet haben, die Gruppe, weil sie passiv und auf ihrem eigentlichen Thema sitzen bleiben musste), und es wurden zwei Tage und Kosten vergeudet, oder aber der Workshop wird von einer der beteiligten Seiten abgebrochen. Sind die Trainer erfahrene Supervisoren, so werten sie die Reaktion des Teams nicht als Ablehnung ihrer Person, sondern als Abwehr gegen die Institution. Sie nehmen den Trotz wahr und können die dahinterstehenden Kränkungen und Ängste des Teams thematisieren helfen (in dem vorliegenden Fall die vorangegangene Trennung einer gemeinsamen großen, gut und eng kommunizierenden Arbeitsgruppe in zwei kleine und die Beendigung eines Arbeitsrituals, das den Gruppenmitgliedern zwar keine Privilegien, aber offenbar große Sicherheit gegeben hatte: Sie mussten einen jahrelang besessenen Arbeitsraum aufgeben, zu dem Außenstehende nur durch Klingeln Zugang halten). Erst damit wird der Weg frei für produktive Lösungen und Wege, die zwischen Team und Bereichsinteressen vermitteln.

Dieses Beispiel verweist darauf, dass supervisorisches Denken und Intervenieren als Bestandteil der Arbeit in Unternehmen auch in anderen Formaten (hier dem Training) Bedeutung hat und erlangt. Vor allem aber illustriert es einen Zusammenhang, den

*Mentzos* bereits 1976 in Rückbezug auch auf *Jaques* und *Pages* beschrieb. Ihn zu kennen, erachte ich für die beratende und insbesondere die supervisorische Arbeit in Unternehmen als sehr hilfreich und persönlich auch entlastend: Sein Grundgedanke ist, dass die persönliche Abwehr mit der institutionellen Abwehr korrespondiert. Neurotische Abwehr ist danach gewissermaßen in der Realität verankert; sie ist interaktionell organisiert. Er macht deutlich, dass ähnliche Konstellationen wie zwischen Personen auch in formellen und informellen Gruppen, in Institutionen, kurz, in allen sozialen Systemen wirksam sind *(Mentzos* 1996, S.9). Ähnlich sieht es in letzter Konsequenz auch *Pühl,* der sich hier ebenfalls auf *Pages* bezieht, wenn er sich mit Angst in Gruppen und Institutionen und den Folgen für die beratende Arbeit auseinandersetzt: Deutlich wird auch ihm zufolge, „dass die Institutionsdynamik zumindest ein guter Nährboden für die un-bewusste Übertragungsdynamik seiner Mitglieder darstellt" *(Pühl* 1994a, S. 67f.).

*Mentzos* leitet her, wie es im Rahmen größerer, umgreifender politisch-geschichtlicher Wandlungen, die den Zerfall von sozialen Systemen und insbesondere von Institutionen mit sich bringen, auch zur Auflösung der damit zusammenhängenden institutionalisierten psychosozialen Abwehrkonstellationen kommt. Dies führe wiederum mindestens übergangsweise unvermeidlich zu Komplikationen im seelischen Gleichgewicht des einzelnen:

„So läßt sich vermuten, dass z.B. die rasche Auflösung hierarchischer Systeme und autoritärer Strukturen – so sehr diese Entwicklung im Prinzip als eine positive, da emanzipatorische angesehen werden muss – zumindest vorübergehend zur Dekompensation einzelner Individuen führen kann. Dies geschieht bezeichnenderweise nicht nur bei denjenigen, die bis dahin die größeren Machtvorteile hatten, sondern gerade bei den Untergebenen, die zunächst ihre neu gewonnene Freiheit nicht leicht vertragen können. Ist dies schon für politisch-ökonomische soziale Systeme anzunehmen, bei denen die psychosoziale Abwehr nur eine zusätzliche Funktion darstellt, so gilt es um so mehr für Institutionen, bei denen Abwehr an erster Stelle rangiert." *(Mentzos* 1996, S.86).

Begleitend zu historischen Umbrüchen wirken sie als tiefgreifende Verunsicherung und befördern regelrechte Krisen – „verständlich, wenn man bedenkt, dass hier Abwehrformen nicht etwa freiwillig, nach Vollzug einer inneren Reifung aufgegeben werden. Die Abwehr bricht vielmehr aus äußeren Gründen zusammen, so daß der einzelne womöglich gar nicht darauf vorbereitet ist" (ebd.).

Eine klassische Gruppe bzw. Institution, bei der „Abwehr an 1. Stelle" steht, ist sicher die Arbeitnehmervertretung. Die große Verunsicherung, welche die Ansprüche nach Offenheit, Gestaltungspolitik und Mitarbeiterbeteiligung an die Arbeitnehmervertretungen in Unternehmen bewirken, ist vor diesem Hintergrund nur zu verständlich (vgl. das Fallbeispiel in Abschnitt 3). Zu der Abwehr kommt hinzu, dass einige damit noch ihr persönliches Schicksal verbunden haben: die freigestellten Betriebsrats-Mitglieder. Diese müssen, um das Äquivalent zur betrieblichen Karriere zu finden, ihre Haltung verteidigen. Offenheit bei ihnen könnte mit persönlichen Konsequenzen verbunden sein: Bedeutungsverlust heißt ggf., persönlich auf dem Abstellgleis zu stehen. Wo aber hin im Betrieb, in dem gemeinhin Betriebsratsarbeit die Karriere nicht fördert, sondern hemmt oder beendet?

Der oben beschriebene Unternehmenswandel ist eingebettet in den Prozess des Abbaus gesellschaftlicher Institutionen: Deregulierung und Abbau zentraler Sicherungssysteme (etwa der Renten- und Krankenkassensysteme), Zusammenbruch von Gesellschafts- und Wandel von Wertesystemen, politischer Wandel, Bedeutungsverlust der Gewerkschaften usw. entsprechen dem. Wie stark dies alles zusammengenommen auf die Menschen in den Unternehmen als Verunsicherung „durchschlägt", hängt nicht nur vom konkreten Handeln und Verändern in den jeweiligen Organisationen ab. Stark wirkt auch ihre jeweilige Prägung durch Struktur, Geschichte und Kultur.

Das seelische Gleichgewicht von Menschen, die z.B. in größeren Unternehmen des Finanzdienstleistungsbereichs (insbesondere Versicherungen) arbeiten, ist im Kern getroffen. Denn die Unternehmenskultur ist hier geprägt durch Werte wie Sicherheit, Beständigkeit, feste Rahmung; die Struktur entspricht hier vormals eher einer stark hierarchischen Verwaltung oder Bürokratie; die Mentalität ist hier von Beamtendenken beeinflusst Dies hat einst die Arbeitsplatzwahl ebenso beeinflusst, wie es jetzt Identifikation, Motivation und Veränderungsbereitschaft prägt. Mir selbst erscheinen solche Häuser diesbezüglich oft wie große Ozeandampfer: Das Beschleunigen und Bremsen hat erst mit großer Verzögerung Wirkung; der schnelle Wechsel ist kaum möglich, mit großen Kurven verbunden.

Ganz anders gelagert sind Kultur und Veränderungsbereitschaft z.B. in Produktionsbetrieben (etwa der Automobil- oder Maschinenbauindustrie, aber auch von Möbelherstellern). Ausmaß und Art von Verunsicherung der dort Arbeitenden sind anders:

Ständige Veränderungen und Anpassung der Produkte ist hier lange (immer?) schon Arbeits- und Produktionsvoraussetzung. Hier ist oft die Geschwindigkeit von Neuerungen für Außenstehende schon schwindelerregend, während die Mitarbeiter dies kaum zu merken scheinen. Pragmatismus wird hochgehalten. Wandel ist nicht negativ besetzt; aber eine neue Philosophie und neue Leitbilder sowie Organisationskonzepte, wie selbstverantwortliche Gruppenarbeit, passen sich nur schwerfällig in eher technisch-pragmatisches Denken ein. Zudem werden Leitbilder auch hier, wie in den meisten Unternehmen, nicht als „Prozess innerer Reifung" verändert, sondern zunächst „von oben" vorgegeben (vgl. *Belzer* 1995).

# 3. Supervision: Entlastung, Kompensation und Aktivierung

## 3.1 Worum es im Kern geht

Zur wesentlichen Voraussetzung für die Bewältigung des Wandels für die Organisationen werden Kooperation, Motivation und Verbindlichkeit zur wichtigen persönlichen Voraussetzung neben der fachlichen Qualifikation soziale Kompetenz und Beziehungsfähigkeit. Die Beziehungsgestaltung wird in Unternehmen ein wichtiger Beitrag zum wirtschaftlichen Erfolg. Insofern meine ich, dass sich Profit- und Nonprofit-Kultur tendenziell angleichen, denn in letzterer erhält umgekehrt die Kosten-, Leistungs- und Zielorientierung zunehmend Gewicht. Wenn Menschen, so von *der Laan* (1993), ihre Organisation verantwortlich gestalten wollen, müssen sie die Herausforderung annehmen und in ihren Vorstellungen den Entwicklungen aktiv vorauseilen. Nur so werden sie zu Trägern der immer wieder notwendigen Umgestaltung. Gleichzeitig kann nur gemeinsames Nachdenken vor blindem Aktionismus schützen, der ebenso schädlich ist wie starres Festhalten am Bestehenden.

Unter diesem Gesichtspunkt ist es wichtig, auf die Bedeutung von Organisationsbewusstsein und Selbstreflexion hinzuweisen. Tatsächlich muss es Raum für diese organisationale Selbstreflexion geben. Sie aber wie *Buchinger* (1997, S.54, 126) weiter undifferenziert zum Gegenstand der Supervision zu machen ist ein zweites Paar Schuh. Es sollte nicht die Vorstellung genährt werden, dass es zwischen Supervision und Organisationsberatung keinen Unterschied gebe *(Wimmer* 1997, S.83). Für Reflexion von Organisationen sind die internen Institutionen und Organisationsberatungsprozesse (mit externer Unterstützung) der richtige Ort. In der Supervision hat dieses Reflektieren aber „nur“ insofern seinen Raum, als dort organisationale Anforderungen (inkl. Markt- und Kundenanforderungen) mit individuellen Rollen und Emotionen verbunden werden müssen. Darum aber geht es genau, denn mehr noch als Organisationsbewusstsein brauchen die Mitarbeiter Selbstbewusstsein im Wortsinne.

In vielen Unternehmen, Gruppen, Einzelberatungen geht es dabei eher um eine Verlangsamung von solchen Umgestaltungsprozessen, um das affektive Nachvollziehen; es geht um Überforderungsgefühle und Unverständnis. In anderen kommt der Aktivierung eine große Rolle zu: Es geht dort darum, Angst und Abwehr zu thematisieren und zu verstehen und Lust auf die Veränderung zu wecken (keinesfalls gleichzusetzen mit blindem Anpassen). In jedem Fall geht es darum, die Leistungsfähigkeit der Träger der Umstrukturierungsprozesse sicherzustellen bzw. wiederherzustellen. Identifikation mit der Arbeit, Motivation und Kreativität sind zu stärken. Der Weg dazu führt häufig über Entlastung und Kompensation.

In allen Fällen ist es die spezielle Aufgabe der Supervision, dass mit ihrer Hilfe die Veränderungen emotional verstanden und getragen werden können. Dazu müssen Aktivitäten mobilisiert werden, die zwischen individuellen und betrieblichen Bedürfnissen vermitteln. Es geht darum, Alt mit Neu verbinden zu können; zu sehen, worin die betrieblichen Strukturen und Abläufe die persönliche berufliche Rolle und Befindlichkeit berühren und verändern. Es gilt, Übereinstimmung mit wichtigen Zielen herzustellen, indem sie auf ihre Akzeptierbarkeit und Veränderbarkeit hin hinterfragt werden. Insofern ist Supervision ein Beitrag zur Emanzipation, dazu, wie *Maurer* (1996, S. 75f.) sehr schön formuliert, „eigene innere Stabilität und fachliche Kompetenz zu entwickeln, im Rahmen der eigenen Rolle Verantwortung, Autorität und sinnvolle Macht zu nehmen und nicht vor eventuellen Konflikten nach oben oder unten zurückzuschrecken.“

Ich möchte im folgenden in den verschiedenen Supervisionsformen konkrete Beispiele und stellvertretend gezeigte Fälle, Anlässe und Folgen des Unternehmenswandels (wie Überforderung, Ängste und Abwehr) und den Sinn von Supervision im jeweiligen Zusammenhang zeigen. Dabei wird auch der Beitrag, den Psychodrama in Supervisionen mit der o.g. Ausrichtung hat, deutlicher.

## 3.2 Teamsupervision

Teamsupervision kann heute in vielen Unternehmen unmittelbar den Prozess der Teamentwicklung unterstützen *(Supervision* 1996).

Beispiele:

- Supervision von Organisationsentwicklungs-Projekten,
- Supervision von festen Teams,
- Supervision des Betriebsrats als Team.

## Fallbeispiel: Betriebsrats-Team

In einem Dienstleistungsunternehmen ist ein 15-köpfiger Betriebsrat tätig. Der BR-Vorsitzende ist Akademiker, eher interessiert an neuen Wegen und Herausforderungen und an inhaltlichen Auseinandersetzungen. Der stellvertretende Vorsitzende ist gleichzeitig Gesamtbetriebsratsvorsitzender, aktiver Gewerkschafter und „alter Fuchs" in Tarifverhandlungen. Beide werden in Betriebsrat und Belegschaft sehr geschätzt, wobei jeder seine Klientel hat: Beim einen findet sie eher Gehör und Ideen, beim anderen Schutz und Vertrautes. Insgesamt ist der Betriebsrat mit dieser Doppelspitze (die anderen Mitglieder sind nicht sehr profiliert und haben Orientierungsprobleme) stark und einflussreich.

Das Unternehmen plant eine grundlegende Strukturänderung im Sinne des „Lean Managements" und bietet dem BR die Mitarbeit im zentralen Projektgremium an. Zwei Mitglieder, darunter der Vorsitzende, werden für die nächsten 11/2 Jahre entsandt, widmen sich dieser Tätigkeit mit Enthusiasmus und erwerben durch ihre Vorschläge und ihr Vorgehen großes Ansehen. Für die übrigen im BR wird es immer schwieriger, die umfangreiche Arbeit ihrer Vertreter nachzuvollziehen. Vieles erscheint ihnen fremd. Da der Strukturprozess widersprüchlich verläuft und von der Unternehmensseite schlecht geführt und koordiniert wird, gibt es Unsicherheit und Unmut in der Belegschaft. Das verfehlt auch innerhalb des BR seine Wirkung nicht: Der stellvertretende Vorsitzende, dem diese ganze Strukturgeschichte von Anfang an suspekt war („Ziehen die uns nicht über den Tisch? Sind das überhaupt noch unsere Aufgaben?"), bringt das Murren auf den Punkt und merkt immer häufiger seine grundsätzlichen Vorbehalte an. Die beiden Vertreter verteidigen ihre Vorgehensweise und verweisen auf die Erfolge, die aufgrund der schwachen Projektleitung immer wieder erreicht werden. Innerhalb des BR wird dies anders wahrgenommen. Da ist häufig vom „Bauch" die Rede, in dem trotz der ganzen Erfolge ein schlechtes Gefühl herrsche: „Betreiben wir nicht das Geschäft der anderen Seite? Co-Management, das ist doch gar nicht unsere Aufgabe, da übernehmen wir uns!" Immer wieder wird das Grundsätzliche an-, aber nicht ausdiskutiert: Alle spüren, dass da ein Graben entsteht, und schütten ihn hastig und oberflächlich mit Formelkompromissen zu („wir müssen einig sein, zusammenhalten").

Am Ende des Strukturprozesses stehen sich die beiden BR-Fürsten unversöhnlich gegenüber, zwischen ihren Einschätzungen gibt es keinen Brückenschlag. Bei der Gesamtauswertung und bei allen Folgeaktivitäten müssen sich die übrigen BR-Mitglieder zwischen zwei Konzepten (und Kollegen) entscheiden: Weiter auf offene Prozesse einlassen und Vorschläge machen? Oder auf die Tradition besinnen und bei seinen Leisten bleiben? Die Mehrheit ist verunsichert und entscheidet sich für das Vertraute, das weniger Angst macht und bewältigt werden kann. Der Vorsitzende muss Entscheidungen vertreten, die gegen seine Stimme getroffen worden sind. Aus dem Sich-Belauern der beiden Kontrahenten erwächst ein tiefes Mißtrauen. Der Stellvertreter, dem die ganze Richtung nicht mehr passt, schart um sich eine kleine Gruppe von Unzufriedenen, die sich gemeinsam auf die Sitzungen vorbereiten und koordiniert auftreten. Der Vorsitzende zieht sich zurück, fühlt sich verletzt und unverstanden. Mehrheitsbeschlüsse werden gefasst, die die BR-Politik wieder auf traditionell gewerkschaftliche Beine stellen. In Protokollen wird eigenmächtiges Vorgehen des Vorsitzenden angeprangert. Dieser tritt zurück.

Offensichtlich wurde die Leitungsfrage im Team nicht geklärt und der Abwehrmechanismus gegen die Veränderungen in der Institution aufrechterhalten, indem er über einen innerorganisatorischen Machtkampf ausgetragen wurde. Energien zum Handeln gehen verloren, die verschiedenen Kompetenzen und Qualifikationen im Gremium können nicht produktiv zusammengeführt werden. Folge ist, dass das Gremium im Hause geschwächt ist.

Ein Mitglied des „neuen" verbliebenen Gremiums (der Stellvertreter ist geblieben, ein anderer Vorsitzender geworden), das eng mit dem Vorsitzenden zusammengearbeitet hat, überzeugt die Kollegen davon, Supervision in Anspruch zu nehmen. Die Kollegin hat Angst, die Spaltung des Gremiums könnte sich fortsetzen, Isolation wiederholen. Es wird zunächst ein mehrstündiger Workshop vereinbart. Danach wird entschieden, ihn zunächst alle zwei Monate zu wiederholen. Im Gespräch und mit Hilfe kleiner psychodramatischer Arrangements und Techniken wird der Gruppe deutlich, dass sie die vergangene Geschichte noch nicht verarbeitet hat, und es gelingt, den Prozess langsam gemeinsam zu rekonstruieren. Im Laufe der Zeit können die gruppendynamischen Wirrungen, sortiert und geklärt werden, die durch die Ambivalenz von Abwehr- und Anpassungsanforderungen des Gremiums in ihrer politischen Umorientierung entstanden sind. Der Supervisor wirkt integrierend (vgl. *Pühl* 1994a, S. 68f.) und bringt die unvereinbar erscheinenden Teile wieder zusammen – (z.B. indem er im Rollentausch die unterschiedlichen Wünsche der Betriebsrats-Klientel, der Beschäftigten, nach Sicherheit und Offenheit sichtbar werden lässt). Die Diskussion wird auf die in den Hintergrund getretene und unklare gemeinsame Arbeitsaufgabe zurückgeführt:

- Welche Anforderungen treten an die Mitarbeiter des Hauses in Zukunft heran?
- Wie wird das Gremium effizient und erfolgreich innerhalb der Gesamtorganisation?
- Welche positiven gemeinsamen Ziele gibt es?

Ein neues Arbeitsbündnis kann wachsen. Auf dieser Basis können bei behutsamem Vorgehen des Supervisors auch Kränkungen und Ängste thematisiert werden, die hinter abwehrenden und passiven Verhaltensweisen stehen:

- Ist unser Rückzug auf die „eigentlichen" Aufgaben nicht ein Rückzug auf die gewohnten Aufgaben, in denen wir uns „Zuhause" fühlen?
- Ist es nicht ein altes Tarifverhandlungsmuster, mit dem wir dem Arbeitgeber gegenübertreten, wenn wir im Argumentationsaustausch nur auf Manipulation (er oder ich) statt auf Argumente setzen und versuchen, den verschiedenen Interessen gerecht zu werden?
- Passen diese Muster überall? Passen sie heute hier?
- Ist es nicht notwendig, alte Muster über Bord zu werfen?
- Was bedeutet das für uns: Wie schwer ist es Abschied zu nehmen? Was kann bleiben?

Gleichzeitig werden Macht- und Einzelkonflikte zweitrangiger: „Mein Anteil an der Arbeit im Gremium kann wichtig sein, ohne dass du deinen genauso machen musst". „Wir müssen keine Familie sein, um gut zusammenzuarbeiten." Konflikte werden thematisierbar und müssen nicht zugedeckt werden, weil sie großenteils ihre sprengende Kraft verlieren. Im Gremium wird die Bedeutung der Delegation von Verantwortung an Einzelne deutlicher.

Gut wäre es gewesen, wenn die unausgesprochenen Ängste der Betriebsratsmitglieder zu einem früheren Zeitpunkt ihren Raum gefunden hätten (sehr schön lassen sie sich in vertrauensvollem Klima in psychodramatischen Szenen, Figuren, Skulpturen usw. darstellen). Durch eine gemeinsame Auflösung der Vermischung von Beziehungs- und Grundsatzdebatte hätten Bedingungen geschaffen werden können, zu einer gemeinsamen Haltung zu kommen. Vielleicht wäre eine Spaltung bzw. der Weggang des Vorsitzenden dann unnötig geworden.

Ich habe aber nicht umsonst vom „behutsamen" Vorgehen des Supervisors gesprochen: einerseits, weil es erforderlich ist, Beziehungs- und andere Konflikte unter freigestellten Betriebsräten, die das Verbleiben in der Position im Betriebsrat gefährden könnten, noch vorsichtiger anzugehen; andererseits, weil sich die Angst und Abwehr auch auf den Supervisionsprozess und den Supervisor übertragen. In konfliktreichen Situationen gänzlich vermieden, haben Supervisoren, selbst wenn sie zum Zuge kommen, in solchen Institutionen beim Ausbalancieren von Freiraum und Sicherheit mit Projektionenübertragungen *(König, Staats* 1996) und mit Autoritätskonflikten zu kämpfen und werden selbst Gegenstand von Wut und Aggression.

Eine typische Situation, in die Supervisoren, Trainer und Berater in Organisationsentwicklungsprozessen dadurch häufig geraten, beschrieb *Pühl* (1994a, S.68) als „Leiterspiel": Arbeitsgruppen handeln in der berufsbezogenen Reflexion ihre Ambivalenz (nämlich den Wunsch nach selbstbestimmter Arbeit und den Mangel an regressivem Rückzug, z.B. unter der Führung eines Vorgesetzten) in besonderer Weise am Supervisor ab. Der Supervisor wird auch als Leiter im Sinne eines Vorgesetzten angesehen. Unbewusst wird in Auseinandersetzung mit ihm seine Leiterqualifikation erprobt und wird versucht, dem Supervisor die Strukturierungsrolle anzubieten, um ihn darin scheitern zu sehen. Dies ist oft verbunden mit unterschwelliger Aggression und Ablehnung. Erkennt der Supervisor dieses Spiel nicht und spielt es unbewusst mit, wird auch die Möglichkeit des Supervisors verspielt, Autorität sinnvoll zu leben *(Maurer* 1996, S.74) und dabei Modell für eigenes Handeln zu sein.

## 3.3 Einzelsupervision

In vertrauensvollem Gespräch unter vier Augen können die Supervisanden Raum finden, anstehende Situationen, Entscheidungen, Probleme, Gefühle usw., eben alles, was sie berührt und was in supervisorisches Format und Kontrakt „passt", anzusprechen.

Beispiele:

- Klärungshilfe zu Beginn und im Verlauf der Führungskräfte-Entwicklung,
- praxisbegleitende Weiterentwicklung für Führungskräfte,
- Rollenberatung und Vorbereitung auf neue Aufgaben bei Führungskräften,
- Rollenberatung und Vorbereitung auf neue Aufgaben bei Projektleitern,
- Klärung von Konflikten, die einzelne mit Führungskräften oder in ihren Teams haben,
- Klärungshilfe für Mitarbeiter zur Karriereplanung.

## Fallbeispiel: Ingenieur

Herr A. ist der junge, tatenfreudige technische Leiter in einem mittelgroßen süddeutschen Betrieb und dort wesentlich verantwortlich für die neuen Produktionskonzepte. Seine neue hohe Position und Verantwortung verdankt er gerade seinen Ideen und seiner Energie bei der Entwicklung und Umsetzung dieser neuen Konzepte in den letzten Jahren. Er ist von Haus aus Ingenieur ohne zusätzliche (Fort-) Bildung in sozialpsychologischen Kompetenzen. Er hat um Supervision nachgesucht, weil er von seinem Chef, Geschäftsführer der Firma und sein persönlicher „Unterstützer", gehört hat, dass Supervision (wie sie von der Supervisorin in einem betrieblichen Steuerkreis als Beratungsform vorgestellt und angeboten wurde) eine sinnvolle Sache sei, die er selbst schon vor etlichen Jahren in den USA in Anspruch genommen habe. Seine Haltung in der Kontraktsitzung ist widersprüchlich: einerseits unsicher-unwissend: „Was haben Sie mir denn (als Thema) anzubieten?" „Was wird denn am Ende (15 Sitzungen hat er schließlich kontraktiert) das Ergebnis sein?" Er hat also letztlich eine ingenieurtechnische pragmatische Sicht. Andererseits hat er eine Reibe von Fragen, die er für sich sortieren und klären möchte, die sich in der Fragestellung zusammenfassen lassen: „Wie kann ich im Unternehmen kreativ sein (was die Firma und insbesondere er selbst von sieh verlangt), wo doch mein Arbeitsdruck so hoch ist?"

Im Laufe von mehreren Treffen stellt sich heraus, dass er, von großer Veränderungslust geradezu getrieben, sich vor der unauflösbaren Wand von mehr oder minder großen „Ignoranten" mit großem Unverständnis und Passivität gegenüber seinen Umstrukturierungsplänen sieht. Er klagt, sie verstünden die Philosophie moderner Produktionskonzepte nicht. In Gesprächen reflektiert er sein Kreativitätsverständnis: allein (wie sein Onkel, der Erfinder) etwas „austüfteln", wenn es um's Umsetzen gebt, schon wieder weiter sein. Mithilfe des Einsatzes von Soziometrie und sozialem Atom rekonstruiert, reflektiert und konstruiert er erneut seine betriebliche Situation. Mithilfe des Rollentausches mit den ‚Ignoranten" wird nach und nach erhellt, inwiefern und warum sie sich nicht verstehen können. Ansprech- und Handlungsweise werden überprüft und z.T. schon durch ihren Nachvollzug im Spiel probeweise neu konstruiert *(Fellmann, Buer 1995,* S.163). Aufgedeckt werden kann mit der Zeit der Widerspruch zwischen dem Anspruch des Mittragens der Philosophie (von Offenheit, Veränderung, Kooperationsfähigkeit) und eigenem Funktionsdenken. Psychodrama übernimmt hier in besonderer Weise die doppelte Funktion: Methode der Selbsterkenntnis zu sein und Spielfeld für die Entfaltung der eigenen Kreativität. Selbst-Verständnis. Führungskompetenz und Leistungsfähigkeit können gestärkt werden.

## 3.4 Gruppensupervision

Potentielle Teilnehmer arbeiten nicht direkt zusammen, finden sich aber möglicherweise im selben Aufgabenbereich, z.B. als Führungskräfte, Fachkräfte oder Projektleiter aus unterschiedlichen Abteilungen oder an einer gleichen Problemstellung. Sie können sogar aus verschiedenen Unternehmen kommen. Eine ganze Reihe von Fragen, die im eigenen Arbeitsfeld bzw. Team schwer anzusprechen sind, bei denen aber der Erfahrungsaustausch wichtig ist, können hier thematisiert und reflektiert werden. Die Angst vor solchen gemeinsamen Runden, dort, wo man mit Supervision als Beratungsform noch nicht vertraut ist, ist allerdings noch groß. Ich könnte mir vorstellen, dass hier zur Zeit weithin der Zugang allenfalls über unternehmensübergreifende oder (in sehr großen Unternehmen) in abteilungsübergreifenden Trainings erfolgt.

Beispiele:

- Rollenverständnis alte und neue Führungskraft,
- Unternehmensübergreifende Supervision mit Personal- und Organisations-Entwicklern.

## 4. Hindernisse und Hemmschwellen: viel Bedarf, wenig Erfahrung

Bekanntermaßen stehen noch nicht alle Unternehmen (und potentielle Supervisanden darin) Supervision aufgeschlossen gegenüber – und leider auch nicht diejenigen, die dort oft eher für Beziehungsarbeit, z.B. in Teams, zuständig gemacht werden: die Frauen *(Kieper-Wellmer* 1996; *Frauen* 1991). Aber dies ist ein Thema für sich. Warum gibt es im Unternehmensalltag noch relativ wenige positive Beispiele? Es gibt m.E. dafür im wesentlichen drei Gründe: Abwehr, Unwissen und Vorverurteilungen („Psychoquatsch"), Angst vor Psychotherapeutisierung sowie Angst vor Konfliktdynamiken und Beziehungsklärungen. Alle diese Gründe wurzeln letztlich in der eingangs zitierten Grundkultur. In Unternehmen wird der Mensch noch selten ganzheitlich gesehen, und der große Konsens bzgl. Arbeit lautet noch oft: Bringen wir's hinter uns! Die einen wollen von Ursachen einer Funktionsstörung nichts wissen, können Gefühle, Ratlosigkeit und Leistungseinbrüche kaum akzeptieren und empfehlen ihr „Reiß dich zusammen!" Die anderen wollen nicht so viel von sich preisgeben, sich keine Blöße geben.

Deshalb sind es oft nur zwei Wege, die aus diesem Dilemma herausführen: Ein Mitglied des Managements denkt anders. Wenn etwa ein Vorstandsmitglied sich erkennbar anders verhält, sich um seine Führungskräfte Sorgen macht und neuen Wegen der Unterstützung aufgeschlossen gegenübersteht, gibt er anderen Deckung. In seinem Windschatten kann man sich etwas trauen. Wird aber „weiter gewurschtelt" und werden die Probleme hartnäckig nicht zur Kenntnis genommen, so wächst der Druck für den einzelnen. Entlastung ist nicht in Sicht; statt dessen entwickeln sich individuelle Lösungen: Krankheit, Sucht, Kündigung usw. Die Beispiele, die *Fengler* (1992, S. 102ff.) anführt, um die beruflichen Deformationen von Menschen in helfenden Berufen bis hin zum Burn-out zu beschreiben, treffen wir im Unternehmensbereich genauso an.

Dann muss Supervision angeboten werden. Diesen Angeboten wird eher gefolgt, wenn die Anbietenden bekannt sind und Vertrauen zu ihnen besteht, wie auch eine Untersuchung über Supervision in Wirtschaftsunternehmen bestätigt *(Lemmer* 1997). Supervision muss als Beratungsform selbst noch erst vertraut werden. Ein Zugang dazu ist über das Coaching entstanden. Der Vorteil des Coachingbegriffs gegenüber dem „abgenutzten" und auf Klinisches bezogenen Supervisionsbegriff der Vergangenheit *(Schreyögg* 1995, S.60), in Unternehmen weniger angstbeladen zu sein und der Unternehmenskultur scheinbar besser zu entsprechen *(von der Laan* 1993), hat die Supervision als Beratung zwischen Psychotherapie und Fachberatung auch dort salonfähiger gemacht. Es sollte aber davor gewarnt werden, diese supervisorische Beratung hinter dem Begriff Coaching zu verstecken, der heute für alles Mögliche und Unmögliche in den Unternehmen steht und von beinahe allen Berufsgruppen besetzt wird. Qualifizierte Supervisoren verderben sich so aus Angst einen Markt, der genau sie braucht.

## Literatur

*Backhaus, K., Gruner, K.* (1997): Epidemie des Zeitwettbewerbs. In: *Ders., Bonus, H.* (Hg.): Die Beschleunigungsfalle oder der Triumph der Schildkröte. Stuttgart, S. 20-46.

*Belardi, N.* (1996): Supervision: Eine Einführung für soziale Berufe. Freiburg.

*Belzer, V.* (Hg.) (1995): Sinn in Organisationen? Oder: Warum haben moderne Organisationen Leitbilder? München.

*Beyer, H., Fehr, U., Nutzinger, H.G.* (1995): Unternehmenskultur und innerbetriebliche Kooperation: Anforderungen und praktische Erfahrungen. Wiesbaden.

*Buchinger, K.* (1997): Supervision in Organisationen: Den Wandel begleiten. Heidelberg.

*Buer, F.* (1996): Methoden in der Supervision – psychodramatisch angereichert. *OSC* 3, 1, 21-44.

*Bullinger, H.J. (1995):* Arbeitsgestaltung. Personalorientierte Gestaltung marktgerechter Arbeitssysteme. Stuttgart.

*Butzko, H.G.* (1994): Supervision in Wirtschaftsunternehmen. In: *Pühl, H.:* Handbuch der Supervision 2, S. 316-330.

*Deysson, C.* (1997): Mut zur Langsamkeit. *Wirtschaftswoche,* Nr. 17 v. 17.4.97, 108-119.

*Doppler, K.., Lauterburg, C.* (1994): Change Management. Den Unternehmenswandel gestalten. Frankfurt.

*Fellmann, F., Buer, F.* (1995): Das Psychodrama als philosophische Praxis. Das Verhältnis von Philosophie und Psychodrama. In: *Buer, F.* (Hg.): Jahrbuch für Psychodrama, psychosoziale Praxis und Gesellschaftspolitik 1994. Opladen, S. 141-168.

*Fengler, J.* (1992): Helfen macht müde: Zur Analyse und Bewältigung von Burn out und beruflicher Deformation. München.

*Frauen* (1991): Frauen in der Supervision. *Supervision* 20 (Schwerpunktheft).

*Frei, F.* u.a. (1993): Die kompetente Organisation. Qualifizierende Arbeitsgestaltung – die europäische Alternative. Stuttgart.

*Goleman, D.* (1996): Emotionale Intelligenz. München.

*Katzenbach, J.R., Smith, D.G.* (1993): Teams. Der Schlüssel zur Hochleistungsorganisation. Wien.

*Kern, H., Schumann, M.* (1984): Das Ende der Arbeitsteilung? München.

*Kieper-Wellmer, M.* (1996): Frauen im Profit- und Nonprofit-Bereich: Bei Gruppenarbeitsprozessen Gewinner? Dortmund 1996 (unv. Interview).

*König. K., Staats, H.* (1996): Übertragung und Gegenübertragung in Institutionen. In: *Pühl, H.* (1996), Supervision in Institutionen, S. 60-76.

*Kouzes, J.M., Posner; B.Z.* (1991): The Leadership Challenge. San Francisco.

*Küpper, W., Ortmann, G.* (1988): Mikropolitik. Rationalität, Macht und Spiele in Organisationen. Opladen.

*Laan, K. von der* (1993): Supervision in Wirtschaftsunternehmen – eine Entwicklungsgeschichte aus der Perspektive meines Berufsweges. *Supervision* 24, 12-22.

*Lemmer, R.* (1997): *Handelsblatt* v. 25.4.1997, Rubrik Karriere, 1.

*Maurer, A.* (1996): Supervision in Organisationen als politischer Anspruch. *Supervision* 29, 74-80.

*Mentzos, S.* (1996): Interpersonale und institutionalisierte Abwehr. Frankfurt (erw. Neuausg. 1976, 4. Aufl. 1996).

*Nadolny, S.* (1983): Die Entdeckung der Langsamkeit. München.

*Pühl, H.* (1994a): Angst in Gruppen und Institutionen. Hille.

– (Hg.) (1994b): Handbuch der Supervision 2. Berlin.

– (Hg.) (1996): Supervision in Institutionen. Frankfurt
*Reisach, U.:* Unternehmensleitbilder im Kreditgewerbe. In: *Belzer, V.* (1995), Sinn in Organisationen? S. 55-60.
*Reorganisation* (1997): Jahrbuch sozialwissenschaftliche Technikberichterstattung 1996. Berlin.
*Riekhof H.C.* (Hg.) (1 997): Beschleunigung von Geschäftsprozessen. Stuttgart.
*Scheffler, S.* (1996): Organisationskultur in Frauenprojekten. In: *Pühl, H.* (1996), Supervision in Institutionen, S. 226-240.
*Schreyögg, A.* (Hg.) (1995a): Themenschwerpunkt Organisationskultur. *OSC* 2, 1.
– (1 995b): Coaching: Eine Einführung für Praxis und Ausbildung. Frankfurt.
– (1996): Organisationskultur und Supervision. In: *Pühl, H.* (1996), Supervision in Institutionen, S. 94-113.
*Schulz, K.R.* (1996): Leadership im 3. Jahrtausend. *Gablers Magazin* 6-7/1996, 61.
*Senge, P.M.* (1996): Die fünfte Disziplin. Kunst und Praxis der lernenden Organisation. Stuttgart (Orig. New York 1990).
*Shapiro, E.C.* (1996): Trendsurfen in der Chefetage: Unternehmensführung jenseits der Management-Moden. Frankfurt.
*Sonntag, K.* (1996): Lernen im Unternehmen. München.
*Supervision* (1996): Von der Teamsupervision zur Supervision in Organisationen. *Supervision* 29 (Schwerpunktheft).
*Weigand, W* (1994): Leitungsberatung. In: *Pühl, H.* (1994b), Handbuch der Supervision 2, S. 152-161.
*Wicke, W* (1992): Partizipation, Mitbestimmung, demokratische Technikentwicklung. Dortmund.
*Wimmer, R.* (1997): Buchrezension von „Supervision in Organisationen“. *Organisationsentwicklung* 2/97, 85-87.

# Spezielle Fokussierungen

*Inés Cremer-von Brachel*

# Konzeptentwicklung einer therapeutischen Einrichtung unter psychodramatischer Supervision

Durch fachliche Weiterqualifizierung der MitarbeiterInnen, Veränderungen der Aufgaben, Aufkommen neuer Ideen und Visionen, ökonomische Notwendigkeiten und andere äußere Gegebenheiten muss sich häufig das Konzept einer Organisation (*Buer* 1999) verändern. Die damit einhergehenden Veränderungen, Umstellungen, Widerstände, Durststrecken, Engagements und Enttäuschungen sind für viele MitarbeiterInnnen eine große Herausforderung. Am Beispiel einer relativ jungen Einrichtung werde ich wichtige Aspekte der Konzeptentwicklung unter psychodramatischer Supervision darstellen. Wie in einem Film wird ein Einblick in die Entwicklung während des Supervisionsprozesses gegeben. Durch Detailaufnahmen einzelner Sitzungen werden psychodramatische Szenen der Supervision anschaulich und lebendig: Wie kann ganz konkret mit psychodramatischen Methoden und psychodramatischem Supervisionsverständnis die konzeptionelle Entwicklung einer Organisation gefördert und unterstützt werden?

## 1. Fokussierung supervisionsrelevanter Themen

Konzeptionelle Entwicklungen verändern das Profil einer Organisation(*Doppler, Lauterburg* 1995; *Gairing* 1996; *Scala, Grossmann* 1997). Ich habe eine Einrichtung als Praxisbeispiel ausgewählt, die die erste Phase der Institutionalisierung bereits hinter sich hat. Schwerpunkt dieses Beitrags ist die zweite Phase: die der Professionalisierung und Differenzierung. In diesem Profilierungsprozess treten folgende Supervisionsaspekte bzw. -themen in den Vordergrund:

– *Professionalisierung*
Qualitätsverbesserung des eigenen professionellen Handelns, Orientierung an Qualitätsstandards des Marktes, fachliche Spezialisierung durch Fortbildungen.

– *Differenzierung*
Differenzierung fachlicher Qualifikationen und Unterscheidung unterschiedlicher Kompetenzen und Qualifikationen unter besonderer Berücksichtigung persönlicher Neigungen.

Die Konkurrenz unter den Mitarbeiterinnen gewinnt an konstruktiver Bedeutung und verliert ihre angstbesetzte Konnotation (*Cremer* 1995). Die Arbeit wird nicht mehr unter dem Motto „Alle machen alles" durchgeführt. Die Frage „Wer kann was?" ist handlungsleitend.

– *Institutionalisierung*
Die Grenze zwischen dem Binnenraum der Organisation und der Außenwelt wird profilierter. Zielformulierungen, Außenansichten der Organisation und Fragen nach der Corporate Identity erhalten mehr Aufmerksamkeit. Z.B. werden Prospekte, Flyer erstellt, der erste Internetauftritt vorbereitet. Sponsoring und Anträge für finanzielle Mittel werden mit größerer institutioneller Selbstbewusstheit gestellt.

– *Reflexion der inhaltliche Aufgaben*
Durch die Kontrolle der eigenen Arbeit (Fallsupervision) werden Notwendigkeiten und Möglichkeiten deutlich, sich mit der eigenen Arbeit den anderen zu zeigen: „Wer kann was wie?" Der Bedarf an Fachwissen wächst, Bedarfsanalysen für Fort- und Weiterbildungen werden gezielt und konkret durchgeführt.

– *Rollenkonzept*
Rollen- und Funktionsanalyse, Unterscheidung zwischen Rolle, Funktion und Status (*Petzold, Mathias* 1982).

– *Kulturentwicklung*
Durch die Veränderung des institutionellen Profils werden der Einfluss, der Ausdruck und die Steuerung der Organisationskultur reflektiert und emotionale „Kulturbindungen" neu bewertet und analysiert. Die kulturelle Umbruchphase unterstützt die Profilierung der einzelnen Miarbeiterlnnen (*Bauer* 1996, *Bauer, Gröning* 1995, *Cremer* 1995, *Mentzos* 1994, *Buchinger* 1997).

– *Konfrontation mit den Normen, Werten und ldealen der Institution*
(*Cremer* 1987, *König* 1996).

Im supervisorischen Prozess wird das Augenmerk auf die Balance zwischen folgenden Fokussierungen gelegt: 1. Fallsupervision, 2. Arbeit am Konzept, 3. Reflexion des Entwicklungsprozesses, 4. Differenzierung der fachlichen Qualifikationen und 5. Konfliktklärungen innerhalb des Teams. Alle oben beschriebenen Supervisionsaspekte greifen natürlich ineinander und bedingen sich wechselseitig. Zur genauen Diagnose und Intervention ist diese Unterscheidung notwendig und hilfreich. Ich werde sie im Einzelnen im weiteren Verlauf an einem Praxisbeispiel konkretisieren und aus psychodramatischer Perspektive veranschaulichen.

## 2. Die Organisation als Ausgangspunkt der Reflexion

Die Organisation, auf die ich mich im Folgenden beziehe, hat ihren Arbeitsschwerpunkt in der Beratung und Therapie von Menschen, die durch Gewalterfahrungen traumatisiert sind (*Hermann* 1998, *Schmidbauer* 1998, *Shay* 1998, *Reemtsma* 1998, *Sachsse* 1997, *Fischer, Riedesser* 1998, *Maercker* 1997). Von den Mitarbeiterinnen, die vor etwa zwanzig Jahren die Initiative zur Gründung des Vorläufers dieser Einrichtung ergriffen hatten, sind nur noch zwei Frauen in der Organisation tätig. Das Team besteht heute aus acht Mitarbeiterinnen und wechselnden ehrenamtlichen Mitarbeiterinnen bzw. Honorarkräften. Der Stundenumfang der einzelnen beträgt zwischen sechs und 38,5 Stunden.

Die Teamsupervision begann vor drei Jahren. Vereinbart wurden Team- und Fallsupervision. D.h. konkrete Arbeitsanliegen wurden supervidiert und das Team als Ganzes (Rollen, Aufgaben, Arbeitsbeziehungen, Konfliktattraktoren, personale Kompetenzen) unterzog sich einer kontinuierlichen Reflexion. Konflikte im Arbeitsalltag mit Klienten, Ämtern u.a. oder zwischen Mitarbeiterinnen bzw. zwischen Leitung und Mitarbeiterinnen wurden bearbeitet und Lösungen gesucht. Zeitlich kontraktierten wir eine zweieinhalbstündige Sitzung alle drei Wochen. Die Mitarbeiterinnen der Einrichtung hatten alle Supervisionserfahrungen. Die Herkunftsberufe sind im psychosozialen Bereich angesiedelt. Diese Supervision war als kontinuierliche beraterische Begleitung der Arbeit angelegt.

Der Prozess der Institutionalisierung ist in einer ersten Phase geprägt vom gleichzeitigen Aufbau der Struktur einer Organisation und der inhaltlichen Gestaltung der Arbeit. Diese Aufbauarbeit, die unmittelbar der sog. Pionierzeit folgt, erfordert eine Menge Energie, Zeit und persönlichen Einsatz. Die Beteiligten wechseln häufiger und sind in der Regel mit der Organisation in hohem Maße identifiziert.

Die zweite Phase der Institutionalisierung ist gekennzeichnet durch eine Differenzierung im Binnenraum der Organisation und einer klareren und bewussteren Profilierung nach außen. Da dies nicht in Klausur vollzogen wird – und auch nicht kann, soll es Bestand haben –, sind die Mitarbeiterinnen der Organisation weiterhin in ihren Arbeitsalltag eingebunden. Weiterhin wird an sog. Fällen in der Supervision gearbeitet. Diese dienen gleichwohl einem zweiten Zweck: neben der Fallanalyse zur Verbesserung der eigenen Arbeit im Sinne der Qualitätssicherung (*Berker*, *Buer* 1998, *Buer* 1999) wirkt sich die Fallsupervision auch auf die Weiterentwicklung des konzeptionellen Profils aus.

Die Zeit der Pionierarbeit ist vorbei. Die Organisation muss sich nun behaupten und ihren Erhalt professionell sichern. Die Mitarbeiterinnen wenden sich nun vermehrt den neu wahrgenommenen Differenzierungsprozessen zu, die ihre Kompetenzen und Qualitäten betreffen. Konkurrenz wird nicht mehr als die Organisation bedrohend erlebt, sondern wird in der Supervision thematisiert. Rollendiskussionen nehmen zu und Beziehungskonflikte können offener angesprochen werden. In der Supervision lernen die Mitarbeiterinnen, beides voneinander zu trennen. Das Bedürfnis, sich voneinander abzugrenzen und zu entlasten, wächst. Indem die Mitarbeiterinnen Aufgaben verteilen und von der Leitung delegiert werden, wird die Sorge gemildert, in eine Außenseiterposition zu geraten, wenn die Totalidentifikation in Frage gestellt wird. Die Organisation fühlt sich einer Fülle von Aufgaben verpflichtet: Beratung, Therapie, Fortbildung, Gremienarbeit, Mitarbeit in Arbeitskreisen, Prozessbegleitung, Kooperationen mit verschiedenen Einrichtungen der Region, Beantragung öffentlicher Mittel, Zusammenarbeit mit niedergelassenen ÄrztInnen, PsychotherapeutInnen und JuristInnen, sowie mit Spezialkliniken. Eine Gewichtung im konzeptionellen Sinne gibt es kaum. Die Belastungen und der persönliche Einsatz der Mitarbeiterinnen ist enorm. Darüberhinaus entsteht durch äußere Einflüsse wie das Jugendhilfegesetz und das Psychotherapiegesetz ein erheblicher Bedarf an Neuorientierung. Durch private Lebensveränderungen einzelner Mitarbeiterinnen und die individuelle berufliche Entwicklung der Einzelnen wächst die Motivation, die Arbeit strukturell und inhaltlich zu verändern.

In der Supervision sind diese unterschiedlichen und ineinandergreifenden Ebenen der Konzeptentwicklung handlungsweisend. Sie dienen der Diagnose- und Analysefokussierung und bestimmen die Interventionen. In größeren Organisationen ist es sinnvoll, diesen Prozess der konzeptionellen Entwicklung in den Formaten Supervision und Organisationsentwicklung zu begleiten und diese sinnvoll zu integrieren. Meine Überlegungen lassen sich hier übertragen, wobei die Komplexität in der Regel zunimmt, je größer die Organisation ist und die marktwirtschaftliche Abhängigkeit den Druck erhöht. Dadurch nimmt die Dynamik innerhalb der Organisation zu. Entscheidend sind die Freistellung finanzieller und zeitlicher Ressourcen (*Pühl* 1999, *Petzold* 1998).

## 3. Verlaufsanalyse und Reflexion der konzeptionellen Entwicklung im Supervisionsprozess

Der Supervisionsprozess der hier beschriebenen Einrichtung lässt sich in folgende sechs Entwicklungsphasen einteilen:

1. Phase: Beziehungskonflikte
2. Phase: – Analyse der inhaltlichen Schwerpunkte, der Organisationsstruktur und der Aufgabenverteilung
   – Rollenkonflikte
3. Phase: Bearbeitung und Festlegungen der Analyse und Differenzierungen
4. Phase: Profilierung der Mitarbeiterinnen
5. Phase: Differenzierung
6. Phase: Profilierung der inhaltlichen Struktur und Aufgabenbereiche

Diese sechs Entwicklungsphasen werden im Folgenden dargestellt, analysiert und reflektiert.

### 1. Phase: Beziehungskonflikte

*Szenen:* „Streit zwischen Mitarbeiterinnen“, „ideologische Kämpfe“, „gekränkte Ideale“

*Instrumentarium*: psychodramatisches Organigramm – Rollenselbstkonzepte – Soziodrama (Katastrophenphantasien)

*Aktion*
In der ersten Phase standen erhebliche Konflikte zwischen vier Mitarbeiterinnen im Vordergrund. Einmal wurde die Position und Rolle der Leitung heftig diskutiert, und zum anderen konkurrierten die Mitarbeiterinnen heftig um attraktive Aufgaben.

In den ersten Jahren vor dieser Supervision gab es keine Rollendifferenzierungen in dieser Einrichtung. Nach ideologischen Debatten wurde ein Modell beschlossen, indem eine Mitarbeiterin durch Konsensbeschluss aller Teammitglieder als Leiterin gewählt wurde. Die Akzeptanz dieser neuen Leitungsrolle fiel den Mitarbeiterinnen z.T. sehr schwer. Die Gewöhnung an die dadurch veränderte eigene Rolle nahm viel Zeit in Anspruch. Das alte Modell der absoluten Gleichrangigkeit der Rollen lebte allerdings heimlich weiter fort, und erst in der Supervision wurde dieses Konfliktthema erstmalig thematisiert.

*Analyse*
In einem Organigramm wurden die unterschiedlichen Rollen und Positionen auf der psychodramatischen Bühne dargestellt. Durch die psychodramatische Darstellung konnte auf der einen Seite die Rollenstruktur sehr deutlich abgebildet werden. Auf der anderen Seite nahmen die Mitarbeiterinnen ihre unterschiedlichen und z.T. hoch ambivalenten Gefühle wahr. Eine Diskrepanz zwischen formeller Rollenstruktur und informeller wurde durch das emotionale Erleben des Organigramms deutlich. Diese Organisationsskulptur erlaubte es der Supervisorin, mit den Akteuren auf der Bühne die unterschiedlichen Ebenen des Konfliktes zu analysieren. In unserem Beispiel konnte eine Bündelung von konzeptionellen Themen eruiert werden, die jeweils mit Requisiten symbolisiert wurden. Das psychodramatische Organigramm dient als Interventionsinstrumentarium und brachte folgende Organisationsstrukturprobleme zu Tage: Rollenkonflikte (Rollenstruktur), Machtkonflikte (Autoritätsstruktur), Kommunikationskonflikte (Kommunikationsstruktur) und Normenkonflikte (Normen- und Wertestruktur). Psychodramatisch konnte durch die Körperhaltungen, Gesten der Mitarbeiterinnen und mittels Requisiten das jeweilige Konfliktmaterial analysiert werden. Die verschiedenen Ebenen wurden auf der Bühne räumlich abgebildet und durch kleine Vignetten und Skulpturen veranschaulicht. Um die Komplexität konzeptioneller Fragestellungen überschaubar zu halten, ist es in einem solchen Fall vorrangig die Aufgabe der Supervisorln, das analysierte Material im Blick zu haben. Welche Themen fokussiert und benannt werden, ist in der Situation zu entscheiden, damit die Supervisanden daran arbeiten können. Im supervisorischen Prozess ist dabei auf die Balance zwischen Erkenntnis und Erleben zu achten, um die Supervisanden nicht kognitiv zu überfordern und eine hohe compliance zu sichern.

Ziel des szenischen Verstehens in der Arbeit mit dem Organigramm ist die Fokussierung des Supervisionsbedarfes. In der Konzeptionsentwicklung unterscheide ich zwischen Konfliktfokus, Professionalisierungsfokus und Beratungsfokus und bestimme die Perspektive der weiteren supervisorischen Arbeit. Hier unterscheide ich nach *Grawe* (1998) zwischen klärungsorientierter und lösungsorientierter Arbeit.

*Reflexion*
Durch die affektive Aufladung und die damit verbundenen Kränkungen in unserem Beispiel konzentrierten wir uns auf die Klärung des Rollen- und Beziehungskonfliktes zwischen den Mitarbeiterinnen in kleineren Vignetten. Im weiteren Verlauf der Supervision dieser ersten Phase der Entwicklung erörterten wir gemeinsam die verschiedenen Selbstkonzepte im Team: Wieweit entsprachen die Rollenselbstkonzepte den eigenen Lebenskonzepten? Ergänzten oder widersprachen sich die Selbstkonzepte der Mitarbeiterinnen? Kollidierten die Selbstkonzepte mit den Arbeitsauftträgen?

Der Wunsch nach Zugehörigkeit zum Team und das Bedürfnis, sich abzugrenzen und das eigene Profil zu stärken, konfrontierten die Mitarbeiterlnnnen mit ihren Idealen. Auf dem Hintergrund der Geschichte der Einrichtung und dem hohen persönlichen Engagement sowohl in der Arbeit, als auch in Bezug auf den Einsatz für den Aufbau und die Etablierung der Einrichtung waren diese Ideale emotional sehr handlungsleitend. Gleichzeitig wurden sie offiziell tabuisiert und verdrängt. Dies wirkte sich zunehmend paralysierend auf die Mitarbeiterlnnnen aus, z.B. in Formen banaler Streitigkeiten und persönlich geführten Konflikten.

In einem soziodramatischen Spiel der „Katastrophenphantasien“ verstanden die Mitarbeiterinnen die Dynamik der Ideale und die Kränkung der Ideale und verließen die Nebenschauplätze. Sie konnten ihre Gefühle zulassen, ohne sich weiterhin abwehrend vor der Gefahr zu schützen, eine Außenseiterrolle zu übernehmen.

Die hier diskutierten Differenzierungs- und Profilierungsprozesse bringen Veränderungen mit sich, die häufig hoch ambivalent erlebt werden. Diese ambivalenten Gefühle werden häufig abgespalten und in komplementären Rollen auf die anderen Mitarbeiterinnen übertragen (*Cremer* 1995). So kommt es häufig zu Beziehungskonflikten oder zu Konflikten, die als Beziehungskonflikte erlebt werden. Ambivalenzspaltungen in Arbeitsteams bzw. -gruppen erfüllen immer auch eine positive Funktion. In der Supervision ist es erforderlich, die darin verborgenen Ressourcen, Wünsche und Interessen für eine konstruktive inhaltliche Arbeit und effektive Zusammenarbeit herauszuarbeiten. Durch eine Symbolisierung (z.B. mit Requisiten) wichtiger Facetten, die mit den institutionellen und individuellen Idealen verbunden sind, wird dieser positive Aspekt sehr anschaulich hervorgehoben. Darüberhinaus haben die Mitarbeiterinnen selbst die Möglichkeit, in einem weiteren Schritt zu sortieren, zu gewichten und sich von hinderlichen und ggf. überholten Idealen bzw. Maximen zu trennen. Dadurch wird vermieden, Konflikte zu individualisieren oder zu psychologisieren. Das System der Normen oder Ideale kann in seiner Entstehungsgeschichte veranschaulicht werden, die Interaktionen der Mitglieder werden durch das szenische Verstehen im Zusammenhang gesehen, der jeweilige Bezugsrahmen wird erkennbar (*Cremer, Steinkamp* 1987).

## 2. Phase: – Analyse der inhaltlichen Schwerpunkte, der Organisationsstruktur und der Aufgabenverteilung

*Szene*: „Klagen über zuviel Arbeit“, „ Neid auf attraktive Aufgaben“, „Ich brauche ganz viel“

*Instrumentarium*: Organisationsanalyse (Soll-Analyse, Zielformulierungen) – Visualisierungen – Organisationsanalyse der eigenen Tätigkeiten – Soziodrama

*Aktion*

In der zweiten Phase der Supervision lagen die Schwerpunkte der konzeptionellen Entwicklung auf der Analyse der inhaltlichen Aufgaben, der Organisationsstruktur und der Aufgabenverteilung. Die weiter thematisierten Beziehungskonflikte bezogen sich stärker auf eine Differenzierung der Position, des Status, der Funktion und der Rolle. In einer Organisationsanalyse wurden Ziele der Einrichtung genannt, überprüft und ausgewertet, um den Soll-Zustand zu ermitteln (*Doppler, Lauterburg* 1995, 213ff). Dabei wurde besonders Wert gelegt auf die Unterscheidung zwischen der Struktur und den Inhalten der Organisation. Durch visualisierende Methoden (Flipchart und Stellwand, entsprechendes Standardmaterial) erhielt dieser Prozess eine Struktur und Transparenz. In einer Organisationsanalyse der eigenen Tätigkeiten wurde gleichzeitig folgendes Material zusammengetragen und reflektiert: 1. die Rollenstruktur, 2. die quantitative Analyse der Tätigkeiten und 3. die qualitative Analyse der Tätigkeiten.

*Analyse*
In der supervisorischen Arbeit wurden damit die Kompetenzen, Qualifizierungen und Qualitäten der einzelnen Mitarbeiterinnen analysiert, Interaktions- und Kommunikationsformen im Team auf dysfunktionale Stile hin überprüft. Die Aufgabenverteilungen wurden unter den Gesichtspunkten der Rolle, der Kompetenzen und Qualitäten ausgewertet und sowohl Zeitaufwand und Nutzen, als auch Effektivität und Zufriedenheit der Mitarbeiterinnen analysiert. In diesem Zusammenhang konnten für den psychosozialen Bereich eher tabuisierte Themen wie Geld bzw. unterschiedliche Bezahlungen und Attraktivität einzelner Aufgaben bearbeitet werden. Der damit verbundene faktische oder phantasierte Einfluss und soziale Status im Team führte zu einer immer differenzierteren Rollenklärung und Rollenstärkung. Die positive Bewertung der eigenen Arbeit trat gegenüber den Überforderungsgefühlen in den Vordergrund. Die Angst, sich in der supervisorischen Fallarbeit in die Karten schauen zu lassen, verringerte sich und es wuchs eine Lernmotivation, die der konkreten inhaltlichen Arbeit, vor allem mit dem Klientel dieser Organisaiton, sehr zugute kam. In dieser Zeit konkretisierten sich in einem erstaunlich hohen Maße die Fort- und Weiterbildungswünsche der Mitarbeiterinnen. Der sozialemotionale Bereich wurde immer weniger mit dem Aufgabenbereich vermengt. Dysfunktionale und negative Rollen wurden zugunsten der Aufgaben und Erhaltungs- und Aufbaurollen (*Bales*) abgebaut.

*Reflexion*
Die in der Organisationsanalyse sichtbar gewordene Vielfalt und Unübersichtlichkeit der Aufgaben und Tätigkeitsbereiche forderte eine Reduzierung und Spezialisierung der Aufgaben heraus. Die Belastung der Mitarbeiterinnen, das vorherrschende Gefühl des Nichtgenügens und die hohe Erwartungshaltung an die KollegInnen und die Leitung, sich klar an Vereinbarungen zu halten wies, auf Profilmängel der Arbeit hin.

Durch strukturiertes Vorgehen wurden die Aufgabenbereiche im Einzelnen und im Gesamtzusammenhang diskutiert. Methodisch bietet sich in der Supervision die Arbeit mit dem Flipchard, Stellwand, Karteikarten und Klebepunkten als visualisierende Techniken an (brainstorming, strukturierte Auswertungs- und Reflexionsrunden, Wechsel auf die Metakommunikationsebene). So können die einzelnen Tätigkeiten größeren Aufgabenbereichen zugeordnet werden. Dadurch wird schon eine erste Struktur der Aufgaben vorgenommen. Mittels verschieden farbiger Klebepunkte können die Mitarbeiterinnen dann ihre Bewertungen abgeben und sichtbar machen. Auf der Sachebene werden differenzierte und strukturierte Auswertungen möglich. Die emotionale Ebene kann durch soziodramatische Arbeit, psychodramatische Vignetten oder soziometrische Wahlen supervisorisch bearbeitet werden.

In unserem Praxisbeispiel ist das Team in der Supervision in einer Sitzung an dem Punkt angelangt, den Aufgabenbereich der Öffentlichkeitsarbeit ganz neu zu verteilen. Repräsentative und die gesamte Organisation betreffende Aspekte der Öffentlichkeitsarbeit obliegen der Leitung. Eine Mitarbeiterin identifiziert sich aufgrund ihres erlernten Berufes sehr stark mit der Öffentlichkeitsarbeit. Zwei andere hatten in der Vergangenheit faktisch diese Tätigkeiten durchgeführt. Das Team entwarf und diskutierte drei Modelle und wertete diese unter den jeweiligen Vor- und Nachteilen aus.

Damit Veränderungen und Entscheidungen im Arbeitsalltag auch umgesetzt werden können und der Gefahr des Boykotts vorgebeugt wird, nutzen Teams die Supervision, um das soziodynamische Potential zu verstehen.

In der beschriebenen Organisation bot sich an dieser Stelle ein soziodramatisches Spiel an. Die Mitarbeiterinnen nutzten die psychodramatische Bühne, um die Veränderungen des Status der einzelnen, ihre Positionen und Rollen aus ihrem Erleben heraus darzustellen. Im Soziodrama werden dabei folgende sozialen, soziodynamischen und soziometrischen Kriterien auf der Bühne in der Aktion diagnostiziert, szenisch verstanden und reflektiert: 1. oben und unten, 2. nah und fern, 3. innen und außen, 4. heiß und kalt und 5. zugewandt und abgewandt.

Werden verschiedene Modelle hintereinander szenisch dargestellt, wird die Technik des „imaginären Fotos“ angewandt. Das Team fotografiert die soziodramatische Skulptur vor „ dem sog. inneren Auge. Durch einen Rollentausch können einzelne und das gesamte Team mit und in den drei Modellen experimentieren.

Im Anschluss gelang es, die verschiedenen Möglichkeiten emotional geklärter und freier abzuwägen und zu tragfähigen Entscheidungen zu führen. In den Beziehungsauseinandersetzungen wurden die Themen Abgrenzung, Grenzen, Aggressionen, alte und neue Kultur transportiert. Diese stehen in einem unmittelbaren Zusammenhang mit den Rollen der Mitarbeiterinnen und deren inhaltlichen Aufgaben. In der Supervision analysieren und reflektieren wir die zu bewertenden Themen im beruflichen Bereich. Beziehungskonflikte haben ihre eigenen biographischen und persönlichen Hintergründe der MitarbeiterInnen. Gerade in der Teamsupervision ist es wichtig, diese benennen zu können, um zu verstehen und darauf zu achten, dass die supervisorischen Grenzen nicht überschritten werden. Ein Team arbeitet weiter zusammen. Es bildet keine Lebensgemeinschaft.

## 2. Phase – Rollenkonflikte

*Szene*: „Es wird getratscht“, „Wir sind alle eine Familie“

*Instrumentarium*: Rollencoaching

*Aktion*

In der Supervision wurde von einzelnen Mitarbeiterinnen beklagt, dass viel „gequatscht und getratscht“ würde. Vertraulichkeitsgrenzen wurden überschritten, und Informationen nur einigen zugänglich gemacht. Da diese Organisation ihren Arbeitsschwerpunkt in der Arbeit mit traumatisierten Menschen hat, ist das Thema der Grenzen häufig ein Spiegelphänomen (*Kutter* 1994 , *v. Wachter* 1982). In der Supervision konnten diese Zusammenhänge aufgedeckt werden und die stark affektgeladene Dynamik reduziert werden. Dies entlastete die Mitarbeiter emotional, besonders auch von versteckten Schuldgefühlen.

*Analyse*
In der Rollenanalyse differenzierten sich Status, Rolle und Funktion. Die berufliche Rolle innerhalb einer Organisation erhält eine klare, öffentliche und offizielle Definition. Sie unterscheidet sich vom Status und von der Funktion in dieser Organisation. In meinem Konzept des Rollencoaching unterscheide ich sechs Basisqualifikationen einer beruflichen Rolle und definiere sie unter folgenden Differenzierungskriterien: 1. Wissen, 2. Reflexivität, 3. Instrumentarium, 4. Konzept, 5. Konfliktattraktoren und 6. personale Kompetenzen. Den theoretischen Hintergrund dieser Aspekte einer Rolle bilden für mich vor allem die Rollentheorie nach *J.L. Moreno* und systemtheoretische Ansätze (*Moreno* 1973, *Petzold, Mathias* 1982, *Ciompi* 1998).

Die psychodramatische Bearbeitung der verschiedenen Beziehungskonflikte fokussierte immer wieder diese Differenzierung. Auf der Bühne besteht ein hohes Maß an Flexibilität, um einzelne aktuell relevante Aspekte besonders hervorzuheben. Dadurch wurde das Rollenprofil, das berufliche Selbstkonzept und die Abgrenzungsfähigkeit der Mitarbeiterinnen untereinander gestärkt.

*Reflexion*
Beziehungskonflikte in der Supervision auf die Bühne zu bringen, die Komplexität des Konfliktes durch Hilfs-Ichs, Symbole und Requisiten in Szene zu setzen und zu analysieren, ermöglicht den Supervisanden, die tiefere Bedeutung dieser Auseinandersetzung zu verstehen. In einem psychodramatischen Spiel inszenierte so eine Mitarbeiterin das sog. „Gequatsche und Getratsche“ sehr anschaulich. Als sie sich diese Szene von außen (Spiegel) anschaute, kommentierte sie diese Situation folgendermaßen: „Genau so erlebe ich das; wie bei einem Kaffeklatsch. Das kenne ich aus meiner Familie. Hier gibt es überhaupt keine klaren Grenzen.“ Deutlich wurde den Mitarbeiterinnen, wie sehr sie die Grenzen übergehen und Rollen lieber durch Person ersetzen. Die Verwässerung und Abhängigkeit wurde erkennbar. Gerade die o.g Basisqualifikationen schützen auch die eigene Person in der Rolle, werden sie entsprechend genutzt.

Der Fokus der weiteren supervisorischen Arbeit wurde auf die Kulturentwicklung der Organisation gerichtet. Die Mitarbeiterinnen arbeiteten unter dem Motto „einer für alle“. Der familiäre Zusammenhalt stärkte den einzelnen und begründete die Identifikation mit der Organisation, die ja noch im Aufbau begriffen war. Die emotionale Zuwendung und die Privatisierung der beruflichen Arbeitsbeziehungen waren der sog. Lohn für das enorme persönliche Engagement .

Mit dieser „alten Kultur“ wurde das Team in ihrer Entwicklung der Profilierung und Differenzierung konfrontiert. Die meisten Mitarbeiterinnen wollten beides: Eine Klarheit und Sicherheit in Bezug auf ihr Rollenprofil *und* ein sehr familiäres Klima in Bezug auf Entscheidungen. Dieses schützte das Team vor allzu hohen professionellen Ansprüchen. Entscheidungen durften nur durch Konsens erzielt werden. Fehlte z.B eine Mitarbeiterin bei einer Teambesprechung, wurden die entscheidenden Anliegen vertagt.

In dieser zweiten Phase der Konzeptentwicklung wurden vor allem die Aspekte der Institutionalisierung, der Rollenklarheit, der Kulturentwicklung und der Konfrontation mit den Normen, Werten und Idealen der Organisation beachtet.

## 3. Phase: Bearbeitung und Festlegung der Analyse und Differenzierungen

*Szene:* „Aufgabenverteilungen", „Wunsch, die Organisation nach außen zu präsentieren"

*Instrumentarium*: Visualisierungen – Skulpturen

*Aktion*
In der dritten Phase richteten die Mitarbeiterinnen in der Supervision ihre Aufmerksamkeit verstärkt auf die Aufgabenbereiche. Die Differenzierung lag hier vor allem darin, dass die Gewichtung der Aufgaben an den Zielen der Organisation orientiert war. Ebenso gelang es dem Team, die unterschiedlichen Aufgabenbereiche entsprechend den Rollen zuzuordnen. Die Erfordernisse von außen boten hier ein Korrektiv der Aufgabenverteilung. So nahm die Leiterin ihre Aufgaben viel professioneller wahr. Sie delegierte Tätigkeiten mit einem hohen Maß an Transparenz, was für die Mitarbeiterinnen sehr entlastend war. Ein weiteres Differenzierungskriterium war, dass die Aufgaben entsprechend den spezialisierten Fachkompetenzen der Mitarbeiterinnen verteilt werden konnten. Das Team nahm die Aufgabenverteilung in ihren Zusammenhängen wahr. In den Teamsitzungen, die wöchentlich stattfanden, wurde effektiver gearbeitet. Durch diesen erkennbaren Erfolg blieb genügend Platz für die Supervision der Klientenarbeit.

*Analyse*
In dieser Zeit konstituierte sich in einem bewussteren Sinne die Öffentlichkeitsarbeit. Diese wurde gezielter und professioneller betrieben mit dem starken Wunsch, die Organisation nach außen zu präsentieren. Die Grenze zwischen dem Binnenraum der Organisation und der Außenwelt erhielt eine neue Dimension. Mit einer größeren institutionellen Bewußtheit begannen die für diese Aufgabe nun zuständigen Mitarbeiter mit Sponsoring. In der Supervision wurden anhand des erarbeiteten und strukturierten Materials auf verschiedenen Ebenen der Kompetenz, der Rollen, der Institution und der Tradition und Kultur interveniert. Dabei wurden folgende Aspekte fokussiert: die Selbst- und Fremdeinschätzung, die Rollenstruktur, das Verhältnis zwischen Leitung, Träger und die Interaktionen und die Kommunikation. Methodisch wurden hier Visualisierungstechniken genutzt. Diskussions- und Auswertungsrunden wechselten sich ab und wurden moderiert. Dadurch können viele Ideen gesammelt und systematisiert werden. Durch Fokussierungen, Kategorisierungen, Systematisierungen, Perspektivenwechseln, Zusammenfassungen, Wiederspiegelungen, Metakommunikationen, inhaltsanalytischen Auswertungen, Moderation von Gruppendiskussionen und dem Hinterfragen von Selbstverständlichkeiten, die den Denkhorizont einengen, wird dieser Prozess methodisch gesteuert. (*Mehrmann, Wirtz* 1992).

*Reflexion*
Psychodramatisch können alle einzelnen Aspekten auch auf der Bühne bearbeitet werden. Meist entscheidet sowohl die Effizienz in der Situation das methodische Vorgehen, als auch der Konzentrationspegel der Gruppe. In unserem Beispiel wurde in der psychodramatischen Bühnenarbeit an dieser Stelle besonders das innere Erleben in

maximierten Körperhaltungen hervorgehoben. Die Synergieeffekte dieses methodischen Vorgehens ermöglichte es, dass ein differenzierteres Bild der Organisation entstand. Die Selbstbewusstheit der Mitarbeiterinnen in ihrer Unterschiedlichkeit und in ihrer Zugehörigkeit wurde vor allem im szenischen Verstehen gestärkt.

## 4. Phase: Profilierung der Mitarbeiterinnen

*Szene*: „Abschied einer Mitarbeiterin", „Fragen nach der beruflichen Identität"

*Instrumentarium:* Teamskulptur – Fall-Supervision – Soziodrama

*Aktion*
In der vierten Phase der Profilierung setzten sich die Mitarbeiterinnen mit ihrer Bezahlung, mit ihrem Status und der beruflichen Identität auseinander. Die ehrenamtlichen Mitarbeiterinnen und Honorarkräfte wurden deutlicher als Potenzial der Organisation wahrgenommen. Als eine Mitarbeiterin aus Gründen beruflicher Veränderungen ausschied, differenzierte das Team die persönliche Ebene des Abschieds, die Bedeutung des Ausstiegs für die Arbeit der Organisation, für die Teamdynamik und für die Institution. In ausführlichen Prozess- und Verlaufsanalysen der Supervision konnten die Mitarbeiterinnen beobachten, dass sie abgegrenzter und bezogener aufeinander waren, ohne dies als einen Widerspruch zu erleben. Durch eine Teamskulptur wurde dieser Entwicklung eine besondere Bedeutung zuteil. Das innere Erleben wurde durch maximierte Körperhaltungen ausgedrückt. Ein differenziertes Bild der Organisation entstand und stärkte die Selbstbewusstheit der Mitarbeiterinnen in ihrer Unterschiedlichkeit und in ihrer Zugehörigkeit zum Team dieser Organisation.

*Analyse*
Auf dem Hintergrund dieser Erfahrungen und Erkenntnisse gelang es den Mitarbeiterinnen, die Organisationsgrenze stärker wahrzunehmen. Die reale Grenze zwischen innen und außen wurde klarer konturiert und in einer soziodramatischen Arbeit lebendig und erwachsen nüchtern festgehalten. Das instituionelle Selbstbild gewann dadurch an Profil. In der quantitativ zunehmenden Fallsupervision differenzierten und vertieften sich die fachlichen Aspekte. Die inhaltliche Arbeit wurde immer stärker unter konzeptionellen Fragestellungen der Zielformulierungen der Organisation ausgewertet (*Doppler*, *Lauterburg* 1995, S. 213ff, *Doppler* 1999). Gleichzeitig wuchs die wechselseitige Unterstützung im Arbeitsalltag des Teams in schwierigen Fragen. Durch die Diagnose und Bearbeitung der dysfunktionalen Interaktions- und Kommunikationsstrukturen im Team wurden die fachlichen Kompetenzen und Ressourcen des Teams genutzt (*König*, *Volmer* 1996, S. 201ff.).

*Reflexion*
Unter konzeptionellen Gesichtspunkten wurde die Institutionsstruktur und das institutionelle Rollenbild der Mitarbeiterinnen reflektiert.

In einem Soziodrama brachten die Mitarbeiterinnen ihre Gefühle des inneren Erlebens der Organisation gegenüber, durch Symbolisierungen und Skulpturen als Teammitglieder der Außenwelt zum Ausdruck. Das daraus sich entwickelnde soziodramatische Spiel ermöglichte den Mitarbeiterinnen, mit ihren Aggressionen und Schamgefühlen in Kontakt zu kommen. Dies war ein wesentlicher Entwicklungsschritt der Profilierung: gegenseitige Unterstützung *und* Kontaktwünsche nach außen. In der Supervision nutzten wir diese Arbeit wiederum zur Reflexion der inhaltlichen Beratungsaufgaben. Das innere Erleben, Aggressionen, Schamgefühle und unklare Grenzen sind zentrale Phänomene in der Arbeit mit traumatisierten Menschen. Den Mitarbeiterinnen half dieser Transfer zu einem vertiefenden Verständnis in der Klientenarbeit.

## 5. Phase: Differenzierung

*Szene*: „heilige Räume und Statussymbole“

*Instrumentarium*: psychodramatische Zeitachse – Vignetten

*Aktion*
In der fünften Phase thematisierten die Mitarbeiterinnen anhand der Räumlichkeiten und der Ausstattung der Einrichtung, die sehr unterschiedlich und z.T. ineffektiv genutzt wurde, auf einem höheren Niveau die Kultur der Organisation. Nachdem in der Supervision die affektiv aufgeladenen Argumente der Raumverteilung und z.T. sehr heftigen Gefühlen reflektiert werden konnten, analysierten wir die symbolische Ebene dieser Auseinandersetzung. Das Team wurde mit seinen Normen, Werten und einigen Resten „alter“ Ideale konfrontiert. Die formelle und informelle Bedeutung eines zum Heiligtum erklärten Raumes (hier fanden die sehr hoch bewerteten Einzeltherapien statt und hier befand sich ebenfalls der zweite Telefonanschluss) konnten differenziert bewusst gemacht werden. Gleichzeitig initiierte die Teamleitung mit einigen Mitarbeiterinnen als Projekt eine institutionelle Kooperation mit anderen Einrichtungen im Sinne der psychosozialen Vernetzung durch eine Zeitschriftenreihe. Hier trafen zwei konzeptionelle Entwicklungen aufeinander: Auf der einen Seite die stärkere Orientierung nach außen (Projektarbeit und Vernetzung im Sinne der politischen Profilierung) und auf der anderen Seite ein Kernstück der Klientenarbeit (Einzeltherapie).

*Analyse*
Noch einmal wurden auf einer Zeitachse der Organisationentwicklung durch die Positionierung und konzeptionellen Schwerpunkte der Mitarbeiterinnen in der psychodramatischen Inszenierung (räumlich symbolisierte Zeitachse mittels Requisiten und maximierter Körperbewegungen der Einzelnen) die Standorte und Orientierungen im Team sichtbar, erlebbar und szenisch verstehbar. Jede Mitarbeiterin hatte hier die Möglichkeit , ihre eigene Entwicklung in der Organisation, sozusagen „ihre Geschichte“ in einem zeitlichen Raffer bewusst zu erleben. Die Veränderungen im Laufe dieser Zeit und die individuellen Zielvorstellungen für die Organisation wurden anschaulich für alle. Die Unterschiedlichkeiten und Ähnlichkeiten waren sehr aufschlussreich.

*Reflexion*
Unter konzeptioneller Perspektive wurden die Ressourcen des Teams im Zusammenhang mit den Inhalten der Arbeit reflektiert. In dieser psychodramatischen Arbeit wurden aus supervisorischer Perspektive folgende Kernelemete der Konzeptentwicklung fokussiert: Etablierung, Professionalisierung und Institutionalisierung. In die Projektarbeit wurden weitere Honorarkräfte stärker mit einbezogen und so bestehende und neue Ressourcen genutzt. Dies führte gleichzeitg zu einer Entlastung des Teams.

## 6. Phase: Profilierung der inhaltlichen Struktur und Aufgabenbereiche

*Szene*: „Wir müssen etwas wegstreichen", „Identifizierung mit der Arbeit"
*Instrumentarium*: Zielformulierungen – differenzierte Fallsupervision

*Aktion*
Die Schwerpunkte der inhaltlichen Arbeit bildeten sich in der sechsten Phase noch weiter stärker heraus. Die Organisation konnte sich auch von einigen Arbeitsbereichen ganz trennen. Diese waren mit dem Konzept, den Zielformulierungen und dem Profil der Organisation nicht mehr vereinbar bzw. hätten nur unter großem zeitlichen und persönlichen Einsatz integriert werden können. Dadurch wurden die Aufgabenfelder der Mitarbeiterinnen klarer und überschaubarer. Das mittlerweile profiliertere Rollenbild und die Identifikation mit der Arbeit führte zu sehr effektiver und erfolgreicher Arbeit.

*Analyse und Reflektion*
Das Team konzentrierte sich in der Supervision auf einzelne, z.T. sehr spezialisierte und differenzierte Aspekte der inhaltlichen Arbeit. Die Entscheidungsprozesse verliefen konstruktiv und die entsprechenden Entscheidungskriterien waren an der konzeptionellen Fragstellung der Einrichtung orientiert. Die durch die Rollen- und Organisationsanalyse weiter entwickelten Reflexionsfähigkeiten nutzen die Mitarbeiterinnen als Potenzial, um die Strukturen in ihrer Komplexität zu verstehen und gleichzeitig detailliert einzelne Aufgabenbereiche zu analysieren und zu bewerten. Fachliche Fragen und eigene Ansprüche traten in den Vordergrund und wurden in den Fallanalysen supervisorisch beraten. Die Ressourcen: Zeit, Geld und Energie stellten handlungsweisende Werte dar. Die realen Grenzen wurden bewusst wahrgenommen und im Konzept berücksichtigt. Das Kränkungspotential der Mitarbeiterinnen dieser psychosozial orientierten Einrichtung wurde dadurch gemildert. Ökonomische Interessen und Notwendigkeiten konnten nüchtern und sachlich integriert werden.

In den weiteren Supervisionssitzungen gelang es dem Team, die Vorrangigkeit von Fallsupervision, Konzeptentwicklung, Beziehungsklärungen selbständig und zeitlich ökonomisch festzulegen. Endlose Debatten oder gruppendynamische Entscheidungsprozesse waren nicht mehr notwendig, um die unterschiedlichen Themen in ihrer Vielfalt und Bedeutung in der Supervision zu transportieren. Diese Haltung wirkte sich auch auf die Arbeit in den politischen Sitzungen, in Teambesprechungen, bilateralen Absprachen und besonders in der Klientenarbeit aus. Die Kontrakte wurden viel klarer geschlossen. Sog. Fallen früher erkannt und Grenzen der beraterischen Rolle eingehalten. Die Eingangsrunden in den Supervisionsitzungen waren sehr lebendig und die Erfolge hatten ebenso Platz und Raum wie die problematischen und kritischen Fragen.

## 4. Resümee

Konzeptentwicklung unter psychodramatischer Supervision bietet die Möglichkeit, die Vielschichtigkeit der damit verbundenen Veränderungen wahrzunehmen und zu reflektieren. Die Tragfähigkeit der konzeptionellen Entscheidungen ist sehr hoch. Ich habe hier eine Organisation als Beispiel gewählt, die einen langen Prozess der Konzeptentwicklung durchlaufen hat. Dadurch konnten die beschriebenen Aspekte anschaulich dargestellt und diskutiert werden. Es handelte sich um eine fortlaufende Supervision, in der sowohl Fallsupervision als auch die Reflexion der Arbeitsbeziehungen im Team kontraktiert wurden. Die konzeptionellen Entwicklungen ergaben sich zum einen aus dieser Arbeit und wurden in diesen kontinuierlichen Beratungsprozess integriert.

Durch eine Aufteilung der Settings und Formate (*Buer* → Einführung) wird die Supervision und Organisationsentwicklung von einander getrennt durchgeführt. Diese Beratungsprozesse brauchen immer eine Integration durch Kooperationen, Absprachen und vor allem Transparenz. Werden sie von unterschiedlichen Beratern begleitet, empfiehlt sich auf institutioneller Ebene eine Kooperation (*Leuschner* 1988, *Weigand* 1990). In großen Organisationen herrscht hier häufig der größte Mangel. Bei der Kontraktgestaltung ist es sehr hilfreich, sich über laufende oder geplante weitere Beratungsprozesse (Organisationsberatung, Qualitätszirkel, Qualitätsmanagement, Therapien der Mitarbeiterinnen, Leitungs- und Einzelsupervisionen u.a.) zu informieren. Ziel ist es, die von mir diskutierten Supervisionsaspekte: Professionalisierung, Differenzierung, Reflexion der inhaltlichen Aufgaben, Rollenkonzepte, Kulturentwicklung und Konfrontation mit den Normen, Werten und Idealen in einem kontinuierlichen Entwicklungsprozess zu berücksichtigen.

## Literatur

*Bauer, A., Gröning, K.* (1995) (Hg.): Institutionsgeschichten, Institutsanalysen. Sozialwissenschaftliche Einmischung in Etagen und Schichten ihrer Regelwerke. Tübingen.

*Bauer, A.*, (1996) Verborgene Institutionskulturen in sozialen und linischen Organisationen und ihre Bedeutung für das Verstehen ini Supervisionsprozessen. *Forum supervision* 4, 5-22.

*Berker, P., Buer, F.* (1998)(Hg.): Praxisnahe Supervisionsforschung. Felder Designs Ergebnisse. Münster.

*Buchinger, K.*, (1997): Supervision in Organisation. Den Wandel begleiten. Heidelberg.

*Buer, F.*, (1999): Lehrbuch der Supervision. Der pragmatisch-psychodramatische Weg zur Qualitätsverbesserung professionellen Handelns. Grundlegung – Einstiege – Begriffslexikon. Münster.

*Brachel, H.U. von* (1989): Leben suchen. Beratung von Personen in suzidalen Krisen. In: *Barchel, H.U. von, Schramm, Th.* (Hg.): Telefonseelsorge. Brennglas krisenhafter Entwicklung. Freiburg S. 162-196.

*Ciompi, L.*(1998): Die affektiven Grundlagen des Denkens – Kommunikation und Psychotherapie aus der Sicht der fraktalen Affeklogik. In: *Welter-Enderlin*, R. *Hildenbrand, B.* (Hg.) Gefühle

und Systeme. Die Emotionale Rahmung beraterischer und therapeutischer Prozesse. Heidelberg, S. 77-100.
*Cremer, I., Steinkamp, H.* (1987): Normative Konflikte und Normengenese in der Telefonseelsorge. *WzM* 39, 29-38.
*Cremer,I.,* (1995)Ambivalenzspaltungen. Von erstarrten Beziehungen und psychodramatischen Lösungen. Münster. Schriften Psychodrama-Institut-Münster.
*Doppler, K., Lauterburg, Ch.* (1995): Change Management. Den Unternehmenswandel gestalten. Frankfurt.
*Doppler, K.* (1999): Dialektik der Führung. Opfer und Täter. München.
*Elbers, K.* (1999): Leichen im Keller. Wie Teamsupervision zur Förderung eines positiven Arbeitsklimas beitragen kann. OSC 6, 345-353.
*Farmer, Ch.* (1998): Psychodrama und systhemische Therapie. Ein integrativer Ansatz. Stuttgart.
*Fischer, G., Riedesser, P.* (1998): Lehrbuch der Psychotraumalogie. München.
*Gairing, F.* (1996): Organisationsentwicklung als Lernprozess von Menschen und Systemen. Zur Rekonstruktion eines Forschungs- und Beratuungsansatzes und seiner metadidaktischen Relevanz. Weinheim.
*Grawe, K.* (1998): Psychologische Therapie. Göttingen.
*Hermann, J.L.* (1998): Die Narben der Gewalt. Traumatische Erfahrungen verstehen und überwinden. München.
*Holloway, E.* (1998): Supervision in psychosozialen Feldern. Ein praxisbezogener Supervisionsansatz. Paderborn.
*König, E., Volmer, G.* ($^{4}$1996): Systemische Organisationsberatung. Grundlagen und Methoden. Weinheim.
*König, O.* (1996): Macht in Gruppen. Gruppendynamische Prozesse und Intervention. München.
*Krüger, R.T.* (1997): Kreative Interaktion. Tiefenpsychologische Theorie und Methoden des klassischen Psychodramas. Göttingen.
*Kutter, P.* (1994): Spiegelungen und Übertragungen in der Supervision. In: *Pühl, H.* (Hg.): Handbuch der Supervison 2. Berlin, S. 52-62.
*Leuschner, G.* (1988): Fragen zum Gesellschaftlichen Standort von Supervision. In: *Kersting, H.J., Krapohl, L. Leuschner, G.* (Hg.): Diagnose und Intervention in Supervisionsprozessen. Aachen, S. 8-22.
*Maercker, A.* (Hg.) (1997): Therapie der posttraumatischen Belastungsstörungen. Berlin.
*Mehrmann, E., Wirts, Th.* ($^{2}$1992):Effizientes Projektmanagement: Erfolgreich Konzepte entwickelnund realisieren. Düsseldorf.
*Mentzos, S.* ($^{3}$1994): Interpersonale und institutionalisierte Abwehr. Frankfurt.
*Moreno, J.L.* (1973): Gruppenpsychotherapie und Psychodrama. Einleitung in die Theorie und Praxis. Stuttgart.
– (1989): Psychodrama und Soziometrie. Köln.
*Petzold, H., Mathias, U.* (1982): Rollenentwicklung und Identität. Von den Anfängen der Rollentheorie zum sozialpsychatrischen Rollenkonzept Morenos. Paderborn.
*Petzold, H.* (1998): Integrative Supervision, Meta-Consulting & Organisationsentwicklung. Modelle und Methoden reeflexiver Praxis. Ein Handbuch. Paderborn.
*Psychodrama.* Zeitschrift für Theorie und Praxis: Soziometrie (1994), Heft 2.
*Psychodrama.* Zeitschrift für Theorie und Praxis: Rollenkonzept Morenos, (1995), Heft 2.
*Pühl, H.* (Hg.) (1994) Handbuch der Supervision 2. Berlin.
– (Hg.) (1996): Supervision in Institutionen. Eine Bestandaufnahme. Frankfurt.
– (Hg.) (1999): Supervision und Organisationsentwicklung. Handbuch 3. Opladen.
*Reemtsma, J.Ph.* (1998): Noch einmal: Wiederholungszwang. In: *Schlösser, A.-M., Höhfeld, K.* (Hg.): Trauma und Konflikt. Gießen, S. 293-308.
*Ritscher, W.* (1996):Systemisch-psychodramatische Supervision in der psycho-sozialen Arbeit. Theorie und Grundlagen und ihre Anwendung. Eschborn.

*Sachsse, U.* ([4]1997): Selbstverletzendees Verhalten. Psychodynamik – Psychotherapie. Das Trauma, die Dissoziation und ihre Behandlung. Göttingen.
*Scala, K., Grossmann, R.* (1997): Supervision in Organisationen. Veränderungen bewältigen – Qualität sichern – Entwicklung fördern. Weinheim.
*Schmidbauer, W.* (1998): „Ich wusste nie, was mit Vater ist". Das Trauma des Krieges. Reinbek.
*Shay, J.* (1998): Achill in Vietnam. Kampftrauma und Persönlichkeitsverlust. Hamburg.
*Wachter, S. von* (1982): Die Übertragung im Psychodrama. Bonn. Unveröffentl. Manuskript.
*Weigand, W.* (1990): Analyse des Auftrages in der Teamsupervision und Organisationsberatung. In: *Fatzer, G., Eck, C.D.* (Hg.): Supervision und Beratung. Ein Handbuch. Köln, S. 311-326.
*Wiese, B.* (1997): „Wer nicht für uns ist, ist gegen uns". Gedanken zur Dynamik zwischen ideologischen Ansprüchen von Institutionen und Supervision. *Forum supervision* 5, 24-31.

*Reinald Weiß*

# Psychodramatische Supervision als Passage in Personalentwicklungsmaßnahmen

## 1. Problemstellung und Eingrenzung

Einem Fußballer, der den Fallrückzieher beherrschen soll, Overheadfolien zur Beschreibung des Vorganges aufzulegen, wird wenig hilfreich sein. Dies ist – zumindest jedem Fußballfan – unmittelbar einsichtig. Was aber, wenn diese Einsicht für den Vereinspräsidenten nicht gilt? Der Trainer gerät in arge Vermittlungsnöte.

Genau dies ist aber häufig ein Problem der Personalentwicklung (PE), sobald es sich um die Bereiche Sozial- und Ich-Kompetenzen bzw. Verhaltens- und Subjektkompetenzen handelt *(Stiefel* 1975; *Sattelberger* 1989; *Kettgen* 1989). Im übertragenen Sinne stellen sich die Bildungsabteilungen der Unternehmen und Verwaltungen, soll es über rein fachbezogene Kompetenzen hinausgehen, nicht gerade als Fußballfans heraus. Dies verdankt sich sicherlich einerseits der kognitiv orientierten pädagogischen Tradition in der Erwachsenenbildung, zum anderen aber der jeweils vorherrschenden Organisationskultur, in der zumeist Juristen oder Ökonomen die Personalabteilungen führen. Monokausal orientierte Machbarkeitsphantasien *(Kettgen* 1989) werden auf PE-Konzepte wie kindliche Wünsche übertragen. Vor allem aber führen ängstliche System-Autismen, die keine „Verunsicherung" zulassen, dazu, dass tradierte Beratungs- und Supervisionsmethoden kaum Niederschlag in dafür geeignete PE-Bausteine finden *(Riekhof* 1985; anders *Meier* 1991; *R. Weiß* 1990; *Lemmer* 1997).

„Ihre Herkunft aus dem Non-Profit-Bereich mag ein Grund dafür sein, weshalb Wirtschaftsunternehmen dieser Beratungsform eher skeptisch gegenüber stehen. Auch Einordnungen in den Bereich dubioser ‚Psycho-Techniken' sind nicht selten, wenngleich falsch. Während in Weiterbildungs- und Personalentwicklungsprogrammen selbst exotischste Angebote noch ihren Markt finden, lässt sich ein so bewährtes Instrument wie Supervision in der Wirtschaft bisher nur schwer etablieren" *(Weber* 1996, S. 24).

Ein anderer Grund dürfte darin zu sehen sein, dass Autoren wie *Sattelberger* gewisse Trainings abwertend als Entertainment-Strategie oder Coping-Strategie bezeichnen *(Sattelberger* 1989, S. 25). Eine aktuelle Untersuchung begründet die Ablehnung wie folgt:

„Die Methode ist dem Befragten unbekannt (37,9%), er hält sie für ungeeignet (15,2%) oder teuer (13,6%). Nachfragen in Interviews ergaben, dass Preisvorstellung und das Urteil ‚ungeeignet' in etlichen Fällen auf Vermutungen beruhte" *(Lemmer* 1997, S. K1).

## 2. Warum psychodramatische Supervision in der PE?

Supervision ist eine Strategie angewandter qualitativer Sozialwissenschaft (*Wittenberger* 1987) bzw. Aktionsforschung, in der das praktische, situationsrelevante Wissen der Teilnehmer aufgegriffen und „mit dem Ziel der Qualitätssicherung am Arbeitsplatz" (*DGSv* 1996) reflektiert wird. Psychodramatische Supervisionspassagen bieten sich in PE-Maßnahmen an, weil sie „near the job", also in drei- bis fünftägigen Seminarbausteinen eingesetzt werden können. Eine „near the job"-Maßnahme wirkt dadurch qualifizierend, dass „im Unterschied zu PE ‚on the job' der Lernprozess nicht während der unmittelbaren Arbeitstätigkeit und nicht am Arbeitsplatz stattfindet, gleichwohl aber konkrete Probleme der Arbeitstätigkeit, darüber hinaus des Arbeitsumfeldes zum Gegenstand von Lernprozessen gemacht werden. – Im Unterschied zu PE ‚off the job' besteht eine große [...] zeitliche und inhaltliche Nähe zur Arbeitstätigkeit" (*Conradi* 1983, S. 72; vgl. *Dürr* u.a. 1988; *Meier* 1991). „Supervision ersetzt in diesem Kontext nicht fachbezogene Fortbildung, Leitungstätigkeit oder personenbezogene Selbsterfahrung" (*DGSv* 1996, S. 17). Vor diesem Hintergrund wird mit diesem Aufsatz versucht, Supervisionspassagen unter Verwendung von Arrangements und Techniken aus dem Verfahren Psychodrama als Format innerhalb des Supra-Formats Weiterbildung im Rahmen der PE zu beschreiben. Es ist das Ziel, verschiedene Ebenen und Rahmenfaktoren im PE-Kontext zu differenzieren und zugleich darzulegen, warum Psychodrama ihnen methodisch und inhaltlich gerecht wird. Bei den Ebenen handelt es sich um:

- den Kontext: Personalentwicklung (PE),
- das Supra-Format: Weiterbildung (als PE-Maßnahme),
- die Formate (als Inlets):
  - Instruktion (für theoretische Inputs...),
  - Training (für das Einüben angemessenen Verhaltens oder methodischen Arbeitens),
  - Supervision (für die konkrete Fallarbeit bzw. Situationsdiagnostik),
  - Diskussion (Erörterung von Sachverhalten und Prozessen).

Selbstverständlich können je nach Denkmodell des Dozenten/der Dozentin die Formate durch unterschiedliche Verfahren ausgefüllt und diese wiederum durch methodeninhärente Arrangements und Techniken ausgekleidet werden. In diesem Sinne soll Supervision als ein auf das soziale System einer Organisation zielendes Steuerungsinstrument verstanden werden. Es trüge zur Wertschöpfung einer organisatorischen Bildungsmaßnahme bei, wie die These *Buers* nahelegt, wenn es gelänge, „das Wissen, das in der Supervision gesammelt wird, zu sammeln und zu systematisieren, dann wird hier eine Tradition der Praxisforschung etabliert, die es erlaubt, [...] die alltäglichen Handlungsvollzüge von Praktikern konkret zu beschreiben und zu interpretieren sowie allgemeinere Strukturen herauszuheben" (*Buer* 1996b, S. 81f.; vgl. *Lehmenkühler-Leuschner* 1993). Aktuelle Probehandlungen innerhalb einzelner Supervisionspassagen können auch kurzfristige Veränderungsstrategien einleiten. PE wandelt sich dann „vom Reparaturbetrieb [...] zum Erneuerungsunternehmen" (*Kettgen* 1989, S. 121). In diesem Kontext wird von „Passagen" innerhalb von PE-Maßnahmen gesprochen, da redlicherweise nicht von mehreren Supervisionssequenzen und damit von einem Prozess ausgegangen werden kann (*DGSv* 1996, S. 22). Dies heißt nicht, dass bei wiederkehrender Teilnahme an PE-Maßnahmen oder aufeinander aufbauenden Lernbausteinen von Supervisionsprozessen, also von überprüfbaren beruflich orientierten Lernschritten nicht gesprochen werden darf.

**Abb. 1: Arbeitsplatzbezogenheit der Supervisionspassage**

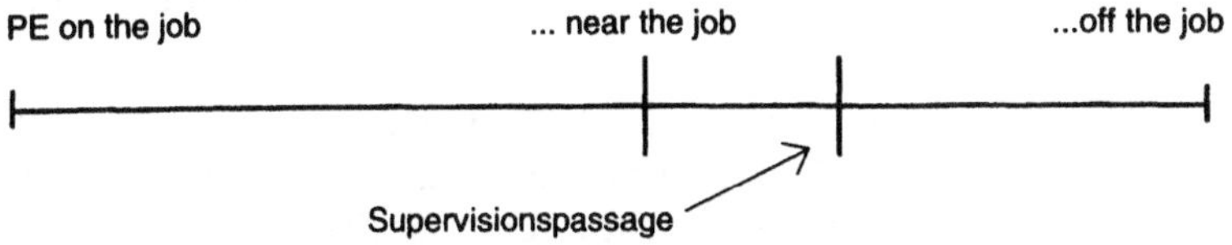


## 3. PE – ein schwieriges Feld für psychodramatisches Arbeiten?

Weil die gebräuchlichsten PE-Definitionen lediglich von sichtbaren Interessen der am Organisationssystem beteiligten Subsysteme (sprich Organisationsziel versus Mitarbeiter/innenziel) ausgehen, unbewusste bzw. widersprüchliche Zielfaktoren häufig verleugnen oder positivistisch umschreiben und eine, „rationale"/ideale, v.a. individualistische Personalpolitik aufzeigen *(Kettgen* 1989; *Schaal* 1992; *Mentzel* 1980), wie sie wohl kaum in einer vom Gattungswesen Mensch betriebenen Organisation vorkommen dürfte, soll uns die Definition *Neubergers* (1991) als Grundlage dienen. Sie lässt einen kritischen, an Personalpolitik orientierten Blickwinkel auf PE zu. Bedingt durch ihre Offenheit ist ein Verfahren wie das Psychodrama und damit eine semi-reale, an der Zielsetzung der Organisation ausgerichtete Handlungsstrategie integrierbar. Die Selbst-Entwicklung des Arbeitsvermögens, die aus der Eigenaktivität des Individuums entsteht, und die Interdependenz sozialer Beziehungen sowie deren komplexe Strukturen werden berücksichtigt. Durch die Aufdeckung der Defizite in der gängigen PE-Literatur gelangt *Neuberger* zu einem übergreifenden Begriff für Personalentwicklung. Für ihn bedeutet sie:

> „die Umformung des unter Verwertungsabsicht zusammengefaßten Arbeitsvermögens. [...] Damit ist sowohl Potenz (Kraft) wie Potentialität (Möglichkeit) bezeichnet: [...] Es geht also nicht um unmittelbares Arbeitshandeln oder Arbeitsleistung, sondern um eine vorbereitende Investition für diese. Arbeitsvermögen ist ein summarischer Begriff, der nicht die einzelnen ‚Hände' oder ‚Kräfte' erfaßt (wie Arbeitnehmer zuweilen verdinglichend bezeichnet werden). Nicht was eine individuelle Person (leisten) kann, interessiert, sondern was eine Person, die mit anderen Personen nach vorgegebenen Regeln und Zielen zusammenarbeitet, (leisten) kann" *(Neuberger* 1991, S. 3).

Damit ergibt sich eine direkte Nähe zum psychodramatischen Paradigma. Es ist ein gruppenorientierter Ansatz und erschöpft sich nicht, wie oft fälschlich verstanden wird, in individueller Psychotherapie, auch wenn gerade wieder interessante Ansätze des Monodramas entwickelt werden *(Erlacher-Farkas* u.a. 1996). „Morenos Interesse galt immer primär den Beziehungen und der Gemeinschaft, erst in zweiter Linie dem einzelnen Menschen" *(R.T. Krüger* 1989, S. 46; vgl. *K Weiß* 1991; *Buer* 1996b). Nach *Neuberger* besitzt PE eine Mehrdimensionaltität:

1. die *personale* Perspektive, welche sich sehr konkret an den Fähigkeiten, Fertigkeiten, Bedürfnissen, Gefühlen usw., also den Qualifikationen, Methoden- und Persönlichkeitskompetenzen orientiert;

2. die *interpersonale* Perspektive, welche den Teamgedanken, also den gesamten Bereich der zwischenmenschlichen Beziehungen, auch bezogen auf Werte, Normen, Rollen, Gruppeninteressen usw., beleuchtet;
3. die *apersonale* Perspektive, welche schon den Bereich der Organisationsentwicklung berührt und die strukturelle Absicherung des Handelns der Mitglieder einer Organisation sicherstellt; bei dieser Sichtweise geht es um Formalisierungen, Funktionen, Ressourcen, zeitliche Dimensionen usw.

In allen Fällen, in denen Handlungsstrategien an Subjektkompetenz *(Becker* 1979; *Seyfried* 1995; *Damm-Rüger* 1996) gekoppelt sind (erste und zweite Perspektive), scheint Psychodrama jene von so vielen Personalentwicklern beklagte Transferproblematik *(Sattelberger* 1989, S. 244) der PE-Seminare konstruktiv aufzuheben *(Meier* 1991). Dies geschieht vor allem durch die Schnittstelle aus „training on the job" und „training off the job". Psychodrama ist dabei ein Verfahren, mit dem eine Semi-Realität *(Moreno* 1973; *Leutz* 1974) erreicht werden kann, wie dies für herkömmliche Trainingsmethoden unter Einsatz des „Rollenspiels" nur selten möglich ist.

Auftraggeber/innen oder Teilnehmer/innen bezweifeln bisweilen den Wert von PE-Verfahren für die Praxis. Oberflächlich verbrämte Lernstrategien bieten dann Teilnehmern und Auftraggebern Abwehrmöglichkeiten und die immer wieder beliebte Abwertung psychologischer Methoden allgemein. Der Grund ist allerdings verständlich. Ein konfliktträchtiges Mitarbeitergespräch abstrakt darzustellen, ohne dass dieses Vorgehen einer differenzierten Analyse unterzogen wird, scheint leider in vielen Trainings auszureichen. Ohne konkreten Kontextbezug wird in solchen Seminaren lediglich die Verhaltensebene des Individuums beschrieben. Es ist aber ein elementarer Unterschied, ob ein nach- bzw. vorgemachtes Gespräch mit Hilfe des Video-Feedbackverfahrens beobachtet (z.B. *Mentzel* 1980) oder eine Spielszene sehr differenziert aufgebaut wird, um Inneres und Äußeres, Sichtbares und Unsichtbares unter Zuhilfenahme von Hilfs-Ichs sowie von Methoden wie Rollentausch, Doppeln, Spiegeln, Zukunftsprojektion, Rollenexploration usw. zu erarbeiten *(Moreno* 1973; *Petzold* 1979; *K. Weiß* 1991; *Buer* 1996a).

„Werden Techniken des Psychodramas verwandt, ergibt sich eben viel mehr Intensität als lediglicheş Rollentrainieren. [...] Ohne das Handeln im Spiel würde der Rollentausch nur die Rollen von zwei Standbildern auswechseln" *(R.T. Krüger* 1989, S. 52).

Bei der Verwendung so verschiedener Psychodramatechniken handelt es sich immer um ein ineinanderfließendes Ganzes, und genau dies macht in der Gesamtheit die Lernerfahrung aus. *Krüger* verbindet aus diesem Grund auch den Rollentausch mit den Begriffen des „immanenten Spiegels" und des „transzendenten Spiegels". Es erzeugt unterschiedliche Lernerfahrungen, ob ich außerhalb der Situation das Geschehen verfolge oder ob ich mir immanent den Spiegel durch den Rollentausch erarbeiten muss.

Um neue Handlungsmuster und Entscheidungskompetenzen zu erlangen, ist es das Ziel, die phantasierte organisatorische Realität von der allgemein geteilten Realität unterscheiden zu lernen.

„Um sich selbst kreativ in einer bestimmten Rolle managen zu können, ist es erforderlich, der Autor oder zumindest der ‚Regisseur' dieser Rolle zu werden, will man sich nicht entweder in den Albträumen der Kindheit oder in den Schmerzen und Demütigungen des Arbeitsdramas verlieren" *(Sievers* 1993, S. 378; vgl. *R. Weiß* 1996).

Dahinter verbirgt sich die These, dass sich im Arbeitsleben jeweils zwei Dramen niederschlagen, nämlich das des persönlichen, biographischen Lebens und das der Geschichte und Gegenwart der Organisation. Im Psychodrama wird der Protagonist „zum Objekt und Empfänger seiner eigenen Handlungen. Der Rollentausch macht ihn in der Rolle des Beziehungspartners (Objektes) zum Subjekt und Initiator von dessen Handlungen. Zurückgekehrt in die eigenen Rolle durchlebt er schließlich die in der Gegenspielerrolle selbst initiierten Handlungen in ihren Auswirkungen am eigenen Leib" *(R.T. Krüger* 1989, S. 62; vgl. *Sievers* 1995); für Führungskräfte ist dies eine nicht uninteressante Erfahrung.

## 4. Welche Rahmenfaktoren sind bei psychodramatischen Supervisionspassagen zu berücksichtigen?

Die von *Buer* eingeführte Unterscheidung zwischen „Verfahren" und „Format" muss, so meine These, für PE-Schritte erweitert werden. Denn hier spielt die Organisationskultur des Auftraggebers und damit die Absicherung und Steuerung des Handelns der organisationseingebundenen Menschen eine maßgebliche Rolle. Modellhaft können wir den Aufbau einer psychodramatischen Supervisionspassage wie einen Kern verstehen, der von verschiedenen Hülsen umgeben ist. Aus diesem Grunde schlage ich vor, von einer *„Inlet-Struktur"* bei Supervisionspassagen zu sprechen, weil die jeweils innen liegende Struktur durch die äußere gestützt wird und durch sie ihre strukturelle Souveränität erhält. Zudem lässt dieses Modell systemisch-psychodynamisches Denken zu (z.B. Spiegelphänomene, Parallelprozesse, Delegation usw.) und verhindert Psychologismen, wie sie in der aktuellen Trainerkultur Mode sind. Dogmatische Verkürzungen, wie sie einigen Vertretern des Konstruktivismus zu eigen sind, werden ebenfalls vermieden *(Vogel* u.a. 1994).

Selbstverständlich können wir davon ausgehen, dass der Auftraggeber ein (möglicherweise kontraproduktives) Ziel verfolgt, welches seinen Niederschlag im Seminarauftrag bzw. Lernziel findet. Aus diesem Grunde schlage ich vor, für die PE-Maßnahme in Anlehnung an *Selvini Palazzoli* u.a. (1993, S. 117) den Terminus „Supra-Format" anzuwenden.

Psychodrama ermöglicht vor diesem Hintergrund, die heimlichen Aufträge und Verführungen der Organisationskultur, auch, falls abgespalten, verleugnete Abhängigkeiten in die Realität hineinzuholen. Objektive wie subjektive „Lernzielverhinderer" werden erkennbar und konstruktiv integriert. Die Sichtbarmachung von Tabus, Fallen oder Abspaltungen bestimmter Themen findet also auch in Supervisionspassagen als deutliche Erweiterung des Praxiszusammenhanges statt.

Im Setting, der einmaligen Institutionalisierung eines Formats, schlagen sich also Surrogate aus Kontext und materiell-räumlichen Gegebenheiten nieder, und es stellt damit eine stochastische Klammer dar. Die supervisorische Ich-Spaltung *(Lehmenkühler-Leuschner* 1993; *Möller* 1996) hat diese Strukturteile in ihren Handlungsstrategien zu berücksichtigen, um verdinglichende, aber auch dem/der Supervisanden/in gegenüber vereinseitigende Reflexionen zu vermeiden.

Das Aufgreifen der vorherrschenden *Organisationskultur* durch die psychodramatische Situationsdiagnostik ist deshalb wichtig, weil sie das Muster der Grundannahmen darstellt, „die eine bestimmte Gruppe erfunden, entdeckt oder entwickelt hat, indem sie gelernt hat, ihre Probleme externer Anpassung und interner Integration zu bewältigen, und die sich soweit bewährt haben, dass sie als gültig betrachtet werden und deshalb neuen Mitgliedern als die richtige Haltung gelehrt werden sollen, mit der sie im Hinblick auf die genannten Probleme wahrnehmen, denken und fühlen sollen" (*Schein*, in *Neuberger, Kompa* 1987, S. 18; vgl. *Dierkes* 1988; *W. Krüger* 1989).

**Abb. 2: PE-Maßnahme als Supra-Format**

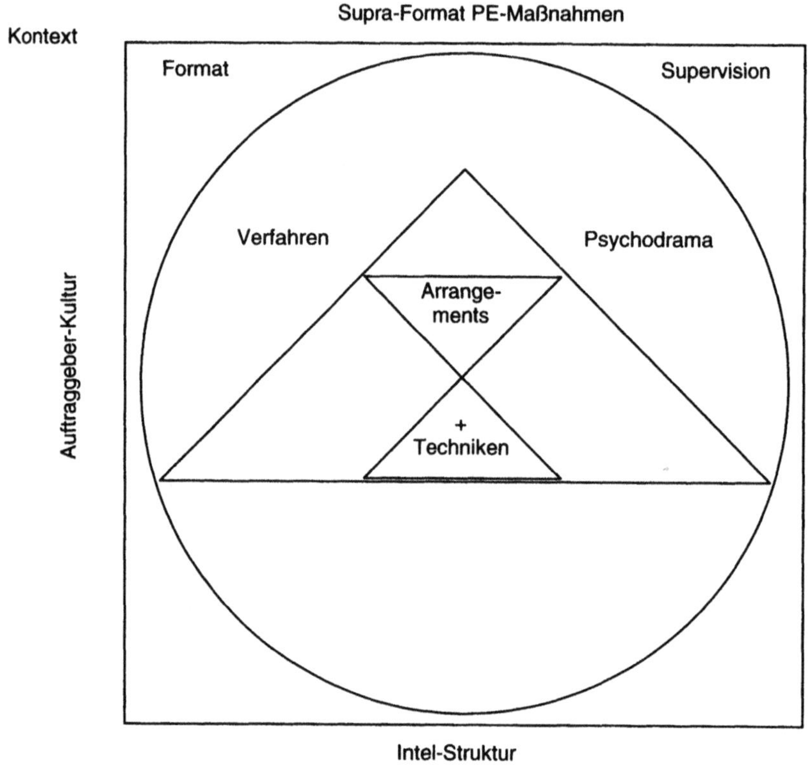


Diese „quasi-selbstverständlichen" Referenzpunkte, also jene nicht weiter hinterfragbaren Mythen, Legenden und Normen der Organisation, sind zwar vordergründig systemstabilisierend, doch bewirken sie langfristige destabilisierende Reibungsverluste zwichen Organisation und Umwelt und bereiten den einzelnen Systemmitgliedern in der Weiterbildung gerade deshalb Probleme – sie sollen sich ja als Personal „entwickeln". Die „Normalitäten" eines Unternehmens führen zu dem, was in der Ethno-Psychoanalyse als „kalte Kulturform" bezeichnet wird (nicht lernende Organisationen). Viele Firmen sind mit ihrer Personalpolitik stets darum bemüht, „gegen jede Veränderung, die ein Eindringen der Geschichte [und das heißt der Realität und der konstruktiven Anpassung an die Umwelt, R.W.] ermöglichen würde, verzweifelt Widerstand zu leisten" (*Lévi-Strauss* 1960/1975, S. 39). Manche Politiker sprechen lapidar von Reformunfähigkeit. Aus psychodramatischer Sicht bedeutet die Diagnose der „pattern of basic assumptions" (*Schein*) demnach, „die Art und Weise der sozialen Beziehungen der Subjekte in einem gemeinsam aufrechterhaltenen ‚Rollogramm' aufgrund unbewußter Übertragungs- und Projektionsphänomene zwischen den Trägern der Rollentradition in Beziehung zur Gründungskultur, Aufgabenstellung und Außenwelt" bewusst zu machen *(R. Weiß* 1990, S. 126).

Das Unternehmen als Realobjekt der Arbeitsbeziehung erhält die ihm gebührende Rolle zugewiesen neben den Subjekt-Subjekt-Beziehungen, wie sie in Teams, hierarchischen Abstufungen, Berater-Klient-Formationen oder Kunden-Kontakten usw. vorkommen. Kurz: Wunsch und Widerstand der Organisation werden, soweit möglich, genauso in den Fokus genommen wie Wunsch und Widerstand des Individuums im PE-Seminar.

## 5. Zielgruppen müssen kreativ an das Verfahren herangeführt werden

Für die Supervisionspassagen stehen meistens der dritte und vierte Tag im Verlauf der Woche zur Verfügung, so dass auf Instruktionen und Trainingseinheiten zurückgegriffen werden kann. Zum einen bedeutet dies das Erreichen einer bestimmten Gruppenkohäsion, zum anderen können erste Erfahrungen mit der psychodramatischer Praxis gemacht werden. Warm-up-Strategien verwende ich deshalb in den Bausteinen, die sich auf Gesprächsführung beziehen oder als methodisch-didaktische Hilfsmittel anbieten. So können Lernschritte mit dem Doppel, dem Hilfs-Ich oder auch dem Rollentausch, allgemein mit theatrischen Elementen erfolgen. Diese Art der Arbeit ist anregend und bereitet den TeilnehmerInnen zumeist Spaß. Sie haben das Gefühl, „lachend zu lernen" *(B. Brecht).*

Es gibt wohl kaum ein Unternehmen, in dem der menschliche Informationsfluss nicht die größten Reibungsverluste erzeugt. Warm-up-Phasen lassen sich zu diesen Themen methodisch nutzen. Gerne stelle ich deswegen das Modell der „vier Seiten einer Botschaft" von *Schultz von Thun* psychodramatisch dar *(Schultz von Thun* 1994). Sein Ansatz geht bekanntlich über *Watzlawick* hinaus, indem er neben der Sachebene und der Beziehungsebene die Selbstoffenbarung und den Appell als Kommunikationsanteil einbringt. Er stellt diese vier Ebenen beim Empfänger in Form von vier Ohren dar. Die Situation auf der Senderseite erweitere ich um vier Münder, um so viele Seminarmitglieder wie möglich in die Übung einzubeziehen, und weil es mir inhaltlich logisch erscheint. Es treten Hilfs-Ichs in Aktion, die jeweils die vier Ohren bzw. Münder darstellen. Zu diesem Zeitpunkt befinden sich schon zehn Spieler auf der Bühne, und ein relativ hoher Aktivierungsgrad der Gruppe ist hergestellt. Nach dem Durchspielen einer einfachen Botschaft melden die Beteiligten in der Regel zurück, wie interessant sie eine solche Betrachtungsweise in Aktion finden, dass das Rollenspiel Spaß mache und dass sie das Modell fast körperlich verstanden hätten.

Im folgenden möchte ich darlegen, warum gerade *psychodramatische* Supervision Verkürzungen in PE-Maßnahmen vermeiden hilft und ein realitätsnahes Lernen ermöglicht. Bewusst soll an dieser Stelle nicht auf den klassischen Verlauf eines „großen Arrangements" mit den einzelnen Phasen, Methoden und Techniken eingegangen werden. Dies ist bei *Buer* (→ Methoden) und *K. Weiß* (1991) u.a. ausreichend beschrieben.

## 6. Ein Beispiel aus der Praxis

Geschäftsführer und Regionaldirektoren einer Körperschaft des Öffentlichen Rechts befinden sich für fünf Tage in einem Führungskräfteseminar als Teil einer vierwöchigen Weiterbildungssequenz. In diesem Abschnitt wird es um Fragen des Entscheidungsverhaltens, der Konfliktbewältigung sowie der Reflexion der Führungsrolle in einer bürokratischen Organisation gehen. Es ist das offene (aber kränkende) Ziel dieser Seminarreihe, den Führungsgedanken überhaupt erst in der Organisation zu etablieren, moderne Managementmethoden zu erlernen, vernetztes und langfristig orientiertes Denken einzuüben, d.h. auch, neue Formen der Verantwortungsübernahme zu erproben *(R. Weiß* 1992).

Die ersten Teilabschnitte werden mit den herkömmlichen Methoden „absolviert", wie Erfahrungsaustausch, Kleingruppenarbeit, Kurzreferate, Lehrgespräche usw. In einer soziometrischen Aktion haben die Teilnehmer/innen den spontanen Rollentausch sowie die „Hintermenschen"-Übung kennengelernt. Verfahrensnahe Techniken können damit als bekannt vorausgesetzt werden. Die Gruppe (vier Frauen, acht Männer zwischen 25 und 48 Jahren, Führungskräfte aus Ost- und Westdeutschland) diskutieren, nachdem sie zwei Tage lang ein gruppendynamisch orientiertes Planspiel durchgeführt haben (Format Training) über die unfähigen Mitarbeiter (jetzt im Format Diskussion): Ständig kämen diese und frügen, was als nächster Arbeitsschritt zu tun sei, sie hielten ihre Fachkompetenz nicht auf dem neuesten Stand und seien kaum in der Lage, eigene Entscheidungen zu treffen. Eine Frau beschreibt einen männlichen Mitarbeiter sehr ärgerlich und resigniert. Diese Führungssituation schält sich im Format Diskussion heraus. An dieser Stelle wird eine schon im Prozess als Möglichkeit angekündigte Skandierung gesetzt, und der Moderator schlägt eine Arbeitseinheit Supervision (Format Supervision, Verfahren Psychodrama) vor. (Aus Platzgründen können nur Auszüge dargestellt werden.)

Nachdem das Büro der Supervisandin (Regionaldirektorin) aufgebaut ist, betritt der Mitarbeiter (Antagonist) den Raum. Körperhaltung und Bewegung, so ergibt die Rollenexploration, zeugen von einer ängstlichen, schüchternen Unruhe, wenn der junge Mann die „Druckkammer" (Spitzname des Büros der Regionaldirektorin) betritt.

*Mitarbeiter:* „Frau H., darf ich mal kurz, äh, ich hab' da eine Frage. Äh."
*Supervisandin:* „Sie sehen doch, dass ich hier dringend noch einige Fälle zu erledigen habe *(auf dem Tisch liegen stapelweise Akten und Schreiben).* Na gut, ist ja eh offen."

Im fortwährenden Rollentausch stellt sich heraus, dass der Mitarbeiter mehr und mehr Fragen im Gespräch nachschiebt und direkte, spontane Entscheidungen wünscht. Die Situation wird u.a. dadurch gesteigert und realisiert, indem immer mehr Antagonisten in die „Druckkammer" geschickt werden und Anforderungen an die Regionaldirektorin stellen. Dies steigert sich bis zu dem Punkt, an dem die Supervisandin wütend aufspringt.

*Supervisandin:* „Raus! Haut ab, ich kann nicht mehr. Niemand nimmt auf mich Rücksicht, wozu werdet ihr eigentlich bezahlt *(versucht, die Truppe aus dem Raum zu schieben, was ihr nicht gelingt).* Ich geb's auf...".

*Schnitt:* Es fällt auf, dass trotz der offenen Türen die geballte Kraft des/der Mitarbeiter/s nicht aus dem Raum bewegt werden kann. Die Supervisandin blickt zur Tür, und es wird ein Rollentausch mit der offenen Tür vorgenommen.

Tür: „Ich bin die Tür zur „Druckkammer"... Ha, „Druckkammer"" wer drückt hier eigentlich wen? Tja, manchmal rastet die eben aus, die Alte, dann scheißt sie die Mitarbeiter völlig zusammen, und dabei ist es Zufall, wer es gerade abkriegt. Aber vorher ist die von ganz anderen genervt worden."
*Supervisor:* „Sag mal, Tür, wie geht es dir eigentlich, und wie ist deine Rolle hier?"
Supervisandin (als Tür): „Versteh' ich nicht. Ich bin doch nur eine alte Holztür, ph, so eben ist meine Rolle hier."
*Doppel:* „Manchmal sehe ich, was hier passiert."
*Supervisandin:* „Ja, die bringt das nicht. Die kann sich nicht durchsetzen."
*Doppel:* „Manchmal bin ich zu, manchmal geöffnet."
*Supervisandin:* „Von wegen manchmal zu. Ich stehe immer offen *(lacht).* Meine Kollegen stehen auch immer alle offen, bis auf die Kellertür *(lacht noch mehr),* – die hat ja auch nichts zu sagen."
*Doppel:* „Wieso stehe ich immer offen und meine Kollegen auch?"
*Supervisandin:* „Hm, weiß ich nicht. *(Rollentausch in die eigene Rolle:)* Tu nicht so (zögert). Du weißt das ganz genau."
*Doppel der Supervisandin*: „Die soll mal was rausrücken. Die soll mal rausrücken mit der Sprache."
*Supervisandin:* „Ja, das erzähl' mal, Tür, warum du immer offen stehst!" *(Rollentausch. Ein Hilfs-Ich wiederholt die Frage.)*
*Supervisandin:* „Wir stehen hier immer offen, weil ..., weiß ich nicht...".
*Doppel:* „Ich weiß das irgendwie schon."
*Supervisandin:* „Das war schon immer so, selbst als die jetzige Direktorin als Azubi angefangen ist, war das schon so, ehrlich, ganz bestimmt."
*Doppel:* „Aber warum, verdammt noch mal, muss ich als Tür immer offenstehen?"
*Supervisandin:* „Alle müssen sehen können, dass auch gearbeitet wird *(lacht).* Die sind ja schließlich hohe Beamte. Keiner soll sich hier konzentriert zurückziehen, jeder ist ständig kontrollierbar, dafür sorge ich als offenstehende Tür."
*Doppel:* „Siehst Du da die Chefin? *(Tür nickt)* Was braucht die denn eigentlich alles, um arbeiten zu können?"
*Supervisandin:* „Zunächst muss die mich ab und zu schließen, und dann bin ich auch bereit, sie zu schützen, Eigentlich hat sie das nämlich manchmal verdient."
*Doppel:* „Was ist mit dem Frager und den anderen, die sind ja dann auch eingeschlossen im Raum?"
*Supervisandin:* „Nix da, jetzt ist Schluss *(Stimme wird energisch).* Die haben auch fünf Jahre gelernt, und außerdem ist die Chefin, verdammt, bin ich ....... *(die Protagonistin droht aus der eingenommenen Rolle zufallen und wird über das Doppel wieder in die Türrolle zurückgeholt)...* ist die in einem Kindergarten hier? Alle kommen und wollen die Schühchen zugemacht kriegen hier."

*Schnitt:* Es wird kurz eine Szene durchgespielt, in der die Protagonistin in einem Kindergarten ganz vielen Kindern, die zu ihr kommen, die Schühcben zubinden muss. Sie reagiert mit Lachen, aber irgendwann auch sehr verärgert auf diese symbolische Darstellung. Zurückgekehrt in die Ausgangssituation als Hilfs-Ich für die Tür findet eine Klärung zwischen der Tür und der Protagonistin statt über Fragen des Selbstmanagements, welche Rolle die Tür zu spielen hat und wie sie gern mit den Fragern (Kindern) umgehen möchte. Nach einer weiteren Phase wird eine zweite Aktionslinie, ansetzend an der Eingangsszene, aufgegriffen. Die Interaktion zwischen fragenden Mitarbeitern und Regionaldirektorin wird noch einmal exploriert. Rollentausch.

*Supervisandin (als Mitarbeiter):* „Ich komme zu dir, weil du mir immer hilfst, jedenfalls letztendlich. Außerdem beschwer' dich nicht. Erstens bist du eine der wenigen Frauen hier, da kannst du auch mal beweisen, ob ihr Frauen netter seid als die Typen, und wissen tust du ja sowieso alles, und außerdem, das klappt doch gut oder nicht?" (Rollentausch.)
*Supervisandin:* „Die trauen mir wirklich alles zu, ich soll einfach alles können...".
*Doppel:* „Ich kann ja auch alles, mach ja auch alles."
*Supervisandin:* „Stimmt. Will ich aber nicht."

*Doppel:* „Nein? Nein, will ich nicht? *(Doppel fährt ironisierend fort)* Nein, ich will nicht im Mittelpunkt stehen. Ich will nicht Macht haben. Nein, ich will auch nicht wissen, dass Wissen Macht ist. Ich will nicht, dass die immer zu mir kommen. Ich will denen auch nicht immer beweisen, wie schlau ich bin, und vor allen Dingen will ich nicht abhängig sein von deren Abhängigkeit. Die sind wirklich abhängig von mir, die kleinsten Rechtsfälle schustern die mir zu, ich bin eigentlich ein kleiner – großer Jurist, äh, Juristin."
*Supervisandin (wird wütend):* „Hör' auf, das stimmt doch gar nicht. Die nutzen mich aus, saugen mich aus, wie 'ne blöde Kuh."
*Zweites Doppel:* „Das will ich ja gar nicht hören, dass ich von der Abhängigkeit meiner Mitarbeiter abhängig bin. Die sollen ja nicht erwachsen werden, eher schufte ich mich zugrunde."
*Supervisandin:* „Puh, da scheint was dran zu sein." *(Jetzt still, sitzt zusammen gesunken hinter dem Schreibtisch. Einige Zuschauer packen noch mehr symbolische Akten auf den Tisch. Nach einer Weile greift das Doppel einen Seufzer der Supervisandin auf).*
*Doppel:* „Ahh, was fällt mir denn so schwer?"
*Supervisandin:* „Mir fällt schwer, denen zu sagen, dass ich Ruhe für meine eigentliche Arbeit brauche."

*Schnitt:* Der Supervisor schlägt vor, mit dem Satz „Mir fällt schwer einige Formulierungen zu finden und fortzufahren.

*Supervisandin:* „Mir fällt schwer, hier aus der Reihe zu tanzen, das machen schließlich alle Führungskräfte hier und kommen sich toll dabei vor und stöhnen. Mir fällt schwer, den Mitarbeitern, vor allem den Männern zu sagen, dass sie sich selbst Lösungen erarbeiten müssen. Mir fällt schwer, zu sehen, dass ich hier Führungsaufgaben und nicht Ausputzerfunktionen habe. Mir fällt schwer, direkte Gespräche zu führen und vor allem Aufgaben zu delegieren; das war doch 'ne Theorie in der Ausbildung mit diesem Management-by-Kram. Mir fällt schwer, zu akzeptieren, wie unreif wir hier eigentlich sind." *(Supervisandin sackt in sich zusammen)*
*Doppel:* „Was mache ich nur, was läuft da schief?"
*Supervisor:* „Hör doch noch mal genau zu, was dein Mitarbeiter gerade alles von dir gehört hat." *(Aus dem Rollentausch heraus wiederholt der Antagonist in zusammen gesunkener Haltung hinter dem Schreibtisch alles Gehörte.)*
*Supervisandin (als Mitarbeiterin):* „Siehst du, und deswegen tanze ich dir auf der Nase herum. Du brauchst mich und hältst das auch alles schön durch für deine Karriere. Ich bin der Beweis dafür, wie toll du bist. Gib mir bloß keine Chance!"

*Schnitt:* In einer weiteren Szene wird erarbeitet und zugleich geprobt, was der Mitarbeiter und die Supervisandin brauchen, um erwachsen miteinander arbeiten zu können. Die Hilfs-Ichs bieten verschiedene Überlegungen an:

1. Die Frager sollen zunächst zwei Alternativvorschläge erarbeiten, bevor sie fragen dürfen.
2. Danach müssen sie erst Kollegen befragen.
3. Es werden feste Aus-Zeiten für die Führungskräfte eingeführt.
4. Die Mitarbeiter werden in die Weiterbildung geschickt.
5. Klare Ziele werden jetzt vereinbart, und es dürfen keine Routinefälle mehr an die Führungskraft weitergegeben werden.

Als weitere Idee taucht ein Schild auf: „Bitte nicht stören!" oder sogar „Eintritt verboten", dies solle dann an die Tür gehängt werden. Die Supervisandin nimmt in einer weiteren Szene einen Rollentausch mit einem imaginären Schild vor und monologisiert.

*Supervisandin:* „Na, da wird der Vorstand aber blöde gucken, wenn er nichts sieht. Die da im Zimmer muss denen das dann draußen klar machen, warum das hier jetzt so ist." *(Die Tür wird imaginär geöffnet, das Schild spricht jetzt zu ihrem Gegenüber am Schreibtisch hinter den Akten.)*
*Schild:* „Du, ich beschütze dich jetzt, aber du übernimmst die Verantwortung, klar? Sonst hänge ich nachher nur komisch hier an der Tür herum und bringe überhaupt nichts." (Rollentausch)
*Supervisandin (hinter dem Schreibtisch):* „Hör zu, Schild, ich brauche dich, du musst mir einen Freiraum verschaffen." *(Rollentausch)*
*Schild:* „Nur wenn du zu mir stehst und wirklich einsiehst, dass du mich brauchst. Sonst kannst du hier wieder die Mami spielen. Setz' dich für mich ein, erzähl den Grund deinen Kollegen und Mitarbeitern. Wenn du kein Risiko für mich eingehst, verschwinde ich von der Tür, klar?" *(Rollentausch)*

Die Supervisandin hört sich alles sehr nachdenklich an und vereinbart mit dem Schild, eine große Besprechung in der Regionaldirektion durchzuführen. In dieser Besprechung sollen ihre Vorstellungen zu Arbeitsabläufen dargelegt werden, und sie wird konkrete Vereinbarungen treffen, wie was demnächst zu geschehen hat. Mit dem Schild bespricht sie anschließend vertraglich, bis wann das Schild in der Realität hergestellt sein muss. Gegen Ende des Seminars haben andere Teilnehmer/innen der Protagonistin ein Schild gebastelt (moderne Seminarhotels machen es möglich) und überreichen ihr dieses zum Abschied. Auf der einen Seite steht: „Bitte nicht stören!" und auf der anderen Seite: „Eintritt verboten!"

Mit diesem Praxisbeispiel wird deutlich, dass in der Supervisionspassage psychodramatisch sowohl auf der personalen wie der interaktionellen und der apersonalen Ebene gearbeitet werden kann. Auch wenn das Apersonale zunächst noch sehr abstrakt erscheint, wird doch deutlich, dass unreife Führungskultur in die Erkenntnis einbezogen wird und konkrete Handlungsstrategien durch Vereinbarungen abgesichert werden. Unmittelbar evident scheint dabei zu sein, dass diese supervisorische Herangehensweise viel Material bietet, um weitere Themen aufzugreifen, zu vertiefen oder als bearbeitet abzuschließen. Mir scheint, dass psychodramatische Supervision in einem PE-Seminar die Wirkung einer Venturi-Düse besitzt, durch die virulente Themen wie Moleküle hindurch müssen und dabei beschleunigt und verdichtet werden. So wird eine vertiefende, stets an der Praxis orientierte Weiterarbeit möglich.

## 7. Bekannte und unbekannte Schwachstellen bei der Nutzung von Supervisionspassagen

(1) Man sollte sich an die Tradition der Tavistock-Konferenzen (Format Klein- und Großgruppentraining, Verfahren Psychoanalyse, Gruppendynamik, Sozio-technische Übung) erinnern, wenn das Training in einer solchen PE-Einheit klar strukturiert verlaufen soll. Der/die Seminarleiter/in ist aufgefordert, in allen Phasen des Seminarprozesses die jeweils eingenommene Rolle genau zu definieren. So handelt es sich bei der Rolle des psychodramatisch arbeitenden Supervisors um eine *temporäre Rolle* im Supra-Format. Es ist unerheblich, ob sich eine temporäre Rolle gerade auf die des psychoanalytisch arbeitenden Trainers, des systemisch oder an anderen Verfahren orientierten Seminarleiters bezieht. Für die anwesenden Personen besteht nämlich die Gefahr der Verwirrung, sobald diese Rollenklärung nicht vorgenommen wurde. Vielleicht gab es eine Phase im Seminarablauf, in der non-direktive Gesprächsführung erlernt oder nach dem transaktionsanalytischen Modell gearbeitet wurde. Psychodrama kann

dann als ziemlich direktive Methode erfahren werden, da die Rolle des Psychodramaleiters die Regisseurfunktion mit entsprechenden Interventionen impliziert. Äquivalent zur Aufgabenebene bzw. zur Inletstrukturebene sind unterschiedliche Rollen in der Leitungsrolle einer solchen Maßnahme auszumachen. Auf der einen Seite macht dies die PE besonders interessant, da im Sinne des Auftraggebers eine hohe Realitätsnähe erreicht wird; auf der anderen Seite erfordert es ein enormes Maß an Rollenflexibilität und Methodenkompetenz von der Seminarleitung, und den Teilnehmer/innen wird hohe Konzentration abverlangt.

| Tätigkeitsebenen | | Rollen |
|---|---|---|
| Personalentwicklung | | Personalentwickler als „Kulturbeauftragter“ |
| Fortbildung oder Bildungsmaßnahme | | Dozent/Seminarleiter/in incl. Prozesssteuerer |
| Instruktion (theoretische Inputs) | | Referent/in |
| Training | | Trainer/in |
| Supervision | | Supervisor/in |
| Coaching | | Berater/in |
| Diskussion | | Moderator/in |
| Verfahren: | Psychodrama | Regisseur/in |
| | Balint-Gruppe | Analytiker/in |

(2) Wie in allen Beratungsverfahren, so bestehen im Bereich der Supervisionspassagen, wenngleich in abgeschwächter Form, Möglichkeiten der Messalliancen (*Leffers* 1988). Dies ist ein Sachverhalt, der in der Supervisionsforschung viel zu wenig berücksichtigt ist und sicherlich interessante Forschungsergebnisse erbringen würde, gleichgültig, ob es sich um langwierige Supervisionsprozesse oder kurzfristige Passagen handelt. Da Firmen ihre PE-Schritte legitimerweise auch als „Anpassungsfortbildung“ betrachten, besteht für den Leiter bzw. die Leiterin der Maßnahme immer wieder die Gefahr, mit dem Auftraggeber in eine unbewusste Verknüpfung einzutreten und Themen oder Situationen in der Analyse zu vermeiden, die aber gerade die Arbeitsqualität und das Handeln der Protagonistin bzw. des Protagonisten weiterbringen würden. Natürlich ist die Gefahr der identifikatorischen Vereinigung mit dem Supervisanden oder der Supervisandin genauso gegeben. Allerdings wird das Abhängigkeitsmoment weniger intensiv hervortreten, als dies bei lang angelegten Lern- oder Supervisionsphasen der Fall ist (*Racker* 1978, S. 135).

(3) Aus diesen Gründen halte ich es nach wie vor, entgegen allen ökonomischen Überlegungen, für angebracht, sobald es um Supervision in PE-Maßnahmen geht, mit zwei Dozenten/innen, Trainer/innen zu arbeiten – eine Supervisionsausbildung ist natürlich die „conditio sine qua non“. Die Messalliancegefahr berührt direkt das Supra-Format PE, da die Kontraktebene – trotz aller hehren Beteuerungen und Vertragsabsicherungen – letztendlich immer mit Unsicherheiten verknüpft ist. Auf der Seite des Supervisors bzw. der Supervisorin können spontane Entscheidungen gefordert sein, die innere Souveränität – im Gegensatz zur ökonomischen – verlangen. Wie sonst sollte er/sie fachlich reagieren, sobald in einer Supervisionspassage z.B. das Thema Mobbing auftaucht oder eine menschenverachtende Organisationskultur des Auftraggebers aufgedeckt wird. Zwar ist der PE-Trainer hier systemnäher (im Sinne einer „eingekauften“ Fachkompetenz) als der klassische Supervisor, doch darf auch bei Supervisionspassa-

gen nicht auf die ethischen und fachlichen Standards, wie sie etwa die DGSv vorschreibt, verzichtet werden.

(4) Mit Auftraggeber und Teilnehmer/in muss geklärt sein, ob in der Maßnahme mit allen drei Perspektiven der PE gearbeitet werden darf oder soll, sonst kann die Fokussierung auf kritische Themen als subjektiveres Ausagieren des Dozenten/Beraters ausgelegt werden.

## Literatur

*Akademie für Jugendfragen Münster* (Hg.) ( 1979): Supervision im Spannungsfeld zwischen Person und Institution. Freiburg.

*Becker, I.* (1979): Subjektkompetenz und Helfer-Syndrom. Münster.

*Buer, F.* (1996a): Methoden in der Supervision – psychodramatisch angereichert, *OSC 3* (1), 21-44.

– (1996b): Psychodramatische Supervision. Das Modell in seiner Bedeutung für die Reflexion und Erforschung sozialpägagogischen Handelns. *Supervision* 29, 81-92.

*Damm-Rüger, S.* (1996): Soziale Qualifikation im Beruf: Eine Studie zu typischen Anforderungen in unterschiedlichen Tätigkeitsfeldern. Bielefeld.

*DGSv* (Hg.) (1996): Supervision – professionelle Beratung zur Qualitätssicherung am Arbeitsplatz. Köln.

*Dierkes, M.* (1988): Unternehmenskultur und Unternehmensführung. Konzeptionelle Ansätze und gesicherte Erkenntnisse. Berlin.

*Dürr* u.a. (Hg.) (1988); Personalentwicklung und Weiterbildung in der Unternehmenskultur. Päd. Verlag Burgbücherei Schneider.

*Erlacher-Farkas, B., Jorda, C.* (Hg.) (1996): Monodrama. heilende Begegnung. Wien.

*Geißler, K., v. Landsberg, G., Reinartz, M.* (1996): Handbuch Personalentwicklung und Training: ein Leitfaden für die Praxis. Köln: (Losebl.-Ausg.).

*Kettgen, G.* (1989); Moderne Personalentwicklung in der Wirtschaft: Anspruch, Modell, Realisiserung. Ehningen bei Böblingen.

*Krüger, R.T* (1989): Der Rollentausch und seine tiefenpsychologischen Funktionen. *Psychodrama* 1, 45-67.

*Krüger, W.* (1989): Unternehmenskultur – ein strategischer Erfolgsfaktor? In: *Sattelberger, T.* (Hg.): Innovative Personalentwicklung. Wiesbaden.

*Lehmenkühler-Leuschner, A.* (1993): Professionelles Handeln und Supervision. *Forum supervision* 2, 8-34.

*Lemmer, R.* (1997); Leistungssteigerung durch Supervision. *Handelsblatt. Karriere,* S. K 1.

*Leutz, G.A,* (1974): Psychodrama – Theorie und Praxis (Bd. 1). Heidelberg.

*Lévi-Strauss, C. (1975):* Strukturale Anthropologie II. Frankfurt.

*Meier, H.* (1991): Personalentwicklung: Konzept, Leitfaden und Checklisten für Klein- und Mittelbetriebe. Wiesbaden.

*Mentzel, W.* (1980): Personalentwicklung. Freiburg.

*Meyer-Anuth. D.* (1995); Psychodrama als Methode im Führungstraining – ein handlungstheoretischer Ansatz. *Psychodrama* 1, 29-41.

*Möller, H.* (1996): Prolegomena zu einer subjektwissenschaftlichen Supervisionsforschung. *OSC 3 (4).* 371-382.

*Moreno, J.L.* (1973): Gruppenpsychotherapie und Psychodrama. Stuttgart.

*Neuberger, 0.* (1991): Personalentwicklung. Stuttgart.

*Neuberger. 0., Kompa* (1987): Wir, die Forma. Der Kult um die Unternehmenskultur. Weinheim.

*Petzold, H.* (Hg.) (1979): Psychodrama-Therapie. Theorie, Methoden, Anwendung in der Arbeit mit alten Menschen. Paderborn.

*Racker. H.* (1978); Übertragung und Gegenübertragung. München.
*Riekhof, H.-C. (1985):* Personalentwicklung als Führungsaufgabe. *Personal 5,* 186-190.
*Sattelberger, T* (1989): Innovativer Personalentwicklung: Grundlagen, Konzepte, Erfahrungen. Wiesbaden.
*Schaal, W* (1992): Die ganzheitliche Personalarbeit: wertorientiert Personalauswahl, Unternehmensführung und Personalentwicklung. Heidelberg.
*Schreyögg, A.* (1995): Organisationskulturen von Human Service Organizations. *OSC* 2 (1), 15-34.
*Schulz von Thun, F.* (1994): Miteinander Reden. Bd. 1. Reinbek.
*Selvini Palazzoli, M.S.* u.a. (1993): Hinter den Kulissen der Organisation. Stuttgart.
*Seyfried, B.* (Hg.) (1995): „Stolperstein" Sozialkompetenz: was macht es so schwierig, sie zu erfassen, zu fördern und zu beurteilen? Bielefeld.
*Sievers, B.* (1993): Auf der Suche nach dem Theater. Organisation als Theater für die Dramen der Kindheit und der Arbeit. *Gruppendynamik* 24 (4), 367-389.
– (1995): Die Rolle des Managers. *OSC* 2 (1), 63-72.
*Stiefel, R.* (1989): Strategieumsetzendes Lernen. In: *Sattelberger, T* (Hg.) (1 989): Innovative Personalentwicklung. Wiesbaden.
*Supervision (1995):* Supervision – ein Instrument der Personalentwicklung. Sonderheft.
*Vogel, H.-C., Bürger, B., Nebel, G., Kersting, H.J.* (1994): Werkbuch für Organisationsberater. Aachen.
*Weber, S.* (1996): Supervision: Beim Arbeiten lernen. *Wirtschaft und Weiterbildung 6.*
*Weiß, K.* (1991): Psychodrama – Soziometrie. Ein Supervisionskonzept. *Supervision* 19, 38-52.
*Weiß, R.* (1990): Soziale Dienste in der Gesetzlichen Krankenversicherung. Zwischen sozialpolitischer Innovation und bürokratischer Verkürzung. Kassel.
– (1992): Seminare für mittlere Führungskräfte – oder: Nur selbst„bewußte" Manager eignen sich für Innovationen. *Die Krankenversicherung* 2, 39-41.
– (1996): Organisatorische Rollenberatung – Schnittstelle zwischen Organisationsentwicklung und Supervision. In: *Geißler, K.* u.a. (Hg.), a.a.O.
*Wittenberger,* G. (1987): Supervision. In: *Eyferth, H., Otto, H.-U., Thiersch, H.* (Hg.): Handbuch zur Sozialarbeit/Sozialpädagogik. Neuwied, Darmstadt.

*Joachim Wieck*

# Die supervisorische Begleitung von Entscheidungsprozessen

## Einleitung

Menschen treffen permanent Entscheidungen. Das beginnt mit dem morgendlichen Klingeln des Weckers („Bleibe ich heute einfach im Bett liegen?") und ist nach der Spätausgabe der Tagesschau („Ich geh' immer nach der Spätausgabe der Tagesschau ins Bett!") vermutlich noch nicht beendet. Der größte Teil dieser Entscheidungen vollzieht sich unbewusst. Um diese alltäglichen Entscheidungen soll es in dieser Arbeit aber nicht gehen. Ihr Gegenstand sind vielmehr die „größeren" oder „wichtigeren" Entscheidungen, die im Zusammenhang mit dem Berufsleben zu treffen sind. Hier galten Entscheidungen über lange Zeit hinweg als ein Thema des Managements. Oben im Management wurde entschieden, unten bei der Masse der Mitarbeiter wurde ausgeführt. Auch heute noch dürfte diese Regelung für die Mehrzahl aller Unternehmen gelten. Es ist aber unübersehbar, dass Umwälzungs- und Veränderungsprozesse stattfinden, die sich erheblich auf die Entscheidungskultur in Organisationen auswirken wird. Deshalb nehme ich an, dass die supervisorische Begleitung von Entscheidungsprozessen in Zukunft einen größeren Stellenwert bekommen wird.

Der Beitrag ist in drei Kapitel gegliedert. Im ersten Teil werde ich kurz darauf eingehen, welchen Stellenwert die Begleitung von Entscheidungsprozessen in der Supervision haben kann. Dabei geht es mir vor allem darum zu zeigen, dass bedeutsame oder weitreichende Entscheidungen nicht mehr ausschließlich von Leitungskräften getroffen werden, sondern das dies auch für „normale" Mitarbeiter und Teams mehr und mehr zu einer Regelanforderung werden wird.

Im zweiten Teil werde ich auf die Entscheidungstheorien eingehen, die in Organisationen am bekanntesten sind und mit denen ein Supervisor zumindest implizit konfrontiert werden kann. Sie sind als SEU-Theorien (Subjective Expected Utility) bekannt. Ihren Ursprung haben sie in den Wirtschafts- und Ingenieurswissenschaften. SEU-Theorien sind normativ, d.h. sie machen Aussagen darüber, wie Menschen sich in einem Entscheidungsprozess verhalten sollen. Es handelt sich dabei streng genommen nicht um eine einzelne Theorie, sondern um eine Theoriengruppe. In der Darstellung werde ich mich auf den gemeinsamen Kern dieser Theorien beziehen. Ich werde ihre Schwächen und Unzulänglichkeiten erläutern und begründen, weshalb ich sie für die supervisorische Arbeit für ungeeignet halte.

Im dritten und hauptsächlichen Teil werde ich ein Modell entwickeln, das sowohl für die supervisorische Diagnostik, als auch für die Begleitung von Entscheidungsprozessen hilfreich sein kann. Dabei beziehe ich mich in erster Linie auf die Image Theory von *Beach* (1996, 1997) die Konflikt-Entscheidungs-Theorie von *Janis & Mann* (1977) und das Modell des Entscheidungsautismus von *Schulz-Hardt* (1997). Diese Ansätze gehören zu den sogenannten naturalistischen Theorien. Im Gegensatz zu den normativen SEU-Theorien, die Regeln darüber enthalten, wie Menschen sich entscheiden *sollen*, sind naturalistische Theorien aus der Beobachtung des menschlichen Entscheidungsverhaltens abgeleitet und beschreiben, wie Menschen sich in Entscheidungssituationen *tatsächlich* oft verhalten. Zur Veranschaulichung der Modellannahmen werde ich auf einige kasuistische Beispiele zurückgreifen. Diese Beispiele sind so verändert, dass ein Rückschluss auf die betroffenen Personen nicht möglich ist. Bei der sprachlichen Darstellung werde ich durchweg die männliche Form wählen. Dies geschieht lediglich aus Gründen der besseren Lesbarkeit und hat keine weiteren Implikationen.

## 1. Entscheiden im beruflichen Alltag

Wenn man der Literatur zur Organisationsentwicklung glauben darf, stehen wir hinsichtlich der Organisationstypen und –kulturen vor einem Paradigmenwechsel. Das letzte Jahrhundert wurde weitgehend von einem einzigen Typus bestimmt: der am Modell der Maschine orientierten Organisation. Diese Organisationsform ist so verbreitet, und hat vor allem im Bereich der industriellen Produktion solche Erfolge erzielt, dass viele Menschen sie für die einzig denkbare Möglichkeit halten. Das Modell hat dem Menschenbild des letzten Jahrhunderts einerseits entsprochen und hat es andererseits mit geformt. Damit Organisationen wie Maschinen funktionieren können, muss ein hoher Grad an Arbeitsteilung herrschen. Jeder Mitarbeiter ist ein Rädchen im gesamten Getriebe. Des weiteren ist es notwendig, dass Pläne und Entscheidungen nur auf den obersten Ebenen der Hierarchie getroffen werden. Die Arbeit auf den hierarchisch unteren Ebenen wird nach den „Oben“ festgelegten Regeln und Programmen durchgeführt. Maschinen denken, empfinden und entscheiden bekanntlich nicht, sie führen aus. Die Organisation ist wie eine Pyramide gegliedert. Von oben nach unten nimmt die Entscheidungsbefugnis stark ab. *Morgan* (1997) gibt eine anschauliche Beschreibung dieses Organisationstyps.

Organisationen, die nach dem Maschinenmodell konzipiert worden sind, können nur unter einer Voraussetzungen effektiv arbeiten: die Arbeit muss weitestgehend oder vollständig prognostizierbar sein und sich in Form fester Arbeitsanweisungen regeln lassen (siehe hierzu auch Abb. 1). Diese Voraussetzungen sind aber zunehmend weniger gegeben. Wenn eine Arbeit nach festen Regeln und Plänen, d.h. nach Programmen durchgeführt werden kann, lässt sie sich heute durch Computer oder Industrieroboter erledigen. Menschliche Arbeit wird vor allem dort gebraucht, wo die Arbeit nicht durch feststehende Programme geregelt werden kann. Deshalb entstehen selbst in der Industrie zunehmend Arbeitsplätze, an denen auch auf den unteren hierarchischen Ebenen entschieden werden muss. In sozialen, erzieherischen und Bildungsberufen hat das traditionelle Organisationsmodell auch früher nicht sinnvoll funktioniert. Diese Organisationen haben von jeher eher von ihren informellen Strukturen gelebt, als von der offiziellen Linie. Große gesellschaftliche Bereiche wie Schule und Erziehung werden ihre heutigen Probleme deshalb auch nur lösen können, wenn sie sich für neue Arbeits- und Entscheidungsstrukturen öffnen.

Die folgende Grafik (geringfügig modifiziert nach *Grossmann & Scala*, 1997) macht den beschriebenen Sachverhalt noch einmal deutlich.

**Abb. 1: Ausrichtung von Entscheidungsprogrammen**

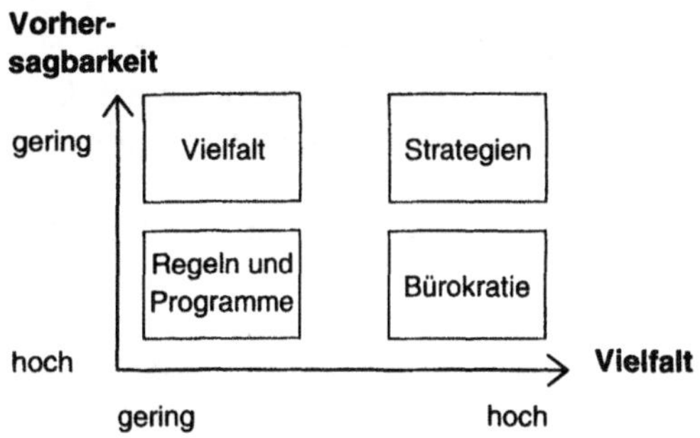


Die Komplexität beruflicher Tätigkeiten wird als eine Funktion aus Vorhersagbarkeit und Vielfalt definiert. Quasi im Nullpunkt dieser Funktion finden sich Arbeiten, deren Vorhersagbarkeit hoch und deren Vielfalt gering ist. Für diese Arbeiten kann eine hierarchische Linienorganisation (in Kombination mit dem Maschinenmodell) angemessen sein. Die klassischen bürokratischen Entscheidungs- und Leitungsstrukturen sind ebenfalls nur sinnvoll, wenn die Vorhersagbarkeit des Arbeitsprozesses hoch ist. Hohe Vielfalt des Arbeitsauftrags wird im bürokratischen Modus durch eine hohe Arbeitsteilung aufgelöst, so dass der einzelne Mitarbeiter nur eine Tätigkeit von geringer Vielfalt zu bewältigen hat. Diese wird durch detaillierte Arbeitsanweisungen geregelt, die ihn von der Notwendigkeit und dem Recht entbinden, selbst Entscheidungen zu treffen.

Alle beruflichen Tätigkeiten, deren Verlauf nicht sinnvoll vorhersagbar ist, lassen sich mit den Entscheidungsstrukturen einer bürokratischen Organisation nicht angemessen planen. Je weniger ein Arbeitsprozess vorhersagbar ist, umso stärker nimmt er den Charakter eines Prozesses an. Um das im Arbeitsauftrag vereinbarte Ziel zu erreichen, müssen in dessen Verlauf mehr oder weniger weitreichende Entscheidungen getroffen und verantwortet werden. In den theoretischen Entwürfen zur zukünftigen Entwicklung von Arbeitsprozessen und Organisationen ist man sich weitgehend einig darin, dass die Gestaltung des Arbeits*prozesses* zu einer Aufgabe für fast jeden Beschäftigten werden wird. In der betrieblichen Praxis zeigen sich jedoch Schwierigkeiten. Sowohl das Management, als auch die mittleren Leitungsebenen und die große Mehrzahl der Mitarbeiter nimmt die neuen Anforderungen nur zurückhaltend auf. Beeinflusst von familiärer, schulischer und beruflicher Sozialisation haben die meisten Menschen gelernt, dass es besser ist, die Entscheidungsverantwortung anderen („denen da Oben") zu überlassen und den Entscheidungen der Leitung zu folgen – oder zumindest so zu tun. „In traditionellen Unternehmen bedeutet Leistung, dass man tut, was der Chef verlangt. Offenheit bedeutet, dass man dem Chef erzählt, was er hören will, und lokale Autonomie bedeutet, dass man die Schmutzarbeit erledigt, zu der der Chef keine Lust hat" (*Senge* 1990, S. 224). Manager haben gelernt, dass man gut daran tut, möglichst alles unter Kontrolle zu behalten und keine (Macht-) Kompetenzen abzugeben. Wenn sich diese Realitäten verändern sollen, wird zumindest potentiell ein größeres Feld für die supervisorische Begleitung von Entscheidungsprozessen entstehen.

Ein weiterer Hinweis darauf, dass die Bedeutung von professionell begleiteten Entscheidungsprozessen zunehmen wird, ist die Tatsache, dass Berufs-Lebensverläufe in Zukunft nicht mehr so linear sein werden, wie dies in den letzten fünfzig Jahren der Fall war. Das Regelarbeitsverhältnis von heute wird wahrscheinlich keine lange Zukunft mehr haben. Für den Berufstätigen heißt das, dass er im Laufe seines Berufslebens häufiger neu wird entscheiden müssen, welchen Weg er und unter welchen Bedingungen einschlägt. Angesichts der Tragweite dieser Entscheidungen hat deren professionelle Begleitung gute Zukunftschancen, zumindest wenn sie entsprechende Erfolge nachweisen kann.

Unabhängig davon, ob die Unternehmensstrategie der Zukunft nun Lean Management, Lean Production, Total Quality Management oder Lernende Organisation heißt, in all diesen Modellen wird davon ausgegangen, dass die Mitarbeiter mehr Entscheidungen und mehr Ergebnisverantwortung übernehmen werden. In der beruflichen Bildung wird deshalb schon seit etlichen Jahren der Erwerb sogenannter Schlüsselqualifikationen gefordert. Zu diesen Schlüsselqualifikationen gehört auch die Fähigkeit, selbständig oder im Team sinnvolle Entscheidungen treffen und verantworten zu können.

## 2. Entscheidungstheorien vom SEU-Typus

Die professionelle Begleitung von Entscheidungsprozessen ist theoriegeleitet. Die Theorie soll den Gegenstandsbereich so modellieren, dass eine sinnvolle Diagnostik und Intervention möglich ist. Die Literatur zum Thema „Entscheidungstheorien" wird von den sogenannten SEU-Modellen (Subjective-Expected-Utility-Modelle) dominiert. Sie haben eine lange Tradition und gehören wahrscheinlich zu den am meisten publizierten Ansätzen. Sie erheben nicht den Anspruch, beobachtbares menschliches Entscheidungsverhalten zu beschreiben. Den Protagonisten dieser Modelle geht es vielmehr darum, formale Regeln darüber aufzustellen, wie Menschen sich in Entscheidungssituationen verhalten *sollen.* SEU-Theorien sind also nicht deskriptiv, sondern normativ. Ihre Prämisse lautet, dass Menschen stets die Entscheidung treffen sollen, die ihnen den größten (erkennbaren) Nutzen verspricht. SEU-Modelle sind ursprünglich im Bereich der Wirtschaft entstanden. Das Ziel war die Optimierung betriebswirtschaftlicher Entscheidungen. In seiner einfachsten Form beschreibt das Modell folgende Entscheidungsschritte:

1. Stelle eine Liste aller in Frage kommenden Alternativen auf.
2. Informiere Dich gründlich über die Konsequenzen jeder Alternative.
3. Schätze jede Alternative hinsichtlich ihrer Attraktivität und Eintretenswahrscheinlichkeit ein.
4. Bestimme einen mathematischen Vergleichswert: multipliziere Attraktivität und Auftretenswahrscheinlichkeit jeder Konsequenz und bilde für jede Alternative die Summe dieser Vergleichswerte.
5. Wähle die Alternative, welche die höchste Summe erreicht.

Allen SEU-Modellen ist weiterhin gemeinsam, dass Entscheidungsprobleme in mehrere Komponenten unterteilt werden (*Huber & Potocnik*, 1986). Die Benennung dieser Komponenten ist uneinheitlich:

- *Handlungsalternativen (Courses of action)*
  Die verschiedenen Wahlmöglichkeiten, die sich einem Akteur bieten, werden als Handlungsalternativen bezeichnet.
- *Konsequenzen (Outcomes)*
  Jede Handlungsalternative hat bestimmte Konsequenzen zur Folge.
- *Ziele (Objectives, Goals)*
  Der Akteur versucht mit seiner Entscheidung, Ziele zu erreichen, die ihm wichtig sind, die er attraktiv oder erforderlich findet.
- *Kriterien (Attributes, Dimensions)*
  Konsequenzen sind durch positive und negative Attribute gekennzeichnet. Durch ein Ziel wird daher nicht nur festgelegt, welche Kriterien entscheidungsrelevant sind, sondern auch, welche Aspekte erwünscht bzw. unerwünscht sind.
- *Evaluierung von Konsequenzen*
  Konsequenzen werden hinsichtlich zweier Dimensionen evaluiert: (1.) Wie wahrscheinlich ist das Eintreten einer Konsequenz, (2.) Wie wünschenswert ist das Eintreten einer Konsequenz. In beiden Fällen geht es um die subjektive Einschätzung des Akteurs.
- *Wahlregeln (Decision rules)*
  Im allgemeinen gilt, dass die Alternative gewählt wird, die zum größten Gesamtnutzen führt.

Entscheidungsmodelle vom SEU-Typ haben mehrere Vorteile. Sie sind zunächst einmal unmittelbar einleuchtend. Es scheint ausgesprochen sinnvoll zu sein, die Alternative zu wählen, die den größten Nutzen verspricht. Die Philosophie von SEU-Modellen ist deshalb auch einfach zu vermitteln. Es kann auch durchaus sinnvoll sein, über klar definierte Entscheidungsregeln zu verfügen, die bei schwierigen oder kurzfristig zu treffenden Entscheidungen herangezogen werden können. Das entscheidende Problem aller SEU-Regeln ist aber, dass Menschen sie nicht befolgen. SEU-Modelle arbeiten mit einer Reihe von nicht realisierbaren Fiktionen (*Beach*, 1997), insbesondere:

- der Fiktion der vollständigen Information über verfügbare die Handlungsalternativen und deren Ergebnisraum,
- der Annahme, dass der Entscheider seine Vorlieben oder seine Indifferenz objektiv beurteilen kann, wenn er die verfügbaren Alternativen jeweils paarweise miteinander vergleicht,
- dem Theorem der vollständigen, transitiven Ordnung der sich aus einer Entscheidung ergebenden Zustände und der sich daraus abzuleitenden Möglichkeit, alle denkbaren Ergebnisse der Entscheidung so zu ordnen, dass sich stets eine Alternative ergibt, die den anderen überlegen ist.

Falls diese Annahmen zuträfen, wäre eine konfliktlose rationale Entscheidungen möglich. Da es immer *eine* beste Entscheidung gäbe, wären Unsicherheit und Zweifel unbegründet. SEU-Modelle folgen der Annahme, dass ein ausführlicher Informationsprozess immer zu *einer* richtigen Lösung und damit zu einer klaren Entscheidung führt.

*Schumacher* (1978) macht aber deutlich, dass man zwischen konvergenten und divergenten Entscheidungsproblemen unterscheiden muss. Konvergente Entscheidungsprobleme zeichnen sich dadurch aus, dass ihre Erforschung über kurz oder lang zu *einer* richtigen Lösung führen wird. Viele technische Probleme sind konvergenter Art. So hat zum Beispiel die Erforschung der Frage, wie sich Farbe im Fernsehen darstellen lässt, zu dem Ergebnis geführt, dass dies durch die additive Mischung der Farben Rot, Grün und Blau gut möglich ist. Bei divergenten Entscheidungsproblemen verhält es sich genau umgekehrt: Je ausführlicher man sich mit ihnen beschäftigt, um so größer wird die Zahl sinnvoller Lösungen. Nehmen wir zum Beispiel die Frage des richtigen Erziehungsstils. Hier steht man letztendlich vor der Frage, ob man sich für einen „direktiven" oder einen „demokratischen" Stil entscheiden soll. Für beide gibt es gute Gründe und stichhaltige empirische Belege. Der direktive Stil, der auf das Vermitteln tradierter Normen und Werte setzt, ist aber mehr oder weniger das genaue Gegenteil des demokratischen Stils, der auf Selbstrealisierungspotentiale des Individuums setzt. Die Frage des richtigen Erziehungsstils ist durch einfache Gegenüberstellung der Stile logisch nicht zu entscheiden. Ein solcher Fall ist nach SEU-Prämissen aber nicht denkbar. Alle Entscheidungsprobleme werden in diesem Modell so behandelt, als wären sie konvergent. Obwohl ich die Unterscheidung zwischen konvergenten und divergenten Lösungen auch für supervisorische Prozesse für wichtig halte, will ich auf die Problematik hier nicht näher eingehen und verweise deshalb auf *Schumacher* (1978).

Auch andere Schwächen des SEU-Modells sind nicht zu übersehen: der individuelle Prozess der Informationssuche und -selektion wird nicht berücksichtigt, die Prämissen der Zielsuche und der Bewertung einzelner Konsequenzen werden ausgeklammert (d.h. das Wertesystem des Entscheiders bleibt unberücksichtigt). Weitere Schwachpunkte bestehen darin, dass die situativen und sozialen Gegebenheiten des Entscheidungsprozesses ebenso unberücksichtigt bleiben, wie die emotionale Verfassung des Entscheiders. SEU-Modelle setzen einen Grad an kalkulatorischer Berechnung voraus, der sich in den meisten menschlichen Handlungen nicht nachweisen lassen dürfte. Wesentliche Annahmen des Modells können heute als empirisch widerlegt angesehen werden (*Beach* 1997). Bestätigung haben sie ausschließlich unter Laborbedingungen gefunden. Das private wie das berufliche Entscheidungsverhalten folgt offensichtlich anderen Prämissen. „Diese Modellvorstellung [...] entspricht nachweislich nicht einmal jenen Entscheidungsprozessen, in denen Wirtschaftsführer Entscheidungen von großer ökonomischer und sozialer Tragweite treffen" (*Bußhoff* 1989, 40). Für supervisorische Zwecke sind SEU-Modelle nur von sehr begrenztem Nutzen. Selbst Vertreter dieser Modelle stellen fest, dass entsprechende Beratungsansätze von Klienten oder Supervisanden nicht akzeptiert und nachvollzogen werden (*Jungermann, Schütz* 1992).

Ich habe mich hier nur oberflächlich mit SEU-Theorien auseinandersetzen können. Angesichts ihres Verbreitungsgrades hätten sie zweifellos eine ausführlichere Würdigung verdient. Umfassende Darstellungen finden sich beispielweise bei *Beach* (1997), *Bußhoff* (1990), *Jungermann et al.* (1998), *Plous* (1993) und *Potocnik* (1990).

## 3. Entscheidungsbegleitung als Gegenstandsbereich der Supervision

In diesem Kapitel werde ich ein Entscheidungsmodell entwickeln, das meines Erachtens für die supervisorische Begleitung von Entscheidungsprozessen geeignet ist. Bevor ich hierauf im einzelnen eingehe, werde ich jedoch kurz auf die Vorannahmen eingehen, die mit dem Modell verbunden sind.

### 3.1 Vorannahmen

Dem Konzept liegen mehrere Vorannahmen zugrunde. Sie stehen im Zusammenhang mit meiner psychodramatischen Grundhaltung zur Supervision. Die erste Vorannahme lautet, dass man sich dem Verständnis für die Handlungen anderer Menschen am besten aus einer phänomenologischen Perspektive nähert. Dabei geht es, wie *Graumann & Métraux* (1977) deutlich machen, nicht um das Pseudoideal einer reinen Voraussetzungslosigkeit. Vielmehr bedeutet eine phänomenologische Perspektive, dass man bei der supervisorischen Arbeit stets mit dem beginnt, was man vom Supervisanden fühlt, sieht und hört. Einen phänomenologischen Ausgangspunkt zu beziehen, bedeutet ferner, möglichst vorurteilslos zu beschreiben, bevor man Hypothesen aufstellt oder sich an vorgegebenen Theorien orientiert. Dabei ist klar, dass auch Phänomene immer schon als Interpretation der Wirklichkeit angesehen werden müssen und keine objektive Beobachtungen sind. Für den Gegenstandsbereich der Supervision haben *Petzold* (1998) und *Schreyögg* (1992) Modellvorstellungen expliziert, die ihren Ausgangspunkt u.a. in einer phänomenologischen Orientierung nehmen. Auf ihre Ausführungen will ich mich hier ausdrücklich beziehen.

Die zweite Vorannahme besagt, dass Entscheidungsbegleitung, wie andere supervisorische Aufgaben auch, am besten mit einer pragmatischen Orientierung zu vereinbaren sind. Wenn man Pragmatismus in einem einzigen Satz beschreiben will, so könnte er etwa lauten: „Wirklichkeit ist *eine* Möglichkeit, neben der es viele andere geben kann" (*Buer* 1999, S. 53). Pragmatisches Denken ist immer antifundamentalistisch und kritisiert jede Universalisierung deterministischer Erklärungsmuster. Eine pragmatische Haltung zu beziehen macht es erforderlich, sich seiner eigenen Perspektive bewusst zu werden und sich einem Thema aus möglichst unterschiedlichen Perspektiven zu nähern. Pragmatismus bezieht sich nicht auf angebliche oder tatsächliche Autoritäten, sondern auf die eigene Entscheidung. *Buer* (1999) hat eine ausführlichere Darstellung zur pragmatischen Supervision vorgenommen, auf die ich mich explizit beziehen möchte.

Die dritte Vorannahme lautet, dass sinnvolle Supervision dialogisch ist. Dieser Grundhaltung zufolge sind Supervisor und Supervisand als reflexive Subjekte dazu in der Lage, Auskunft über ihre Selbst- und Weltsicht zu geben und diese Sichtweisen zu reflektieren. Die dialogische Haltung geht davon aus, dass der Supervisor im Hinblick auf Methodenwissen und Selbsterfahrung der Experte ist. Hinsichtlich der Inhalte ist vor allem der Supervisand selbst Experte. Die Aufgabe des dialogisch arbeitenden Supervisors besteht darin, die fördernden und stützenden Bedingungen zu erkunden, die der Supervisanden benötigt, um seine potentiellen Fähigkeiten zur Selbsterkenntnis und Selbstauskunft zu realisieren. Als Wahrheitskriterium gilt der von der Frankfurter Schule entwikkelte Dialog-Konsens. Die gemeinsam erarbeitete Sichtweise gilt danach als wahr, wenn

Supervisor und Supervisand einer anschaulichen Explikation des Problems gemeinsam zustimmen können. Für ausführlichere Darstellungen zur dialogischen Beratung verweise ich auf *Buer* (1999), *Fuhr, Gremmler-Fuhr* (1991) und *Mutzeck* (1999).

## 3.2 Ausgangsposition

Wenn Einzelpersonen oder Teams eine Supervision aufsuchen, um den Prozess einer Entscheidungsfindung begleiten zu lassen, haben sie in der Regel schon einige erfolglose Versuche unternommen, ihr Entscheidungsproblem alleine zu lösen. Häufig kommt es vor, dass sie sich in der gleichen Situation befinden, wie der Wanderer in der Wüste: Er läuft immer im Kreis und kommt deshalb stets an der gleichen Stelle wieder an. Die uns interessierende Frage lautet, wie die Hintergründe aussehen, die *den erfolglosen* Entscheidungskreislauf erschaffen und aufrechterhalten.

*Beach* (1997) geht davon aus, dass unser Entscheidungsverhalten von drei emotional-kognitiven Systemen beeinflusst wird (siehe Abb. 2): einem Wertesystem (Value Image), einem System von Zielvorstellungen (Trajectory Images) und einem System von Handlungsplänen (Strategic Images). Der Begriff System wird hierbei nicht im reduktionistischen Sinne einer rein kognitiven Landkarte benutzt. Gemeint ist vielmehr ein vielschichtiges System aus Kognitionen, Emotionen und Verkörperungen. Ein Großteil dieser Systeme ist dem Betroffenen nicht unmittelbar bewusst.

**Abb. 2: Die Kontexte von Entscheidungen nach Beach**

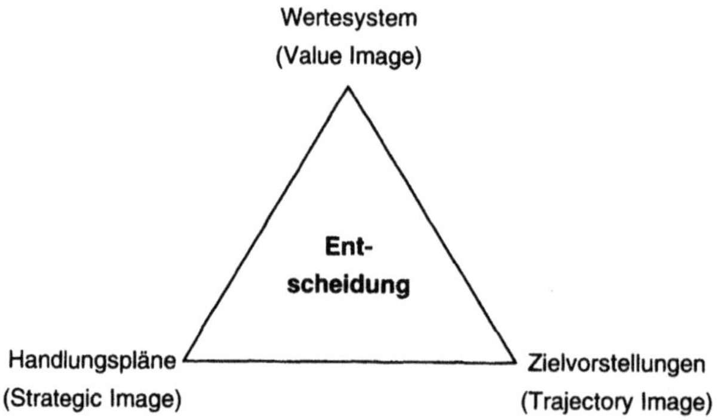


Das Wertesystem beinhaltet die subjektiven Vorstellungen von Moral und Ethik, von wahr und falsch, von gerecht und ungerecht, und enthält Annahmen darüber, was erstrebenswert und was tabuisiert ist. Die Zielvorstellungssystem beinhaltet teils konkrete, teils abstraktere Vorstellungen davon, was die Person am Ende erreicht haben will. Die Ziele können kurzfristig sein, sie können aber auch sehr langfristig sein und dem entsprechen, was *Alfred Adler* als Lebensziel beschrieben hat. Die Handlungspläne sind auf die Erreichung der Ziele ausgerichtet und nehmen Bezug auf das Wertesystem. Die Werte und Zielvorstellungen müssen nicht widerspruchsfrei und formallogisch schlüssig sein, man sollte sie eher als psycho-logisch verstehen. Die Unterscheidung zwischen diesen drei Systemen ist natürlich nur analytisch relevant. Im Handlungsvollzug sind immer alle Systeme gleichzeitig bedeutsam, wenngleich auch nicht immer mit gleichen „Anteilen". Ich werde das Gesamtsystem von Werten, Zielen und Handlungsplänen als Wert-Ziel-Handlungssystem bezeichnen.

Alle drei Systeme kann man sich im Sinne der Handlungsregulationstheorie von *Hacker* (1997) als hierarchisch gegliedert vorstellen. Manche Werte, Zielvorstellungen oder Handlungspläne sind auf einen sehr konkreten Lebensbereich beschränkt, andere regulieren größere Bereiche des Lebens. Stellen Sie sich vor, dass jemand zu einem Vorstellungsgespräch unterwegs ist. Auf der Autobahn ist er in einen Stau geraten. Er macht sich Sorgen, dass er den Termin nicht pünktlich wahrnehmen kann. Mit Hilfe der Straßenkarte hat er sich bereits eine Umleitung gesucht, die er ab der nächsten Autobahnabfahrt nehmen kann. Die Zielvorstellung (zum Ort des Vorstellungsgesprächs zu kommen) ist auf einer hierarchisch niedrigen, dafür aber sehr konkreten Ebene angesiedelt. Das gilt in gleicher Weise für die Wertvorstellung, zu diesem Termin pünktlich zu erscheinen. Auch der Handlungsplan ist sehr konkret. Er lautet sinngemäß: „Suche auf der Straßenkarte nach einer Umleitung, die pünktlich zum Ziel führt und folge ihr!". Die Zielvorstellung (Vorstellungsgespräch wahrnehmen) kann Teil eines hierarchisch übergeordneten Ziels sein, z.B. in einem bestimmten Berufsfeld tätig zu sein. Diese Zielvorstellung wiederum kann Teil des noch weiter übergeordneten Ziels „finanzielle Existenzsicherung" sein.

Die hierarchische Struktur gilt analog für die Handlungspläne und die Werte. Vielleicht ist Pünktlichkeit für die Person ein zentraler Wert, und nicht nur auf Vorstellungsgespräche beschränkt. Pünktlichkeit in diesem übergeordneten Sinn kann selbst wiederum Teil eines hierarchisch weiter übergeordneten Wertes „Wertschätzung anderer Menschen" sein. Abb. 6 zeigt skizzenhaft vereinfacht, wie man sich die Systeme vorstellen kann.

Wir können uns je eine hierarchisch gegliederte Pyramide für das System der Werte, der Zielvorstellungen und der Handlungspläne denken. Auf der untersten Ebene (vgl. Abb. 6) sind die Werte, Handlungspläne und Ziele lokalisiert, die eine einzelne Handlung beeinflussen. Mit aufsteigender Tendenz sind Werte (Ziele, Pläne) lokalisiert, die zunehmend größere Handlungsbereiche kontrollieren. Veränderungen auf den unteren Ebenen sind in der Regel unproblematischer, als auf den oberen. Änderungen auf höheren Regulationsebenen betreffen immer größere Bereiche des Lebens. In unseren Beispiel würde eine Änderung der Werte auf der Ebene X' (Abb. 6) bedeuten, dass ein Drittel der Werthaltungen verändert werden müsste. Modifikationen diesen Ausmaßes werden fast immer von Ängsten und Zweifeln begleitet

Das Werte-Ziel-Handlungssystem ist ein psychologisches Feld, in dem sich alle Entscheidungen abspielen. Die Annahme dieses Systems kann uns Erklärungsangebote dafür liefern, wie jemand seine Entscheidungen trifft. Beginnen wir bei unserer Betrachtung mit dem Zielsystem. Etwas vereinfacht können wir formulieren, dass Menschen sich für eine Handlungsweise entscheiden, die sie ihren Zielen näher bringt. Diese Behauptung ist einleuchtend, wenngleich auch etwas banal. Bei näherem Hinsehen zeigt sich aber, dass schon in dieser einfachen Formulierung ein paar Probleme stecken. Es ist zum Beispiel zu fragen, wie sich jemand verhält, der mehrere Ziele verfolgt, die nicht ohne weiteres miteinander zu vereinbaren sind. In diesem Fall entscheidet er sich eventuell für das Ziel, das ihm am wichtigsten ist. Vielleicht entscheidet er sich aber auch für das Ziel, dass er am leichtesten erreichen kann. Im ersten Fall (Wichtigkeit) wird auf das Wertesystem Bezug genommen, im zweiten Fall (Erreichbarkeit) wird das System der Handlungspläne einbezogen. Des weiteren ist zu bedenken, dass die unmittelbar bewussten Ziele nicht zwangsläufig auch die am meisten handlungsleitenden sind. Häufig sind Ziele auch unbewusst oder unverstanden. Eine erste Aufgabe des Supervisors kann also darin bestehen, das individuelle Zielsystem gemeinsam mit dem Supervisanden zu rekonstruieren und einer Reflexion zugänglich zu machen.

Problematischer wird die Situation, wenn jemand Ziele verfolgt, die sich gegenseitig ausschließen. Auch hier ist eine Rekonstruktion und Reflexion des Zielsystems erforderlich. Es kommt auch vor, dass man sich zwischen zwei Zielen entscheiden muss, die beide nicht attraktiv oder wünschenswert sind. Viele Menschen geben in dieser Situation an, dass sie gar keine Entscheidungsmöglichkeiten hätten. Entscheidungsmöglichkeiten erleben sie nur, wenn sie zwischen positiv bewerteten Optionen wählen können. Auch diese Sichtweise verdient es, reflektiert zu werden, da sie schnell dazu führt, dass man sich selbst nicht mehr als handelndes Subjekt wahrnimmt, sondern nur noch als Opfer der Umstände. Ein Ziel der supervisorischen Begleitung von Entscheidungsprozessen besteht aber zweifellos darin, dass der Supervisand sich selbst als Herr seiner Handlungen wahrnehmen kann.

Die zweite Einflussquelle für Entscheidungen liegt in den Werthaltungen des Supervisanden. Ähnlich wie bei den Zielperspektiven können wir auch hier zwischen den Situationen unterscheiden, dass jemand *einer einzigen* Wertvorstellung folgt, dass er eine Entscheidung im Spannungsfeld *mehrerer Werte* treffen muss oder dass er in einen Konflikt zwischen zwei oder *mehreren inkompatiblen Werten* gerät. Die Rekonstruktion von Werthaltungen gestaltet sich in der Regel schwieriger als die Rekonstruktion von Zielen. In der Sozialpsychologie ist seit langem bekannt, dass der Zusammenhang zwischen geäußerten Werteinstellungen und Handlungen gering ist. Gerade für Werthaltungen gilt die Binsenweisheit, dass Menschen das eine sagen, das andere meinen und noch etwas ganz anderes tun können. Dieses Problem ist zwar nicht vollständig zu lösen, es lässt sich aber minimieren, wenn der Supervisor nicht nur verbal (diskursiv) arbeitet, sondern wenn er auch präsentative Symbole (vgl. *Langer* 1984) einbezieht. Präsentative Symbole sind zum Beispiel Bilder, Skulpturen, szenische Inszenierungen, aber auch Klänge, taktile und olfaktorische Eindrücke (*Storch* 1990). Bei der Exploration und Reflexion des Wertesystems kommt der Arbeit mit präsentativen Symbolen ein hoher Stellenwert zu, weil sie oft ein klareres Bild liefern, als verbale Beschreibungen. An dieser Stelle würde es zu weit führen, näher auf die Arbeit mit präsentativen Symbolen bzw. kreativen Medien einzugehen (→ *Witte* Symbolarbeit; → *Buer* Methoden). Hinweise hierzu finden sich zum Beispiel bei *Lammers* (1995; 1998), *Richter & Fallner* (1993) und *Richter* (1997). Die psychodramatische Arbeit in der Supervision beschreibt *Buer* (1999), zahlreiche Hinweise für die psycho- bzw. soziodramatische Arbeit mit Teams finden sich bei *Wiener* (1997).

Die dritte Einflussquelle ist durch die Handlungspläne gegeben. Jemand wird sich für ein Ziel nur entscheiden, wenn er entweder bereits über die zur Zielerreichung notwendigen Handlungskompetenzen verfügt oder wenn er hofft, sich diese Kompetenzen rechtzeitig aneignen zu können. Für die Begleitung von Entscheidungsprozessen ist es wichtig zu erfahren, welche Handlungskompetenzen sich der Supervisand zutraut, wie er die Effizienz seiner Handlungen bewertet (Selbsteffizienz im Sinne von *Bandura* 1977) und wie groß er die Anstrengungen einschätzt, die für die Erreichung seiner Zielen notwendig sind.

Wir finden die zuvor szkizzierten entscheidungs- und handlungsleitenden Systeme nicht nur bei Einzelpersonen. Jedes halbwegs gut arbeitende Team und jede Organisation haben vergleichbare Systeme ausgebildet. *Kozlowski* (1998) hält die Herausbildung von gemeinsamen mentalen Modellen (also gemeinsamen Werten, Zielen und Handlungsplänen) für eine zentrale Aufgabe der Leitung von Teams. Das Lernen in einer Organisation wird auch „als ein Konstruktionsprozess gemeinsamer Annahmen und Wirklichkeiten" definiert (*Argyris* 1977 zit. n. *Gairing* 1999, 77). In fast identischer Weise argumentiert *Schein* (1995, 25): Die Kultur einer Gruppe ist „ ein Muster gemeinsamer Grundprämissen, das die Gruppe bei der Bewältigung ihrer Probleme externer Anpassung und interner Integration erlernt hat, das sich bewährt hat und somit als bindend gilt; und das daher an neue Mitglieder als rational und emotional korrekter Ansatz für den Umgang mit diesen Problemen weitergegeben wird." Diese gemeinsamen mentalen Modelle bzw. die sie begründende Kultur sind für die Teamarbeit erforderlich, damit die Teammitglieder nicht bei jeder Aufgabe erneut in Grundsatzdiskussionen einsteigen müssen, sondern alltägliche Aufgaben routiniert wahrnehmen können. Genau wie bei Einzelpersonen führen sie aber auch dazu, dass im Entscheidungsprozess nur das wahrgenommen wird, was zu den gemeinsamen Grundannahmen passt bzw. was durch die Brille der herrschenden Kultur gesehen und erlebt werden kann.

Bei der Rekonstruktion des Werte-Ziel-Handlungssystems muss stets zwischen kurz- und langfristigen Perspektiven unterschieden werden. Darüber hinaus muss bedacht werden, welche Rückkopplungssysteme existieren. Langfristige Konsequenzen werden häufig übersehen oder unterschätzt. Das gilt selbst dann, wenn sie erhebliche Auswirkungen haben. Aufgrund ihrer Langfristigkeit bleiben sie im Moment der Entscheidung abstrakt. Dem Fühlen, Erleben und Reflektieren müssen sie mit geeigneten Methoden (z.B. psychodramatischen Inszenierungen) erst zugänglich gemacht werden. Das gilt in ähnlicher Weise für Rückkopplungsprozesse. Je komplexer sie sind und je langfristiger die Rückkopplungen auf die initialen Entscheidungen folgen, um so eher werden sie übersehen. Zur Unterstützung der Wahrnehmung von Rückkopplungsprozessen eignen sich ebenfalls psychodramatische Inszenierungen, des weiteren aber auch Computersimulationen oder Visualisierungen im Sinne von Metaplan. Sehr anschauliche Darstellungen hierzu finden sich bei *Doppler & Lauterburg* (1999) und vor allem bei *Dörner* (1989) sowie *Senge* (1990).

## 3.3 Das normale Entscheidungsdrama

Im allgemeinen mögen Menschen es nicht gerne, wenn sie wichtige und/oder weitreichende Entscheidungen treffen müssen. Wir können davon ausgehen, dass Entscheidungen dieser Art stets mit Konflikten, negativen Emotionen und unangenehmen körperlichen Empfindungen einhergehen. Häufig wird deshalb versucht, solchen Entscheidungen so lange wie möglich aus dem Weg zu gehen oder jemand anderen zu finden, auf den man die Last abschieben kann. Menschen sind eben nicht, wie dies beim SEU-Modell angenommen wird, kühl-rationale Kalkulierer, sondern werden häufig von widersprüchlichen Gedanken und Empfindungen geplagt.

„Like Lewin we see man not as a cold fish but as a warm-blooded mammal, not as a rational calculator always ready to work out the best solution, but as a reluctand decision maker – beset by conflict, doubs, and worry, struggling with incongruous longings, antipathies, and loyalities, and seeking relief by procrastinating, rationalizing, or denying responsibility for his own choice" (*Janis, Mann* 1977, 15).

Wichtige Entscheidungen werden nur getroffen, wenn es nicht mehr anders geht. Deshalb können wir annehmen, dass ein solcher Prozess seinen Anfang mit der Frage nimmt: „Wird es zu (ernsthaften) Problemen führen, wenn ich weitermache wie bisher?" (vgl. Abb. 3). So lange diese Frage verneint wird, kommt kein Entscheidungsprozess zustande. Das Entscheidungsmodell ist also in dem Sinne konservativ, dass es so lang von der Fortführung des Bisherigen (mehr oder weniger Bewährten ausgeht), wie dies ohne große Schwierigkeiten möglich ist. Was passiert aber, wenn die o.a. Frage bejaht werden muss. Auch in diesem Fall wird eine Art konservativer Bewältigungsstrategie angenommen. Der Entscheider überlegt, ob er schon einmal in einer ähnlichen oder vergleichbaren Situation war. Wenn er ähnliche bzw. vergleichbare Situationen erinnern kann, fällt ihm eventuell auch eine Vorgehensweise ein, die sich früher schon einmal bewährt hat. Falls dies der Fall ist, greift er auf die bewährte Option zurück und der Entscheidungsprozess findet ein rasches Ende.

Nicht immer kann man jedoch davon ausgehen, dass eine Lösung, die früher einmal gut war, heute noch genauso gut ist. Die Verlockung, sich für bewährte Lösung zu entscheiden, ist aber groß. Das folgende Beispiel macht dies deutlich.

## Fallbeispiel

Herr U. ist 55 Jahre alt und seit gut fünfzehn Jahren Leiter eine kommunalen Beratungsstelle. Er hat diese Leitungsposition schon kurz nach dem Ende seines Studiums angetreten. In den ersten zehn Jahren der Tätigkeit, sei die Arbeit in „geregelten Bahnen" gelaufen. Sowohl hinsichtlich des Arbeitskonzepts als auch der personellen Situation habe es kaum Probleme gegeben. Vor etwa fünf Jahren habe die Kommunalverwaltung jedoch begonnen, auf höhere Effizienz und eine Verringerung von Stellen zu drängen. Die Arbeit habe aufwendig evaluiert und dokumentiert werden müssen. Das Klima zwischen ihm und den Mitarbeitern sei schlechter geworden. Seit vier Jahren sei er häufiger krank gewesen. Zum Zeitpunkt des ersten Kontakts war Herr U. seit knapp vier Monaten arbeitsunfähig geschrieben. Im Erstgespräch schildert er die Gedanken, die er sich hinsichtlich einer Lösung der anstehenden Probleme gemacht hat. Es sei ihm wieder eingefallen, dass er sich früher schon einmal in einer ähnlichen Situation befunden habe. Er habe nach dem Abitur mit einem Medizinstudium begonnen. Nach ein paar Semestern habe er aber festgestellt, dass ihm die Arbeit nicht gefalle. Im Rahmen eines Praktikums in einer Psychiatrie sei er häufiger in der Nachschicht eingesetzt worden. Die Erfahrungen dort hätten dazu geführt, dass er das Medizinstudium abgebrochen und sich zum nächstfolgenden Semester um eine Studienplatz in Diplom-Pädagogik bemüht habe. „Einfach den Mist hinschmeißen und etwas ganz Neues anfangen", mit diesem Gedanken beschäftige er sich in den letzten Tagen und Wochen immer wieder. Er empfindet es als verlockend, erst einmal „alles hinzuschmeißen". Er habe zwar noch keine konkreten Vorstellungen davon, was er in Zukunft machen wolle, er könne aber den Entscheidungsdruck, der auf ihm laste, auch nur schwer aushalten.

Herr U. bezieht sich im Gespräch ausdrücklich auf eine frühere Erfahrung. Mit den Implikationen, die diese Entscheidung heute für ihn haben würde, hat er sich nicht näher beschäftigt. Er begründet die Attraktivität der Lösung damit, dass sie früher einmal richtig für ihn war. Zu dem Zeitpunkt, als er diese Überlegungen berichtete, schien das „Hinschmeißen" eine subjektiv zufriedenstellende Lösung zu sein.

Problematischer wird die Situation erlebt, wenn der Entscheider nicht auf subjektiv bewährte Erfahrungen zurückgreifen kann. Das kann entweder daran liegen, dass er noch nie in einer vergleichbaren Situation war, oder dass er seine früheren Lösungsoptionen heute nicht mehr für angemessen hält. Im zuvor geschilderten Fall trat diese Situation ein, nachdem Herr U. sich verdeutlicht hatte, dass er nicht mehr in einer Situation lebt, in der er „einfach alles hinschmeißen" kann. Um zu einer Entscheidung über seine berufliche Zukunft zu kommen, musste er neue Optionen finden. Diese Erkenntnis führte zunächst zu einer Zuspitzung der Entscheidungskrise. Wir werden später noch sehen, worauf diese Zuspitzung zurückzuführen ist.

Wenn die alten Optionen nicht zu den neuen Problemen „passen", müssen neue Möglichkeiten gefunden werden, die kompatibel zum Werte-Ziel-Handlungssystem sind. Dieser Prozess geht oft sehr schnell vor sich. Der Entscheider hat es quasi im Gefühl, welche Möglichkeiten zu ihm passen und welche nicht. Aus einer Vielzahl möglicher Optionen kann er sich in sehr kurzer Zeit die aus seiner Sicht geeignete(n) heraussuchen. *Beach* (1997) nennt den Vorgang daher auch Screening. Das Screening ist keine aufwendige und langwierige Auseinandersetzung und man kann als Außenstehender eventuell den Eindruck bekommen, dass jemand es mit der Lösung seines Entscheidungsproblems nicht Ernst meint. Das wäre jedoch eine voreilige Schlussfolgerung. Es ist vielmehr so, dass der Entscheider über bewährte Routinen und etablierte Schemata verfügt, die ein schnelles Screening möglich machen. Wenn er beim ersten Screening nicht fündig wird, schließen sich in der Regel weitere Screenings an. Sie folgen alle dem gleichen Muster, können sich aber hinsichtlich der Intensität unterscheiden. Im Sinne *Watzlawicks* können wir davon sprechen, dass sich der Entscheider beim wiederholten Screening dadurch eine Lösung erhofft, dass er mehr desselben tut.

Falls sich die Hoffnung auf eine systemkompatible Lösung nicht erfüllt, gerät der Entscheider in eine schwierige Situation. Er beginnt allmählich daran zu zweifeln, dass sein Entscheidungsproblem lösbar ist. Die Frage, die er sich irgendwann stellen wird lautet: „Ist es weiterhin realistisch, auf eine Lösung zu hoffen bzw. hinzuarbeiten?" Mit anderen Worten: „Besteht mindestens eine geeignete Lösungsoption?" So lange diese Frage bejaht wird, wird die Suche nach systemkompatiblen Lösungen fortgesetzt. Im nächsten Kapitel werden wir uns damit beschäftigen, wie der Entscheidungsprozess verlaufen kann, wenn diese Frage verneint wird.

Weil in der Regel nicht beliebig viel Zeit zur Verfügung steht, taucht irgendwann die Frage auf, ob innerhalb des verfügbaren Zeitraums eine Lösung möglich ist. Wenn die Zeit (zu) knapp wird, besteht die Gefahr einer Panik. *Janis & Mann* (1977) bezeichnen das Verhalten in panischen Phasen des Entscheidungsprozesses als hypervigilant. Hypervigilanz ist eine ins Negative gesteigerte Form der Vigilanz, die für einen erfolgreichen Entscheidungsprozess notwendig ist. Der hypervigilante Entscheider ist mit seiner Aufmerksamkeit quasi überall. Weil ihm in seiner Not fast alles Recht ist, greift er nach jedem Strohhalm. Die Suggestibilität für Lösungsvorschläge von außen ist in diesem Zustand sehr groß, und es ist für den Supervisor wichtig, dass er nicht (offen oder verdeckt) versucht, *seine* Lösungsideen einzubringen. Gerade in hypervigilanten Situationen erhält er vom Supervisanden direkte oder indirekte Aufforderungen, inhaltliche Lösungsvorschläge zu unterbreiten. Für den erfolgreichen Verlauf des Prozesses ist es wichtig, diesem Druck nicht nachzugeben und die unangenehme Spannung *gemeinsam* mit dem Supervisanden *auszuhalten*. Ich halte das gemeinsame Aushalten der Anspannungen, des Ärgers und der Verzweifelung für eine der wichtigsten Voraussetzungen, um hypervigilante Phasen erfolgreich durchzustehen und den Weg für eine „gute" Entscheidung freizumachen. Aufgrund der Untersuchungen, die *Janis & Mann* (1977) durchgeführt haben, kann man aber glücklicherweise davon ausgehen, dass sie relativ selten vorkommen.

Entscheidungsprozesse vollziehen sich also vor dem Hintergrund eines Systems, das aus Werthaltungen, Zielvorstellungen und Handlungsplänen erzeugt wird. Alle Lösungsoptionen für ein Entscheidungsproblem liegen innerhalb dieses Systems. Ein Entscheidungsprozess wird durch Probleme initialisiert, die im Handlungsvollzug auftreten. Der Entscheider versucht zunächst, bekannte und bewährte Lösungsoptionen auf das Problem anzuwenden. Nur wenn keine bereits bewährten Lösungen existieren, werden neue Lösungsoptionen gesucht. Der Suchvorgang ist als Screening organisiert. Wenn das Screening keine Lösungsoptionen hervorbringt, werden intensivere Suchprozesse auf der Grundlage des bestehenden Werte-Ziel-Handlungssystems durchgeführt. Falls sich mehrere potentiell geeignete Optionen finden lassen, wird die erste gewählt, die den Anforderungen genügt.

Eine weitere Annahme des Modells besagt, dass Menschen grundsätzlich innerhalb ihres Werte-Ziel-Handlungs-Systems nach Lösungsmöglichkeiten suchen. Dieser Suchprozess lässt sich nicht überspringen, auch wenn aus der Beobachterposition erkennbar ist, dass er mit hoher Wahrscheinlichkeit erfolglos sein wird. Abb. 3 veranschaulicht die bisher erörterten Modellannahmen noch einmal.

## 3.4 Krisen bewältigen – Neues Terrain schaffen – Das System verändern

*Veränderung und Anpassung des Werte-Ziel-Handlungssystems*

Wenn der Entscheider feststellt, dass er innerhalb seines Systems keine Lösungen finden kann, nimmt das Risiko einer Entscheidungskrise deutlich zu. Weil Lösungen grundsätzlich nur innerhalb des Systems möglich sind, bedeutet dieser Moment für ihn, *dass es gar keine Lösung für sein Entscheidungsproblem gibt.* Optionen, die außerhalb liegen, sind unrealistisch, weil sie (1.) nicht zu den moralischen und ethischen Standards passen, weil sie (2.) nicht mit den individuellen Zielen übereinstimmen oder weil sie (3.) außerhalb des Handlungsrahmens liegen. Wenn es sich um ein wichtiges Entscheidungsproblem handelt, entsteht eine sehr ambivalente Situation: es muss eine Lösung gefunden werden, obwohl es nach der Logik des Entscheiders keine gibt. Der Entscheider hat jetzt grundsätzlich zwei Möglichkeiten: (1.) Er versucht, sein Wert-Ziel-Handlungssystem zu verändern. (2.) Er lässt das System unverändert und versucht, sich mit defensiven Vermeidungsstrategien aus der Affäre zu ziehen.

Die Frage der Veränderbarkeit des Werte-Ziel-Handlungssystems stellt sich auf einer Metaebene. Sie kann nicht innerhalb des Systems geklärt werden und unterscheidet sich daher von den inhaltlichen Fragen, mit denen wir uns bislang beschäftigt haben.

Salopp formuliert könnte sie etwa lauten: „Darf das System in Frage gestellt werden?“ Sie klingt harmlos, ist aber für den Betroffenen von *außerordentlicher* Brisanz. Das wird deutlich, wenn man die Frage etwas umformuliert: „Darf, was heute falsch ist, morgen wahr sein?“ – „Kann, was heute unmoralisch ist, morgen moralisch sein?“ – „Kann ein Ziel, das heute abwegig ist, morgen erstrebenswert sein?“ – „Kann, was heute ungerecht ist, morgen gerecht sein?“ – „Darf, was heute unzumutbar ist, morgen zumutbar sein?“. Diese Formulierungen machen die Bedeutung der Frage, ob das System verändert werden darf, etwas nachvollziehbarer.

**Abb. 3: Modell der Entscheidungsfindung – Teil I**

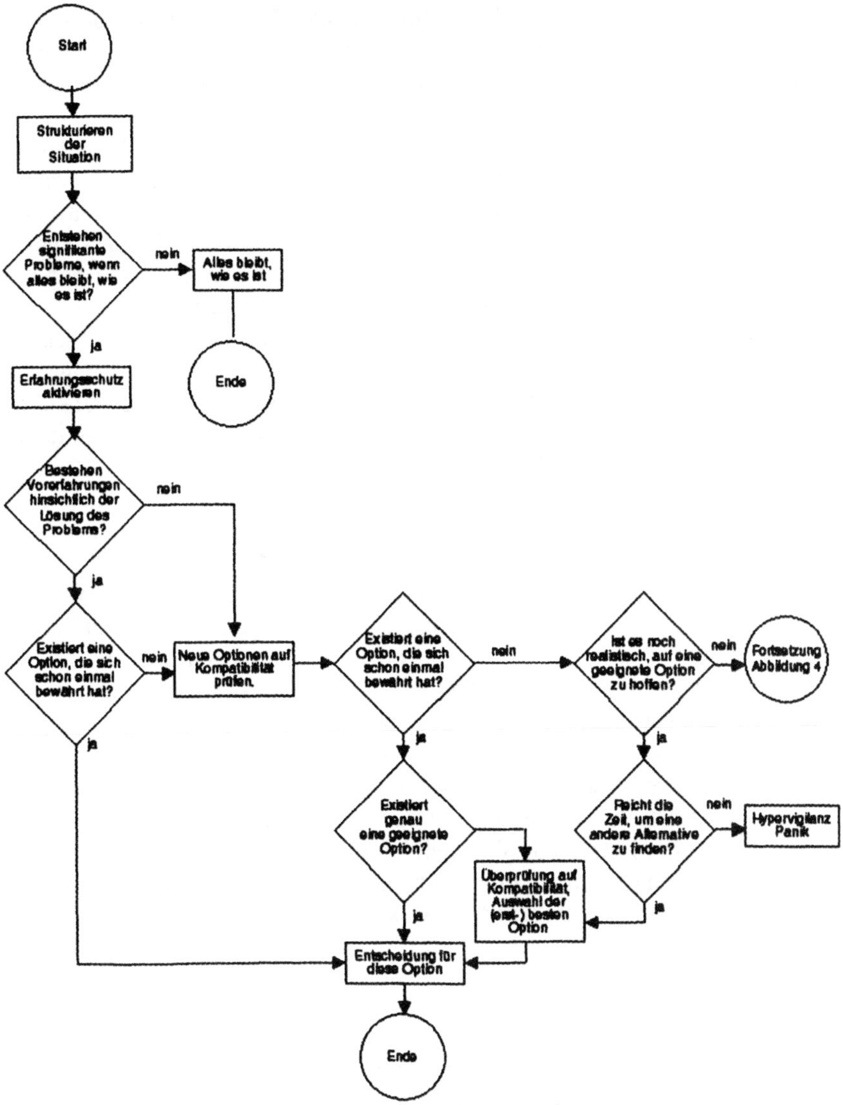

Nicht immer wird eine weitreichende Veränderung des Systems notwendig sein. Wenn es sich aber um ein existenziell bedeutsames Thema handelt, besteht nach den Annahmen des Modells eine relativ hohe Wahrscheinlichkeit dafür, dass die Systemmodifikationen sensible und existenziell wichtige Bereiche betreffen.

Wir haben es hier mit Veränderungen zu tun, die im Sinne von *Piaget* als Akkomodation bezeichnet werden können. Akkomodation bezeichnet eine Form der Anpassung, die dadurch gekennzeichnet ist, dass die existierenden Schemata verändert werden, um Widersprüche aufzulösen, die in der Interaktion mit der Umwelt aufgetreten sind. Solche Anpassungsprozesse können sowohl auf der individuellen Ebene, als auch auf der Team- und Organisationsebene auftreten. *Piaget* hat sich bei seinem dialektischen Modell von Akkomodation und Assimilation vor allem auf Einzelpersonen und deren Entwicklung bezogen. *Argyris* (1977) hat sich u.a. mit der Anpassung von Organisationen an ihr Umfeld beschäftigt. Er geht davon aus, dass der Anpassungsprozess von Organisationen vor allem durch Fehlerkorrekturen in Gang kommt. In seinem OE-Konzept unterscheidet er zwei Möglichkeiten des Lernens bzw. der Anpassung: das Single-Loop-Lernen und das Double-Loop-Lernen. Beim Single-Loop-Lernen versucht eine Organisation, sich innerhalb ihres Systems und ihrer Strukturen an die Umweltprozesse anzupassen. Beim Double-Loop-Lernen tritt zu diesem Prozess auch noch eine Reflexion der grundlegenden Annahmen des Systems hinzu. Double-Loop-Lernen schafft damit quasi die Voraussetzungen zur Systemakkomodation.

Das Problem bei Akkomodationsprozessen besteht darin, dass sie das Sicherheitsempfinden des Betroffenen stark beeinträchtigen können. Wenn die Anpassungsnotwendigkeiten groß genug sind, besteht das Risiko, dass in mehreren Lebensbereichen Selbstverständlichkeiten und Wahrheiten in Frage gestellt werden müssen, die bis dato zum Erleben von Sicherheit, Vorhersehbarkeit und Kontrolle beigetragen haben. Zum Gelingen dieses Prozesses kann es daher hilfreich sein, wenn der Supervisand sich zunächst rückversichern kann, welche Bereiche seines Werte-Ziel-Handlungs-Systems *bestehen bleiben* und die tragenden Säulen des Gebäudes sind. Im letzten Abschnitt dieses Beitrags werde ich auf die diesbezüglichen supervisorischen Möglichkeiten zu sprechen kommen.

Die Begleitung der Anpassung des Wert-Ziel-Handlungssystems stellt vielleicht den problematischsten Teil der Supervision von Entscheidungsprozessen dar. Sie ist für Einzelpersonen wie für Teams und Organisationen gleichermaßen schwierig. Angesichts der sich rasch wandelnden Arbeits-, Tausch- und Kommunikationsbeziehungen wird es aber in Zukunft sehr viel häufiger vorkommen, dass die alten Strukturen angepasst werden müssen. Dazu ist es notwendig, dass das jeweilige System (Einzelperson, Team, Organisation) sich selbst zum Gegenstand der Wahrnehmung und Reflexion macht. Eine alte systemische Weisheit besagt jedoch, dass das Auge sich selbst nicht sehen kann – zumindest nicht, ohne sich einen Spiegel vorzuhalten. Der Spiegel, der für den Anpassungsprozess erforderlich ist, kann die Supervision sein.

## Fallbeispiel

Frau G. ist Leiterin einer Sozialstation. Die Stelle ist ihr seinerzeit angetragen worden, nachdem die alte Leiterin in Rente gegangen war. Weil die Einrichtung relativ klein ist, muss sie nicht nur die Funktion der Leiterin wahrnehmen, sondern auch noch Aufgaben im Bereich der Pflege nachkommen. Nach ihrer eigenen Einschätzung hat sie die Leitungsfunktion bis zum Beginn der Supervision nicht angemessen wahrgenommen. Eigentlich habe sie nur versucht, es allen Recht zu machen. Ein wesentliches Motiv ihrer Handlungen sei es gewesen, von niemandem abgelehnt zu werden. Ihr Selbstwertgefühl beurteilt sie als gering. Seit etwa fünf Jahren sei sie Alkoholikerin. Ihre (frühere) beste Freundin, die gleichzeitig ihre Arbeitskollegin ist, habe immer wieder versucht, sie vom Trinken abzubringen. Die Freundschaft sei aber am Alkoholismus zerbrochen. Das Verhältnis zwischen den beiden sei in den letzten Jahren sehr angespannt. Am Arbeitsplatz habe man ihren Alkoholismus zwar bemerkt, ernsthafte Konsequenzen habe es aber nicht gegeben. Etwa 1 ½ Jahre vor dem Beginn der Supervision habe sie sich zu einem Entzug und zu einer stationären Psychotherapie entschieden. In diesem Rahmen habe sie die biografischen Hintergründe des Alkoholproblems bearbeitet, weniger die Bezüge zur Arbeit. Nachdem sie die Therapie abgeschlossen hatte, sei sie wieder an den Arbeitsplatz zurückgekehrt. Kurz darauf habe es sehr heftige Vorwürfe sowohl der Vorgesetzten, als auch der Pflegekräfte gegen sie gegeben. Man habe sie aufgefordert zu gehen, weil sie als Leiterin nicht tragbar sei. Vorgesetzte und Kolleginnen hätten aktiv ihre Kündigung betrieben. Der Arbeitgeber habe schließlich eine außerordentliche Kündigung ausgesprochen. Die Kündigung sei aber rechtlich nicht haltbar gewesen, so dass sie nach einigem Tauziehen wieder habe zurückgenommen werden müssen. Die Arbeitsbeziehungen seien danach in alle Richtungen extrem belastet gewesen. Mittlerweile, d.h. zum Zeitpunkt des Beginns der Supervision, hätten sich die Beziehungen zwischen ihr und den Mitarbeitern etwas ausdifferenziert. Zu manchen habe sie ein etwas besseres Verhältnis entwickelt, bei anderen sei es nach wie vor schwierig. Vor den Dienstbesprechungen hat Frau G. immer Angst. Sie befürchtet, angegriffen und als Leiterin in Frage gestellt zu werden.

Das zentrale Thema des Supervisionsprozesses war die Frage, ob Frau G. die Stelle der Leiterin, die sie seit fast zehn Jahren *formal innehat*, zukünftig auch *selbst einnehmen* will. Anders formuliert: Entscheidet sie sich dafür, die Stelle der Leiterin innerlich anzunehmen oder sucht die sich einen neuen Arbeitsplatz. Es war ihr deutlich geworden, dass sie mit ihren bisherigen Schemata nicht in der Lage sein würde, die Aufgabe sinnvoll wahrzunehmen. Ohne hier auf alle Einzelheiten des Prozesses eingehen zu können, will ich stellvertretend einige Gesichtspunkte benennen, die in der Arbeit eine Rolle gespielt haben. Es war mit dem bisherigen Wertesystem von Frau G. nicht ausreichend zu vereinbaren, dass sie Forderungen an die Mitarbeiterinnen stellen konnte. Wenn sie versuchte, dies in psychodramatischen Inszenierungen zu probieren, bekam sie ein schlechtes Gewissen, weil sie zwar das formale, aber nicht das persönlich-moralische Recht hierzu empfand. Im Berufsalltag beobachtete sie sich dabei, dass sie Forderungen nur aus einem Wut- oder Trotzgefühl heraus stellen konnte. Die kognitiven Einsichten waren mit den Mitteln des sokratischen Dialogs (*Wessler, Wessler* 1985) relativ schnell erreicht. Die Auseinandersetzung mit den Schuld- oder Trotzgefühlen zog sich aber sehr lange hin und begleitete den gesamten Supervisionsprozess. Ein weiteres, auf den ersten Blick vielleicht vordergründiges Thema betraf die Frage der Kleidung. Frau G. hatte sich bei der Arbeit wie sie selbst sagte, „eher etwas salopp" gekleidet. Auch bei den regelmäßigen Dienstbesprechungen mit dem Arbeitgeber hatte sie „Freizeitmoden" bevorzugt. Sie war zwar der Meinung, dass sich richtige Leiterinnen (zumindest bei offiziellen Anlässen) etwas „formaler" kleiden sollten, andererseits hatte sie aber das Gefühl, so etwas passe nicht zu ihr. Das Experimentieren mit „formalerer“ oder „damenhafterer“ Kleidung beinhaltete daher auch einige grundlegende Fragen des Selbstkonzepts.

Neben den Anpassungen, die eher das Wertesystem betrafen, tauchten auch schnell Begrenzungen auf der Ebene der Handlungspläne auf. Frau G. war mit Moderationstechniken, Methoden zum Führen von Mitarbeitergesprächen usw. nicht im ausreichenden Maße vertraut, so dass hier entsprechende Weiterqualifizierungen erforderlich waren. Schließlich war es aus erforderlich, ihre privaten wie beruflichen Zielvorstellungen zu reflektieren. Es war ihr nicht ausreichend klar, ob sie sich in den nächsten Jahren stärker berufliche engagieren wollte (d.h. sich die Rolle der Leiterin aneignen) oder eher in ihr privates Leben investieren. Die *entscheidende* Frage, ob sie ihre Leitungsposition wirklich einnehmen wolle, führte im Laufe des Supervisionsprozesses zu einer ganzen Reihe von Veränderungen des Werte-Ziele-Handlungssystems.

Der Beispielfall macht deutlich, dass Entscheidungsprozesse, die mit einer Akkomodation des Wert-Ziel-Handlungssystems einhergehen, langwierig und verschachtelt sein können. Schnelle Entschlüsse können in diesen Fällen leicht zu vorschnellen Entscheidungen werden. Aus meiner Sicht besteht ein wesentlicher Gesichtspunkt bei der Anpassung des Werte-Ziel-Handlungssystems darin, dem Supervisanden die Sicherheit und die Möglichkeit zum Perspektivenwechsel und zum Experimentieren mit neuen Wahrheiten, Wünschen und Handlungsweisen zu geben. Die psychodramatische Arbeit mit den Möglichkeiten des Doppelns, des Rollentausches, der Zukunftsprobe, der Minimierung und Maximierung, der Verzögerung und Beschleunigung (Zeitraffer bzw. slow motion), des Zauberladens, der „Dritten Position“ außerhalb des Systems usw. bietet hierfür ideale Voraussetzungen. „Hier ist das Protagonist ganz involviert und schwimmt im Erfahrungsstrom [...] mit. Er muss aber zur Auswertung, Reflexion und Absicherung immer wieder ans Ufer geholt werden. [...] Gerade das Pendeln zwischen diesen beiden Kommunikationsmodi (gemeint sind Experiment und Diskussion; J.W. → *Buer* Einführung) ist kennzeichnend für psychodramatisches Arbeiten“ (*Buer* 1999, 67).

Nach einem erfolgreichen Akkomodationsprozess kann die Entscheidungsfindung wieder mit der Suche in dem jetzt veränderten Werte-Ziel-Handlungssystem fortgesetzt werden. Falls die notwendigen akkomodativen Anpassungen aber nicht gelingen, gerät der Entscheider in eine missliche Situation: Er muss versuchen, ein Problem zu lösen, dass unter diesen Voraussetzungen nicht gelöst werden kann. Im folgenden Kapitel werden wir uns damit beschäftigen, wie der Entscheidungsprozess unter diesen ungünstigen Vorzeichen verlaufen kann.

### *Defensive Vermeidung*

Bislang sind wir zumindest implizit davon ausgegangen, dass ein Entscheider mehr oder weniger direkt auf das Ziel einer Entscheidung hinarbeitet. Die Alltagserfahrung zeigt aber, dass dies nicht immer der Fall ist. Vielmehr verfügen Menschen über unterschiedliche Strategien, um dem unangenehmen Entscheidungsdruck auszuweichen. *Janis, Mann* (1977) bezeichnen diese Strategien als defensive Vermeidung. Sie unterscheiden drei Formen dieses Verhaltens: das Delegieren der Entscheidung an andere, das Verschleppen von Entscheidungen und das Immunisieren des Entscheidungsprozesses. Defensive Vermeidungsstrategien haben denn Zweck, den Entscheider davon zu entlasten, aktiv auf eine Entscheidung hinzuarbeiten. „All three forms of defensive avoidance enable the decision maker to escape from worrying about the decision by not exposing himself to cues that evoke awareness of anticipated loss“ (*Janis, Mann* 1977, 87).

Die erste Variante defensiver Vermeidung ist das *Delegieren der Entscheidung* und der Verantwortung an eine andere Person. Gemeint ist dabei nicht das normale Delegieren von Aufgaben, das im betrieblichen Ablauf vorkommt. Es geht vielmehr um das Abschieben von Entscheidungen, die einem niemand anders abnehmen kann. Im zuvor beschriebenen Fall von Frau G. ist zum Beispiel niemand (wirklich) dazu in der Lage, ihr die Entscheidung darüber abzunehmen, ob sie ihre Leiterinnenstelle innerlich annehmen oder sich eine neue Stelle suchen soll. Häufig bieten sich im Umfeld des Betroffenen aber Helfer an, die um gute Ratschlägen nicht verlegen sind. Wenn der Entscheidungsdruck groß – und das persönliche Effizienz- und Sicherheitserleben klein genug sind, ist die Delegation von Entscheidungen eine Möglichkeit, die kurzfristig mit (sehr) positiven Konsequenzen verbunden ist. Der Entscheider ist nicht mehr in der Situation, eine schwierige Entscheidung treffen zu müssen. Es geht ihm körperlich besser. Sein Schlaf (seine Verdauung, die Häufigkeit seiner Kopfschmerzattacken usw.) können sich wieder normalisieren. Er hat sich gleichzeitig die Möglichkeit verschafft, die Verantwortung für die Folgen der Entscheidung auf jemand anderen zu übertragen. Der eventuell vorhandene Zeitdruck entfällt. Das Delegieren von Entscheidungen hat zwei wesentliche Komponenten: das Übertragen der unmittelbaren Entscheidung an jemand anderen und die Entlastung von der Verantwortung. Falls sich herausstellt, dass die Entscheidung oder der Rat des Anderen nicht gut waren, wird dessen Verantwortung oft in Form von Schuldzuweisungen eingeklagt. Damit der „Retter“ sich in der Situation des „Schuldigen“ wiederfindet, ist es nicht unbedingt notwendig, dass sich aufgrund der Entscheidung tatsächlich negative Konsequenzen ergeben. Wie bereits erwähnt, sind Entscheidungen immer soziale Handlungen. Der Betroffene muss die ihm angeratene Entscheidung in seinem Umfeld bekannt machen und mit den Reaktionen des Umfeld leben. Diese Reaktionen und die „normalen“ Nachentscheidungsprobleme (vgl. „Postdecisional Conflict; *Janis, Mann* 1977) reichen oft schon aus, um die konfliktträchtige Dynamik in Gang zu setzen, die mit dem Delegieren von Entscheidungen zusammenhängt.

Die Attraktivität des Delegierens liegt vor allem in der kurzfristigen Entlastung. Die problematischen langfristigen Konsequenzen werden dem gegenüber nicht ausreichend wahrgenommen. Eine Möglichkeit der Bearbeitung dieses Komplexes besteht darin, das Verhältnis von kurz- und langfristigen Konsequenzen zu erarbeiten und erlebbar zu machen. Hierzu eignen sich szenische Darstellungen, Zukunftsproben oder Computersimulationen. Das zweite Problem beim Delegieren von Entscheidungen liegt darin, dass oft ein sogenanntes Dramadreieck initialisiert wird. Das Dramadreieck ist ein Konstrukt, das von der Transaktionsanalyse beschrieben wird. Es handelt sich dabei um eine Kommunikationsform, in der es drei Rollen gibt: den Verfolger, das Opfer und den Retter. Die psychodynamische Entwicklung innerhalb eines Dramadreiecks ist oft krisenhaft. Opfer, Retter und Verfolger sind in ihren Empfindungen den jeweils anderen gegenüber ambivalent. So kann es beispielsweise vorkommen, dass der Retter eine gewisse Verachtung für das Opfer empfindet, dass sich nicht selbst zu helfen vermag. Das Opfer kann nach der ersten Erleichterung aber auch Ärger und Wut gegenüber dem Retter empfinden, der als überlegen oder übermächtig wahrgenommen wird. Die Rollen im Dramadreieck sind so aufeinander bezogen, dass keine Anerkennung und Förderung der autonomen Persönlichkeiten erreicht wird, sondern ein belastendes Geflecht aus ambivalent-labilen Beziehungen. Es würde an dieser Stelle zu weit führen, das Konstrukt des Dramadreiecks ausführlicher zu explizieren. Eine ausführliche und anschauliche Darstellung findet sich z.B. bei *Gührs & Nowak* (1995).

Die zweite Variante defensiver Vermeidung ist das *Verschleppen („Aussitzen") von Entscheidungen*. Menschen (Teams, Organisationen) greifen zu dieser Strategie bevorzugt, wenn sie ohne signifikante Risiken auf Zeit spielen können oder dies zumindest annehmen (vgl. Abb. 5). Das Verschleppen geht in der Regel mit einer Argumentationsstruktur einher, in der die Vorteile des Abwartens (eigentlich des Nichts-Tuns) herausgearbeitet werden. Manchmal handeln Menschen auch nach dem Motto: „Wenn ich die Uhr anhalte, bleibt die Zeit stehen". Tatsächlich führt das Verschleppen einer Entscheidung jedoch dazu, dass der Entscheider seine potentiellen Einflussmöglichkeiten aufgibt. Während er noch abwartet, entwickelt sich die Situation ohne sein Zutun weiter. Weil er nicht mehr im Kontakt mit der Entwicklung ist, fällt es ihm zunehmend schwerer, die Entwicklung zu verstehen und in seinem Sinne zu beeinflussen. *Dörner* (1989) hat die Situation mit einem Schachspiel verglichen, in dem die Schachfiguren von sich aus Züge ausführen, wenn der Schachspieler zu lange wartet. Damit ist im Grunde auch schon die supervisorische Strategie zur Bearbeitung Verschleppungsstrategien umrissen: die Überlegungen, welchen Einfluss der Supervisand in seinem sozialen Umfeld haben möchte und wie groß sein Bedürfnis danach ist, die Situation zu verstehen, in der er lebt und arbeitet. Wer Entscheidungen auf die lange Bank schiebt, steigt über kurz oder lang aus dem sozialen Kontakt aus. Sein Umfeld wird negativ reagieren, weil er seine Verantwortung nicht wahrnimmt.

Die dritte Variante defensiver Vermeidung bezeichne ich als *Immunisierung*. Immunisierung umfasst mehrere Phänomene: das von *Janis & Mann* (1977) beschriebene „Bolstering" (zu deutsch etwa: abpolstern, im Sinne von „schützen".), das von *Janis* (1982) formulierte Konzept des „Groupthink" und den von *Schulz-Hardt* (1997) beschriebenen „Entscheidungsautismus".

„Bolstering" kann man etwas salopp als die Haltung beschreiben: „Ich will jetzt nichts mehr hören oder sehen!" Der Entscheider hat sich für eine Option entschieden und will sich nicht durch weitere Argumente verunsichern lassen. Er will über seine Entscheidung keine Auseinandersetzung mehr führen. *Janis & Mann* (1977) nehmen an, dass jeder Entscheidungsprozess in seiner Endphase auch Phänomene von Bolstering aufweist. Weil man nie sicher sein kann, *wirklich* die richtige Wahl getroffen zu haben, immunisiert man seine Entscheidung gegen mögliche Einwände. Bolstering in diesem Sinne ist eher unproblematisch. Schwieriger wird es, wenn der Entscheider keine überzeugende Lösung gefunden hat und sich jetzt entschließt, irgendeine mehr oder weniger beliebige Option zu wählen. Weil die Entscheidung auf sehr schwachen Füssen steht, muss sie gegen jeden Einwand abgeschirmt werden.

## Fallbeispiel

Die Mitarbeiterinnen einer Anlageberatung waren seit etwa zwei Jahren unzufrieden mit der Zusammenarbeit zwischen Ihnen und dem Chef, der gleichzeitig Eigentümer des Unternehmens war. Alle waren schon mehrere Jahre im Unternehmen tätig; die meisten hatten auch ihre Berufsausbildung dort absolviert. In den ersten Jahren hatte man gut zusammengearbeitet. Dann hatte der Chef begonnen, sich immer mehr zu entziehen. Wenn eine der Mitarbeiterinnen ihn wegen der Arbeit mit einem Mandanten ansprach, waren seine Reaktionen zunehmend unberechenbarer geworden. Manchmal gab er sachliche Auskünfte, ein anderes Mal konnte es durchaus passieren, dass er ungehalten und verletzend reagierte. Unter den Mitarbeiterinnen hatten sich in den letzten Monaten persönliche Streitereien entwickelt, die nicht zuletzt damit zusammenhingen, dass sie untereinander auch die Probleme lösen mussten, die eigentlich nur mit dem Chef zu lösen waren. Sie waren sich einig, dass sie die Schwierigkeiten *eigentlich* gemeinsam dem Chef gegenüber ansprechen müssten. Sie hatten sich aber faktisch dazu entschieden, dies nicht zu tun. Argumentativ wurde diese Entscheidung mit mehreren Argumenten abgesichert: (1.) „Es bringt ohnehin nichts." In dieser Einschätzung war man sich einig, obschon man es nie ausprobiert hatte. (2.) „Es ist die Aufgabe des Chefs, solche Probleme wahrzunehmen und anzusprechen". (3.) Man habe keine Zeit dazu. Weil zwei Mitarbeiterinnen Teilzeitstellen hätten, könne man kaum einen gemeinsamen Termin finden. (4.) Wenn man die Situation anspräche, würde vielleicht alles noch schlimmer. (5.) Im Augenblick sei es ohnehin nicht so schwierig. Letzte Woche sei es viel unangenehmer gewesen. Vielleicht renke sich ja alles von selbst wieder ein. (6.) Man müsse abwarten, dass sich irgendwann einmal ein günstiger Zeitpunkt ergäbe.

Bolstering in der zuvor beschriebenen Form ist häufig anzutreffen. *Janis & Mann* (1977) gehen davon aus, dass es die am häufigsten vorkommende defensive Vermeidungsstrategie ist. In der Regel führt Bolstering aber nicht zu einer langfristig tragbaren Lösung.

Im Zusammenhang mit Bolstering können unterschiedliche Phänomene beobachtet werden. (1.) Das *Übertreiben positiver Konsequenzen.* Dieses Phänomen lässt sich zum Beispiel bei Käufern eines Neuwagens beobachten. Nehmen wir an, dass jemand sich einen VW-Golf gekauft hat. Dann ist er geneigt, seinen Nachbarn und Verwandten wiederholt die enormen Vorzüge aufzuzählen, die ein Golf gegenüber vergleichbaren Modellen anderer Hersteller aufweist. Dabei spielt es keine Rolle, ob sich wirklich Belege für die behaupteten Vorzüge finden lassen. (2.) Das *Herunterspielen negativer Konsequenzen.* Die Mitarbeiterinnen der im Beispiel erwähnten Anlageberatung argumentierten auf dieser Linie, als sie darauf hinwiesen, dass die Situation im Moment ohnehin nicht so schlimm sei. Letzte Woche sei es viel schwieriger gewesen. Auch beim Herunterspielen negativer Konsequenzen ist es nicht entscheidend, ob die negativen Folgen wirklich ausbleiben. Wichtiger ist, dass der Entscheider dies unter allen Umständen glauben will. (3.) Das *Leugnen negativer Gefühle.* Falls es dem Entscheider schon nicht möglich ist, überzeugende positive Argumente zu finden, so kann er sich immer noch dadurch retten, dass er negative Empfindungen verleugnet: „Ich habe mich so entschieden und fühle mich gut dabei!". Gelegentlich kann man sogar eine

Übersteigerung der unangenehmen Konsequenzen ins Positive feststellen. Die belastenden und frustrierenden Konsequenzen der Entscheidung auszuhalten kann auf diese Weise zu der positiven Erfahrung werden, dass man auch mit solchen Schwierigkeiten leben kann. (4.) *Argumentation mit dem Zeitfaktor*. Mit dieser Strategie locken manche Unternehmen ihre Kunden: „Kaufen Sie heute, zahlen Sie in sechs Monaten!". Wenn jemand, der es sich finanziell nicht leisten kann, unter diesen Bedingungen trotzdem kauft, so tröstet er sich mit dem langen Zeitfaktor über die bevorstehenden Probleme hinweg. Eine Konsequenz, die noch so weit in der Zukunft liegt, existiert eigentlich gar nicht richtig. Auf diese Weise lässt sich jede negative Konsequenz minimieren oder wegdenken, die erst mit verzögerter Wirkung eintritt. (5.) *Minimalisieren oder Verleugnen sozialer Konsequenzen*. Hier treffen wir auf eine Verballhornung der persönlichen Verantwortlichkeit: „Wie ich mich entscheide, geht niemand anderen etwas an." Bei dieser Argumentation wird übersehen, dass das soziale Umfeld auf die moralischen Aspekte und praktischen Konsequenzen einer Entscheidung reagiert und dass diese Reaktionen für den Entscheider von Bedeutung sein können. (6.) *Herunterspielen oder Verleugnen der persönlichen Verantwortung*. Hier kann zum Beispiel darauf abgehoben werden, dass die Entscheidung unter äußerem Druck gefallen sei und man im Grunde keine andere Wahl gehabt habe. Eine andere Variante dieser Argumentationslinie besteht darin zu behaupten, jeder andere hätte sich genauso entschieden.

Das Ausmaß, in dem Bolstering auftritt, ist nicht nur abhängig von der Tragweite der anstehenden Entscheidung. Es richtet sich auch nach den verfügbaren Copingstrategien und dem Unterstützungssystem des Entscheiders. Jemand, der über gute Strategien zur Stressbewältigung verfügt, ist weniger darauf angewiesen, sich durch Bolstering zu entlasten. Das gleiche gilt, wenn auch nicht im gleichen Ausmaß, für ein funktionierendes soziales Unterstützungssystem. Hier liegt auch ein möglicher Ansatzpunkt für die supervisorische Arbeit: Über welche Copingstrategien verfügt der Supervisand? Welche Strategien kann er sich aneignen? Wo existieren innerhalb seines sozialen Umfelds unterstützende Ressourcen?

*Janis* (1982) beschreibt ein Immunisierungsphänomen, das er „Groupthink" nennt. Als Hintergrund für Groupthink werden gruppendynamische Prozesse angenommen. Das Phänomen kann vor allem in Teams auftreten, in denen eine hohe Kohäsion herrscht. Die Teammitglieder streben nach Einmütigkeit und wollen das gute gemeinsame Arbeitsklima nicht gefährden. Sie sind deshalb nicht dazu in der Lage, eine Entscheidung umfassend und ggf. auch kontrovers zu diskutieren. Wenn im Entscheidungsprozess Themen auftauchen, die das Streben nach Einmütigkeit gefährden, werden sie ausgeblendet. In der Konsequenz führt Groupthink dazu, dass Teams eine Entscheidung unvollständig vorbereiten (zu enge Informationssuche, selektive und selbstbestätigende Wahrnehmung, Unterschätzung von Risiken der gemeinsam präferierten Option, unvollständige Reflexion des Entscheidungsprozesses), keine angemessene Planung für die Realisierung vornehmen und keine effektive Evaluation durchführen.

*Janis* (1982) unterscheidet drei Symptomgruppen, die auf Groupthink hindeuten können: (1.) Selbstüberschätzung des Teams, (2.) Engstirnigkeit des Denkens innerhalb des Team, (3.) Uniformitätsdruck. Die Selbstüberschätzung des Teams geht darauf zurück, dass die Teammitglieder sich aufgrund ihrer hohen Einmütigkeit und der sehr positiven Bewertung der eigenen moralischen Standards quasi für Unverwundbar halten. Ihre konfliktfreien Einigkeit erleben sie so ähnlich, wie die berühmten drei

Musketiere („Einer für Alle, Alle für Einen"). Wer so handelt, dem kann eigentlich nichts passieren. Die Engstirnigkeit des Denkens wird aus zwei Quellen gespeist: einem Hang zu kollektiven Rationalisierungen und einer Stereotypisierung von Einflüssen, Ideen und Gedanken außerhalb des Teams. Die Abwertung von Vorschlägen oder Ideen, die von außerhalb kommen, lassen das (selbst-)kritische Denken allmählich verschwinden. Das gemeinsame mentale Modell des Teams entwickelt sich so zu einer Doktrin. Der Uniformitätsdruck schließlich ist Folge einer Selbstzensur und der Haltung, das alles im Konsens entschieden werden muss. Abweichler innerhalb des Teams sehen sich einem unmittelbaren Druck ausgesetzt. Häufig finden sich in Teams, die Phänomene von Groupthink aufweisen sogenannte Mindguards, d.h. selbsternannte Wächter über die Einhaltung der Gruppen- oder Teamnormen.

Die beschriebenen Phänomene treten nach den Modellannahmen von *Janis* (1982) nur auf, wenn zusätzlich zu den gruppendynamischen Prozessen strukturelle Fehler in der Organisation vorliegen und ein angespannter situationaler Kontext herrscht. Strukturelle Bedingungen, die das Auftreten von Groupthink begünstigen, sind ein direktiver Führungsstil, die Abschottung der Organisation bzw. des Teams gegenüber ihren relevanten Umfeldern, die Homogenität des sozialen und ideologischen Hintergrunds und das Fehlen standardisierter Entscheidungsprozeduren. Teams, in denen sich immer alle einig sind, sind häufig stolz auf ihr gutes Klima. Unter dem Gesichtspunkt der Handlungsfähigkeit in Entscheidungssituationen ist es aber günstiger, wenn Teams hinsichtlich ihrer sozialen Zusammensetzung und ihrer Einstellungsmuster heterogener sind. Hier gilt der Grundsatz: Wenn alle die gleiche Meinung haben, hat keiner eine Meinung – und das ist ungünstig für Entscheidungsprozesse.

*Schulz-Hardt* (1997) hat ein Modell für Selbstbestätigungsprozesse bei Entscheidungen vorgelegt, das er als „Modell des Entscheidungsautismus" bezeichnet. Das Modell gilt sowohl für Gruppen und Teams, als auch für Einzelpersonen. Der theoretische Hintergrund des Modells ist die Theorie der kognitiven Dissonanz von *Festinger* (vgl. *Frey, Gaska* 1993). Die Grundannahme dieser Theorie lautet, dass Menschen nach einem ausgewogenen Gleichgewicht in ihrem kognitiven System streben. Dissonanzen innerhalb des Systems werden als unangenehm, beängstigend oder bedrohlich empfunden. Kognitive Dissonanz entsteht, wenn zwei sich gegenseitig ausschließende Kognitionen durch eine gemeinsame Hypothese miteinander verbunden sind. Wenn beispielweise die Kognitionen „Rauchen schadet meiner Gesundheit" und „Ich rauche gerne" mit der Handlungs-Hypothese verbunden sind „Meine Verhaltensweisen sollten gesundheitsförderlich sein", entsteht kognitive Dissonanz.

Das Werte-Ziel-Handlungssystem, das wir als Hintergrund des Entscheidungsmodells angenommen haben, gehört, zumindest was seine bewussten Teile angeht, zum kognitiven System. Der Entscheider ist bestrebt, dieses System in sich stimmig (konsonant) zu halten. Entscheidungsautismus stellt ein System von Denk-, Interaktions- und Problemlöseprozessen dar, das auf Selbstbestätigung des bestehenden Systems abzielt. Die Randbedingungen unter denen Entscheidungsautismus entstehen kann, sind ähnlich denen des Groupthink. Auch die Symptome gleichen sich weitgehend.

Nachdem wir jetzt auch die Anpassung des Werte-Ziel-Handlungssystems erörtert haben und auf die unterschiedlichen Varianten der defensiven Vermeidung von Entscheidungen eingegangen sind, können wir den zweiten Teil des Entscheidungsmodells grafisch folgendermaßen zusammenfassen (Abb. 4).

# 4. Methodische Möglichkeiten der Begleitung von Entscheidungsprozessen

Die Begleitung von Entscheidungsprozessen ist eine supervisorische Aufgabe, die sich nicht grundsätzlich von anderen Aufgaben unterscheidet. Daher gibt es auch kein spezielles Methodeninventar. Andererseits lassen sich aber durchaus Ansätze beschreiben, die in diesem spezifischen Zusammenhang sinnvoll sein können. Es geht bei der folgenden Darstellung auch nicht um eine kochbuchartige Sammlung von Methoden. Die Entscheidung für eine supervisorische Intervention entsteht immer im Kontext des Supervisionsprozesses. Dennoch ist es hilfreich, die Wahrnehmung für die spezifischen Probleme von Entscheidungssituationen zu schärfen und unterschiedliche Werkzeuge im Methodenkoffer zu haben, sowie deren Indikation zu kennen.

Bei Entscheidungsproblemen spielen Copingprozesse und der Umgang mit Angst, eventuell auch mit Scham eine Rolle. Diese Dimensionen müssen daher bei jeder supervisorischen Begleitung von Entscheidungsprozessen beachtet werden.

Ich gehe davon aus, dass wir es in der Supervision meist mit divergenten Entscheidungsproblemen zu tun haben. Je ausführlicher ein Supervisand sich mit den Implikationen und Konsequenzen seiner Entscheidung auseinandersetzt, umso mehr wird er daher feststellen, dass unterschiedliche und auch gegensätzliche Optionen möglich sind. Für die Probleme, die supervisorisch relevant sind, gibt es wahrscheinlich nur in seltenen Ausnahmefällen *die* richtige Lösung. Deshalb sind alle Methoden, die zu *der* richtigen Lösung führen sollen, eher kontraindiziert. Die meisten Methoden, die im Zusammenhang mit SEU-Modellen entwickelt worden sind, fallen in diese Kategorie. Sie haben ihren Stellenwert bei der Abschätzung quantifizierbarer Konsequenzen. Supervision arbeitet eher im Bereich sozio-emotionaler Konsequenzen, die schwer quantifizierbar sind.

**Abb. 4: Modell der Entscheidungsfindung – Teil II**

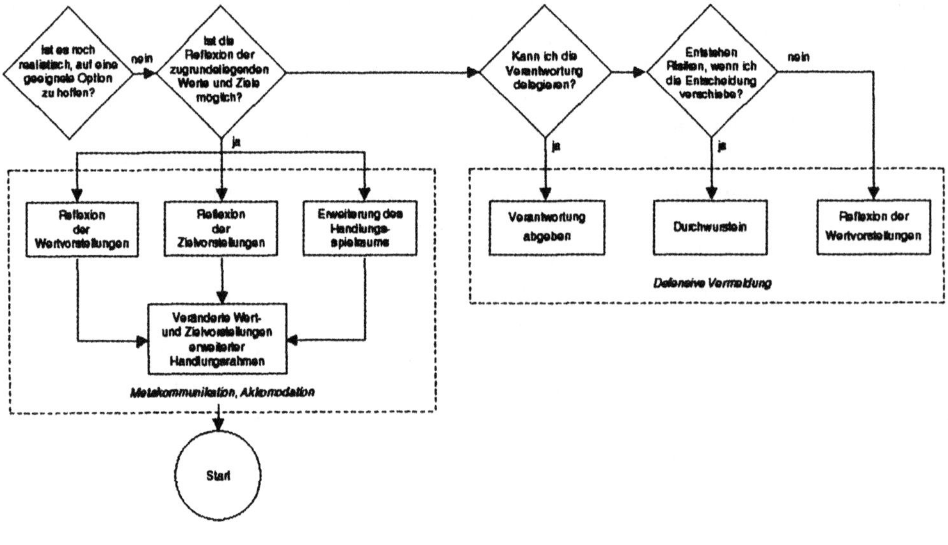

### *Arbeit mit Szenarien*

Ein zentraler Gesichtspunkt der Begleitung von Entscheidungsprozessen ist die Arbeit mit Szenarien. Das Ziel szenarischer Arbeit besteht darin, die materiellen und sozio-emotionalen Konsequenzen möglicher Entscheidungen durchzuspielen. Ob eine Entscheidung inhaltlich richtig oder falsch ist, entscheidet sich erst in der Zukunft. Die Verantwortung für die Inhalte muss aber in der Gegenwart übernommen werden. Das Durchspielen der in Frage kommenden Optionen veranschaulicht *denkbare* Entwicklungen. Für die Erforschung der sozio-emotionalen Konsequenzen sind psychodramatische Inszenierungen geeignet. Sie erlauben es dem Entscheider, sich in einer imaginativen Zukunft zu bewegen und die möglichen sozialen Entwicklungen *zu erleben*. Indem er die sozialen Aus- und Rückwirkungen spüren und kommunizieren kann, erhält er kognitive, emotionale und somatische „Informationen", die ihm sonst nur schwer zugänglich sind. Diese Informationen stehen in einem engen Zusammenhang mit seinem Werte-Ziel-Handlungssystem. Sie sind Indikatoren dafür, ob die Konsequenzen einer Entscheidung mit diesem System zu vereinbaren sind oder nicht.

Materielle Konsequenzen von Entscheidungen sind finanzielle Kosten, der Verbrauch von Ressourcen oder die Herstellung eines bestimmten Produkts sein. Diese Konsequenzen lassen sich zum Beispiel mit Hilfe von Computersimulationen, Tabellenkalkulationen oder Programmen zur Unterstützung des Projektmanagements abschätzen. Für die Supervision dürften sie von nachgeordneter Bedeutung sein. Methodische Hinweise zur Abschätzung materieller Konsequenzen finden sich beispielsweise bei *Jungermann et al.* (1998) und *Janis & Mann* (1977). Für uns sind aber die sozialen und emotionalen Entscheidungskonsequenzen interessanter, weil sie zum Kernbereich der Supervision gehören.

*Janis & Mann* (1977) schlagen einen psychodramatischen Ansatz vor, den sie Outcome-Psychodrama nennen. Die Methode ist eine spezielle Art der Zukunftsprobe. Der Entscheider wird aufgefordert, psychodramatisch eine Situation zu inszenieren, die fünf Jahre oder zehn Jahre in Zukunft liegt. Von dieser Position aus soll er Rückschau darauf halten, was aus seiner Entscheidung geworden ist. Welche Wendungen haben sich ergeben? Welche positiven und/oder negativen Folgen haben sich im Laufe der Zeit eingestellt. Hat es Rückkopplungsprozesse gegeben? Welche Kette von Entwicklungen ist durch die seinerzeitige Entscheidung initiiert worden? Das Outcome-Psychodrama lässt sich gut kombinieren mit der „Was wäre gewesen, wenn – Methode". Diese Methode wird meist erst *nach* Fehlentscheidungen angewendet („*Hätte* ich damals anders als ... entschieden, dann wäre alles ganz anders gekommen"). In diesem Fall soll sie vor einer möglichen Entscheidung zur Anwendung kommen. Von der Zukunftsposition aus kann der Entscheider resümieren, was gewesen wäre, wenn er *eine andere* Option gewählt hätte. Welchen Verlauf hätten die Ereignisse dann genommen. Auf diese Weise kann er unterschiedliche Optionen auf langfristige Folgen und Rückkopplungseffekte hin miteinander vergleichen.

Eine weitere spezifische Form von psychodramatischer Inszenierung kann die Arbeit mit dem Dramadreieck sein. Sie ist vor allem dann sinnvoll, wenn der Supervisand dazu neigt, *seine* Entscheidungen auf andere Personen abzuwälzen. In der psychodramatischen Inszenierung kann die problematische Dynamik erlebbar gemacht werden, die zwischen Verfolger, Opfer und Retter herrscht. Weitere Hinweise zur Arbeit mit dem Dramadreieck finden sich bei *Gührs, Nowak* (1996).

*Arbeit mit dem Wertequadrat*

In den vorangegangenen Kapiteln ist wiederholt die Rede von dem Werte-Ziel-Handlungssystem gewesen, das den Hintergrund jedes Entscheidungsprozesses bildet. In der Supervision haben die drei Dimensionen dieses Systems unterschiedliche Wichtigkeit. An erster Stelle sehe ich das Wertesystem. Die Zielvorstellungen folgen an zweiter, die Handlungspläne an dritter Stelle. Für die Arbeit am Wertesystem empfiehlt sich das von *Helwig* (1967 zit. n. *Schulz v. Thun* 1989, 38) vorgeschlagene Entwicklungsquadrat. *Schulz v. Thun* (1989, 38) beschreibt die Methode folgendermaßen: „Die Prämisse lautet: Um den dialektisch strukturierten Daseinsanforderungen zu entsprechen, kann jeder Wert [...] nur dann zu einer konstruktuven Wirkung gelangen, wenn er sich in *ausgehaltener Spannung* zu einem positiven Gegenwert, einer ‚Schwestertugend' befindet. Statt von ausgehaltener Spannung lässt sich auch von Balance sprechen. Ohne diese ausgehaltene Spannung (Balance) verkommt ein Wert zu seiner ‚Entartungsform' (*Helwig*) – oder sagen wir lieber: zu seiner entwertenden Übertreibung" (Hervorhebungen im Original).

**Abb. 5: Das Netz von Beziehungen zwischen dn Polen des Wertequadrats**

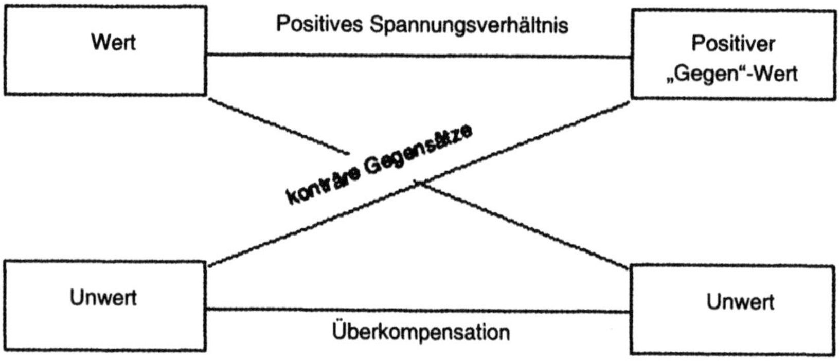


(aus: *Schulz v. Thun* 1989, 39)

Die inhaltliche Konkretisierung eines Wertequadrats macht es möglich, dem divergenten Charakter der Entscheidungsprobleme gerecht zu werden. Wenn die Möglichkeit besteht, empfiehlt es sich, das Wertequadrat im Raum aufzubauen um dem Supervisanden die Möglichkeit zu geben, sich experimentierend innerhalb dieses Spannungsfeldes zu bewegen.

*Die Sicherung des Bestehenden oder Die Methode der tragenden Wände*

Bei Adaptationsprozessen kann es das Sicherheitsgefühl des Supervisanden stärken, wenn er sich vor Augen führt, dass wesentliche Teile seines Werte-Ziel-Handlungssystems bestehen bleiben. Ähnlich wie beim Umbau eines Hauses ist es notwendig, die tragenden Wände des Systems zu finden. Falls an diesen Wänden gearbeitet werden muss, ist es notwendig, das Gebäude durch Hilfskonstruktionen abzustützen. Abbildung 6 zeigt ein sehr einfaches und schematisches Beispiel. Die oberste Ebene (im

Beispiel als X bezeichnet) reguliert das gesamte System. Sie repräsentiert die allgemeinsten Werthaltungen, Ziele und Handlungspläne. Die hierarchisch untergeordneten Ebenen regulieren zunehmend kleinere Lebens- und Handlungsbereiche. Ihr Einfluß ist begrenzter, dafür aber präziser. Wenn in den Handlungsbereichen, die mit X''' bezeichnet worden sind, adaptive Veränderungen erforderlich sind, so betrifft dies in erster Linie die Teilbereiche des Systems, die in der Abbildung grau dargestellt werden. Die anderen Felder können zwar nicht völlig unverändert bleiben (Veränderungen des Systems sind nicht lokal zu begrenzen), die Veränderungen sind aber weit geringer als in den grauen Feldern. Bildhaft gesprochen, stellen die weißen Felder die tragenden Säulen des Systems dar, das sich verändern muß. Die grauen Felder wirken demgegenüber labilisierend und verunsichernd.

Der Supervisand soll Klarheit darüber gewinnen, welcher Hilfskonstruktionen er sich bedienen kann und auf welche tragenden Wände er sich stützen darf. Diese Rückversicherungen können dazu beitragen, dass er nicht (oder in geringerem Maße) auf defensive Vermeidungsstrategien ausweichen muss. Die Vorgehensweise geht auf die sogenannte Plananalyse zurück (vgl. *Caspar* 1996).

**Abb. 6: Tragende und labile Wände eines Gebäudes**

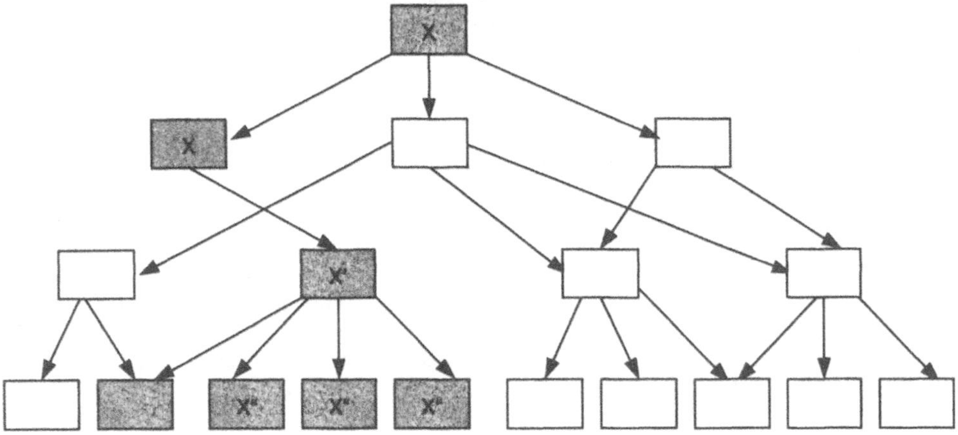


## *Die Teufelsanwalts-Methode*

Immunisierungsstrategien werden eingesetzt, um das bestehende System zu schützen. Die Bearbeitung dieser Strategien ist deshalb eine Art von Gradwanderung zwischen dem Respektieren des bestehenden Systems und dem Ausleuchten der Schwachpunkte. Der Supervisand oder das Team haben stets die legitime Möglichkeit, sich für den kurzfristigen eigenen Schutz – und das heißt, für Immunisierungen zu entscheiden. Erst diese Grundhaltung macht er möglich, an Immunisierungsstrategien zu arbeiten.

Zu den am meisten untersuchten Strategien zur Bearbeitung von Immunisierungsstrategien gehört die sogenannte „Teufelsanwalt-Methode" (*Schwenk* 1990). Sie ist ursprünglich im Vatikan entwickelt worden und wird z.B. bei der Entscheidung über Selig- oder Heiligsprechungen angewendet. Bei dieser Methode fungiert eine Person (bei Teams eventuell auch eine Teilgruppe) als Anwalt des Teufels. Ihre Aufgabe ist es, die vorgebrachten Argumente kritisch zu hinterfragen und Lösungsoptionen auf problematisch Implikationen hin zu durchforsten. Der Teufelsanwalt darf das Denken und Aussprechen, was normalerweise tabu ist: er begeht also eine erlaubte Tabuverletzung. Der Teufelsanwalt verkörpert die Schattenseiten des Selbst oder des Teams. Im Schutz, und damit auch in der Sicherheit dieser Rolle ergeben sich Wahrnehmungs- und Erkenntnismöglichkeiten, die in der Alltagsrolle nicht möglich sind.

Die Darstellung der methodischen Möglichkeiten zur Begleitung von Entscheidungsprozessen ist sicher nicht vollständig. Mein Anspruch bestand aber auch weniger darin, einen vollständigen Methodenkoffer zu liefern, als auf die spezifischen Besonderheiten aufmerksam zu machen, die bei dieser Arbeit auftreten können und ein paar exemplarische Hinweise für ein mögliches methodisches Vorgehen in einzelnen Phasen zu geben.

## Literatur

*Argyris, Ch.* (1977): Double-Loop Learning in Organizations. *Harvard Business Review*, 115-125.

*Argyris, Ch. & Schön, D.* (1999): Organizational Learning. A theory of action perspective. Zitiert nach: *Gairing, F.:* Organisationsentwicklung als Lernprozess von Menschen und Systemen. Weinheim.

*Bandura, A.* (1977): Self-efficacy: Toward a unifying theory of behavioral change. *Psychological Review* 8, 43-52.

*Beach, L.R.* (Ed.)(1996): Decision Making in the workplace. A unified perspective. Mahwak.

– (1997): The Psychology of decision making. People in Organisations. Thousand Oaks, London, New Delhi.

*Buer, F.* (1999): Lehrbuch der Supervision. Münster.

*Bußhoff, L.* (1989): Berufswahl. Theorien und ihre Bedeutung für die Praxis der Berufswahl. Stuttgart (2. Aufl.).

*Caspar, F.* (1996): Beziehungen und Probleme verstehen. Eine Einführung in die psychotherapeutische Plananalyse. Göttingen.

*Conolly, T. & Beach, L.R.* (1995): The theory of image theory: an examination of the central conceptual structure. In: *Caverni, J.-P., Hillel, M.B., Barron, F.H. & Jungermann, H.*: Contributions to Decision Making I. Amsterdam.

*Dörner, D.* (1989): Die Logik des Misslingens. Strategisches Denken in komplexen Situationen. Reinbek.

*Doppler, K. & Lauterburg, Ch.* (1999): Change Management. Den Unternehmenswandel gestalten. Frankfurt (8. Aufl.).

*Frey, D. & Gaska, A. (1993)*: Die Theorie der kognitiven Dissonanz. In: *Frey, D. & Irle, M.* (Hg.): Theorien der Sozialpsychologie, Bd.I: Kognitive Theorien. Bern, S. 275-326.

*Fuhr, R. & Gremmler-Fuhr, M.* (1991): Dialogische Beratung. Köln.

*Gairing, F.* (1999): Organisationsentwicklung als Prozess von Menschen und Systemen. Weinheim (2. Aufl.).

*Grau mann, C.F. & Métraux, A.* (1977): Die phänomenologische Orientierung in der Psychologie. In: *Schneewind, K.A.* (Hrsg.): Wissenschaftstheoretische Grundlagen der Psychologie. München.

*Grossmann, R.& Scala, K.* (1997): Landkarten von Organisationen. In: *Scala, K. & Grossmann, R.*: Supervision in Organisationen. München, S. 35-64.

*Gührs, M. & Nowak, C.* (1995): Das konstruktive Gespräch. Ein Leitfaden für Beratung, Unterricht und Mitarbeiterführung mit den Konzepten der Transaktionsanalyse. Meezen (3. Aufl.).

*Hacker, W.* (1997): Allgemeine Arbeitspsychologie. Psychische Regulation von Tätigkeiten. Göttingen.

*Janis, I.L. & Mann, L.* (1977): Decision Making. A psychological analysis of Conflict, Choice and Commitment. New York.

*Janis, I.L.* (1982): Groupthink. Boston (2. Aufl.).

*Jungermann, H. & Schütz, H.* (1992): Personal decision counselling: counsellors without clients? *Applied Psychology*, 185-200.

*Jungermann, H., Pfister, H-R. & Fischer, K.* (1998): Die Psychologie der Entscheidung. Heidelberg.

*Kozlowski, S.W.J.* (1998): Training and developing adaptive teams: Theory, principles, and research. In: *Cannon-Bowers, J. & Salas, E.* (Ed.): Decision making under stress. Washington, DC, S. 115-153.

*Lammers, K.* (1995): Existenz und Experiment. Psychodrama als Atelier der Lebensgestaltung. In: *Buer, F.* (Hg.): Jahrbuch für Psychodrama, psychosoziale Praxis und Gesellschaftspolitik. Opladen, S. 93-119.

– (1998): Verkörpern und Gestalten. Psychodrama und Kunsttherapie in der psychosozialen Arbeit. Göttingen.

*Langer, S.* (1997): Philosophie auf neuem Wege. Frankfurt, 1984, zit. n. *Bernd, Ch.*: Präsentative Symbolbildung in der Bewegungserziehung. Zur ästhetischen Praxis des Theaterspielens. Dissertation, Frankfurt.

*Morgan, G.* (1997): Bilder der Organisation. Stuttgart.

*Mutzeck, W.* (1999): Kooperative Beratung. Grundlagen und Methoden der Beratung und Supervision im Berufsalltag. Weinheim (2. Aufl.).

*Petzold, H.G.* (1998): Integrative Supervision, Meta-Consulting und Organisationsentwicklung. Modelle und Methoden reflexiver Praxis. Paderborn.

*Plous, S.* (1993): The Psychology of Jugment and Decision Making. New York.

*Potocnik, R.* (1990): Entscheidungstraining zur Studien- und Berufswahl. Theorie, Konzeption, Evaluierung, Trainingsmaterial. Bern.

*Richter, K.F. & Fallner, H.* (1993): Kreative Medien in der Supervision und psychosozialen Beratung. Hille (2. Aufl.).

*Richter, K.F.* (1997): Erzählweisen des Körpers. Kreative Gestaltarbeit in Theorie, Beratung, Supervision und Gruppenarbeit. Seelze-Velber.

*Senge, P.M.* (1999): Die fünfte Disziplin. Stuttgart (2. Aufl.).

*Schein, E.* (1995): Unternehmenskultur. Handbuch für Führungskräfte. Frankfurt.

*Schreyögg, A.* (1992): Supervision. Ein integratives Modell. Paderborn.

*Schulz-Hardt, S.* (1997): Realitätsflucht in Entscheidungsprozessen. Von Groupthink zum Entscheidungsautismus. Bern.

*Schumacher, E.F.* (1978): A guide for the perplexed. New York.

*Schwenk, C.R.* (1990): Effects of the devil's advocacy, and the dialectical inquiry methods on perdiction performance: A meta analysis. *Organizational Behavior and Human Decision Processes*, 47, 161-176.

*Storch, M.* (1990): Psychodrama und NLP. Skripten zum Psychodrama, Bd.6. Moreno Institut. Stuttgart.

*Wessler, R.A. & Wessler, R.L.* (1985): The principles and practice of Rational-Emotive Therapy. San Francisco, Washington.

*Wiener, R.* (1997): Creative Training. Sociodrama and Teambuilding. London.

# Service

## Kommentierte Literaturauswahl

Hier finden Sie Hinweise auf weitere Literatur zur Vertiefung Ihres Selbststudiums.

### I. Psychodramatische Supervision

*Buer, F.* ( 1999): Lehrbuch der Supervision. Der pragmatisch-psychodramatische Weg zur Qualitätsverbesserung professionellen Handelns. Münster: Votum/Juventa.
Dieses Lehrbuch ist das Gegenstück zu diesem Handbuch. Während hier die Praxis im Vordergrund steht, wird dort die dazu gehörige Theorie geliefert: Nach einer *Grundlegung* meines Ansatzes, skizzieren die *Einstiege* Möglichkeiten, sich das nötige Wissen anzueignen. Das *Begrifflexikon* erläutert alle in diesem Feld wichtigen Fachbegriffe.
Dieses Lehrbuch sollten Sie unbedingt zur theoretischen Fundierung hinzuziehen.

Darüber hinaus sollten Sie sich über das Format Supervision wie über das Verfahren Psychodrama umfassend informieren. Ich habe hier aber nur Arbeiten ausgewählt, die mit dem hier vertretenen Ansatz der Psychodramatischen Supervision kompatibel sind.

### II. Supervision allgemein

#### 1. Verwandte Ansätze

*Belardi, N.* (2002): Supervision. Grundlagen, Techniken, Perspektiven. München: Beck.
Das Buch bietet einen umfassenden Überblick über das Format Supervision.

*Gotthardt Lorenz, A.* (1997): Methodische Vorgehensweise in der Organisationssupervision. In: *Luif, I.* (Hg.): Supervision. Wien, S. 207-229.

– (2000): „Organisationssupervision". Rollen und Interventionsfelder. In: *Pühl, H.* (Hg.): Handbuch der Supervision 2. Berlin, S. 297-312.

In diesen beiden grundlegenden Aufsätzen beschreibt und begründet die Autorin ein Konzept, das Supervision als Teil der Organisationsentwicklung begreift, ohne sie jedoch zu ersetzen.

*Petzold, H. G.* ( 1998): Integrative Supervision, Meta-Consulting & Organisationsentwicklung. Modelle und Methoden reflexiver Praxis. Ein Handbuch. Paderborn: Junfermann.
Dieses Buch stellt grundlegende Arbeiten des Autors zusammen. Wenn sich diese Beiträge auch z.T. überschneiden und überhöhte Ansprüche proklamieren, so sind sie doch immer anregend, wenn es um die wissenschaftliche Reflexion der Supervision und ihre praxeologische Ausgestaltung geht. Der Integrative Ansatz hat zudem eine große Nähe zum pragmatisch-psychodramatischen Weg.

*Rappe-Giesecke, K:* ( 1999): Supervision – Veränderung durch soziale Selbstreflexion. In: *Fatzer, G., Rappe-Giesecke, K., Looss, W.* (Hg.): Qualität und Leistung von Beratung. Köln: EHP, S. 27-103.
Dieser Beitrag bietet einen knappen, aber doch umfassenden Überblick über das Format Supervision.

*Scala, K., Grossmann, R.* (1997): Supervision in Organisationen. Veränderungen bewältigen – Qualität sichern – Entwicklung fördern. Weinheim: Juventa.
Diese Arbeit bietet ein durchdachtes Konzept für eine Supervision, die sich als Teil der Organisationsentwicklung begreift. Dabei wird eine kritische Analyse bestimmter Organisationsfelder wie Krankenhaus, Schule und Sozialeinrichtung mit einem konstuktivistisch-systemischen Vorgehen verbunden. Dieser Ansatz bietet eine gute Ergänzung zu unserem pragmatisch-psychodramatischen Weg.

*Schreyögg, A.* (1995): Coaching. Eine Einführung für Praxis und Ausbildung. Frankfurt: Campus.
Coaching ist sicher ein Format, das sich in Aufgabenstellung, Arbeitsstil und Zielgruppe von der Supervision unterscheidet. Das Vorgehen ist aber der Supervision so verwandt, dass aus diesem Buch so manche Anregung für die Supervision zu gewinnen ist, zumal der Ansatz der Autorin unserem Weg sehr nahe steht. Insbesondere werden auch psychodramatische Arrangments und Techniken berücksichtigt.

## 2. Handbücher

*Pühl, H.* (2000) (Hg.): Handbuch der Supervision 2. Berlin: Spiess. 2. Aufl.
In diesem Handbuch sind die wichtigsten Aspekte der Supervision durch anerkannte FachautorInnen dargestellt. Es stellt – auch wenn einige Beiträge schon älter sind – immer noch ein wichtiges Grundlagen- und Nachschlagewerk dar.

*Pühl, H.* (2000) (Hg.): Supervision und Organisationsentwicklung. Handbuch 3. Opladen: Leske + Budrich. 2. Aufl.
Dieses neue Handbuch bietet einen vielfältigen Einblick in die gegenwärtige, noch keineswegs abgeschlossene Diskussion über die Abgrenzung oder Integration der beiden Formate Supervision und Organisationsentwicklung.

## 3. Grundfragen der Supervision

*Buer, F.* (2000): Profession oder Organisation? Wem dient die Supervision? In: *Pühl, H.* (Hg.): Supervision und Organisationsentwicklung. Opladen, S. 70-103.
In diesem Aufsatz wird geklärt, wozu die Supervision überhaupt da ist und welche berufspolitischen Konsequenzen daraus zu ziehen sind.

*Buer, F.* (2000): Supervision als Ort moralphilosophischer Besinnung. Was auch in der Arbeitswelt entscheidend ist. *Supervision* 4, 4-20
Hier wird davon ausgegangen, dass in jedem Supezvisionsprozess Entscheidungen zu fällen sind. Diese sind nicht nur fachlich, sondern auch ethisch zu begründen. Wie ein solches Urteil gefällt werden kann, ohne sich einseitig auf den Verstand zu verlassen, sondern auch das Mitgefühl einzubeziehen, zeigt dieser Aufsatz.

*Buer, F.* (2002): Führen – eine professionelle Dienstleistung. Oder: Wozu Führungskräfte Supervision benötigen. Supervision 3, 43-45.
Es wird gezeigt, warum und wozu Führungskräfte ihre Tätigkeit als eine professionelle Dienstleistung auffassen sollten. Dann sehen sie es als Aufgabe an, sich wegen der damit verbundenen Dilemmata und schwierigen Entscheidungen beraten zu lassen.

### 4. Fachzeitschriften

*Organisationsberatung, Supervision, Coaching (OSC)*
Diese Zeitschrift wird von *Astrid Schreyögg* herausgegeben und ist einem sozialwissenschaftlich-integrativen Ansatz verpflichtet. Sie bringt viermal im Jahr ein Heft zu einem Themenschwerpunkt heraus. Die Thematik umfasst praktische, theoretische und empirische Beiträge zu den verschiedensten Formaten und Verfahren in den Feldern der Personal- und Organisationsentwicklung. Im Rezensionsteil werden viele relevante Neuerscheinungen vorgestellt.
Hier finden Sie vielfältige fundierte Beiträge, die für die Psychodramatische Supervision von großer Bedeutung sind.

*Supervision. Mensch, Arbeit, Organisation*
Diese Zeitschrift wird von Fachleuten herausgegeben, die der DGSv nahe stehen. Viermal im Jahr erscheint ein Heft mit einem Schwerpunkt zu wichtigen Fragen des aktuellen Supervisionsdiskurses. Die Beiträge bemühen sich um gute Lesbarkeit.

## III. Psychodrama

*Ameln, F. v., Gerstmann, R., Kramer, J.* (2004) Psychodrama. Heidelberg: Springer.
Dieses Lehrbuch bietet zum einen eine umfassende und anschauliche Darstellung des Verfahrens Psychodrama. Zum anderen zeigen ExpertInnen wie in verschiedenen Formaten und Feldern psychodramatisch gearbeitet werden kann.

*Buer, F.* (1999) (Hg.): Morenos therapeutische Philosophie. Zu den Grundideen von Psychodrama und Soziometrie. Opladen: Leske + Budrich. 3. Aufl.
In diesem Grundlagenwerk werden die Grundideen *Morenos* rekonstruiert durch Vergleiche mit den verschiedenen Kontexten seines Ansatzes: dem geistigen Klima im Wien der Jahrhundertwende, dem Judentum, der Lebensphilsophie *Bergsons*, dem experimentellen Theater, der Psychoanalyse, dem Marxismus, dem Anarchismus und der Mystik. Im Epilog stelle ich den aktuellen Stand der Theorieentwicklung im Psychodrama dar.

*Fürst, J., Ottomeyer, K., Pruckner, H.* (Hg.): Psychodrama-Therapie. Ein Handbuch. Wien: facultas.
In diesem Handbuch behandeln 26 ExpertInnen in 27 Beiträgen alle Aspekte des Psychodramas, allerdings vornehmlich aus psychotherapeutischer Perspektive.

*Hutter, Ch.* (2000): Psychodrama als experimentelle Theologie. Rekonstruktion der therapeutischen Philosophie Morenos aus praktisch-theologischer Perspektive. Münster: LIT-Verlag.
Diese umfangreiche Monographie geht zwar von einer theologischen Fragestellung aus, erschließt damit aber zutreffend den gesamten Kosmos des Moreno'schen Denkens. Es basiert auf

einer Auswertung des gesamten Moreno'schen Schrifttums und bietet eine detaillierte und zugleich umfassende Gesamtdarstellung. Durch eine klare Gliederung und ein differenziertes Personen- und Sachregister ist es auch gut als Nachschlagewerk zu benutzen.

*Lammers, K.* (1998): Verkörpern und Gestalten. Psychodrama und Kunsttherapie in der psychosozialen Arbeit. Göttingen: Vandenhoek & Ruprecht.
Dieses Buch bietet auf der einen Seite eine gute Darstellung der psychodramatischen Arbeitsmöglichkeiten in der Beratung- und Bildungsarbeit. Durch die Ergänzung kunst- und kreativtherapeutischer Methoden werden weitere Vorgehensweisen vorgestellt, die auch und gerade im Kommunikationsmodus des Experiments in der Supervision genutzt werden können.

*Moreno, J.L.* (1989): Psychodrama und Soziometrie. Köln: EHP.
Dieser Reader bietet eine Auswahl wichtiger Arbeiten *Morenos*, die den Reichtum seines Denkens und Arbeitens angemessen dokumentieren.

*Moreno, J.L.* (1993): Gruppenpsychotherapie und Psychodrama. Einleitung in die Theorie und Praxis. Stuttgart: Georg Thieme.
Dieses Buch hat *Moreno* 1959 eigens für den deutschen Sprachraum konzipiert. Es enthält eine Darstellung des Triadischen Systems: Soziometrie – Gruppenpsychotherapie – Psychodrama und viele Protokolle zur Anwendung dieses Ansatzes vor allem in der Psychotherapie, aber auch in der Industrie.

*Wittinger, Th.* (2000) (Hg.): Psychodrama in der Bildungsarbeit. Mainz: Matthias Grünewald.
In diesem Buch habe ich in meinem Beitrag zur Psychodramatischen Bildungsarbeit noch einmal grundsätzlich geklärt, was das Psychodrama als Verfahren unabhängig von der Psychotherapie bedeutet und wie es mit pädagogischem Denken und Arbeiten verbunden werden kann. Diese Überlegungen sind auch bedeutsam für die Supervision. Der Band enthält darüber hinaus viele Beiträge, die zeigen, wie psychodramatisch in Unterricht, Weiterbildung, Personalentwicklung und Erwachsenenbildung gearbeitet werden kann.

## Weiterbildung in Psychodramatischer Supervision

Das Psychodrama-Zentrum Münster macht Ihnen verschiedene Angebote:

- Wenn Sie selbst schon SupervisorIn sind und nur das psychodramatische Handwerkszeug dazulernen wollen, dann sollten Sie einen Psychodrama-Grundkurs besuchen (mit acht Wochenendseminaren zu je 20 Ustd.). Hier lernen Sie in Selbsterfahrung, Prozess- und Methodenreflexion und Training die Grundlagen psychodramatischen Arbeitens kennen, so dass Sie Denk- und Handlungsweisen des Psychodramas mit Ihrer Supervisionspraxis kombinieren können.
- Wenn Sie über eine Psychodrama-Ausbildung verfügen und jetzt supervisorisch arbeiten wollen, müssen Sie zunächst entscheiden, ob Sie das nur so nebenbei anbieten oder ob Sie das zu einem Schwerpunkt Ihrer Berufstätigkeit machen wollen. Wenn Sie an letzterem Interesse haben, sollten Sie eine von der Deutschen Gesellschaft für Supervision (DGSv) zertifizierte Weiterbildung absolvieren und anstreben, Mitglied der Deutschen Gesellschaft für Supervision (DGSv) zu werden. Wenn Sie aber Mitglied der DGSv werden wollen, müssen Sie über eine Supervisionsweiterbildung verfügen, die von der DGSv anerkannt ist. Wenn Sie zudem Ihre Psychodramakompentenzen weiter voll nutzen wollen, dann

sollten Sie beim Psychodrama-Zentrum die Weiterbildung zum/r SupervisiorIn absolvieren.

- Wenn Sie weder SupervisorIn noch PsychodramatikerIn sind, aber als SupervisorIn DGSv psychodramatisch arbeiten wollen, so wie das in diesem Handbuch vorgeführt wurde, dann sollten Sie ebenfalls die Weiterbildung zum/r Supervisorln beim Psychodrama-Zemrum absolvieren. Dazu ist allerdings als Voraussetzung notwendig, dass Sie schon über ein Handwerkszeug verfügen, das Sie in der Supervision nutzen können. Ferner müssen Sie Grundkompetenzen in psychodramatischen Arbeit mitbringen.

Mit der Weiterbildung in Psychodramatischer Supervision am Psychodrama-Zentrum Münster verfügen Sie zum einem über die Befähigung als SupervisorIn in den verschiedensten Feldern, in den verschiedendsten Formen und mit den verschiedensten Fokussierungen zu arbeiten. Zum anderen verfügen Sie mit dem Psychodrama über ein Verfahren, dessen Einsatz Ihnen persönlich hoffentlich viel Freude macht, so dass Sie sich selbst bei der Arbeit schnell in einen spontan-kreativen Zustand versetzen können, aus dem heraus viele treffende Deutungen, Einschätzungen und Bewältigungsideen zu den eingebrachten und vorgeführten Fällen aufsteigen können. Diese spezifische einmalige Kombination von Psychodrama und Supervision bietet Ihnen

- eine pragmatisch-philosophische *Orientierung* Ihrer Arbeit, die erkenntnistheoretische, anthropologische, gesellschaftspotitische und ethische Implikationen berücksichtigt,
- ein sozialwissenschaftlich fundiertes *Wissen*, das zur fallorientierten Analyse von Praxiszusammenhängen befähigt,
- ein *Handlungsinstrumentarium*, das neben der psychodramatischen Arbeit auch andere Anleitungen zum experimentellen Erfahrungslernen berücksichtigt, so wie Methoden der Beratung und der pragmatischen Klärung von Sachverhalten bereithält.

Mit dieser Weiterbildung können Sie aber nicht nur im Format Supervision arbeiten. Sie verfügen damit auch über Grundqualifikationen, die Sie auch in anderen Formaten der Trainings- und Beratungsarbeit nutzen können. So im Coaching, in der Organisationsberatung, in der betrieblichen Bildungsarbeit oder der beruflichen Weiterbildung, auch in Kombination mit weiteren Verfahren, wie der Moderationsmethode, Visualisierungstechniken oder Aktionsforschungsmethoden.

Detailliertere Informationen erhalten Sie direkt beim

Psychodrama-Zentrum Münster
Alte Schanze 46, 48159 Münster
Fon: 0251/213548, Fax: /211071
E-mail: info@psychodrama-zentrum.de
www.psychodrama-zentrum.de

# Sachregister

# Verzeichnis der Autorinnen und Autoren

*Ferdinand Buer,* Prof. Dr., Erziehungs- und Sozialwissenschaftler an der Universität Münster; Psychodramatiker (DFP/DAGG); Supervisor (DGSv); Leiter des Psychodrama-Zentrums Münster; Dozent und Supervisor an verschiedenen Psychodrama-Instituten; Praxis für Super*Vision*, Weiter*Bildung* & Organisations*Beratung*.
Anschrift: Alte Schanze 46, 48159 Münster

*Inés Cremer-von Brachel,* Beratungspraxis für Psychotherapie und Supervision; Psychodramatikerin (DFP/DAGG), Gruppendynamikerin (DAGG), Supervisorin (DGSv), Lehrsupervisorin am Psychodrama-Zentrum Münster.
Anschrift: Friedrich-Ebert-Str. 101, 48153 Münster

*Friedel Geisler,* Arbeitsgemeinschaft ganzheitliche Psychotherapie; Theologin, Dipl.-Religionspädagogin, Psychotherapeutin, Psychodramatikerin (DFP/DAGG), Supervisorin (DGSv), Lehrsupervisorin am Psychodrama-Zentrum Münster.
Anschrift: Konrad-Adenauer-Str. 21, 42651 Solingen

*Marianne Kieper-Wellmer,* Dr., Dipl.-Soz., Dozentin an einem Berufskolleg; Psychodramatikerin, Supervisorin (DGSv); Dozentin und Lehrsupervisorin am Psychodrama-Zentrum Münster.
Anschrift: Bismarckstr. 11, 42115 Wuppertal

*Jasmin Leuthner Beller,* Dipl.-Sozialpädagogin, Supervisorin (DGSv); Absolventin der Weiterbildung zur Supervisorin am Psychodrama-Zentrum Münster.
Anschrift: Waldstr. 24, 58239 Schwerte

*Günter Rütz Lewerenz,* Leitender Angestellter der AWO, Bezirksverband Mittelrhein, Bereich: Migration, Psychiatrie, Jugend- und Behindertenhilfe; Supervisor (DGSv), Psychodramatiker; Lehrsupervisor am Psychodrama-Zentrum Münster.
Anschrift: Hatzfeldstr. 16, 51069 Köln

*Ulla Schwitalla*, Dipl.-Sozialwissenschaftlerin; selbstständige Organisationsberaterin und Supervisorin im WSO Dortmund; Supervisorin (DGSv); Absolventin der Weiterbildung zur Supervisorin am Psychodrama-Zentrum Münster
Anschrift: Rindenstr. 6a, 44265 Dortmund

*Ingeborg Wegehaupt-Schneider*, Dr., Dipl.-Soz.; wiss. Mitarbeiterin an der Universität Hannover (Zentrale Einrichtungen für Weiterbildung und Weiterbildungsstudium Arbeitswissenschaft); Psychodramatikerin (DFP/DAGG), Supervisorin (DGSv); Dozentin und Lehrsupervisorin am Psychodrama-Zentrum Münster.
Anschrift: Schlüter Str. 14, 20146 Hamburg

*Reinald Weiß*, Dr., Dipl.-Supervisor (DGSv); freie Praxis für Organisationsentwicklung und Supervision; Psychodramatiker; Lehrsupervisor an der GHK und am Psychodrama-Zentrum Münster.
Anschrift: Motzstr. 6, 34117 Kassel

*Joachim Wieck*, Dipl.-Psych. Psychodramatiker; Absolvent der Weiterbildung zum Supervisor am Psychodrama-Zentrum Münster.
Anschrift: Finkenborner Weg 16, 31787 Hameln

*Katharina Witte*, Dipl.-Soz.päd., Praxis für Supervision, Weiterbildung, Organisationsberatung; Psychodramatikerin, Supervisorin (DGSv), Lehrsupervisorin am Psychodrama-Zentrum Münster.
Anschrift: Fehrfeld 10, 28203 Bremen

# Textnachweise

*Buer*: *Einführung in die Psychodramatische Supervision*. Originalbeitrag.

*Witte*: *Der Weg entsteht beim Gehen. Aus: OSC* 4, 4, 1997, 311-330. Aktualisiert.

*Buer*: *Psychodramatische Kurzzeitsupervision in der dyadischen Form*. Aus: *Gruppenpsychotherapie und Gruppendynamik* 34, 3, 1998, 238-256. Aktualisiert.

*Kieper-Wellmer: Psychodramatische Gruppensupervision mit Heilpädagoginnen*. Aus: *OSC* 4, 4, 1997, 363-370.

*Buer*: *Team- und Organisationsentwicklung im Rahmen der Organisationssupervision.* Originalbeitrag.

*Buer*: *Methoden in der Supervision – psychodramatisch angereichert*. Aus: *OSC* 3, 1, 1996, 21-44. Aktualisiert.

*Wegehaupt-Schneider: Psychodramatische Methoden in der Einzelsupervision*. Aus: *OSC* 4, 4, 1997, 371-380.

*Witte*: *Die Kunst des Denkens in Bildern*. Originalbeitrag

*Buer*: *Typische Handlungsmuster in Arbeitsorganisationen*. Aus: *OSC* 5, 3, 1998, 239-262. Aktualisiert.

*Leuthner Beller: Interne Supervision mit Pflege- und Adoptiveltern*. Originalbeitrag.

*Rütz Lewerenz: Interkulturelle Supervison in der Migrationsarbeit*. Originalbeitrag.

*Geisler: Karriere und Kinder. Eine Frauengeschichte*. Originalbeitrag.

*Buer: Supervision mit PromovendInnen*. Originalbeitrag.

*Schwitalla: Unternehmenswandel und Supervision*. Aus: *OSC* 4, 4, 1997, 345-362.

*Cremer-von Brachel: Konzeptentwicklung einer Therapeutischen Einrichtung*. Originalbeitrag.

*Weiß: Psychodramatische Supervision als Passage in PE Maßßnahmen.* Aus: *OSC* 4, 4, 1997, 331-344.

*Wieck: Die supervisorische Begleitung von Entscheidungsprozessen.* Originalbeitrag.

GPSR Compliance

*The European Union's (EU) General Product Safety Regulation (GPSR) is a set of rules that requires consumer products to be safe and our obligations to ensure this.*

*If you have any concerns about our products, you can contact us on ProductSafety@springernature.com*

In case Publisher is established outside the EU, the EU authorized representative is:

Springer Nature Customer Service Center GmbH
Europaplatz 3
69115 Heidelberg, Germany

**Batch number: 10809636**

Printed by Printforce, the Netherlands